BAEDEKER

KENIA
KILIMANJARO · SERENGETI

www.baedeker.com
Verlag Karl Baedeker

Top-Reiseziele

Endlose Ebenen mit riesigen Herden wandernder Wildtiere, schneebedeckte Gipfel und palmengesäumte Sandstrände – wir haben für Sie zusammengestellt, was Sie in Kenia und Nordtansania auf keinen Fall versäumen dürfen!

❶ ✷✷ Samburu National Reserve
Grüne Galeriewälder und trockene Dornbuschsavanne mit Elefanten, Netzgiraffen, Gereneuks und Leoparden **Seite 370**

❷ ✷✷ Laikipia & Lewa
Samburu und Masai haben Teil am nachhaltigen Tourismus und erfolgreichen Schutz bedrohter Tierarten – Elefanten, Grevy-Zebras, Löwen und Spitzmaulnashörner. **Seite 194**

❸ ✷✷ Mount Kenya
Wahrzeichen Kenias und Herausforderung für Gipfelstürmer **Seite 322**

❹ ✷✷ Meru National Park
Die Heimat der Löwin Elsa zählt heute zu den artenreichsten Wildreservaten Kenias. **Seite 283**

❺ ✷✷ Rift Valley
Millionen Flamingos bevölkern die Sodaseen im gewaltigen Ostafrikanischen Grabenbruch. Ein Elektrozaun schützt die vom Aussterben bedrohten Nashörner im Rhino Sanctuary des Lake Nakuru. **Seite 216**

❻ ✷✷ Masai Mara
Kenias Nr. 1 mit den besten Chancen, die »Big Five« zu sehen. Ewiger Kreislauf: Millionen von Gnus und Zebras wandern jedes Jahr auf der Suche nach Wasser und Weideplätzen von der Masai Mara in die Serengeti und zurück. **Seite 270**

Top-Reiseziele • INHALT

❼ ★★ Serengeti
Nirgendwo sonst auf der Welt konzentriert sich mehr Großwild als in der Serengeti. Grzimeks »Platz für Tiere« ist längst UNESCO-Weltnaturerbe. Die alljährliche »Great Migration« ist die größte Wildtierwanderung der Erde.
Seite 377

❽ ★★ Ngorongoro Crater
Fotoshooting mit mächtigen Elefantenbullen, Löwen und Nashörnern in Afrikas größter Caldera
Seite 361

❾ ★★ Kilimanjaro
Schneebedeckt erhebt sich am Äquator der höchste Gipfel Afrikas.
Seite 185

❿ ★★ Tsavo West National Park
Größter Nationalpark – staubige Savanne, roter Laterit und dichte Akazienwälder
Seite 390

⓫ ★★ Lamu
Perle der arabischen Swahili-Städte. Schneeweiße Sandstrände säumen die paradiesischen Koralleninseln am Indischen Ozean.
Seite 241

⓬ ★★ Mombasa North Coast
In der milden Meeresbrise wiegen sich sanft schlanke Kokospalmen über azurblauen Wogen …
Seite 301

⓭ ★★ Mombasa South Coast
Tropische Traumstrände und Hotspot für Hochseeangler, Taucher, Segler und Kitesurfer
Seite 310

Lust auf …

… überwältigende Tierbegegnungen, romantische Plätze, handgemachte Mitbringsel, erholsame Strandtage oder neue Perspektiven? Entdecken Sie Kenia nach Ihren ganz persönlichen Interessen.

TIERE HAUTNAH
- **Lewa Wildlife Conservancy**
  Eines der letzten Refugien für die vom Aussterben bedrohten Nashörner
  Seite 202
- **Sheldrick's Orphanage** ▶
  Elefantenwaisen bei Nairobi zum Adoptieren – eine Freundschaft fürs Leben
  Seite 355
- **The Great Migration**
  Millionen Gnus und Zebras auf ihrer Suche nach Wasser und grünem Gras zwischen Serengeti und Masai Mara
  Seite 380

ROMANTIK
◀ **Frühstück im Busch**
  Spiegeleier, Frühstücksspeck und aromatischer kenianischer Kaffee unter einem Akazienbaum am Flussufer mitten in der Savanne
  Seite 126
- **Bitte sag »Ja«!**
  In den charmanten Cottages der Lewa Wilderness Trails feierten 2010 Prinz William und Kate Middleton ihre Verlobung.
  Seite 196
- **Candle-Light-Dinner**
  Auf einer Dhau dem Sonnenuntergang entgegensegeln. Einen schöneren Platz für den Sundowner als auf dem Meer vor Mombasa kann es kaum geben.
  Seite 293

Lust auf ... • INHALT

HANDGEMACHTES
- **Wood Carvers Cooperative**
  In Malindis Werkstätten entstehen aus Ebenholz, Teak und Mahagoni Figuren, die ihr Geld wert sind.
  Seite 258
- **Akamba Handicraft Centre** ▶
  Holztiere, Masken, Gefäße – alle Mitarbeiter sind am Gewinn des Kunsthandwerkerdorfes beteiligt.
  Seite 301
- **Utamaduni Crafts Centre**
  Specksteinfiguren, Safari-Outfit und Schmuck – auch Arbeiten von Selbsthilfegruppen und Streetkids
  Seite 339

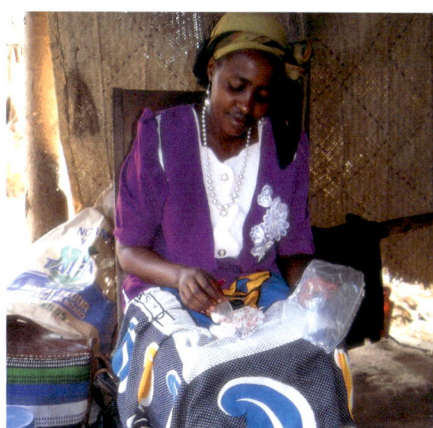

NEUE PERSPEKTIVEN
- ◀ **Im Ballon über die Masai Mara**
  Unvergessliche Eindrücke verspricht eine Fahrt im Heißluftballon über die Wipfel am Ufer des Mara-Flusses.
  Seite 142
- **Kamelsafari**
  Allein schon die eigenwilligen Lasttiere lassen jede Wanderung durch den Busch zu einem einmaligen Erlebnis werden.
  Seite 195

BEACH & BERGE
- **Abtauchen** ▶
  Mombasas vorgelagerte Korallenriffe mit ihrer farbigen Unterwasserwelt sind ein Taucherparadies.
  Seite 307
- **Diani Beach**
  Blau in allen Tönen schimmert das Meer südlich von Mombasa an Kenias schönstem Strand.
  Seite 310
- **Mount Kenya**
  Der heilige Berg der Kikuyu ist Traumziel für Bergsteiger und Wanderer abseits der Massen.
  Seite 322

INHALT • Inhaltsverzeichnis

HINTERGRUND

- 12 **Karibu!**

- 14 **Fakten**
- 15 Natur und Umwelt
- 16 *Kenia auf einen Blick*
- 26 *Special: The Big Five*
- 38 Bevölkerung · Politik · Wirtschaft
- 42 *Infografik: Vielvölkerstaat*
- 48 *Willkommen im Alltag!*

- 62 **Geschichte**
- 63 Von den Anfängen der Menschheit bis zum modernen Kenia

Faszinierend: die Offenheit und Herzlichkeit der Menschen

- 70 *Special: Freiheit für Kenia!*

- 78 **Kunst und Kultur**
- 79 Multikulturell verwurzelt

- 82 **Berühmte Persönlichkeiten**

ERLEBEN UND GENIESSEN

- 94 **Essen und Trinken**
- 95 Chakula heißt Essen
- 98 *Typische kenianische Gerichte*

- 104 **Feiertage · Feste · Events**
- 105 Feiern Sie mit!
- 106 *Special: Kameljockeys und Rallyefahrer*

- 110 **Mit Kindern unterwegs**
- 111 Kindheitsträume wahr gemacht

- 114 **Nationalparks und private Schutzgebiete**
- 115 Tiere hautnah erleben

- 128 **Shopping**
- 129 Kangas, Kikois & Kaffeebohnen

- 132 **Übernachten**
- 133 Feel at home!
- 134 *Special: Im Einklang mit der Natur*

Klein's Camp: Candle-Light-Dinner zum Sonnenuntergang in der Serengeti

140 Urlaub aktiv
141 Safari und noch viel mehr
146 ❗ *Special: Traumhafte Trekkingtouren*

TOUREN

152 Tourenübersicht
154 Unterwegs in Kenia
155 Tour 1: Best of Kenya & Tanzania
158 Tour 2: Klassiker für Einsteiger
160 Tour 3: Abseits ausgetretener Pfade
162 Tour 4: Landpartie auf kolonialen Wegen
163 Tour 5: Flugsafari: Kenia aus der Vogelperspektive

PREISKATEGORIEN
Restaurants
(Hauptgericht ohne Getränke)
€€€€ über 3000 Ksh
€€€ 2000 – 3000 Ksh
€€ 1000 – 2000 Ksh
€ bis 1000 Ksh

Hotels (DZ mit Frühstück)
€€€€ über 500 $
€€€ 300 – 500 $
€€ 100 – 300 $
€ bis 100 $

Hinweis
Wie in Kenia üblich, sind die Preise für Hotels und Nationalparks im Reiseführer in US-$ angegeben. Für Trinkgelder sollte man US-$ in kleinen Scheinen mitnehmen.

INHALT • **Inhaltsverzeichnis**

REISEZIELE VON A BIS Z

- 168 Aberdare National Park
- 175 Amboseli National Park
- *178 ❗ Infografik: Graue Giganten*
- 181 Kakamega Forest
- 185 Kilimanjaro National Park
- *192 ❗ 3D: Mount Kilimanjaro*
- 194 Laikipia & Lewa
- *200 ❗ Special: Nashörner mit Bodyguard*
- 203 Lake Baringo
- 206 Lake Bogoria National Reserve
- 207 Lake Magadi
- 209 Lake Manyara National Park
- 212 Lake Naivasha
- *216 ❗ 3D: Rift Valley*
- 219 Lake Nakuru National Park
- 224 Lake Turkana
- *228 ❗ Special: Geschöpfe der Vorzeit*
- 232 Lake Victoria
- 241 Lamu
- 254 Malindi
- 264 Maralal
- 268 Marsabit National Park
- 270 Masai Mara
- *278 ❗ Infografik: Zwischen Tradition und Moderne*
- 283 Meru National Park
- 288 Mombasa
- 301 Mombasa North Coast
- 310 Mombasa South Coast
- 318 Mount Elgon National Park
- 322 Mount Kenya National Park
- 331 Nairobi
- *358 ❗ Special: »Ich hatte eine Farm in Afrika ...*

Magischer Moment: der Anblick des gewaltigen Rift Valley

Inhaltsverzeichnis · INHALT

Sonne, Palmen, weite Strände – an Kenias Küsten werden Träume wahr.

- 361 Ngorongoro Conservation Area
- 368 ❗ *Infografik: Wiege der Menschheit*
- 370 Samburu & Buffalo Springs National Reserves
- 377 Serengeti National Park
- 380 ❗ *Special: Zeit zum Aufbruch*
- 388 Thika
- 390 Tsavo National Park

PRAKTISCHE INFORMATIONEN

- 404 Anreise · Reiseplanung
- 406 Ausgehen
- 407 Auskunft
- 409 Barrierefrei unterwegs
- 409 Elektrizität
- 409 Etikette
- 410 Geld
- 411 Gesundheit
- 416 Literatur & Film
- 419 Medien
- 419 Notdienste
- 421 Post und Telekommunikation
- 422 Preise und Vergünstigungen
- 422 Prostitution
- 422 Reisezeit
- 424 Sicherheit
- 424 Sprache
- 427 Toiletten
- 427 Verkehr
- 433 Zeit

- 434 Register
- 449 atmosfair
- 450 Bildnachweis
- 451 Verzeichnis der Karten und Grafiken
- 452 Impressum
- 454 Verlagsprogramm
- 456 ❗ *Kurioses Kenia*

HINTERGRUND

Wissenswertes über das faszinierende Land am Indischen Ozean, über seine einzigartige Tierwelt, seine Völkervielfalt und die Zeit als Kolonie, über 50 Jahre Unabhängigkeit und die neue Regierung unter Uhuru Kenyatta.

Karibu!

Rote, staubige Piste. Elefanten, Löwen und Giraffen. Buschland bis zum flimmernden Horizont ... »Karibu!« – »Willkommen!« in einem der letzten Wildparadiese dieser Erde. Kenia bedeutet endlose Weiten, aber auch dichte Regenwälder, palmengesäumte Sandstrände und steinige Halbwüsten, erloschene Vulkane und Schnee am Äquator. Kenia ist Drehpunkt Ostafrikas und Schmelztiegel unterschiedlichster Kulturen. Kommen Sie nach Kenia, entdecken Sie den Zauber Afrikas!

Die Samburu sprechen wie die Masai die Maa-Sprache.

Die ganze Nacht waren die Bushbabys aktiv. Markerschütternd haben die possierlichen Kleinen durch den Wald geschrien. Nun in den frühen Morgenstunden ziehen sie sich zum Schlafen zurück. Ablösung ist schon unterwegs: Aufgeregt krächzend verkünden die Tokos, dass es Zeit ist für einen neuen, spannenden Tag in der faszinierenden Natur Kenias. Wer einmal im Busch Ostafrikas erwacht nach einer Nacht im Zelt, erliegt dem Zauber dieses Landes. **»Africa is calling!«** – selbst zurück in Europa wird die Erinnerung hellwach, sobald ein bestimmter Duft in die Nase steigt, ein gewisses Geräusch an die Ohren dringt. Zeit, aufzustehen, neue Geheimnisse zu entdecken. Unvergleichliche Abenteuer warten schon.

DEN TIEREN SO NAH

Nur wenige Flugstunden trennen Europa von einer der **schönsten Landschaften der Erde**. Wer sich abends ins Flugzeug nach Nairobi oder Mombasa setzt, kann sein zweites Frühstück am nächsten Morgen schon im Busch zu sich nehmen oder auf türkisblaues Wasser an endlosen, weißen Sandstränden blicken. Unter den Akazien ist der Frühstückstisch gedeckt: karierte Tischdecke, Servietten, Kaffeearoma mischt sich unter die Düfte des üppigen Grüns. Das breite Blätterdach schützt vor den Sonnenstrahlen, die schon kurz nach dem Sonnenaufgang kräftig sind. Angenehme Kühle verströmt der nahe

Fluss. Gut gestärkt kann es auf die Pirsch gehen – im Landrover, zu Pferd oder noch besser zu Fuß. Einer der »Großen Fünf«, ein Kaffernbüffel, hat nachts das Zeltcamp inspiziert. Naserümpfend ist er weitergezogen. »Den Geruch von Menschen mögen sie nicht«, erklärt unser Guide. Na hoffentlich! Anfang des 20. Jh.s waren die »**Big Five**« – Elefanten, Büffel, Löwen, Leoparden und Nashörner – begehrte Trophäen der Großwildjäger. Abgeschossen wurde, was vor die Flinte lief. Fast hätte der gefährlichste von allen Jägern, der Mensch, den Untergang der edlen Tiere besiegelt. Heutige Besucher gehen mit der Kamera in Kenia auf Safari. Nirgendwo sonst auf der Erde ist die Dichte an Tieren so gigantisch wie in der Masai Mara, wenn alljährlich Ende September Millionen von Weißbartgnus und Zebras auf ihrer großen Wanderung in die Serengeti sind.

Graue Giganten: Kenias Dickhäuter stehen heute unter Artenschutz.

TRADITION UND MODERNE

Wie in einem Buch liest unser Samburu-Guide die Spuren auf dem Weg. Unterscheidet die Hinterlassenschaften von Elefanten, Löwen, Spitz- und Breitmaulnashörnern, lüftet das Geheimnis, das sich unter einem einzigen Stein verbirgt. In seinem roten Gewand ist unser Führer weithin in der Savanne zu sehen. Er trägt Stirnband, Halsketten und Armreifen aus der kunstvoll gefertigten Perlenarbeit, für die sein Volk berühmt ist. Neben dem Messerschaft hängt an seinem bunten Gürtel ein Handy, inzwischen auch in seiner Generation ein wichtiges Utensil. Längst mischen sich in Kenia Tradition und Moderne – während jedoch den wohlhabenden Menschen des **Vielvölkerstaates** die Welt offensteht, lebt über die Hälfte der Bevölkerung am Existenzminimum. Noch vor allen anderen hat unser Samburu den mächtigen Elefantenbullen entdeckt. Den Rüssel in der Luft zum Peilen, wittert der alte Einzelgänger, was im Gebüsch stecken mag. Gebannt schauen sich Mensch und Tier an. Fasziniert und regungslos die einen, vorsichtig abwartend der andere. »Keine Gefahr« beschließt der graue Riese schließlich und trottet gemächlich davon – gute Reise! »**Safari njema!**«

Fakten

Natur und Umwelt

Wann entstand der gewaltige Ostafrikanische Grabenbruch? Wer sind die »Big Five«? Wie versucht man das Problem der Wilderei zu bekämpfen? Wo leben Luo, Kikuyu und Masai?

Kenia lässt sich in **vier Großlandschaften** gliedern: die Küstenregion, das Nyika-Plateau, das Rift Valley mit dem Zentralen Hochland und das Becken des Viktoriasees. Dank ihrer Traumstrände ist die über 480 km lange **Küstenregion** eine Hochburg des Tourismus. Hier herrscht hohe Luftfeuchtigkeit, die Durchschnittstemperaturen liegen zwischen 20 und 30 °C. Sisal, Kokosnüsse, Mais, Maniok und Baumwolle wachsen an der von Mangroven und Palmen gesäumten Küste. Die vorgelagerten **Korallenriffe** mit exotischen Fischen, Muscheln und Krebsen sind ein Paradies für Taucher und Sportfischer.

Küstensaum am Indischen Ozean

Das dünn besiedelte Nyika-Plateau bedeckt drei Viertel des Landes. »Nyika« bedeutet in Swahili **»ödes Land«**. Entsprechend der geringen Niederschläge zwischen 250 und 750 mm reicht die Vegetation von Wüste und Halbwüste im Norden bis zur Trockensavanne an der Grenze zu Tansania. Nur vereinzelt ragen Berge wie die Taita Hills oder das Marsabit-Vulkanmassiv aus der Hochebene auf. Wegen des geringen Gefälles führen nur wenige Flüsse das ganze Jahr über Wasser. Ausnahmen sind der Athi und der **Tana**, Kenias längster Fluss.

Nyika-Plateau

Selbst vom Weltall aus ist der in Zentralkenia so augenfällig verlaufende **Ostafrikanische Grabenbruch** zu sehen. Dieses **Great Rift Valley** ist Teil eines weltweiten tektonischen Bruchs in der Erdrinde, der vor 200 bis 20 Mio. Jahren durch die **Kontinentalverschiebung** entstand. Gewaltige Kräfte im Erdinnern ließen die Erdkruste aufreißen, sodass die Oberfläche in parallelen Faltenwürfen absank. Erneute Bewegungen und das Ansteigen der Seitenwände über Jahrmillionen hatten gewaltige vulkanische Tätigkeiten in der Bruchzone zur Folge. Das 1893 erstmals von dem schottischen Geologen John Walter Gregory erforschte Rift Valley verläuft über 6440 km vom Jordan bis Mosambik und zerschneidet Kenia von Nord nach Süd. Seine Sohle liegt bis zu 1000 m unterhalb des Grabenrandes. Die markanten Steilabfälle zum Rift Valley werden als **»Escarpments«** bezeichnet. Am Grund des abflusslosen Tales haben sich stark **alkalische Seen** gebildet, heute ein Vogelparadies für riesige Flamingoschwärme. Größter dieser Seen ist der Lake Turkana mit 6400 km² Fläche.

Rift Valley und Zentrales Hochland

Elegantes Duo im Samburu National Park – der Name »Giraffe« stammt aus dem Arabischen und bedeutet »die Liebliche«.

Kenia auf einen Blick

▶ **Republic of Kenya**
Jamhuri ya Kenya

Lage:
Ostküste Afrikas

Fläche:
582 646 km²
(zum Vergleich:
Frankreich: **543 965 km²**)

Einwohner: **43 Mio.** (2012)
(zum Vergleich:
Deutschland: **81,9 Mio.**)

Größte Städte
(Agglomerationen):
Nairobi: **3,4 Mio.**
Mombasa: **1,1 Mio.**
Kisumu: **323 000**
Nakuru: **276 000**

Bevölkerungsdichte:
67 Einwohner/km²
Hauptstadt:
Nairobi

▶ **Staatsform**

Präsidialrepublik
Staatspräsident seit 2013:
Uhuru Muigai Kenyatta

▶ **Nationalflagge**

Schwarz steht für die afrikanische Bevölkerung, Rot für das im Unabhängigkeitskampf vergossene Blut, Grün für Kenia und die weißen Linien für Einheit und Frieden. Masai-Schild und Speere symbolisieren die Bereitschaft, für die Freiheit zu kämpfen.

▶ **Staatswappen**

Das Wappen zeigt den Schild der Masai mit einem beilschwingenden silbernen Hahn, dem Parteiabzeichen der KANU, den zwei speertragende Löwen halten. Sie erinnern an Kenias Kolonialemblem, den springenden Löwen. Darunter steht in Swahili »Harambee«, d.h. Zusammenarbeit.

Sprachen

Amtssprachen:
Englisch und Swahili,
weitere Bantusprachen,
nilotische und kuschitische
Sprachen

Wirtschaft

Bruttoinlandsprodukt:
32,6 Mrd. € (2012)

Wichtige Wirtschaftszweige:
Landwirtschaft, Tourismus

Hauptexportgüter:
Tee, Blumen, Kaffee,
Re-Exporte auf Erdölbasis,
Fisch, Zement

Anteil der Wirtschaftssektoren

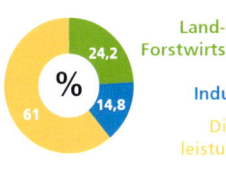

- Land- und Forstwirtschaft
- Industrie
- Dienstleistungen

Klimastation Nairobi

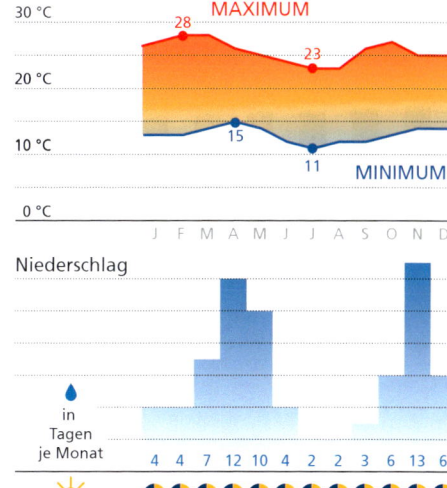

Durchschnittstemperaturen

MAXIMUM — 28, 23
MINIMUM — 15, 11

Niederschlag

in Tagen je Monat: 4 4 7 12 10 4 2 2 3 6 13 6

in Sonnenstunden je Tag: 9 9 9 7 6 5 4 4 6 7 7 8

J F M A M J J A S O N D

Klimazonen und Regenzeiten

Ostafrikas große Regenzeit dauert von März bis Juni, die sogenannte kleine Regenzeit von Ende Oktober bis Mitte Dezember.

Klimazonen
Regenfälle jährlich

- **Seebecken** über 1000 mm
- **Mittelgebirge** 750 – 2000 mm
- **Halbdürre und Tropen** 250 – 1000 m
- **Halbwüste und Wüste** 100 – 250 mm
- **Küstenlinie** 500 – 1250 mm

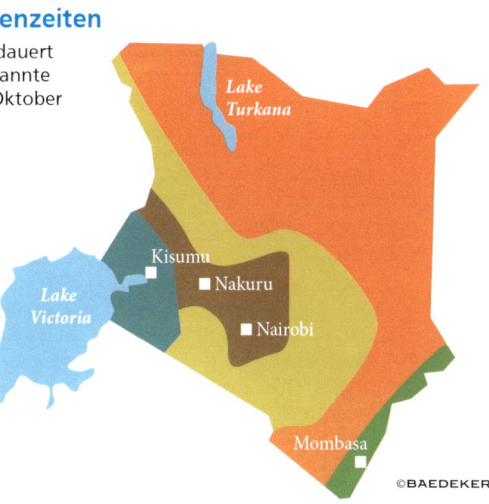

©BAEDEKER

Der Lake Turkana liegt 400 m über dem Meeresspiegel im heißen, ariden, nur spärlich von Nomaden besiedelten Nordwesten des Landes. Hier ist der Grabenbruch 300 km breit, am Lake Baringo nur noch 60 km. Das östlich und westlich angrenzende **Zentrale Hochland** beginnt auf 1500 m – höchste Erhebung ist der Mount Kenya mit 5199 m. Äußerst fruchtbar ist das Gebiet nördlich von Nairobi zwischen Eldoret, Nakuru und Nyeri. Bis auf eine Höhe von 2500 m wird das Gebiet heute landwirtschaftlich intensiv genutzt.

Viktoriasee-Becken
Am drittgrößten Binnensee der Welt, dem 68 000 km² großen **Lake Victoria**, hat Kenia nur einen kleinen Anteil von 3755 km². Gefahr droht dem nur bis 85 m tiefen See durch das explosionsartige Wachsen blaugrüner Algen, die, wenn sie absterben und verrotten, Sauerstoff verbrauchen, der anderen Pflanzen und Tieren fehlt. Zum Problem wird seit Mitte der 1980er-Jahre eine aus Südamerika eingeschleppte Wasserhyazinthe. Das **dicht besiedelte Umland** des Viktoriasees bildet ein weites Becken. Das wegen der starken Verdunstung warm-feuchte Klima ermöglicht eine üppige Vegetation und ist Grundlage für intensiven Ackerbau.

Lebensadern
Mit 604 km ist der **Tana River** der längste Fluss Kenias. Er entspringt an den regenreichen Hängen des Mount Kenya und fließt zu 90 % durch Trockengebiete. An seinen Ufern gibt es einige Bewässerungsprojekte, der obere Mittellauf wird für Stromerzeugung gestaut. Im Mau Escarpment entspringt der **Mara River**, der die Masai Mara mit Wasser versorgt, bevor er in den Lake Victoria mündet. Lebensader im trockenen Norden ist der **Ewaso Ngiro River**, der in den Aberdares entspringt. Durch Dürre und da für Bewässerung immer mehr Wasser abgezweigt wird, haben manche Flüsse besorgniserregend niedrige Pegelstände und trocknen z. T. für mehrere Monate aus – mit verheerenden Folgen für Mensch und Tier.

Natur- und Umweltschutz
Jagd aus Prestige- und Trophäensucht anstelle von Nahrungssuche führte dazu, dass schon Anfang des 20. Jh.s verschiedene Großwildarten vom Aussterben bedroht waren. Durch die Ausweitung der Acker- und Weideflächen wurde der natürliche Lebensraum wilder Tiere immer kleiner. 1946 entstand der erste Nationalpark – am Rande der Hauptstadt Nairobi. Ein Jahr später wurde der Amboseli National Park gegründet, 1948 folgten Masai Mara und Tsavo. Insgesamt stehen heute über **50 000 km² unter Naturschutz**, d. h. rund 10 % der Landfläche Kenias. Der Besuch der Nationalparks und privaten Schutzgebiete ist ein faszinierendes Erlebnis. Doch der **Safaritourismus** ist auch ein großes Problem. 80 bis 120 Minibusse am Tag sind in Tsavo West, Amboseli, Lake Nakuru und dem östlichen Teil der Masai Mara keine Seltenheit. Trotz der hohen Strafe von mindestens € 100 halten sich nicht alle Fahrer an die Vorschriften und fah-

Tamarinden, Doumpalmen und Akazien säumen die Ufer des Ewaso Ngiro River, der Lebensader im trockenen Norden Kenias.

ren auf den Pisten. Die Tiere werden immer wieder aufgescheucht – in der Trockenzeit, wenn sie geschwächt sind, hat das für viele tödliche Folgen. Zu viele Minibusse zerstören die dünne Grasnarbe, Sträucher werden niedergewalzt, Abfall aus den Autos geworfen. 2002 führte Kenia die Nationale Umweltbehörde **National Environmental Management Authority** (NEMA) ein. Durch sie werden Bauvorhaben und Landnutzungsänderungen geprüft. Ökotourismus kommt in Kenia eine wachsende Rolle zu. Zunehmend werden Unternehmen mit dem von Ecotourism Kenya geförderten Eco-Warriors Award für umweltbewusstes Handeln ausgezeichnet. Naturschutz wird mehr und mehr auch Sache der Afrikaner. Die Erfolge von **Laikipia und Lewa**, wo alle vom nachhaltigen Safaritourismus profitieren, sprechen für sich und lassen andere Regionen nachziehen.

Ein weiteres Problem ist die Wilderei. Anfang der 1970er-Jahre verringerte sich Kenias Nashornpopulation dadurch von 20 000 auf 350 Tiere. Ähnlich erging es den Elefanten. Von ehemals 120 000 Tieren wurden fast 85 % hingemetzelt. Einschneidende Veränderungen kündigten sich an, als **Richard Leakey** (▶Berühmte Persönlichkeiten) Direktor des Wildlife Department wurde. Auf sein Betreiben hin wurde 1990 die paramilitärische Naturschutzbehörde **Kenya Wildlife Service** ins Leben gerufen. Mit professionell ausgerüsteten Einheiten begann ein harter Kampf gegen die Wilderei. In gefährdeten Gebieten erhielt fast jedes Nashorn seinen eigenen Leibwächter.

Wilderei

2013 feierte das **Washingtoner Artenschutzabkommen** sein 40-jähriges Jubiläum, das 1990 den Handel mit Elfenbein und Nashorn verbot. Das Vorgehen zeigte Erfolge. Doch heute werden aufgrund der wachsenden Nachfrage in Asien Nashörner und Elefanten gejagt wie seit Jahrzehnten nicht mehr. Rekordpreise erzielen Elfenbein für Luxusgüter und Rhinohorn als Wundermittel für die Potenz oder gegen Krebs. Enorme Profite locken international vernetzte, hoch bewaffnete Wildererbanden an (▶Baedeker Wissen S. 200).

Umweltprobleme
Überweidung und damit verbundene Versteppung weiter Gebiete und **Brandrodung**, um neue Felder zu schaffen, sind die größten Umweltprobleme. Verstärkt werden sie durch ein **rapides Bevölkerungswachstum**. Mit fast 2,3 % liegt Kenia weltweit an der Spitze. Seit 1948 hat sich die Bevölkerung auf rund 43 Mio. Menschen mehr als verachtfacht. Experten gehen davon aus, dass sie sich bis 2030 noch einmal verdoppelt. Schon heute sind die Böden durch intensiven Ackerbau und Überweidung ausgelaugt. Um neues Land zu gewinnen, werden trotz aller Verbote Wälder abgeholzt. Das Land verliert dadurch wichtige Regenfänger, ein Grund für die große Dürre 2009. Brunnenbohrungen verbessern die Lebensbedingungen der Hirten und Nomaden. Da die Geburtenrate steigt, muss das Einkommen durch Viehherden vergrößert werden und braucht so mehr Weideland. Die **Grenzen der Belastbarkeit** aber sind längst überschritten. Die Verwüstung schreitet voran. Das Dilemma besteht darin, den Kenianern klarzumachen, dass sie ihre Lebensgrundlage vernichten, indem sie die Natur ausbeuten, um zu überleben.

Harte Arbeit: Ausschließlich Frauen und Mädchen sammeln Brennholz.

Als die Umweltschützerin **Wangari Maathai** (▶Berühmte Persönlichkeiten) 1977 die **»Grüngürtel-Bewegung«** ins Leben rief, setzte sie auf ihre Geschlechtsgenossinnen. Wichtigste Grundlage dieses Ökoprojekts bilden **Baumschulen**, die über das ganze Land verteilt fast überwiegend von Frauen geführt werden. Weil sie »als betroffene Mütter und Ernährer ihrer Familien am besten um die Bedeutung einer gesunden Umwelt wissen«, so Maathai. Sie tragen aber auch durch das Sammeln von Brennholz zur Versteppung des Landes bei. 1930 bestanden noch 30 % des Landes aus Wäldern, heute sind es noch 6 %. Etwa 3000 Beraterinnen bildete die Gründgürtel-Bewegung schon vor Ort aus. Sie unterweisen Frauen auf dem Land, wie heimische Bäume gezüchtet werden. Das geplante Ziel von 15 Mio. Bäumen hat die Grüngürtel-Bewegung bereits weit überschritten.

Greenbelt Movement

REGENWALD, WÜSTEN UND SAVANNEN

Kenia hat das ganze Jahr über eine bunte, prachtvolle und **vielfältige Vegetation** zu bieten. Über 11 000 Pflanzenarten sind registriert, von winzigen Blumen bis zu riesigen Bäumen. In den Genuss des Blütenzaubers aber gelangt man fast ausschließlich in öffentlichen Parks und Gärten von Hotels, wo künstliche Bewässerung den Wassermangel der trockenen Jahreszeiten wettmachen kann. Die meisten blühenden Gewächse wurden importiert. Der **purpurfarbene Jacarandabaum**, der viele städtische Straßen schmückt, und die in zahlreichen Farben blühende **Bougainvillea** stammen aus Südamerika, der **Hibiskusstrauch** aus China, Rosen und Margeriten aus Europa. Der natürliche Pflanzenbewuchs in freier Wildnis besitzt weit weniger Farbintensität und Leuchtkraft. Diese Pflanzen mussten Schutzmechanismen entwickeln, um die sengende Äquatorsonne und lange Dürrephasen überstehen zu können: wachsartigen Überzug der Blätter gegen zu starke Verdunstung, dicke Blätter und Stämme zur Wasserspeicherung, Abwurf von Blüten und Laub, um Wasser zu sparen.

Farbenfrohes Blütenmeer

In Kenia existieren nur noch winzige Regenwälder im Kakamega Forest und nördlich des unteren Tana River. Die **immergrünen Feuchtwälder** überwältigen durch ihre Pflanzenvielfalt mit rund 500 Baumarten und 800 weiteren Holzgewächsen. Die hellrindigen Regenwaldbäume bilden in 20 bis 30 m Höhe ein geschlossenes Kronendach, durch das nur wenig Sonnenlicht auf den Waldboden dringt. Manche **Baumriesen** können bis zu 60 m emporragen. Jeder Baum weist eine Menge von **Epiphyten** auf, Pflanzen, die bei selbstständiger Ernährung auf anderen Pflanzen gedeihen, vor allem Orchideen, Farne, Mooskräuter und Bärlappgewächse. Ihre Blüten sind mangels Sonnenlicht meist von bleicher Farbe.

Tropischer Regenwald

HINTERGRUND • Natur und Umwelt

Hochland- und Bergwälder

Aufgrund der bis zu 2300 mm **hohen Niederschläge** im Hochland beiderseits des Grabenbruchs und auf den Bergen gibt es hier ausgedehnte Wälder. In den tieferen Lagen gedeihen auch Hölzer, die nicht zur ursprünglichen Flora der Region zählen wie australische Eukalypten; und es werden dort zur Brenn- und Bauholzgewinnung Nadelbäume angepflanzt. Zwischen 2200 m und 3300 m wächst ein einigermaßen intakter Wald. Auffälligstes Gewächs in diesen Höhen ist der **Bergbambus**, der mindestens 2000 mm Niederschläge benötigt und mancherorts, wie am Mount Kenya und in den Aberdares, bis zu 15 m hoch werden kann. Zudem findet man hier den 5 – 15 m hohen **Kosobaum**, ein Rosengewächs, zusammen mit Sträuchern und Kräutern wie Johanniskraut, Brombeere, Veilchen und Ampfer. An den Berghängen im Regenschatten gedeihen **Koniferenwälder**. Im **Nebelwald** finden sich Bäume mit einem Gewirr herabhängender Lianen und Flechten. Über dem Waldgürtel breitet sich das **Moorland** mit Erika- und Proteenbeständen aus, die sogar noch in 4000 m Höhe anzutreffen sind. Zwischen 3500 und 4500 m erstreckt sich die **afro-alpine Pflanzendecke**, die nach oben hin immer dünner wird und in der Horstgräser, Frauenmantelgewächse, Glockenblumen und Korbblütler dominieren. In den höher liegenden Geröllhalden sind nur noch wenige Flechten und Moose anzutreffen.

BAEDEKER WISSEN ?

Der Katstrauch

Anbaugebiet der **Miraa**-Pflanze, im arabischen Raum als Khat bekannt, ist die Gegend am Meru. Für die Bauern ist es ein lohnendes Geschäft. Die jungen Triebe und Blätter werden auch in Kenia gekaut, aber Hauptabnehmer ist das Nachbarland Somalia. Täglich fahren Lastwagen mit der frisch gepflückten und schnell verderblichen Ware nach Nairobi, um von dort per Flugzeug nach Somalia gebracht zu werden. Leider zahlen diese auch hin und wieder mit Waffen statt Geld, woraufhin die kenianische Regierung den Verkauf manchmal wochenlang stoppt. Miraa hat eine aufputschende Wirkung, führt jedoch zur Sucht.

Wüsten

Reine Wüstenvegetation gibt es nur in der **Chalbi Desert** östlich des Turkana-Sees mit Niederschlägen unter 250 mm. In diesem lebensfeindlichen Raum wachsen nur noch einige besonders widerstandsfähige Grasarten und Wüstenbüsche. An trockenen Flussläufen, wo Grundwasser vorhanden ist, stehen noch vereinzelt Akazien, aber höchstens 2–3 m hoch. In der **Halbwüste**, die in Kenia fast zwei Drittel des Landes bedeckt, fallen 250–400 mm Niederschläge pro Jahr. Hier herrscht **Wüsten-Grasbusch** vor: 3 – 5 m hohe Akazien, Commiphoren und verschiedene Dornbüsche. Akazien sind mit 40 Arten vertreten, vom kleinen Dornenbusch bis zum riesigen Fieberbaum. Typisch für die Halbwüste ist die **Flötenakazie**. So genannt, weil die Samenschoten, die in weichem Zustand von Ameisen ausgehöhlt werden, pfeifende Geräusche erzeugen, wenn der Wind durch

Endlose Ebenen: In den weiten Savannen der Masai Mara spenden
Schirmakazien nur spärlichen Schatten für die wandernden Wildtiere.

die perforierte Schale bläst. Die **Doumpalme** ist vor allem an Flüssen
zu finden, z. B. in der Samburu. Doumpalmen sind übrigens die einzigen Palmen mit »Ästen«: Ihre langen, schlanken Stämme teilen sich
regelmäßig in zwei Arme. Der Boden der Halbwüste ist während der
Trockenzeit gelbbraun, nur wenn Niederschläge fallen, zeigt die
trostlose Ebene für kurze Zeit eine wahre Blumenpracht.

Charakteristisch für Mittel- und Südkenia sind mittelhoher Graswuchs und die **Schirm- und Flötenakazien**. Zuweilen treten Galeriewälder aus gelbrindigen **Fieberakazien** auf. Ihren Namen erhielten sie von den ersten weißen Siedlern, die sich zum Schutz vor der
sengenden Sonne gern unter diese Schattenspender zurückzogen
und Malaria bekamen. Es dauerte einige Zeit, bis man erkannte, dass
nicht der Baum der Infektionsträger war, sondern die Malariamücke – denn die Fieberbäume wachsen in der Nähe von Wasser, dem
Brutgebiet der malariaübertragenden Anophelesmücke. Südlich des
Mount Kenya und am Lake Victoria dominieren hoher Graswuchs
und 3 – 5 m hohe Bäume, darunter viele Commiphora-Arten. In den
Feuchtsavannen kann das Gras bis zu 2 m hoch wachsen, sind die
Bäume größer und bilden zuweilen kleine Waldinseln.
An der Küste und in Höhen bis zu 1000 m tritt vereinzelt der **Baobab**
(Affenbrotbaum) auf mit relativ kurzem, aber extrem dickem Stamm

Baum- und Grassavannen

und weit ausladender Krone. Der Baobab kann über 20 m hoch und mehrere Hundert Jahre alt werden. Er ist in der Lage, große Wassermengen zu speichern. Die Früchte werden vor allem von Elefanten und Pavianen verzehrt. Da die Rinde sehr leicht, weich und porös ist, wird sie auch als Schwimmer an Fischernetzen benutzt

Wie alle Wolfsmilchgewächse enthält die kaktusähnliche **Kandelabereuphorbie** große Mengen an weißem, extrem giftigem Latex – schon ein Tropfen kann zum Erblinden führen oder die Haut verbrennen. Der Baum wird traditionell als Viehzaun gepflanzt, weil Raubtiere nicht versuchen, diese giftige Hecke zu durchbrechen. Begehrte Nahrung von Giraffen sind die Früchte des **Leberwurstbaums** (▶Baedeker Wissen S. 280).

Küstenregion In den Sümpfen der Gezeitenküste gedeihen **Mangrovenwälder**, deren breite Stelzwurzeln auch im weichen Schlamm festen Halt geben. Mangroven dienen als Baumaterial und zur Gewinnung von Holzkohle. Weite Flächen der Küstenregion werden von Kokos- und Zuckerpalmwäldern, von Plantagen mit Sisal und Cashewnussbäumen bedeckt. Die **Kokospalme** hat vielerlei Nutzen: Aus der Nuss gewinnt man flüssige und feste Nahrung, aus den groben Fasern Seile und Matten, aus der Schale wird Brennmaterial erzeugt, die Blätter eignen sich als Hausdächer, der Stamm kann beim Hausbau eingesetzt werden, und aus den Früchten lässt sich auch Schnaps brennen.

Junge Geparde leben mindestens 18 Monate bei ihrer Mutter.

Natur und Umwelt • HINTERGRUND

EIN PARADIES FÜR TIERE

So vielfältig wie die Landschaft, so **überwältigend ist Kenias Tierreichtum.** Viele Tiere haben sich auf einen bestimmten Lebensraum spezialisiert, andere kommen in mehreren Regionen vor. In Kenia gibt es mehr als 400 Arten von Säugetieren, über 1000 verschiedene Vogelarten und fast 300 Reptilienarten.

Unermesslicher Artenreichtum

Der tagaktive Gepard mit langen Beinen, schlankem Körper, goldgelbem schwarz gepunkteten Fell und schwarzen Tränenspuren im Gesicht ist **das schnellste Landtier der Welt.** Beim Verfolgen von Thomsongazellen und Impalas kann er bis zu 120 km/h erreichen. Nach 400 m geht ihm allerdings die Puste aus. Geparde bringen drei bis fünf Junge zur Welt, die nicht selten Löwen und Hyänen zum Opfer fallen. Weibchen leben allein, außer wenn sie Junge führen. Verbrüderte Männchen formen dagegen lebenslange Jagdgemeinschaften, um zu überleben.

Geparde

Ebenso faszinierend, aber meistens schwerer zu entdecken sind die Kleinkatzen wie die getigerte **Wildkatze** mit rotbraunen Ohren. Lange schwarze Ohrbüschel verleihen dem **Karakal** sein unverkennbares Aussehen – dank seiner kräftigen Hinterläufe kann der Wüstenluchs bis zu 3 m hoch springen und Vögel sogar im Flug erbeuten. Auch der scheue schwarz gefleckte **Serval** erlegt Vögel. Mit seinen hohen Beinen ist er aber vor allem darauf spezialisiert, kleine Nagetiere in hohem Gras zu jagen.

Kleinkatzen

In der offenen Savanne kann man häufig die fuchsgroßen **Schabrackenschakale** beobachten mit einem breiten schwarzen Streifen auf dem Rücken. Der Goldschakal hat eine gelbliche oder leicht rötliche Tönung, der Streifenschakal ein graues Fell mit schwarzweißen Streifen an den Seiten. Schakale ernähren sich von kleineren Säugetieren, Reptilien, Insekten und Früchten.

Schakale

Der vom Aussterben bedrohte Wildhund mit trichtergroßen Ohren hat ein schwarzes Fell mit braunen, weißen und senffarbenen Flecken. Wildhunde jagen in der Savanne in Rudeln von bis zu 60 Tieren. Sie besitzen genug Ausdauer, ihre Beute auch über größere Distanzen zu hetzen. Wildhunde haben ein **ausgeprägtes Sozialverhalten**: So fletschen sie nie die Zähne gegeneinander, kümmern sich liebevoll um den Nachwuchs und pflegen auch kranke Rudelmitglieder, bis sie wieder gesund sind. **Löffelhunde** sind nachtaktiv. Mit ihren riesigen Ohren und langen Beinen sind sie meist als Paar oder in Familienverbänden unterwegs. Sie ernähren sich von Insekten, Vogeleiern sowie Früchten. Ihre 48 spitzen Zähne sind bestens geeignet, Termiten zu fangen, in deren alten Hügeln sie auch leben.

Afrikanische Wildhunde

Die Großen Fünf

The Big Five

Der Begriff »Die Großen Fünf« stammt aus der Kolonialzeit, als »White Hunters« wie Denys Finch Hatton, Bror Blixen und die Cottars mit internationaler Prominenz auf Großwildjagd gingen. Gemeint waren damit die begehrtesten Trophäen von Löwe, Leopard, Büffel, Nashorn und Elefant. Seit 1977 ist in Kenia die Jagd verboten. Aber auch heute noch werden »The Big Five« bevorzugt gejagt – von Touristen mit Kameras.

König der Tiere

Der Löwe ist die **größte Raubkatze Afrikas**. Das Männchen kann eine Schulterhöhe von 120 cm und ein Gewicht von 225 kg erreichen. Löwen leben als einzige Katzen in **Rudeln** mit bis zu 30 Tieren in einem begrenzten Territorium, vorwiegend in der Savanne. Das Weibchen zieht die Jungen groß und erlegt etwa 90 % der Beute. Gejagt wird meist im Dunkeln oder in den Morgenstunden. Dabei treiben die **Löwinnen** das jeweilige Opfer – Gnu, Zebra, auch Büffel – auf versteckte Artgenossen zu, die es mit einem Genick- oder Kehlbiss töten. Die zwei oder drei Männchen eines Rudels beteiligen sich zwar kaum an der Jagd, dürfen aber zuerst fressen. Dann folgen die ranghöchsten Weibchen, die Kleinen müssen nehmen, was übrig bleibt. Die Folge: Nur etwa ein Drittel der Löwenjungen wird erwachsen. Aufgabe des **Löwen**, der sich von den Weibchen durch die größere Statur und die langhaarige, dunkelbraune oder auch schwarze Mähne unterscheidet, ist der Schutz des Rudels. Mit drei Jahren müssen die männlichen Tiere das Rudel verlassen. Sie ziehen dann oft mit Altersgenossen aus dem gleichen Rudel in Kleingruppen umher, bis sie sich selbst ein Rudel erkämpfen. In der Regel führt ein Männchen die Kontrolle über ein Rudel nur zwei bis drei Jahre, bis er selbst wieder von einem jüngeren und stärkeren Löwen vertrieben wird. Viele männliche Löwen sterben als Einzelgänger.

Graue Giganten

Der **Elefant** ist mit einem Gewicht von 4 – 6 t und einer Schulterhöhe bis zu 3,4 m das **größte Landsäugetier der Welt**. Eigentlich hat er nur einen Feind: den Menschen. Und der stellte ihm bis in die 1980er wegen der kostbaren Elfenbeinstoßzähne unbarmherzig nach. Mittlerweile erholen sich die **unter Schutz** gestellten Bestände wieder. Allerdings gibt es erneut Probleme mit den Menschen. Die Dickhäuter sind es seit alters her gewohnt, ungehindert umherzuziehen. Doch mit der wachsenden Bevölkerung und dem zunehmenden Bedarf an Ackerland wurden alte Wanderwege der Elefanten abgeschnitten und die Lebensräume der Pflanzenfresser erheblich reduziert. Waren 1925 noch 90 % von Kenia Elefantengebiet, sind es heute weniger als 20 % (▶Baedeker Wissen S. 178).

Elefanten sind erstaunlich **intelligent** und **sehr sozial**. Eine Elefantenherde, die zehn und mehr Tiere umfasst, besteht aus Kühen und Kälbern, wobei in der Regel die älteste Elefantenkuh die Führung innehat. Babys, die ihre Mutter verlieren, werden meist sofort von einem anderen Muttertier umsorgt. Während die Elefantenkühe ihr Leben lang in den Herden bleiben, müssen Elefantenbullen mit ca. 12 Jahren, wenn sie geschlechtsreif werden, die Familien verlassen. Sie bilden dann lose Gruppen von **Junggesellen** oder fristen alleine ihr Dasein. Nur zur Paarung dürfen Bullen in die Herde zurück. Elefanten können über 70 Jahre alt werden. Sie benötigen täglich bis zu 180 kg Futter und 230 l Wasser. Mit seinem feinfühligen **Rüssel** riecht, isst, trinkt, säubert sich und kommuniziert der Elefant. Sechsmal bekommt ein Elefant in seinem Leben neue Zähne. Sind diese verbraucht, muss er verhungern. Mit seinen **Stoßzähnen** beseitigt er Hindernisse oder gräbt in ausgetrockneten Flussbetten nach Wasser, wovon auch andere Wildtiere profitieren. Elefanten sind fähig zur **Trauer**: Mehrfach schon wurden Elefantenkühe beobachtet, die ihr totes Baby vier Tage mitschleppten, bevor sie es unter Zweigen begruben. Bekannt sind auch die Bilder von den Elefanten, die tagelang neben dem verstorbenen Leittier trauernd verharren.

Mächtige Muskelpakete

Der **Kaffernbüffel** ist das einzige Wildrind in Afrika. In Kenia lebt er fast überall, allerdings meidet er

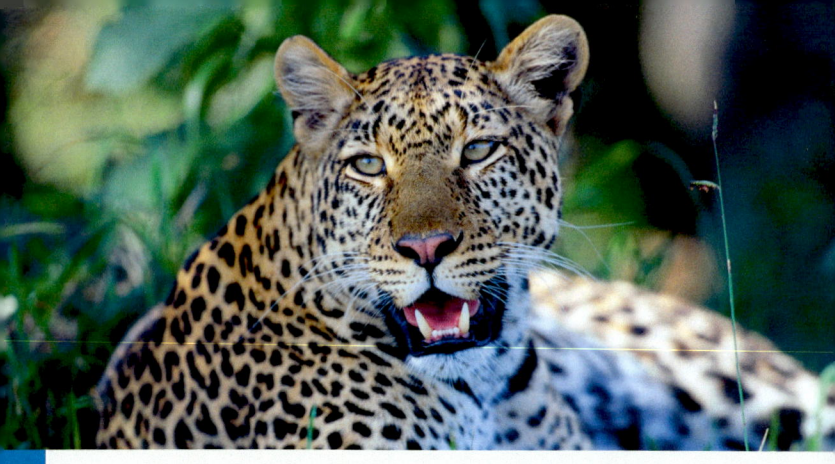

die ausgesprochenen Trockengebiete, da er einen täglichen Nahrungsbedarf von einem halben Zentner Grünfutter hat und bis zu 40 l Wasser am Tag benötigt. Ständig auf der Suche nach frischem Grün durchwandern Büffelherden, die aus 200–300 Tieren bestehen können, ihr Heimatgebiet, das je nach Landstrich und Vegetation zwischen 100 und 1000 km² umfasst. Kaffernbüffel erreichen eine Schulterhöhe von 1,70 m und bringen bis zu 1000 kg auf die Waage. Von den Afrikanern werden diese Muskelpakete mit den mächtigen, **ausladenden Hörnern** weit mehr als die Löwen gefürchtet. Sie gelten als unerschrocken und angriffslustig. Ihre zwei größten Feinde – der Löwe und der Mensch – bekommen das oft genug zu spüren. Vor einer angreifenden Büffelherde nimmt auch das größte Löwenrudel Reißaus. In der Herde bilden die Büffel – zumindest für den Menschen – sehr selten eine Gefahr. Wirklich gefährlich sind die einsamen, von der Herde ausgestoßenen alten Bullen, deren gewaltige Hörner einen Menschen ohne Weiteres aufschlitzen können.

Einsamer Jäger

Im Gegensatz zum Löwen ist der gefleckte, bis zu 60 kg schwere und 70 cm hohe **Leopard** grundsätzlich ein Einzelgänger. Er kommt in allen Landschaftsteilen Kenias vor, sogar in Vororten von Nairobi ist er schon gesichtet worden. Dank seines sandfarbenen Fells mit den schwarzen ringförmigen Flecken, das ihn hervorragend tarnt, und da er **überwiegend nachts aktiv** wird, bekommt man ihn aber nur sehr selten zu Gesicht. Wie die Löwen lebt auch der Leopard in einem bestimmten Territorium, das sich jedoch nicht selten mit dem Jagdbereich anderer Artgenossen überschneidet, sodass es an den Grenzen oft zu blutigen Auseinandersetzungen kommt. Eine Leopardin wirft nicht mehr als drei Babys, die etwa ein Jahr bei der Mutter bleiben. Sobald die Jungen selbst jagen können, suchen sie sich ein eigenes Jagdterritorium. Leoparden können Gazellen und Paviane töten, begnügen sich aber auch mit Vögeln, Ratten oder Mäusen. Oft schleppen sie eine erlegte Gazelle, die genauso viel wiegt wie sie selbst, in die

Zweige eines Baumes hinauf, wo sie tagsüber schlafen, um ihre Beute vor Löwen, Hyänen und Aasgeiern in Sicherheit zu bringen. Von diesem Fang, dem immer weicher werdenden Fleisch, ernähren sie sich dann tagelang.

Black & White

In Kenia gibt es zwei Arten von Nashörnern: das Spitzmaulnashorn (Black Rhinoceros) und das Breitmaulnashorn (White Rhinoceros). Der englische Name ist vermutlich eine falsche Übersetzung von »wide« für sein charakteristisches breites Maul. Das **Breitmaulnashorn** ist das größte aller heute lebenden Nashornarten. Es ist bis zu 5 m lang, erreicht eine Schulterhöhe von 1,8 m und bringt stattliche 1800 – 2700 kg auf die Waage. Mit seinem breiten Maul grast es morgens und abends. Mittags und nachmittags ist Dösen angesagt. Das **Spitzmaulnashorn** ist mit max. 3,8 m Länge, einer Schulterhöhe von kmapp 1,7 m und einem Gewicht zwischen 800 und 1350 kg um einiges kleiner. Es lebt von Blättern, Ästen, Zweigen, Rinde und Dornen, die es mit seinem spitzen Maul gut abknabbern kann.

Im Gegensatz zum Breitmaulnashorn, das in Kleingruppen von zwei bis fünf Tieren lebt, ist das eher scheue und aggressive Spitzmaulnashorn ein absoluter Einzelgänger. Ausnahme: Mutter und Kind, die zwei bis vier Jahre zusammenbleiben. Ständiger Begleiter von Nashörnern ist der **Zeckenvogel**, der seinem Wirtstier die Zecken herauspickt und mit großem Geschrei vor Gefahr warnt (▶Baedeker Wissen S. 200).

The Small Five

Sie standen nie auf der Abschussliste der Großwildjäger, dennoch sind die »Kleinen Fünf« nicht weniger spektakulär: Die Nase von **Elefantenspitzmäusen**, aus der Familie der Rüsselspringer, ist bis zu 30 cm lang. Sie können fast 1 m hoch springen. Die wunderschön gezeichneten **Leopardenschildkröten** werden bis zu 100 Jahre alt. Männliche **Nashornkäfer** haben ein nach hinten geschwungenes Horn, weibliche ein kleines glattes Hornschild. Im Vergleich zu ihrem Körpergewicht gehören sie zu den stärksten Lebewesen der Welt. Nur knappe 24 cm groß sind die geselligen **Büffelwebervögel**, die ihre Nester gern in Akazienbäume bauen. Kleinstes Mitglied im Klub der »Small Five« ist der **Ameisenlöwe**, die Larve der Ameisenjungfer, die kegelförmige Trichter in den Wüstensand gräbt, um Ameisen zu fangen, die sie zuerst aufspießt, um sie dann auszusaugen.

Hyänen Die Räuber mit dem gedrungenen Körper und dem kräftigen Gebiss jagen nachts in wohlorganisierten, von Weibchen angeführten Rudeln sogar große und gesunde Gnus, Zebras und Gazellen. Hyänen hetzen ihre Opfer, verbeißen sich in sie und fallen schließlich gemeinsam über das verletzte Tier her. Selbst die Knochen ihrer Opfer können sie verdauen. Aasfresser sind Hyänen nur am Tage, und auch nur dann, wenn die nächtliche Jagd erfolglos war. Die Jungtiere, die ein Jahr gesäugt werden, wachsen in der Gemeinschaft auf. Die Größte und am weitesten verbreitet ist die **Tüpfelhyäne**, die im offenen Grasland in Clans mit bis zu 80 Tieren lebt. Als Baby sind sie schwarz. Streifenhyänen kommen nur im trockenen Norden Kenias vor.

Primaten In Kenia lebt rund ein Dutzend Affenarten. **Paviane** sind weit verbreitet, wo es in der Nähe Wasser gibt; in Großgruppen wagen sie sich auch in baumlose Savannen vor. Geführt werden die Rudel von starken Männchen, die die Herde im Fall einer Gefahr auch verteidigen müssen. Zur Nachtruhe ziehen sie sich in Felsen und Bäume zurück, um sich vor nachtaktiven Leoparden und Hyänen in Sicherheit zu bringen. Die kleinen Paviane halten sich am Bauch der Mutter fest, ab sechs Wochen reiten sie auf ihrem Rücken wie Jockeys. In der Savanne und an Waldrändern sieht man **Grüne Meerkatzen**. Diese kleinen Affen mit auffällig langem Schwanz sind äußerst geschickte Kletterer. Die scheuen **Husarenaffen** hingegen halten sich nur nachts auf Bäumen auf und fliehen bei Gefahr ins offene Gelände. Sie sind in Kenia ausgesprochen selten. Die anderen Affenarten, vor allem Waldmeerkatzen und Colobusaffen, halten sich meist in den Baumkronen auf. **Colobus-Affen** gehören zu den Stummelaffen, da sie keinen Daumen haben. Ihr Fell ist wunderschön schwarz-weiß und der Schwanz hat einen weißen Quast. Durch ihren gekammerten Magen

Tagaktiv: Grüne Meerkatzen

können sie alte und unreife Blätter sowie Früchte verdauen und so auch auf kleinem Raum im Wald leben. Ihre Babys sind weiß und haben erst mit drei Monaten die Farbe von Erwachsenen. **Bushbabys** sind nachtaktiv. Ihr Schrei hört sich an wie der von Babys und sie schreien bis zu 100 Mal pro Stunde. Ihre Ohren sind riesig, die Augen groß und der Schwanz ist lang und buschig. Sie sind in Kenia weit verbreitet und fühlen sich auch in einigen Camps zu Hause.
Diadem-Meerkatzen sind in Gruppen von bis zu 20 Tieren in den Wäldern unterwegs. Ihr Fell ist blau-grau, das »Diadem« haben sie aufgrund der weißen, langen Haare über den Augen. Beim Kichwa Tembo Camp in der Masai Mara kann man sie besonders gut sehen.

Auf den ersten Blick erscheinen **Nilpferde** (▶Abb. S. 398), mit bis zu 3 t die zweitgrößten Landsäugetiere der Erde, eher plump und harmlos. Doch sie können sich sehr schnell bewegen und sind ziemlich angriffslustig. Flusspferde gehen nachts zum Grasen. Am Tag liegen sie im Wasser. In die Sonne gehen sie, um sich aufzuwärmen. Wenn sie schwitzen geben sie rote und orangene Farbpigmenten ab, mit denen sie sich vor Sonnenbrand schützen. Wenn sie sich in Gefahr wähnen, stürzen sie mit bis zu 30 km / h zum Wasser zurück. Durch sie wurden mehr Menschen getötet als durch Büffel, Nashörner und Elefanten.

Flusspferde

Überall in der offenen Savanne sieht man Warzenschweine mit ihrer langen Nackenmähne. Vor seinen größten Feinden – Löwe, Leopard und Gepard – flieht es bis zu 50 km/h schnell rückwärts in Erdhöhlen. Ist eine Flucht nicht mehr möglich, setzt es sich mit mächtigen Hauern zur Wehr, die dem Angreifer erhebliche Verletzungen zufügen können. Zwischen Augen und Schnauze befinden sich die typischen Hautwarzenpaare, die ihnen den Namen gaben. Die tagaktiven Tiere laufen mit senkrechtem Schwanz, der zugleich ein Warnsignal an die anderen Warzenschweine ist. Durch ausgedehnte Schlammbäder nehmen die Warzenschweine die Farbe der Umgebung an und sind so bestens getarnt.

Warzenschweine

Allein die stattliche Höhe kombiniert mit einem fast grazilen Gang machen Giraffen einzigartig. Schon bei ihrer Geburt haben sie die Größe eines erwachsenen Menschen von 1,80 m. Trotz ihres langen Halses haben Giraffen genau wie Menschen sieben Halswirbel. Ein starkes, 12 kg schweres Herz pumpt jede Minute bis zu 60 l Blut durch den Hals bis zum Gehirn. Giraffen können auch Farben unterscheiden und mit ihrer fast 1 m langen Zunge ihre Ohren putzen. Bullen erreichen eine Scheitelhöhe von 5,5 m und bringen 900 kg auf die Waage. Aufgrund ihrer Größe bevorzugen die Pflanzenfresser Blätter aus Baumkronen, besonders von Akazien. Der Bedarf an Flüssigkeit wird meist aus der Nahrung gedeckt, Giraffen können

Giraffen

Weibliche Impalas, auch Schwarzfersenantilopen genannt, leben mit ihren Jungen in Herden von zehn bis hundert Tieren.

wochenlang ohne Wasser auskommen. Nur Löwen können einer ausgewachsenen Giraffe gefährlich werden, und auch nur dann, wenn sie den Kopf senkt, um mit gespreizten Beinen zu trinken. Im Süden Kenias leben die **Masai-Giraffen** mit ausgefransten braunen Sternflecken auf gelblichem Hintergrund, im Norden die wunderschön gezeichneten **Netzgiraffen** (▶Abb. S. 14) und im Nordwesten die seltenen **Rothschild-Giraffen** (▶Abb. S. 355) mit blassen, unregelmäßigen Flecken und weißen Unterschenkeln.

Antilopen und Gazellen

Unter den rund 35 Antilopenarten gibt es 700 kg schwere Kolosse der Elenantilopen – die größte Antilope Afrikas – bis hin zum 5 kg leichten Dikdik. Die **Elenantilope** bevölkert in größeren Herden die offene Savanne und leicht bewaldete Gebiete. Trotz ihrer Größe ist sie in der Lage, spielerisch riesige Sprünge zu vollführen. Die bis zu 1 m hohen, rehbraunen **Impalas** mit hellen Flanken sind ausgesprochene Herdentiere. Ein Leitbock kann einem Rudel von 100 Weibchen und Jungen vorstehen, allerdings nur wenige Monate, bevor das nächste Männchen den Harem übernimmt. Auf dem Speiseplan von Löwen, Leoparden und Geparden steht die zierliche **Thomsongazelle**, die nach einem schottischen Forschungsreisenden benannt ist. Die geselligen Tiere mit dem typischen schwarzen Seitenstreifen, der den braunen Rücken von der hellen Bauchseite trennt, leben in festen Revieren – in der Masai Mara und der Serengeti bilden sich Herden von einigen Tausend Tieren. **Topis** gehören zur Gattung der Leierantilopen. Ihr Fell sieht aus, als würden sie Jeans und gelbe Socken tragen. Ihre großen, gemischten Herden haben kein festgelegtes Territorium. Sie stehen gerne auf Termitenhügeln, um Ausschau nach Raubtieren zu halten. Wie es der Name vermuten lässt, haben die rotbraunen **Giraffengazellen** (Gereruks, ▶Abb. S. 286) einen langen Hals. Alle Flüssigkeit nehmen sie aus Pflanzen der Dornbuschsavanne auf. Gereruks sind Einzelgänger, die sich nur zur Paarungszeit treffen. Sie sind in Halbwüstengebieten wie Samburu zu sehen. **Dikdiks** sind Zwergantilopen. Kirk's Dikdiks sind in Kenia weit verbreitet, Günther's Dikdiks leben im Norden. Sie sind immer zu zweit, ein Leben lang! Sind sie zu dritt, ist ein Junges dabei. Mit ihrem Ruf »Dik-Dik« warnen sie andere Tiere vor Gefahr. **Kudus** mit ihren hübschen, spiralförmigen Hörnern und einem Fell mit bis zu zehn feinen Streifen sind in Buschlandschaften wie Tsavo anzutreffen. **Wasserböcke** leben nur in Feuchtgebieten wie Buffalo Springs, Lake Nakuru oder dwe Masai Mara. **Grant's Gazellen** dagegen genügt die Feuchtigkeit, die sie mit Gras zu sich nehmen. Sie leben deshalb in trockenen Regionen.

Die »Great Migration« der **Weißbartgnus** durch die Ebenen Ostafrikas ist ein unvergessliches Schauspiel (▶Baedeker Wissen S. 380). Trotz ihres eher rinderhaften Aussehens zählen sie zu den Antilopen. Den Bullen, nur 15 % einer Herde, kommt eine wichtige Funktion zu: Bei Raubtierangriffen fliehen sie als Letzte und ziehen damit die Aufmerksamkeit der Jäger auf sich. Geschwächt von Revierkämpfen mit Nebenbuhlern, bezahlen die Bullen den Mut häufig mit dem Leben.

Auf der »Großen Wanderung« kommen jedes Jahr Hunderttausende von Gnus zur Welt.

In Kenia gibt es das größere, fein gestreifte **Grevy-Zebra** im trockenen Norden und das kleinere, breit gestreifte **Steppenzebra** (▶Abb. S. 378/379), das feuchtere Gebiete vorzieht. Weiterer Unterschiede sind die größeren Ohren der Grevy-Zebras und die Tatsache, dass ihr Bauch weiß ist. Bei den Steppenzebras ist auch der Bauch gestreift. Zebras sieht man häufig **zusammen mit anderen Savannentieren**, mit Antilopen und inmitten riesiger Gnuherden. Steppenzebras leben in Familienverbänden von je einem Hengst, zwei bis sieben Stuten und deren Fohlen. Die Führungsposition hat die erste vom

Zebras

Hengst eroberte Stute. Bei einem Hyänen- oder Löwenangriff verteidigt der Hengst seine Familie todesmutig, schlägt mit den Hufen nach den Angreifern, schnappt und beißt um sich, während die Seinen in entgegengesetzter Richtung fliehen. Für manches Raubtier endet die Bekanntschaft mit dem Zebrahuf tödlich. Völlig andere »Familienverhältnisse« existieren bei den vom Aussterben bedrohten Grevy-Zebras. Hier gibt es keine wirklichen Herden. Während der Trockenzeit kommen jedoch bis zu 200 Tiere an den Wasserstellen zusammen.

Mangusten

Weitverbreitet sind die grau-braunen **Streifenmangusten**, auch Zebramangusten genannt. Sie leben in Gruppen von bis zu 40 Tieren, sind tagaktiv und ernähren sich hauptsächlich von Käfern, Ameisen, Spinnen oder Termiten. Aber auch Schlangen, Vogeleier und Schnecken stehen auf ihrer Speisekarte. Wittern sie Gefahr, stellen sie sich auf die Hinterbeine. Nachts schlafen sie in alten Termitenhügeln. **Zwergmangusten** mit einer Länge von 22 cm sind nur halb so groß. Ihr Fell ist rot-braun bis gelb-grau.

Die Streifen der Grevy-Zebras sind lackschwarz bis schwarzbraun und bei jedem Tier individuell geformt – wie ein Fingerabdruck.

Natur und Umwelt • HINTERGRUND

Von den schätzungsweise 8600 Vogelarten auf der ganzen Welt kommen mehr als 1000 in Kenia vor. Dazu zählen sowohl Stand- als auch Zugvögel aus Osteuropa und Zentralasien. **60 % aller afrikanischen Vogelarten** sind hier beheimatet. So ist es durchaus möglich, an einem Tag über 100 verschiedene Vögel zu Gesicht zu bekommen.

Der **Somali-Strauß** mit blauem Hals und blauen Beinen lebt im trockenen Norden des Landes, der rothalsige **Masai-Strauß** in südlichen Breiten. Der bis zu 2,80 m große und bis zu 130 kg schwere Strauß ist der größte Vogel. Im Kurzstreckensprint läuft der Savannenbewohner bis zu 80 km/h schnell und ist damit das weltweit **schnellste Tier auf zwei Beinen.** Zwar kann der Strauß nicht fliegen, verteidigt sich aber vehement mit gezielten Fußtritten. Ein Straußenei ist bis zu 18 cm lang und bis zu 1,9 kg schwer – wiegt also etwa so viel wie 24 Hühnereier.

Unter den Raubvögeln ist der **Kampfadler** mit graubraunen Flügeln und dunklen Flecken auf der weißen Brust der größte. Er hat eine Flügelspannweite von 210 bis 250 cm. Zu seiner Beute gehören Hasen und Perlhühner, er erlegt aber auch Dikdiks und Antilopenjunge. Der **Schreiadler** lebt neben Fisch auch von Aasfleisch. In der Nähe von Wasser sind sie zu sehen und weithin zu hören.

Ein außergewöhnlicher Greifvogel ist der **Sekretär**, der nur selten fliegt und eher den Stelzvögeln ähnelt. Mit den starken Fängen erbeutet er seine Lieblingsspeise: Schlangen. Er packt das Reptil und tötet es mit einem gezielten Schnabelhieb oder lässt es aus der Luft auf einen Felsen fallen. Seinen Namen verdankt der Sekretär den ersten Siedlern. Sein Federschopf am Hinterkopf erinnerte sie an die damaligen Beamten, die oft einen Federkiel hinterm Ohr trugen.

Die Verwandten unserer Spatzen, die geselligen **Webervögel**, leben in großen Kolonien. Es gibt 119 unterschiedliche Arten. Fünf Tage brauchen die Männchen, um aus Schilf, langen Grashalmen und anderen zugfesten und biegsamen Pflanzenfasern die kugelförmigen Hängenester zu bauen. Vor Baubeginn werden alle Blätter vom Ast entfernt, damit sich Schlangen nicht unbemerkt nähern können. Bis zu fünf Nester muss das Männchen errichten, um ein Weibchen erfolgreich zur Paarung zu bewegen.

An ihrem kurzem Schwanz und den breiten Flügeln sind **Gaukler** sehr gut zu erkennen, wenn sie am Himmel schweben. Ihr Gesicht und ihre Beine sind rot. Überall in Kenia sind die **Helmperlhühner** verbreitet, die wunderschönen **Geierperlhühner** mit ihren blauen Brustfedern sind allerdings nur in Halbwüsten zu sehen. Auf den Rücken von Büffeln, Giraffen, Zebras und Nashörnern sitzen die **Madenhacker** mit ihren gelben oder roten scherenartigen Schnäbeln. Sie entfernen Zecken und andere unerwünschte Insekten und warnen vor Raubtieren, indem sie lautschreiend davonfliegen, wenn sie Gefahr ahnen. Wunderschön ist das lila, blaue und grüne Gefieder mit den langen Schwanzfedern der **Gabelracke**. Im krassen Gegen-

Vogelparadies

satz dazu steht ihr schriller Schrei. In den Gras- und Dornbuschsavannen leben 30 Arten Stare, darunter den **Dreifarben-Glanzstar**, der auf fast jeder Safari zu beobachten ist. Er hat einen blaugrün schimmernden Rücken und kastanienroten Bauch. Fast zwei Dutzend verschiedene **Hornvögel** wurden in Kenia gezählt. Die truthahnähnlichen, schwarzen Kaffernhornraben mit roten Gesichts- und Halsmarkierungen suchen auf dem Boden nach Nahrung. Die Rot- oder Gelbschnabeltokos mit ihren gekrümmten Schnäbeln halten sich lieber in den Bäumen auf. Die größte der acht **Trappen**-Arten, die Riesentrappe, ist 1,2 m hoch und 18 kg schwer. Damit ist sie Afrikas schwerster fliegender Vogel. **Marabustörche** sind Aasfresser und bei Kadavern oder Müllhalden zu finden.

Geier Einen Geier bekommt jeder während eines Safariausflugs zu sehen: auf dem Boden, wie er sich mit Artgenossen über einen Kadaver hermacht, oder in der Luft, wie er seine Kreise dreht und Ausschau nach Aas hält. In Kenia gibt es acht Arten von Geiern, die sich alle vorwiegend von Aas ernähren. Mit dem Aufwind lassen sie sich in Höhen bis zu 2000 m treiben und segeln dann stundenlang durch die Lüfte, wobei sie den Boden mit ihren scharfen Augen genauestens nach einem geeigneten Mahl absuchen. Hyänen und andere **Aasfresser** und sogar Löwen folgen gerne Geiern, um sich ohne Kraftanstrengung an einen reich gedeckten Tisch zu setzen.

Wasservögel Die bis zu 1,70 m großen **Rosapelikane** gehören mit einer Flügelspannweite von fast 3 m zu den größten Vögeln der Welt. Fische, ihre Beute, treiben sie durch heftiges Flügelschlagen direkt über dem Wasser vor sich her, um sie dann mit ihrem Kehlsack einzufangen. **Rosaflamingos** brüten an Salzseen oder Meeresbuchten und fressen kleine Krebse und Plankton. Die **Zwergflamingos** verdanken ihr rosafarbenes Gefieder den Blaualgen, die sie aus den Sodaseen »filtern«. Beeindruckend sind auch der **Kronenkranich** mit strohfarbenem Federkranz und der **Sattelstorch** mit rot-schwarz-rotem Schnabel und schwarzweißem Federkleid.

Schlangen In Kenia gibt es rund 120 meist ungiftige Schlangenarten. Giftschlangen kann man nur selten sehen. Die hochgiftige **Schwarze Mamba** kann 3–4 m lang werden. Die **Speikobra** spritzt einem Feind bei Gefahr aus 2–3 m Entfernung Gift in die Augen, was zur Erblindung führt, wenn keine Gegenmaßnahmen wie Augenauswaschen ergriffen werden. Achtgeben sollte man auf die ebenfalls giftige, 1,8 m lange **Puffotter**, die, anders als die meisten Schlangen, nicht sofort die Flucht ergreift, sondern meist eingerollt liegen bleibt, wenn sich ein Mensch nähert. Zu sehen bekommt man am ehesten den bis zu 6 m langen **Felsenpython**, der sich langsam fortbewegt und wie alle Riesenschlangen ungiftig ist.

Bildschöner Singvogel: der bunt gefiederte Dreifarben-Glanzstar

Insekten und Spinnentiere

Die Insektenwelt Kenias ist ungeheuer vielfältig. **Schmetterlinge** und Käfer gibt es in unermesslicher Zahl. Unübersehbar in der ostafrikanischen Buschlandschaft sind die 3–4 m hohen **Termitenbauten**, in denen die sozial als Völker organisierten Insekten leben. Abgesehen von einigen wenigen Spezies, die gefährliche Krankheiten übertragen können wie die **Malaria** übertragende Anophelesmücke, werden die meisten Insekten dem Menschen nicht gefährlich. Auch die Spinnen, darunter die gefürchtete **Schwarze Witwe**, die nur in Regenwaldgebieten vorkommt, sind eher harmlos, auch wenn ihr Biss mitunter Schmerzen hervorrufen kann. Für den Menschen gefährliche **Skorpione** gibt es nur in trockenen Buschgebieten; zu sehen bekommt man diese Gliedertiere jedoch so gut wie nie.

Reptilien

Von den vielen Reptilien Kenias bekommt der Besucher nur wenige zu Gesicht. Zumindest das größte und schwerste Reptil Afrikas ist mancherorts, wie am Turkana-See und im Tsavo-Nationalpark, zu sehen: das bis zu 6,5 m lange **Nilkrokodil**. Das Nilkrokodil, das über 50 Jahre alt werden kann, lebt südlich der Sahara nahezu in ganz Afrika an Flüssen, Seen und in Sümpfen. Das dunkeloliv gefärbte Riesenreptil mit den furchterregenden Zähnen, das ein Gewicht von 1000 kg erreichen kann, zählt zu den aggressivsten Panzerechsen (▶Baedeker Wissen S. 228). In menschlichen Behausungen trifft man oft die nützlichen **Geckos**, die dank ihrer Haftzehen ohne Weiteres an Zimmerwänden und sogar Zimmerdecken auf Insektenjagd gehen können. Wie Schlangen eine lange gespaltene Zunge haben die schwarz-grün-gelben **Nilwarane**, Afrikas größte Eidechsenart, die sich gerne in der Nähe von Wasser aufhalten.

Bevölkerung · Politik · Wirtschaft

In Kenia leben laut Schätzungen von 2012 fast 43 Mio. Menschen. Die durchschnittliche Bevölkerungsdichte von 67 Einw. pro km² täuscht darüber hinweg, dass mehr als drei Viertel der Bevölkerung auf einem Drittel des Landes leben.

Moderne Stadtmenschen und einfache Bauern

Während der gesamte Norden, die trockene Wüstenregion, nur sehr dünn besiedelt ist, drängen sich die meisten Menschen im fruchtbaren Hochland im Südwesten, an der Küste und in den drei größten Städten Nairobi, Mombasa und Kisumu – Tendenz steigend. Trotz der zunehmenden **Landflucht** arbeiten 75 % der Bevölkerung in der Landwirtschaft. Typisch sind kleine Dörfer und kleine Farmen. Auf den **»Shambas«** herrscht reine Subsistenzwirtschaft. Die großen Farmen und Plantagen gehören der Vergangenheit an. Ausnahmen

Warten auf ihre Chance: Fast die Hälfte der Kenianer geht noch zur Schule und hofft auf einen guten Arbeitsplatz.

sind Tee- und Kaffeeplantagen, die für den Export arbeiten. Mehr und mehr versucht man die Nomadenvölker sesshaft zu machen. Kenias Bevölkerung besteht fast ausschließlich aus **Afrikanern**. Es gibt eine kleine Minderheit von bisher weniger als 1 % Asiaten und Europäern. In den letzten Jahren stieg der Zuzug von Chinesen und Koreanern, die vermehrt Restaurants und Geschäfte eröffnen. Ganze Einkaufszentren haben sich auf asiatische Kunden eingestellt.

Abstammung und Verwandtschaft spielen eine große Rolle in der kenianischen Gesellschaft, wobei Ehen zwischen Partnern aus unterschiedlichen Völkern zumindest von staatlicher Seite gern gesehen sind. Sie entsprechen der kenianischen **»Nyayo«-Politik**, die den Tribalismus bekämpft. Gleichberechtigung zwischen Mann und Frau ist in der Verfassung festgeschrieben. Die Wirklichkeit hinkt aber dem Anspruch hinterher. Fast ein Drittel der kenianischen Ehen ist bis heute polygam. *Frauen tragen den Großteil der Arbeitslast*

Die Sippe bzw. der **Stamm** diktiert vor allem auf dem Land den Alltag. Durch die anhaltende Landflucht vor allem der Männer liegt die Feldarbeit in den Händen der Frauen. 75 – 95 % der **Farmarbeit wird von Frauen geleistet**, d. h. sie sind für die Felder zuständig, sammeln Brennholz, holen Wasser, säen und ernten, verarbeiten die Feldfrüchte zu Lebensmitteln, bereiten das Essen zu und erziehen außerdem noch die Kinder. Kleinkredite speziell für Frauen, z. B. für einen Verkaufsstand oder eine Nähmaschine, sollen helfen, damit auch sie ein eigenes Einkommen erzielen können. In den Städten sind diese Strukturen gelockert. Kleinfamilien, bestehend aus Vater, Mutter und Kindern, sind hier schon selbstverständlich. Frauen sind selbstbewusst, machen Karriere, arbeiten als Redakteurinnen bei Magazinen oder als leitende Angestellte in Reiseagenturen und ernähren nicht selten mit ihrem Einkommen die Familie. Für einige von ihnen ist es mit ihrem hohen Bildungsstand inzwischen auch schwer, einen Partner zu finden.

Das **Bevölkerungswachstum** in Kenia liegt derzeit bei 2,27 % (Schätzung 2013). Rund 42,5 % der Kenianer sind jünger als 15 Jahre. Noch immer gelten Kinder als Alters- und Krankenversicherung, da die von der Subsistenzwirtschaft lebenden Bauern und Hirten kaum Ersparnisse haben, geschweige denn in eine Sozial-, Alters- oder Rentenversicherung einzahlen können. Die durchschnittliche Lebenserwartung beträgt 63 Jahre (Im Vergleich dazu die deutschen Daten: Bevölkerungswachstum: -0,2 %, Anteil der unter 15-Jährigen an der Bevölkerung: 13,4 %, durchschnittliche Lebenserwartung: 82 Jahre). Das Bevölkerungswachstum ist **Kenias größtes Problem**. Bereits in den vergangenen Jahrzehnten wurde die Größe der zu bewirtschaftenden Felder immer kleiner und man musste auf immer unfruchtbarere Landstriche ausweichen. Eine wachsende Rolle spie- *Bevölkerung* len die neuen privaten Schutzgebiete, Hotels oder Lodges, in denen die Menschen der Regionen Anstellung finden.Gleichzeitig gibt es im verarbeitenden und Dienstleistungsgewerbe nicht genügend Stellen. Verbesserungen soll das staatliche Entwicklungsprogramm **»Vision 2030«** bringen. Es sieht die Einrichtung einer Freihandelszone vor, neue Städte (▶S. 334), den Bau neuer Fabriken und umfangreiche Infrastrukturmaßnahmen, durch die Arbeitsplätze geschaffen werden sollen. Dennoch ist die Arbeitslosigkeit sehr hoch. Nicht wenige Menschen sind für den Arbeitsmarkt zu gut ausgebildet.

Religion Fast 80 % der Kenianer sagen von sich: Wir sind **Christen**. Knapp die Hälfte sind Protestanten, gut ein Drittel katholisch, andere sind Baptisten, neuapostolisch oder Methodisten, um nur einige zu nennen. Zum **Islam** bekennen sich 10 %, vor allem entlang der Küste und auf Lamu. 10 % sind Mitglieder **traditioneller Religionen**, die meisten davon afrikanischen Ursprungs. Überlieferte Glaubensvorstellungen haben jedoch auch für viele Christen Bedeutung. So steht z. B. für die Mehrzahl der Kenianer fest, dass verstorbene Familienmitglieder weiterhin Einfluss auf ihr Leben haben. Man opfert ihnen, um sie positiv zu stimmen.

ETHNISCHE GRUPPEN

Vielvölker-staat

▶Baedeker Wissen S. 42

Kenia ist seit Jahrtausenden ein Einwanderungsland. Die Grenzen wurden während der Kolonialzeit willkürlich wie mit dem Lineal gezogen. In Kenia leben **42 ethnische Gruppen**, gesprochen werden mehr als 50 verschiedene Sprachen und Dialekte. Größter und einflussreichster Stamm sind die bantusprachigen **Kikuyu**, 17,2 % der Kenianer sind Kikuyu. Auch die zweitgrößte Ethnie der Luhya (13,8 %) gehört zu den **Bantuvölkern**, die über die Hälfte der Bevölkerung stellen. Zweitgrößte Sprachgruppe sind die **Niloten** mit rund 28 %, darunter die Kalenjiin (12,9 %) und die Luo (10,5 %), die hauptsächlich am Viktoriasee leben. Der bekannteste kenianische Stamm sind die Masai, die aber nur 2,2 % der Bevölkerung ausmachen.

Blutiger Brauch Schätzungsweise drei Viertel der männlichen Bevölkerung Kenias sind beschnitten. Bei vielen kenianischen Ethnien ist die **Beschneidung** junger Männer ein wichtiger Bestandteil der sozialen Organisation. Die grausame Mädchenbeschneidung wurde 1983 von der Regierung verboten, trotzdem leidet in Kenia immer noch jede dritte Frau an den Folgen der Genitalverstümmelung. Bei den Masai, Samburu, Kikuyu, Meru, Marakwet und Rendille wird das soziale Gefüge von Altersklassen bestimmt. Bei den Samburu durchläuft ein Mann drei Altersstufen, bei den Masai vier. Die Beschneidung bildet den Übergang vom ersten zum zweiten Lebensabschnitt. Im Rahmen einer feierlichen **Initiationszeremonie** mit anschließendem großen Fest werden aus 12 bis 17-Jährigen Jungkrieger, die **Morani.** Der Beschneider trennt ohne Betäubung mit einem normalen Messer die Vorhaut ab – dabei dürfen die Jungen keinerlei Anzeichen von Schmerz zeigen. Die auf der Wunde angewandte Asche soll desinfizierend wirken, löst aber oft eher Infektionen aus. Nur wenige Ethnien führen keine Beschneidung durch, z. B. die Luo. Männer dieser Völker werden bei den Beschnittenen als feige und unrein verpönt. Wie sagte doch einmal Jomo Kenyatta, der erste Präsident des Landes: »Die Beschneidung als wesentlicher Bestandteil der Initiation ist von grundsätzlicher, erzieherischer, sozialer, moralischer und religiöser Bedeutung.« – ein Ende der Männerbeschneidung in Kenia ist also nicht absehbar.

Mädchen werden normalerweise zu Beginn der Pubertät, teilweise aber auch schon viel früher beschnitten. Erst mit diesem Eingriff gelten sie als rein und ehetauglich. Während bei den Jungen – wie auch bei Moslems und Juden – lediglich die Vorhaut entfernt wird, **werden Mädchen regelrecht verstümmelt.** Manchen wird nur die Vorhaut der Klitoris abgeschnitten, anderen, wie bei den Kikuyu, auch die Klitoriseichel gekappt. Am schlimmsten aber ist die Entfernung der gesamten Klitoris und der kleinen Schamlippen, wie bei den Kisii. Trotz staatlichen Verbots der Mädchenbeschneidung scheint das grausame Ritual unausrottbar. **Aufklärungskampagnen** in kenianischen Schulen und bei Beschneiderinnen zeigen erste Erfolge. Inzwischen haben manche Ethnien Zeremonien entwickelt, bei denen die Mädchen auch ohne Beschneidung ins Erwachsenenalter eintreten können. Nicht Schuldgefühl, sondern nur kollektive Nachdenklichkeit kann helfen, dass künftig keine kleinen Körper mehr verstümmelt werden – und auch keine Seelen.

Aufklärung gegen die Genitalverstümmelung – mit diesem Messer wurden Mädchen beschnitten.

Ethnische Gruppen

Vielvölkerstaat

Die Bevölkerung Kenias ist bunt gemischt und jung. 42 Hauptethnien leben im Land, mehr als die Hälfte der Menschen ist jünger als 24 Jahre. Auch wenn der Großteil von ihnen in ländlichen Gegenden zuhause ist, zieht es immer mehr Kenianer in die Städte, die wahre Schmelztiegel der Ethnien sind.

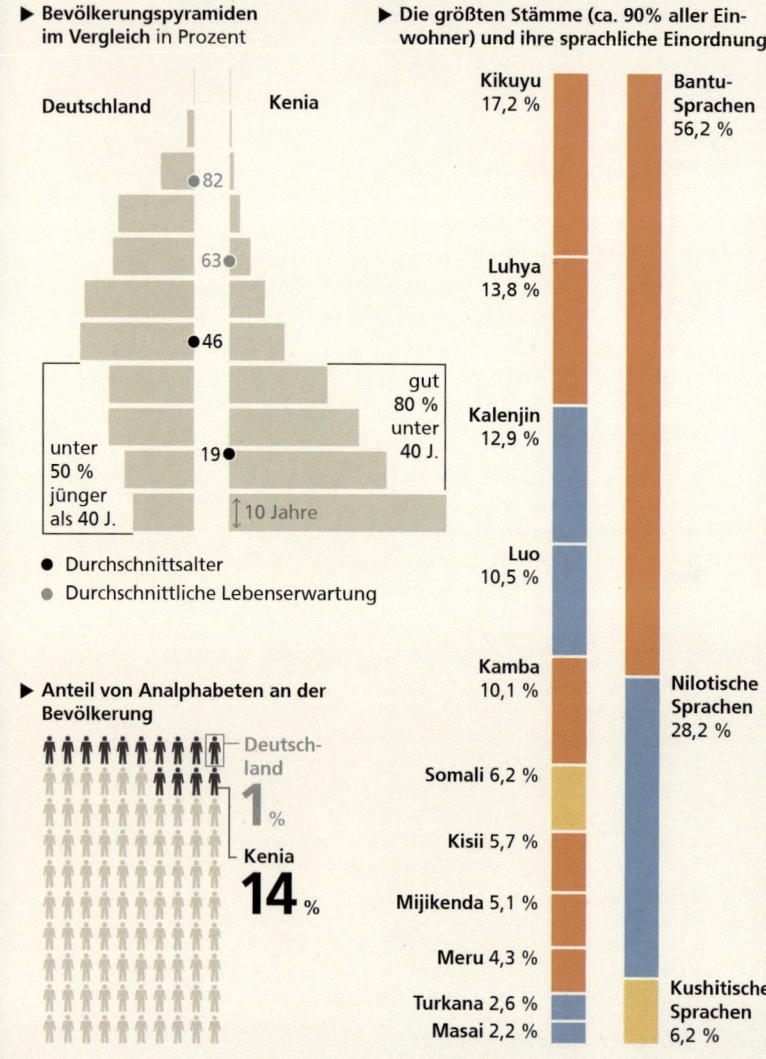

▶ Bevölkerungspyramiden im Vergleich in Prozent

Deutschland — Kenia

- 82
- 63
- 46
- 19

unter 50 % jünger als 40 J.

gut 80 % unter 40 J.

↕ 10 Jahre

● Durchschnittsalter
● Durchschnittliche Lebenserwartung

▶ Anteil von Analphabeten an der Bevölkerung

Deutschland **1** %
Kenia **14** %

▶ Die größten Stämme (ca. 90% aller Einwohner) und ihre sprachliche Einordnung

- Kikuyu 17,2 %
- Luhya 13,8 %
- Kalenjin 12,9 %
- Luo 10,5 %
- Kamba 10,1 %
- Somali 6,2 %
- Kisii 5,7 %
- Mijikenda 5,1 %
- Meru 4,3 %
- Turkana 2,6 %
- Masai 2,2 %

- Bantu-Sprachen 56,2 %
- Nilotische Sprachen 28,2 %
- Kushitische Sprachen 6,2 %

Die Besiedlung Kenias

Die ersten Bewohner Kenias waren Buschmänner, Jäger und Sammler. Nach und nach kamen andere Völker: aus dem Norden die Niloten vom Nil, aus Süden und Westen die Bantu-Völker. An der Küste siedelten Seeleute aus Arabien und Portugal.
Nicht-Afrikaner (Asiaten, Europäer und Araber) machen heute ca. 1% der Bevölkerung aus.

Verteilung der ethnischen Gruppen und Stämme

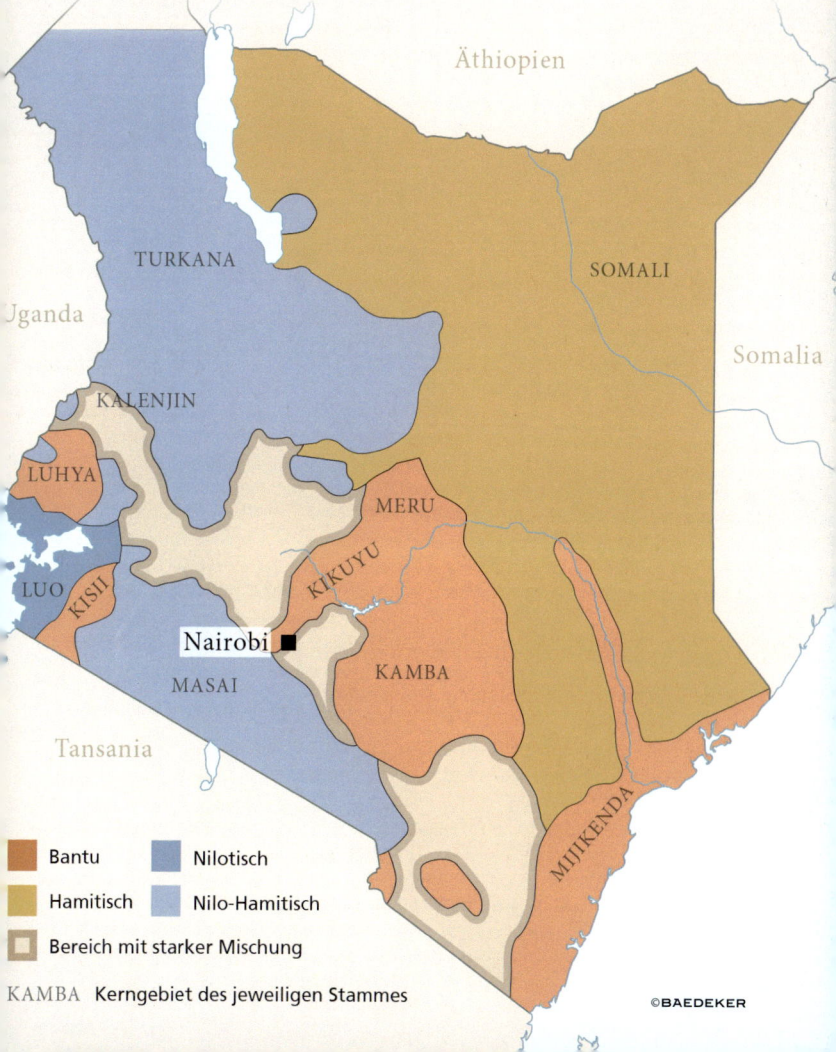

Zeichen der Stärke: Kerzengerade springen die jungen Masai-Krieger beim Tanz aus dem Stand bis zu einem Meter in die Luft.

Kikuyu Dank ihrer hohen Wirtschaftskraft und da Staatsgründer **Jomo Kenyatta** ein Kikuyu war, der seiner Gruppe viel Land zuschanzte, gehören die Kikuyu zu den dominanten Volksgruppen Kenias. Das von ihnen besiedelte Gebiet erstreckt sich zwischen Nanyuki im Norden und Kiambu im Süden. Die besten und fruchtbarsten Felder im Hochland sind Kikuyuland. Im 19. Jh. versorgten sie die Karawanen der Araber und die Expeditionen der Europäer mit Lebensmitteln. Davor trieben sie Handel mit ihren Nachbarn, den Masai, die ausschließlich von der Rinderzucht lebten, und den Kamba. Zentrum der traditionellen Kikuyu-Gesellschaft sind **Familie und Shamba** (Gehöft), das Individuum ist zweitrangig. Hauptperson ist der Vater, das Bindeglied zwischen Ahnen, Lebenden und Ungeborenen. Möglichst viele männliche Nachkommen sollen seine Abstammungslinie sichern. Nach Kikuyu-Gesetz kann ein Mann **bis zu vier Frauen** haben. Jede Frau lebt mit ihren Kindern in einer eigenen Hütte. Ihre Aufgabe ist das Säen und Ernten auf den vom Mann gerodeten Feldern. Darüber hinaus treibt sie Tauschhandel mit den Überschüssen, Töpferwaren und selbst geflochtenen Körben. Die Geschäftstüchtig-

keit der Kikuyu-Frauen ist bis heute sprichwörtlich. Grund und Boden sind kein Privateigentum, es besteht immer nur ein zeitlich begrenztes **Nutzungsrecht**.
Aus diesem System resultierten auch die Schwierigkeiten mit den Kolonialisten. Während die Briten der festen Überzeugung waren, dass sie das Land der Kikuyu gekauft hatten, stand für diese ebenso unverrückbar fest, dass sie nur das Nutzungsrecht verkauft hatten. Im Konflikt mit den Weißen machten die Kikuyu aber auch erste Erfahrungen mit einer Wirtschaft, die vorausplant, und moderner Technik. Sie waren das Volk, das sich als Erstes diese Kenntnisse aneignete, den Aufstand gegen die Kolonialherren begann und später gewann. Bis heute sind viele der Top-Positionen in Wirtschaft und Politik von den Kikuyu besetzt – auch Präsident **Uhuru Kenyatta** ist wieder ein Kikuyu. Wegen Mangel an Ackerland wandern immer mehr von ihnen in die Städte ab. Jeder dritte Einwohner Nairobis ist heute ein Kikuyu. Der Überlieferung nach begann ihre Schöpfungsgeschichte in einem heiligen Gehölz von Feigenbäumen bei Muranga. Dorthin entsandte der Gott Ngai Gikuyu, den Gründer des Stammes, um Mumbi, die Mutter aller Kikuyu zu treffen. Ihre neun Töchter sind die Mütter der neun Kikuyu-Stämme.

Trotz ihres geringen Bevölkerungsanteils sind die Masai das bekannteste Volk Kenias. In vielen Büchern und Filmen werden ihre Unabhängigkeit und ihr Freiheitswille, ihr Stolz und ihre Schönheit hervorgehoben. Sie leben als **Nomaden** in den weiten, offenen Savannengebieten, wechseln dabei oft über die Grenze nach Tansania und wieder zurück – sie brauchen keinen Pass vorzuweisen. Ihre traditionelle Existenzgrundlage ist ihr Vieh. 70 – 300 Stück pro Familie sind normal. Das Trinken von Rinderblut, teilweise vermischt mit Milch, gehört zum Leben. Trotz aller Veränderungen der Moderne versuchen die Masai an ihrer althergebrachten Lebensweise festzuhalten, die stark von ihrem Glauben geprägt wird. Ihr Gott Enkai lebt auf dem Berg **Oldonyo Lengai** im heutigen Tansania. Er schuf die Masai und danach die **Rinder**, damit die Masai leben können. Daher gehören alle Rinder den Masai. Die Hütten der Masai werden meist als **Manyatta** bezeichnet, was aber eigentlich nur die Hütten der Krieger sind. Um die Hütten wird ein dichter Dornenzaun gezogen. Nachts kommen die Rinder, Schafe und Ziegen in diesen Schutzbereich. Oberste Autorität ist der **Laibon**, ein Seher und Zauberer, Heilkundiger und religiöser Führer. Ihren Ruf als Krieger

Masai

▶Baedeker Wissen S. 278

? Sechs Monate sind ein Jahr

BAEDEKER WISSEN

Während 12 Monaten haben die Masai zwei Jahre. Ein Jahr der Fülle, Olaari, wenn in der Serengeti und im Kraterhochland Tansanias der Regen fällt, gefolgt von einem Jahr des Hungers Olameyu, wenn die Flussläufe austrocknen und die Gnus auf ihre große Wanderung gehen.

haben die Masai bis heute. Zu Beginn des 20. Jh.s suchten Dürre, Pocken und Rinderpest die Masai heim. 90 % des Viehs gingen ein. Viele Masai starben an Hunger. Um zu überleben, wurden einige sesshaft und trieben Ackerbau. Den eindringenden Kolonialisten konnten sie kaum Widerstand leisten. Bei der Besiedlung Kenias verloren die Masai mehr Land an die Briten als die Kikuyu. Spärliche Weidegebiete gibt es heute nur am Rand der Nationalparks Amboseli, Tsavo, Serengeti, Ngorongoro und Masai Mara.

Luo
Die Luo siedelten sich vor rund 500 Jahren am Ufer des Lake Victoria an. Ursprünglich betrieben sie als Nomaden Viehzucht, dann wurden sie nach und nach sesshafte Bauern und **Fischer**. Da der Viktoriasee flach ist, nahmen die Luo früher Baumstämme oder Flöße aus Papyrus, um auf dem See ihre Netze auszuwerfen. Heute werden oft Einbäume oder dhauähnliche Boote benutzt, einige auch mit Außenborder. Hauptfang ist der Tilapia. Viele Luo sind heute **in Politik und Wirtschaft einflussreich**. Auch der 2013 unterlegene Präsidentschaftskandidat **Raila Odinga** und der Vater von Barack Obama gehören zu den Luo.

Kamele sind ein wichtiges Statussymbol der Turkana.

Die Kalenjiin kamen vor rund 2500 Jahren aus dem Niltal und ließen sich vor allem im westlichen Hochland in der Nähe von Kitale, Kericho und Eldoret nieder. Früher lebten sie als Hirten, inzwischen treiben sie Ackerbau. Die wichtigsten Gruppierungen der stark zersplitterten Kalenjiin sind die **Tugen** und die **Kipsigis** – Ex-Präsident Daniel Arap Moi ist ein Tugen. Aus dieser Volksgruppe stammt auch Paul Tergat, einer der erfolgreichsten Langstreckenläufer Kenias.

Kalenjiin

Das nilotische **Hirtenvolk der Turkana** lebt im Nordwesten Kenias zwischen dem Lake Turkana und der Grenze Ugandas. Vor rund 200 Jahren kamen die Turkana in dieses Gebiet, vertrieben andere Völker wie die Rendille und Samburu und raubten ihr Vieh. Das Leben in dem wüstenartigen Land ist hart. Neben Rindern, Schafen und Ziegen halten die Turkana auch Kamele. Trotzdem: Ihre Liebe gilt den Rindern. Um überhaupt überleben zu können, mussten auch sie mit vielen Tabus brechen. Während der oft ausbleibenden kurzen Regenzeit bauen sie Hirse und Kürbisse an, sammeln Beeren und Wurzeln. Im Turkanasee fischen sie zum Eigenbedarf. Die Familie steht bei den Turkana im Vordergrund. Die Söhne bleiben in ihren Familiengruppen. Wenn sie heiratet, verlässt die Frau ihre Familie und zieht zu der ihres Mannes.

Turkana

Auch die meisten Somali sind traditionell **Hirtennomaden**. Etwas mehr als 300 000 von ihnen leben im extrem trockenen Land an der Grenze zu Somalia. Für die Somali bedeuten **Kamele** Reichtum und Macht. Entschädigung für erlittenes Unrecht wird in Kamelen gezahlt. Auch in Kriegen geht es weniger um Land als um Kamele. Nach der Unabhängigkeit Kenias forderten die Somali die Anerkennung ihrer Rechte als Bevölkerungsgruppe. Gleichzeitig erhob Somalia Anspruch auf das Gebiet. 1964 – 1967 bekriegten sich kenianische Soldaten und somalische Rebellen. Außerdem kämpften noch somalisch-kenianische und somalisch-somalische Gruppen untereinander. 1969 verständigten sich alle Krieg führenden Par-teien. Die sogenannte Shifta Rebellion wurde niedergeschlagen. **»Shifta«** bedeutet »Viehraub«, und den gibt es im Nordosten Kenias bis heute, allerdings nicht mehr mit politischem Hintergrund. Schwer bewaffnete Banden wildern, rauben Vieh und überfallen Busse im Osten und Nordosten Kenias. Nach Piratenangriffen auf Schiffe vor der kenianischen Küste und Entführungen von Touristen in der Nähe von Lamu im Jahr 2011 änderte Kenia sein zurückhaltendes Verhalten gegenüber dem Nachbarland Somalia. Während die Sicherheitsmaßnahmen bei den eigenen touristischen Einrichtungen verstärkt wurden, marschierten kenianische Einheiten 120 km weit in den Süden Somalias ein, um gegen die radikal-islamische **Al-Shabaab-Miliz** vorzugehen, die sie für die Übergriffe an der Küste verantwortlich machten. Im Oktober 2012 wurde die somalische Küstenstadt Kis-

Somali

Willkommen im Alltag!

Wer Kenia und die Kenianer einmal abseits der Touristenströme erleben will, wer erfahren möchte, was den kenianischen Tee so einzigartig macht, wie man auch in diesem Klima Käse produziert oder wer beim Freiwilligendienst Menschen und Natur helfen möchte, dem seien diese Tipps ans Herz gelegt.

FREIWILLIGENDIENST

In Not geratenen Menschen zu helfen, Landschaft und Tiere zu schützen, gehört in Kenia zum guten Ton. Allenthalben finden **Charities** – Wohltätigkeitsveranstaltungen – statt, werden Rallyes und Events veranstaltet, um Spenden für geplante Projekte zu sammeln. Das haben den weißen Kenianern wohl ihre englischen Vorfahren in die Wiege gelegt. In der kenianischen Gesellschaft hat diese Tradition mittlerweile seinen festen Platz. Folgende Organisationen bieten Freiwilligenarbeit für Landschaft und Tier in Parks und Reservaten oder als soziale Arbeit in Waisenhäusern, Schulen, Krankhäusern oder beim Sport an:

www.travelworks.de/ freiwilligenarbeit-kenia.html
www.projects-abroad.de/ziellander/kenia
www.africanimpact.com/ africa/kenya.php

TEA TIME

Gar nicht so einfach, den richtigen Tee für ein Anbaugebiet zu finden. 1918 wagte AB McDonell den Versuch in Limuru. Mit den richtigen Tee-Samen aus Indien, die ihm ein Freund von dort mitgebracht hatte, begründete er die **erste kommerzielle Teefarm in Kenia: Kiambethu**. Einige Generationen später führt Fiona heute nach dem tragischen Verkehrsunfall ihres Gatten Marcus Vernon Gäste in die Kunst des Teeanbaus und der Verarbeitung ein. Bei einer Tasse Tee erläutert sie, wie aus den Blättern das königliche Getränk wird. Danach geht es zu einem Spaziergang durch die Teefelder. Das anschließende Lunch-Buffet mit allem, was auf der Farm sonst noch geerntet werden kann, wird im Anschluss im Garten des alten Farmhauses serviert. Von dort kann man zu den Ngong-Bergen und bei klarem Wetter bis zum Kilimanjaro sehen.

www.kiambethufarm.co.ke

Alltagsbegegnungen • HINTERGRUND

Jeder freut sich über ein freundliches »Jambo!« – »Herzlich Willkommen!«

KÄSETASTING

Was Sie schon immer über die Herstellung von Tee wissen wollten und was für ein Gaumenschmaus feinster kenianischer Käse sein kann, erfahren Sie bei **Brown's Cheese** in Limuru. Seit 1979 wird dort bester Bio-Käse produzert. Die Milch dazu liefern die eigenen Schwarzbunten oder Kühe kleiner Milchbauern aus der Region. Für einige seiner 17 verschiedenen Käsesorten erhielte Brown's internationale Preise. Eine Führung durch die Produktion enthüllt das Geheimnis, die anschließende Verkostung schult die eigenen Geschmackssinne. Interessierte Gruppen können auch selbst Mozzarella herstellen, Kinder dürfen die Kühe melken.
www.brownscheese.com

SPRACHKURSE

Schon wenige Brocken **Swahili** genügen, und die Menschen Ostafrikas öffnen Ihnen ihre Herzen. Wie viel schöner und informativer wird es erst, mit ihnen in ihrer Landessprache ins Gespräch zu kommen? Englisch ist in Ostafrika zwar weit verbreitet, doch gerade in ländlichen Regionen wird es nicht von allen Menschen gesprochen. Das Nairobi National Museum bietet Sprachkurse in Swahili an und in Zusammenarbeit mit dem Research Institute of Swahili Studies of East Africa zahlreiche Seminare rund um die Swahili-Sprache, darunter deren Geschichte.
www.museums.or.ke/content/view/245/1/

Arabisch beeinflusst: die Kultur der Swahili an der Küste

mayo durch kenianische Truppen von Al-Shabaab-Milizen befreit. Kenia entsendet Soldaten zur Schutztruppe der Afrikanischen Union. Das Land plädiert für eine Pufferzone »**Jubaland**« nach Somalia, um sich besser schützen zu können. Nicht unbeträchtlich sind die Probleme, die die großen **Flüchtlingslager** auf kenianischem Boden wie Dadaab mit sich bringen. Zum Teil sind dort über 400 000 Menschen untergebracht.

El Molo
Das zahlenmäßig **kleinste Volk Kenias** lebt am Südostufer des Lake Turkana in einer unwirtlichen Landschaft: sonnendurchglühte Lava und versengtes Buschland. Die knapp 500 El Molo sind Fischer. Auf ihrer Speisekarte stehen außerdem Krokodil-, Schildkröten- und Nilpferdfleisch. Auf den See fahren sie mit Flößen aus Doumpalmen – zur Mitgift einer Braut gehören daher zwei Flöße. Darauf kann dann die ganze Familie inklusive Hausrat transportiert werden. Rapide Veränderungen brachte der Bau einer Lodge am See. Viele El Molo wurden bei den Bauarbeiten beschäftigt. Neue Bedürfnisse wurden geweckt: europäische Kleidung, Mais, Zucker, Tee und Fett galten fortan als unentbehrlich. Doch nach Fertigstellung der Lodge gab es keine Arbeit mehr. Die Bedürfnisse indes blieben und mit ihnen zwei ernste Probleme: zunehmender Alkoholismus und Kriminalität.

Seine Identität hatte das kleine Volk verloren. Auch seine Sprache geriet in Vergessenheit. Heute wird Samburu gesprochen.

Die Swahili bilden eine **Kulturgemeinschaft entlang der Küste**, seit alters her geprägt durch Städte. Bereits im 6. Jh. ließen sich arabische Kaufleute an der Küste Ostafrikas nieder. Durch Heirat vermischten sie sich mit den einheimischen Bantuvölkern. Es entstand eine gemeinsame Sprache, **Swahili oder Kiswahili, heute die Nationalsprache Kenias** und Umgangssprache in ganz Ost- und Zentralafrika. Erstaunlicherweise konnte sich die Küstenbevölkerung kulturell gegen die jahrhundertelangen Einwanderungswellen aus Persien und Arabien behaupten. Als Religion übernahmen sie allerdings den **Islam**. Was die Menschen vereinte, war die Stadt als Lebensraum und innerhalb der Stadt das Wohnviertel, **Mtaa** genannt. Jeder Mtaa hat seine eigene Moschee, eigene Sitten und Gebräuche. Die gewählten Mtaa-Chefs und der Ältestenrat bilden die Stadtregierung. Vom 16. Jh. bis in die 1940er-Jahre lebten die **Mijikenda** in befestigten Dörfern in den **Kayas**, »heiligen Wäldern«, entlang der kenianischen Küste. Elf dieser Waldgebiete, die heute als Wohnsitz der Ahnen geehrt werden, sind UNESCO-Welterbe.

Swahili und Mijikenda

Obwohl die **Inder** nur einen kleinen Teil der Bevölkerung bilden, sind sie wirtschaftlich eine ernst zu nehmende Größe. Politisch haben sie dagegen kaum Einfluss. Viele kamen um 1900 durch den Bau der Ugandabahn. Die Briten heuerten 32 000 indische Kontraktarbeiter an. Mehr als 7000 blieben auch nach Ende des Baus. Sie folgten den Europäern entlang der Bahnlinie ins Innere des Landes, ließen sich dort nieder, wo Verwaltungsorte, Militärstützpunkte oder Missionsstationen entstanden. Sie spezialisierten sich auf den Handel, denn Land kaufen und bearbeiten durften sie nicht. So gründeten die Inder die **Dukas**, Gemischtwarenläden, die bald alle Waren führten, die von Europäern gewünscht wurden. Die indische Minderheit in Kenia ist eine homogene Gruppe, die streng an Religions- und Kastenzugehörigkeit festhält. Nach dem Ausländergesetz von 1967, das die Beschäftigung einheimischer Arbeitskräfte fördert, verließen viele das Land, verlor Kenia erfolgreiche Unternehmer und qualifizierte Arbeitskräfte.

Asiaten

Die große Zeit der Weißen in Kenia ist vorbei. Heute leben noch rund 40 000 im Land, kenianische Staatsbürger sind nur wenige Tausend. Die in Kenia lebenden Europäer sind vorwiegend in leitenden Funktionen internationaler Unternehmen. In der Verwaltung arbeiten sie als Berater. Außerdem sind viele in Einrichtungen christlicher Kirchen tätig. Wie stark ihr Einfluss auf die Politik noch heute ist, lässt sich schwer abschätzen. Bisher wurde nur einmal ein Kenianer britischer Abstammung Regierungsmitglied.

Europäer

KENIANISCHE VERFASSUNG

Demokratie Kenia sollte eine parlamentarische Demokratie nach britischem Vorbild werden. In der Praxis setzte sich aber ein patriarchalischer Führungsstil durch. So ist Kenia nur auf dem Papier eine echte Demokratie. Das Land erhielt am 12. Dezember 1963 mit der Unabhängigkeit seine Verfassung. Parlament und Präsident werden alle fünf Jahre vom Volk gewählt. Seit 1963 wurde die Verfassung mehrmals geändert. 1982 wurde die seit 1969 de facto bestehende Einheitspartei »**Kenyan African National Union**« (KANU) konstitutionell legitimiert, 1991 ihre Alleinherrschaft wieder aufgehoben. Die internationalen Geldgeber hatten Druck auf die Regierung ausgeübt, der Internationale Währungsfond sperrte einen Millionenkredit. Auch die stärker werdende Demokratiebewegung forderte ihre Rechte ein. Nachdem 1991 oppositionelle Parteien wieder zugelassen wurden, gab es ein Jahr später die ersten Mehrparteienwahlen seit 1967. Seit August **2010** ist die **neue Verfassung** in Kraft, die das erst 2008 etablierte Amt des Premierministers wieder abschaffte. Die Machtfülle des Präsidenten wurde beschränkt, die Zahl der Ministerposten von 42 auf 22 begrenzt. Das Parlament muss die Minister ebenso wie den Polizeichef bestätigen, Abgeordnete dürfen nicht mehr gleichzeitig in der Exekutive amtieren – oder müssen ihr Mandat aufgeben. Das 2010 eingeführte Zweikammer-Parlament wurde mit den Wahlen 2013 umgesetzt. Das **Parlament** besteht seither aus der National Assembly, einem Abgeordnetenhaus mit 290 Sitzen, und aus dem Senat, einem Oberhaus, in dem die neuen 47 Verwaltungsbezirke (Counties) vertreten sind.

Präsidiale Republik Kenia ist eine präsidiale Republik. Der **Staatspräsident** ist gleichzeitig Oberkommandierender der Streitkräfte. Drei Wochen nach dem umstrittenen Ergebnis der Präsidentschaftswahl vom 4. März 2013 bestätigte Kenias Verfassungsgericht **Uhuru Muigai Kenyatta** als Sieger, der am 9. April 2013 als Präsident vereidigt wurde.

Parteien Verfassungsmäßig ist Kenia heute ein **Mehrparteienstaat**. Nach knapp 40 Jahren fast ausschließlicher Herrschaft der KANU kam es 2002 zum demokratischen Machtwechsel. Die **National Rainbow Coalition** (NARC), ein Zusammenschluss von über 14 ehemaligen Oppositionsparteien, gewann die Wahl. 2007 trat ein neues Parteiengefüge an: Aus NARC gingen PNU, **Party of National Union**, eine Wahlplattform unter Mwai Kibaki, und **Orange Democratic Movement** (ODM) hervor. KANU ging mit PNU zusammen. Auf Vermittlung des ehemaligen UN-Generalsekretärs Kofi Annan bildete sich im März 2008 eine **Regierung aus allen Parteien** mit Kibaki als Staatspräsident, Raila Odinga als Premierminister und Vizepräsident Musyoka. Die bei den Präsidentschaftswahlen 2013 siegreiche **Jubi-**

lee-Coalition besteht aus The National Alliance Party (TNA), The United Republican Party (UPR) und der National Rainbow Coalition (NARC). In der Opposition dominiert die ODM-Partei des unterlegenen Präsidentschaftskandidaten Raila Odinga.

Eng verbunden mit KANU ist die **Central Organization of Trade Union**, der Dachverband der kenianischen Gewerkschaften. In ihnen sind nur 25 % der Arbeitnehmer organisiert, folglich ist die Durchsetzungskraft begrenzt.

Gewerkschaften

Vorbild für das **kenianische Recht** ist die britische Justiz mit der Ausnahme, dass es noch die Prügel- und Todesstrafe gibt. Der Kenya Court of Appeal in Nairobi ist das höchste Berufungsgericht. Der High Court of Kenya, ebenfalls in Nairobi, ist in Straf- und Zivilfällen oberste Instanz. Im Zivilrecht gelten vorrangig britische Kolonialgesetze. Geheiratet wird nach staatlichem oder religiösem Recht.

Justiz

Einst war Kenias Gesundheitssystem für afrikanische Verhältnisse vorbildlich. Nach Jahren katastrophaler Verhältnisse, besonders in den staatlichen Krankenhäusern, hat sich die Situation wieder gebessert, kann zumindest ambulante Grundversorgung geleistet werden. Für stationäre Behandlungen fehlen den meisten die finanziellen Mittel. Ein Sechstel aller Krankenhausbetten steht in Nairobi. Die Krankenhäuser auf dem Land sind schlecht ausgerüstet, haben zu wenig Personal und kein Geld. Gut untergebracht, allerdings nur in unkomplizierten Fällen oder bei Tropenkrankheiten, ist man in privaten Kliniken. Nairobis Aga Khan-Krankenhaus richtete 2012 eine Krebs-Station ein – früher mussten Patienten zur Behandlung nach Südafrika oder Europa reisen. Durch das rasante Bevölkerungswachstum ist **Familienplanung** ein Schwerpunkt der Gesundheitspolitik. Menschen in entlegenen Gebieten versorgt der **Flying Doctor Service** (▶S. 420). Seit 1965 gibt es den **National Social Security Fund**. Seit 2011 sind alle Arbeitnehmer, auch Hausmädchen und Gärtner, verpflichtet, soziale Abgaben zu leisten. Mit 55 Jahren bekommen sie dann eine Art Rente, in Form einer Einmalzahlung.

Gesundheitswesen

Seit Inkrafttreten der neuen Verfassung 2010 ist Kenia nicht mehr in acht Provinzen aufgeteilt, sondern wird nun neben der Zentralregierung in **47 Bezirken (Counties**) mit den jeweiligen Vertretungen (County Assemblies) verwaltet.

Verwaltung

Kenia ist seit 1963 Mitglied der **Vereinten Nationen**, mit ihrem vierten Hauptquartier in Nairobi. Außerdem gehört das Land zum **Commonwealth**, ist Mitglied in der **Afrikanischen Union**, der **Ostafrikanischen Gemeinschaft** und der Intergovernmental Authority on Development.

Internationale Mitgliedschaften

HINTERGRUND • Bevölkerung · Politik · Wirtschaft

Bildung Kenia gibt rund 6,7 % der Staatsausgaben für das Bildungswesen aus – in Deutschland wird ein Fünftel für Bildung, Wissenschaft, Forschung und Kultur zusammen ausgegeben. In Kenia herrscht **Schulpflicht**. Heute besuchen mehr als 8,6 Mio., d. h. 92 % aller Kinder die Grundschule. Das entspricht 20 % der Bevölkerung. Seit 2009 wurden 7000 zusätzliche Schulen gebaut. Pflichtsprachen sind Englisch und Swahili. Alle Kinder sollen die achtjährige Grundschule besuchen, aber nicht alle können es. Obwohl der Schulbesuch frei ist, kommen auf die Eltern Kosten zu. Schuluniformen müssen gekauft werden, Bücher und Hefte kosten Geld. Die vierjährige Oberschule ist im Gegensatz zur Grundschule kostenpflichtig. 1,47 Mio. junge Kenianer besuchen sie. Fast die Hälfte von ihnen geht auf private höhere Schulen. Mädchen sind hier in der Minderheit, genauso wie auf den staatlichen höheren Schulen. Sie bilden ein Drittel der Schüler. Die privaten Oberschulen werden oft von Religionsgemeinschaften finanziert. Auch Harambee-Schulen existieren. Deren Grundlage sind Spendengelder der Eltern und Ortsansässigen. Generelle Probleme der Schulen sind ihre schlechte Ausstattung und Lehrermangel. 1982 begann die Regierung deshalb mit einem speziellen Fortbildungsprogramm für Lehrer, die an Grundschulen unterrichten.

Aus dem 1956 gegründeten Royal Technical College in Nairobi ging 1970 die erste Uni Kenias, die University of Nairobi, hervor. Heute gibt es über **50 staatliche und private Hochschulen**. Der beste Unterricht wird in der Computer- und Informatik-Branche erteilt. Im internationalen Vergleich ist die Qualität bei einem Teil des Unterrichts eher mangelhaft. Im November 2012 ordnete Mwai Kibaki an, zu den sieben staatlichen Unis noch 13 weitere einzurichten. Sie fungieren zurzeit als Technische Hochschulen. 2013 waren 251 000 Studenten eingeschrieben. Laut Vision 2030 soll es bald mehr Uniabsolventen als Analphabeten in Kenia geben. Ob diese dann allerdings auch einen Arbeitsplatz finden, bleibt abzuwarten. Auch ein Universitätsexamen garantiert keinen Arbeitsplatz. Die **Analphabetenquote** in Kenia ist seit der Unabhängigkeit 1963 rapide gesunken. Damals konnten noch 80 % der Bevölkerung über 15 Jahren weder lesen noch schreiben. Heute sind es rund 14 %.

WIRTSCHAFT

Agrarland Grundsätzlich hat Kenia großes Potenzial: Es besitzt mit dem Hafen in Mombasa und den ausgebauten Straßenverbindungen Mombasa – Nairobi (– Kampala/Uganda) – Moyale / A2 die **beste Verkehrsinfrastruktur Ostafrikas**. Um den Norden Kenias besser zu erschließen, plant Kenia den Bau eines Hafens in Lamu mit Eisenbahn, Straßen und Ölpipelines nach Äthiopien, Südsudan und Uganda. Kenias Wirtschaft ist durch die Agrarstruktur des Landes geprägt.

Für den Export bestimmt: Riesige Blumenplantagen am Lake Naivasha beliefern Europa, Japan und die USA mit Blumen.

75 % der arbeitenden Bevölkerung sind direkt oder indirekt von der **Landwirtschaft** abhängig. Die Industrie ist im Aufbau, hängt aber weitgehend von der landwirtschaftlichen Produktion ab. Zum Bruttoinlandsprodukt (2012 geschätzt: 32,6 Mrd. €) trägt die Landwirtschaft 24,2 %, der industrielle Bereich 14,8 % und der Dienstleistungssektor 61 % bei – allen voran der Tourismus. Kenia ist vom Regen abhängig, da es kaum künstliche Bewässerung gibt. Gleichzeitig leidet das Land unter Wetterextremen wie starker Dürre und Überflutungen. Auch die Weltwirtschaftskrise forderte ihren Tribut. 2012 lag das Wachstum bei 5,1 %, die Arbeitslosenquote liegt nach jüngsten Schätzungen über 40 %. Die **sozialen Gegensätze** klaffen immer weiter auseinander. Mehr als die Hälfte der Bevölkerung lebt unterhalb der Armutsgrenze. Über 78 % der Menschen leben auf dem Land, auf eigenen Kleinfarmen oder als Angestellte auf Großfarmen. Intensiv nutzbar sind aber nur gut ein Fünftel des Staatsgebiets: vor allem die »White Highlands« im Zentralen Hochland Ke-

HINTERGRUND • Bevölkerung · Politik · Wirtschaft

> **? Weltmeister**
>
> Rund um den Globus ist Tee nach Wasser das beliebteste Getränk. Im **Tee-Export** ist Kenia seit Jahren die Nr. 1. Das Land baut seit 1906, als englische Pflanzer erste Setzlinge mitbrachten, Tee an. Heute liefert sich Kenia ein Kopf-an-Kopf-Rennen mit Indien und Sri Lanka um die Exportspitze. Kenia ist der zweitgrößte Schwarzteeproduzent der Welt, rund 10 % seiner Bevölkerung sind mittel- oder unmittelbar mit Tee beschäftigt.

nias, die Gegend um den Viktoriasee und der Küstenstreifen. In den Hauptanbaugebieten herrscht deshalb extreme Landknappheit. Darin liegt auch die eigentliche Ursache für die immer wieder ausbrechenden »ethnischen« Streitigkeiten.

Die wichtigsten Anbauprodukte sind **Tee, Kaffee, Schnittblumen**, Gemüse und Obst, Sisal und Pyrethrum. Lange Zeit war Kaffee Devisenbringer Nr. 1, bis er Ende der 1980er-Jahre vom Tourismus abgelöst wurde. Kenia ist weltweit der viertgrößte **Blumenexporteur** und versorgt im Winter vor allem Europa. Die größte Nelkenplantage der Welt liegt am Lake Naivasha. Hauptanbaugebiet für Sisal ist der schmale Küstenstreifen. Die kenianischen Kleinbauern wirtschaften in erster Linie für den Eigenbedarf. Meist sind die Farmen so klein, dass es gerade für die Familie reicht. Überschüsse werden von Genossenschaften vermarktet. Vorratshaltung gibt es kaum. Seit Jahren bleiben Regenzeiten aus, und die Menschen auf dem Land sind zunehmend auf internationale Hilfslieferungen angewiesen. 2009 war die Dürre besonders schlimm. 2012 und 2013 gab es verheerende Überschwemmungen.

Viehwirtschaft Die traditionelle **Rinder-, Ziegen- und Kamelhaltung** ist Lebensgrundlage der Hirten im trockenen Norden und für die Masai. Rund 28 Mrd. Liter Milch werden im Jahr in Kenia produziert, 80 % davon von Kleinbauern. Große Milchbetriebe gibt es in der Nähe von Nairobi und Nakuru. Fleisch liefern 9,7 Mio. Rinder. Die Lederproduktion spielt eine nicht unbedeutende Rolle: 70 % Rind-, 20 % Schaf-, 10 % Ziegenhaut sowie kleinere Mengen Krokodil- und Kalbsleder werden in 14 Großgerbereien bearbeitet. Der Export geht nach Uganda, Tansania, in die COMESA-Staaten (Congo, Mauritius und Madagaskar) und in die Emirate.

Fischerei Die **Fischerei** hat nur regionale Bedeutung. 93 % des Fangs werden aus dem Viktoriasee gefischt, nur 5 % aus dem Indischen Ozean. Exportiert werden Nilbarsch nach Europa und Trockenfischprodukte auf den ostafrikanischen Markt. Mit den Anrainerstaaten des Viktoriasees, Tansania und Uganda, wurde 1994 ein Kooperationsabkommen geschlossen. Es sieht eine Fischereiverarbeitungsindustrie vor und eine gemeinsame ökologische Kontrolle, da die Fischbestände des Sees bedroht sind.

DieForstwirtschaft steht im ständigen Kampf mit dem Bedarf der ländlichen Bevölkerung nach Brennholz, Holzkohle und weiterer landwirtschaftlicher Fläche, für die Wälder gerodet werden. Seit einigen Jahren wird wieder vermehrt aufgeforstet.

Forstwirtschaft

Durch Korruption und geringe Investitionen in die Infrastruktur befindet sich die größte Volkswirtschaft Ostafrikas seit einigen Jahren auf einem absteigenden Ast. Eine wirtschaftlich wichtige Rolle spielen die Textilherstellung in den Städten, die Zementproduktion am Athi River bei Nairobi, die Kraftfahrzeugmontage sowie die Nahrungs- und Genussmittelindustrie. Doch auch sie hängen von Energie ab, in deren Ausbau die kenianische Regierung kaum eigene Mittel investiert. Etwas Energie wird durch **Wasserkraft** am Tana River erzeugt. 15 % des Stroms kommen aus fünf **geothermischen Kraftwerken**. Aber zusammen mit der Energie aus Brennstoffen wie Holz und Holzkohle reicht das längst nicht aus, um den Bedarf des Landes zu decken. Mit Unterstützung der KfW soll das geothermische Kraftwerk beim Hell's Gate National Park bis 2017 um einen weiteren Generator ausgebaut werden. In der Lake-Turkana-Region soll bis 2014 **Afrikas größter Windpark** entstehen, bisher ist mit dem Bau allerdings noch nicht begonnen worden. Ein Mini-Windpark wird demnächst in den Ngong Hills bei Nairobi gebaut. Unterstützung für Windparks und Bio-Masse-Kraftwerke hat die Obama-Regierung bei einem Besuch 2013 zugesagt.

Energiequellen

Gefischt wird am Indischen Ozean überwiegend für den Eigenbedarf.

Smartphones und soziale Netzwerke haben Kenia radikal verändert – 2013 gab es mehr als 30 Millionen Mobiltelefone.

Neue Energiepolitik

Erdöl muss mit wertvollen Devisen gekauft werden. Eine Pipeline existiert seit 30 Jahren von Mombasa nach Nairobi und weiter bis Nakuru. Von dort teilt sie sich in eine Pipeline nach Kisumu und eine nach Eldoret. Eine neue $-300-Mio.-Pipeline soll bis nach Kampala, Uganda, gebaut werden. 2009 wurde im Nachbarland Uganda mit der Erdölförderung begonnen, 2012 wurde im Norden Kenias in der Region Turkana Erdöl entdeckt. Die britische Tullow Oil meldet vielversprechende Probebohrungen, die zu einer kommerziellen Ölförderung führen könnten. Große Hoffnung bringen die Öl- und Gasfunde an der kenianischen Küste vor Lamu und Malindi.

Solarenergie-Projekte wie die der Uhuru Blumen-Farm bei Timau, die 72 Megawatt produziert und dadurch ihre Energiekosten um 80 % senken kann, entstehen meist auf Privatinitiative. Zur Sicherstellung der eigenen Energieversorgung – bei Wasserknappheit rationiert die Regierung die **Stromversorgung** – haben sich einige öffentliche Einrichtungen, unter ihnen auch viele Krankenhäuser, Solarenergie angeschafft. Einkaufszentren, Fabriken und Hotels betreiben eigene Dieselgeneratoren. Coca Cola hat für die vielen kleinen Kioskbesitzer auf dem Land ein Projekt gestartet, bei dem auf Raten ein Solarenergie-Paket gekauft werden kann. Kleine orangefarbene Boxen kosten rund € 50 und können vier Glühbirnen betreiben. So bleiben die Kioske länger geöffnet und erzielen einen größeren Umsatz. Dort können auch Mobiltelefone und Radios aufgeladen werden. Auch einige Safaricamps erzeugen Solarenergie für den eigenen Bedarf. Neun Zehntel der Kenianer auf dem Land müssen ohne Elektrizität klarkommen.

Daten über die Beschäftigungssituation in Kenia gibt es nur zu Teilbereichen. Die Weltbank schätzt die **erwerbsfähige Bevölkerung** auf mehr als **17,5 Millionen**. In den Städten sind laut Regierung gut ein Viertel der Menschen ohne Arbeit, die Opposition geht von mehr als 50 % aus. Für die Landbevölkerung gibt es keine Angaben. In der Regel kann man davon ausgehen, dass ein Kenianer mit Arbeit 20 weitere Menschen versorgt. Nicht wegzudenken aus der kenianischen Wirtschaft sind die schätzungsweise **2 Mio. fliegenden Händler.** Sie arbeiten ohne staatliche Lizenz als Schuhputzer bis hin zum Fremdenführer, verkaufen auf der Straße alles mögliche, angefangen bei Zigaretten über T-Shirts bis hin zu CDs.

Beschäftigung

Experten nennen es die **Silikon-Savanne**. Seit Kenia per Unterseekabel an den Rest der Welt angeschlossen ist, hat sich Nairobi zur Hochburg der IT-Technologie in Afrika entwickelt. Viele kleine und große Softwareentwickler schreiben Programme für afrikanische Computeranwendungen, mit denen auch das kleinste Unternehmen arbeiten kann. Grundlage für den Boom ist das Mobiltelefon. 9 von 10 Erwachsenen haben Zugang dazu. **Drei Viertel der Bevölkerung hatten 2013 einen Handy-Vertrag**. Tendenz steigend: 2016 werden 83 % erwartet. Wichtigste Funktion ist die Textnachricht. Für 19 Mio. Kenianer sind SMS Geldbörse und Girokonto in einem. Seit Bob Collymore aus Guyana mit **Safaricom Kenya**, dem inzwischen größte Mobilfunkanbieter (80 % des Handymarktes), das mobile Geld **M-Pesa** (Pesa ist Swahili-Wort für Geld) auf den Markt brachte, werden damit Versicherungen, Schulgeld, Einkäufe und vieles mehr beglichen. 2013 verfügten 17 Mio. Kenianer über ein M-Pesa-Konto. SMS-Zugang zum Web hat den kenianischen Dienstleistungs- und Bankensektor umgekrempelt. Menschen, die bisher zu weit entfernt von Städten und Finanzinstituten lebten, können nun ebenfalls bargeldlos bezahlen. 25 % des Bruttosozialprodukts werden über das Handybezahlsystem abgewickelt.

Mobiltelefon

Spektakuläre Naturwunder sind das Kapital des kenianischen Tourismus, der auf eine lange Tradition blickt. Ende der 1960er-Jahre waren es nicht mehr nur wohlhabende Einzelreisende, die Kenia besuchten, nun setzte ein regelrechter Massentourismus ein. Vor allem die Küste wurde für sonnenhungrige Europäer und safaribegeisterte Amerikaner erschlossen. Statt Großwildjagd heißt es heute Fotosafari. Längst ist der Tourismus **zweiwichtigster Devisenbringer** des Landes. Umso katastrophaler wirken sich Negativ-Schlagzeilen in den Medien aus, wie nach den schweren politischen Unruhen 2008,

Tourismus

als die Besucher fast vollständig ausblieben. 12 % der Bevölkerung arbeiten in der Tourismusbranche. 2013 brachten rund 1,4 Mio. Besucher aus aller Welt fast $ 1,12 Mrd. nach Kenia. Die meisten europäischen Urlauber verbinden Strandferien mit einer Safari. Bis 2020 will Kenia seine Besucherzahlen auf 1,6 Mio. erhöhen. Kein einfaches Unterfangen, denn der Konflikt zwischen Naturschutz und den Bedürfnissen einer rasant wachsenden Bevölkerung gilt als vorprogrammiert. Tourismus belastet die Umwelt zusätzlich, wenn er nicht den besonderen Bedingungen des Landes Rechnung trägt. In den Nationalparks sind die Umweltschäden unübersehbar. Jedes Stück Seife, jedes Stück Fleisch und jedes Getränk müssen angeliefert, die entstehenden Abfälle entsorgt werden. Regionale Sitten und Gebräuche werden nicht respektiert, das kenianische Dienstpersonal oft herablassend behandelt. Ein Tourist gibt für seinen zweiwöchigen Urlaub mehr Geld aus als ein Durchschnittskenianer im Jahr verdient.

Nachhaltig unterwegs Wie andere Länder Afrikas will Kenia seinen Ruf als Billigreiseland ablegen und setzt heute verstärkt auf hochwertige Angebote und **Ökotourismus**, von dem sowohl die Bevölkerung als auch die Umwelt profitieren. Seit Jahren werden in Kenia und Tansania immer neue Schutzgebiete ausgewiesen und Projekte des nachhaltigen Tourismus gefördert, die Hand in Hand mit der Bevölkerung für die Wahrung der einzigartigen Natur sorgen. Seit 1996 überprüft der Dachverband **Ecotourism Kenya** die Nachhaltigkeit von Unterkünften und Programmen, in denen staatliche Stellen, Reiseveranstalter, Farmer und Tierforscher intensiv mit den Gemeinden vor Ort zusammenarbeiten. Nachhaltigkeit steht auch für Hilfe zur Selbsthilfe bei Themen wie Gesundheit, Bildung und fair bezahlten Jobs. Alle anerkannten Ökolodges verwenden naturbelassene Materialien, nutzen Solarenergie, betreiben Mülltrennung, achten auf ressourcenschonenden Umgang mit Wasser, Energie und Land sowie den Erhalt des Wildtierbestandes. Vorreiter für intelligentes Landmanagement zugunsten der Bevölkerung, der Touristen und der Wildtiere wie **Jake Grieves-Cook**, der die Porini Camps ins Leben gerufen hat, **Stefano Cheli und seine Frau Liz Peacock** mit Elsa's Kopje, Joy's, Kitich und Tortillis Camp, **Ron Beaton** mit Rekero und **Calvin Cottar** mit Cottar's 1920s Camp führen preisgekrönte Öko-Unternehmen, die Kenia mit ihrem Engagement ein neues Gesicht geben.
Diese Anliegen teilen große **Privatfarmen in Laikipia** wie Lewa, Ol Pejeta und Ol Ari Ngiro, die ihre Rinderzucht aufgegeben und sich zu **Conservancy Areas** für bedrohte Tierarten zusammengeschlossen haben. Dort kann sich die Natur von Überweidung erholen, erobert Grasland die Ebenen zurück, äsen wieder Nashörner und Elefanten, können Gäste in stilvollen Lodges den Zauber Afrikas erleben. Doch das Abenteuer Ökotourismus hat seinen Preis. Urlauber müssen für den Besuch eines Nationalparks mit mindestens

Auch Masai halten heute Anteile an Ökolodges, zeigen Gästen ihre Dörfer und arbeiten erfolgreich für den nachhaltigen Wildtourismus.

$ 40 – 80 pro Tag rechnen. Für eine Übernachtung mit Vollpension und Pirschfahrt zahlt man in einer Ökolodge mindestens $ 450 pro Person und mehr. Am Gewinn sind Masai und Samburu beteiligt. Sie halten Anteile an den Ferienanlagen und stellen Mitarbeiter. Dadurch können in den Dörfern Schulen, Brunnen und Krankenstationen gebaut werden. Jäger von einst arbeiten heute als Ranger, Servicepersonal oder Köche in den Camps. Wildtiere bedeuten für sie nicht mehr Zerstörung der Felder oder Gefahr für die Viehherden, sondern Einnahmen durch Tourismus. Ein weiterer Schlüssel liegt in der Aus- und permanenten Fortbildung der Ranger und Guides. Nicht zuletzt sind es die Besucher selbst, denen ein **nachhaltiger Umgang mit der Natur und den Menschen** am Herzen liegen muss. »Wir haben die Verantwortung, diese außergewöhnliche Wildnis nicht nur für die Kenianer, sondern für die ganze Welt zu retten«, erklärt Richard Leakey, der als Direktor des **Kenya Wildlife Service** in den 1990ern die kenianischen Elefanten vor dem Untergang bewahrte. Erst das Mitwirken aller verspricht eine erfolgreiche Zukunft.

Geschichte

Geschichte • HINTERGRUND

Von den Anfängen der Menschheit bis zum modernen Kenia

Spektakuläre Ausgrabungsfunde rückten Kenia als »Wiege der Menschheit« ins Zentrum weltweiten Interesses. Koloniale und hausgemachte Machtkämpfe ließen das Land lange Jahre nicht zur Ruhe kommen. Bei der friedlichen Präsidentenwahl 2013 bewiesen die Kenianer ihr Umdenken, Geduld und Mut.

vor 2 Mio. Jahren	Homo habilis am Lake Turkana
10 000 v. Chr.	Buschmänner leben am Viktoria-See.
500 v. Chr.	Bantu kommen aus Westafrika.
6. Jh. n. Chr.	Araber gründen Städte am Indischen Ozean.

Für große Sensation sorgten die Funde der **Leakey-Familie** (▶ Berühmte Persönlichkeiten). 1959 fanden Louis und Mary Leakey in der Olduvai-Schlucht von Tansania den berühmten Schädel des **Zinjanthropus boisei** (▶Abb. S. 64), der vor 1,75 Mio. Jahren lebte. Interessantester Fund von Koobi Fora am Lake Turkana war 1964 der 2 Mio. Jahre alte Schädel eines **Homo habilis** – im National Museum von Nairobi wird der Schädel unter der Katalognummer 1470 geführt. 1984 barg Leakeys Sohn Richard am Turkana-See das Skelett eines Jungen, das dem **Homo erectus** zugeordnet wird, der vor rund 1,8 Mio. Jahren aus seiner afrikanischen Heimat aufbrach, um die Welt zu erobern. 1994 entdeckte Richards Ehefrau Meave Leakey schließlich eine neue Hominidenart, den 3,5 Mio. Jahre alten Australopithecus anamensis. Die Geschichte der Menschwerdung musste neu geschrieben werden.

Spuren der Menschwerdung

▶Baedeker Wissen S. 368

Grabfunde aus der **späteren Steinzeit** um 10 000–1000 v. Chr. belegen, dass die damaligen Bewohner um den Viktoriasee Jäger und Sammler waren, dass sie Pfeil und Bogen sowie Steinmesser und Faustkeile benutzten und auch Töpferwaren herstellten. Man geht heute davon aus, dass es sich bei diesen frühen Landesbewohnern um kleinwüchsige **Buschmänner** gehandelt hat, die wahrscheinlich mit den Khoisan-Völkern des südlichen Afrika, also mit den San und den Khoikhoi, verwandt waren und eine dem San und Khoi ähnliche Schnalzlaut / Klicklaut-Sprache sprachen. Vor eindringenden Hirtenvölkern und Ackerbauern wichen sie dann in die unfruchtbarsten und unwirtlichsten Regionen zurück.

Frühe Besiedlung

»Love, Peace & Unity« – das Uhuru-Denkmal mit der Friedenstaube in Nairobi symbolisiert Kenias Unabhängigkeitskampf.

HINTERGRUND • Geschichte

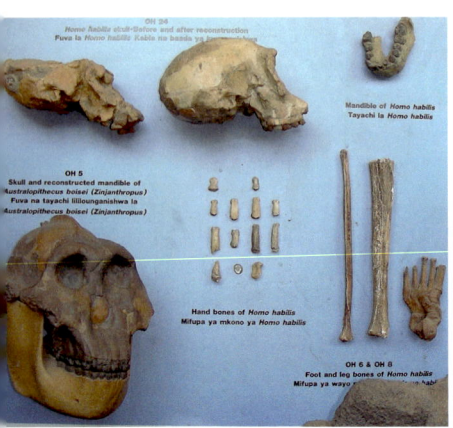

Rekonstruktion des Zinjanthropus boisei im Olduvai-Museum

Ostafrika war Kreuzungspunkt der größten Wanderrouten der Völker Afrikas. So weist Kenia heute ein Gemisch unterschiedlicher ethnischer Gruppierungen auf, die von 2000 v. Chr. bis ins 19. Jh. hinein einwanderten. Die bedeutsamsten Völkerwanderungen fanden von Norden nach Süden statt. Als Erste wanderten **kuschitische Völker** aus dem südarabischen Raum über das heutige Äthiopien nach Kenia ein. Zunächst kamen Jäger und Sammler, eine zweite kuschitische Einwanderungswelle um 1000 v. Chr. brachte Viehzucht und Ackerbau nach Ostafrika. Etwa um die Zeitenwende wanderten aus dem Sudan **südnilotischsprachige Völker** ins heutige Kenia ein und ließen sich um den Turkana-See und in den Hochländern westlich des Rift Valley nieder. Ab dem 16. Jh. folgten ihnen die Ostniloten, zu denen die Hirtenvölker der **Masai**, **Samburu** und **Turkana** zählen. Als letzte Einwanderer gelten die westnilotischen **Luo**, die sich am Viktoriasee niederließen.

Bantu
Größte Sprachgruppe Kenias sind heute die Bantuvölker. Die ersten Bantu kamen um 500 v. Chr. aus Westafrika ins Land. Ihre verbindenden Merkmale sind nicht ethnischer, sondern linguistischer Art. Ihren Namen erhielten diese traditionellen Bauernvölker, die sich dank ihrer technischen Überlegenheit rasch ausbreiteten, durch den deutschen Afrikanisten Wilhelm Bleek, der herausfand, dass die Bezeichnung »Mensch«, nämlich »Bantu«, in vielen Sprachen des südlichen, zentralen und östlichen Afrika den gleichen Stamm hat. Zu den Bantuvölkern zählen die **Kikuyu, Luhya, Kamba, Kisii, Mijikenda** und **Meru**.

Araber
Ab dem 6. Jh. n. Chr. begannen die Araber Handelsposten entlang der ostafrikanischen Küste anzulegen. Damit waren sie die ersten **Städtegründer** Ostafrikas. An der heutigen kenianischen Küste gründeten sie u. a. Mombasa, Malindi und Lamu.

Swahili-Kultur
Im Lauf der Zeit vermischten sich die zugewanderten Araber mit der einheimischen Bantubevölkerung. Es entwickelte sich ausgehend von Lamu die **afro-arabische, islamische** Swahili-Kultur. Auf den Inseln und an der Küste entstanden eigenständige **Stadtstaaten**, die nach arabischem Vorbild von einem Sultan oder Scheich regiert wurden.

Geschichte • HINTERGRUND

Von der Blütezeit zwischen dem 12. und 15. Jh., als der Handel rund um den Indischen Ozean florierte, zeugen Überreste von Moscheen, Palästen und mehrstöckigen Häusern aus Korallenstein.

ABENTEURER AUS EUROPA

1498	Vasco da Gama landet in Mombasa.
1746	Mombasa erhält einen selbstständigen Sultan, der weder Omans noch Portugals Untertan war.
1882	Dr. Gustav Fischer wandert zum Lake Naivasha.

Die ersten Europäer, die Kenia passierten, waren **griechische Handelsreisende und Seeleute**. Erste literarische Erwähnung findet die ostafrikanische Küste im »Seehandbuch des Erythräischen Meeres« eines unbekannten griechischen Kapitäns, der um die Mitte des 1. Jh.s n. Chr. vom ägyptischen Alexandrien aus über Ostafrika nach Indien segelte. Im 2. Jh. beschrieb der Alexandriner Grieche Claudius **Ptolemäus** (ca. 85 – 160) in seiner »Geographie« Kenias Küste und Hinterland.

Erste Entdecker

Am 7. April 1498 landete der portugiesische Seefahrer **Vasco da Gama**, von König João II. von Portugal beauftragt, entlang der afrikanischen Küste einen Seeweg nach Indien zu finden, in Mombasa. Schnell gelang es den **Portugiesen**, vor allem dank ihrer Feuerwaffen, die Herrschaft über den Indischen Ozean bis zum Persischen Golf an sich zu reißen und den Seeweg nach Indien abzusichern. Während der portugiesischen Präsenz in Ostafrika kamen auch die ersten Deutschen an die **Swahili-Küste**, als Geschäftsleute der großen deutschen Handelshäuser, die sich an den Indienfahrten der Portugiesen beteiligten. Die Portugiesen errichteten lediglich einzelne Handelsniederlassungen, dennoch mussten alle Küstenstädte die Oberhoheit der portugiesischen Krone anerkennen und Tributzahlungen leisten.

1593 – 1596 ließen die Portugiesen in **Mombasa** die Festung Fort Jesus erbauen. Im 17. Jh. brachen in Mombasa

> **BAEDEKER WISSEN**
>
> **? Die Chinesen ...**
>
> ... sollen bereits vor den Portugiesen Kenias Küste erreicht haben. Archäologen wollen bis 2015 den Beweis erbringen, dass der chinesische Entdecker Admiral Zheng im Jahre 1418, also 80 Jahre vor Vasco da Gama, mit seiner Armada vor Kenia gesegelt ist. Dafür soll vor der Insel Lamu nach einem 600 Jahre alten Schiffswrack, das zu Zhengs Armada gehört haben soll, gesucht werden. An zwei Orten auf Malindi haben Ausgrabungen nach einer historischen Stadt begonnen. Porzellanteile aus der Ming-Dynastie wurden hier bereits gefunden. Was ebenfalls für die These spricht, ist, dass bei DNA-Tests in einer Swahili-Gemeinde in Malindi Spuren chinesischer Vorfahren nachgewiesen wurden.

Die Gedi-Ruinen zeugen von der Blütezeit der Swahili-Kultur.

immer wieder Kämpfe zwischen der portugiesischen Besatzungsmacht und den arabischen Bewohnern aus, wobei Fort Jesus mehrmals den Besitzer wechselte. 1698 wurde die Festung von den schiitischen Omani besetzt und erst 30 Jahre später von den Portugiesen zurückerobert. Doch bereits 1729 verloren sie es erneut an die **Truppen Omans**, woraufhin sie Ostafrika endgültig den Rücken kehrten. Einflüsse der rund 200-jährigen portugiesischen Herrschaft sind noch präsent. Ihnen verdankt Ostafrika die Nutzpflanzen Mais, Tabak und Cashewnüsse. Auch das Swahili-Wort für Geld »Pesa« leitet sich vom portugiesischen Peso ab.

Im Fokus ferner Mächte Als 1744 in Oman ein Dynastiewechsel stattfand, nutzte Mombasas »Liwali« (Gouverneur) die Gelegenheit, sich vom arabischen Mutterland loszusagen und rief sich 1746 zum selbstständigen Sultan aus. Innerhalb kürzester Zeit gelang es dem nun in **Mombasa** regierenden **Mazrui-Clan**, alle Städte an der ostafrikanischen Küste unter seine Gewalt zu bringen. Ausnahme war Lamu, das 1813 den **Sultan von Oman, Sayyid Said**, um Hilfe bat. Dieser zögerte nicht lange, mit seiner schlagkräftigen Flotte die Swahili-Küste zu erobern. Der Mazrui-Clan wandte sich daraufhin 1824 an den Kommandanten eines vor Mombasa ankernden britischen Schiffes, Captain Owen, und bat um **britisches Protektorat**. Um einen offenen Konflikt mit dem Sultan von Oman zu vermeiden, musste Owen 1826 den Union Jack am Fort Jesus wieder einholen. Bis 1837 kontrollierten die Truppen von Sayyid Said die gesamte Swahili-Küste. 1840 verlagerte der Sultan seinen Hof nach Sansibar, von wo er den wirtschaftlichen Aufschwung Ostafrikas ankurbelte und durch geschickte Diplomatie die Unabhängigkeit seines Reiches gegenüber den Seemächten Großbritannien und Frankreich behauptete.

1844 begaben sich die deutschen Missionare **Johann Ludwig Krapf** (▶Berühmte Persönlichkeiten) und **Johannes Rebmann** (▶S. 186, ▶Abb. S. 187) im Auftrag der Londoner Anglican Church Missionary Society nach Ostafrika, um die dortige Bevölkerung zum Christentum zu bekehren und den Sklavenhandel abzuschaffen. Der deutsche Arzt und Naturforscher **Dr. Gustav Fischer** durchwanderte 1882 die Gegend zwischen Kilimanjaro und Meru und kam bis zum Naivasha-See. Kurz darauf erreichte der britische Forscher **Joseph Thomson**, nach dem die Thomsongazelle benannt ist, den Baringo-See. 1888 stieß eine österreichisch-ungarische Expedition unter **Graf Teleki** (▶S. Berühmte Persönlichkeiten) bis zum heutigen Turkana-See vor, den sie damals nach dem Thronfolger des Hauses Habsburg zunächst »Rudolfsee« nannten.

Missionare und Forscher

DIE BRITISCHE ÄRA

1856	Briten zerschlagen das Sultanat der Ostafrikanischen Küste.
1920	Kenia wird Kronkolonie.
1944	Aufnahme der ersten Afrikaner im Legislative Council
1963	Kenia erhält die Unabhängigkeit.

Nach dem Tod von Sayyid Said 1856 in Sansibar nutzten die Briten die Thronfolgestreitigkeiten unter seinen Söhnen, um das Sultanat zu zerschlagen. 1861 untersagten die Briten den rivalisierenden Parteien einen alleinigen Herrschaftsanspruch: Ein Sohn erhielt den Oman, der andere **Sansibar und die Swahili-Küste** als unabhängigen Staat zugesprochen, der jedoch fortan unter **Oberhoheit Londons** stand. Dem deutschen Ostafrikapionier Dr. Carl Peters, der 1884 die **Deutsch-Ostafrikanische Gesellschaft** gegründet hatte, gelang es, durch Protektoratsverträge mit lokalen Häuptlingen dem Sultan von Sansibar immer größere Teile seines Herrschaftsgebietes streitig zu machen. Witu wurde den Deutschen als Schutzprotektorat überlassen, auf Lamu entstand im Jahre 1888 die erste deutsche Postagentur.

Aufteilung Ostafrikas

Helgoland-Sansibar-Abkommen

Im 1890 in Berlin geschlossenen Helgoland-Sansibar-Abkommen erhielt das Deutsche Reich als Preis für die Abtretung von Witu von Großbritannien Helgoland. Ferner verpflichtete sich Berlin, die **alleinige Schutzherrschaft der Briten** über Sansibar, Uganda und das heutige Kenia anzuerkennen. Die Deutschen bekamen dafür das Gebiet von Tanganjika (heute Tansania). Damit besaßen sowohl die englische Königin Viktoria als auch ihr deutscher Enkel, Kaiser Wilhelm II., einen schneebedeckten Berggipfel am Äquator.

Britisch-Ostafrika

Anfänglich bemühte sich die von dem schottischen Millionär Sir William Mackinnon 1887 ins Leben gerufene **British East Africa Company** darum, mit privaten Mitteln die neuen englischen Kolonien in Ostafrika zu erschließen. Doch bereits 1895 war die Ostafrika-Gesellschaft bankrott. Die britische Regierung musste die Anteile der Company aufkaufen und die Kolonialisierung mit staatlichen Mitteln weiter betreiben. Im selben Jahr noch wurden Uganda und Kenia zum **Protektorat »Britisch-Ostafrika«** erklärt.

Den größten Anstoß zur Erschließung des Protektorats bildete ab 1896 der Bau der **Uganda-Eisenbahn**. Nach sechs Jahren war die 900 km lange Eisenbahnverbindung vom Indischen Ozean zum Viktoriasee fertig – die Kosten erwiesen sich als doppelt so hoch wie geplant. Unter den 32 000 indischen Arbeitskräften sowie 5000 Angestellten und Handwerkern – es arbeiteten kaum Afrikaner mit, da sie zu jener Zeit noch von der selbstgenügsamen Landwirtschaft lebten und keinen Grund sahen, Lohnarbeit aufzunehmen – gab es unzählige Opfer durch Tropenkrankheiten, Angriffe feindselig eingestellter Bevölkerungsgruppen, aber auch durch Löwen. Als die Eisenbahnlinie 1899 die Athiebene erreichte, verlegte man die Bauleitung von Mombasa an einen Fluss, den die Masai »Ngare Nairobi« nannten, »Kaltes Wasser«. Aus diesem mitten im Sumpf gelegenen Eisenbahnlager entwickelte sich **Nairobi**, die Hauptstadt Kenias. 1901 erreichte die Ugandabahn bei Port Florence, dem heutigen Kisumu, den Viktoriasee.

Erster Weltkrieg

Durch die Grenze zu Deutsch-Ostafrika blieb auch Britisch-Ostafrika vom Ersten Weltkrieg nicht ganz verschont, auch wenn es im Land selbst kaum zu Kämpfen kam. Fast **200 000 Afrikaner** wurden als Lastenträger oder Soldaten auf die Spur des deutschen Oberstleutnants **Paul von Lettow-Vorbeck** gesetzt, der mit der rund 15 000 Mann starken sogenannten Schutztruppe während einer Odyssee durch das östliche Afrika eine bald zwanzigfache feindliche Übermacht hinter sich herzog, damit vom eigentlichen Kampfgeschehen in Europa fernhielt und erst nach Erhalt der Nachricht vom Ende des Krieges die Waffen niederlegte. Von Kenias Hilfskräften und Soldaten kam jeder vierte ums Leben. Doch diejenigen, die wieder in ihre Heimat zurückkehrten, hatten die Erfahrung gemacht, dass auch der »weiße Mann« verwundbar war, dass man sich bei entsprechender Organisation gegen den mächtigen Kolonialherren zur Wehr setzen konnte.

Eine wichtige politische Folge des Ersten Weltkriegs war das Angebot der britischen Regierung an die Kriegsveteranen, die einst auf den europäischen Schlachtfeldern gekämpft hatten, in Britisch-Ostafrika, das 1920 offiziell zur »Kronkolonie Kenia« ausgerufen wurde, Land zu eher symbolischen Preisen zu erwerben. Innerhalb von nur zwei Jahren erhöhte sich so die Zahl der weißen Siedler auf 9000. Vor allem im zentralen Hochland nahmen sich die Neuankömmlinge, wie schon vor dem Krieg, das beste Land. Die Afrikaner wurden entweder in weniger fruchtbare Gebiete (Reservate) umgesiedelt oder als **»Squatters«**, eine Art Fronarbeiter, auf den europäischen Farmen geduldet. Auf diese Weise entstanden die sogenannten **White Highlands** nordwestlich von Nairobi. Mit den neuen Siedlern kamen auch viele ins Land, die von Landwirtschaft nichts verstanden und über die Verhältnisse in Afrika nicht im Mindesten informiert waren. Unter ihnen gab es etliche, die sich mit ihrem vergnügungssüchtigen Nichtstun, einem ausschweifenden Lebensstil und Intrigentum, dem »Happy Valley Life«, sowohl bei den ernsthaft am Aufbau des Landes interessierten Siedlern als auch bei der einheimischen schwarzen Bevölkerung äußerst unbeliebt machten.

Kronkolonie Kenia

Gleich nach Beendigung des Ersten Weltkriegs begann sich in der afrikanischen Bevölkerung der Widerstand zu formieren. Vor allem auf dem Land und speziell unter den besonders stark betroffenen **Kikuyu** häuften sich die Klagen: Furcht vor weiterem Landverlust, die Enge der ihnen zugewiesenen Wohngebiete, die zwangsweise Rekrutierung von Arbeitskräften, das nach südafrikanischem Modell eingeführte Passsystem für Schwarze, wonach jeder Afrikaner ständig einen Pass mit sich führen musste, aber auch die Angst vor der zunehmenden Verdrängung traditioneller Lebensweisen, deren Abschaffung vor allem christliche Missionare forderten.
Ab 1918 gründeten Kikuyu aus der Region um Nairobi und aus dem fruchtbaren Hochland Parteien, die 1919 **Harry Thuku**, der erste politische Held des modernen Kenia, zur **East African Association** zusammenschloss. Sie wollten die Abschaffung des Passgesetzes sowie die Zuteilung von Land und Lohnerhöhungen. In den Städten tat man sich mit indischen Parteien zusammen, die für eine Gleichberechtigung mit den Weißen kämpften und ein Mitspracherecht in der von den Briten ausschließlich aus Weißen zusammengesetzten Legislative forderten, die das Land regieren sollte. Im März 1922 wurde Thuku, dessen Ruf nach mehr Rechten für die Afrikaner immer weitere Landesteile erreichte, verhaftet. Daraufhin kam es in Nairobi, wo der Führer der East African Association einsaß, zum ersten **General-**

Widerstand gegen die weißen Siedler

Der Mau-Mau-Aufstand

Freiheit für Kenia!

Der überwiegend von den Kikuyu getragene Mau-Mau-Aufstand in den 1950er-Jahren war der Beginn eines Freiheitskampfes, an dessen Ende 1963 die Unabhängigkeit des Landes stand.

Nach dem Ersten Weltkrieg begannen vor allem die **Kikuyu,** von der britischen Kolonialverwaltung ihre Rechte einzufordern. Sie organisierten sich in politischen Gruppierungen wie der Kikuyu Central Association (KCA), die zu Beginn des Zweiten Weltkriegs verboten wurde. Als Nachfolgeorganisation galt die 1944 gegründete **Kenya African Union (KAU)**, die allerdings gesamtkenianische Interessen vertrat. Auch ihre Forderungen nach gleichen Rechten für Schwarze und Weiße, nach Beteiligung afrikanischer Vertreter in Regierung und Verwaltung, nach Ansiedlung von Afrikanern im Hochland etc. wurden von der britischen Kolonialmacht allesamt abgewiesen.

Unter den jungen KAU-Mitgliedern, vor allem unter den Kriegsveteranen, die im Kenya African Regiment auf den Schlachtfeldern von Äthiopien bis Burma mitgekämpft, dabei Tapferkeitsmedaillen erhalten hatten und sich nun wieder als letztes Glied der gesellschaftlichen Hierarchie empfinden mussten, stieß die gemäßigte Politik ihrer Partei zunehmend auf Ablehnung. Innerhalb der legalen KAU entstand der gut organisierte militante **Geheimbund Mau Mau,** der 1951 offiziell verboten wurde. Der Begriff »Mau Mau« setzt sich vermutlich aus den Anfangsbuchstaben eines KCA-Schlachtrufs zusammen: »**M**zungu **A**rudi **U**ingerezza **M**wafrica **A**pate **U**huru« (»Lasst die Europäer nach England zurückkehren, damit Afrika seine Freiheit bekommt«). Als am 7. Oktober 1952 der gegenüber der Kolonialverwaltung loyal eingestellte Kikuyu-Führer Waruhiu Jungu ermordet wurde, verkündete die Kolonialregierung den Ausnahmezustand (Emergency), der eine Welle von Gewalt auslösen und acht Jahre dauern sollte. Vermeintliche Führer der Widerstandsbewegung wurden verhaftet, unter ihnen **Jomo Kenyatta,** der zu sieben Jahren Zwangsarbeit und Verbannung verurteilt wurde. Obwohl er sich von den terroristischen Aktivitäten der Mau Mau distanzierte, wurde er für die Guerilleros zur Symbolfigur, zum Idol in ihren Kampfliedern, gar zum großen Führer aller Schwarzen Kenias. Heute weiß man, dass Kenyatta mit dem Aufbau der Mau Mau nichts zu tun hatte, aber deren Kampf als letztes Mittel zum Zweck stillschweigend gebilligt hat.

Ausnahmezustand

Grausame Hinrichtungen, verstümmelte Leichen, Folterungen, Vergewaltigungen, Raub und Brandstiftung – in punkto **Gräueltaten** standen sich Mau Mau und Briten in nichts nach. Für Aufsehen sorgten die Schwurzeremonien der Mau Mau, die bedingungslose Treue forderten. Anfänglich noch relativ harmlos, pervertierten die **Eideszeremonien** zu grausigen Or-

Polizeikontrolle in Karoibangi 1954: Bei der Bekämpfung der Mau Mau waren die britischen Kolonialbeamten wenig zimperlich.

gien: Bei einigen mussten Sperma und Menstruationsblut, vermischt mit Schafblut getrunken werden. In den Mau-Mau-Einheiten dienten 20 000 bis 30 000 Kämpfer, meist Kikuyu, aber auch Masai, Luo und Meru. Die **Mau-Mau-Truppen** waren unterteilt in acht Armeen und wurden nach dem Vorbild britischer Dienstränge von Generälen, Obersten bis hinunter zum Corporal geführt. Die meisten Rebellen hatten nur Pangaschwerter, Schusswaffen stammten in der Regel aus Überfällen. Die **Kolonialregierung** führte dagegen eine Großarmee ins Feld: 50 000 Mann mit Panzern und Jagdbombern, 21 000 Polizisten (darunter auch Siedler) und 25 000 »Home Guards« aus loyalen Afrikanern. Von ihrem sicheren Versteck in den unwegsamen Bergwäldern der Aberdares und des Mount Kenya, wo die Bevölkerung sie mit Lebensmitteln und gestohlenen Waffen versorgte, führten die Mau Mau einen **Guerillakrieg** mit nächtlichen Überraschungsangriffen. Hauptleidtragende waren die afrikanischen Zivilisten – 90 000 von ihnen kamen in **Internierungslager**, 950 000, fast alle von ihnen Kikuyu, wurden in andere Landesteile in »Emergency Villages« zwangsumgesiedelt. 1956 kam die Mau-Mau-Rebellion langsam zum Erliegen. Nach Hinrichtung von Dedan Kimathi, dem ebenso intelligenten wie fanatischen Kopf der Mau Mau, legten 1957 schließlich die meisten Mau-Mau-Krieger die Waffen nieder – die Internierung dauerte noch bis 1959. In selben Jahr beschloss London die offizielle Aufhebung der strikten Rassentrennung und machte das lang ersehnte Zugeständnis zu politischer Mitsprache. Der Ausnahmezustand blieb bis 1960 in Kraft. 2013 trug die Klage von fünf damals Inhaftierten Früchte: Die britische Regierung zahlte 5228 Menschen, die von der Kolonialregierung gefoltert worden waren, eine Entschädigung von insgesamt 22 Mio. Euro. Ein Denkmal an den Mau-Mau-Aufstand soll in Nairobi errichtet werden – die Kosten wollen sich Kenia und Großbritannien teilen.

streik der afrikanischen Arbeiter. Mindestens 21 Menschen starben, als die Polizei ohne Vorwarnung das Feuer auf die Teilnehmer einer friedlichen Demonstration für Thuku eröffnete. Nach Harry Thukus Verbannung, die erst nach elf Jahren ein Ende finden sollte, wurde die East African Association aufgelöst. Die Unzufriedenheit der Schwarzen, die Ablehnung der weißen Vorherrschaft und der Widerstand gegen die Verdrängung traditioneller Lebensformen konzentrierte sich nun in der **Kikuyu Central Association** (KCA), der 1928 auch Jomo Kenyatta (▶Berühmte Persönlichkeiten) beitrat.

Autonomie-bestrebung
Im **Zweiten Weltkrieg** nahmen 75 000 Kenianer auf britischer Seite an den Kämpfen teil. Manche kämpften in Burma, andere kamen in Indien mit dem Gedankengut Mahatma Gandhis in Kontakt. 1946 kehrte Jomo Kenyatta aus England in seine Heimat zurück. Er fand

In Nairobi erinnert ein fast 4 m hohes Denkmal an Jomo Kenyatta.

Geschichte • HINTERGRUND

ein völlig anderes Kenia vor. Die Kolonie erlebte eine wirtschaftliche Blüte wie noch nie. Für die weißen Siedler war dies ein Anlass, von der Regierung in London mehr Autonomie zu fordern; die Belange der Afrikaner interessierten sie dabei recht wenig. Und diesen erging es zunehmend schlechter; die Löhne blieben derart niedrig, dass sie nicht einmal den Arbeiter selbst, geschweige denn seine Familie, ernähren konnten. Immerhin wurden 1944 die ersten Afrikaner im **Legislative Council** aufgenommen; in den folgenden Jahren erhielten immer mehr schwarze Repräsentanten in diesen obersten Beratungsgremien Mitspracherecht. Doch politisch repräsentiert fühlten sich die Afrikaner bis zur Unabhängigkeit des Landes nicht. 1947 wurde **Jomo Kenyatta** Präsident der **Kenya African Union** (KAU), der Nachfolgeorganisation der verbotenen Kikuyu Central Association. Unter Kenyatta nahm der politische Druck auf die Kolonialbehörden zu.

Als sich die weiße Regierung weiterhin weigerte, den Forderungen der Afrikaner nachzukommen, brach Anfang der 1950er-Jahre der **Mau-Mau-Aufstand** aus (▶Baedeker Wissen S. 70). Der heute als »Freiheitskampf« bezeichnete Krieg zwischen Schwarz und Weiß, bei dem die Kikuyu eine entscheidende Rolle spielten, wurde auf beiden Seiten hart und grausam geführt. Etwa 13 500 Afrikaner verloren dabei ihr Leben, aber nur 95 Europäer. 1952 verkündete die Kolonialregierung den Ausnahmezustand und ließ alle politischen afrikanischen Führer verhaften, an der Spitze Kenyatta, der die nächsten neun Jahre im Gefängnis blieb. Neben den blutigen Kämpfen wurden auch auf dem Verhandlungswege Lösungen zur Beendigung des Krieges gesucht. In der **Kenya African National Union (KANU)**, einer von Kikuyu und Luo angeführten Partei, zu deren Vorsitzenden Kenyatta während seiner Haft ernannt wurde und die für ein neues zentralistisches Kenia eintrat, sowie in der vom späteren Präsidenten Moi geleiteten **Kenya African Democratic Union (KADU)**, die sich als Verfechter des Föderalismus und Repräsentant der Hirten- und Küstenstämme verstand, sammelte sich die schwarze Bevölkerung zur politischen Aktion.

Die **Unabhängigkeit Kenias** war nicht mehr zu verhindern. 1960 wurde der Ausnahmezustand aufgehoben, ein Jahr später wurde Kenyatta wieder freigelassen. Am 1. Juni 1963 bekam Kenia die innere Selbstständigkeit verliehen, und Kenyatta, dessen KANU-Partei bei den vorausgegangenen Parlamentswahlen ein überwältigender Sieg gelungen war, wurde erster frei gewählter kenianischer Ministerpräsident. Am **12. Dezember 1963** erhielt das Land die volle Unabhängigkeit als Dominion des britischen Commonwealth mit der englischen Königin al Staatsoberhaupt. Punkt Mitternacht wurde in Nairobi die britische Flagge, der Union Jack, eingeholt. »Uhuru«, die lange umkämpfte Freiheit, war erreicht.

Dominion des britischen Commonwealth

HINTERGRUND • Geschichte

50 JAHRE UNABHÄNGIGKEIT

1964	Jomo Kenyatta wird erster Präsident.
1978	Daniel arap Moi übernimmt die Herrschaft.
2002	Mwai Kibaki wird als dritter Präsident vereidigt.
2007	Blutige Unruhen nach den Präsidentschaftswahlen
2008	Koalitionsregierung Mwai Kibaki und Raila Odinga
2010	Im August wird die neue Verfassung unterzeichnet.
2013	Uhuru Kenyatta wird Kenias vierter Präsident.

Republik Kenia

Im November 1964 trat die KADU geschlossen zur KANU über, was aus Kenia einen **Einparteienstaat** machte. Im Dezember 1964, nach einem Jahr Unabhängigkeit, wurde in Kenia die **Republik** ausgerufen, mit **Jomo Kenyatta** als **Staatsoberhaupt und erstem Präsidenten**. Alle Bewohner Kenias – Schwarze, Weiße und Inder – wurden von Kenyatta dazu aufgefordert, das Land nach dem Motto »**Harambee**« (»alle ziehen an einem Strang«) miteinander aufzubauen. Außenpolitisch schlug er einen konservativen prowestlichen Kurs ein, wirtschaftlich orientierte er sich am Kapitalismus. Mit seiner überragenden Persönlichkeit und seinem autoritären Führungsstil brachte er dem Land **Stabilität**, was auch im Ausland mit Anerkennung honoriert wurde, wo Kenia bald als eines der stabilsten Investitionsländer galt, als Musterbeispiel an Sicherheit und Demokratie. Doch innenpolitisch gab es genügend Konfliktstoff.

Die Gegensätze zwischen Arm und Reich waren äußerst krass – und sind es immer noch. Am deutlichsten kam das bei der **Landfrage** zum Vorschein – Land war ja auch das durchgehende Thema des Befreiungskampfes gewesen. Die Regierung kaufte viele europäische Großfarmen auf und verkaufte sie an Afrikaner weiter. Zwar wurde dabei ein Großteil der Farmen aufgeteilt, woraufhin sich auf dem ehemals weißen Hochland 170 000 Schwarze ansiedeln konnten, doch viele Ländereien gingen in den Besitz reicher Afrikaner und auch mit Kenyatta befreundeter **Kikuyu**-Politiker über. Da sich Nairobi strikt weigerte, den Landbesitz zu begrenzen, wurde weder das Problem der Großfarmen noch das Problem der Landlosen jemals gelöst. Überhaupt blühte die Vetternwirtschaft, und andere politische Strömungen und Meinungen wurden kurzerhand unterdrückt.

Als 1969 der regierungstreue Luopolitiker **Tom Mboya** ermordet wurde und es bei einem Besuch Kenyattas in der Luoprovinz Nyanza zu Ausschreitungen kam, bei denen Polizisten mindestens zehn Demonstranten töteten, sah der Präsident die Gelegenheit gekommen, die 1966 gegründete oppositionelle »Kenya People's Union« (KPU) zu verbieten und deren Parteiführer Oginga Odinga ohne Gerichtsverhandlung ins Gefängnis zu werfen. 1975 wagte es zum ersten Mal jemand, Kritik an der Regierung zu üben: **Josiah Mwangi Kariuki**, ein früherer Unabhängigkeitskämpfer, Parlamentarier und Kenyatta-

Verehrer, prangerte schonungslos die **Korruptionswirtschaft** und das Machtmonopol der von Kenyatta geförderten Kikuyu an und warnte davor, dass Kenia ein Land mit »zehn Millionären und zehn Millionen Bettlern« werden könnte. Wegen dieser Äußerungen kam Kariuki ins Gefängnis – kurze Zeit darauf wurde seine Leiche in den Ngong-Bergen gefunden. Kenyatta, der bis zu seinem Tod im hohen Alter von 84 oder 85 Jahren die Präsidentschaft ausübte, duldete nicht einmal die Diskussion um seine Nachfolge. Zwar war diese auf dem Papier geregelt, doch Justizminister Charles Njonjo musste die öffentliche Erörterung der Nachfolgefrage bei Strafe verbieten.

Nach dem Tod Kenyattas am 22. August 1978 übernahm Vizepräsident **Daniel Toroitich arap Moi** die Macht. Er kam nicht aus dem bisher regierenden Kikuyu-Establishment, sondern vom Stamm der **Tugen**, die zu den Kalenjiin, einer westkenianischen Volksgruppe, zählen. Bei allgemeinen Wahlen im November 1978 wurde er dann mit großer Mehrheit zum **Präsidenten** von KANU und von ganz Kenia gewählt. Eine von Mois ersten Amtshandlungen bestand darin, alle Stammesorganisationen im Interesse der nationalen Einheit aufzulösen. Er sagte der Vetternwirtschaft den Kampf an, schenkte allen politischen Häftlingen die Freiheit und erlaubte eine freiere Presseberichterstattung. Doch ansonsten blieb alles beim Alten. Die schreienden **sozialen Gegensätze** konnte (und wollte) auch er nicht ändern. Bei den Wahlen 1979 wurde die Ex-KPU von Oginga Odinga nicht zugelassen, 1982 ließ Moi das System des **Einparteienstaates** auch verfassungsmäßig verankern.

Die Ära Moi

Drei Monate nach dieser **Verfassungsänderung** wurde das Moi-Regime erstmals erschüttert, als am 1. August 1982 eine Abteilung der »Kenya Air Force« (KAF) unter der Führung junger Offiziere einen **Militärputsch** anzettelte und die Hauptstadt Nairobi in ein allgemeines Chaos stürzte. Es kam zu Kämpfen zwischen der KAF, die nur von den Studenten der Universität unterstützt wurde, und anderen Streitkräften, zu Geschäftsplünderungen und zu Vergewaltigungen. Der erfolglose Putsch, dessen Zielsetzung nie klar wurde, kostete Regierungsangaben zufolge 159 Menschen das Leben – inoffizielle Angaben sprechen von weit mehr Toten.

1983 ergab sich eine weitere Staatsaffäre um den Justizminister **Charles Njonjo**, dem vorgeworfen wurde, Bestechungsgelder genommen, den Staatsstreich 1982 geleitet und einen erneuten Putsch in Kenia geplant zu haben. Njonjo, ein unbequemer und mächtiger Rivale um die Präsidentschaft, wurde verurteilt, kurz darauf jedoch von Moi begnadigt – gegen die Zusage, sich politisch nicht mehr zu betätigen. 1990 wurde das Land von zwei Todesfällen erschüttert: Außenminister **Robert Ouko**, der für ein Mehrparteiensystem eingetreten war, fand man schwer verstümmelt in der Nähe seines Hauses am Viktoriasee, und der oppositionelle Bischof **Alexander Muge** kam bei einem mysteriösen Autounfall ums Leben. 1992 gab Moi dem in ganz Afrika immer stärker werdenden Ruf nach mehr Demokratie nach und ließ wieder ein **Mehrparteiensystem** zu. 1995 gründete Richard Leakey seine Partei Sarafina.

Kenia heute Trotz seiner stark umstrittenen Präsidentschaft wurde Moi erst 2002, als er sich nicht mehr aufstellen lassen konnte, abgewählt. **Mwai Kibaki**, Kandidat des oppositionellen Parteienbündnisses **National Rainbow Coalition** (NARC), kam an die Macht. Seit Staatsgründung musste die KANU erstmals in die Opposition. Am Anfang weckte Kibakis Präsidentschaft neue Hoffnungen, bis seine Regierung 2005/2006 selbst in Korruptionsverdacht geriet und das Vertrauen in der Bevölkerung und der Welt schwand.

Eskalieren sollten die schwelenden Konflikte zwischen den Volksgruppen durch die **Präsidentschaftswahlen am 27.12.2007**, zu der die Kandidaten in einem neuen Parteiengefüge antraten (▶S. 52). Weder Raila Odinga mit seiner Partei Orange Democratic Movement (ODM) noch Mwai Kibaki mit seiner Partei Kenya African National Union (Kanu) konnte die Wahl für sich entscheiden. Nachdem Odinga bei ersten Hochrechnungen weit vor Kibaki lag, wurden zwei Tage lang enorme Stimmenzahlen für Kibaki registriert. Daraufhin wurde Kibaki zum Sieger erklärt und für eine weitere Amtszeit vereidigt. Odinga bezeichnete dieses Vorgehen als zivile Version eines Putsches. In den Tagen darauf kam es zu **blutigen Unruhen** zwischen Anhängern beider Kandidaten. Neben den Auseinandersetzungen zwischen Sicherheitskräften und Demonstranten gab es gewaltsame Konflikte zwischen ethnischen Gemeinschaften sowie Pogrome organisierter Milizen. Diese nutzten die allgemeine Unruhe dazu, gegen Mitglieder ethnischer Gruppen vorzugehen, die bei den Wahlen für die »falsche Seite« gestimmt hatten. Mehr als 1200 Menschen starben, Tausende wurden vertrieben oder flohen aus dem Land. Schließlich vermittelte der ehemalige UN-Generalsekretär Kofi Annan. Am 28. Februar **2008** einigten sich **Staatspräsident Kibaki** und Oppositionsführer **Raila Odinga** auf eine **Koalitionsregierung**, sechs Wochen später wurde Raila Odinga zum Premierminister ernannt.

Mehr innere Stabilität soll die **2010** unterzeichnete **neue Verfassung** bringen, die die Macht des Staatsoberhauptes einschränkt (▶S. 52). Starken Druck erhält die Regierung durch den als »Anti-Korruptions-Zar« betitelten Journalisten **John Githongo**, der sich bereits während der Moi-Ära mit dem Thema Korruption in Kenia beschäftigt hatte. Githongo gründete 1999 einen kenianischen Zweig von Transparency International. Nachdem sein Buch über die Korruption »Its our turn to eat« erschienen war (veröffentlicht von Michela Wrong, ▶S. 417), musste er Kenia verlassen. Inzwischen lebt er wieder in Nairobi und kämpft weiter.

Bildung ist der Schlüssel zur Zukunft: Junge Leute in Nairobi wollen einen Highschool-Abschluss, Arbeit und politische Mitbestimmung.

Präsidentschaftswahlen 2013

Seit den friedlichen Wahlen 2013 ist **Uhuru** Muigai **Kenyatta** an der Macht, der 1961 geborene älteste Sohn von Jomo Kenyatta und seiner vierten Frau. Er ist verheiratet und Vater von drei Kindern. Auf der Forbes-Liste der reichsten Personen Afrikas steht Kenias neuer Präsident an 23. Stelle. Die Kenyatta-Familie besitzt Medien wie den kenianischen Sender Channel K24, das People Magazine sowie diverse Radiosender. Der Familie gehören ebenfalls eine stattliche Anzahl an Unternehmungen in den Bereichen Touristik, Bank, Bau, Versicherung und Milchwirtschaft sowie große Ländereien. In seiner Muttersprache der Kikuyu wird er »Njambo« (Held) genannt. Uhuru Kenyatta begann 1990 seine politische Laufbahn. 2002 trat er bereits als Kandidat gegen Mwai Kibaki an, verlor aber haushoch. Danach arbeitete er für Kibaki. Uhuru Kenyatta wird beschuldigt, die gewalttätigen Ausschreitungen nach den Wahlen von 2007 mitorganisiert zu haben. Er und sein heutiger Vizepräsident William Ruto sollen sich daher vor dem Internationalen Strafgerichtshof in Den Haag wegen Verbrechen gegen die Menschlichkeit verantworten – der Prozess gegen Ruto läuft seit September 2013. Die Wahrscheinlichkeit einer Verurteilung ist eher gering, besonders da beide Politiker ein Land führen, das der Westen als wichtigen strategischen Partner im instabilen Ostafrika sieht. In Kenyattas Amtszeit trat das neue Wildschutz-Gesetz in Kraft, das Wilderei härter bestraft. Kenyatta zwang Politiker auch, ihre riesigen Gehälter zu kürzen.

Kunst und Kultur

Kunst und Kultur • HINTERGRUND

Multikulturell verwurzelt

Märchen, die von starken und schlauen Tieren erzählen, oder Geschichten von weisen Propheten gehören zum kenianischen Leben wie Musik und Tanz. Besonders seit der Unabhängigkeit mischen sich auch andere literarische und musikalische Klänge in den kenianischen Alltag.

In Kenia gibt es eine reiche Tradition mündlich überlieferter Erzählungen, Fabeln, Märchen, Sagen, Lieder, Sprichwörter und Rätsel. Zu den bekanntesten zählt das **Swahili-Heldenlied** von Liongo Fumo, das aus dem 13. Jh. stammen soll. Sehr beliebt sind **Fabeln**, die von listigen Tieren handeln. An der Küste zeigt die Volksdichtung Einflüsse aus arabischen Ländern, Persien und Indien. W. E. Taylor, ein Missionar, zeichnete 1891 rund 600 **Swahili-Sprichwörter** in den Mundarten Kenias mit englischer Übersetzung auf. 1970 veröffentlichte J. Knappert auf Englisch Swahili-Erzählungen, die er an der Küste gesammelt hatte. Vor der Kolonialzeit gab es als schriftliche Literaturform nur die Swahili-Dichtung, die unter maßgeblichem Einfluss der arabisch-muslimischen Kultur an der Küste entstand. Die ältesten **Handschriften in arabischer Schrift** stammen aus der ersten Hälfte des 18. Jh.s; die Dichtung selbst entstand vermutlich schon im 16. Jahrhundert.

Mündlich überlieferte Literatur

Renommiertester kenianischer Schriftsteller und einer der besten in ganz Afrika ist **Ngugi wa Thiong'o** (geb. 1938). Anfänglich schrieb er über die jüngste Geschichte Kenias in Englisch. Trotz regimekritischer Veröffentlichungen erfuhr er keine Repressalien, bis er 1977 ein gesellschaftskritisches Theaterstück in der Kikuyu-Sprache verfasste. Thiong'o verlor seinen Lehrstuhl für Literatur an der Universität von Nairobi, wurde ein Jahr lang inhaftiert, was internationale Proteste hervorrief. 1978 verließ er das Land. Seither lebt er in England und den USA im Exil. Zu den bekanntesten zeitgenössischen Dichtern gehört **Khamis Bin Nassor Al Nabhany** (1920 – 2003). Sehr populär ist **Meja Mwangi** (geb. 1948). Auch er will nichts vom romantisch verklärten Afrika wissen. In »Nairobi, River Road« beschreibt er den Überlebenskampf in den Slums von Nairobi. **Margaret Atieno Ogola** (1958 – 2011) verfasste mit »The River and the Source« eine Geschichte über drei Generationen von Luo-Frauen und erhielt dafür 1995 den Jomo Kenyatta Literaturpreis und den Commonwealth Writer's Prize. Schriftstellerinnen wie Karen Blixen (▶S. 358) oder Elspeth Huxley (▶S. 389) erzählen über die frühe Siedlerzeit in Kenia.

Schriftsteller Kenias

Mit Ornamenten verziert: handgeschnitzte Ebenholzstühle aus Lamu

HINTERGRUND • Kunst und Kultur

Traditionelle Klänge
Wie bei allen Völkern Afrikas spielen auch in Kenia Musik und Tanz eine große Rolle. Ob Hochzeit, Initiationsfeiern oder bei der Arbeit auf dem Feld – es wird gesungen und getanzt. Sonntags verbreitet sich im ganzen Land mitreißende Gospelmusik aus den Kirchen auf die Straße. Bei den Masai wurde mit dem »Engilakinoto« die erfolgreiche Löwenjagd besungen und noch einmal in Sprüngen und Tänzen nachempfunden. Die **Taraab-Musik** an der Küste ist eine Mischung aus afrikanischen, arabischen und indischen Klängen. Die in Swahili gesungenen Lieder werden traditionell von Oud (Laute), Nai (Flöte) und Rika (Tamburin), heute auch von Geige und E-Gitarre begleitet und mit Hindi-Filmmusik kombiniert im Radio gespielt. Die Aufführungen in Hotels haben mit den traditionellen Klängen nichts zu tun. Ursprüngliches Instrument der Luhya am Lake Victoria ist die Trommel, die bei ihnen Sikutu heißt.
Bei den Luo ist das Saiteninstrument Nyatiti verbreitet. **Ayub Ogada** (geb. 1952) ist international für seine Nyatiti–Musik bekannt. Ogada spielte auch den Masaifreund von Robert Redford in »Jenseits von Afrika« und war 2012 am Thronjubiläumssong des Commonwealth für Queen Elizabeth II. beteiligt. Harfe und Gesang tragen sein melancholisches Album »En Maana Kuoyo«. Schon in den 1950ern ging das Lied »Malaika« von Fadhili William um die Welt. 1963 am Abend vor Kenias Unabhängigkeit sang der legendärere **Sal Davies** (Salim Abdulla Salim) aus Mombasa zusammen mit Harry Belafonte vor geladenen Gästen in Nairobi. Heute tritt er hin und wieder mit seiner Tochter **Maia von Leckow** auf. Maia war bereits mit James Blunt und **Eric Wainaina** auf Tour. Wainainas Musik ist eine Mischung aus **Benga**, kenianischer Popmusik, und Gitarre. Auch er ist außerhalb Kenias bekannt. Sein Lied »Kenya Only« wurde nach den blutigen Unruhen von 2007/2008 ständig im Radio gespielt.

> **? BAEDEKER WISSEN**
>
> *Partytime*
>
> **Ngoma** heißt übersetzt Trommel. Gemeint sind damit aber auch Musik und Tanz. Trommeln gibt es in allen Größen und Formen. Sie können aus Holz, Kürbissen oder Blechbüchsen sein, meist sind sie mit Ziegen- oder Rinderhaut bespannt. Getrommelt wird zu jedem Anlass, ob Hochzeit, politische Ankündigung oder traditionelle Zeremonie, oft begleiten Zupf- oder Blasinstrumente.

Rundhütten und Wellblechhäuser
Viele Völker Kenias führen ein Nomadendasein und traditionelle Häuser haben nur eine kurze Lebensdauer. Die Städter leben zum größten Teil in gemauerten Häusern mit **verzinkten Wellblechdächern**, die sich, obwohl sie sich mehr aufheizen, auch auf dem Lande gegenüber **traditionellen Hütten** immer mehr durchsetzen. Die Hütten der verschiedenen Ethnien unterscheiden sich durch Form und Baumaterialien, je nach Lebensweise und vorhandenen Rohstoffen. Die Rendille leben in Hütten, die zerlegt, auf Kamele verladen

und andernorts wieder aufgebaut werden können. Fast alle Hütten sind rund. Die traditionelle afrikanische Bauweise der Nomaden ist sehr umweltbewusst. Zurück bleiben nur Äste, Lehm und Erde, die sehr bald mit der Natur zusammengehen. Heute sind die Wanderungen vorüber. Hütten müssen länger halten. So sind auch auf dem Land Plastik und Wellblechdächer normal geworden.

Arabische Einflüsse zeigen die kunstvollen Swahili-Bauten an der Küste: Moscheen, **prachtvolle Wohnhäuser** mit fantasievoll geschnitzten Türstöcken und herrlichen Stuckaturen, Gebäude mit charakteristischen überhängenden Holzbalkonen und dicken Wänden aus Korallenstein, die Luft durchlassen und wie die Innenhöfe dafür sorgen, dass die Häuser innen kühl bleiben. Schmale, windstille Gassen, die verhindern, dass zu viel Sonne eindringt und die Mauern aufheizt. Gebäude im neoklassizistischen Stil, wie das alte Rathaus und der Gerichtshof in der kenianischen Hauptstadt zeugen von der britischen Kolonialherrschaft; sogar englische Fachwerkbauten sind vereinzelt anzutreffen. Die **moderne Architektur** in Kenias Großstädten ist rein funktional wie in anderen großen Städten der Welt. Der Globalisierung verdankt Nairobi Shopping Malls, die sich in nichts von denen in Europa unterscheiden. Die neue Generation von **Boutique Lodges und Camps** in Kenia bietet dagegen eine gelungene Mischung aus afrikanischen und modern Bauweisen. Lokale Naturmaterialien werden stilvoll und harmonisch eingesetzt.

Swahili-Baukunst und Kolonialstil

Einen künstlerischen Stellenwert genießen die reich geschnitzten Türen und Möbelstücke der arabisch inspirierten **Swahili-Kultur** an der Küste. Im Landesinneren stößt man auf **Gebrauchsgegenstände** und rituelle Objekte, die kunstvoll angefertigt, teilweise mit schönen Ornamenten versehen sind, wie Kalebassen, Tongefäße, Kleidung, Schmuck, Sisaltaschen, Perlenarbeiten, Musikinstrumente und Waffen. In Kisii entstehen aus Speckstein kunstvolle Artikel. Ebenso werden Kuhhorn und Knochen verwendet.

Volkskunst

Verschiedene Gesellschaften fördern die freien Künste wie die 1922 gegründete **Kenya Art Society**, das 1965 entstandene **Creative Art Centre**, die 1966 ins Leben gerufene **Kenya National Art Foundation** und die 1967 von Richard Leakey gegründete **Kenya Museum Society**. In der Gallery Watatu und Banana Hill Art Gallery (▶S. 338) in Nairobi erhält man Eindrücke, was in der modernen Kunst en vogue ist: Bilder mit afrikanischen Themen, Skulpturen aus Holz, aus Schrott gefertigte Elefanten oder aus Recycling gefertigte Glas- und Plastikgegenstände. Künstler wie Joseph Bertiers, Peterson Kamwathi oder Cyrus Kabiru verkaufen ihre Werke für viel Geld an Sammler in den USA oder England, andere hoffen – wie Künstler bei uns – auf Verkäufe, von denen sie eine Weile leben können.

Zeitgenössische Kunst

Berühmte Persönlichkeiten

JOY UND GEORGE ADAMSON (1910 – 1980 bzw. 1906 – 1989)

Joy und George Adamson gelangten beide mit Büchern über ihr Leben mit Löwen und anderen Großkatzen zu Weltruhm, beide fielen brutalen Morden zum Opfer. Der 1906 in Indien geborene Brite George Adamson kam 1924 nach Kenia, wo er sich seinen Lebensunterhalt erst als Großwildjäger, dann als Goldgräber und schließlich als Wildhüter verdiente. 1944 heiratete er Joy. Die eigenwillige Österreicherin war eine sehr aktive Tierschützerin und Mitbegründerin der Nationalparks Samburu und Meru. International bekannt wurde Joy mit Elsa, einem verwaisten Löwenbaby, dessen Mutter ihr Mann George 1956 erschossen hatte und um dessen Aufzucht sich das Paar liebevoll bemühte. Mit ihren Büchern »Born Free« – unter dem selben Titel später verfilmt – und »Living Free« über die später ausgewilderte **Löwin Elsa** gewann Joy die Herzen vieler Leser weltweit. Mit dem Geld für Ihre Bestseller, die in 33 Sprachen übersetzt wurden, unterstützte Joy im »Elsa Conservation Trust« die bedrohte Tierwelt Afrikas. Auch die Gepardin Pippa und die Leopardin Penny wurden von ihr aufgezogen. Joy war zudem eine talentierte Künstlerin. Sie malte kenianische Pflanzen und Tiere sowie rund 800 Porträts von einheimischen Völkern, die heute im Nationalmuseum von Nairobi ausgestellt sind. Am 3. Januar 1980 wurde sie in Shaba von einem Angestellten, den sie entlassen hatte, ermordet. Über ihr Leben erzählt das kleine Museum in Joy's Camp (▶S. 375). George gab 1963 seinen Posten als Wildhüter auf und widmete sich auf Betreiben seiner Frau ganz den Löwen. Fast 30 Löwen führte **»Bwana Simba«** in einem Naturschutzprojekt im Kora National Park in die Wildnis zurück. In seiner 1986 erschienenen Autobiografie »My Pride and Joy« (Meine Löwen – mein Leben) schildert er spannend seine Abenteuer mit den Raubkatzen und erzählt liebevoll von seiner Ehe mit der nicht immer einfachen Joy. Im August 1989 wurde er im Kora National Park von Wilddieben erschossen. Sein Leben dokumentierte 1999 der Film »To Walk with Lions«.

Tierschützer und »Löweneltern«

KAREN BLIXEN (1885 – 1962)

▶Baedeker Wissen S. 358

Wangari Maathai rief Afrikas erfolgreichste Ökoinitiative ins Leben.

LORD DELAMERE (1870 – 1931)

Politiker

»**White Man's Country**« nannte Elspeth Huxley ihre Biografie von 1935 über Hugh Cholmondeley, den exzentrischen Lord Delamere of Vale Royal, treffend. Als Delamare 1897 anlässlich einer Jagdsafari das gras- und zedernbewachsene **Hochland von Kenia** kennenlernte, war er überrascht, in dieser Einöde eine solch fruchtbare Gegend vorzufinden. 1903 ließ er sich mit seiner Frau im Rift Valley nieder. Die ersten Jahre wohnten sie wie die Einheimischen in einfachen Hütten aus Lehm, Ästen und Gras. Er wollte der Welt beweisen, dass seine neue Heimat ideal sei, vom weißen Mann kultiviert zu werden. Doch viele seiner **landwirtschaftlichen Experimente** auf der 40 000 Hektar großen Farm zwischen Nakuru und Njoro schlugen fehl. So versuchte er vergeblich auf dem mineralstoffarmen Boden australische Schafe zu züchten, auch das Unterpflügen von englischem Kleesamen scheiterte, weil die afrikanischen Bienen ihn nicht bestäuben konnten. Nachdem eine anfänglich erfolgreiche Rinderzüchtung durch ein Fieber aus Deutsch-Ostafrika dahingerafft worden war, kümmerten sich die Masai, die seine Experimente nicht ohne Schadenfreude beobachtet hatten, um die Viehzucht auf der Großfarm – nach dem Ersten Weltkrieg 70 000 Hektar. Vor allem aber bestimmte Delamere die **Siedlerpolitik Kenias** in den ersten 30 Jahren des 20. Jh.s. Der 1903 zum Präsidenten der »Farmers' and Planters' Association« gewählte Lord setzte 1906 durch, dass das von weißen Siedlern beherrschte Legislative Council den Gouverneur der Kolonie bei seinen Amtsgeschäften beraten durfte. Beryl Markham, die mit den Delameres befreundet war, sagte von ihm, er hätte zwei große Lieben: Ostafrika und die Masai – er sprach fließend Maa.

ERNEST HEMINGWAY (1899 – 1961)

Schriftsteller

Malindi am Indischen Ozean wurde erst durch ihn international bekannt. Von hier brach Ernest Hemingway in den 1930er-Jahren zur Großwildjagd und zum Hochseefischen auf. Hier ist ein Restaurant nach seinem Buch »The Old Man and the Sea« benannt. Auch der Amboseli National Park verdankt seine Berühmtheit in erster Linie den Büchern des **passionierten Jägers**. Hemingways Lebensgefühl war stark von seinem Vater geprägt, der ihn eine tiefe Naturverbundenheit, die Liebe zu Jagd, Fischfang und männlichen Sportarten gelehrt hatte. Für Hemingway war zeitlebens nur ein Mann, wer auf dem Schlachtfeld Mut und bei der Jagd Treffsicherheit bewies, wer aufrichtig war, trinkfest und potent. In der ersten Hälfte der 1930er-Jahre hielt sich Hemingway mehrmals in Kenia auf. Von der Großwildjagd erzählen seine autobiografischen »Grünen Hügel Afrikas« (1935). Ostafrika bildet auch den Schauplatz seiner berühmtesten

Kurzgeschichte »Der Schnee vom Kilimandscharo« (1936). Zwei Jahre nach Erscheinen seiner Erzählung »Der alte Mann und das Meer« erhielt Hemingway 1954 den **Literaturnobelpreis**. Persönlich entgegennehmen konnte er ihn allerdings nicht, da er kurz zuvor im Dschungel von Uganda mit dem Flugzeug abgestürzt war und sich dabei erhebliche Verletzungen zugezogen hatte, die er nun u. a. im New Stanley Hotel in Nairobi auskurierte. Am 2. Juli 1961 schied der Schriftsteller angesichts schlechter Gesundheit und wachsender Depressionen freiwillig aus dem Leben, indem er sich mit seinem Jagdgewehr erschoss.

JOMO KENYATTA (1893/1894 – 1978)

»**Vater des afrikanischen Nationalismus**« wurde Joma Kenyatta Anfang der 1970er in der offiziellen Biografie des kenianischen Staatspräsidenten genannt. Dass er ein »Synonym für den langen Freiheitskampf der afrikanischen Völker« geworden war, interessierte das westliche Ausland weniger. Dieses schätzte an ihm, dass er sich trotz der formalen Neutralität seines Landes antisowjetisch gab und Bündnispartner im Westen suchte, dass sich Kenia unter seiner Regierung zum stabilsten afrikanischen Staat entwickelt hatte und dass sich in seiner Heimat lukrativ investieren ließ. Gering war das Interesse an der innenpolitischen Entwicklung, die mit dem äußeren Bild nicht unbedingt im Einklang stand.

Erster Staatspräsident Kenias

Hoch geehrt, aber auch umstritten: »Mzee« Jomo Kenyatta

Jomo Kenyatta kam in dem kleinen Dörfchen **Ichaweri** am Fuße des Mount Kenya zur Welt. Wann, ist nicht genau bekannt. Die Schularchive der Church of Scotland Mission von Thogotho bei Nairobi meldeten 1909 unter dem Namen Johnstone Kamau, wie er ursprünglich hieß, den Eintritt des jungen Kenyatta, »wahrscheinlich elf oder zwölf Jahre alt«. Er blieb nur vier Jahre bei den schottischen Missionaren. Er ließ sich christlich taufen, unterzog sich aber ebenso den traditionellen Initiationsritualen der Kikuyu. 1928 trat er der **»Kikuyu Central Association« (KCA)** bei. Ein Jahr später reiste er als deren Generalsekretär nach England, um der britischen Regierung die Beschwerden der Kikuyu vorzutragen: die Landfrage, Arbeitsprobleme, das mangelnde politische Mitspracherecht. 1931 begab er sich abermals nach London. Er promovierte dort 1938 mit einer sozialanthropologischen Studie über die Kikuyu. Im selben Jahr nahm er den Namen **Jomo (»Brennender Speer«) Kenyatta (»perlengeschmückter Gürtel«)** an.

Ein Jahr nach seiner Rückkehr wurde Kenyatta 1947 Präsident der »Kenya African Union« (KAU), der Nachfolgeorganisation der KCA. Nach Ausrufung des Ausnahmezustands ließ ihn die britische Kolonialregierung 1952 als angeblicher Mau-Mau-Führer verhaften (▶ Baedeker Wissen, S. 70). Nach seiner Entlassung 1959 wurde er in Lodwar unter Hausarrest gestellt. Ein Jahr später wählte ihn die neu gegründete **»Kenya African National Union« (KANU)** zu ihrem Präsidenten, 1961 durfte er nach Nairobi zurückkehren. Mit dem Sieg seiner Partei bei den ersten freien Parlamentswahlen 1963 wurde Kenyatta Ministerpräsident, 1964 mit der Ausrufung der unabhängigen Republik Kenia **Präsident und Staatsoberhaupt des Landes**. Der neue starke Mann, der viele Jahre unschuldig im Gefängnis verbracht hatte, streckte den im Land lebenden Europäern die Hand zur Versöhnung aus. Er verurteilte die Mau Mau zur Bedeutungslosigkeit, forderte die Weißen auf, Kenia nicht zu verlassen, versprach ihnen Rechte und Sicherheit und beließ viele Europäer in einflussreichen Positionen. Als Staatspräsident war »Mzee«, »der Alte«, beim Volk sehr beliebt. Eine Musterdemokratie aber führte er in Kenia nicht ein. Auch er und sein Clan konnten den Verlockungen der **Korruption** nicht widerstehen. Viele Probleme wurden nicht annähernd gelöst. Seit 2013 ist sein Sohn **Uhuru** Muigai **Kenyatta** der vierte Präsident Kenias.

JOHANN LUDWIG KRAPF (1810 – 1881)

Missionar und Entdecker

Den Namen des schneebedeckten Berges von Kenia – »Kinyaa« – hatte er falsch verstanden und so wurde der Hörfehler des deutschen Missionars Johann Ludwig Krapf zur Bezeichnung eines der wichtigsten Staaten Schwarzafrikas. Krapf war der erste evangelische Missionar, der in Ostafrika wirkte, und Begründer der Anglikanischen Kirche in Kenia. Der Schwabe war 1837 von der Londoner Anglican Church Missionary Society zunächst nach Äthiopien und 1844 nach Mombasa entsandt worden. Schon bald nach seiner Ankunft erkrankte Krapf an Malaria, seine Frau und seine kleine Tochter erlagen der Tropenkrankheit. Er selbst erholte sich nur langsam. Am 16. Oktober nahmen er und sein Landsmann Johann Rebmann ihre Missionstätigkeit in Rabai Mpia auf dem Nyika-Plateau auf. Sensationelle missionarische Erfolge waren ihnen nicht beschieden. Auf anderen Gebieten aber erwarben sie sich große Verdienste. Der sprachbegabte Krapf redete und schrieb in einem halben Dutzend afrikanischer Sprachen; in der modernen Afrikanistik gilt er als der eigentliche **Vater der Swahili-Wissenschaft**. Mit Rebmann übersetzte er die Bibel in einen Swahili-Dialekt. Den größten Namen machten sich die beiden als Entdecker. Ab 1848 unternahmen sie – teils gemeinsam – größere und kleinere Reisen ins Landesinnere. Krapf war stets bewaffnet mit einem Regenschirm, mit dem er sich gegen Löwen, aber auch Räuber zur Wehr setzte. Am 11. Mai 1848 entdeckte Rebmann als erster Weißer den Kilimanjaro, Krapf war der zweite am 10. November 1849. Er sollte dafür als erster Europäer den schneebedeckten Gipfel eines anderen ostafrikanischen Berges entdecken: Am 3. Dezember sah er den zweithöchsten Berg Afrikas, den **Mount Kenya**, vor sich – nur den Namen verstand er nicht richtig. 2009 hat die Deutsche Botschaft in Nairobi ihr Hauptgebäude in Ludwig Krapf House umbenannt.

DER LEAKEY-CLAN

Durch die Ausgrabungen der Familie Leakey wurde das Wissen um die Evolution des Menschen um Jahrmillionen erweitert und die ostafrikanische Region als »Wiege der Menschheit« bekannt. Schon als Kind galt das Interesse des in Kenia geborenen **Louis Seymour Bazett Leakey** (1903 – 1972) der Anthropologie, nachdem er steinzeitliche Werkzeuge gefunden hatte. 1922 begann der Sohn englischer Missionare sein Studium an der Universität Cambridge und schloss sich bald einer Expedition des Britischen Museums nach Tansania an, die dort nach Fossilien suchte. 1931 fand er in der Olduvai-Schlucht etwa eine Million Jahre alte Faustkeile. Kurz darauf heiratete er **Mary Douglas Nicol** (1913 – 1996), die ihn fortan bei seinen Forschungsarbeiten in Ostafrika begleitete. 1948 grub das Ehepaar auf der Rusingainsel im Viktoriasee den Schädel des **Proconsul africanus** aus, einem affenähnlichen Wesen, das vor 18 Mio. Jahren lebte. Nachdem Mary 1959 den 2 Mio. Jahre alten **Zinjanthropus boisei** gefunden hatte, wuchs die internationale Bekanntheit. Louis kam zu dem Ergebnis, dass vor 2 Mio. Jahren mehrere Arten von Hominiden

Forscher und Naturschützer

▶Baedeker Wissen S. 368

existiert hätten, von denen einige ausgestorben seien, während andere, wie die des **Homo habilis** – des geschickten, zum Werkzeuggebrauch fähigen Menschen –, schließlich zum modernen Menschen geführt hätten. Louis Leakey war auch Gründungstreuhänder von Kenias Nationalparks, Kurator des Kenya National Museum und er sponsorte Jane Goodalls Forschungen an Schimpansen. 1977 entdeckte Mary in **Laetoli** (Tansania) die 3,6 Mio. Jahre alten Fußspuren von drei Hominiden – Mann, Frau und Kind. Bis kurz vor ihrem Tod blieb Mary auf den Ausgrabungsstätten in Tansania präsent. In die Fußstapfen seines berühmten Vaters trat nun **Richard Leakey** (geb. 1944), der seit frühester Jugend an die Expeditionen in der Wildnis gewöhnte zweite Sohn der Leakeys und Direktor der Nationalmuseen Kenias. 1984 sorgte er für weltweites Aufsehen, als er am Westufer des **Turkana-Sees** das fast vollständige Skelett eines 1,6 Mio. Jahre alten, 12-jährigen männlichen **Homo erectus** fand, eines unmittelbaren Vorfahren des Homo sapiens. Inzwischen werden die Grabungsarbeiten von Richards Frau **Meave Leakey** geleitet, die 1994 am Westufer des Turkana-Sees die Gebeine eines 3,7 Mio. Jahre alten Frühmenschen (Australopithecus anamensis) und 1999 den 3,5 Mio. Jahre alten »flachgesichtigten Keniamenschen« (Kenyanthropus platyops) entdeckte und heute am Nairobi National Museum forscht. Wichtigste Mitarbeiterin von Meave ist inzwischen ihre Tochter **Louise Leakey** (geb. 1972).

Louis Leakey demonstrierte gern, wie die Urmenschen mit Steinwerkzeug hantierten.

»One Life« heißt **Richard Leakeys** 1984 erschienene Autobiografie. Darin erzählt der renommierte Paläontologe auch, wie er 1989 die Hominidensuche aufgab, nachdem Staatspräsident Moi ihn zum Leiter des **Kenya Wildlife Service (KWS)** ernannt hatte. Richards Aufgabe bestand darin, gegen die zügellose Wilderei bei Elefanten und Nashörnern vorzugehen und den Naturschutz besonders im Hinblick auf den Tourismus umfassend zu organisieren. Um eine weltweite Ächtung des Handels mit Elfenbein durchzusetzen, wurden 1989 auf sein Betreiben hin 2000 Stoßzähne gewilderter Elefanten mit großem Propagandaaufwand verbrannt. Viele einflussreiche Personen, die mit Elfenbein eine Menge Geld verdienten, hätten ihn damals lieber tot gesehen. 1993 mussten Leakey infolge eines nie geklärten Absturzes seiner Cessna beide Beine unterhalb der Knie amputiert werden, 1994 trat er von seinem Posten zurück. Ab 1995 engagierte er sich mit der Oppositionspartei **»Safina«** gegen die Korruption in Kenia. Der politischen Duldung folgten bald handfeste Bedrohungen. 1998 wurde Richard erneut für drei Jahre Chef des Kenia Wildlife Service. 2007 initiierte er zusammen mit dem Nairobi National Museum und der New Yorker University of Stony Brook das Turkana Basin Institute für Feldstudien und Forschungsprojekte am Lake Turkana. In seiner Freizeit produziert er Wein auf seiner Farm in der Nähe von Nairobi (www.leakey.com).

WANGARI MAATHAI (1941 – 2011)

»Heldin des Planeten« nannte sie das Time Magazin schon 1998. Die wohl **populärste Frau Kenias** war eine provokative und unerschrockene Frauenrechtlerin, Kämpferin für Menschenrechte und Umweltschützerin, die sich mit ihrem Engagement und ihrer Unbeugsamkeit auch im Ausland einen Ruf errungen hatte. Als Wangari heranwuchs, war es nicht üblich, Mädchen auf die Schule zu schicken. Doch ihre Eltern ermöglichten ihr eine gute Ausbildung, gaben sie in eine Klosterschule und ließen sie ein Gymnasium besuchen. Nach dem Abitur studierte Maathai an einer US-amerikanischen Hochschule Medizin. Nach der Rückkehr war sie Kenias erste promovierte Frau. 1977 rief sie, mittlerweile **Professorin** für Anatomie – die erste schwarze Professorin in Kenia – und Mutter von drei Kindern, das **»Greenbelt Movement«** ins Leben, Afrikas erfolgreichste Ökoinitiative, die sich gegen die verheerende Bodenerosion im Land richtet. Dank dieser Bewegung konnten bis zur Jahrtausendwende vor allem durch Frauengruppen über 40 Mio. Bäume gepflanzt werden. Für ihr Engagement im Umweltschutz erhielt Wangari Maathai 1984 den **Alternativen Nobelpreis**.

Die couragierte Ökologin, bis 1987 Vorsitzende des Nationalen Frauenrats und 1989 von Women Aid International zur Frau des Jahres gewählt, trat auch für die Gleichstellung der Frauen und für **Menschenrechte** ein. Als 1991 Mütter von politischen Gefangenen in den Hungerstreik traten, machte sich Maathai zur Sprecherin dieser Frauen. Für ihren Mut wurde sie wiederholt verhaftet und schikaniert – für die unbeugsame Professorin aber kein Grund, von ihrem Weg abzuweichen. 1992 wurde ihr die Ehrendoktorwürde der Justus-Liebig-Universität Gießen verliehen. 2003 ernannte sie Mwai Kibaki zur Vize-Umweltministerin. Als sie 2004 als erste Afrikanerin überhaupt den **Friedensnobelpreis** entgegennahm, sagte die **»Mutter**

Naturschützerin und Nobelpreisträgerin

▶Abb. S. 82

der Bäume«, wie sie in Kenia genannt wird: »Wenn wir unsere Ressourcen zerstören und diese knapp werden lassen, fangen wir an, darum zu kämpfen.« Ihr Leben lang setzte sie sich für die Überzeugung ein, dass Frieden mit dem Erhalt der natürlichen Lebensgrundlagen beginnt. Wangari Maathai starb im Alter von 71 an Krebs.

BERYL MARKHAM (1902 – 1986)

> **BAEDEKER TIPP**
>
> »*Westwärts mit der Nacht*«
>
> »Sie schreibt so fantastisch, dass ich mich als Autor minderwertig fühle« urteilte Hemingway über die Memoiren von **Beryl Markham**, die als Buschpilotin in einer Riege mit Denys Finch Hatton flog und in einer Percival Vega Gull als erste Frau den Atlantik nonstop allein überflog (Piper 2002).

Die begeisterte Fliegerin und renommierte Trainerin für Rennpferde wurde 1936 durch ihren **Alleinflug über den Atlantik** von Ost nach West weltberühmt. In ihren Memoiren erzählt Beryl Markham, die 1906 im Alter von vier Jahren nach Kenia kam, von ihrem abenteuerlichen Leben in der britischen Kronkolonie.

CATHERINE NDEREBA (geb. 1972)

Marathonläuferin
Die Kikuyu Catherine Ndereba wurde in der Nähe von Nyeri geboren. Vier Mal siegte sie beim Boston-Marathon, bei ihrem zweiten Chicago-Marathon erlief sie einen neuen Weltrekord. Bei den Olympischen Spielen 2004 in Athen und 2008 in Peking gewann sie die Silbermedaillen. Ndereba ist eine der erfolgreichsten kenianischen Langstreckenläuferinnen, die es je gegeben hat. 2005 wurde sie von der Regierung mit dem »Order of the Golden Warrior« ausgezeichnet, was dem deutschen Bundesverdienstkreuz entspricht. 1998 und 1999 gewann »Catherine the Great«, wie sie auch genannt wird, acht Marathonläufe in Folge. Zweimal hintereinander erhielt die nur 1,60 m große Läuferin den Titel des **weltbesten »Road Racer«**.

DAPHNE SHELDRICK (geb. 1934)

▶S. 355

GRAF SAMUEL TELEKI (1845 – 1916)

Entdecker
»Von dankbarer Erinnerung erfüllt an das huldvolle Interesse, mit welchem Seine Kaiserliche und Königliche Hoheit Erzherzog Kronprinz Rudolph unserer Expedition von allem Anfange an zur Seite

gestanden hatte, gab Graf Teleki dem See vor uns, der glanzvollen Perle in dem wunderbaren Landschaftsbilde, welchem wir entgegenstrebten, den Namen Rudolphsee.« Diese Worte notierte Leutnant Ludwig Ritter von Höhnel, nachdem die mehrere Hundert Mann starke Expedition unter Leitung des österreichisch-ungarischen Grafen Samuel Teleki von Szek 1888 einen riesigen Binnenlandsee, den **Turkana-See**, entdeckt hatte. Höhnel, der als Biograf und Quartiermeister mitreiste, schrieb später über das Unternehmen, das der naturbegeisterte Graf selbst finanziert hatte, das Buch »Zum Rudolphsee und Stephaniesee«. 1887 war die Teleki-Expedition von der Küste aus gestartet. Fast 450 Träger schleppten die Unmengen an Handelswaren für den Tausch mit einzelnen Volksstämmen. Die Expedition durchquerte Kenia von Süden nach Norden. Zuerst ging es durch die Wüste Taru, vorbei am Kilimanjaro und dann in die Ngong Hills. Dort gelang es Teleki, dank großzügiger Geschenke Freundschaft mit einem Kikuyu-Häuptling zu schließen, der die Expedition beim Marsch über die Höhenzüge unter seinen Schutz stellte. Die Karawane zog weiter zum Mount Kenya, den Teleki – allein – bis auf eine Höhe von 4400 m bestieg. Dann ging es weiter zum Lake Baringo und schließlich zum Turkana-See, den der Graf als erster Europäer erblickte und nach dem österreichischen Thronnachfolger Rudolph benannte. Während der 20-monatigen Expedition entdeckte Teleki noch einen zweiten See, den Chew-Bahir-See im heutigen Äthiopien, dem er zu Ehren der Gemahlin des Kronprinzen den Namen Stephaniesee gab.

PAUL KIBII TERGAT (geb. 1969)

Vier Jahre dauerte es, bis Tergats Berliner Marathon-Weltrekord von 2 Stunden und 4,55 Minuten 2007 gebrochen werden konnte. Tergat gilt nach wie vor als **einer der besten Langstreckenläufer der Welt**. Er gewann zahlreiche Medaillen, darunter Silber bei den Olympischen Spielen in Atlanta und in Sydney. Seit 2004 ist Tergat kenianischer Botschafter für das UN Welternährungsprogramm, von dem er als Kind profitierte. Täglich erhielt er ein kostenloses Mittagessen und während seiner Schulzeit finanzielle Unterstützung. 2005 gründete er eine Stiftung, um benachteiligte Menschen in Kenia zu unterstützen. Für Jürg Wirz' Biografie »Paul Tergat. Champ und Gentleman: Sein Leben, seine Erfolge, sein Training« (2005) öffnete Tergat seine Trainingstagebücher und gab Tipps für Profi- wie Hobbyläufer.

Läufer, Botschafter und Stifter

ROGER WHITTAKER (GEB. 1936)

▶Thika, Baedeker Wissen S. 390

ERLEBEN UND GENIESSEN

Was gehört zu einem Nyama Choma? Bei welchen Festen sollte man dabei sein? Was sind die schönsten Trekkingtouren und wo kann man die »Big Five« hautnah erleben? Lesen Sie es nach – am besten schon vor der Reise!

Essen und Trinken

Essen und Trinken • ERLEBEN UND GENIESSEN

Chakula heißt Essen

Von Mombasa bis zum Lake Victoria wird genutzt, was die Landwirtschaft produziert: Gemüse und Getreide wachsen im Hochland, tropische Früchte gedeihen an der Küste. Rinder, Schafe und Ziegen liefern Milch und Fleisch, fangfrischer Fisch kommt aus dem Indischen Ozean. Den letzten Pfiff erhalten die Gerichte durch arabische, indische und britische Einflüsse.

Die traditionelle Küche Ostafrikas ist eher nahrhaft als abwechslungsreich. Die Hirtenvölker ernährten sich früher von Blut und Milch. Gelegentlich gab es Fleisch von den eigenen Rindern, dazu Hirse. Hirse war auch Grundnahrungsmittel der sesshaften Völker. Erst die Portugiesen brachten Mais nach Ostafrika. Mit durchschlagendem Erfolg: **Ugali**, ein dicker, kaum gewürzter, nahrhafter Maismehlbrei, wird seither bei fast jeder Mahlzeit gereicht. **Gemüse** wie Maharagwe-Bohnen oder Sukuma-Spinat kommen fast täglich auf den Tisch. Rindfleisch oder Ziege sind etwas Besonderes und werden in größeren Mengen nur bei besonderen Anlässen gegessen. Nichts lieben Kenianer mehr als **Nyama,** »Fleisch«. An der Küste gehören **Meerestiere** jeder Art zum festen Speiseplan. Hummer und Krabben sind Spezialitäten auf Lamu, Nilbarsch und Tilapia am Lake Victoria. Die würzige **Swahili-Küche** wird längst auch im Hochland gerne gegessen. Während Salat wenig gegessen wird, scheint das Angebot an **frischem Obst** schier endlos. Aromatische Mangos, süße Ananas oder Papaya mit einem Spritzer Limettensaft sind ein Hochgenuss.

Kenianische Küche

Der Tag beginnt für die meisten Kenianer mit einem **Chai**, einem Milch-Tee mit viel Zucker. Dazu isst man eine Scheibe Weißbrot mit Margarine, dünne **Chapati**-Teigfladen oder die krapfenähnlichen **Mandazi**. Ei, knuspriger Speck, Würstchen und Baked Beans mit Toast, Tee und Kaffee sind seit Kolonialzeiten Standard in den Hotels und Safari Lodges. Dass die junge Generation auch Kaffee für sich entdeckt hat, zeigen die zunehmenden Kaffeebars in Nairobi und Mombasa. Mittags und abends wird in Kenia meist **Eintopf** aus Gemüse wie Bohnen gegessen. Dazu darf **Ugali** nicht fehlen. Oder es gibt gegrillten **Fisch oder Hähnchenfleisch**. Schweinefleisch ist selten. Rind- und Ziegenfleisch gehören zu jedem Fest.

Mahlzeiten

Für die Kikuyu ist **Irio** die Hauptmahlzeit, ein Brei aus Erbsen, Mais und Kartoffeln. Im Westen des Landes stehen Kochbananen an erster Stelle wie beim **Matoke**-Brei. In Ostafrika gibt es übrigens mehr als

Mais, Kochbananen und Eintöpfe

Spezialität auf Lamu: gegrillter Hummer mit Kräutern und Zitronensaft

50 verschiedene Bananensorten. In Scheiben geschnitten und frittiert ergeben sie leckere Banana Chips. Sättigungsbeilage ist auch **Wali**, mit Kokosnussmilch gekochter Reis. An Ständen und kleinen Bretterbuden (**Hoteli**) werden einfache Imbisse verkauft wie gegrillte Maiskolben, Fleischspießchen, Bratfisch oder Mandazi-Krapfen. Ein Festmahl ist **Nyama Choma** aus gegrilltem Rind-, Hühnchen oder Ziegenfleisch (▶S. 99). Für **Kunde** werden Schwarzaugenbohnen und Tomaten mit Zwiebeln und Erdnüssen gegart, dazu passt Reis. In indischen Restaurants gibt es schmackhafte **Pulaos** aus Basmati-Reis mit Rosinen und Nüssen oder etwas Gemüse, gewürzt mit Kardamom, Zimt und Nelken. Wenn der Kellner fragt, ob Sie »**Piri Piri**« mögen, müssen Sie mit einem wirklich scharfen Essen rechnen, wie beim feurigen **Kachumbari**-Salat, der zu Fisch- wie Fleischgerichten passt. Die meisten Hotels, Lodges und Camps haben auf ihren Buffets mindestens ein afrikanisches Gericht.

Restaurants
Besonders Nairobi und Mombasa haben viele gute Restaurants. Die **Preise** liegen auf europäischem Niveau. Gut und abwechslungsreich sind die Buffets der Restaurants in den Touristenzentren, exquisite Küche wird in den Safari Lodges serviert. Genießen Sie frische Tropenfrüchte und selbst gebackenes Brot, würzige Currys und saftige Steaks, probieren Sie die schmackhaften Kilifi-Austern oder fangfrischen Hummer mit Knoblauch, Limette und Ingwer serviert. Um Durchfallerkrankungen zu vermeiden, sollte man immer die Globetrotter-Regel beachten: »**Boil it, cook it, peel it or forget it**«.

Was könnte schöner sein, als ein Buschfrühstück …

Essen und Trinken • ERLEBEN UND GENIESSEN

Gegessen wird traditionell mit den Händen, wobei man etwas Ugali aus der Schale nimmt, dieses knetet und dann mit Gemüse verspeist. Städter haben oft die westliche Esskultur angenommen.

Für Al Fresco-Essen ist in Kenia fast immer die richtige Jahreszeit. Unvergesslich ist ein **Champagner-Frühstück** nach einer Ballonfahrt in der Masai Mara (▶S. 275), eine **Lunchpause in der Serengeti** (▶S. 385) zwischen Tausenden von Zebras und Gnus oder ein **Sundowner am Lagerfeuer** von Elephant Pepper (▶S. 272) oder dem Tortilis Camp mit Blick auf den Kilimanjaro (▶S. 176). Eine urige Kulisse, um fangfrische Forelle zu essen, bietet das Trout Tree Restaurant bei Nanyuki (▶S. 324). Reichlich Fleisch am Spieß serviert open air das Carnivore in Nairobi (▶S. 340). Romantik pur verspricht das Candle-Light-Dinner auf der Tamarind Dhau an der Küste (▶S. 293). Oder lassen lassen Sie sich mitten im Busch mit erlesener Küche, Kristallgläsern und Mozart vom Finch Hattons Camp verwöhnen (▶S. 395). Wie schön Essen unter freiem Himmel sein kann, beschrieb schon Karen Blixen in »Jenseits von Afrika«. Unverhofft und nicht geplant kamen sie und Denys Finch Hatton nach einer Jagd zu einem Buschfrühstück. Es bestand aus dem, was sie dabei hatten: Rosinen, Mandeln und einer Flasche erlesenem Bordeaux.

Essen unter freiem Himmel

PREISKATEGORIEN
Restaurants
- ❻❻❻❻ über 3000 Ksh
- ❻❻❻ 2000 – 3000 Ksh
- ❻❻ 1000 – 2000 Ksh
- ❻ bis 1000 Ksh

für ein Hauptgericht
▶Reiseziele von A bis Z

... unter freiem Himmel wie beim Joy's Camp in Shaba?

Kenianische Spezialitäten

Typische kenianische Gerichte

Auf der ostafrikanischen Speiseliste rangieren Rind- und Ziegenfleisch ganz oben. In der Alltagsküche liefern eher Bohnen, Mais und Hühnchen Proteine. Grundnahrungsmittel an der Küste ist Fisch. Der versierte Safari-Koch lässt während der Fotopirsch das Erdloch kochen.

Githeri: Das proteinreiche Gericht der Kikuyu wird in ganz Kenia gegessen. Die Mischung aus Mais und Bohnen, die stundenlang im Topf schmort, hilft der armen Bevölkerung, ihren Tagesbedarf an Protein zu decken. Mit Kartoffeln und Spinat püriert, heißt es Mukimo.

Kuku Paka (auch Kuku Na Nazi): Hühnchen in Kokosnuss-Currysoße ist ein leckeres Gericht mit afrikanischen, arabischen und indischen Wurzeln. Zuerst wird das Hühnerfleisch gegrillt und dann der in Öl gebratenen Mischung aus pürierten Chili-Schoten, Ingwer, Zwiebeln, Knoblauch und Tomaten beigefügt und mit Kokosnussmilch vermischt. Auf kleiner Flamme langsam geköchelt, entsteht so ein köstliches Küstengericht.

Samaki Wa Kukaanga: Die in der Pfanne gebratenen Fischfilets werden häufig in den einfachen Hotelis entlang der Straßen angeboten. Der Fisch ruht zuächst in einer Marinade aus Limettensaft, klein gehacktem Knoblauch und frischem Pfeffer, bevor er in heißem Öl brät, bis er knusprig braun ist. Die Filets werden mit Sukuma Wiki (s. u.) und Reis gegessen.

Sukuma Wiki heißt so viel wie »die Woche hinziehen«. Es wird aus mangoldartigem Gemüse zubereitet und ist eine schmackhafte Möglichkeit für weniger Betuchte, am Monatsende die Ressourcen der Küche zu strecken. Zusammen mit geschmorten Zwiebeln wird das gehackte Gemüse kurz in Öl gedünstet, dann werden gehackte Tomaten und Brühe beigemischt und alles eine halbe Stunde bei geringer Hitze geköchelt.

Bitings: Bei sozialen Anlässen oder Sundowner-Ausflügen für Touristen werden würzige Snacks gereicht, sogenannte Bitings. Dazu gehören Nduma-Chips aus einem ingwerverwandten Pfeilwurzgewächs, geröstete Kokosnuss-Stückchen, Bananen-Chips, Samosas (▶S. 100), gebratene Kichererbsen und die indische Knabbermischung Chevda aus Kartoffeln, Linsen, Reis, Nüssen, Curry-Blättern und Chili-Schoten.

Nyama Choma: Die besten Restaurants und die einfachsten Buden servieren das gegrillte Fleisch – am besten schmeckt Mbuzi, Ziege. Geschmack verleiht ihm Mchuzi, eine Mischung aus Salz, Zucker, Koriander, Kurkuma, Ingwer, Knoblauch, Zimt, Fenchelsamen, Kreuzkümmel und Methi-Samen. Dazu gibt es Ugali-Maisbrei und den scharfen Chili-Tomaten-Salat Kachumbari.

Aus dem Safari-Ofen: Das traditionelle Kochen in einem Busch-Ofen wird nur noch selten praktiziert. Duftendes Brot aus dem Steinofen bekommt man z. B. in Elsa's Kopje im Meru National Park (▶S. 285). Bei Kulalu am Rande von Tsavo Ost (▶S. 394) ist das Brotbacken im Erdloch noch üblich. Dafür wird eine Metallkiste im Boden vergraben. Um ein Huhn zu kochen, reicht ein 35 cm tiefes Loch in der Erde, in dem ein Feuer entfacht wird. Die Haut eines mit Zitronenscheiben und Rosmarinzweigen gestopften Huhns wird mit Butter eingerieben und anschließend mit einer doppelten Lage Alufolie umwickelt. Sobald die Asche nur noch glüht, wird das Huhn ins Loch gelegt, dabei muss die Asche auch die Seiten bedecken. Das Loch wird wieder mit Erde oder Sand gefüllt. Wenn Sie nach einer dreistündigen Pirschfahrt zurückkommen, ist das Essen fertig!

Zum Nachkochen

Zwei Rezepte aus Kenia

Samosas
Zutaten für 30 Teigtaschen:
- tiefgekühlter Frühlingsrollenteig, den es in Asia-Märkten gibt
- Eiweiß

Für die Füllung:
- 4 Esslöffel Öl
- 1 Zwiebel fein gehackt
- 1 Esslöffel gehackter Ingwer
- 1 Esslöffel Koriander-Pulver
- 1 grüne Chilischote gehackt
- 5 mittelgroße feste Kartoffeln, geschält, gekocht und abgekühlt
- 100 Gramm blanchierte Erbsen

Zubereitung:
Zwiebeln, Ingwer, Chili und Koriander 5 Minuten im Öl dünsten und mit den gekochten, grob zerdrückten Kartoffeln und Erbsen mischen. Mit Salz und Pfeffer abschmecken. Abkühlen lassen.
Den aufgetauten Teig in 8 cm große Quadrate schneiden und den Rand mit Eiweiß bestreichen. Je einen Esslöffel Füllung in die Mitte setzen. Teigblätter zum Dreieck schließen und die Ränder gut andrücken. Öl in der Pfanne erhitzen und die Teigtaschen braten, bis sie braun und knusprig sind. Samosas auf Küchenpapier abtropfen lassen und mit frischen Limetten-Vierteln servieren.

Sansibar-Fischsuppe
Zutaten für 10 Personen:
1 Kokosnuss
4 Esslöffel Öl
1 kg Seefischfilet
250 g Sellerie klein gehackt
250 g Lauch klein gehackt
2 Zwiebeln klein gehackt
2 Teelöffel Curry-Pulver
Salz und Pfeffer
1 Teelöffel gehackter Knoblauch
1 grüne Chilischote gehackt
1,5 l Fisch-Fond
1 kg Tomaten, ohne Haut
2 Bund Koriander, grob gehackt
Saft von drei Limetten

Zubereitung:
Kokosnuss-Fleisch fein raspeln, mit 1,5 l heißem Wasser übergießen und 30 Min. ziehen lassen. Durch ein Sieb passieren und zur Seite stellen. Fisch in 1 cm große Würfel schneiden und im Öl mit Sellerie, Lauch und Zwiebeln andünsten. Curry-Pulver, Salz, Pfeffer, Knoblauch und Chili, Kokosnussmilch und Fischfond zufügen. Gehackte Tomaten untermischen und 10 Min. köcheln lassen. Kurz vor dem Servieren Koriander und Limettensaft zugeben.

WAS WIRD GETRUNKEN?

Stilles **Mineralwasser** gibt es überall zu kaufen, inzwischen oft auch kohlensäurehaltiges der Marken Aquamist (grüne Flasche) und Keringet (blaue Flasche). Leitungswasser ist weder zum Trinken noch zum Zähneputzen geeignet. Coca Cola, Sprite und Fanta bekommt man selbst abseits der Touristenpfade. Das lokale Ginger-Ale Tangawizi, mit echtem Ingwer hergestellt, kann bedenkenlos getrunken werden. Obwohl Kaffee angebaut wird, trinken Ostafrikaner lieber **Milch-Tee** mit viel Zucker, an der Küste als Chai Masala mit Zimt und Kardamom verfeinert. In besseren Unterkünften gibt es Filter-Kaffee, ansonsten löslichen. Aus Mangel an Kühlschränken wird eher Milchpulver als Milch verwendet. Supermärkte haben unterschiedliche Frischmilch-Sorten – probieren Sie die Kamelmilch aus Nanyuki. Frische Fruchtsäfte sind in Nairobi und an der Küste erhältlich. Sehr erfrischend: Madafu, die Flüssigkeit einer grünen Kokosnuss.

Alkoholfreie Getränke

Freunde stärkerer Getränke sollten **Kenya Gold**, einen Likör aus Kaffee, probieren und **Kenya Cane**, den kenianischen Zuckerrohrschnaps. Die von **Kenya Breweries** erzeugten Biersorten Tusker Lager, White Cap und Pilsner werden nach westlicher Brauart hergestellt. Brauereigründer waren 1922 die Brüder George und Charles Hurst. Ein Jahr später wurde Charles von einem Elefanten zu Tode getrampelt. Im Gedenken an ihn ist bis heute auf dem Etikett ein Stoßzahn – **Tusker** – abgebildet. Sierra-Bier hell und dunkel, Castle-Bier aus Südafrika und Guinness werden ebenfalls angeboten. Kenianische **Weine** produziert Leleshwa Wines im Rift Valley. Manche Weinliebhaber bleiben aber lieber bei Altbewährtem: Man bekommt durchaus edle Tropfen aus aller Welt. Vor allem Weine aus Südafrika sind sehr beliebt. Die Flaschen von Mara Wines aus Südafrika haben eine Perlenverzierung, die von Masai-Frauen angefertigt wird. Alkoholgenuss ist in Kenia weit verbreitet, nur strenggläubige Muslime verzichten darauf – daher schenken nur wenige Restaurants auf Lamu Alkohol aus. Viele Kenianer brauen ihr eigenes Bier aus Hirse, Mais und Bananen, **Pombe** genannt. Oder Uki, ein Bier mit Honig. An der Küste bevorzugt man Palmwein, der nach einigen Tagen Gärung einen starken Alkoholgehalt aufweist und verboten ist, wie der selbst gebrannte **Changaa**, nicht selten aus giftigem Abfall – wie der Name schon sagt »Töte mich schnell«.

Hochprozentiges, Bier und Wein

> **! BAEDEKER TIPP**
>
> »Zaubertrank« ...
>
> ... bedeutet der Name des **Dawa**-Cocktails, der in vielen Lodges und Camps angeboten wird. Dafür werden ein Teelöffel brauner Zucker und ein Viertel Limette mit einem Holzstab in einem Glas leicht zerdrückt. 50 ml Wodka, Crasheis und einen Teelöffel Honig zugeben. Alles mit dem Stab gut umrühren. Zum Wohl!

Speisekarte Swahili-Englisch-Deutsch

Wichtige Begriffe

chai ya asubuhi	breakfast	Frühstück
chakula cha mchana	lunch	Mittagessen
chakula cha usiku	dinner	Abendessen
kianzio	appetizer	Vorspeise
chakula muhimu	main course	Hauptgang
Kimalizio	dessert	Nachtisch
Kisu	knife	Messer
Uma	fork	Gabel
Kijiko	spoon	Löffel
Kikombe	cup	Tasse
Sahani	plate	Teller
Gilasi	glass	Glas
Chupa	bottle	Flasche
Chumvi	salt	Salz
Pilipili	pepper	Pfeffer
Baridi	cold	kalt
Moto	hot	heiß
Chemka	cooked	gekocht
Choma	grilled	gegrillt
Bwana	waiter	Kellner
Meza	table	Tisch

Kleine Gerichte und Beilagen

Supu	soup	Suppe
Mkate	bread	Brot
Tosti	toast	Toast
Slaisi	slice of bread	Brotscheibe
Siagi	butter	Butter
Jibini	cheese	Käse
Mayai	eggs	Eier
Omleti	omelette	Omelett
Mayai ya kuchemsha	boiled eggs	gekochte Eier
Mayai ya kukaanga	fried eggs	Spiegeleier
Mayai ya kusagwa	scrambled eggs	Rühreier
Chipsi	chips	Pommes Frites
Keki	cake	Kuchen

Fisch und Fleisch

Nyama choma	grilled meat	gegrilltes Fleisch
Kuku	chicken	Huhn
Nyama ya mbuzi	goat	Ziege

Essen und Trinken • ERLEBEN UND GENIESSEN

Nyama ya ngombe	beef	Rind
Samaki	fish	Fisch
Kamba kubwa	lobster	Hummer
Kamba wadogo	shrimp	Shrimp
Samaki wa kuchoma	grilled fish	gegrillter Fisch
Ngisi	squid	Calamari
Pweza	octopus	Tintenfisch

Gemüse

Mboga	vegetables	Gemüse
Sukuma wiki	spinach	Spinat
Nyanya	tomatoes	Tomaten
Vitingu	onions	Zwiebeln
Kitunguu saumu	garlic	Knoblauch
Karoti	carrots	Karotten
Matoke	mashed green bananas	Kochbananen
Viazi	potatoes	Kartoffeln
Viazi vitamu	sweet potatoes	Süßkartoffeln
Maharagwe	beans	gemischte Bohnen
Kabichi	cabbage	Kohl

Obst

Matunda	fruit	Obst
Nanasi	pineapple	Ananas
Machungwa	orange	Orange
Maembe	mango	Mango
Nazi	coconut	Kokosnuss
Ndizi	banana	Banane
Papai	papaya	Papaya
Parachichi	avocado	Avocado
Ndimu	lemon	Zitrone
Pasheni	passionfruit	Passionsfrucht

Getränke

Biya (oder bia)	beer	Bier
Chai	tea	Tee
Kahawa	coffee	Kaffee
Maji	water	Wasser
Maji ya matunda	juice	Saft
Maziwa	milk	Milch
Soda	soft drink	Softgetränk
Mvinyo nyekuundu	red wine	Rotwein
Mvinyo nyeupe	white wine	Weißwein

Feiertage · Feste · Events

Feiertage · Feste · Events • ERLEBEN UND GENIESSEN

Feiern Sie mit!

Im Feste feiern sind die Kenianer groß und immer wieder werden neue Anlässe gefunden. Meist dienen die Events einem guten Zweck – dem Schutz bedrohter Tiere, dem gegenseitigen Verständnis.

Bei den Festen geht es nicht nur ums Feiern. Es geht um Engagement – finanziell oder tatkräftig. Ein Kamel beim **Maralal Camel Derby** im August zu bändigen oder an der **10 to 4 Mountain Bike Challenge** im Februar in Laikipia, dem **Marathon in Lewa** oder dem **Schubkarrenrennen in Hell's Gate** im Juni teilzunehmen, ist kein Pappenstiel. Es ist eine Herausforderung. Ganz british humourlike darf man sich dabei auch ruhig zum Narren machen. Macht nichts. Hauptsache es macht Spaß wie die **Shaggy Dog Show** im November in Nairobi, die alles andere als eine Rasseschau ist. Prämiert wird der Hund, der seinem Halter am ähnlichsten sieht, oder der am enthusiastischsten mit dem Schwanz wedelt.

Kräfte messen für den guten Zweck

Das Verständnis füreinander und die unterschiedlichen Bräuche und Lebensweisen zu fördern, ist Ziel der meisten Feste und kulturellen Veranstaltungen. In einem Land, dessen Bevölkerung so heterogen ist, ist das Wissen übereinander bestes Mittel gegen Ressentiments. Für Touristen sind diese Events eine unschätzbare Gelegenheit, mehr über die Menschen zu erfahren, die in Kenia leben. Anders als die Darbietungen in Hotels zeigt beispielsweise das **Lake Turkana Festival** im Mai authentisches Ostafrika. Herausgeputzt und in Sonntagskleidung reist hoher Besuch aus Nairobi zum Festival. Auch die Menschen aus Marsabit und Maralal lassen sich das Event nicht entgehen, probieren regionale Speisen, bewundern die farbenfrohen Gewänder, den Perlenschmuck und die aufwendig mit Ockerrot drapierten Haare der **Samburu**. Es wird gesungen und getanzt. Überall ist traditionelle Musik zu hören, gespielt auf Holz- und Metallinstrumenten sowie kleinen metallenen Fußketten. Kinder singen in den lauen Abendstunden, wenn die Sonne hinter dem Turkanasee untergeht. National-Geographic-Szenen, die sich ins Gedächtnis einprägen. Aber auch man selbst ist beliebtes Fotomotiv. Auf solchen Festen zückt auch der kenianische Besucher gerne sein Handy und fotografiert den weißen Bwana und die weiße Mama.

Offizielle Feiertage sind Weihnachten/25. und 26. Dez., Neujahr/1. Jan., Karfreitag und Ostermontag sowie der 1. Mai/Tag der Arbeit. **Idd-ul-Fitr**, das Ende des muslimischen Fastenmonats Rama-

Feiertage

Festlich: Rostrot sind Haare und Schultern des Samburu bemalt.

BAEDEKER WISSEN

Camel Derby und Safari Rallye

Kameljockeys und Rallyefahrer

An drei Tagen im August verwandelt sich die verschlafene Stadt Maralal, gut 350 km nördlich von Nairobi, zum lebendigen und farbenfrohen Mittelpunkt des kenianischen Samburulandes.

Das Schild auf dem Fahrzeug »Camel on road – slow down« kündigt das herannahende Ereignis an, das **Annual Maralal Camel Derby**. Die Idee dazu stammte von Malcom Gascoigne, dem früheren Betreiber des Yare Camel Club in Maralal. Seit 1990 findet das Derby durchgehend statt und hat sich auch international einen Namen gemacht. Kameljockeys aus Kenia und 20 weiteren Nationen wie Australien, China, Deutschland, England, Japan, Kanada, Mexiko und Neuseeland waren bis dato dabei. Alles wird gegeben für den heiß begehrten Pokal.

Camel Country

Es versteht sich von selbst, dass in einer Region, in der das Kamel noch eine wichtige Rolle als Lasttier spielt, nur die besten Kamele an den Start geführt werden. Zur besonderen Erheiterung der Zuschauer versuchen inzwischen auch Amateure ihr Glück. Statt der 21 km langen Profistrecke treten sie zum 10-km-Amateur-Rennen an. Kamel, Sattel und Kamelführer können gemietet werden.

Die Teilnahmebedingungen sind genauso kurios wie anspruchsvoll: Es dürfen nur Kamele antreten, die zwischen 2,5 und 15 Jahre alt sind. Sie müssen mindestens einen Monat, besser noch drei trainiert haben und sollten an Menschenmassen, hupende Fahrzeuge und laute Geräusche gewöhnt sein.

Bereits vier Tage vor dem Derby müssen sie zeckenfrei sein. Erst nachdem der Tierarzt dies überprüft und bestätigt hat, wird dem Tier die Startnummer auf das Fell gemalt. Ein Teil der Startgelder – bis zu **$ 150 pro Person! – geht an Entwicklungsprojekte der Region.** Lust teilzunehmen? Dann lassen Sie sich registrieren, zahlen Sie die Startgebühr und erscheinen Sie nüchtern, denn auch das wird von Profis wie Laien verlangt. Das Zufallsprinzip entscheidet dann, welches Kamel Sie reiten. Laien erhalten am Vortag eine Einweisung im Kamelreiten. Doch Achtung: Es ist verboten, die Reiter unterwegs auszutauschen. Neben dem Kamel herzulaufen ist ebenso nicht erlaubt! Also durchhalten, eventueller Seekrankheit mit Ingwer vorbeugen und den sicheren Muskelkater in Kauf nehmen! Jeder, der mit seinem Tier das Ziel erreicht, erhält ein Zertifikat.

Triathlon mit Kamel

Sehr beliebt bei den Teilnemern ist auch das »Tricamalon«: 2 km Laufen, 3 km Fahrradfahren, 5 km auf einem Kamel reiten. Es gibt zudem Radrennen für Menschen mit Handicap, einen 10-km-Friedenslauf, an dem Samburu-, Turkana- and Pokot-Krieger teilnehmen, ferner Partyspiele wie Sackhüpfen, das Gewicht einer Ziege raten oder Rungu (Schlagstock) werfen. Infos unter **www.yarecamelcamp.co.ke**.

Aus ganz Kenia kommen die Teilnehmer des Camel Derby nach Maralal.

East African Safari Classic Rally

Sie gilt als härteste Klassik-Rallye der Welt: **4100 km Schotterpisten** vom Sarova Whitesands Hotel an der Küste zum Amboseli National Park, von dort nach Tansania, Nairobi, zum Lake Naivasha, und über die Taita Hills zurück zum Hotel am Indischen Ozean. Die Hälfte der Strecke wird gegen die Uhr gefahren, Teilstrecken sind bis zu 150 km lang. Abseits der Touristenpfade ist das ganze Können der Mannschaften gefragt. Zwischen den Piloten mit ihren speziell getunten Autos – darunter viele Porsche 911 – und dem Sieg liegen Schlaglöcher, Staub, Steine, Schlamm und unerwartete Hindernisse. 2013 wurde die East African Safari Classic Rally in neun Tagen zurückgelegt.

Alles begann 1953: Zu Ehren der frisch gekrönten Queen Elizabeth II wurde die erste East Africa Coronation Safari Rally ausgetragen. Damals ging die 5100 km lange Strecke durch Uganda, Tansania und Kenia. Was als einmaliges Abenteuer von Eric Cecil und seinem Cousin Neil Vincent angedacht war, wurde so erfolgreich, dass es danach als East African Safari Rally bis 2002 jedes Jahr stattfand. Rallyefans aus aller Welt nahmen am größten Motorsport-Ereignis Afrikas teil. Erst 1972 konnte sie ein nichtafrikanisches Team gewinnen. Bis 2002 war sie fester Bestandteil der Rallye-Weltmeisterschaft. Jedes Jahr zu Ostern kämpften sich die besten Rallyefahrer der Welt durch die wilden Pisten Ostafrikas. Aus finanziellen Gründen musste sie dann aus der Weltmeisterschaft gestrichen werden. Seit 2003 findet sie als Klassik-Rallye **alle zwei Jahre im November** statt. An den Start dürfen nur Teilnehmer mit Autos bis Baujahr 1978.

Bei der 2013 von Kenya Airways gesponserten East African Safari Classic Rally gingen 60 Teams aus 17 Ländern an den Start vor dem Sarova Whitesands Beach Resort Hotel in der Nähe von Mombasa. 2015 findet die nächste Klassik-Rallye statt. Infos unter **www.eastafricansafarirally.com**.

ERLEBEN UND GENIESSEN • Feiertage · Feste · Events

Verschiedene Masken sollen vor bösen Dämonen schützen.

dan, verschiebt sich von Jahr zu Jahr. Alle Kenianer feiern **Madaraka**, den Tag der Selbstverwaltung am 1. Juni, und den **Mashujaa Day** den Heldengedenktag am 20. Oktober. Der **Jamhuri Day**, der **Unabhängigkeitstag** am 12. Dez., wird überall mit bunten Festen, Ansprachen und Umzügen gefeiert. Sehenswert und ganz und gar nicht alltäglich sind die Veranstaltungen, zu denen alle zusammenkommen, egal, welcher Konfession sie angehören.

EVENTS IM JANUAR
Dhauregatta am 1. Januar
In Lamu segeln jedes Jahr am Neujahrstag traditionelle Dhaus eine spannende Regatta.
www.lamu.org

Maulidi al Nabi
Vier Tage lang feiert Lamu den Geburtstag des Propheten Mohammed. Das Datum wird jedes Jahr neu nach dem muslimischen Mondkalender festgelegt: 3. Jan. 2015, 12. Dez. 2016, 1. Dez. 2017

FEBRUAR
10 to 4
Downhill-Rennen vom Mount Kenya, ▶Baedeker Tipp, S. 323

Kenya Open Golf
Pros aus aller Welt spielen in Nairobi auf den Muthaiga- oder Karen-Golfplätzen, www.kgu.or.ke

MÄRZ
Malindi Cultural Festival
▶ S. 255

Kijani Festival
Klassische Musik, Ballett, indische und kenianische Tänze in Nairobi
www.kijanikenyatrust.org

APRIL
Salama Fikira Kenya Derby
Derby auf Nairobis Ngong Rennbahn
www.jockeyclubofkenya.com

MAI
Lake Turkana Festival
Volksfest verschiedener Stämme – ein absolutes Muss für alle, die zu dieser Zeit in der Gegend sind, ▶S. 107
www.laketurkanafestival.com

JUNI
To Hell's Gate on a Wheelbarrow
Urkomisches Schubkarrenrennen für einen guten Zweck
www.kws.org

Bizarre Bazaar Festival
Kunsthandwerkermarkt im Karura Forest in Nairobi. Das Geld dient

Feiertage · Feste · Events • ERLEBEN UND GENIESSEN

dem Erhalt des Waldes.
www.friendsofkarura.org

Sigana International Storytelling Festival
Internationales Treffen von Geschichtenerzählern in Nairobi
www.zamaleoact.org

Rhino Charge
▶ Baedeker Tipp, S. 168

Lewa Marathon
▶ S. 198

JULI
KCB Safari Rally
700 km lange Rallye, die zur African Safari Rally-Meisterschaft gehört. Sie startet in Nairobi.
www.africanrally championship.com

Große Tierwanderung
▶ Baedeker Wissen, S. 380

AUGUST
Maralal Camel Derby
▶ Baedeker Wissen, S. 106

Tusker Safari Sevens Rugby International
Ein Muss für Rugby-Fans. Saisonbeginn in Nairobi.
www.7s.safaricom.co.ke

Rift Valley Festival
Internationale Bands, Künstler und DJs drei Tage live im Fisherman's Camp am Lake Naivasha
www.riftvalleyfestival.co.uk

SEPTEMBER
Cycle with the Rhinos
▶ Baedeker Tipp, S. 220

Concours d'Elegance
Oldtimer Show vom Feinsten mit Autos und Motorrädern auf Nairobis Ngong-Rennbahn
www.concourskenya.com

OKTOBER
Nairobi Marathon
Hier treffen sich Profis aus aller Welt.
www.nairobimarathon.com

Diwali
Fest der Lichter in Nairobi und Mombasa im Okt. oder Nov. Die Hindus feiern die Rückkehr des Gottes Rama mit Tanz auf den Straßen
www.diwalifestival.org/diwali-in-kenya-tanzania.html

NOVEMBER
East African Safari Classic Rally
▶ Baedeker Wissen, S. 107

Shaggy Dog Show
Die Erlöse der populären »Zottigsten Hunde-Schau« in Nairobi gehen an ein Tierheim.
www.kspca-kenya.org

Lamu Cultural Festival
▶ S. 242

NOVEMBER, DEZEMBER
Weihnachtsmärkte
Im November gibt es den **Bizarre Bazaar** im Karura Forest (www.friendsofkarura.org) sowie **XmasBox** in Nairobis Stadtteil Karen (www.craftafrica.org). Im Dez. folgt die **Christmas Fair** auf Nairobis Ngong-Rennbahn mit 100 Ständen (www.craftafrica.org).

Mit Kindern unterwegs

Kindheitsträume wahr gemacht

Den ganzen Tag an der frischen Luft sein, Elefantenbabys streicheln, Giraffen füttern oder den herumtollenden Nachwuchslöwen zuschauen. Was kann spannender sein, als mit einem Masai-Krieger durch die Savanne zu streifen, Spuren lesen zu lernen oder Pfeil und Bogen zu schnitzen? Sich bei einer Wildwasser-Tour zu beweisen oder den ersten Versuch im Kitesurfen zu wagen? Mit solchen Abenteuern können auch Game-Boy und iPad nicht mithalten.

Kenia ist nicht nur ein kinderreiches, sondern auch ein kinderfreundliches Land. Überall wird der Nachwuchs herzlich aufgenommen. Das Angebot an Familienunterkünften ist vielfältig, die Aktivitätenliste lang und abwechslungsreich. Kindermenüs gibt es in großen wie kleinen Hotels. Die Mahlzeiten für Kinder vorzuverlegen, ist selten ein Problem. Babysitting gehört zum Programm. Für Jugendliche bietet das Land die unschätzbare Möglichkeit, eine fremde Kultur hautnah zu erleben und den eigenen Horizont erweitern zu können. Einige Unterkünfte akzeptieren Kinder erst ab sechs, andere erst ab 12 Jahren. Angesichts der Tatsache, dass Rumtollen hier nur begrenzt möglich ist und alle Gäste mucksmäuschenstill darauf warten, dass sich Großwild an der Wasserstelle zeigt, eine nachvollziehbare Entscheidung. Camps, die nicht eingezäunt sind, eigenen sich nicht für Kleinkinder. Eltern sollten sich immer im Klaren darüber sein, dass Safariunterkünfte keine Abenteuerspielplätze sind. In der Savanne leben wilde Tiere und ein Schlangenbiss kann tödlich sein.

Freundliche Aufnahme

Die Hitze an der Küste und die starke Sonneneinstrahlung in Äquatornähe, auch im Hochland, sollten auf keinen Fall unterschätzt werden. Bereits wenige Minuten ohne Sonnenschutz können zu schmerzhaften Sonnenbränden führen. Eine Kopfbedeckung ist für Kinder unverzichtbar. Kleinkinder in Malariagebiete mitzunehmen birgt ein besonderes **Gesundheitsrisiko**, da sie die Medikamente zur Malariaprophylaxe selten vertragen (▶S. 412). Auch Mückenabwehrsprays sind für Kleinkinder nicht geeignet, zudem ist ihr Magen empfindlicher und sie leiden eher an Durchfallerkrankungen. Deshalb sollte auf Reisen mit Kleinkindern besser verzichtet werden. Besondere Einrichtungen wie Spielplätze und Vergnügungsparks gibt es in Kenia kaum. Andererseits verspricht das Land mit seinem **Tierreichtum und grandiosen Stränden** jede Menge Abwechslung für Sprösslinge und damit erholsame Tage für die ganze Familie.

Vorsichtsmaßnahmen

Wahre Abenteuer: auf Safari mit einem Samburu

ERLEBEN UND GENIESSEN • Mit Kindern unterwegs

Safaris und Strände

Safaris machen zwar den meisten Kindern Spaß, doch Eltern sollten gut überlegen, ob ihre Jüngsten dafür auch alt genug sind. **Kleinkinder** bis 5 Jahre können sich noch nicht lange konzentrieren. Ausgedehnte Pirschfahrten sind daher nicht geeignet. Um Fahrt und Dauer selbst bestimmen zu können, empfiehlt es sich, ein Auto exklusiv zu mieten. Immer wieder schön ist für die Kleinen das Plantschen im Wasser. Ob an der Küste oder im Hochland, es empfiehlt sich eine Unterkunft mit Swimmingpool. Im Gepäck sollten Malbücher und Spiele nicht fehlen. Kids Clubs sind auf die Altersgruppe **zwischen 6 und 12** Jahren zugeschnitten. Nehmen sie für jedes Kind eine billige Kamera mit, sie werden erstaunt sein über die Ergebnisse. Ein Tagebuch zu führen, macht nicht nur im Urlaub, sondern auch beim Lesen danach Spaß. Kinder lieben es, mit einem Krieger durch den Busch zu streifen und das einfache naturverbundene Leben hautnah zu erleben. **Jugendliche ab 13 Jahren** können sich mit den Guides gut auf Englisch unterhalten. Mit Kamera und Fernglas scannen sie wissbegierig den Horizont. Bei Besuchen in Masai- oder Samburu-Dörfern können sie viel lernen. Wie man beispielsweise mit einfachen Mitteln ein Haus baut, ohne Streichhölzer Feuer macht oder mit Pfeil ud Bogen schießt. Manche Teenager sind glücklicher, wenn sie einen Gleichaltrigen dabei haben. Abenteuerlustige begeistern Campingtouren, die abends am Lagerfeuer ausklingen. Surfen, Kiteboarding, Stand-Up-Paddle (SUP), Schnorcheln – beim Sportangebot an Kenias Küsten ist für alle Jugendlichen etwas dabei.

FAMILIENFREUNDLICHE UNTERKÜNFTE & SAFARIS

Basecamp Explorer
Im Dorobo Childrens' Club ist für 8–16-Jährige allerhand dabei wie Pfeil & Bogen schnitzen, ▶S. 274

Kembu Campsite & Cottages
Auf der 400 ha großen Farm wollen Hühner und Pferde gefüttert werden! Auch für Kinder unter 5 Jahren geeignet, ▶S. 220

Kitich Camp
Teenager können mit den Samburu durch den Regenwald streifen, Spuren lesen lernen und schwarze Panther beobachten, ▶S. 110, 267

Lewa Safari Camp
Entspannte Atmosphäre, Big-Five-Garantie, leckere Pizza und tolle Touren zu den Masai, ▶S. 135, 197

Loisaba
Abenteuer pur: in »Sternenbetten« schlafen, ▶S. 195, 197

Sandai
Urlaub auf dem Bauernhof auf afrikanisch. Die Sandai-Farm hat Schweine, Gänse und ... ▶S. 171

Saruni Camp
»Warrior Week« für die ganze Familie, sehr zu empfehlen für Kinder ab 6, ▶S. 274

Tortilis Camp
Kinder können an der beleuchteten Wasserstelle Elefanten sehen und mit Masai-Kriegern auf Tour

Riesenspaß für die ganze Familie: Zusehen, wie die lebhaften Findelkinder in Daphne Sheldricks Waisenhaus ihr Fläschchen bekommen.

gehen, ▶Abb. 150. Das Camp ist umzäunt, hat einen Pool und leckere italienische Küche, ▶S. 134

www.kiddyreisen.de
Familiensafaris und Klubs für kleine und größere Kinder

www.heritage-eastafrica.com
Abenteuerurlaub für Kinder von 4 bis 12 Jahren und Teenager

HITS FÜR KIDS
Nairobis Giraffenzentrum
Auf Augenhöhe mit Rothschild-Giraffen, die man füttern darf, ▶S. 354

Sheldrick's Orphanage
Einmal und immer wieder: Die Elefantenbabys sind Spitze! ▶S. 355

Bamburi Nature Trails
Auf den Spuren von Owen, dem Nilpferd, ▶S. 305

Ol Pejeta – Sweetwaters Chimpanzee Sanctuary
Schimpansen in ihrer natürlichen Umgebung erleben und ihnen beim Spielen zusehen, ▶S. 203

Animal Orphanage
Im Tierwaisenhaus neben dem Nairobi National Park kommen Kids auf ihre Kosten, ▶S. 354

Kamelritt
Am Strand bei Watamu oder Che Shale kann der Nachwuchs mit dem Wüstenschiff einen kleinen Ausflug machen. Einfach in den Hotels nachfragen.

Surfing & Stand Up Paddle
Kinder ab 8 Jahren werden bereits nach einer Stunde Unterricht zu Profis in der relativ neuen Sportart »Stand Up Paddling«. Für Teenager gibt es Kurse im Surfen und Kitesurfen (www.kitekenya.com und www.cheshale.com).

Nationalparks, Reservate und Schutzgebiete

Nationalparks • ERLEBEN UND GENIESSEN

Tiere hautnah erleben

Früh mahnten Großwildjäger den Untergang von Ostafrikas wunderbarer Tierwelt an. Vehement forderten sie die Errichtung von Schutzgebieten und wurden selbst in den neuen Nationalparks aktiv.

Als erstes Land Ostafrikas erklärte Kenia 1946 ein Gebiet bei Nairobi zum Nationalpark. Tansania stellte 1951 die Serengeti unter Schutz. In einem 3,2 km² großen Areal bei Seronera war dort seit 1921 das Jagen von Löwen verboten. Vier Jahre später folgte das Jagdverbot im Ngorongoro-Krater. Auch heute ist es zunehmend dem Engagement Einzelner und privaten Schutzgebieten zu verdanken, dass es in Ostafrika eine Zukunft für den einmaligen Wildtierbestand gibt. Fast 8 % der Landesfläche Kenias stehen unter Naturschutz und werden vom **Kenya Wildlife Service** (KWS) verwaltet. Dazu gehören 23 Nationalparks, 28 Nationalreservate, vier Wildlife Sanctuarys, vier Marine Nationalparks sowie sechs Marine Nationalreservate. Weitere 5 % der Landfläche wie die Masai Mara, die unter lokaler Verwaltung steht, und zahlreiche **private Schutzgebiete** sind ebenfalls für Wildtiere reserviert. Zurzeit gibt es über 80 dieser Schutzgebiete und ihre Zahl steigt. Zusammen mit Laikipia, den Lewa Downs und Loisaba spielen sie eine wichtige Rolle für den Wildbestand. Laut jüngsten Schätzungen halten sich 70 % aller Tiere in privaten Schutzgebieten auf.

Geschützte Natur

Kenias **Nationalparks und Reservate** sind täglich von **6.00 bis 19.00 Uhr** zugänglich, an den Parktoren ist die **Eintrittsgebühr** zu entrichten – wie in Kenia üblich, ist sie auch im Reiseführer **in $** angegeben. Es wird zwischen kenianischen Staatsbürgern und Ausländern unterschieden. Ausländer zahlen $ 15 – 80 pro Person für 24 Stunden. Für Fahrer und Fahrzeug wird ebenfalls eine Gebühr erhoben. Bei Pauschalreisen sind Gebühren meist inbegriffen. KWS hat für seine verwalteten Gebiete die **Safari Card** eingeführt, eine Smartcard auch für mehrere Personen, die gekauft und mit einem Geldbetrag aufgeladen wird. Eine Liste unter www.kws.org gibt einen Überblick, wo diese Karten akzeptiert und wo sie aufgeladen werden können. Dort, wo noch nicht mit der Safari Card gearbeitet wird, werden Papiertickets verkauft. Auch bei KATO (www.katokenya.org) können Eintrittsgebühren bezahlt werden. Eine Smartcard gibt es auch für die **Masai Mara**. Diese ist jedoch nur für einen Gast gültig. Auch sie kann bei KATO (s. o.) oder unter www.kapstickets.com/

Eintritt und Öffnungszeiten

Immer auf dem Sprung: Der Gepard ist ein sehr erfolgreicher Jäger.

onlinebooking und www.maratriangle.org bestellt werden. Für Kinder und Studenten gibt es in Kenia wie in Tansania Ermäßigungen. In **Tansania** haben die Parks ebenfalls von 6.00 bis 19.00 Uhr geöffnet. Die Eintrittsgebühren liegen zwischen $ 40 und $ 60 pro Person für 24 Stunden. Die Gebühr für das Fahrzeug beträgt z. B. im Ngorongoro Krater noch einmal $ 200 pro Tag! Die Gebühren sind im Voraus zu zahlen – am Parkeingang ist dies nicht mehr möglich. Information dazu gibt es unter www.tanzaniaparks.com.
Für Wanderungen mit Rangern und alle anderen Aktivitäten in den Parks in Kenia und Tansania wird ebenfalls eine Gebühr erhoben. In den **privaten Schutzgebieten** von Kenia muss man mit einer Conservancy Fee von $ 100 pro Person rechnen.

Safari Card für KWS-betriebene Nationalparks und -reservate, auch als Sammelkarte z. B. für Familien, für die Masai Mara nur für eine Person. www.kws.org

Verhalten in Schutzgebieten

Der Leitgedanke »**Hinterlasse nichts als deinen Fußabdruck, nimm nichts mit als Fotos**« sollte bei jeder Safari, ob im Naturschutz- oder Marinepark, beherzigt werden. In **Nationalparks und Reservaten** gilt Tempo-Limit 40 km/h. Tiere haben immer Vorfahrt. Zwischen 19.00 und 6.00 Uhr darf nicht in die Parks gefahren werden. Nur in privaten Schutzgebieten sind Nachtfahrten erlaubt. Wer abseits der Piste fährt, muss mit hohen Strafen ab 100 € rechnen. Tiere dürfen nicht durch Lärm, schnelle Bewegungen oder zu dichtes Heranfahren belästigt werden. Werden Tiere bei der Jagd gestört, nehmen Sie eventuell schöne Fotos mit nach Hause, die Geparden oder Löwen aber keine Nahrung für ihre Babys. Steigen Sie niemals aus dem Auto, außer an dafür vorgesehenen Stellen. Auch wenn es scheint, dass die Tiere an Besucher gewöhnt sind, sind sie wild und können verletzen oder töten. Hinterlassen Sie keinen Abfall im Park. Zigarettenkippen können Brände verursachen, Lebensmittelreste Tiere krank machen. Nehmen Sie nichts aus der Tier- oder Pflanzenwelt mit, auch wenn es noch so schön ist. In den **Marineparks** darf man Korallen weder anfassen noch entfernen. Kaufen Sie keine Muscheln oder andere Meereslebewesen. Dies unterstützt nur den Handel und zerstört damit die Riffs. Fische nicht füttern und allen Abfall mitnehmen. Meeresschildkröten halten Plastiktüten für Quallen. Wenn sie sie verschlucken, sterben sie daran.

Wandern

Abgesehen von wenigen **ausgewiesenen Pfaden** darf man in den Nationalparks keine Wanderungen unternehmen. Ausgenommen hiervon sind der Hell's Gate National Park, das Kakamega Forest National Reserve und der Saiwa Swamp National Park. Mount Kenya National Park und Mount Elgon National Park sind ebenso wie der Kilimanjaro National Park in Tansania ein Dorado für **Trekking**. Wanderungen dort müssen von Rangern begleitet werden, ▶S. 146.

Nationalparks • ERLEBEN UND GENIESSEN

Nationalparks und Reservate

Fotografieren Nehmen Sie unbedingt Batterien, **genügend Akkus und Speicherplatz von zu Hause** mit. Unterwegs auf Safari kann man – außer auf billigen Campingtouren – Akkus aufladen, **Adapter nicht vergessen!** Fragen Sie zur Sicherheit beim Reiseveranstalter nach, ob es eine Auflademöglichkeit vor Ort gibt. In den Nationalparks kommt man erstaunlich nah an das Großwild heran. Schon ein Teleobjektiv mit 200 – 300 mm Brennweite schafft Voraussetzungen für grandiose Tierfotos. Wegen des allgegenwärtigen Staubs sollte man einen Kamerapinsel dabeihaben, alle Objektive durch **Sky- oder Polfilter** schützen und Kamera, iPad oder Digicam **staubsicher verpacken.** Die besten Fotos werden morgens **bis 9.00** und dann wieder **ab 16.00** Uhr geschossen, da den Tag über die Sonne zu hell scheint. Ruhig die Kamera auch mal aus den Händen legen: Die Flora und Fauna Kenias sind ein Erlebnis, das man auf sich wirken lassen sollte. Ein Fernglas sollte deshalb nicht fehlen.

NATIONALPARKS, RESERVATE UND PRIVATE SCHUTZGEBIETE IN KENIA UND NORDTANSANIA

Aberdare National Park **Lage**: Im Hochland der bis zu 4000 m hohen Aberdare Range, 50 km westlich des Mount Kenya. **Besonderheiten**: Der dichte Regenwald, der selbst mit Geländefahrzeugen nur teilweise befahren werden kann, erschwert die Wildbeobachtung. Beste Möglichkeiten, den Big Five zu begegnen, haben die Treetops Lodge und The Ark, ▶S. 168.

Amboseli National Park **Lage**: 260 km südöstlich von Nairobi, an der Grenze zu Tansania. **Besonderheiten**: Hemingways »Schnee am Kilimanjaro« machte die weite Savannenlandschaft am Fuß des Berggiganten mit ihren großen Elefantenherden weltberühmt, ▶S. 175.

Arabuko Sokoke Forest **Lage**: Zwischen Malindi und Kilifi erstreckt sich das größte verbliebene ostafrikanische Küstenwaldstück. **Besonderheiten**: unvergleichbare Pflanzen- und Vogelvielfalt, ▶S. 264.

Arusha National Park, Tansania **Lage**: Westlich vom Kilimanjaro um den Mount Meru und die Momella-Seen. **Besonderheiten**: von Rangern begleitete Fußsafaris, vorbei an Büffeln, Giraffen und Colobus-Affen, ▶S. 194.

Central Island National Park **Lage**: Kleine Insel im Lake Turkana. **Besonderheiten**: Jadegrün schimmerndes Wasser, reiche Vogelwelt und Kenias größte Population von Nilkrokodilen, ▶S. 230.

Chyulu Hills National Park **Lage**: Abwechslungsreiche Gegend mit Hügeln und Savannen angrenzend an Tsavo West. **Besonderheiten**: In den offenen Graslandschaften sind Geparden relativ häufig zu sehen, ▶S. 399.

Nationalparks • ERLEBEN UND GENIESSEN

Hell's Gate National Park: **Lage**: Südlich des Lake Naivasha. **Besonderheiten**: Herzstück ist eine malerische Schlucht – Wandern erlaubt! ▶S. 218

Impala Sanctuary, Kisumu: **Lage**: Stadtrand von Kisumu. **Besonderheiten**: Das Schutzgebiet mit Impalas und den seltenen Sitatunga-Antilopen kann nur zu Fuß erkundet werden, ▶S. 240.

Kakamega Forest National Reserve: **Lage**: Regenwald nordöstlich von Kisumu. **Besonderheiten**: Für Ostafrika einzigartiges tropisches Regenwaldgebiet, das man zu Fuß erkunden kann, ▶S. 181.

? BAEDEKER WISSEN

Herde ... / Rudel ... / Schwarm ...

Nashörner – a crash of rhinos
Löwen – a pride of lions
Leoparden – a leap of leopards
Giraffen – a journey of giraffes
Flusspferde – a raft of hippo
Elefanten – a herd of elefants
Zebras – a dazzle of zebra
Hyänen – a clan of hyena
Warzenschweine – a drift of warthogs
Paviane – a troop of baboon
Büffel – a herd of buffalo
Schildkröten – a bale of turtles
Eulen – a parliament of owls
Krähen – a murder of crows

Kilimanjaro National Park, Tansania
Lage: In Nordtansania, direkt an der Grenze zu Kenia. 200 km südöstlich von Nairobi. **Besonderheiten**: Erklimmen Sie das Dach Afrikas! Die Besteigung des Kilimanjaro ist für sportliche Trekkingfans ein einmaligfes, atemberaubendes Erlebnis, der Eintritt kostet $ 60 pro Tag ▶S. 185.

Kora National Park
Lage: Südöstlich des Meru National Park. **Besonderheiten**: In Kora in Kampi ya Simba führte George Adamson sein Löwen-Projekt. Heimat des Löwen »Christian«, ▶S. 283.

Lake Bogoria National Reserve
Lage: Rund 110 km nördlich von Nakuru. **Besonderheiten**: Ganze Schwärme rosafarbener Flamingos und zischende Geysire sind die Attraktionen des Lake Bogoria, ▶S. 206

Lake Manyara NP, Tansania
Lage: Sodasee im Rift Valley. **Besonderheiten**: Für Hemingway »der schönste See Afrikas« mit Flamingos, Flusspferden und baumkletternden Löwen, ▶S. 209.

Lake Nakuru National Park
Lage: Sodasee im Rift Valley in der Nähe von Nakuru. **Besonderheiten**: Gilt als Flamingoparadies – sofern der kaum fußtiefe Salzsee nicht ausgetrocknet ist – und ist dank eines Umsiedlungsprojektes Heimat von Nashörnern und Rothschildgiraffen, ▶S. 219.

Laikipia Conservancy
Lage: Nordwestlich des Mount Kenia bis zum Samburu & Buffalo Springs National Park. **Besonderheiten**: Zahlreiche private Schutzgebiete wie Lewa Wildlife Conservancy, Loisaba, Ol' Malo, Ol Pejeta,

Borana und Lekurruki Group Ranch schützen bedrohte Tierarten wie Grevy-Zebras und Nashörner. Kein Massentourismus, ▶S. 194.

Maralal Game Sanctuary **Lage**: Knapp 150 km südlich des Lake Turkana. **Besonderheiten**: Zur einzigen Wasserstelle kommen Zebras, Antilopen, Warzenschweine, Büffel und Löwen, keine Eintrittsgebühren, ▶S. 265.

Marsabit National Park **Lage**: Rund 120 km südöstlich des Lake Turkana. **Besonderheiten**: schwer zugänglicher Nationalpark im Nordosten des Landes mit großem Elefantenbestand, ▶S. 268

Masai Mara National Reserve **Lage**: Nördlicher Ausläufer von Tansanias Serengeti, 260 km westlich von Nairobi. **Besonderheiten**: Endlos weite Ebenen und Galeriewälder am Mara-Fluss – das berühmteste Tierschutzgebiet Kenias. Ein Naturschauspiel ohnegleichen ist die alljährliche große Tierwanderung von Millionen von Gnus und Zebras, ▶S. 270.

Land der Löwen: ein Rudel auf der Jagd in der Masai Mara

Lage: Am Rande der Masai Mara entstanden private Schutzgebiete wie Naboisho, Mara North, Motogori und die Olare Orok Conservancy. **Besonderheiten**: Hier sind nur Gäste, die im Schutzgebiet übernachten unterwegs, ein Safarigenuss mit wenig Autos, ▶S. 280.

Masai Mara Conservancies

Lage: Nordöstlich des Mount Kenya. **Besonderheiten**: Landschaftlich traumhaftes Tierschutzgebiet mit großer Artenvielfalt – und Heimat von Joy Adamsons »Löwin Elsa«, ▶S. 283

Meru National Park

Lage: An der Grenze zu Uganda, 50 km westlich von Kitale. **Besonderheiten**: Nur echte Naturfreaks besuchen bislang die Berglandschaft, die durch eine üppige Vegetation und Elefanten-Höhlen ihren besonderen Reiz erhält; keine touristischen Einrichtungen, ▶S. 318.

Mount Elgon National Park

Lage: Rund 80 km nordöstlich von Nyeri. **Besonderheiten**: Eine gute Kondition sollte man haben, um Kenias höchsten Berg zu erklimmen. Von einigen Lodges aus ist Tierbeobachtung ohne körperliche Anstrengung möglich, ▶S. 322.

Mount Kenya National Park

Lage: Rund 100 km nordwestlich von Nairobi. **Besonderheiten**: Der Gipfel des 2776 m hohen, erloschenen Longonot-Vulkans steht unter Naturschutz. Grandiose Ausblicke bieten Wanderungen zum Hauptkrater und am Kraterrand, ▶S. 218.

Mount Longonot National Park

Lage: Rund 20 km südöstlich von Mombasa. **Besonderheiten**: An die Shimba Hills angrenzendes kleines Schutzgebiet für Elefanten. Der Korridor ermöglicht die Wanderung der Dickhäuter in das nördlich gelegene Forest Reserve, ▶S. 317.

Mwalunganje Elephant Sanctuary

Lage: Südlich vor den Toren der Hauptstadt. **Besonderheiten**: Büffel, Löwen, Nashörner und Giraffen vor der Skyline Nairobis in Kenias erstem Nationalpark, ▶S. 353.

Nairobi National Park

Lage: Insel im Lake Victoria, 40 km südöstlich vor Kisumu. **Besonderheiten**: Auf dem winzigen Eiland kann man Flusspferde, Krokodile und Impalas beobachten, ▶S. 238.

Ndere Island National Park

Lage: In Nordtansania, 250 km südöstlich von Nairobi. **Besonderheiten**: Nirgendwo sonst auf der Welt findet man auf so kleiner Fläche einen derartigen Tierreichtum wie im Ngorongoro-Krater, seit 1979 UNESCO-Weltnaturerbe. In der nahen Olduvai-Schlucht entdeckten die Leakeys Ende der 1950er-Jahre die bis dato ältesten Hominidenfossilien der Menschheit, ▶S. 361.

Ngorongoro Conservation Area, Tansania

Lage: 65 km östlich von Nairobi. **Besonderheiten**: An den bewaldeten Hängen des kleinen Naturschutzgebietes sind Büffel, Antilopen

Ol Doinyo Sabuk N.P.

und Colobus-Affen zuhause. Der Wald ist ein Vogelparadies. An klaren Tagen tolle Aussicht auf den Mount Kenia, ▶S. 389.

Ruma National Park **Lage**: 15 km südlich vom Lake Victoria. **Besonderheiten**: Die hügelige Savannenlandschaft ist Heimat der seltenen Rossantilopen und Rothschild-Giraffen, ▶S. 237.

Saiwa Swamp National Park **Lage**: Rund 10 km nordöstlich von Kitale. **Besonderheiten**: Afrikas kleinster Nationalpark wurde zum Schutz der seltenen Sitatunga-Antilopen und Brazza-Meerkatzen eingerichtet. Er kann nur zu Fuß erkundet werden, ▶S. 321.

Samburu & Buffalo Springs National Reserves **Lage**: 350 km nördlich von Nairobi. **Besonderheiten**: Weite Dornbuschsavanne und dichte Galeriewälder – Heimat von Elefanten, Netzgiraffen, Grevy-Zebras, Leoparden sowie Gerenuks und hübsch markierte Oryxen. Die Sumpfgebiete in Buffalo Springs sind Anziehungspunkt für Büffel, ▶S. 370.

Serengeti National Park, Tansania **Lage**: In Nordtansania als südliche Fortsetzung der Masai Mara. **Besonderheiten**: Bernhard Grzimek machte die »endlose Ebene« mit ihrem einzigartigen Tierreichtum weltbekannt. Ewiger Kreislauf: die alljährliche große Tierwanderung, ▶Baedeker Wissen S. 380.

Shaba National Reserve **Lage**: Östlich von Samburu, mit Doumpalmen und Schirmakazien entlang des Ewaso Ngiro River, der Lebensader im Norden Kenias. **Besonderheiten**: Hier zog Joy Adamson die Gepardin Pippa und die Leopardin Penny groß, ▶S. 374.

Shimba Hills National Reserve **Lage**: 60 km südlich von Mombasa. **Besonderheiten**: Üppige Vegetation und viele Wildtiere, die man am besten auf den geführten Touren des Kenya Wildlife Service beobachten kann, ▶S. 317.

Sibiloi National Park **Lage**: Nördlichster Nationalpark am Ostufer des Lake Turkana. **Besonderheiten**: Hauptattraktion ist Koobi Fora, wo die Leakey-Familie aufsehenerregende Fossilienfunde früher Menschenformen und Australopithecinen machte, ▶S. 231.

South Island National Park **Lage**: Insel im Lake Turkana. **Besonderheiten**: Auf den Sandbänken der Vulkaninsel sonnen sich Krokodile, die größte Ansammlung von Nilkrokodilen in ganz Afrika. Schlangen wie Puffotter, Viper oder Kobra sind in diesem Gebiet keine Seltenheit, ▶S. 230.

Taita Hills Game Sanctuary **Lage**: 100 km östlich von Mombasa. **Besonderheiten**: Kleines privates Tierschutzgebiet mit großem Wildbestand. An den Wasserstellen versammeln sich große Elefantenherden. Guter Spot, um Löwen, Geparden und Leoparden zu sehen, ▶S. 401.

Nationalparks • ERLEBEN UND GENIESSEN

Strauße heißen »Mbuni« – Männchen tragen ein schwarzes, Weibchen ein erdbraunes Gefieder.

Lage: An der Küste bei Malindi. Kleines aber feines Schutzgebiet, das mit dem Boot erkundet wird. **Besonderheiten**: Seltene Rote Colobus- und Mangabey-Affen, ▶S. 253.

Tana River Primate Reserve

Lage: 100 km südlich von Arusha. **Besonderheiten**: Abwechslungsreiche Landschaft mit vielen Baobabs. Während der Trockenzeit kommen bis zu 6000 Elefanten zum Tarangire-Fluss, um ihren Durst zu stillen, ▶S. 211.

Tarangire National Park, Tansania

Lage: 50 km östlich von Mombasa. **Besonderheiten**: Tsavo West und Tsavo East bilden mit über 20 000 km² Kenias größten Nationalpark, in dem man u. a. Elefanten, Spitzmaulnashörner, Giraffen und Leoparden beobachten kann und meterhohe Termitenhügel aus roter Erde, ▶S. 390.

Tsavo Ost und West National Parks

Lage: Verschiedene Meeres-Nationalparks und Reserves vor der Küste. **Besonderheiten**: Um das vorgelagerte Korallenriff mit seiner einzigartigen Unterwasserwelt zu schützen, wurden küstennahe Meereszonen bei ▶Malindi, an ▶Mombasas North Coast und ▶Mombasas South Coast sowie nördlich von Lamu unter Naturschutz gestellt. Tauchend, schnorchelnd oder vom Glasbodenboot aus sollte man unbedingt die fantastischen Unterwasserparks erkunden.

Marine National Parks und Reserves

SAFARI NJEMA!

Out-of-Africa-Feeling

Wer denkt bei Kenia nicht zuerst an Safaris: Elefanten, Giraffen, Löwen ... zum Greifen nah, in freier Wildbahn. Kenias Naturschutzgebiete versprechen nicht nur eine **fantastische Tierwelt**, sondern auch **grandiose Landschaftserlebnisse**. »Safari Njema« wünscht man sich auf Swahili: **»Gute Reise!«**.

Pauschalreisen und Individualtouren

Zahlreiche Reiseveranstalter bieten **organisierte Gruppenreisen** nach Kenia und Kombireisen nach Kenia und Tansania an. Das Angebot reicht von All-inclusive-Programmen bis hin zur Möglichkeit, einzelne Bausteine zu buchen, vom Budget Camping-Abenteuer bis zur Luxus-Flugsafari. In den meisten Fällen ist es günstiger und bequemer, an einer organisierten Tour teilzunehmen. Beachten Sie vor Buchung, mit welchem Fahrzeug Sie fahren und prüfen Sie, ob die Parkgebühren im Angebot enthalten sind. Bei Pirschfahrten ist es sehr unerfreulich, mit acht Mitreisenden in einem Minibus zu sitzen, das Gedränge an der Dachluke zur Beobachtung von Tieren wird dann unerträglich. Der Preis für die Fahrt in einem Geländewagen (Landcruiser/Landrover) mit vier Personen ist zwar höher, das Erlebnis aber viel größer. Die gebotenen Leistungen sind unterschiedlich, die **Kosten fast immer relativ hoch**. Pro Safari-Tag muss man mindestens mit 150 Euro rechnen, bei Luxusangeboten kostet der Tag 500 Euro und mehr. Eine empfehlenswerte Alternative zu den organisierten Touren für größere Gruppen sind **individuell zugeschnittene Safaris** kleinerer Reiseveranstalter (▶S. 127).

Individualreisen in Kenia sind nur erfahrenen Travellern zu empfehlen. Die Hauptstraßen sind zwar meist asphaltiert, aber überwiegend in schlechtem Zustand, die Pisten in den Nationalparks häufig nur mit Allradantrieb befahrbar und nach Regenfällen oft unpassierbar. Wegen fehlender Beschilderung fällt die Orientierung nicht leicht. Außerdem kann man stundenlang in den Nationalparks herumfahren, ohne irgendetwas, geschweige denn die »Big Five« zu sehen. Die einheimischen Fahrer wissen dagegen, wo sie das meiste Wild antreffen – und sind mit Kollegen per Funk verbunden.

> **! BAEDEKER TIPP**
>
> *Auf Safari ...*
>
> ... sollte man nur Reisetaschen für 10 bis 12 kg mitnehmen. Strapazierfähige, braune, grüne oder khakifarbene Kleidung aus Baumwolle ist angebracht – schwarz und dunkelblau lockt Mücken und Moskitos an! Eine Taschenlampe ist bei Zeltsafaris und Stromausfällen hilfreich. Grundsätzlich gehört ein Fernglas ins Handgepäck. Safaris sind fast immer eine staubige Angelegenheit! Feiner Sand durchdringt jede Ritze des Fahrzeugs. Vor allem die Fotoausrüstung gilt es entsprechend zu schützen.

Nationalparks • ERLEBEN UND GENIESSEN

Mutterglück im Rhino Sanctuary des Meru National Park

Für die Organisation einer **Safari vor Ort** wendet man sich am besten an einen der 200 Veranstalter, die in der **Kenya Association of Tour Operators** (KATO, www.katokenya.org) organisiert sind. Die Veranstalter von KATO achten im Interesse des Landes und der Besucher auf die Einhaltung von festgelegten Verhaltensregeln am Strand und auf Safaris. Pirschfahrten kann man auch in den meisten Lodges buchen. Fragen Sie nach, ob die Guides Mitglieder der **Kenya Professional Safari Guides Association**/KSPGA sind, da man hier einen guten Standard gewährleistet (www.safariguides.org).

In Kenia werden Fahrten entweder **im Geländewagen oder in Minibussen** mit Platz für bis zu neun Personen angeboten. Das Dach lässt sich zur Tierbeobachtung und zum Fotografieren hochklappen. Die beste Zeit zur Tierbeobachtung ist **frühmorgens**, zwischen 6.30 und 9.00 Uhr. Spätestens nach 10.00 Uhr suchen sich viele Tiere einen Schattenplatz, den sie erst nach 15.00 Uhr zwecks Nahrungssuche wieder verlassen. Trotzdem sind viele Tiere den ganzen Tag über zu beobachten. Der Tag beginnt in den Nationalparks meist mit dem »Early Morning Tea« – es darf auch Kaffee sein –, dann startet man mit den Fahrzeugen vor Sonnenaufgang **zur ersten Pirschfahrt**. Fast immer wird das frühe Aufstehen belohnt: Schon bald zeigt sich das erste Wild. Am späteren Morgen kehrt man in die Lodge oder das Camp zurück. Ein reichhaltiges Frühstück erwartet die Safari-Teil-

Pirschfahrten (Game Drives)

BAEDEKER TIPP

Frühstück im Busch

Nicht mehr lange und die sengende afrikanische Sonne wird am Himmel stehen. Seit den ersten Sonnenstrahlen sind Sie bereits unterwegs, haben Löwen im schönsten Morgenlicht fotografiert, Zebras und Gnus friedlich grasen sehen. Die erste Pirschfahrt des Tages war schon so voller Erlebnisse, dass es Zeit wird für eine Pause – und ein Frühstück. Und da ist es schon. Der Fahrer lenkt den Wagen Richtung Fluss und dort steht **mitten in der Wildnis ein gedeckter Tisch**! Der Duft vom English Breakfast weht Ihnen entgegen. Frische Rühreier, Speck, Würstchen und Bratkartoffeln. Toast, frisches Obst, es fehlt an nichts. Noch nie hat eine Tasse Kaffee oder Tee so gut geschmeckt, war der Ausblick so überwältigend.

nehmer. Manche Camps bieten den Service, einen Picknick-Korb mit Frühstück und/oder Mittagessen mitzunehmen. Als passionierter Fotograf kann man dann noch Bilder machen ohne zu verhungern. Da sich während der heißen Mittagszeit auch das Wild in den Schatten zurückzieht, verbringt man den Tag am Pool oder mit anderen Unternehmungen auf dem Lodge-Gelände. Am Nachmittag startet dann der **zweite »Game Drive«**, mit den letzten Sonnenstrahlen kehrt man zurück. In privaten Schutzgebieten sind **Nacht-Pirschfahrten** erlaubt. In Decken gehüllt sitzen die Teilnehmer im Geländewagen, während der Guide die Umgebung mit einem beweglichen Scheinwerfer nach Tieren wie Springhasen, Löffelhunden, Hyänen oder Leoparden ausleuchtet. Sie werden es erleben: Die Nacht hat tausend Augen und unzählige Geräusche. Verschiedene Veranstalter organisieren im Norden des Landes mehrtägige **Kamelsafaris**. Reiterfahrung braucht man dafür nicht. Die Tiere sind an Menschen gewöhnt und bewegen sich gemächlich vorwärts. Zwischendurch werden Strecken zu Fuß zurückgelegt.

Fly-in-Safaris
Die bequemste Art, an den Ort des Geschehens zu gelangen: **Mit Kleinflugzeugen** werden die Teilnehmer einer Safari von Nairobi oder Mombasa aus zur jeweiligen Lodge transportiert. Viele Lodges in den Nationalparks haben eigene Start- bzw. Landebahnen.

Übernachten
Die klassische Möglichkeit zum ▶Übernachten in den Wildreservaten ist die **Lodge**. Manche Lodges sind bis zu 200 Zimmer groß, dafür preiswert. Wer mehr Naturnähe wünscht, kann im **Tented Camp** übernachten, einem meist auf solidem Unterbau stehenden Zelt, mit

Nationalparks • ERLEBEN UND GENIESSEN

eigenem Bad und WC. Auch sonst muss man hier auf keinerlei Luxus verzichten. Unmittelbares Naturerlebnis bieten **Campingsafaris**. Die Teilnehmer müssen beim Auf- und Abbau der Zelte helfen, geschlafen wird auf Matten in Mehrpersonenzelten, sanitäre Anlagen sind oft nicht vorhanden. Für das leibliche Wohl sorgt ein Koch, für die nächtliche Sicherheit sind Bewacher engagiert. Den eingeschränkten Komfort entschädigt Lagerfeuerromantik pur.

REISEVERANSTALTER

Karawane Reisen

Schorndorfer Straße 149
71638 Ludwigsburg
Tel. 07141 28 48 30
www.karawane.de
Perfekt organisierte Gruppen- und maßgeschneiderte Individualreisen mit professioneller Beratung und qualifizierter Reiseleitung. Karawane arbeitet vor Ort mit Akorn Destination zusammen. Der Afrika-Katalog enthält verschiedene Vorschläge für Rundreisen in Kenia und Tansania, für Flugsafaris, Strandurlaub, außergewöhnliche Unterkünfte und Fotoreisen durch die schönsten Nationalparks und zur Großen Tierwanderung zwischen der Serengeti und der Masai Mara.

Bush Legends
Fenchelring 3, 65191 Wiesbaden
Tel. 0611 988 96 96
www.bushlegends.com
Anspruchsvolle Privatreisen in Ostafrika. Ellen Spielberger und ihre beiden Kolleginnen haben selbst in Afrika gelebt und sind regelmäßig vor Ort. Individuell zusammengestellte Safaris für eine unvergessliche Begegnung mit dem afrikanischen Kontinent.

Cheli & Peacock Safaris
P. O. Box 743
00517 Uhuru Gardens
Lengai House, Wilson Airport
Tel. 020 600 30 90-1
http://chelipeacock.com
2011 und 2012 von Ecotourism Kenya zum »Tour Operator of the Year« gewählt. Stefano Cheli und Liz Peacock stehen seit fast 30 Jahren für nachhaltigen Tourismus, besten Service, professionelle Safariguides und traumhafte Lodges und Camps.

Safari Aktuell Touristik
Wernher-von-Braun-Straße 5
63263 Neu-Isenburg
Tel. 06102 735 20
www.aktuell.safari.de
Anerkannter Kenia-Spezialist. Diverse Flug-Geländewagen-Safaris mit ausgesuchten Veranstaltern vor Ort. Safari Aktuell ist auch Repräsentanz der Serena-Hotels mit schönen Safari Lodges.

Let's Go Africa
Vivenotgasse 30/1/3.1
Wien 1120, Tel. 0043 1 966 65 53
www.lets-go-africa.com
Perfekte Organisation für Safaris in Kenia und Tansania. Maßgeschneiderte Safaris für jeden Geschmack und Geldbeutel, ob Fotografen, Familien mit Kindern oder Honeymooner.

Shopping

Kangas, Kikois & Kaffeebohnen

Ganz und gar nicht alltäglich – shoppen in Kenia. Stöbern ist angesagt. Selbst in den westlich getrimmten Einkaufszentren gibt es wahre afrikanische Perlen zu entdecken. Safari-Kleidung bis zum Designer-Chic, reizende Kleinigkeiten als Mitbringsel oder Kunstwerke, die nur unter der Sonne Ostafrikas entstehen können. Lassen Sie sich verlocken auf farbenfrohen Wochenmärkten, von geschäftstüchtigen Marktfrauen oder von den fliegenden Händlern am Straßenrand.

Öffnungszeiten und Mehrwertsteuer

Supermärkte in Einkaufszentren der Großstädte und an der Küste öffnen täglich ab 8.00, die übrigen Geschäfte ab 9.00 bzw. 10.00 Uhr. Die Ladenschlusszeiten liegen zwischen 18.00 und 21.00 Uhr. Außerhalb der Einkaufszentren ist unter der Woche 9.00 – 17.00 geöffnet, samstags bis 13.00 Uhr. Viele kleinere Geschäfte an der Küste schließen Freitagnachmittag und öffnen dafür sonntags. Einfache Kioske verfügen selten über Strom und sind deshalb nur bei Tageslicht offen. Eine **Mehrwertsteuer (VAT)** von 16 % wird seit September 2013 auf fast alle Waren, inklusive Lebensmittel, Zeitungen und Dienstleistungen sowie auch auf Safaris erhoben. Teilweise wird sie getrennt ausgewiesen.

In Nairobi, Mombasa und den Touristenzentren der Küste gibt es teure Läden und **Supermärkte** mit westlichem Standard – hier gelten Festpreise. Auf Swahili werden Geschäfte »**Duka**« genannt. Viele Kenianer kaufen jedoch von Straßenhändlern auf den **farbenfrohen Wochenmärkten** ein, auf denen es alles gibt von Ziegen über Hühner, Gemüse und Obst, bis hin zu Plastikartikeln aus China und gebrauchter Kleidung. Sei es am Strand oder beim kurzen Stopp im Landesinneren – immer sind sofort auch Händler da. Will man von **fliegenden Händlern** oder auf Märkten etwas kaufen, so ist **Handeln** angesagt. Den Preis kann man häufig 30 – 50 % herunterhandeln. Der Handel sollte für

> **BAEDEKER TIPP**
>
> *Schön Shoppen*
>
> **Mitumba-Märkte**: Flohmärkte mit gespendeter Kleidung aus Europa. Oftmals findet man Designerstücke zum Spottpreis!
> **Masai-Märkte**: Fundgrube für Souvenirs wie Sisalkörbe, Masai-Schmuck, Specksteinfiguren und Holzschnitzereien
> **Kitengela-Glas, Nairobi**: wunderschöne aus Altglas hergestellte Vasen, Weingläser und Lampen
> **Zebu, The Junction Shopping Centre, Nairobi**: Wildlederwaren, von Kenianern entworfen
> **Kazuri Beads, Karen, Nairobi**: kunstvoller Perlenschmuck, alles handgefertigt
> **Bombolulu Workshops**: hochwertiger Schmuck, Taschen und Souvenirs aus der Behindertenwerkstätte bei Mombasa

Das Akamba-Kunsthandwerkerdorf steht für hohe Qualität.

beide Seiten fair sein, dem Verkäufer also einen Preis mit Gewinn ermöglichen, ohne dass der Käufer übervorteilt wird. Nur selten bekommt man wirklich authentisches **Kunsthandwerk** – die angeblichen Masai-Holzmasken z. B. stammen überwiegend aus Westafrika. Von Hand gefertigte Arbeiten und echter Schmuck haben ihren Preis. Die besten Chancen, ein schönes Stück zu finden, hat man in renommierten Läden in Nairobi und in Mombasa. Souvenirgeschäfte (**Curio shops**) gibt es vor allem an der Küste und in Ortschaften entlang der Touristenrouten. In und um Nairobi stehen bunt bemalte Tontöpfe am Straßenrand. Wer Richtung Karen fährt, findet neben der Hauptstraße Safaristühle, aus Bananenblättern geflochtene Körbe sowie Kraniche oder Nilpferde aus Holz und Metall für den Garten.

Kunsthandwerk und Kleidung

Angeboten wird, was sich gut verkauft, wie Masai-Masken, die es erst seit dem Aufkommen des Tourismus gibt. Vieles wird massenhaft hergestellt, um die Kauflust ausländischer Touristen zu befriedigen. Als Ostafrikas beste Schnitzer gelten die **Makonde** in Südtansania. Sie sind auch Synonym für die »Lebensbäume«, ineinander verschlungene menschliche Figuren, die die Verbundenheit des Afrikaners mit ihrer Sippe darstellen. Die Qualität der Arbeiten ist allerdings sehr unterschiedlich. Nicht selten wird minderwertiges Holz als Ebenholz verkauft, mit schwarzer Schuhcreme aufpoliert. Gute Qualität zu angemessenen Preisen haben das **Utamaduni Crafts Centre** in Nairobi und das **Akamba-Kunsthandwerkerdorf** bei Mombasa. Kenianische Guides schwören auf sie: **Bata Safari Boots** aus Wildleder. Unverwüstlich sind **Akalas**, Sandalen aus alten Autoreifen, wie die Masai- und Turkana-Stämme sie tragen. **Mit Perlen** bestickte Flipflops gibt es fast überall und mit Glück findet sich der passend bestickte Gürtel. Das richtige **Safari-Outfit**, Baumwollhemden in khaki oder beige, gibt es bei One-Way und in vielen Hotelboutiquen.

Schöne Unikate: Kürbis-Kalebassen

Fantasievoll bunt bedruckte **Baumwoll-Kangas** werden von den Frauen an der Küste als Rock oder Schal getragen. Männer ziehen die einfarbigen oder gestreiften **Kikois** als Hosenersatz vor. Bei Kikoi.com (www.kikoi.com) und One Way mit Geschäften in Nairobi und Mombasa sowie bei Shakirs in Malindi werden moderne Kleider, Hosen und vieles mehr aus Kikoistoff entworfen. In Nairobi hat Kenya Kanga Röcke und Tunikas aus Kangastoff kreiert. Für den besonderen Anlass näht Penny Winter in der Hauptstadt wunderschöne Kleider. Annabelle Thom und ihr Geschäft Zebu in Nairobi stehen für geschmackvolle **Designermode** (www.annabellethom.com). Edles Safari-Gepäck aus **Canvas und Leder** hat Sand & Storm (www.sandstormkenya.com).

Alles unter einem Dach: Kunsthandwerk, Kangas und Perlenschmuck der Masai verkauft das Utamaduni Crafts Centre in Nairobi.

Mitbringsel

Specksteinarbeiten, von hübsch bemalten Seifenschalen bis zur naturbelassenen Elefanten-Miniatur, sind überall erhältlich. Zentrum der Verarbeitung von **Soapstone** ist Tabaka beim Lake Victoria. Zwischen Nairobi und Lake Naivasha am Rift Valley View Point werden Schaffellmützen, Teppiche und rot karierte **Masai-Decken** angeboten. Groß ist die Auswahl an Trommeln und verzierten Kalebassen, **aus Holz** geschnitzten Tieren, Tellern und Salatbestecken in unterschiedlicher Größe und Qualität. Handgemacht sind die bunten **Tinga-Tinga-Bilder** mit afrikanischen Motiven, **Spielzeug aus Draht und Blechdosen** und der **bunte Perlenschmuck** im traditionellen Masai-Stil. Ketten aus bemalten Tonperlen, aber auch witzige Lampen und Tassen verkauft Kazuri Beads. Schönen Silberschmuck bekommt man an der Küste wie in Nairobi. Die wertvollen Tanzanit-Edelsteine sollte nur ersteigern, wer sich damit auskennt. **Kaffeebohnen, Tee, Macadamia-Nüsse** und Gewürze sind nette Mitbringsel. Duftende Bio-Seifen und Beautyprodukte aus Kamelmilch produziert **Malaika** in Nordkenia (www.malaikacosmetics.com).

Beach Boys

An den allgemein zugänglichen Stränden Kenias haben **fliegende Händler** ihre provisorischen Stände aufgebaut und verkaufen Tücher, Schmuck, Holzwaren und andere Souvenirs. Manche Urlauber betrachten sie als unterhaltsame Bereicherung, andere fühlen sich eher belästigt. Dennoch sollte man freundlich bleiben, das Geschäft am Strand ist für die meisten die einzige Verdienstmöglichkeit.

Übernachten

Feel at home!

Vom Baumhaus bis zum Boutiquehotel, vom All-inklusive Resort über edle Zeltcamps und Safari Lodges bis zum familiären Farmstay und einfachen Campingplatz – in Kenia und Tansania gibt es ein breites Spektrum an Unterkünften. So groß die Bandbreite ist, so unterschiedlich sind die Preise. Doch egal worum es sich handelt, nachhaltiger, verantwortungsvoller Tourismus spielt eine immer größere Rolle bei allen Anbietern.

Schon früh wurde in Kenia der Dachverband **Ecotourism Kenya** gegründet. Er überprüft Unterkünfte auf Nachhaltigkeit, promotet verantwortungsvollen Ökotourismus. Ausgewiesene Hotels, Lodges und Tented Camps kümmern ich um den Schutz der Tiere sowie der Umwelt und beziehen die lokale Bevölkerung mit ein. Denn ohne die Unterstützung und das Verständnis der Menschen in der Region lässt sich kein Umwelt- und Wildtierschutz umsetzen. Alle anerkannten **Ökolodges** – Lodges werden Hotels in den Naturschutzgebieten genannt – verwenden naturbelassene Materialien, nutzen Solarenergie, betreiben Mülltrennung, achten auf ressourcenschonenden Umgang mit Wasser, Energie und Land sowie den Erhalt des Tierbestandes. Sie passen sich harmonisch in die Umgebung ein und das meist in traumhafter Lage. **Luxuscamps** können auf festem Untergrund gebaute Canvaszelte sein oder als mobile Camps den wandernden Tieren folgen. Der Standard ist hoch und das mitten im Busch. Nicht weniger aufwendig ist es bei den meist kleineren **Tented Camps** und exklusiven Privatlodges, die das Gefühl vermitteln, mit der Wildnis verbunden zu sein. Auch zahlreiche **Privatfarmen** haben sich für den Tourismus geöffnet und bieten alles **vom einfachen Cottage bis zur exklusiven Lodge** an – absoluter Vorteil: Die Besitzer haben ausgezeichnete Kenntnisse von der Natur und den Menschen und können wirklich Geheimtipps geben (▶Baedeker Wissen S. 134).

Umweltschutz in Lodges und Luxuscamps

In Kenia gibt es **Hotels** mit Geschichte wie das Norfolk in Nairobi (▶S. 343) oder den

PREISKATEGORIEN
Hotels (DZ mit Frühstück)
€€€€ über 500 $
€€€   300 – 500 $
€€   100 – 300 $
€   bis 100 $

Wie in Kenia üblich, sind die Preise in US-$ angegeben.
▶Reiseziele von A bis Z

Gemütlich, gastfreundlich, atemberaubend: Das Elefant Pepper Camp im Norden der Masai Mara gehört zu den besten Lodges im Land.

Ökolodges

Im Einklang mit der Natur

Neun traumhafte Ökolodges in Ostafrika, in denen Masai und Samburu teilhaben am Tourismus und Artenschutz nachhaltig gefördert wird. Denn erst das Mitwirken aller verspricht eine erfolgreiche Zukunft.

Wiederholt mit dem Gold Award von Ecotourism Kenya ausgezeichnet wurde das **Sanctuary Olonana Camp**. Am Ufer des Mara stehen 14 luxuriöse Zelte mit Himmelbetten und großer flussseitiger Veranda. Den Sundowner nimmt man mit Blick über die weite Ebene, bevor Big Johns Spezialitäten genossen werden. Solarenergie, biologisch verwertbare Produkte und ein komplett recyceltes Brauchwasser stehen ebenso für nachhaltigen Tourismus wie der Verkauf von Perlenschmuck der Masaifrauen vom Nachbardorf. Die Dorfbewohner gewähren Besuchern Einblicke in ihren Alltag. Lassen Sie sich zeigen, aus welchen Büschen die Masai ihre Zahnbürsten schnitzen und welche Blätter sich als Sandpapier eignen (▶S. 273).

Einmal kneifen bitte: Der Traum ist wahr. Campen kann ganz wunderbar sein in einem der 16 stilvollen Zelte des **Tortilis Camp** von Cheli & Peacock. Mächtige Schirmakazien (acacia tortilis) gaben dem mehrfach preisgekrönten Camp im Amboseli National Park seinen Namen. Vom offenen Dining-Room

Lewa Safari Camp: Inmitten der Natur stilvoll wohnen …

mit kühlem Makutidach schweift der Panoramablick über ein abends beleuchtetes Wasserloch bis zum Kilimanjaro. Entspannung versprechen wohltuende Massagen und der Swimmingpool unter freiem Himmel. Aus dem Küchengarten kommen täglich frisches Obst, Salat und Gemüse für die leckeren italienischen Gerichte nach Rezepten von Stefano Chelis Mutter. Das Camp mit großem Familienzelt und Privathaus unterstützt eine Grundschule und die Aufforstung am Olengaiya-Sumpf – ein Zaun schützt dort die natürliche Vegetation vor Zerstörung durch die großen Elefantenherden (▶S. 176).

1995 entschlossen sich Will und Emma Craig, ihre Rinderfarm im Laikipia-Gebiet dem Schutz wilder Tiere zu widmen. Besonders ist ihnen am Erhalt der vom Aussterben bedrohten Nashörner gelegen. Die Craigs sind in Kenia Vorreiter und Beispiel in Sachen privater Wildschutz. Das eigene Camp der Lewa Wildlife Conservancy ist von grünen Wiesen umgeben, der Blick reicht bis zum Mount Kenya. Seit 2009 wird das stilvolle **Lewa Safari Camp** von Cheli & Peacock gemanagt. Nutzung von Solarenergie, Recycling und Ressourcenschutz sind Programm. Alle Gewinne und Schutzgebühren werden in die Conservancy reinvestiert (▶S. 197).

Exklusivität bietet das **Porini Amboseli Camp** schon allein durch die begrenzte Anzahl von sechs großzügigen Zelten. Der Strom für ihre Beleuchtung wird mit Solarpanee-

... und dadurch gleichzeitig die Natur schützen.

Ökolodges

len gewonnen. Im Programm sind nördlich vom Amboseli National Park auch Nachtsafaris und Wanderungen im Selenkay-Schutzgebiet. 1997 unterzeichneten Porini Ecotourism und Vertreter der dortigen Masai einen Vertrag, nach dem die Masai außer der Pacht für die Landnutzung auch die Eintrittsgelder der Besucher zu Gute kommen. Das Camp beschäftigt viele Game Scouts, die den Wildbestand schützen. Die Tiere in dieser Gegend haben sich noch nicht an Touristen gewöhnt und die begrenzte Anzahl von maximal 18 Gästen im Camp soll dazu beitragen, dass dies auch so bleibt (▶S. 176).

Inmitten einer grünen Oase aus Kandelaba-Bäumen im privaten Oserian-Schutzgebiet westlich des Lake Naivasha, liegt die stilvolle **Chui Lodge**. Das Hauptgebäude ist aus Naturstein der Umgebung, Akazien-, Oliven- und Leleshwa-Holz gebaut. Alle acht Cottages blicken auf eine Wasserstelle. Für die köstlichen Speisen kommen täglich frisches Obst, Gemüse und Milchprodukte von der eigenen Farm. Strom liefert die Geothermalquelle der nahen Oserian Blumenplantage. Ziel des Schutzgebietes ist ein friedvolles Nebeneinander der Farmer und Wildtiere – Oserian beheimatet 40 Säugetier- und 320 Vogelarten (▶S. 213).

Ein Hochwasser im Frühjahr 2010 zerstörte das **Elephant Watch Camp** am Ewaso Nyiro River und mit ihm wichtige Forschungsarbeiten des Elefantenforschers Dr. Iain Douglas-Hamilton. Er und seine Frau Oria haben das preisgekrönte Ökocamp wieder liebevoll aufgebaut. Das neue Luxuscamp hat sechs reetgedeckte Zelte – alle sind farbenfroh gestaltet. Jedes ihrer Badezimmer ist um einen Baum herum gebaut. Das exzellente Essen wird bei Fackelschein am Fluss serviert, wo Elefanten tagsüber ihren Durst stillen. Fleisch, Fisch und Gemüse kommen von der eigenen Farm. Die Elefanten können sehr nah an das Zelt herankommen, sodass man sie aus nächster Nähe bestaunen kann. Auf dem Weg zum Hauptzelt begleiten Samburu-Wächter die Gäste (▶S. 373).

Die Cottars sind die First Family im Safari Business. Schon 1919 leiteten sie maßgeschneiderte Jagd- und Film-Safaris. Das **Cottar's 1920s Camp** im privaten Schutzgebiet am Nordrand der Masai Mara ist einzigartig, auch seine Guides sind Spitze – Calvin, GG und Douglas gehören zu den handverlesenen Gold-Level Safari Guides in Kenia. Cottars hat für über 90 km² unberührte Wildnis das alleinige Nutzungsrecht. 10 Canvaszelte im Stil aristokratischer Großwildjäger erinnern an vergangene Zeiten, doch heute sorgt Solarenergie für Licht. Das 2013 erbaute Privathaus oberhalb am Hang bietet fünf stylische Suiten mit Ausblick (▶S. 132, 272).

2012 wurde die **Ngorongoro Crater Lodge** bei den World Travel Awards zur »Leading Safari Lodge in Tanzania« gekürt. Direkt am Kraterrand gelegen, sensationell eingerichtet und exzellent geführt, versteht es die Lodge, Ökotourismus auf höchstem Niveau anzubieten. Die reetgedeckten Cottages

Nur aus Naturmaterialien: das Tree Camp der Ngorongoro Crater Lodge

sind architektonisch den Manyattas der Masai nachempfunden. Die Zimmer schmücken Antiquitäten aus Sansibar und Kunsthandwerk der Masai. Genießen Sie den Sundowner auf der Terrasse des Tree Camp, das um einen riesigen Feigenbaum errichtet wurde. Gespeist wird unter Kristalllüstern vor einem lodernden Kamin, bevor sich mehr als 200 Masai versammeln und zeigen, wie hoch man beim Tanz springen kann (▶S. 362).

Keine fünf Sterne, aber Millionen am Firmament verspricht die **Ndutu Lodge**, wenn man abends am knisternden Lagerfeuer den Geräuschen der Wildnis lauscht. Erbaut wurde sie in den 1960er-Jahren vom legendären Großwildjäger George Dove als Bush Camp in der Serengeti, fernab der Touristenpfade. Im Garten nisten gerne Pfirsichköpfchen-Papageien. Ginsterkatzen kommen zur Abendstunde und balancieren auf dem Balken über der Bar. Die Raubtiersichtung ist fantastisch und so logierten in der Lodge bereits viele Tierfilmer, betrieben Jane Goodall und Hugo von Lawick hier Studien über Wildhunde und Hyänen. Die heutigen 34 Naturstein-Cottages im Schatten mächtiger Akazien haben die optimale Lage, um während der Großen Tierwanderung von Ende Januar bis Mitte März die Geburt Tausender von Gnukälbern mitzuerleben – deshalb muss die Lodge auch zwei Jahre im Voraus gebucht werden! (▶S. 386)

Mount Kenya Safari Club (▶S. 325). Hotelketten wie Serena und Sopa (▶S. 139) bieten gepflegte Anwesen mit hohem Standard in Kenia wie in Tansania an. An der Küste haben die meisten Hotels sehr schöne Anlagen und verfügen über umfassende Unterhaltungs- und Wassersportprogramme. **All inklusive Resorts** wie das Turtle Bay Beach Resort (▶S. 262) oder Leopard Beach Resort (▶S. 312) werden immer beliebter. Kleine **exklusive Unterkünfte** wie die paradiesischen Inseln Manda Bay (▶S. 244) oder Funzi Keys im Swahili-Stil (▶S. 311) versprechen mehr Ruhe, um die Seele baumeln zu lassen. **Privathäuser** können am Meer wie im Hochland gemietet werden. Sie liegen oft wunderschön und sind durchaus erschwinglich. Ein Koch und Servicepersonal sind meist inklusive.

Youth Hostels und Guesthouses

Viele preiswerte Unterkünfte in Kenia und Tansania sind im Internet mit einer Website vertreten. Da die Unterkünfte sehr unterschiedlich sind, sollte man sich das Angebot vorher im Netz ansehen. Dort müssen sie auch im Voraus gebucht werden. In Nairobi gibt es das YMCA, YWCA und das Nairobi Youth Hostel, große **Jugendherbergen**, die ein sehr hohes Niveau aufweisen. In Nairobi wie in anderen Teilen Kenias und Tansanias gibt es zahlreiche Hostels und Gästezimmer. Auf Swahili nach »Guesti« (Guesthouse) fragen, »Hoteli« heißt das einfache Restaurant. **Guesthouses** christlicher Organisationen sind eigentlich Missionaren und Seminar-Gruppen vorbehalten. Gibt es jedoch vor Ort ein freies Zimmer, darf man auch als Tourist dort übernachten.

Camping

Grundsätzlich darf in Kenia mit Ausnahme der Nationalparks und sonstigen Wildschutzgebiete überall gezeltet werden. Aus Sicherheitsgründen ist **Wildcampen** aber **nicht zu empfehlen**. Wer darauf nicht verzichten möchte, sollte unbedingt zuvor die Sicherheitslage prüfen. Was allein oder zu zweit zu einem unkalkulierbaren Risiko werden kann, ist in einer Gruppe möglicherweise ein einmaliges Erlebnis. Verschiedene Reiseveranstalter organisieren **Campingsafaris** (▶S. 139) Dafür haben sie bevorzugte private Campingplätze, die sie exklusiv mieten. Außerhalb von Naturschutzgebieten gibt es ausgewiesene, einfache Campingplätze.
Campingplätze der Nationalparks müssen im Voraus gebucht werden bei www.kws.org in Kenia und bei www.tanzaniaparks.com in Tansania. Diese **Campsites** sind in der Regel nicht umzäunt und unterscheiden sich vom Umland lediglich durch das Schild »Campsite«. Sanitäre Einrichtungen fehlen meist, häufig gibt es nicht einmal fließend Wasser. Auch ein Stromanschluss ist fast nirgends vorhanden. Alle Lebensmittel und Trinkwasservorräte müssen mitgebracht werden. Stippvisiten von wilden Tieren sind nicht auszuschließen! Darüber hinaus gibt es in den Parks und Naturschutzreservaten auch preiswerte Bandas.

HOTELS, LODGES & CAMPS

&Beyond
Rervierung in Deutschland:
Tel. 089 13 92 76 90
www.andbeyond.com
Ökolodges in spektakulärer Lage.
Tourism for Tomorrow 2013
Award und fünf Auszeichnungen
bei den World Travel Awards 2012

Cheli & Peacock Safaris
▶S. 127

Eco Resorts
www.eco-resorts.com
Resorts in Kenia und Tansania

Ecotourism Kenya
Tel. 020 257 40 59
www.ecotourismkenya.org
Auf Nachhaltigkeit überprüfte
Lodges und Tierschutzprogramme

Governors' Camp
Tel. 020 273 40 00
www.governorscamp.com
Berühmte exklusive Safari-Camps

Heritage Hotels
Tel. 020 444 66 51
www.heritage-eastafrica.com
Luxuriöse Anwesen von der Masai
Mara bis zur Küste

Porini Camps
Tel. 020 712 31 29,
www.porini.com
Vier exklusive Camps in privaten
Schutzgebieten bei Amboseli, der
Masai Mara und Laikipia

Serena Hotels
Tel. 020 282 23 54
www.serenahotels.com
Sehr gepflegte Hotelanlagen
in Kenia und Tansania

Sopa Hotels
Tel. 020 375 02 35
www.sopalodges.com
Sehr gepflegte Lodges
in Kenia und Tansania

Let's Go Travel
Tel. 020 444 71 51
www.uniglobeletsgotravel.com
Preisgünstige Hotels, Lodges,
Homestays, Campingsafaris
und Trekkingtouren

PRIVATFARMEN, FERIENHÄUSER UND HOMESTAYS

Bush and Beyond
Tel. 020 60 04 57
www.bush-and-beyond.com
Vermittelt gepflegte Cottages
und Lodges in Privatbesitz

Home from Home
Tel. 0735 96 56 36
www.holidayhomeskenya.com
Ferienhäuser und Privatquartiere
an der Küste und im Hochland

HOSTELS UND GUESTHOUSES

www.hostels.com
www.kenyaymca.com
www.ywcakenya.org
www.yhak.org
Jugendherbergen
und preisgünstige
Unterkünfte in
Kenia und
Tansania

Dekorativ: In vielen Lodges wird auch lokales Kunsthandwerk verkauft.

Urlaub aktiv

Urlaub aktiv • ERLEBEN UND GENIESSEN

Safari und noch viel mehr

Selbst der passionierteste Wildtierbeobachter möchte nach Tagen der Pirschfahrt gerne selbst aktiv werden oder einfach nur am Strand die Seele baumeln lassen. Beim Kitesurfen, Bush Walking, Tauchen oder Trekking kommen auch Sportler mit Hang zum Außergewöhnlichen auf ihre Kosten.

Dass Kenias Küste zu den besten Fanggründen der Welt gehört, konnte schon Ernest Hemingway in den 1930er-Jahren feststellen. Geangelt wird nach Schwertfisch, Blue Marlin, Gelbflossen-Thun, Segelfisch, Hai, Dorade, Barrakuda, Kingfisch und Wahoo. Die beste Fangzeit hängt von der Fischart ab. Hauptsaison für das **Big Game Fishing** ist von Mitte Dezember bis März. Dann können die Boote aufgrund der Winde weiter hinausfahren und länger auf See bleiben, um große Marline zu fangen. Zwischen Ende September und Ostern werden viele Angelwettbewerbe ausgetragen. Ausrüstung und Boote können in Watamu, Malindi und Shimoni gemietet werden. Vor Ort beraten Profifischer und qualifizierte Hilfskräfte über die besten Fangzeiten und -reviere. Die meisten Unternehmen unterstützen das »Tag and Release«-System, bei dem der Fisch, nachdem er gewogen und ein Erinnerungsfoto gemacht wurde, wieder in die Freiheit entlassen wird.

Auf Sportangler warten im **Lake Victoria** kapitale Nilbarsche. Tagesausflüge bieten die Lodges auf den Inseln Rusinga und Mfangano an, aber auch Governors' Camp organisiert Ausflüge per Kleinflugzeug aus der Masai Mara. Angeltouren nach **Forellen** in den Seen und Flüssen der Aberdares oder des Mount Kenya mit Übernachtung in entlegenen Berghütten organisiert Extreme-Safari (▶S. 149).

Angeln und Hochseefischen

Kenia hat eine 480 km lange Küste am Indischen Ozean mit **paradiesischen, weißen Sandstränden**. Kokospalmen, türkisfarbenes Wasser und Korallenriffe runden das Bild des klassischen Traumstrandes ab. Mancherorts gibt es Dünen und der Sand schimmert eher golden, wie nördlich von Malindi. Entlang der Küste sind viele Hotels angesiedelt, doch die kilometerlangen, öffentlichen Strände sind dank ihrer Vielzahl so gut wie nie überfüllt. Da die Einheimischen meist Muslime sind, sollte man außerhalb der Hotelanlage nicht zu viel Haut zeigen. Nacktbaden und **FKK** ist in Kenia generell **verboten!** Die Sonne scheint außerhalb der Regenzeit 8 Stunden täglich und die durchschnittliche Tagestemperatur beträgt 28 °C. **Das Wasser hat das ganze Jahr etwa 25 °C**. Die **Gezeiten** beeinflussen das Baden

Baden im Indischen Ozean oder relaxen am Lodge-Pool

Walking Wild: mit den Masai durch die afrikanische Savanne streifen

BAEDEKER TIPP

Strandperlen

Bamburi und Shanzu Beach: In der milden Brise wiegen sich sanft schlanke Kokospalmen über azurblauen Wogen an den Traumstränden von Mombasas Nordküste.
Diani Beach: Türkisblau schimmert das Meer südlich von Mombasa an Kenias längstem und schönsten Sandstrand. Das vorgelagerte Korallenriff hält Haie fern.
Shela Beach: Der goldgelbe Sandstrand von Lamu ist dank steter Brandung ein optimales Surfrevier.
Blue Lagoon und Turtle Bay: Bizarre Koralleninseln und schneeweiße Sandstrände säumen die Küste Watamus.
Che-Shale Beach: Kenias Hotspot für Kitesurfer

an Kenias Küsten. Im sechsstündigen Rhythmus ist täglich zweimal Ebbe und Flut. Die Gezeiten werden in den Hotels bekannt gegeben. An vielen Küstenabschnitten kann bei Ebbe nicht gebadet werden. Spaziergänge zum Riff sind eine Alternative – dabei zum Schutz gegen Verletzungen durch Korallen aber nie barfuß gehen! Das ganze Jahr über ist die **Sonnenintensität** am Indischen Ozean sehr hoch. Es empfiehlt sich, Sonnenschutzmittel mit einem **hohen Schutzfaktor** zu verwenden und einen Hut zu tragen. Beim Schnorcheln und bei Strandspaziergängen trägt man am besten ein T-Shirt.
Fast alle größeren Hotels und viele Lodges in den Nationalparks haben **Swimmingpools**. In **Seen** sollte man wegen der Bilharziosegefahr (▶S. 412) keinesfalls baden, in fließenden Gewässern besteht diese zwar nicht, doch können schnell Krokodile herankommen!

Ballonfahren Unvergesslich ist es, in einem Heißluftballon über die Masai Mara zu fahren. Frühmorgens wird der Ballon mit Heißluft gefüllt, um in den Sonnenaufgang zu schweben. Während der Migration kann man die unzähligen Gnus aus nächster Nähe sehen. Traditionell gibt es im Anschluss ein Champagner-Frühstück im Busch und ein Zertifikat für die erfolgreiche Fahrt. Ballonfahrten können in den Lodges und Camps vor Ort ab $ 450 pro Person gebucht werden (▶S. 275).

Bungee Jumping Savage Wilderness Safaris und Rapids Camp in Sagana bieten Bungee Jumping an. Gesprungen wird von einem 60 m hohen Turm auf einer Brücke über den **Tana River** (▶S. 149).

Urlaub aktiv • ERLEBEN UND GENIESSEN

Bush Walks

Mit der Natur kommt besonders in Kontakt, wer **zu Fuß auf Safari** geht. Das Angebot reicht von geführten Wanderungen im Kakamega Forest im Westen bis hin zum »Walking Wild«-Erlebnis, Wanderungen mit Masai-Kriegern in der Savanne innerhalb der privaten Naturschutzgebiete am Rande der Masai Mara, Shaba oder in Laikipia. Im Kitich Camp der Mathews Range gibt es ausschließlich Walking Safaris mit Samburu-Kriegern. Wer im Camp bei Sheldricks Auswilderungsstation Ithumba übernachtet, darf in Begleitung von Benjamin, dem Chefbetreuer, mit den Elefanten spazieren gehen (▶S. 149).

Fallschirm-springen

Tandem-Sprünge werden am Diani Beach angeboten. Wer bereits einen Schein hat und alleine springen möchte, benötigt eine Genehmigung des kenianischen Luftfahrtamts. Infos gibt der Kenya Sky Diving Club unter www.skydivekenya.com.

Fußball

Fußball ist in Kenia Nationalsport. Die **Harambee Stars** sind die Nationalmannschaft, aber auch Teams wie AFC Leopards oder Gor Mahia sind über die Landesgrenzen hinaus bekannt. Wichtige Spiele werden im **Nyayo National Stadium** in Nairobi ausgetragen. Egal, wer spielt, die ganze Nation fiebert mit (www.stadiumskenya.co.ke).

Golf

Golf hat in Kenia seit der Kolonialzeit Tradition. Bereits 1906 wurde der Royal Nairobi Golf Club eröffnet. Inzwischen gibt es 40 Plätze, davon zehn, die für internationale Golfturniere genutzt werden. Viele Plätze sind landschaftlich außergewöhnlich reizvoll gelegen. Gegen Entrichtung einer geringen Gebühr und bei Vorlage einer Handicap-Karte kann in den meisten Clubs eine **Temporary Membership** erworben werden. Mit ihr kann man außer während der Turniere oder an Wochenenden jederzeit spielen. Genaue Auskunft erteilt die **Kenya Golf Union** oder Tobs Kenya Golf Safaris, die beste Adresse vor Ort. Golfurlaub in Kenia kann man auch über Golfreisen mit IQ oder Diplomatic Golf buchen.
Die bekanntesten Golfplätze in Nairobi sind The Windsor Golf & Country Club mit 73 Sandbunkern, der Karen Golf & Country Club und der Muthaiga Golf Club (▶S. 337). Der höchstgelegene Platz des Landes ist die Neun-Loch-Anlage am Fairmount Mount Kenya Safari Club (▶S. 325). An der Küste befinden sich mehrere 18-Loch-Plätze wie der Nyali Golf & Country Club oder der neue Baobab-Golfplatz im Vipingo Ridge (▶S. 303).

Jagen

Großwildjagd ist in Kenia seit 1977 **verboten!**
▶Baedeker Wissen, S. 26

Höhlenwandern und Klettern

Der Kenya Caving Club organisiert Höhlenwandertouren zu den **Kisula Caves** in den Chyulu Hills oder nach Suswa auf der Route nach **Narok**, wo es 40 Höhlen gibt. In den 1960ern kaufte der Mountain

Club of Kenya den **Lukenya**-Berg, 40 km südlich von Nairobi. Hier kann man Klettern lernen. Eine Tagesmitgliedschaft ist möglich. Hell's Gate und der **Mount Kenya**, dessen Bergspitzen Batian und Nelion nur erklettert werden können, sind beliebte Ziele (▶S. 327).

Mountainbiken

Geführte Touren auf Naturwegen durch Mango- und Kokospalmenwälder bietet **Bike the Coast** ab Mombasa. Gestellt werden die Räder – in sehr gutem Zustand –, Helm und Handschuhe sowie Mineralwasser und Bananen zur Stärkung unterwegs. Der Tourenleiter ist Schweizer und spricht Deutsch. Die Loisaba und Borana Ranch in Laikipia bietet **Mountainbike-Touren im Busch** an. Bei Hell's Gate in der Nähe vom Lake Naivasha kann man auf eigene Faust mit dem Rad unterwegs sein. Mountainbike-Verleih ist beim Fisherman's Camp oder am Eingang zum Nationalpark von KWS (▶S. 149).

Rafting

Auf Anfänger und Könner warten **Wildwasserfahrten** auf dem Tana River. Über viele Kilometer kann man sich geruhsam auf dem Fluss treiben lassen und die tropische Flusslandschaft genießen. Bei den reißenden Stromschnellen gilt es dann dem Skipper zu vertrauen. Raftingtouren organisieren Savage Wilderness Safaris mit über 20 Jahren Erfahrung und das 2006 etablierte Rapids Camp (▶S. 149).

Reiten

Die Karen Riding School und Rosslyn Riding Stables in Nairobi veranstalten Ausritte. Auch auf der Sandai Farm in der Nähe der Aberdares kann man ausreiten. Mehrtägige Reitsafaris durch die Masai Mara mit Übernachtung in mobilen Zeltcamps gibt es bei Offbeat Safaris, Pegasus und auf vielen Anwesen in Laikipia. Außerdem sind dort Kamelsafaris möglich. Im Norden von Kenia werden mehrtägige Kamelsafaris von Karisia Walking Safaris angeboten (▶S. 149).

Schnorcheln und Schwimmen mit Delfinen

Ein bisschen Puste, ein Schnorchel und, wer hat, ein Paar Flossen reichen aus, um das Unterwasser-Paradies vor Kenias Küste zu erforschen. Wer lieber trockenen Fußes genießen will, kann eine Glasbootstour unternehmen. In Lamu kann man zwischen November und März neben Schnorcheln auch mit Delfinen schwimmen – das Peponi Hotel arrangiert Touren nach Kinyika (▶S. 244).

Segeln

Der **Indische Ozean** ist ein **grandioses Segelrevier**. Das ganze Jahr über ist mit besten Windstärken zu rechnen, stürmisch wird's häufig während des Südmonsuns zwischen April und November. Chartern kann man im Mombasa Yacht Club oder Kilifi Sailing Club. Wer noch Unterricht braucht, kann bei 3 Degrees South viel lernen. Auch auf dem Lake Naivasha wird in kleinen Ein-Mann-Lasern oder im Fireball, einer Zwei-Mann-Trapez-Jolle, und anderen Booten gesegelt. Unvergesslich ist der Törn auf einer **traditionellen Dhau** von Mombasa in den Tudor Creek (▶S. 149, 293).

Urlaub aktiv • ERLEBEN UND GENIESSEN

Langes Sitzen im Safari-Auto, dazu das leckere Essen, und schon sind mehr Kilos auf der Waage. Im Baraka House in Watamu wird Fitness großgeschrieben. Neben Yoga und Strandlauf wird auch auf gesunde Ernährung geachtet. Ebenso im Banana House, Shela bei Lamu. Strandhotels wie das Serena Beach Hotel oder das Diani Beach Resort & Spa haben große Wellnessbereiche. In Nairobi ist das Angebot an Fitness-Studios groß. Spa-Bereiche gibt es in guten Hotels der Hauptstadt wie dem Sankara oder Tribe Hotel (▶S. 149, 344).

Spa, Wellness und Fitness

Windsurfen gehört bei vielen Küstenhotels zum Programm. Bei Shela Beach in Lamu, in Watamu, entlang Diani Beach und auch nördlich von Mombasa gibt es Kurse für Anfänger – am besten am Vormittag, wenn es nicht so windig ist. Fortgeschrittene und Profis

Surfen, Kitesurfen und SUP

Begegnung der wunderbaren Art mit einer Karettschildkröte

Bergsteigen und Wandern

Traumhafte Trekkingtouren

Once in a lifetime, einmal im Leben den Kilimanjaro besteigen, den höchsten Berg Afrikas – ein Traum für Viele auch ohne große Trekkingerfahrung. Was einst nur einigen Forschern vorbehalten war, ist heute schon fast ein Massenerlebnis. Nicht wenige Veranstalter haben längst reizvolle Alternativen im Programm.

In Kenia und Tansania gibt es noch viele Berge zu entdecken. Afrikas zweithöchster Gipfel beispielsweise, der Mount Kenya, und zahlreiche Bergketten und erloschene Vulkane inmitten herrlicher Landschaft versprechen ein Erlebnis ganz besonderer Art, ohne mit den Massen zu wandern. Die wichtigsten **Aufstiegsrouten** auf den Mount Kenya, Mount Meru, Mount Elgon und Kilimanjaro sind bei den ▶Reisezielen unter dem jeweiligen Stichwort beschrieben.

Organisierte Bergtouren

Bei verschiedenen **Reiseveranstaltern** kann man Touren auf den Mount Kenya, Mount Meru, Mount Elgon oder Kilimanjaro bereits vom Heimatland aus buchen. Wer sich erst im Lande zur Besteigung der Giganten entschließt, hat dazu auch in Nairobi die Möglichkeit. Den **Kilimanjaro** darf man nur im Rahmen einer organisierten Tour erklimmen, am **Mount Kenya** werden für einige Routen Sondergenehmigungen verlangt, die nur selten erteilt werden. Derzeit sind drei Routen möglich: Naro Moru, Sirimon und Chogoria. Afrikas zweithöchster Berg bietet Bergsteigern, Kletterern und Wanderern ein einmaliges Erlebnis abseits der Massen. Das vulkanische Massiv besitzt steile Gipfel und tiefe Schluchten. Die Besteigung der beiden Hauptgipfel Batian und Nelion ist ein anspruchsvolles Unterfangen. Voraussetzung, um die bis zu 700 m hohen Felswände zu überwinden, ist eine hervorragende Klettererfahrung. Die meisten Touren haben Point Lenana, den dritthöchsten Gipfel, als Ziel. Er kann auch von Trekkern erreicht werden. Die Naro Moru River Lodge und das Mountain Rock Hotel am Mount Kenya organisieren Träger und Führer. Weniger überlaufen und preiswerter ist Tansanias **Mount Meru**, Afrikas fünfthöchster Berg, zu buchen über Kibo Slopes Safaris. Eine Zweitages-Tour auf den **Mount Elgon** im Westen Kenias, mit 10 km langem Aufstieg zum Kraterrand und anschließendem Fußweg zum Koitiboss-Gipfel, können mit Sirikwa Safaris unternommen werden. Wanderungen am Mount Elgon dürfen nur mit einem bewaffneten Ranger unternommen werden.

Die **Aberdares** bieten zahlreiche Wanderwege und mehrtägige Touren lohnen sehr. Die Landschaften wechseln von Bambus- und Regenwald bis hin zum Hochmoor. In ihnen leben Elefanten, Büffel und Löwen. Auf einen bewaffneten Ranger sollte man also besser nicht verzichten. Wanderungen als Tagestouren kann man in Hell's Gate, Mount Longonot oder Ol Doinyo Sabuk unternehmen.

Highlight der Machame-Route auf den Kilimanjaro ist der Lava Tower auf über 4500 m Höhe, den man sich nicht entgehen lassen sollte.

Für alle Wetter gerüstet

Inzwischen versuchen immer mehr Besucher auch ohne Bergsteigererfahrung den Aufstieg am Kilimanjaro. Ohne körperliche Anstrengung jedoch ist auch der Kili nicht zu schaffen. Ab einer Höhe von 3000 Metern wird die Luft auf Afrikas höchstem Berg dünn. Wer sich nicht genügend Zeit nimmt, den erwischt die **Höhenkrankheit** (▶S. 415). Wichtig ist es, 4 bis 6 Liter Flüssigkeit pro Tag zu trinken und kohlenhydrathaltige Kost zu essen. Das Wetter in den Bergen kann rasch umschlagen und Temperaturextreme sind normal. **Gute Ausrüstung** ist daher zwingend erforderlich: atmungsaktive, regen- und winddichte Kleidung, Wanderstiefel, Kopfbedeckung, Sonnenbrille, Handschuhe und Taschenlampe, ein guter Schlafsack sowie ein Signal-Spiegel für den Fall, dass man verloren geht. Die Veranstalter stellen Zelte und Kochgeschirr.

Bücher, Apps und Infos

Cameron Burns beschreibt im **Trekking-Führer** »Kilimanjaro and East Africa – A Climbing and Trekking Guide« (Cordee 2006) mehr als 50 Routen auf den Berggiganten inklusive Mount Kenya und Mount Meru. »A Trekking Guide to Africa's Highest Mountain« von Henry Stedman ist 2013 bei Trailblazer Guides erschienen. Der Mountain Club of Kenya empfiehlt »The Mountain Club of Kenya Guide to Mount Kenya and Kilimanjaro« von Iain Allan und »The Mountains of Kenya, A Walker's Guide« von Paul Clarke – beide Bücher sind in Nairobi und im Internet erhältlich. Eine **GPS-App** mit Karten und Tipps für den Kilimanjaro kann man unter www.gpstravelmaps.com/kilimanjaro.php downloaden. Bei i-Tunes gibt es eine App in der Your World Serie »Climbing Kilimanjaro« mit Infos zur Machame- und Marangu-Route (▶S. 149, 191).

Spannend: auf dem Pferderücken durch die afrikanische Wildnis

lieben den stärkeren Wind am Nachmittag. Für **Kitesurfen** ist Che-Shale die Top-Adresse in Kenia. Dort und in Watamu wird auch **Stand Up Paddle** (SUP) angeboten, bei dem man sich stehend auf einem Surfbrett mit Hilfe eines Paddels fortbewegt.

Das Korallenriff vor Kenias Küste ist faszinierendes Revier für **Taucher**. Bereits in den 1960er-Jahren wurden die einzigartigen Meereszonen unter Naturschutz gestellt. Der **Kisite Mpunguti Marine National Park** im äußersten Süden Kenias hat die besten Tauchgründe. Das Riff liegt hier tiefer als in den Uferzonen weiter nördlich, zudem ist das Areal touristisch weniger frequentiert und die Unterwasserwelt dadurch deutlich besser erhalten. Ebenfalls recht gut sind die Schnorchel- und Tauchbedingungen im **Malindi/Watamu Marine National Park**. Mehr als 140 Korallenarten wurden hier gezählt. Die Tauchplätze sind per Boot schnell erreichbar und gelten als unproblematisch, weil starke Strömungen hier die Ausnahme sind und sich die Tiefen angesichts des nur allmählich abfallenden Meeresgrunds in Grenzen halten. Sowohl erfahrene Taucher wie Anfänger kommen hier auf ihre Kosten. Auch künstlich angelegte Tauchmöglichkeiten wie das vor Bamburi Beach in Küstennähe versenkte Schiff bieten Profis fantastische Tauchgänge. PADI-Kurse und unvergessliche Tauchgänge an der Südküste bieten Dive the Crab oder Pilli Pipa Diving, bei denen auch Nachttauchgänge zum Programm gehören. Nördlich von Mombasa sind Buccaneer Diving und das Baracuda Diving Team zu empfehlen. Die meisten Küstenhotels vermitteln Tauchkurse. Tauchgänge kosten etwa 90 Euro, ein PADI-Open-Water-Kurs ab 360 Euro. Beste Zeit ist zwischen Oktober und März, dann ist die Sicht am besten (▶S. 149).

Urlaub aktiv • ERLEBEN UND GENIESSEN

ANGELN, HOCHSEEFISCHEN
www.kenyadeepseafishing.net
www.pembachannel.com
www.malindiseafishingclub.com
www.governorscamp.com
www.extreme-safari.com/fishing

BALLONFAHRTEN
www.maraballooning.com
www.transworldsafaris.com
www.governorscamp.com

BUNGEE JUMPING UND RAFTING
www.savagewilderness.org
www.raftinginkenya.com

BUSH WALKS
www.kws.org.
www.kenyawalkingsafaris.com
www.kitichcamp.com
www.sheldrickwildlifetrust.org

GOLF
www.kgu.or.ke
www.kenya-golf-safaris.com
www.golfxtra.de
www.diplomaticgolf.org
www.windsorgolfresort.com
www.karencountryclub.com
www.muthaigagolfclub.com
www.fairmont.com
www.nyali-international.com
www.vipingoridge.com/golf

HÖHLENWANDERN
www.cavinginkenya.com
www.mck.or.ke

MOUNTAINBIKEN
www.bikethecoast.com
www.borana.co.ke/mountain-biking.html
www.fishermanscamp.com
www.kws.org

REITEN
www.horseassociationofkenya.com
www.africanfootprints.de
www.offbeatsafaris.com
www.reiterreisen.com

SEGELN
www.mombasayachtclub.org
www.kilifisailingclub.org
www.3degreessouth.co.ke/sail
www.sailingkenya.org

SPA, WELLNESS UND FITNESS
www.wildfitness.com
www.bananahouse-lamu.com
www.serenahotels.com
www.dianireef.com
www.sankara.com
www.tribe-hotel.com

TAUCHEN
www.divingthecrab.com
www.pillipipa.com
www.buccaneerdiving.com
www.divingbaracuda.com

TREKKING
www.mck.or.kev
www.mountainrockkenya.com
www.naromoruriverlodge.com
www.kiboslopessafaris.com

Im Ballon über die Masai Mara

TOUREN

Zu den besten Lodges, in die schönsten Tierschutzgebiete oder an endlose schneeweiße Sandstrände – unsere Touren führen Sie zu den Highlights in Ostafrika.

Touren durch Kenia und Nordtansania

Ein Besuch reicht nicht aus, um alle Schönheiten Kenias zu bereisen: Nationalparks mit großen und kleinen Tieren, ein buntes Völkergemisch und eine Landschaft, die zwischen dem Indischen Ozean im Osten und dem Viktoriasee im Westen mit weiter Savanne, erloschenen Vulkanen und flimmernden Seen kaum unterschiedlicher sein kann.

Tour 1 **Best of Kenya & Tanzania**
Die fantastische Tierwelt und abwechslungsreiche Landschaft Ostafrikas von endloser Savanne über die Seen des Rift Valley bis zu Afrikas höchstem Berg, dem Kilimanjaro, werden Sie begeistern.
▶Seite 155

Tour 2 **Klassiker für Einsteiger**
Endlos weiße Sandstrände an Mombasas Südküste, Kenias größter Nationalpark Tsavo und der Amboseli National Park mit riesigen Elefantenherden und unvergleichlichem Blick auf den Kilimanjaro.
▶Seite 158

Tour 3 **Abseits ausgetretener Pfade**
Fernab der touristischen Routen im Westen erschließt sich ein wunderbares, abwechslungsreiches Kenia, in dem auch sinnliche und leise Töne Platz haben.
▶Seite 160

Tour 4 **Landpartie auf kolonialen Wegen**
Schon nach wenigen Kilometern tritt die Großstadt Nairobi hinter dem ländlichen Leben Kenias zurück. Vieh- und Landwirtschaft bestimmen den Alltag an der Route zum Aberdare National Park.
▶Seite 162

Tour 5 **Flugsafari: Kenia aus der Vogelperspektive**
So müssen sich die Flugpioniere Denys Finch Hatton und Beryl Markham gefühlt haben. Sobald sich die Räder von der Piste lösen, beginnt ein ganz neues, unvergessliches afrikanisches Abenteuer.
▶Seite 163

Tourenübersicht • TOUREN

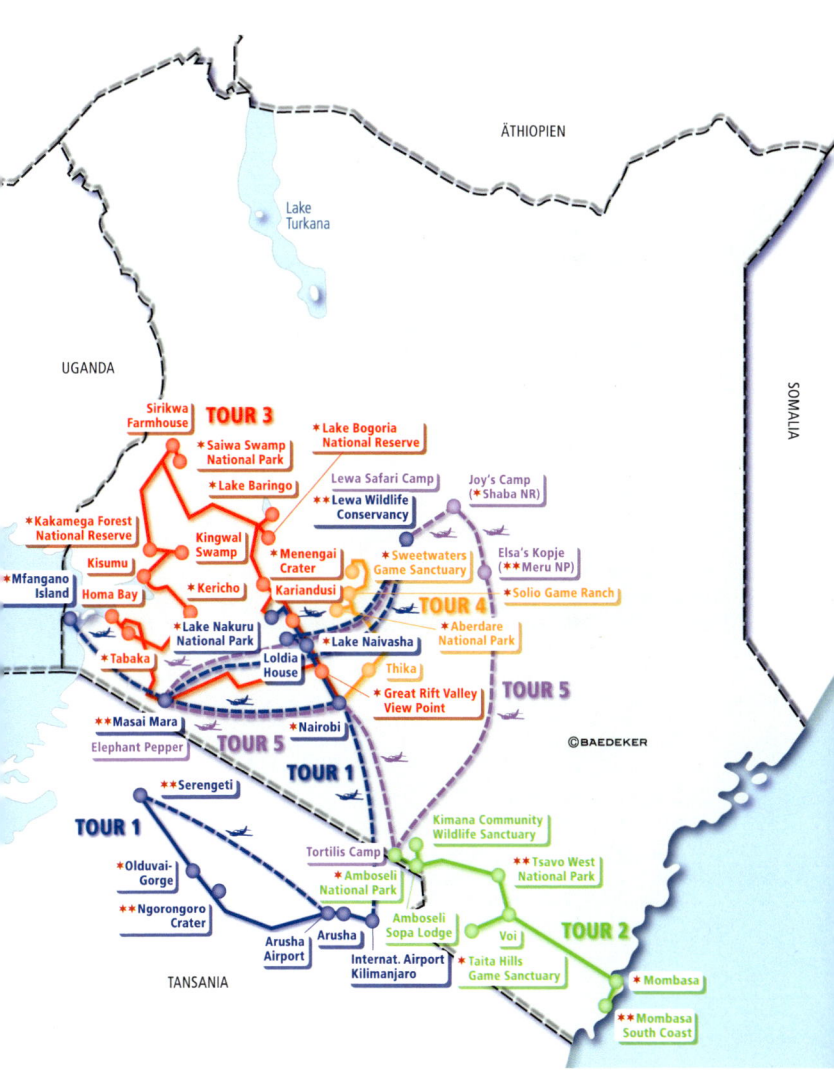

Unterwegs in Kenia

Nicht ohne Fahrer!

Lange Jahre war Kenia Lieblingskind internationaler Geberländer, deshalb erfreut es sich für afrikanische Verhältnisse eines gut ausgebauten Straßennetzes. Dennoch: Kenia ist nicht Europa und kenianische Straßen sind nicht vergleichbar mit europäischen. Sonne und Regen machen den Straßen schwer zu schaffen, tiefe Schlaglöcher und Pisten sind selbst in Nairobi keine Seltenheit. Und: Straßen sind der Mittelpunkt des Lebens. Entlang der Straßen ziehen sich Dörfer und Ortschaften, am Straßenrand spielen Kinder, weiden Ziegen, Schafe und Rinder. Deshalb Vorsicht. Nicht-Afrika-erfahrenen Besuchern sei unbedingt ans Herz gelegt, auf die sichere Variante, das Buchen eines Fahrzeugs samt Fahrer, zurückzugreifen. Und noch eins: In Kenia herrscht Linksverkehr – **Please drive on the left!**

Badeurlaub und Fotopirsch

Goldene Traumstrände, Schnee am Äquator, fruchtbare Hochländer und endlos weite Savannen mit Elefanten, Nashörnern und Löwen hautnah – Kenia heißt Kontrastprogramm. Auf jeden Fall gehört zu jeder Reise **mindestens eine Safari**. Selbst jeder Strandurlaub an Kenias Küste sollte wenigstens einen Kurztrip in die Nationalparks beinhalten. Wer den Ausflug nicht vorab buchen will, hat vor Ort in den Hotels und Lodges Gelegenheit dazu. Achten Sie aber unbedingt darauf, wie viele Reisende mit Ihnen zusammen im Geländewagen oder Minibus sitzen werden – je weniger, desto mehr Platz bleibt im Fahrzeug zum Schauen und Fotografieren.

Aufgrund der Größe des Landes, die über der von Frankreich liegt, hat das Flugzeug in Kenia einen viel größeren Stellenwert als bei uns. Sicher, die Mehrheit der Kenianer ist zu Fuß unterwegs. Dennoch ist es durchaus üblich, dass die Händlerin oder der Geschäftsmann statt endlose Stunden mit dem Auto zu fahren ein Flugzeug nimmt. In Kenia gibt es über **400 Airstrips**. Flugzeuge fliegen fast überall hin. Täglich gehen Linienflüge von Nairobi oder Mombasa in die Masai Mara oder verbinden Nairobi mit der Küste. Privatcharter bringen ihre Gäste fast überall hin. Kenia-Besucher haben die Möglichkeit, bei einer **Flugsafari** große Strecken bequem zurückzulegen und die faszinierenden Landschaftsveränderungen von oben zu betrachten.

> **! BAEDEKER TIPP**
>
> *Africa is calling!*
>
> Angesichts der sich schnell ändernden Sicherheitslage, schlechter Straßenverhältnisse und meist fehlender Beschilderung, sollten selbst passionierte Individualreisende überlegen, ihre Kenia-Reise vorab über ein Reisebüro zu buchen – das spart jede Menge Zeit, Geld und Ärger. Alle hier vorgestellten Touren für Kenia und Nordtansania können u. a. über Karawane Reisen nach dem Bausteinprinzip individuell gebucht werden (www.karawane.de).

Best of Kenya & Tanzania

Tour 1

Start und Ziel: Nairobi bis Arusha
Länge und Dauer: 2200 km / 15 Tage

Die große Rundreise beginnt auf den Spuren von Karen Blixen in Kenias Metropole. Später ist man zu Gast auf einer der größten Privatfarmen des Landes, führen spannende Safaris zum Flamingoparadies im Rift Valley und in die endlosen Weiten von Masai Mara und Serengeti – mit den besten Chancen, die »Big Five« zu sehen. Krönender Abschluss ist der Ngorongoro-Krater mit seinem weltweit einzigartigen Wildbestand.

Nach Ankunft in Kenia – die meisten Flüge erreichen Nairobi am Abend – sollten Sie einen ganzen Tag für die Hauptstadt ❶ ***Nairobi** einplanen. Hoteltipp: das noble Norfolk aus Kolonialtagen oder das Giraffe Manor, wo Rothschild-Giraffen gern beim Frühstück durchs Fenster schauen (▶S. 342). Ein Muss sind in Nairobi Daphne Sheldricks Waisenhaus für Elefanten, das benachbarte Giraffenzentrum und Karen Blixens Farmhaus am Fuße der Ngong-Berge. Im Nationalmuseum sind die spektakulärsten Ausgrabungsfunde des Leakey-Clans zu bewundern. Kulinarische Höhenflüge verspricht das Lord Erroll, Livemusik und Krokodilsteaks gibt's im Carnivore (▶S. 340).

Kenias kosmopolitische Hauptstadt

Am übernächsten Morgen fahren Sie mit dem Auto – aus Sicherheitsgründen unbedingt einen Fahrer mieten! – Richtung Lake Naivasha. Die Tour folgt der Escarpement Road nahe der Abbruchkante des Rift Valley. Halten Sie am ****Great Rift Valley View Point**, um den Blick über den gewaltigen Ostafrikanischen Graben zu genießen. Kurz vor Mai Mahiu steht rechts die Kapelle St. Mary of the Angels, die 1943 von italienischen Gefangenen erbaut wurde. Üppige Vegetation, Wassersport und Tierreichtum machen den ❷ ***Lake Naivasha** zum beliebten Ausflugsziel der Hauptstädter. Übernachten Sie im charmanten ❸ Loldia House am Nordufer, wo man abends grasenden Impalas zusehen kann (▶S. 213). Günstige Alternative: das Elsamere Conservation Centre, einst Wohnsitz der »Löweneltern« Joy und George Adamson (▶S. 215). Ein Tagesausflug führt zum ❹ ****Lake Nakuru National Park**, dem Reich der rosa Flamingos, die zu Hunderttausenden den Sodasee bevölkern. Der Nationalpark ist außerdem berühmt für seine Nashörner und Rothschild-Giraffen.

Die Seen des Rift Valley

Von der Landepiste beim Loldia House fliegen Sie in die ❺ ****Lewa Wildlife Conservancy,** eines von Kenias erfolgreichsten Wildschutzprojekten auf privatem Grund. Gönnen Sie sich zwei Tage in einer der traumhaften Lodges des Lewa Safari Camp oder der Lewa Wil-

Erfolgreicher Schutz bedrohter Tierarten

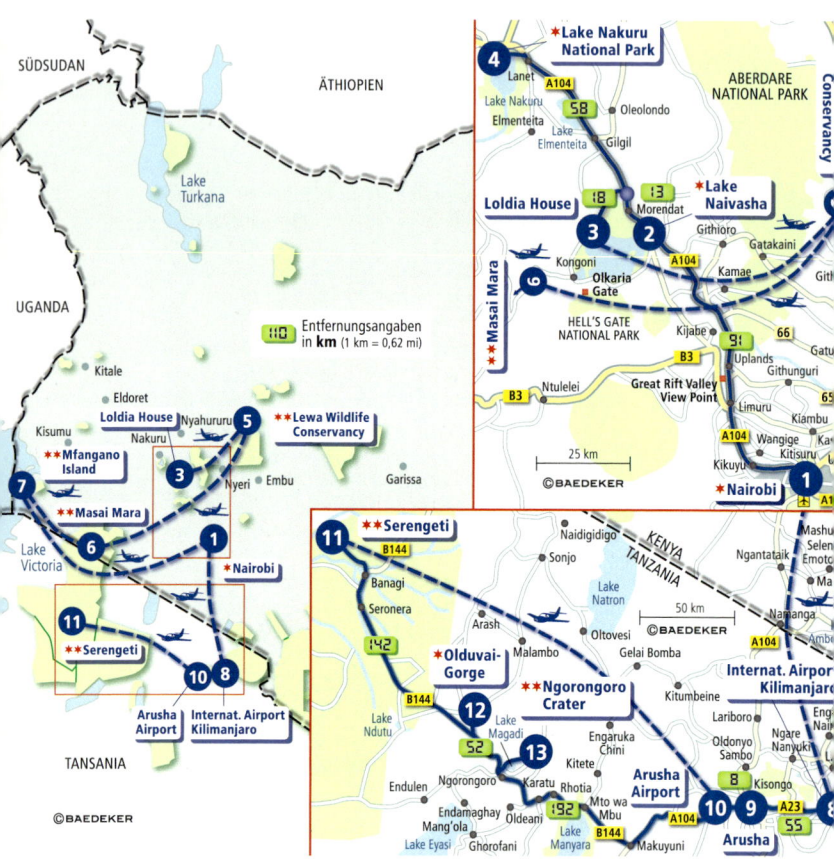

derness Trails (▶S. 196, 197). Besuchen Sie ein Masaidorf und erkunden Sie mit den Samburu das Schutzgebiet für Nashörner, Elefanten, Geparden und Netzgiraffen.

Kenias Nr. 1
Vormittags fliegen Sie von Lewa in die ❻**Masai Mara** weiter. Für Pirschfahrten in Kenias berühmtestem Safarigebiet sollten Sie mindestens zwei, besser noch drei Nächte einplanen. Hier bestehen die besten Chancen, den »Big Five« zu begegnen. Wahres Out-of-Africa-Feeling mit Logenplätzen während der großen Tierwanderung bieten legendäre Camps (▶S. 272 ff.) wie Cottar's 1920s Camp, Elephant Pepper, Rekero Camp, Kichwa Tembo oder das Little Governors' Camp – hier sollten Sie unbedingt eine Heißluftballonfahrt über die Mara buchen und eine traditionelle Manyatta besuchen. Lassen Sie

sich zeigen, wie die Masai Feuer machen, woraus eine Rundhütte besteht, wie man Rinder gegen wilde Tiere schützt und welche Pflanzen als Medizin, Deo oder Zahnbürste dienen.

Nur 40 Minuten brauchen die kleinen Chartermaschinen, um Gäste morgens vom Governors' Flugfeld in der Mara zum ❼**Mfangano Island** im Lake Victoria zu bringen. Mit dem Motorboot geht es weiter zur Privatbucht der sechs exklusiven Cottages. Der Nachmittag bleibt zum Angeln, für eine Bootstour oder zum Relaxen. Romantik pur garantiert das Candle-Light-Dinner am Seeufer (▶S. 234).

Abstecher zum Lake Victoria

Am Morgen fliegen Sie nach **Nairobi** und von dort weiter nach Tansania, wo Sie auf dem ❽ **Kilimanjaro International Airport** landen. Beim Anflug blicken Sie auf den schneebedeckten höchsten Berg Afrikas. Nach einer Übernachtung in der bezaubernden **Mount Meru Game Lodge & Sanctuary** (€€€, www.intimate-places.com) in ❾ **Arusha** fliegen Sie am nächsten Tag vom ❿ **Arusha Airport** südlich der Stadt weiter in die ⓫**Serengeti**. Bei klarer Sicht können Sie unterwegs den Mount Meru und im Westen den Lake Manyara sehen, der an der Abbruchkante des Großen Grabens liegt. Das UNESCO-Weltnaturerbe ist Inbegriff des ursprünglichen Afrika schlechthin. Rund 3 Mio. Tiere leben in der »endlosen Ebene«. Höhepunkt ist Jahr für Jahr die große Herdenwanderung, wenn Millionen von Weißbartgnus und Zebras in die Masai Mara aufbrechen. Häufig sieht man Löwen auf den Steinkopjes nach Wild Ausschau halten. Auf einem Kopje im Südwesten der Serengeti verspricht das exklusive **Kusini Camp** unvergessliche Pirschfahrten mit nostalgischem Ambiente (▶S. 385). Den großen Herden folgen die beiden mobilen **Serengeti Under Canvas Camps** mit stilvollen Zelten (▶S. 385). Günstige Tribünenplätze während der Tierwanderung bietet die **Wildlife Lodge** in den Lobo Hills (▶S. 386). In jedem Fall sind zwei, besser drei Übernachtungen für Pirschfahrten in der Serengeti das Minimum.

Endlose Ebene

Zur letzten Etappe im Geländewagen – mit Fahrer! – gehört ein Stopp in der ⓬*Olduvai-Schlucht*, wo Mary Leakey vor mehr als 50 Jahren Schädelteile eines 1,75 Mio. Jahre alten Menschenskeletts fand. Zum ⓭**Ngorongoro Crater** hin wird das Gelände immer bergiger, bis man die größte Caldera Afrikas erreicht. »Es ist unmöglich in Worten die Größe und Schönheit des Kraters wiederzugeben. Er ist eines der Weltwunder!« sagte Dr. Bernhard Grzimek. Stoppen Sie an der Grzimek-Gedenk-Pyramide am Kraterrand, die zu Ehren von Vater und Sohn von der tansanischen Regierung errichtet wurde. Ohne Mühe begegnet man auf Pirschfahrten Elefanten, Nashörnern, Löwen, Büffeln, Zebras und Gnus – mit etwas Glück sogar Leoparden. Atemberaubend ist nicht nur der Blick, sondern auch die Archi-

Weltwunder

tektur der luxuriösen **Ngorongoro Crater Lodge** (▶S. 362). Schönste Aussichten und einen relativ kurzen Weg in den Krater bietet die komfortable **Ngorongoro Sopa Lodge** am Ostrand der Caldera (▶S. 362). Es lohnt sich am späten Nachmittag, mit einem Sundowner die Farben der »Golden Hour« im Krater zu genießen. Das beste Licht für ein Fotoshooting hat man frühmorgens – die Tore öffnen um 6.00 Uhr. Vom Krater braucht man rund 5 Stunden auf guter Straße bis **Arusha** – der Rückflug nach Nairobi bzw. weiter nach Europa erfolgt vom **Internationalen Flughafen Kilimanjaro.**

Tour 2 Klassiker für Einsteiger

Start und Ziel: Mombasa South Coast
Länge und Dauer: 850 km / 4 – 5 Tage

Nur wenige Autostunden von den traumhaften Stränden an Mombasas Küste entfernt bietet Kenia Wildlife pur in den Nationalparks Tsavo East und West sowie Amboseli zu Füßen des Kilimanjaro. Berge, Flusslandschaften, Seen und weite Ebenen bilden den Rahmen für unvergessliche Tierbegegnungen.

Wir treffen uns in Tsavo — Frühmorgens ist Abfahrt von ❶****Mombasas South Coast** über ❷**Mombasa** auf den Transafrica Highway Richtung Nordwesten. Immer parallel zur Mombasa-Nairobi-Bahnlinie passieren Sie nach gut 100 km das Buchuma Gate, den ersten Eingang zum Nationalpark **Tsavo East**. Zusammen mit Tsavo West bildet er das größte Tierreservat Kenias, getrennt nur durch Eisenbahn und Hauptstraße.

Nilpferde, Büffel und Nashörner — Entlang der Maungu Plains und über ❸**Voi** geht es weiter zum Tsavo Gate, dem Eingang zu ❹****Tsavo West**. Von dort folgt man der gut ausgebauten C 103 zu den **Ngulia Hills**. Das Sumpfgebiet zu Füßen der Ngulia-Hügel ist beliebt bei Büffeln und Nashörnern, im Herbst bei europäischen Zugvögeln. Zum Mittagsbuffet trifft man in der Kilanguni Lodge neben einer großen Wasserstelle ein. Höhepunkt des Game Drive am Nachmittag sind die Nilpferde und Krokodile in den Mzima Springs. Exklusive Variante im Nordwesten des Parks: **Finch Hatton's** Luxuscamp mit Bleikristall, Mozartklängen und Panoramablick auf den Kilimanjaro (▶S. 395).

Elefantenherden — Nach dem Frühstück Weiterfahrt auf der C 103, vorbei am Shetani-Lavafeld, zum ❺***Amboseli National Park**, wo sich als Unterkunft die komfortable Amboseli Sopa Lodge oder das preisgekrönte **Eco-Camp Tortilis** anbieten (▶S. 176). Bei der Pirschfahrt auf staubigen Pisten hat man mit etwas Glück sogar Gelegenheit für das Foto: Elefantenherde vor Kilimanjaro. Einen fantastischen Rundblick hat man vom **Observation Hill** – Aussteigen erlaubt! Schautafeln am Hügel erklären Geologie, Flora und Fauna des höchsten Berges auf dem schwarzen Kontinent und die Bedeutung des schneebedeckten Kilimanjaro für das tropische Umland.

Nach dem Frühstück am nächsten Tag geht es ins private ❻ **Kimana Community Wildlife Sanctuary**, einem 1996 von Masai gegründeten Schutzgebiet – und wichtigen Tierwanderungskorridor zwischen Amboseli und Tsavo. Am späten Nachmittag steuert man die ❼ **Amboseli Sopa Lodge** an. Die Chyulu Bar gewährt einen wunderbaren Blick auf die gleichnamigen Berge (▶S. 176). Am folgenden Morgen geht es zurück bis Voi, und von dort auf die A 23 zum ❽ *****Taita Hills Game Sanctuary**, 15 km westlich von Mwatate. Das Mittagsbuffet wird in der auf Stelzen stehenden Salt Lick Lodge serviert (▶S. 396). Ein ebenerdiger Aussichtsstand ermöglicht Tierbeobachtungen auf Augenhöhe. Nachts kommen Elefanten zur beleuchteten Wasserstelle. Am nächsten Morgen fahren Sie nach einer Pirschfahrt – vielleicht sehen Sie die seltenen Taita-Falken – zurück an ****Mombasas South Coast** zum ausgiebigen Relaxen und Eindrücke-Verarbeiten am endlosen schneeweißen Sandstrand.

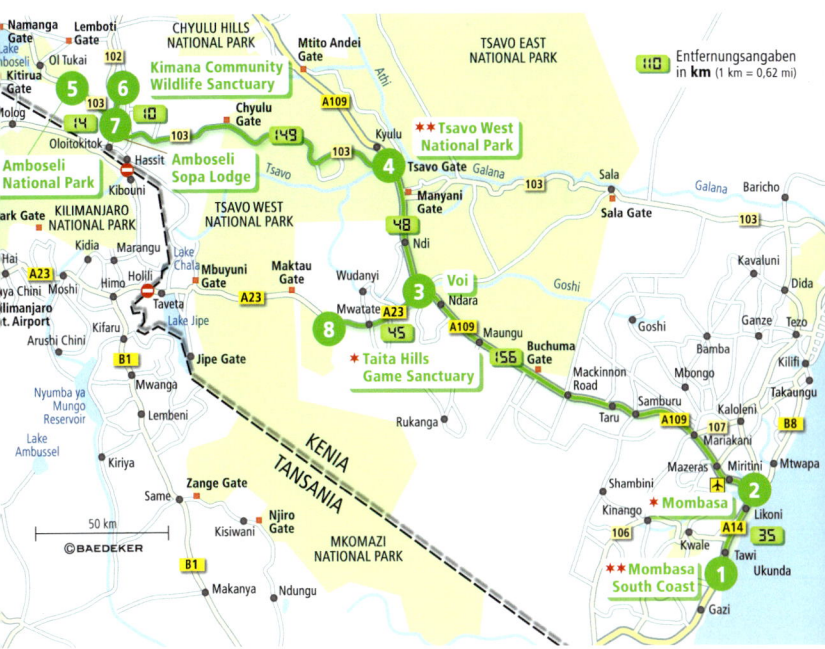

Tour 3 Abseits ausgetretener Pfade

Länge der Tour: ca. 1500 km
Dauer: 14 Tage

Wenn Strand und Großwild auf einer ersten Kenia-Reise bereits ausgiebig bewundert wurden, wird es Zeit, sich neuen Schönheiten zu widmen: tausenden Flamingos, tropischem Regenwald mit Orchideen und Farnen, Teeplantagen und weiter Savannenlandschaft.

Ostafrikanischer Grabenbruch

Von ❶∗**Nairobi** startet man morgens auf der B 3, der »Naivasha Road« Richtung Nakuru. Kurz hinter Limuru gibt es beim ❷∗**Great Rift Valley View Point** einen grandiosen Blick in den großen Ostafrikanischen Grabenbruch. Im Kedong Tal liegt die mit Akazien gesprenkelte weite afrikanische Ebene, dahinter erhebt sich der Mount Longonot in dem Hell's Gate National Park und dem ❸∗**Lake Naivasha**. Im Museum in ❹**Kariandusi** sind Ausgrabungen von Louis Leakey aus dem Jahre 1928 zu sehen, ein Messer aus Obsidian und Steinzeit-Äxte. Von Nakuru geht es 6 km nördlich zum ❺∗**Menengai Crater** und zum **Maili Saba Camp**, das in seinen reetgedeckten Cottages 20 Gäste aufnimmt (▶S. 220). Am nächsten Morgen erkundet man den ❻∗**Lake Nakuru National Park** mit seinen zigtausend Flamingos, Nashörnern, Wasserböcken, Zebras, Giraffen und mit Glück auch Leoparden. Machen Sie ein Picknick auf den Baboon Cliffs und bestaunen Sie den Sonnenuntergang über dem Menengai Crater beim Abendessen im Camp.

Weiter geht es auf der B 4 bis 4 km vor **Marigat**, dann nach Osten zum Loboi Gate des ❼∗**Lake Bogoria National Reserve**. Übernachtung im gleichnamigen Spa Resort mit den einzigen Thermalbädern Kenias (▶S. 206). Am Bogoria-See mit seinen Geysiren nehmen Urgewalten Gestalt an. Am nächsten Vormittag erreicht man den ❽∗**Lake Baringo**. Lassen Sie sich von der Samatian Island Lodge eine Bootstour zu den Njemps und Pokot organisieren (▶S. 204). Der See ist Heimat von Nilpferden und Krokodilen. Auf Gibralta Island lebt die größte Goliathreiher-Kolonie Ostafrikas.

Tropischer Regenwald und Teeplantagen

Zurück nach Marigat und auf der C 51 über die Heimat von Ex-Präsident Moi, **Kabarnet**, und den Trainingsort berühmter Marathonläufer, **Iten**, nach Eldoret und weiter auf der A 104 und A 2 bis nach Kitale. Von dort folgt man der A1 rund 20 km bis zum Schild Sirikwa, weitere 6 km bis zum **Sirikwa Farmhouse** der Barnleys für die Übernachtung (▶S. 319). Der nächste Morgen gehört Kenias kleinstem Nationalpark: dem ❾∗**Saiwa Swamp**. Um seinen Sumpf sind die letzten Reste eines tropischen Regenwaldes erhalten mit wilden

Feigenbäumen und Bananensträuchern, Vögeln und Schmetterlingen. Nächstes Ziel gut 100 km südlich ist der ⑩ *Kakamega Forest. Reservieren Sie für zwei Nächte im **Rondo Retreat Centre** mit ornithiligischen Wanderungen durch den Regenwald (▶S. 182). Papageien, Tukane und Spechte sorgen für Tropenklänge. Colobus-Affen stimmen ein. Im Wald sind über 60 Orchideenarten vertreten.

Am nächsten Morgen fahren Sie in das private Schutzgebiet ⑪ **Kingwal Swamp**, um die bedrohte Sumpfantilope Sitatunga zu sehen. Am Nachmittag Weiterfahrt nach ⑫ **Kisumu** mit Übernachtung in der **Impala Eco Lodge** (▶S. 234) am südlichen Stadtrand, wo Sie im Impala Sanctuary spazieren gehen und abends den Sonnenuntergang am Viktoriasee erleben können. Am nächsten Morgen fahren Sie nach Ahero, dann auf der B1 Richtung ⓭ *****Kericho**, um im **Tea Hotel** zu übernachten (▶S. 241). Eine Tour durch die Teeplantagen und die Teefabrik lohnt. Einen Tag später geht es über Sotik nach **Kiisi** und ⓮ *****Tabaka** zu den Specksteinschleifern. Am späten Nachmittag treffen Sie bei den gepflegten, familiären **Karibuni Eco Cottages** (◉◉ www.karibunicottages.com) in ⓯ **Homa Bay** ein. Über Kisii, Lolgorien auf der C17 und C13 fährt man durch wunderschöne Savannenlandschaft hinunter zum Kichwa Tembo (▶S. 271) oder Governors' Camp (▶S. 273) im legendären ⓰ ****Masai Mara National Reserve**. Zwei Übernachtungen im Zelt inklusive Hemingway-Feeling. Tagsüber spannende Pirschfahrten und der Besuch eines Masai-Dorfes. Nachts hört man Hyänen heulen und Löwen brüllen, besucht vielleicht ein Elefant das Zeltcamp. Die Rückfahrt nach **Nairobi** verläuft erst über relativ schlechte Straßen, ab Ngorengore auf einer Teerstraße. Zurück auf der A 104 lohnt ein letzter Blick ins Rift Valley.

Tour 4 Landpartie auf kolonialen Wegen

Start und Ziel: Nairobi
Länge und Dauer: 550 km / 4 Tage

Schon die Kolonialherren wussten die abwechslungsreiche Umgebung Nairobis zu schätzen: Berge und Regenwald im Aberdare National Park, Farmen und Ranches, dazu »Big-Five«-Garantie.

Der Großstadt entfliehen

Von ❶*****Nairobi** geht es frühmorgens auf der viel befahrenen A2 über Thika entlang von Ananasplantagen und kleinen Shambas mit Mais, Bananen und Kaffeesträuchern nach Sagana und weiter über die Marktstadt Karantina nach Nyeri (120 km). An der B 5 Richtung Mweiga weist nach 12 km ein Schild zum stilvollen ❷**Aberdare Country Club** – hier gibt es ein vorzügliches Mittagessen (▶S. 171). Der Hotelbus fährt zur **Ark Lodge** (▶S. 170) im ❸*****Aberdare National Park** – Kinder ab 7 Jahren, Reservierung erforderlich! An der nachts beleuchteten Wasserstelle zeigen sich gerne Elefanten, Büffel und Buschböcke. Geschichten zu den Tieren gibt es abends am Kamin. Nach dem Frühstück geht es zurück zum Club. Nächstes Ziel ist die ❹*****Solio Game Ranch**. Hier können Sie mit einem Wildführer auf die Suche nach Breit- und Spitzmaulnashörnern gehen – Trinkgeld nicht vergessen! Nachmittags fahren Sie zurück in den Aberdare Country Club und können eine Runde Golf spielen oder eine Reitsafari zwischen Zebras und Giraffen unternehmen.

Am nächsten Tag nach der **Äquatorüberquerung** in ❺ **N-anyuki** folgt man der C 76 Richtung Nyahururu, um nach 17 km Laikipias Schutzgebiet ❻ ***Sweetwaters Game Sanctuary** auf der Ol Pejeta Ranch zu erreichen. Es verspricht »Big Five« auf kleinstem Raum. Übernachtet wird im sehr schönen Sweetwaters Tented Camp oder im luxuriösen **Ol Pejeta House** im traditionellen Kolonialstil (▶S. 196). Gönnen Sie sich vor der Rückfahrt noch eine Bootstour auf dem Ewaso Ngiro River zum Schimpansen-Reservat. Auf dem Rückweg nach **Nairobi** können Sie im urigen ❼ **Trout Tree Restaurant** 12 km südlich von Nanyuki fangfrische Forellen essen (▶S. 324) oder in ❽ **Thika** im Blue Post Hotel bei den Wasserfällen eine Tasse Tee am Nachmittag trinken (▶S. 389).

Flugsafari: Kenia aus der Vogelperspektive

Tour 5

Start und Ziel: Nairobi
Länge und Dauer: 1500 km / 11 Tage
Anbieter: www.chelipeacock.com, 7 – 11 Tage Flugsafaris ab $ 3500 p. P.

Luxus pur und unvergesslich: Wenn das Flugzeug seinem Schatten auf der endlosen Ebene folgt, riesige Elefantenherden über die Savanne ziehen, wenn sich im gigantischen Rift Valley Sodaseen wie Perlen einer Kette aneinanderreihen.

Vom Wilson Airport in ❶ ***Nairobi** fliegen Sie morgens zum preisgekrönten ❷ **Tortilis Camp** im ***Amboseli National Park**, der für seine großen Elefantenherden berühmt ist (▶S. 134, 176). Schnell hat das kleine Flugzeug die quirlige Großstadt hinter sich gelassen. Im Westen erstreckt sich die weite Ebene, östlich besiedelte Hügellandschaft. Bei

Endlose Freiheit

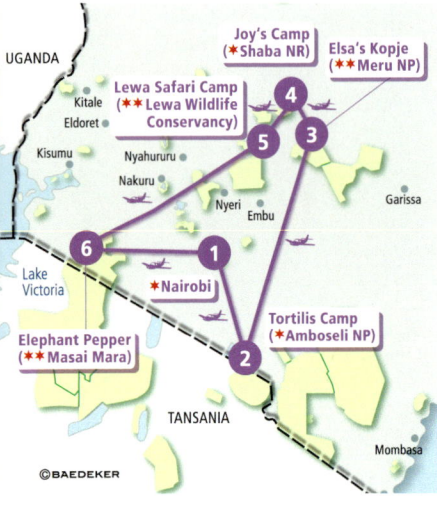

der Ankunft wartet bereits ein Fahrer auf die einfliegenden Gäste. Von den komfortablen Tortilis-Zelten mit großer Veranda und luftigem Makutidach blickt man hinüber nach Tansania zum schneebedeckten Gipfel des **Kilimanjaro**, dem höchsten Berg in Afrika.

Am Morgen des dritten Tages geht die Reise weiter zu den reetgedeckten Cottages von ❸ **Elsa's Kopje** (▶S. 285) im **Meru National Park**. Lassen Sie Ihre Augen mit dem Schatten des Flugzeugs ziehen. Zur Rechten erstrecken sich die Chyulu Hills, nach rund 100 km geht es über den Athi-Fluss. Grandios erheben sich die gezackten Gipfel des mächtigen Mount Kenya, bevor man zur Landung ansetzt. Von der Piste sind es knapp 7 km bis zum wunderschönen Camp Elsa's Kopje, das aus Naturmaterialien in den Granitfels gebaut worden ist. Hier am Mughwango Hill, mit atemberaubendem Blick über die weite Savanne, wilderte Joy Adamson ihre Löwin Elsa aus. Eine besondere Attraktion ist die Pirschfahrt zu Spitz- und Breitmaulnashörnern, die in einem großen eingezäunten Schutzgebiet leben. Nachts geht manchmal eine Leopardin am Infinity Pool des Camps spazieren.

Mount Kenya auf Augenhöhe

In nur wenigen Minuten steigt die Maschine zwei Tage später wieder in den Himmel, hoch genug, um nochmal den **Mount Kenya** in seiner ganzen Pracht zu bewundern – vorausgesetzt Nebel verhüllt ihn nicht. Unglaublich: Schnee am Äquator!

Auf den Spuren von Joy Adamson

Nächstes Ziel ist der Chaffa Airstrip im *Shaba National Reserve*. Bereits auf der Fahrt zu ❹ **Joy's Camp** (▶S. 375), in dem Sie wieder zwei Nächte verbringen werden, können Sie Netzgiraffen, Oryx-Antilopen, Grevy-Zebras und Gerenuks sehen. Ein kleines Museum im Camp erzählt aus dem Leben der engagierten Tierschützerin, die auch die Leopardin Penny aufgezog und hier auswilderte (▶Berühmte Persönlichkeiten). Wer mit dem Masai Eric durch die Felsen am Ewaso Ngiro klettern will, den erwartet am Flussufer ein fantastisches Buschfrühstück.

Heimat bedrohter Wildtierarten

Einen unvergesslichen Aufenthalt garantieren Marcus und Vanessa im charmanten ❺ **Lewa Safari Camp** (▶S. 135, 197) der **Lewa**

Wildlife Conservancy. Das private Schutzgebiet auf einer ehemaligen Rinderfarm ist heute Lebensraum für Löwen, Leoparden, Elefanten, Giraffen, Grevy-Zebras und Nashörner – im Sommer 2013 wurde Lewa in das UNESCO-Weltnaturerbe Mount Kenya integriert.

Die letzte Etappe beginnt mit der eindrucksvollen Landschaft des gewaltigen Rift Valley: Überflug der *Aberdare Range und der vor lauter Flamingos rosa flimmernden Sodaseen *Lake Nakuru und *Lake Elementeita. Südlich schimmert der *Lake Naivasha in der Ferne – einer der wenigen Süßwasserseen im Rift Valley und beliebtes Wochenendziel der Hauptstädter. Und weiter geht der Flug in die **Masai Mara zum ökologischen Luxuscamp ❻ Elephant Pepper, 2013 von Ecotourism Kenya mit Gold ausgezeichnet ("S. 272). Wenn nach sensationeller Pirschfahrt die Sonne untergeht, lockt erst der Sundowner am Lagerfeuer, dann ein entspanntes Candle-Light-Dinner mit bester Küche – hier könnte man ewig bleiben. Millionen Tiere kommen jedes Jahr auf ihrer großen Wanderung von der Serengeti in die Masai Mara. Das Grunzen der Gnus ist selbst im Flugzeug noch zu hören, mit dem Sie zwei Tage später schließlich nach **Nairobi** zurückkehren. »Alles, was ich mir wünschte, war nach Afrika zurückzukommen. Wir hatten es noch nicht einmal verlassen, und doch war ich schon heimwehkrank« schrieb Hemingway – wer einmal in Kenia war, kann es auch hören: **»Africa is calling!«**

Vom Rift Valley in die Masai Mara

In den ersten Wochen nach der Geburt verbringt die Leopardin mehr als die Hälfte der Zeit damit, ihre Jungen zu säugen und zu lecken.

REISEZIELE VON A BIS Z

Weite, flimmernde Ebenen mit riesigen Herden wandernder Wildtiere, tropische Regenwälder, schneedeckte Gipfel und palmengesäumte Sandstrände, offene Menschen und herzliche Gastfreundschaft – entdecken Sie den Zauber Afrikas!

* Aberdare National Park

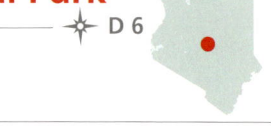

D 6

Provinz: Central
Fläche: 767 km²
Höhe: bis 4001 m ü.d.M.

Die bislang noch relativ wenig besuchten Aberdares sind für ▶Nairobi ein wichtiges Wasserreservoir und für die seltene Antilopenart mit Namen Bongo das Zuhause. Beides lässt darauf hoffen, dass der üppige Regenwald eine gute Überlebenschance hat.

Ostafrikanischer Graben
Der zentrale Abschnitt der zum Ostafrikanischen Grabensystem gehörenden **Aberdare Range** wurde 1950 zum **Nationalpark** erklärt, der sich über gut 60 km in Nord-Süd-Richtung erstreckt. Höchste Erhebungen sind mit 3999 m der **Ol Doinyo Lesatima** und der **Kinangop** oder Nyandarua mit 3906 m. Weite Teile des Nationalparks liegen zwischen 3000 und 3500 m Höhe. Seinen heutigen geläufigen Namen, der an einen ehemaligen Präsidenten der Royal Geographic Society erinnert, erhielt der Gebirgszug 1884 von dem Forschungsreisenden Joseph Thomson. Die Kikuyu nennen die Aberdares aufgrund ihrer Form **Nyandarua**, was »trocknendes Fell« bedeutet.

Happy Valley
Das Zentrale Hochland Kenias, zu dem auch die Aberdares gehören, ist traditionelles Siedlungsgebiet der **Kikuyu**. Das angenehme, relativ kühle Klima und die fruchtbaren Böden lockten Anfang des 20. Jh.s vor allem britische Siedler an, die sich hier prächtige Landsitze inmitten ausgedehnter Farmareale errichteten. Einen legendären Ruf erlangte das »Happy Valley« genannte **Tal des Wanjoh** im Westen der Aberdares. Bei rauschenden **Champagnerpartys** wussten sich die weißen Farmer in den 1920er- und 1930er-Jahren prächtig zu amüsieren. Unerfreulicher wurde die Situation für die weißen Bewohner Mitte des 20. Jh.s, als sich die Kikuyu gegen die weißen Siedler auflehnten. In den 1950er-Jahren dienten die feuchten, unzugänglichen Wälder als Rückzugsgebiet der **Mau-Mau**. Fast alle Pisten im Aberdare National Park wurden damals von den Briten angelegt. Das fruchtbare

> **BAEDEKER TIPP !**
>
> ### Offroad durchs Rift Valley
>
> Allradantrieb, eine 1:50 000-Karte, Kompass oder GPS und zehn Stunden Zeit, mehr gibt es nicht, um 13 Stationen in 100 km² Wildnis zu finden. Ziel der unerbittlichen Four-Wheel-Drive-Ralley **»Rhino Charge«**: Fund-Raising für einen weiteren Streckenabschnitt des Elektrozauns um den Aberdare National Park. Durch Hitze, Staub und gnadenloses Terrain schaffen nur wenige Farer das Pensum. Austragungsort und -zeit wechseln (www.rhinocharge.co.ke).

Aberdare National Park • ZIELE

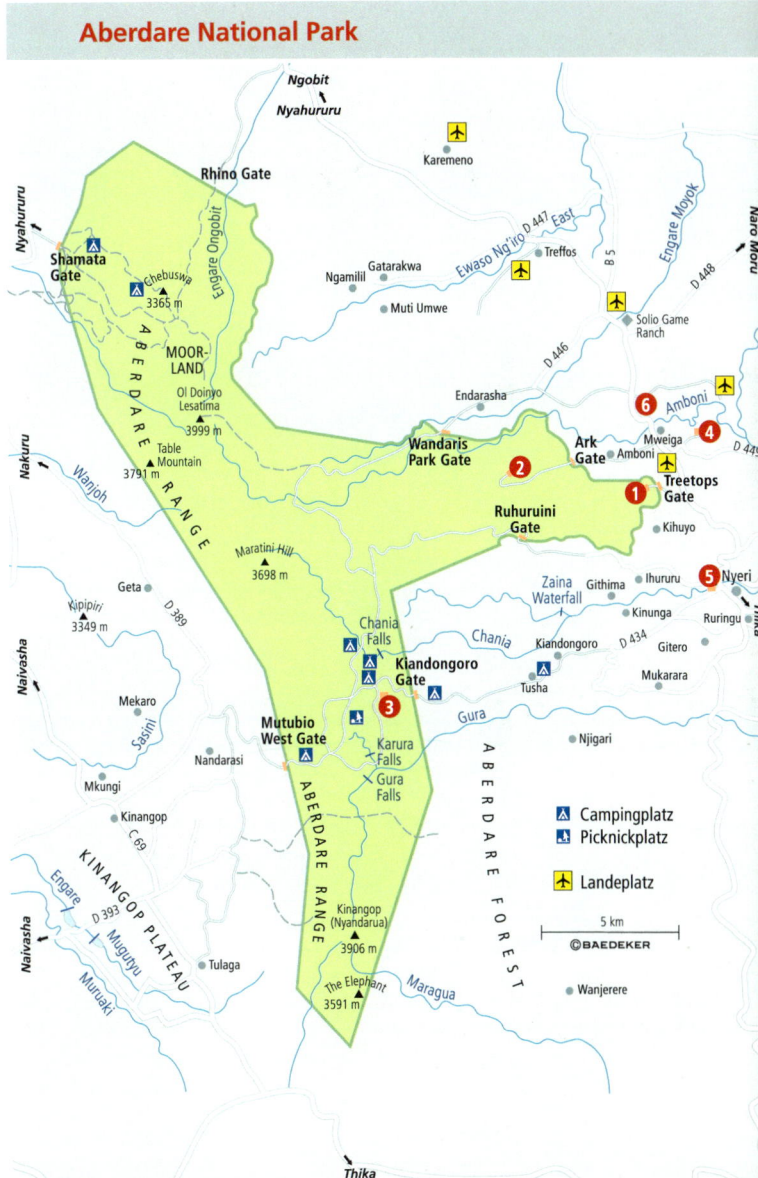

Aberdare National Park erleben

AUSKUNFT, EINTRITT
Aberdare National Park
Tel. 020 204 62 71
aberdares@kws.go.ke
Tgl. 6.00 – 18.00 Uhr
Eintritt Erw. $ 50, Kinder $ 25
www.kws.org

REISEZEIT
Das ganze Jahr über können Niederschläge fallen und nicht selten hüllen Wolken die Berge ein. Regenschauer verwandeln die Pisten im Park binnen Kürze in Schlammwege, nach längeren Regenfällen muss er häufig geschlossen werden.

VERKEHR
Über die A2 von ▶Nairobi und Nyeri kommend, gelangt man über die Tore Ruhuruini, Kiandongoro oder Wandaris in den Nationalpark. Besucher können auch über Mutubio West von Süden oder über Shamata Gate und Rhino Gate von Norden einreisen. Die Zufahrtstore für die Lodges The Ark und Treetops sind für Privatbesucher gesperrt. Bei Einfahrt sollte man sich unbedingt über den Zustand der Pisten informieren – Allradantrieb ist ein Muss. Tagesgäste können Pirschfahrten über den Aberdare Country Club und das Outspan Hotel in Nyeri buchen.

ÜBERNACHTEN IM ABERDARE NATIONAL PARK
❶ *The Treetops Lodge* ●●●●
Tel. 061 203 24 25
www.aberdaresafarihotels.com
Näher als im Treetops kann man den Big Five – Elefant, Nashorn, Büffel, Löwe und Leopard – in Kenia nicht kommen.

Das neben einer nachts beleuchteten Wasserstelle auf Pfählen errichtete Treetops ist nur mit Hotelbussen vom Outspan Hotel in Nyeri (▶ S. 171) erreichbar. Die zunächst aus zwei kleinen Baumhäusern bestehende Lodge wurde 1952 weltbekannt. Abends stieg eine Prinzessin die Treppen des Baumhauses hinauf, um sie am nächsten Morgen als Königin Elizabeth II. wieder hinabzusteigen – ihr Vater, König George, war in der Nacht verstorben.

❷ *The Ark Lodge* ●●
Tel. 020 55 70 09
www.marasa.net
Die neben einer nachts beleuchteten Wasserstelle wie eine Arche gebaute Lodge kann nur mit dem Hotelbus vom Aberdare Country Club bei Nyeri (▶S. 171) angefahren werden. Von einem Bunker aus kann man die Tiere aus nächster Nähe beobachten. Oder man wartet bequem auf einer der Aussichtsterrassen ab, bis sich Großwild am Wasserloch zeigt.

Aberdare National Park • ZIELE

❸ Kiandongoro Fishing Lodge ⓔ
Buchung über die Parkverwaltung
P. O. Box 22, Nyeri
Tel. 061 230 01 42, www.kws.org
Zwei einfache Häuser mit mehreren
Schlafräumen für Selbstversorger

ÜBERNACHTEN IN UND UM NYERI

❹ Aberdare Country Club ⓔⓔ
12 km nördlich von Nyeri in den
Kamatongu-Bergen
Tel. 020 210 13 33
www.aberdarecountryclub.com
Im stilvollen Country Club der 1930er-
Jahre kann man nun auch wieder übernachten sowie vorzüglich speisen, reiten
und Golf spielen – zum 9-Loch-Golfplatz
kommen auch gerne Zebras, Duiker und
Warzenschweine.

❺ Outspan ⓔⓔ
Baden Powell Road, Nyeri
Tel. 061 203 24 24
www.aberdaresafarihotels.com
Elegantes, 1927 erbautes Landhaus –
einst Heim des Pfadfinder-Gründers
Lord Baden-Powell (▶S. 173)

❻ Sandai Farm ⓔⓔ
Petra Allmendinger
P. O. Box 1518 10100
Nyeri, Tel. 0254 721 65 66 99
www.africanfootprints.de
Genau das Richtige für die ganze Fami-
lie: Wohnen in westlich ausgestatteten
Rundhütten unter schattigen Schirmaka-
zien mit Blick zum schneebedeckten
Gipfel des ▶Mount Kenya. Gemeinsame
Mahlzeiten und Geschichten aus Afrika
gehören bei der Deutschen Petra All-
mendinger ebenso ins Programm wie
Ausflüge zu den Nashörnern auf der
Solio Game Ranch (▶S. 173).

»GORILLAS IM NEBEL«

Der größte Teil des Hollywood-
streifens wurde in den Bergen der
Aberdares gedreht. Für die Filmemacher
und Schauspielerin Sigourney Weaver
bot der dichte Regenwald die ideale
Kulisse für die Szenen, in denen sich
Dian Fossey und die Gorillas annähern.
18 Jahre lang lebte die umstrittene
Verhaltensforscherin in ihrem Camp
Karisoke in den Virunga-Bergen Ruan-
das, bis sie 1985 in ihrer Hütte ermordet
wurde. Heute sorgt ein sanfter – und
teuer bezahlter – Tourismus für den
Schutz der Berggorillas, die immer
nur sehr kurz von Besuchern gestört
werden dürfen.

Farmland am Fuße der Aberdares befindet sich heute größtenteils wieder im Besitz der Kikuyu. Um sie vor den Wildtieren und die Tiere vor den Menschen zu schützen, wurde begonnen, den Nationalpark mit einem Elektrozaun zu umgeben – finanziell unterstützt von der alljährlichen Rallye **Rhino Charge** (▶Baedeker Tipp, S. 168).

Die Aberdares bieten ein Landschaftsbild, das man in Afrika nicht unbedingt erwarten würde. Die reichen Niederschlagsmengen sorgen für eine – zumindest in tieferen Lagen – **üppige Vegetation**. Bis zu einer Höhe von etwa 2400 m bedeckt nahezu undurchdringlicher Regenwald die Berghänge, Bambusdickicht wächst bis in Höhen von 3000 m, darüber findet man bis 3400 m Höhe eine Zone mit soge-

Von Bambus bis Orchideen

Die fruchtbare Aberdare Range ist altes Siedlungsgebiet der Kikuyu.

nannter afro-alpiner Vegetation, Leitpflanzen sind hier Farne, Moose und Orchideen. Die sanft gewellten Hochmoore in den höchsten Lagen lassen an Irland oder Schottland denken. Tiefe Schluchten durchschneiden das Bergland, überall sprudeln klare forellenreiche Bäche, einige Wasserfälle, darunter die **Gura Falls**, die höchsten Wasserfälle Kenias, sorgen für weitere imposante Landschaftseindrücke. Mit etwas Geduld wird man auch in den Aberdares interessante Tierbegegnungen haben. Groß ist der Bestand an Büffeln, Elefanten und Waldschweinen. Nur hier und am ▶Mount Kenya trifft man die scheuen **Bongo-Antilopen** an. Diese bräunlich-rote Antilopenart hat weiße Längsstreifen. Auch Nashörner, Löwen, Leoparden und Hyänen sind im Nationalpark heimisch. Häufig sieht man die auffälligen Colobus-Affen mit ihrem langen, weißen buschigen Schwanz.

Unterwegs nur mit Wildhüter

Wegen des großen Bestands an Wildtieren – Besonderheit sind die schwarzen Leoparden – dürfen **Wanderungen** nur nach Voranmeldung und in Begleitung eines bewaffneten Wildhüters vorgenommen werden. Relativ leicht kann bei gutem Wetter in etwa sechs Stunden der höchste Gipfel im Park, der **Ol Doinyo Lesatima,** erklommen werden. Anmeldung beim Kenya Wildlife Service, ▶S. 405.

FAHRT DURCH DEN ABERDARE NATIONAL PARK

Routenverlauf

Da die Pisten im Norden des Nationalparks extrem schlecht sind, wird im Folgenden nur eine **Route durch das südliche Parkareal** beschrieben. Für die Strecke zwischen Ruhuruini Gate und Mutubio West Gate sind gut vier Stunden Fahrzeit einzuplanen.

Aberdare National Park • ZIELE

Nyeri

Ausgedehnte **Kaffeeplantagen** grenzen an die Hauptstadt der Provinz Central, aber auch Gemüse, Zuckerrohr, Zitrusfrüchte und Tee werden hier angebaut. Ein Denkmal in Nyeri erinnert an die Opfer der Mau-Mau-Aufstände. Bestes Hotel und Ausgangspunkt für Fahrten zur Treetops Lodge ist das **Outspan** (▶S. 171). Keinesfalls sollte man versäumen, auf der schattigen Terrasse zumindest eine Erfrischung zu sich zu nehmen und ein wenig durch den wunderhübschen Park zu schlendern. In einem Cottage neben dem Hotel verbrachte **Lord Baden-Powell** (1857 – 1941) seine letzten Lebensjahre – das Haus kann gegen Gebühr besichtigt werden. Baden-Powell hatte 1907/1908 in Großbritannien die Bewegung der Boy-Scouts (Pfadfinder) begründet. Unter Leitung des britischen Generals hatte sie zunächst eine stark militärische Ausrichtung und entwickelte sich erst später zu einer allgemeinen Jugendbewegung, zu deren wichtigsten Anliegen nicht zuletzt internationale Verständigung gehören. Beigesetzt ist Lord Baden-Powell auf dem Friedhof bei der St. Peter's Church am nördlichen Ortsrand von Nyeri.

Solio Game Ranch

Statt Black Angus und Quarterhorses züchten die Rancher der Solio Game Ranch, eine Stunde nördlich von Nyeri, **Breit- und Spitzmaulnashörner**. Tiere wurden bereits in das Reservat nach Nakuru, in den ▶Tsavo-Nationalpark und zur Lewa Wildlife Conservancy geliefert. Der Besuch der Ranch kann über Petra Allmendinger von der Sandai Farm organisiert werden, ▶S. 171.

Vom Farmland in die Berge

Man verlässt Nyeri nach Norden auf der B 5, von der nach wenigen Kilometern die zunächst noch asphaltierte Straße zum Ruhuruini Gate abzweigt. Sie zieht sich durch fruchtbares Farmland der Kikuyu und gewinnt kontinuierlich an Höhe. Nach Passieren des **Ruhuruini Gate** steigt die Piste steil an und es ergeben sich **überwältigende Ausblicke** über die tiefen Täler und dicht bewaldeten Berghänge. Nach etwa 15 km gabelt sich die Piste, man hält sich links und fährt weiter in südlicher Richtung. Das Landschaftsbild hat sich gewandelt, in etwa 3000 m Höhe durchquert man nun ein einsames **Hochmoor**. Ein Abstecher führt von der Piste zu den nahen **Chania Falls**. Auf einem recht abenteuerlichen Weg kann man zum Fuß des kleinen Wasserfalls hinabsteigen. Doch Vorsicht! In der Vergangenheit hat es hier schon wiederholt unliebsame Begegnungen mit Löwen gegeben!

Karura Falls

Etwa 4 km hinter der Abzweigung zu den Chania Falls hält man sich wiederum links, nach gut 1 km biegt links die Zufahrt zur **Fishing Lodge** ab. Nach weiteren 7 km in südlicher Richtung erreicht man die relativ leicht zugänglichen Karura Falls. Von zwei Aussichtsplätzen kann man auf die Wasserfälle hinabschauen. Die Wassermassen des Karura River überbrücken in drei Stufen einen Höhenunterschied von knapp 300 m. Von hier besteht die Möglichkeit, zu den ca.

3 km entfernten **Gura Falls** zu wandern, dies sollte man jedoch nur in Begleitung eines bewaffneten Rangers wagen. Mit gut 300 m gelten sie als die **höchsten Wasserfälle des Landes**.

Mutubio West Gate Auf dem Weg zum Mutubio West Gate ergeben sich **schöne Ausblicke** – vorausgesetzt dicke Wolken oder Nebel verhindern nicht die Sicht! Nach Verlassen des Nationalparks bietet sich bald ein prächtiger Blick hinab zum ▶Lake Naivasha.

UMGEBUNG DES ABERDARE NATIONAL PARK

Nyahururu Über die gut ausgebaute B 5, die Nakuru mit Nyeri verbindet, ist Nyahururu zu erreichen. Früher hieß die Ortschaft **Thomson's Falls**. Noch heute sprechen viele Kenianer von »T-Falls«, wenn sie sich auf Nyahururu beziehen. Obgleich Nyahururu nur wenige Kilometer nördlich des Äquators liegt, besitzt es dank der Höhenlage ein ausgesprochen angenehmes Klima, in den kältesten Monaten kann es nachts sogar Frost geben. Dank ergiebiger Niederschläge ist das Umland recht fruchtbar. Vor allem Mais, Weizen, Bohnen und Süßkartoffeln werden angebaut. Zu Beginn des 20. Jh.s ließen sich die ersten weißen Farmer hier nieder. Das damalige Thomson's Falls wurde zu einem der Zentren der sogenannten **White Highlands**. Seinen Boom erlebte es, nachdem 1929 eine Nebenstrecke der Ugandabahn den Ort erreicht hatte. Die Eisenbahnstrecke ist noch in Betrieb, allerdings ist sie dem Güterverkehr vorbehalten.

*Thomson's Falls Hauptattraktion sind die Wasserfälle am östlichen Ortsrand. Der schottische Forscher **Joseph Thomson** erblickte sie 1883, nachdem er als erster Weißer das Masai-Land durchquert hatte. Zu Ehren seines Vaters nannte er sie Thomson's Falls. Der **Ewaso Narok River** fällt hier über Felsen fast 72 m tief in eine Schlucht hinab. Der Wasserfall selbst ist nicht allzu spektakulär, faszinierend ist vor allem die **Landschaftsszenerie** in ihrer Gesamtheit. Lianenbehangene Baumriesen säumen die tiefe Schlucht und schaffen ein scheinbar undurchdringliches Grün. Direkt oberhalb der Wasserfälle bietet die **Thomson's Falls Lodge** eine angenehme Unterkunft. Wer nur kurz Zwischenstation machen will, kann am Rand der Schlucht mit schönem Blick auf den Wasserfall entlangspazieren oder auch auf einem schmalen Pfad zum Grund der Schlucht hinuntersteigen. Nach Regenfällen ist der Weg aber äußerst glitschig! Picknickplätze und eine Cafeteria laden zum Verweilen ein. Die zahlreichen am Rand der Schlucht aufgestellten Bretterbuden, in denen Souvenirs verkauft werden, relativieren allerdings das liebliche Landschaftsbild. Besonders an den Wochenenden herrscht Hochbetrieb, die Thomson's Falls sind ein beliebtes Ausflugsziel!

Amboseli National Park • ZIELE

★ Amboseli National Park

✦ E 8

Region: Safarigebiet Süd
Fläche: 392 km²
Höhe: bis 1210 m ü.d.M.

Weite flimmernde Ebenen, riesige Elefantenherden und die schneebedeckten Gipfel des ▶Kilimanjaro – der Inbegriff von Afrika schlechthin. Dank seines Bilderbuchpanoramas zählt der Amboseli zu den meistbesuchten Nationalparks in Kenia.

Der Wildreichtum des Nationalparks ist berühmt, seine Lage am höchsten Gipfel Afrikas unvergleichbar. Doch Überweidung und Touristenströme hinterlassen ihre Spuren. 2009 fielen der großen Dürre zahlreiche Zebras, Gnus und fast 300 Elefanten zum Opfer – inzwischen kamen aber wieder zahlreiche Elefantenbabys zur Welt, so wuchs die Zahl der Elefanten auf fast 1500.

Elefantenherden

Amboseli National Park

Übernachten
- ❶ Porini Camp
- ❷ Tortilis Tented Camp
- ❸ Amboseli Serena Safari Lodge
- ❹ Amboseli Sopa Lodge
- ❺ Ol Tukai Lodge

Amboseli National Park erleben

AUSKUNFT, EINTRITT
Amboseli National Park
P. O. Box 356, 00209 Loitoktok
Tel. 020 243 30 25, tgl. 6.00 –18.00 Uhr
Eintritt Erw. $ 80, Kinder $ 40, Gebühr gilt nur für 24 Stunden, www.kws.org

ANREISE
Die beste Verbindung von ▶Nairobi zum Nationalpark ist die asphaltierte A 104 nach Namanga, den Grenzort zu Tansania. Von dort geht es auf sandiger Piste bis zum Namanga Gate (ca. 240 km, Fahrzeit gut 4 Std). Von der ▶Nairobi mit ▶Mombasa verbindenden A 109 zweigt bei Emali eine Piste nach Süden zum Remito bzw. Lemboti Gate ab (ab Nairobi 230 km). Wer zum ▶Tsavo-Nationalpark weiterreisen möchte, nimmt das Kimana Gate – diese Strecke darf nur im Konvoi befahren werden. Air Kenya und Safarilink fliegen ab ▶Nairobis Wilson Airport. Privatcharter verbinden mit der Küste.

ÜBERNACHTEN
❶ Porini Camp ●●●●
Selenkay Conservation Area
Tel. 0774 13 65 23, www.porini.com
▶Baedeker Wissen S. 135

❷ Tortilis Camp ●●●●
Tel. 020 600 30 90, www.tortilis.com
http://chelipeacock.com
▶Baedeker Wissen S. 134

❸ Amboseli Serena Safari Lodge ●●●
Tel. 045 62 23 61, www.serenahotels.com
Trotz der 96 Zimmer passt sich die Lodge durch ihren Baustil und die verwendeten Materialien gut in die Landschaft ein. Pool und ein umwerfendes Buffet.

❹ Amboseli Sopa Lodge ●●●
Tel. 020 375 02 35, www.sopalodges.com
In der Nähe von Oloitokitok außerhalb des Parks gelegen ist das Sopa beliebtes Ziel für Rundfahrten von der Küste. Tipp: An der langen Bar die Safari Revue passieren lassen und den Blick auf die Chyulu Hills genießen.

❺ Ol Tukai Lodge ●●●
P. O. Box 45403, Nairobi, Tel. 020 444 55 14, www.oltukailodge.com
Lodge mit Elefantengarantie – das Ol Tukai-Sumpfgebiet liegt auf der Route der Elefanten in Amboseli. 80 wunderschöne Doppelzimmer im Chaletstil.

Zimmer mit Aussicht: Im Tortilis Camp hat man den Kilimanjaro immer im Blick.

Amboseli National Park • ZIELE

Geschichte

Ursprünglich war der Amboseli National Park Teil des riesigen, 1899 eingerichteten »Southern Game Reserve«, das die heutigen Naturschutzgebiete ▶Masai Mara, Amboseli und ▶Tsavo West umfasste. 1948 wurde daraus das erheblich verkleinerte »Masai Amboseli Game Reserve«, das man 1961 unter direkte Verwaltung der **Masai** stellte. Schon bald wurde die Befürchtung laut, dass die Zukunft von Amboseli als Attraktion gefährdet sei. Überweidung und kreuz und quer fahrende Touristen machten der Landschaft zu schaffen. 1974 erklärte man ein 400 km² großes Areal nördlich des ▶Kilimanjaro zum **Nationalpark**. Ein Arrangement mit den Masai sollte helfen, sowohl der Tierwelt wie den Ansprüchen der Masai gerecht zu werden. Aufgrund der stetig wachsenden Bevölkerung stellen die Masai heute Anspruch auf das Nationalparkgebiet. Sie fordern Zugang zu Quellen und Wasserstellen und wollen ihr Vieh im Park weiden lassen. Durch Tötung von Wildtieren versuchten sie wiederholt, ihren Forderungen Nachdruck zu verleihen. Daraufhin wurden auch die letzten hier noch lebenden Nashörner eingefangen und umgesiedelt.

*Unterwegs mit Cynthia Moss

1972 startete Cynthia Moss das **Amboseli Elephant Research Project**, das weltweit älteste Forschungsprojekt mit wild lebenden Elefanten. Gemeinsam mit Dr. Joyce Poole konnten über 2000 Elefanten aus 58 Familien identifiziert werden, von denen noch 1400 leben. Seit 1999 werden anhand von Dungproben Abstammung, Vater und Verwandtschaften bestimmt. Über 13 Jahre studierte Moss, wie Elefantenkuh Echo ihre Familie durch Dick und Dünn führte. 18 Monate davon wurden dem Film »Echo of the Elephants« mit beeindruckenden Aufnahmen von Martyn Colbeck festgehalten. Eine Reise nach Kenia im Jahre 1968 änderte das Leben der Theater-Reporterin vom Newsweek Magazine grundlegend. Die Begegnung mit Iain Douglas-Hamilton legte die Grundlage dafür, dass sie zur führenden Expertin für Familienstrukturen, Lebenszyklen und Verhalten afrikanischer Elefanten wurde. Die nicht ganz preiswerten Tagesausflüge mit Cynthia Moss können über Tortilis Camp (▶S. 176) gebucht werden.
ⓘ www.elephanttrust.org.

Fata Morgana

Der südlich des Nationalparks auf tansanischem Staatsgebiet 5895 m hoch aufragende ▶**Kilimanjaro** beherrscht das Landschaftsbild, wenn ihn nicht gerade Wolken einhüllen. Den besten Blick auf den majestätischen Berg bieten frühe Morgenstunden oder der Sonnenuntergang. Der **Lake Amboseli** nimmt einen weiten Teil des Nationalparks ein. Allerdings füllt er sich nur nach heftigen Regenfällen für kurze Zeit mit Wasser. Er ist fast immer ausgetrocknet und präsentiert sich als weite staubige Ebene – dies erklärt seinen Namen: In der Sprache der Masai heißt »Amboseli« so viel wie **»Salzstaub«.** In der flirrenden Hitze sorgen Luftspiegelungen für Sinnestäuschungen, zeichnen vermeintliche Wasserflächen, wo nur Staub und Hitze sind.

Elefanten

Graue Giganten

Große Elefantenherden ziehen durch Ostafrikas Savannen, angeführt von erfahrenen Elefantenkühen. Von Touristen werden die Dickhäuter bewundert und bestaunt, von Wilderern brutal gejagt wegen ihres Elfenbeins. Mit vielen Bauern ringen sie um denselben Lebensraum.

▶ **Der afrikanische Elefant**
Anatomie einer Elefantenkuh

■ Kreislauforgane   ■ Organe des Nervensystems
■ Verdauungsorgane   ■ Harn- und Geschlechtsorgane

Die **Haut** ist 2–4 cm dick, an Augen und Achseln aber nur papierdünn. Sie ist mit ca. 10 m² das größte Organ.

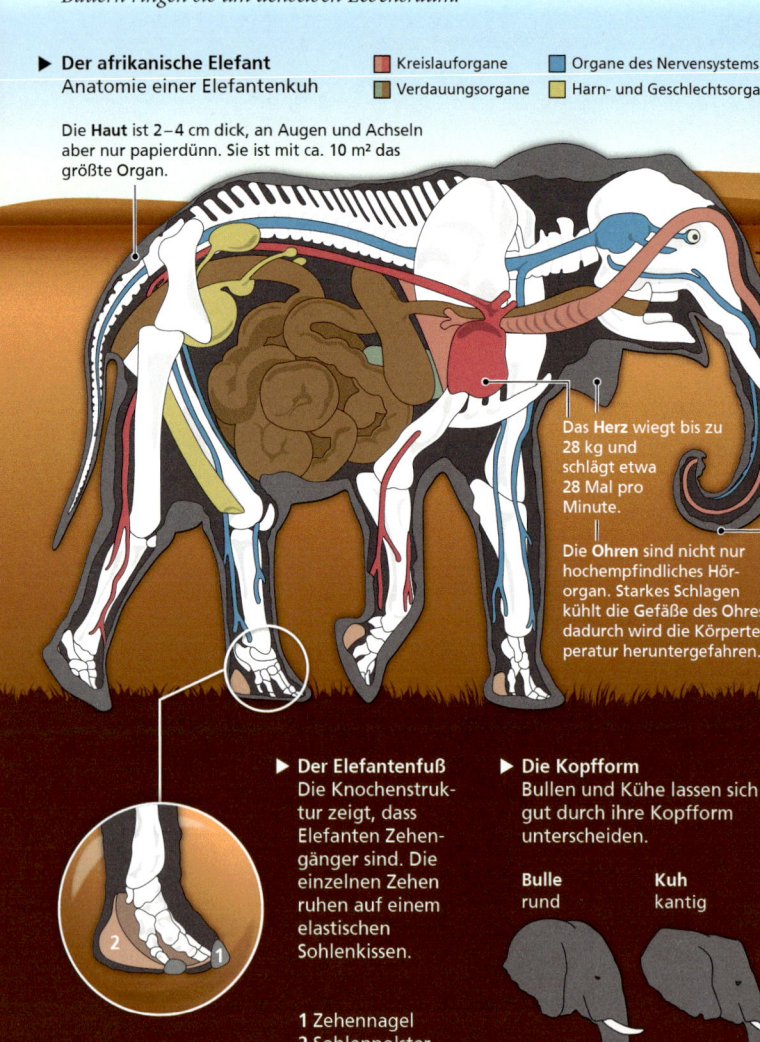

Das **Herz** wiegt bis zu 28 kg und schlägt etwa 28 Mal pro Minute.

Die **Ohren** sind nicht nur hochempfindliches Hörorgan. Starkes Schlagen kühlt die Gefäße des Ohres, dadurch wird die Körpertemperatur heruntergefahren.

▶ **Der Elefantenfuß**
Die Knochenstruktur zeigt, dass Elefanten Zehengänger sind. Die einzelnen Zehen ruhen auf einem elastischen Sohlenkissen.

1 Zehennagel
2 Sohlenpolster

▶ **Die Kopfform**
Bullen und Kühe lassen sich gut durch ihre Kopfform unterscheiden.

Bulle rund   **Kuh** kantig

Lebende Barriere gegen gefräßige Elefanten

Ein Zaun aus Bienenstöcken soll hungrige Dickhäuter von den Feldern der Farmer fernhalten, so ein Versuch in Laikipia, Samburu und Taita. Sobald ein Elefant den Draht am Zaun berührt, schrecken die Bienen auf, was schon ausreicht, um die Elefanten in die Flucht zu schlagen: Ein Stich in den Rüssel und sie sind nicht mehr in der Lage, sich zu ernähren.

▶ Süßer Nebeneffekt

Nutzpflanzen werden durch die Bienen bestäubt, ihre Erträge steigen und Honig liefern die Bienen auch.

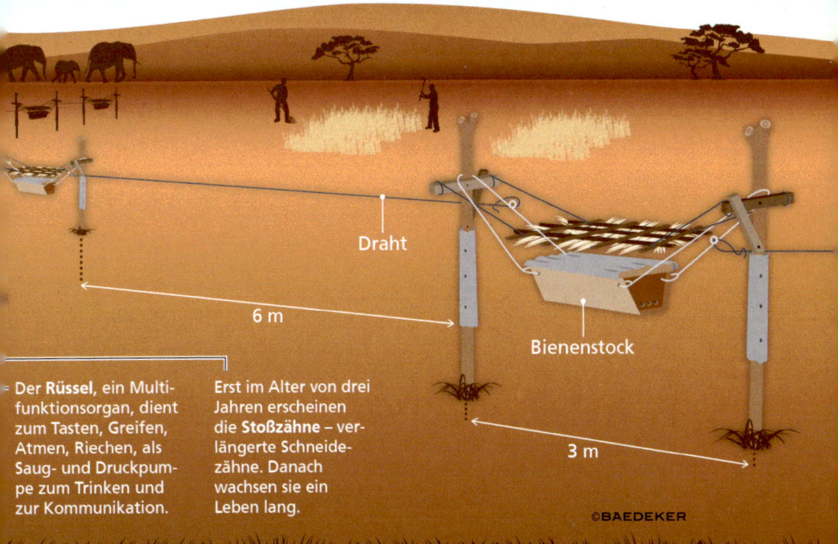

Draht

6 m

Bienenstock

3 m

- Der **Rüssel**, ein Multifunktionsorgan, dient zum Tasten, Greifen, Atmen, Riechen, als Saug- und Druckpumpe zum Trinken und zur Kommunikation.

Erst im Alter von drei Jahren erscheinen die **Stoßzähne** – verlängerte Schneidezähne. Danach wachsen sie ein Leben lang.

©BAEDEKER

▶ Gehirn Größenvergleich

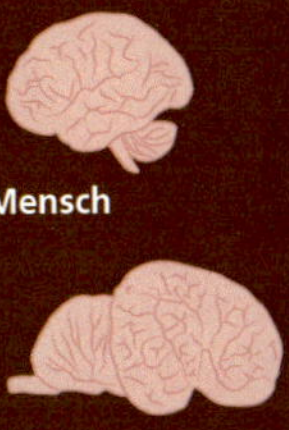

Mensch

Elefant

▶ Körpergewicht zu Gehirngröße

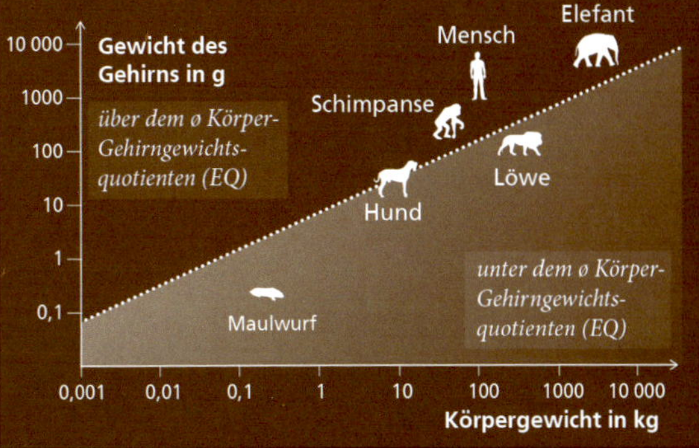

Gewicht des Gehirns in g

10 000 — Elefant
1 000 — Mensch
100 — Schimpanse
10 — Löwe
1 — Hund
0,1 — Maulwurf

über dem ø Körper-Gehirngewichts-quotienten (EQ)

unter dem ø Körper-Gehirngewichts-quotienten (EQ)

0,001 0,01 0,1 1 10 100 1 000 10 000
Körpergewicht in kg

Zu Füßen des schneebedeckten Kilimanjaro ziehen große Elefantenherden durch die weite Grassteppe des Amboseli-Nationalparks.

Schönheit in Gefahr Südöstlich des Lake Amboseli erstrecken sich weite **Sumpfgebiete**, die unterirdisch von Flüssen aus dem Kilimanjaro-Gebiet gespeist werden und das ganze Jahr über eine starke Wildkonzentration gewährleisten. Nördlich und östlich davon breitet sich **Trockensavanne** mit vereinzelten Akazienbäumen aus. Ihr Bestand hat sich in den letzten Jahren dramatisch verringert. Die relativ große Elefantenpopulation ist nur zum Teil dafür verantwortlich. Der durch Schmelzwasser vom Kilimanjaro gestiegene, salzhaltige Grundwasserspiegel zerstörte das Wurzelwerk der Bäume und bewirkte ihr Absterben. Aber auch der Tourismus trägt seinen Anteil an der **Umweltzerstörung**. Tag für Tag durchkämmen unzählige Kleinbusse den Nationalpark. Viele Fahrer verlassen die Pisten und versuchen ganz nahe an die Tiere heranzukommen, was die empfindliche Grasnarbe zerstört. Anders als in der ▶Masai Mara sind die Niederschläge im Amboseli relativ gering, die Vegetation ist daher spärlich und kann sich kaum regenerieren. So gingen 2009 unzählige Tiere, darunter 75 % aller Gnus, während der Dürre ein. Anfang 2010 waren aufgrund von Überschwemmungen viele Straßen unbefahrbar.

*Tiere zum Greifen nah Der Wildreichtum im Nationalpark ist außerordentlich groß, und in dem flachen, nur spärlich bewachsenen Gelände kann man neben den Pisten hervorragend riesige **Elefantenherden**, Büffel, Gnus, Zebras, Giraffen und Antilopen beobachten. Dank der ausgedehnten

Sumpfgebiete, in denen viele Flusspferde leben, ist auch der **Vogelreichtum** beachtlich – mehr als 400 verschiedene Arten konnten identifiziert werden. Um das Nationalparkgebiet zu erkunden, reicht ein einziger Tag aus, die Entfernungen sind gering. Die größte Distanz in Ost-West-Richtung beträgt knapp 40 km (ausgenommen Lake Amboseli), in Nord-Süd-Richtung rund 25 km. Die besten Möglichkeiten zur Tierbeobachtung ergeben sich am Rande der Sumpfgebiete.

> **BAEDEKER TIPP !**
>
> *Traumpanorama*
>
> Einen spektakulären Blick über die weite Ebene des Nationalparks hinüber zum Kilimanjaro bietet der kurze Aufstieg zum **Observation Hill**. Schautafeln auf dem Hügel erklären die geologische Entstehung sowie Flora und Fauna der Region. Häufig halten sich am Aussichtshügel einige Masai auf, die sich gern gegen Bezahlung fotografieren lassen.

UMGEBUNG DES AMBOSELI NATIONAL PARK

Gerade mal 60 km² ist das private Schutzgebiet des **Kisonko Clan** groß und ein Erfolg in Sachen Umweltschutz. Die Selenkay Conservation Area, eingerichtet 1996, grenzt nordwestlich an den Amboseli National Park und ist ein von der kenianischen Firma Porini Ecotourism gefördertes **Ökotourismus**-Projekt (▶S. 176). Die Kommune der Masai profitiert direkt vom Tier- und Naturschutz durch Einnahmen aus der Verpachtung des Landes, durch die Schaffung von Arbeitsplätzen und die Bereitstellung der Infrastruktur wie Zugangsstraßen, Wege für Pirschfahrten, Wasserlöcher und Camps. Im Schutzgebiet zeigen sich neben Elefanten, Löwen, Leoparden, Geparden, Giraffen und Zebras auch Schakale, afrikanische Wildkatzen, Gerenuks, Kudus und gestreifte Hyänen. Die Selenkay Conservation Area gilt als Vogelparadies, insbesondere für Raubvögel.

*Selenkay Conservation Area

❶ www.eco-resorts.com/Selenkay.php

✱ Kakamega Forest

B 5

Region: Lake Victoria
Fläche: 45 km²
Höhe: 1500 – 1700 m ü.d.M.

Einst erstreckte sich ein Regenwald über den gesamten Äquatorbereich des afrikanischen Kontinents. Das Kakamega Forest National Reserve ist das letzte Stück in Kenia, das hiervon erhalten blieb.

Kakamega Forest erleben

AUSKUNFT, EINTRITT
Kakamega National Reserve
P.O. Box 879, Kakamega
Tel. 020 241 84 19
Tgl. 8.00 – 18.00 Uhr
Eintritt Erw. $ 20, Kinder $ 10
www.kws.org
www.kakamegarainforest.com

ANREISE
Von Kisumu kommend, biegt man von der A 1 kurz vor Kakamega rechts auf eine 13 km lange Piste zum Dorf Shinyalu ab; von dort sind es 5 km bis zu einem mitten im Regenwald gelegenen Rasthaus. Von Norden kommend, fährt man 20 km nördlich von Kakamega von der A 1 zur Kakamega Forest Station ab.

OLÉ!
Zu Ehren mutiger Luhya-Krieger fanden an deren Gräbern in Kakamega früher Stierkämpfe statt. Heute gibt es sie zuweilen noch sonntags, z. B. in **Shinyalu** südlich von Kakamega. Anders als beim europäischen Stierkampf treten die Tiere hier auf einer Wiese gegeneinander an. Die Zuschauer treiben die Stiere mit Musikinstrumenten aus Horn an. Dabei wird auch viel lokales Bier genossen!

ÜBERNACHTEN IN KAKAMEGA UND ELDORET
Golf Hotel ❸❸
Khasakhala Road, Kakamega
Tel. 056 301 50
www.golfhotelkakamega.com
Eine Runde im Hotelpool schwimmen oder lieber im benachbarten Sports Club Golf, Tennis oder Squash spielen? Vom Garten aus sind der Mount Elgon und die Bunyore Hills schön zu sehen.

Eldoret Wagon Hotel ❸
Ecke Elgeyo Road/Oloo Street
P. O. Box 2408, Eldoret
Tel. 053 206 22 70
www.eldoretwagonhotel.co.ke
Das waren noch (koloniale) Zeiten, als sich hier die höheren Angestellten der Eisenbahn im Privatclub trafen. Das Restaurant ist wie ein langer Eisenbahnwaggon gebaut. Es bietet internationale Küche und »Nyama chomo« – Kenias Nationalgericht mit Grillfleisch von Rind oder Ziege.

ÜBERNACHTEN IM KAKAMEGA FOREST
Rondo Retreat Centre ❸
P. O. Box 2153, Kakamega
Tel. 056 302 68
www.rondoretreat.com
Jedes ihrer 18 Doppelzimmer haben Godfrey und Elisabeth Dawkins so hübsch wie individuell eingerichtet. Alkohol und Zigaretten sind im Rondo Retreat nicht erlaubt. Das macht aber nichts, der riesige Garten mit seinem über 500 Jahre alten Teakholzbaum und die speziellen ornithologischen Wanderungen bieten ausgiebigen Genuss.

Isecheno
KEEP Bandas ❸
Tel. 0726 95 17 64
www.kakamegarainforest.com/bandas.html
Die sechs Bandas bei der Isecheno Forest Station werden vom Kakamega Environmental Education Program (KEEP) geleitet. Sanfter Tourismus wird großgeschrieben. Daran denken: Bettwäsche mitnehmen. Wer möchte, kann für sich kochen lassen.

Kakamega Forest • ZIELE

Obwohl 1985 von dem rund 240 km² großen Kakamega-Wald 45 km² als **Kakamega Forest National Reserve** unter Naturschutz gestellt wurden, ist sein Bestand auch weiterhin von Abholzung bedroht. Noch vor wenigen Jahrzehnten bedeckte die gesamte Region zwischen ▶Mount Elgon und ▶Lake Victoria Regenwald. Für neues Acker- und Weideland und wegen Brennholzbedarf wurde er immer weiter abgeholzt. Bis heute ist die Forstverwaltung in erster Linie damit beschäftigt, **illegale Abholzung** zu verhindern. Dennoch gehen jährlich etwa 2 km² Regenwald verloren.

Regenwald in Gefahr

Die Vegetation hat sich an die für Regenwälder ungewöhnlich niedrige Niederschlagsmenge von jährlich weniger als 2000 mm angepasst und ist in mancherlei Hinsicht einzigartig. Viele der hier wachsenden Farne und neun der 60 **Orchideen**-Arten sind endemisch. Die meisten Exemplare der 350 verschiedenen Baumarten sind mit Lianen behangen – manche dieser **Urwaldgiganten** sind über 60 m hoch. Ebenso vielfältig wie die Flora ist die Fauna. Mehr als 400 verschiedene Arten von **Schmetterlingen** flattern durch das grüne Dickicht. Diadem-Meerkatzen, Colobus- und Kongoweißnasen-Äffchen schwingen sich von Ast zu Ast. Mit etwa 350 Arten ist die **Vogelwelt** reich vertreten, darunter Nashornvögel, Papageien, Turacos und Kronenadler. Auch Schlangen schätzen den Kakamega Forest als Lebensraum: Fast alle in Kenia vorkommenden Giftschlangen leben hier; zu sehen sind sie glücklicherweise nur selten – dennoch unbedingt festes Schuhwerk tragen!

***Baumriesen*

Exotischer Waldbewohner: der Somaliwebervogel

Sowohl die Kakamega Forest Station im Norden des Regenwaldgebietes als auch das Forest Rest House im Süden eignen sich als Ausgangspunkt für Wanderungen im Kakamega Forest – kleine Tafeln an den Bäumen der Parkwege informieren über lateinische und lokale Baumnamen. Reizvoll ist vom Forest Rest House der Spaziergang zum wenige Kilometer östlich aufragenden **Lirhanda Hill**. An klaren Tagen reicht hier der Blick über die Baumkronen bis zum ▶Mount Elgon. Im Norden kann man von der Forest Station zum 4 km entfernten Aussichtspunkt auf dem **Buyangu Hill** fahren oder gehen. Von dort hat man einen schönen Ausblick auf die Isiuku Falls.

Waldlehrpfade

UMGEBUNG DES KAKAMEGA FOREST

Kakamega

In der Hauptstadt der Provinz Kakamega findet jedes Jahr im November eine Landwirtschaftsmesse statt – bei den Besuchern sehr beliebt sind besonders »obusumaugali« (Maismehlpolenta) und »ingoleho« (Huhn, gebraten oder frittiert) . Die lebhafte Stadt ist Zentrum der **Luhya**, Kenias zweitgrößtem Stamm. In den 1920er-Jahren ergriff der Goldrausch auch Kakamega. Doch nur ein Schürfer hatte wirklich Glück: **Dan Noble**. Der ehemalige Postbeamte fand den »Elbon Nugget«. Sein Erlös brachte ihm genug ein, um das Stanley Hotel in ▶Nairobi zu erwerben.

Kingwal Swamp Conservancy

2009 entstand dieses **private Schutzgebiet** in der Nähe vom Kapsabet, nordöstlich vom Kakamega Forest. Hier leben fast 100 der bedrohten **Sitatunga-Sumpfantilopen** und fühlen sich so wohl, dass sie sich vermehren und nach neuen Lebensräumen suchen. Mit Hilfe vom KWS soll ein größeres Areal für sie ausgewiesen werden. In dem Gebiet kann gewandert werden. Auch Otter, Mungos und viele Wasservögel sind hier zu Hause.
Tel. 0721 72 99 80, www.fectokenya.org/kingswal

? BAEDEKER WISSEN

Hall of Fame

Aus Eldoret stammt der kenianische »Wunderläufer« **Hezekiah Kipchoge Keino** (geb. 1940). Viermal holte er olympisches Gold für Kenia, darunter 1972 in München eine Goldmedaille über 3000 m Hindernis. Dafür erhielt er den höchsten Staatsorden, sein Bild zierte seinerzeit die kenianische 20-Shilling-Note. Lange Jahre kümmerte er sich gemeinsam mit seiner Frau um Waisenkinder. Über 100 kamen auf ihre Farm Kazi Mingi – »viel Arbeit«. 1997 gründete die Kazi Mingi Foundation die Kip-Keino-Grundschule in Eldoret, 2005 folgte die St Bartholomew High School in Voi. Keino und seine Frau, die selbst sieben Kinder haben, wurden von der UNESCO mit dem Willi-Daume-Fairplay-Preis ausgezeichnet (www.kmf.org.uk).

Nahe der A 1, knapp 3 km südlich von Kakamega, befindet sich der »**Weeping Stone**«. Den 20 m hohen Granitfels krönt ein kugelförmiger Stein, der in einer Mulde liegt. Wenn es regnet, füllt sich die Mulde, läuft über und es scheint, als weine der Stein. Der Weg dorthin geht von der Straße ab etwa 10 Minuten über einen Fußweg durch die Shambas. Unbedingt vorher nach dem Pfad fragen!

Mit über 200 000 Einwohnern ist **Eldoret** einer der größten Orte des Landes. Die Region um Eldoret war zu Beginn des 20. Jh.s ein Siedlungszentrum burischer Einwanderer aus Südafrika, 58 Familien, die seinerzeit mit Ochsenkarren nach Kenia zogen. Die auf 2100 m Höhe gelegene Stadt nahm ihren Ursprung als **Poststation** auf einer Farm und wurde anfangs »64« genannt, weil sie auf der Ochsenkarrenroute 64

Meilen von Londiani entfernt lag. 1912 als Verwaltungszentrum aufgewertet erhielt sie den Namen Eldoret nach dem Masai-Wort »Eldore« – Fluss mit vielen Steinen. Eldoret ist übrigens Partnerstadt von Bad Vilbel in Hessen. Lange Zeit hatte die Landwirtschaft große Bedeutung und das nahe gelegene Uasin Gishu Plateau galt als Brotkorb von Kenia. 2008 erlangte Eldoret weltweit traurige Aufmerksamkeit, da eine Kirche in Brand gesetzt wurde und 80 Menschen darin verbrannten. Einer der großen Arbeitgeber ist die **Moi-Universität**, die auch eine gute medizinische Abteilung hat. Das Zentrum der aufstrebenden Handelsmetropole wirkt mit seinen vielen Läden, Banken und Hotels relativ städtisch. In krassem Kontrast dazu stehen die Elendsviertel in den Randgebieten – in den letzten Jahren hatte Eldoret einen erheblichen Bevölkerungszuwachs zu verzeichnen. Die besten Einkaufsmöglichkeiten bietet das **Eldo Centre** an der Hauptstraße, der Uganda Road – vor allem der Supermarkt ist gut sortiert. Unweit südlich davon befindet sich der große Markt.

Im März 2013 eröffnete kurz vor **Iten** an der Straße zwischen Kabarnet und Eldoret das Museum über die Kultur der Keiyo und Marakwe sowie über die Kolonialzeit. Auf dem Museumsgelände befinden sich gut erhaltene Sirikwa Holes aus dem 17. und 18. Jahrhundert. — **Tambach Museum**
🛈 tgl. 8.30 – 18.00 Uhr, Eintritt Erw. Ksh 500, www.museums.or.ke

✯✯ Kilimanjaro National Park

✦ E 8 / 9

Staat: Tansania
Fläche: 753 km²
Höhe: 1830 – 5895 m ü.d.M.

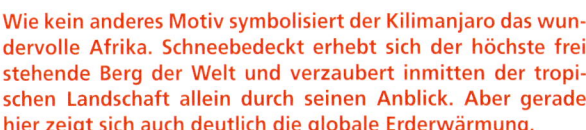

Wie kein anderes Motiv symbolisiert der Kilimanjaro das wundervolle Afrika. Schneebedeckt erhebt sich der höchste frei stehende Berg der Welt und verzaubert inmitten der tropischen Landschaft allein durch seinen Anblick. Aber gerade hier zeigt sich auch deutlich die globale Erderwärmung.

Zwar liegt der höchste Berg Afrikas auf dem Staatsgebiet von **Tansania**, doch schon der Blick vom Süden Kenias – vor allem vom ▶Amboseli National Park – hinüber zum Kilimanjaro ist faszinierend. Der Name Kilimanjaro geht auf den Satz des Chagga-Volkes **»Kilema Kyaro«** zurück, der so viel bedeutet wie »Der, der nicht erobert werden kann«. Die Deutschen machten daraus Kilimandscharo, arabische Sklaven und Swahili sprechende Völker Kilimanjaro. Die höheren Lagen des Kilimanjaro wurden 1973 zum **Nationalpark** und 1987 zum **UNESCO-Weltnaturerbe** erklärt. — **Höchster Berg Afrikas**

ZIELE • Kilimanjaro National Park

Einer der Seven Summits

Mit fast 6000 m ist der Kilimanjaro nicht nur der höchste Berg Afrikas, sondern zählt auch zu den »Seven Summits«, den jeweils höchsten Bergen der sieben Kontinente. Er erhebt sich majestätisch über die umgebende Savannenlandschaft und bietet mit seiner weißen **Schneekuppe** einen überwältigenden Anblick. Das fast 60 km lange und etwa 40 km breite Bergmassiv besteht aus drei einzelnen Vulkanen, dem 3943 m hohen **Shira** im Westen, dem **Kibo**, dessen höchster Gipfel als **Uhuru Peak** (5895 m) bezeichnet wird, und dem 5149 m hohen **Mawenzi** im Osten. Der Gipfel des Kibo ist nicht abgeflacht, wie es aus der Ferne scheint, sondern bildet einen 180 m tiefen Krater mit einem Durchmesser von 2 km. Inmitten dieser **Caldera** befindet sich ein kleinerer Kessel, der einen Durchmesser von gut 800 m hat und in dessen Mitte ein 120 m hoher Aschekegel aufragt.

Riesenvulkan

Der Kilimanjaro ist ein **ruhender Vulkan**. Zu letzten Eruptionen kam es vor 200 Jahren. Heute beschränkt sich die vulkanische Tätigkeit auf den Austritt von Schwefelgasen. Die Entstehung des Kilimanjaro steht in Zusammenhang mit den gewaltigen Erdbewegungen im **Rift Valley**, bei denen sich entlang des Grabenbruchs Tausende von Vulkanen bildeten. In seiner heutigen Form entstand der Kilimanjaro vor 750 000 Jahren. Die aus dem Riesenvulkan quellenden Lavamassen lagerten sich Schicht um Schicht übereinander ab.

Erste Besteigung des Kibo

»Dass der Gipfel des Kilimanjaro (deutsch: Kilimandscharo), wahrscheinlich des höchsten afrikanischen und zweifellos des höchsten deutschen Berges, der von einem Deutschen (**Rebmann**) entdeckt und von einem Deutschen (von der Decken) zuerst näher untersucht worden ist, nach allen Bemühungen englischer Reisender doch zuerst von einem deutschen Fuß betreten werde«, erschien dem deutschen Geografen **Dr. Hans Meyer** (1858 – 1929) »fast als eine nationale Pflicht«, wie dieser in seinem 1890 erschienenen Buch »Ostafrikanische Gletscherfahrten« schrieb.
Meyer hatte in Europa, Asien, Nord- und Südamerika Berge und Vulkane erklommen, bevor er sich 1887 an den Bergriesen in Deutsch-Ostafrika – dem heutigen Tansania – wagte. Bei dieser ersten Expedition konnte Meyer immerhin bis in eine Höhe von 5500 m vordringen. Dann musste er mangels adäquater Bergsteigerausrüstung umkehren. Seine zweite Expedition ein Jahr später scheiterte infolge eines Araber-Aufstandes an der Küste. Doch der Geograf gab nicht auf. 1889 unternahm er den dritten Versuch. Diesmal begleiteten ihn **Ludwig Purtscheller**, ein weithin bekannter Alpinist, und 47 schwarze Träger. Meyer wollte nichts dem Zufall überlassen. Auf einem Plateau in 4400 m zwischen den Gipfeln von Kibo und Mawenzi errichtete er ein Standlager, wo er mit seinen Leuten so lange ausharren wollte, bis die **Erforschung des Kibo**, des höchsten Kilimanjaro-Gipfels, abgeschlossen sein würde. Diesmal war für ange-

messene Bergsteigerausrüstung gesorgt: warme Wollkleidung, Wollhandschuhe, starke, genagelte Bergschuhe, Rucksäcke, Eispickel, Gletscherseile, Schneebrillen und Schneeschleier. »Herr Purtscheller war dazu noch glücklicher Besitzer von Steigeisen, während die meinigen in Aden mit den Zelten nach Ceylon gewandert waren.«
Am frühen Morgen des **2. Oktober 1889** wagten sie den Vorstoß zum **Kibo**. Kurz nach 7.00 Uhr erreichten sie, nach einem anstrengenden Aufstieg über Lavablöcke, festen Fels und losen Schutt, den Bergkamm. »Alle 10 Minuten mussten wir jedoch ein paar Augenblicke stehen bleiben, um den Lungen und dem Herzschlag eine kurze Beruhigung zu gönnen ...«, so dauerte es noch einmal fast drei Stunden, bis sie zur Eisgrenze in 5480 m Höhe gelangten. In äußerst mühsamer Arbeit begannen sie Stufen ins Eis zu hauen. Nur langsam ging es an der glatten Wand aufwärts. Immer schwieriger wurde der Gang über die Eisoberfläche, immer wieder brachen sie ein. Ihre Kräfte nahmen besorgniserregend schnell ab. »Endlich, gegen 2 Uhr, näherten wir uns dem höchsten Rand. Noch ein halbes Hundert mühevoller Schritte in äußerst gespannter Erwartung, da tat sich vor uns die Erde auf, das Geheimnis des Kibo lag entschleiert vor uns: den ganzen oberen Kibo einnehmend öffnete sich in jähen Abstürzen ein **riesiger Krater.**« Noch immer hatten sie nicht den höchsten Punkt erklommen. Für weitere anderthalb Stunden reichten ihre Kräfte jedoch nicht aus. In drei Tagen wollten sie es wieder wagen. Tatsächlich erreichten sie am 6. Oktober – Purtschellers Geburtstag – den **5895 m hohen Hauptgipfel.** »Ich pflanzte auf dem verwetterten Lavagipfel mit dreimaligem, von Herrn Purtscheller kräftig sekundierten ›Hurra‹ eine kleine, im Rucksack mitgetragene deutsche Fahne auf und rief frohlockend: Mit dem Recht des ersten Ersteigers taufe ich diese bisher unbekannte, namenlose Spitze des Kibo, den höchsten Punkt afrikanischer und deutscher Erde: **Kaiser-Wilhelm-Spitze.**« Wenige Tage später stieg der Gelehrte für naturwissenschaftliche Forschungen ein weiteres Mal auf den Kibo. Im Sommer 1898 konnte Hans Meyer, der 1915 bis 1928 einen Lehrstuhl für Kolonialgeografie in Leipzig innehaben sollte, mit einer dritten Kilimanjaro-Reise »die allgemeine Erforschung des ostafrikanischen Bergriesen zum Abschluss bringen«, wie er im Vorwort seines 1900 in Berlin erschienenen Buches **»Der Kilimandscharo«** schrieb.

Als erster Europäer erreichte der deutsche Missionar Johannes Rebmann 1848 das Gebiet des Kilimanjaro.

Kilimanjaro erleben

AUSKUNFT
Tanzania National Parks
P. O. Box 3134 Arusha, Tanzania
Tel. 00255 27 250 34 71
Tgl. 6.00 – 18.30 Uhr
Eintritt Erw. $ 70, Kinder $ 20
www.tanzaniaparks.com

AUF DAS DACH AFRIKAS
Von ▶Nairobi erreicht man **Moshi** am Fuß des Kilimanjaro nach ca. 400 km per Bus oder Auto auf gut ausgebauten Straßen über den Grenzübergang Namanga. 40 km westlich von Moshi liegt der **Kilimanjaro International Airport**. Eine Besteigung des Kilimanjaro ist das ganze Jahr über möglich. Von Dez. bis Feb. ist das Wetter am wärmsten und die Sicht am klarsten. Von Juli bis Sept. ist es zwar auch trocken, aber weniger warm. Im Gipfelbereich sinkt das Thermometer nachts bis auf minus 20 °C, tagsüber kann sich die Temperatur durch intensive Sonneneinstrahlung schnell erwärmen – die Unterschiede zwischen Tag und Nacht betragen bis zu 40 °C! Die höheren Lagen oberhalb 2200 m sind in den Morgenstunden meist wolkenfrei. Dann bilden sich durch Erwärmung des Bodens und die dabei verdunstende Feuchtigkeit Wolken, die den Berg an vielen Tagen im Jahr völlig einhüllen. Sinkende Temperaturen und Winde sorgen in den späteren Nachmittagsstunden dafür, dass sich die Wolkenschicht wieder auflöst.

ÜBERNACHTEN
Hatari Lodge und Shu'mata Camp ●●●●
P. O. Box 3171, Arusha
Tel. 00255 27 255 34 56
www.hatarilodge.de
1906 errichtete Margarete Trappe am Fuß des Mount Meru nahe der Momella-Seen eine große Farm. 1960 startete John Wayne im Hollywood-Klassiker »Hatari!« von hier zur Großwildjagd. Sein deutscher Kollege Hardy Krüger verliebte sich in das Anwesen und machte es für viele Jahre zu seiner afrikanischen Heimat. 2014 feierte Familie Gabriel das zehnjährige Bestehen ihres exklusiven Safarihotels mit neun Zimmern – eine gelungene Mischung aus afrikanischem Retrostil und 1970er-Jahre-Design. Die Lodge befindet sich im Arusha National Park. Für die Übernachtungen dort müssen zuvor Parkgebühren entrichtet werden. Hatari Lodge bietet eine leckere Küche und tolle Safaris abseits des Massentourismus rund um den Kilimanjaro von Mount Meru bis Sansibar. »Über den Wolken«, Shu'mata, nannten Marlies und Jörg Gabriel ihr Camp zwei Stunden Autofahrt entfernt in der Sinya-Steppe am Fuße des Kilimanjaro – fünf nostalgische Safarizelte wie zu Hemingways Zeiten.

Gelungener Retrostil: Hatari Lodge

Kilimanjaro National Park • ZIELE

Kigongoni Lodge ●●
P. O. Box 11952, Arusha
Tel. 00255 754 26 48 45
www.kigongoni.net
10 km östlich von Arusha auf der Straße nach Moshi befindet sich die 30 ha große Anlage. 18 Cottages mit offenem Kamin, tropischer Garten mit Pool sowie ein traumhafter Blick zum Kilimanjaro.

Kilemakyaro Mountain Lodge ●●
P. O. Box 6611, Moshi
Tel. 00 255 27 275 49 49
www.kilimanjarosafari.com
1909 erbauten deutsche Siedler das Haupthaus der Farm, die heute Arabica-Kaffee anbaut und Gemüse für die gemütliche Lodge mit 40 Zimmern in frei stehenden Hütten liefert.

Marangu Hotel ●
P. O. Box 40, Moshi
Tel. 00 255 27 275 65 94
www.maranguhotel.com
Jahrzehntelange Trekkingerfahrung findet man auf dem charmanten Familienbesitz mit Panoramablick. Die Hütten im weitläufigen Garten am Fluss sind komfortabel; zur Anlage gehört auch ein guter Campingplatz.

LESESTOFF

»Eine Farm in Afrika«, Bastei 2012. Einblicke in das aufregende Leben des Schauspielers **Hardy Krüger** in seiner Wahlheimat Tansania mit ihren Stolpersteinen und unvergesslichen Erinnerungen. Rolf Ackermann: »Die weiße Jägerin«, dotbooks 2012. Die Lebensgeschichte der couragierten Schlesierin **Margarete Trappe** – in Deutschland wurde sie durch den TV-Zweiteiler »Momella, eine Farm in Afrika« bekannt.

Die Welt im Kleinen

Bei einer Besteigung des Kilimanjaro durchquert man **fast alle Klimazonen der Erde**, die natürlich völlig unterschiedliche Vegetationsformen aufweisen. Am Fuße des Berges erstreckt sich **Trockensavanne**, die als Weidefläche und mit Bewässerung für den Anbau von Mais, Weizen und Hirse genutzt wird. Ab etwa 1300 m Höhe geht sie in eine **Feuchtsavanne** über, in der der Anbau von Kaffee und Bananen möglich ist. Zwischen 1500 und 1800 m beginnt der dichte **Bergregenwald**. Ergiebige Niederschläge lassen hier eine artenreiche Vegetation gedeihen, viele der uralten bis zu 40 m hohen Baumriesen sind mit Orchideen, Farnen, Moosen und Flechten bewachsen. Der häufig nebelverhangene Waldgürtel reicht bis in Höhen von 3000 m hinauf. Darüber wachsen bis in Höhen von 4200 m Baumheiden und Gräser, vielerorts erstrecken sich ausgedehnte Moorflächen. Zu den auffallendsten Pflanzen in dieser Zone gehören bis zu 3 m hohe Lobelien und Proteen.

In der anschließenden **Felszone** können nur noch Flechten und einige Moose überleben. Die **Gletscher** reichen bis auf 4500 m hinab. Schon seit Jahren ist zu beobachten, dass die **Eismassen dramatisch abnehmen**, sodass derzeit ein völliges Verschwinden der Gletscher bereits im nächsten Jahrzehnt vermutet wird. Für die Tier- und Pflanzenwelt hätte das verheerende Auswirkungen. Vor allem der

Shira Camp: Das Wechselspiel des Lichts am Kibo ist unvergesslich.

Bergregenwald ist Lebensraum für eine **Vielzahl von Säugetieren**, die allerdings wegen der dichten Vegetation nur selten zu entdecken sind. Der Bestand von Elefanten wird im Nationalpark auf etwa 1000 geschätzt, daneben kommen Büffel, Elenantilopen, Bergriedböcke, Hyänen, Klippspringer, einige Duckerarten oder auch Leoparden vor. Noch am leichtesten zu beobachten sind Affen, in den tieferen Lagen Paviane, im Waldgürtel die schwarzen Colobus-Affen oder Diadem-Meerkatzen, die die Bäume nach Insekten und Früchten absuchen.

Moshi Ausgangspunkt für die Besteigung des Kilimanjaro ist häufig Moshi auf 800 m Höhe am südlichen Bergfuß, mit mehr als 165 000 Einwohnern eine der größeren Städte Tansanias. Die Erzeugnisse aus dem fruchtbaren Umland, in dem vor allem Kaffee, Mais und Bananen angebaut werden, kann man auf dem farbenfrohen Markt erstehen. In Moshi gibt es einige einfachere Hotels, Restaurants und Reiseveranstalter, die Trekkingtouren anbieten oder die Hatari Lodge im Arusha National Park. Für viele ist Moshi jedoch nur Durchgangsstation auf dem Weg in das 40 km entfernte **Marangu Village**, das bereits auf 1800 m Höhe liegt. Unterkunft findet man dort in zwei angenehmen Hotels (▶S. 189), die ebenfalls Touren zum Gipfel des Kilimanjaro organisieren. 7 km weiter liegt der Haupteingang zum **Kilimanjaro National Park**.

** BESTEIGUNG DES KILIMANJARO

Trekkingtouren

Rund um den Kilimanjaro beginnen etwa zehn Trekkingrouten. Sie stoßen allesamt auf den North bzw. South Circuit Path. Von diesem Pfad, der den Gipfel in etwa 4000 m Höhe umläuft, führen noch vier verschiedene Routen zum Gipfel. Bergsteigerische Erfahrung benötigt man für den Aufstieg auf der **Marangu-Route** nicht, aber eine gute Kondition und die Fähigkeit 6 bis 8 Stunden am Stück zu gehen. Fast 90 % aller Kilimanjaro-Besteiger wählen diese Route. Landschaftlich mit die schönste und technisch nicht schwer ist die **Machame Route**, die im Dorf Machame beginnt. Die Glücklichen, die den »Gipfel der Freiheit« erklommen haben, erhalten bei Verlassen des Nationalparks eine **Urkunde**.

Weniger als die Hälfte derer, die jeden Tag antreten, schaffen es tatsächlich zum Uhuru Peak. Vielfach bekommen auch sehr sportliche Menschen Probleme mit der **Höhenkrankheit** (▶S. 415). Ganz ohne Beschwerden gelangt kaum jemand auf den höchsten Gipfel Afrikas! Warme Kleidung, Regenschutz, Thermosflasche, Stirnlampe, warmer Schlafsack und festes Schuhwerk sind obligatorisch. Für die Besteigung benötigt man **sechs bis sieben Tage**, ein zusätzlicher Tag in 3500 – 4000 m Höhe erleichtert die Akklimatisierung. Einzelbesteigungen sind nicht erlaubt und auch nicht sinnvoll. Nicht nur bei plötzlich auftretendem Nebel kann man sich leicht verirren.

Wer nicht bereits im Voraus eine **organisierte Trekkingtour** gebucht hat, kann dies noch in Moshi oder Marangu Village tun. Neben einem Führer werden die Gruppen auch von Trägern begleitet. Auf jeden Touristen kommt mindestens ein Träger, der bis zu 15 kg Gepäck schleppt. Die organisierten Touren zum Gipfel kosten zwischen $ 1300 und 1900, darin sind die (beachtlichen) Nationalparkgebühren nicht immer enthalten. Bitte denken Sie daran, dass auch die **Träger** nicht leer ausgehen – **Trinkgelder** geben Sie am besten jedem persönlich. Achten Sie darauf, dass die Träger adäquat gekleidet sind und nicht zu viel tragen. Das **Kilimanjaro Porters Assistance Project** (KPAP) hat Richtlinien für Ausrüstung und Umgang mit Trägern herausgegeben (www.kiliporters.org).

> **BAEDEKER TIPP**
>
> ### ! Trekking total
>
> Sieben Tage dauert die Trekkingtour mit Karawane Reisen ab Arusha über die **Marangu-Route** auf den Kilimanjaro. Übernachtet wird nach einer ersten leichten Wanderung im Mandara Hut. Zur besseren Akklimatisierung kann man dann für zwei Nächte auf 3720 m im Horombo Hut bleiben, bevor es zum Kibo Hut auf 4572 m weitergeht. Gegen 1.00 Uhr früh beginnt von dort der Aufstieg zum Gilman's Point, um in 5685 m den Sonnenaufgang zu erleben. Ganz Sportliche schaffen auch noch die letzte Etappe zum Uhuru Peak. Der Abstieg erfolgt mit einer Übernachtung über Horombo Hut (www.karawane.de).

** Mount Kilimanjaro

Der Kilimanjaro macht es seinen »Bezwingern« leicht: Gute körperliche Fitness, genügend Zeit für die Akklimatisierung und die richtige Routenwahl sind beste Voraussetzungen, um das Dach Afrikas zu erklimmen.

❶ Marangu-Route (Coca-Cola-Route)
Auf der leichtesten Aufstiegsroute wird in drei Basis-Camps übernachtet. Die Hütten mit Toiletten und Waschgelegenheit für 100 – 200 Gäste reichen in der Saison kaum aus! Auch diese Route erfordert ausreichend Zeit zur Akklimatisierung, weshalb längst nicht jeder den Gipfel erreicht. Der Aufstieg geht über 6 bis 7 Tage durch subtropischen Wald, Wiesen und Moore, über steinige Geröllfelder und ewiges Eis. Meist planen Trekkingführer ihre Touren so, dass ihre Gruppe Gilman's Point am Kraterrand zum atemberaubenden Sonnenaufgang erreicht – ein unvergessliches Erlebnis! Der Blick auf die blanken Eisfelder und in den schneebedeckten Kratergrund entschädigt für die Mühen des Aufstiegs. Wer wirklich ganz oben stehen möchte, meistert in weiteren 2 bis 3 Stunden auch die letzte Etappe zum Uhuru Peak in 5895 m Höhe, dem höchsten Punkt Afrikas. Der Abstieg bereitet in der Regel kaum Probleme, für gewöhnlich wird eine Übernachtungspause in der Horombo Hut eingelegt.

❷ Mweka-Route, ▶S. 193

❸ Umbwe-Route
Die landschaftlich eindrucksvolle Route stellt die größte Herausforderung an Bergwanderer. Sie beginnt beim gleichnamigen Parktor in 1400 m Höhe. Zunächst führt sie über sanft ansteigende Waldpfade, später über einen steilen Bergkamm, der nur für ambitionierte Gipfelstürmer zu empfehlen ist. Übernachtet wird im Schutz von Höhlen oder Felsvorsprüngen im Zelt.

❹ Machame-Route
Mit ihrem Blick zum Mount Meru und ihrer wilden, unberührten Natur gehört die Machame-Route zu den schönsten Aufstiegen des Berges. Auf- und Abstieg bilden eine Schleife, sodass man ein immer wechselndes Panorama vor sich hat. Der relativ graduelle Anstieg ermöglicht eine allmähliche Akklimatisierung, steilere Passagen und anspruchsvolle Kletterpartien inklusive. Für Hin- und Rückweg müssen sechs bis sieben Tage eingeplant werden. Die auf der Route befindlichen Hütten lassen das Zelten attraktiver erscheinen.

❺ Shira-Route
Bevor es in 4600 m über den Lava-Tower geht, sind einige Tage zur Akklimatisierung beim Shira Camp in 3840 m Höhe erforderlich – mit etwas Glück erleben Sie hier einen traumhaften Sonnenuntergang mit dem gewaltigen Kibo-Kegel als Kulisse.

❻ Rongai-Route
Die Erlaubnis für den Rongai-Aufstieg ist nur in Marangu erhältlich und erfordert somit eine längere und teure Anfahrt. Vorteil: Diese Route, die in sechs Tagen absolviert werden kann, ist nicht so überlaufen. Die Vegetation auf der Strecke ist spärlich, der Weg karg, daher wird sie auch »Wüstenroute« genannt. Wunderbar sind der Ausblick auf den Uhuru-Gipfel und den einer Burg ähnlichen Mwawenzi-Gipfel.

UMGEBUNG DES KILIMANJARO

**Arusha National Park
Vom Kilimanjaro International Airport folgt man der A23 in Richtung Arusha. Bei Usa River geht es der Beschilderung (mit einem Colobus-Affen) folgend rechts ab zum kleinen, aber feinen und abwechslungsreichen Arusha National Park. Auf einer Fläche von 542 km² beherbergt er den **Ngurdoto Crater**, auch »Little Ngorongoro« genannt, die »Little Serengeti«-Ebene, die Momella-Seen und den fünfthöchsten Berg Afrikas, den **Mount Meru**. Am Momella Gate beginnt eine Fuß-Safari, eine Wanderung zu Büffeln, Giraffen und Warzenschweinen in Begleitung eines bewaffneten Rangers. An den Flussufern sind auch schwarz-weiße Colobus-Affen zu Hause. In den 1960er-Jahren war der Nationalpark Drehort für den Hollywood-Klassiker »Hatari« mit John Wayne und Hardy Krüger in den Hauptrollen (▶Hatari Lodge, S. 188). Viele Szenen wurden auf dem ehemaligen Anwesen der Trappe-Familie gedreht, zu der auch die heutige Momella Wildlife Lodge gehörte. Zahlreiche Fotos an den Wänden der Lodge erzählen von den Dreharbeiten. Zum Nachmittagstee oder Kaffee sollte man sich im Voraus anmelden. An klaren Tagen ist der Kilimanjaro von der Lodge aus zu sehen.

Momella Gate ist auch der Ausgangspunkt für eine **Besteigung des Mount Meru**. Vermutlich war dieser Berg noch bis vor 250 000 Jahren so hoch wie der Kilimanjaro. Ein gewaltiger Ausbruch ließ jedoch seine östliche Wand abreißen. Fritz Jäger erreichte als erster Mensch 1904 den Gipfel. Der Aufstieg bis zum 4565 m hohen Gipfel kann in drei Tagen bewältigt werden und gilt als eine optimale Vorbereitung für eine Kilimanjaro-Besteigung.

⏱ tgl. 6.30 – 18.30 Uhr, Eintritt Erw. $ 45, Kinder $ 15
www.tanzaniaparks.com
🏨 **Momella Wildlife Lodge**: Tel. 0255 27 250 64 23
www.lions-safari-intl.com/momella.html

** Laikipia & Lewa

✈ D/E 5

Region: Safarigebiet Nord
Fläche: 8093 km²
Höhe: 1700 – 2600 m ü.d.M.

Abseits der Touristenströme hat sich in Laikipia eines der schönsten und nachhaltigsten Wildschutzgebiete in ganz Kenia entwickelt mit einer Vielzahl bedrohter Tierarten und einem außergewöhnlichen Angebot an familien- und kommunalbetriebenen Unterkünften sowie unterschiedlichsten Aktivitäten.

Bizarr geformt: das ewige Eis am Kraterrand des Kibo-Kegels

Kibo Hut

Mawenzi Hut

Mawenzi
5149 m

Horombo Hut

Und zum Abschluss ein kühles, erfrischendes Kilimanjaro-Bier.

Mandara Hut

Park Gate and Headquater
❶ Maranga-Route

Den schönsten Blick auf den Kilimanjaro hat man vom Amboseli National Park.

Laikipia und Lewa erleben

AUSKUNFT
Laikipia Wildlife Forum
P. O. Box 764, Nanyuki
Tel. 020 216 66 26, www.laikipia.org
Naturschutzabgabe $ 40 – $ 100
pro Person und Tag

REISEZEIT UND VERKEHR
In Laikipia ist das ganze Jahr über Reisezeit. Während der Regenmonate April, Mai und Nov. haben einige Unterkünfte geschlossen. Mit dem Auto reist man von ▶Nairobi (225 km) über Thika, Nyeri und Nanyuki an. Einige Lodges holen ihre Gäste von Nairobi ab oder verfügen über eigene Landepisten. Flugverbindungen gibt es mit Air Kenya und Safarilink vom Wilson Airport / Nairobi nach Nanyuki oder Lewa Downs. Tropic Air in Nanyuki bietet Privatcharter an.

LEWA FURNITURE
Nicht missen sollten Sie den Besuch der Tischlerei und Teppichweberei von Lewa Wilderness Trails (▶S. 196). Schauen Sie zu, wie lokale Schreiner wunderschöne Möbel aus Akazienholz herstellen und wie die Wolle für die Teppiche gesponnen und gewebt wird (www.lewawilderness.com/communitycrafts.html).

KAMELSAFARIS
Sie heißen Ndera und Lenkaya, haben wunderschöne Wimpern, einen etwas blasierten Blick und ihre Lieblingsbeschäftigung ist Wiederkäuen. Hoch bepackt tragen die beiden Kamelherren wie ihre Artgenossen klaglos das Safari-Gepäck! Eine Kamelsafari, bei der übrigens mehr gewandert als geritten wird, sollten Sie sich nicht entgehen lassen. Zumal die Samburu-Führer Sie an ihrem

Kunstvolle Handarbeit aus Akazienholz: ein Stuhl von Lewa Furniture

unerschöpflichen Naturwissen teilhaben lassen. Kamelsafaris von einigen Stunden bis mehreren Wochen werden von fast allen Lodges in Laikipia und den Lewa Downs angeboten.

ÜBERNACHTEN IN LAIKIPIA
❶ *Loisaba Wilderness* ❹❹❹❹
P. O. Box 1348, Nanyuki
Tel. 062 310 72, www.loisaba.com
Mitte April – Mai geschl., ▶Abb. S. 197
Die Loisoba Ranch lädt Sie ins größte Schlafzimmer der Welt ein: in die Kiboko-Sternenbetten unter freiem Himmel, gut bewacht von Masai-Kriegern. Wohnen Sie in reetgedeckten Stelzenhütten, im Cottage, im Privathaus oder in der eleganten Lodge mit endlosem Blick über die wildreiche Ebene. Haus und Lodge fielen 2013 einem Buschfeuer zum Opfer und wurden 2014 neu erbaut. Abends sitzt man vor dem offenen Kaminfeuer und speist leichte kenianische Gerichte. Unvergessliche Eindrücke garantieren geführte Buschwanderungen (▶Abb. S. 140), Pirschfahrten, Reitausflüge, Rafting auf dem Ewaso Ngiro River, Quadtouren und Rundflüge.

❷ Ol Malo ❸❸❸❸
P.O. Box 1493, Nanyuki
Tel. 062 327 15, www.olmalo.com
Jedes der 4 exklusiven Cottages und das Ol Malo House von Colin und Rocky Francombe blicken auf eine Wasserstelle, an der man Elefanten und Leoparden trinken sehen kann. Tochter Julia schafft mit ihrem Projekt Ol Malo Design eine Einkommensmöglichkeit für Samburu-Frauen und hilft, ihre Perlenkunst zu erhalten, die man auf der Ranch auch kaufen kann. Kinder sind gern gesehen und können mit der zahmen Tendala auch mal eine Kudu-Dame bestaunen.

❸ Ol Pejeta ❸❸❸❸
Tel. 020 203 32 44
www.olpejetaconservancy.org
Sechs traditionelle Safari-Zeltcamps hat das preisgekrönte Bush Camp am Ufer des Ewaso Nyiro River. Hier können Sie bei Alex und Diana Hunter lernen, wie man die Spuren von Löwen und Nashörnern liest und wie auf der Ranch die frei lebenden Boran-Rinder gezüchtet werden. Fleisch, Biogemüse und Honig kommen von der Ranch, Fitnessfans können bis auf 1800 m Höhe laufen oder den ▶Mount Kenia geführt besteigen. Hier befindet sich das größte Nashornschutzgebiet Ostafrikas mit 120 Breitmaulnashörnern und das Sweetwaters Chimpanzee Sanctuary, der einzige Ort im Land, wo Schimpansen zu sehen sind.

❹ El Karama Ranch ❸❸
P.O. Box 172, Nanyuki
Tel. 0727 53 20 91
www.laikipiasafaris.com
Die Rinderfarm nördlich von Sweetwaters bietet für Selbstversorger drei Bandas, zwei Cottages und Camping an – Equipment kann ausgeliehen werden. Küchenhilfen stehen zur Verfügung, Trinkwasser und Verpflegung müssen mitgebracht werden. Auch Kamelsafaris und Ausritte für erfahrene Reiter.

ÜBERNACHTEN IN LEWA
❺ Borana Lodge und Laragai Lodge ❸❸❸❸
Tel. 020 21 54 53, www.borana.co.ke
Großzügig und geschmackvoll sind die sechs Cottages der Borana Lodge und das Ranch-Haus Laragai Lodge. Das ehemalige Wohnhaus der Cecil-Familie, in dem fürstlich gespeist wird, zieren wertvolle Antiquitäten aus Irland und Rajasthan. Pools gehören zu beiden Häusern auf der 14 000 ha großen Rinderfarm. Die Familie Dyer, die bereits in der dritten Generation hier lebt, bietet eine Vielzahl von Erlebnissen an.

❻ Il'Ngwesi Lodge ❸❸❸❸
Tel. 020 203 31 22, www.ilngwesi.com
Die sechs Bandas der von Il'Ngwesi-Masai geführten, 2013 mit dem Eco-Warriors Award ausgezeichneten Ökolodge sind am Rande der Mukogodo-Berge auf Stelzen errichtet. Die uralten Bäume wurden in die Architektur integriert. Atemberaubend der Panoramablick, romantisch das Dinner in einer traditionellen Boma.

❼ Lewa Wilderness Trails ❸❸❸❸
Tel: 0723 27 36 68
www.lewawilderness.com
Die 18 strohgedeckten Cottages sind das Zuhause von Will und Emma Craig, die Kenias erstes privates Nashornschutzgebiet ins Leben riefen. Die Freundschaft zu Tochter Jessica führte Prinz William des Öfteren nach Lewa, wo er 2010 auch seine Verlobung mit Kate Middleton feierte. Sohn Ian Craig

Kenianer gehen sehr liebevoll mit dem Nachwuchs um. Auf Loisaba wachen Masai-Krieger über das Wohl der Gäste in den Stelzenhütten mit Sternenbetten.

managed heute das Schutzgebiet, in dem 170 Ranger und 25 bewaffnete Security-Guides rund um die Uhr das Überleben der Rhinos sichern. Die charmanten Cottages lassen keine Wünsche offen, im Haupthaus der ehemaligen Rinderfarm entspannt man vor dem prasselnden Kamin. Abends speisen alle Gäste an einer langen Tafel auf der Veranda, man genießt den Sonnenuntergang auf der Terrasse oder am Pool. Unvergesslich sind die Pirschfahrten mit den Samburu. Auch Kameltouren, Ausritte, Forellenfischen und Joggen mit Masai-Kriegern sind möglich. Oder entdecken Sie mit Will Craig im offenen Doppeldecker ganz neue Perspektiven Afrikas. Lewa Wilderness Trails unterstützt ein HIV/AIDS-Waisenhaus mit Klinik und Oberschule.

❼ *Lewa Safari Camp* ⊚⊚⊚⊚
Tel. 020 600 30 90
http://lewasafaricamp.com
http://chelipeacock.com
April, Mai, Nov. geschlossen
Die Manager Marcus und Vanessa bereiten den Gästen ihrer 12 Luxuszelte ein herzliches Willkommen. Gespeist wird mit Blick auf den Giraffenpool oder auf Wunsch mitten im Busch. Auf Pirschfahrt und beim Ausritt können die seltenen Sitatunga-Antilopen und Grevy-Zebras, Nashörner, Geparden, Löwen und große Elefantenherden beobachtet werden. Ein Muss: der Besuch im Masaidorf, wo man zusehen kann, wie Honig wilder Bienen gewonnen, Milch haltbar und Feuer ohne Streichhölzer gemacht wird, ▶Baedeker Wissen, S. 135.

❽ *Tassia Lodge* ⊚⊚⊚⊚
Tel. 0725 97 29 23
www.tassiasafaris.com
Betreiber der Eco-Lodge mit 6 DZ, Kinderhaus und Pool ist die 16 000 ha große kommunale Group Ranch der Lekurruki-Masai bei Borana. Durch die

Einnahmen werden wichtige Projekte wie Brunnenbau und Bildung gefördert. Spektakulär: der Blick auf die Mathews Range. Bei Elefanten sehr beliebt: das Grün der nahen Loimugi-Bäume.

EINER WIRD GEWINNEN
Der **Lewa Downs Cross Country Marathon** zählt zu den härtesten Läufen der Welt. Gründe hierfür sind das Klima, die Höhe von fast 3000 m und die staubige, unebene Piste. Dabei sein lohnt sich, wenn Ende Juni über 1000 Profis und Amateure aus aller Welt zum Ganz- oder Halbmarathon und dazu noch 100 Kinder zum 5-km-Fun-Run antreten. Die Startgelder kommen Laikipias Naturschutz und kommunalen Bildungs- und Gesundheitsprojekten zugute (www.tusk.org, www.lewa.org).

Übernachten
- ❶ Loisaba Wilderness
- ❷ Ol Malo
- ❸ Ol Pejeta
- ❹ El Karama Ranch
- ❺ Borana Lodge und Laragai Lodge
- ❻ Il'Ngwesi Lodge
- ❼ Lewa Wilderness Trails und Lewa Safari Camp
- ❽ Tassia Lodge

Laikipia & Lewa • ZIELE

Zukunftsperspektiven

In Laikipia hat die Zukunft bereits begonnen. Gemeinsam setzt seine Bevölkerung – von weißen Ranchern über Samburu-Krieger bis hin zu nomadisierenden Mukogodo-Masai – auf Tourismus. Im Zusammenschluss des 1992 gegründeten **Laikipia Wildlife Forum** schützen sie vom Aussterben bedrohte Tierarten, bieten ihnen freies Geleit auf ihrem privaten Grund und fördern kommunale Projekte. Als Resultat steigt oder stabilisiert sich der Wildbestand in Laikipia, zu dem neben den Big Five viele bedrohte Tiere gehören.

Grünes Grasland und staubige Plains

Nördlich des ▶Mount Kenya und westlich des ▶Samburu-Nationalparks erstreckt sich das 3000 km² große **Laikipia-Plateau**. Im Westen reicht es über die C 77 hinaus bis zum Rand des Rift Valley am ▶Lake Baringo, im Norden vereinigt es sich mit dem Lerochi Plateau unterhalb von ▶Maral. Durch die weite Ebene im Regenschatten des schneebedeckten Mount Kenya ziehen die Flüsse **Ewaso Ngiro** und **Ewaso Narok**. Die Landschaft prägen mit steinigen Hügeln durchzogene staubige Plains und grünes Farmland. Das »Ewaso-Ökosystem«, das das gesamte Laikipia-Areal erfasst, ist größer als alle in Kenia geschützten Gebiete außer dem ▶Masai Mara – Serengeti-Ökosystem. Nach der ▶Masai Mara verfügt Laikipia über den zweitgrößten Tierbestand in Kenia. Zudem leben hier die meisten vom Aussterben bedrohten Tierarten ganz Ostafrikas. 66 % der Weltpopulation der seltenen **Grevy-Zebras** haben hier ihr Zuhause, zwei Drittel aller Netzgiraffen – über 2000 Tiere – und die Hälfte aller **Spitzmaulnashörner** in Kenia. Auch den scheuen **Jackson-Kuhantilopen** kann man hier begegnen. Durch das Laikipia-Schutzgebiet migriert die zweigrößte **Elefantenherde** Kenias außerhalb des ▶Tsavo National Park mit rund 7000 Tieren. Selbst die in Kenia fast verschwundenen **Wildhunde** sind hier mit 200 Tieren in 17 Rudeln unterwegs. Dazu leben in Laikipia 250 Löwen.

> **BAEDEKER TIPP**
>
> **»Ich träumte von Afrika«**
>
> Auf der **Ol Ari Nyiro Ranch** verfasste Kuki Gallmann ihre Liebeserklärung an den magischen Geist Afrikas. Auch die Verfilmung ihres bewegenden Buches (Knaur 2013) mit Kim Basinger in der Hauptrolle wurde zum Teil hier gedreht. Für Gäste bietet die Ranch mit den drei luxuriösen Mukatan-Retreat-Cottages und den sechs arabischen Makena's Hills-Zelten beste Voraussetzungen zum Träumen. Das Gelände ist Nashornschutzgebiet und zählt die größte Anzahl von Büffeln auf privatem Grund. **Kuki Gallmanns Memorial Foundation** engagiert sich sehr im Umweltschutz (P. O. Box 63704, Nairobi, Tel. 0734 29 17 10, www.gallmannkenya.org).

Von der Viehzucht zum Wildschutz

Den europäischen Kolonialisten bot Laikipia ein ideales **Rinderzucht**-Gebiet, ungeliebt allerdings waren die vielen Raubtiere. Also zäunten sie ihre weiten Ranchgründe ein, um ihr Vieh vor ihnen und

Nashörner in Gefahr

Nashörner mit Bodyguard

Seit 50 Millionen Jahren bevölkern Nashörner unsere Erde. Doch es ist schlecht bestellt um die Dickhäuter. 95 % der weltweiten Population sind bereits verschwunden und die Wilderei nimmt kein Ende. Während es für die meisten Nashörner in Asien bereits zu spät ist, entscheidet sich in Afrika, ob dieses einzigartige Tier ganz ausstirbt.

In den letzten Jahren musste der Schutz der Nashornpopulation in Afrika wieder herbe Rückschläge hinnehmen. Begünstigt durch die Grenzkonflikte mit Somalia sind auch die **Wilderer** immer besser bewaffnet. Sie kommen mit Hubschraubern, Nachtsichtgeräten und Betäubungsmitteln – und schrecken auch vor Mord nicht zurück. 2012 wurden in Afrika fast 670 Nashörner gewildert. Tendenz dramatisch steigend. Der illegale Handel ist ein lohnendes, internationales Geschäft, bald noch lukrativer als der mit Drogen oder Waffen.

Kampf ums Überleben

Anfang des 20. Jh.s gab es in Afrika und Asien noch 500 000 Tiere, bereits 1970 nur noch 70 000, heute sind gerade mal 29 000 am Leben. Vom Java-Sunda-Nashorn überlebten weniger als 50 Tiere, das Vietnamesische Sundanashorn ist seit 2010 ausgestorben, vom Sumatranashorn gibt keine 200 Tiere mehr, vom Sabahnashorn auf Borneo geschätzt 30. Das indische Panzernashorn ist auf knapp 2950 Tiere dezimiert, das Spitzmaulnashorn auf rund 4860. Vom südlichen Breitmaulnashorn existieren 20 600, vom nördlichen nur noch 7 Individuen, damit gilt es bereits als ausgestorben (www.savingrhinos.org). In Ostafrika war das Breitmaulnashorn bereits ausgerottet und wurde erst wieder aus Südafrika eingeführt. Das Nashorn Otoro auf der Solio Game Ranch hatte mit 1,75 m das längste bekannte Horn eines Breitmaulnashorns.

Mythos Horn

Bei der Wilderei geht es einzig und allein um **das Horn**, das nichts anderes ist als verklumptes Keratin, ein faseriges Protein, das auch in Haaren vorkommt, es enthält weder Knochensubstanz und schon gar kein Elfenbein.

Im Jemen werden mit dem Horn Jamina-Dolche verziert. Sie gelten bei Jemeniten als Männlichkeitssymbol. In China wird das Pulver in der traditionellen chinesischen Medizin verwendet und soll angeblich fiebersenkende Wirkung haben. In Vietnam glaubt man, dass es von einem Kater bis zu Krebs alles heilen kann. Angeblich soll es auch aphrodisierend wirken. Nichts davon ist nachgewiesen. Der derzeitige Preis pro kg Horn liegt bei mehr als 46 000 Euro, dem gegenüber liegt das durchschnittliche Jahreseinkommen eines Kenianers bei kaum mehr als 380 Euro.

Nashörner sind leicht zu jagen. Sie haben zwar einen exzellenten Geruchssinn und eine gutes Gehör, sind aber extrem kurzsichtig und erkennen Feinde meist erst, wenn es zu spät ist. Läuft bei Gefahr das Kalb vor der Mutter, handelt es

Eines der letzten Refugien der Nashörner: die Lewa Wildlife Conservancy

sich um ein Breitmaulnashorn. Läuft es dahinter, um ein Spitzmaulnashorn. Nachwuchs stellt sich bei den Weibchen der Breitmaulnashörner nicht vor dem sechsten Lebensjahr, bei den Spitzmaulnashörnern mit vier Jahren ein. Bei den männlichen »Spätzündern« beginnt die Zeugungsfähigkeit mit 7 bis 10 Jahren. 15 bis 16 Monate sind die Tiere trächtig, bevor ein Junges zur Welt kommt – und das nur alle 2 bis 4 Jahre. Ein Grund mehr, warum jedes getötete Tier, die ganze Population in Gefahr bringt. Die Lebenserwartung liegt bei 30 bis 40 Jahren. Ebenfalls auf der **Solio Game Ranch** lebt das älteste Spitzmaulnashorn Hoshim, das vor 40 Jahren in Tsavo geboren wurde. Solio verfügt mit 150 Spitzmaulnashörnern über die größte Population Ostafrikas.

Schutz rund um die Uhr

Naturschützer wie David und Daphne Sheldrick, Ex-Großwildjäger wie Myles Tyler oder der Deutsche Bernhard Grzimek haben bereits in den 1950er-Jahren erkannt, wie wichtig es ist, den Lebensraum der bedrohten Tiere zu erhalten und ihnen größtmöglichen Schutz zu gewähren. Viel wurde auf ihr Betreiben auf Regierungsseite bewirkt, der größte Verdienst im Schutz der Dickhäuter kommt jedoch Privatinitiativen in Kenia zu. Mit **24-Stunden-Bewachung** durch Wildhüter, Radiosender und unbemannte Drohnen schützen **Ol Pejeta** und die **Lewa Wildlife Conservancy** ihren Nashornbestand. Um elektrische Zäune wie in den Aberdares oder beim Lake Nakuru zu finanzieren, werden Fundraising Events wie »Cycle with Rhinos« oder die »Rhino Charge« durchgeführt. 2013 nach den immer wiederkehrenden grausamen Abschlachtungen von Nashörnern – die Wilderer machen inzwischen nicht mal mehr vor Nashornkälbern halt – traf die kenianische Regierung im Spätsommer 2013 die Entscheidung, dass alle im Land befindlichen Nashörner mit einem Chip gekennzeichnet werden.

das Land vor den Herden der nomadisierenden Bevölkerung zu schützen. Der Konflikt war vorprogrammiert. Ihrer Lebensgrundlage beraubt, sabotierte die Bevölkerung die Rancher. Die Zäune hielten nicht nur Raubtiere auf, sondern hinderten auch das übrige Wild an der lebensnotwendigen Migration. Nach der Unabhängigkeit erfolgte ein **allmähliches Umdenken**, entwickelte sich die Einsicht, dass man nur gemeinsam und wenn alle davon profitieren, Land und Wildbestand schützen kann.

Nach und nach fielen Zäune, erst bei den privaten Ranches, dann bei den »Group Ranches« der Masai- und Samburu-Ländereien, damit das Wild wieder ungehindert ziehen kann. **Auswilderungs- und Schutzprojekte** gekoppelt mit Aufklärung der Bevölkerung, stabilisieren den Wildtierbestand. **Wildtourismus** kombiniert mit Viehzucht und dem Erhalt der Kultur der Bevölkerung ist heute in Laikipia Programm und Haupteinnahmequelle. Gut zwei Dutzend kommunal oder privat geführte Häuser bieten meist luxuriöse Unterkünfte an. Besucher haben vielfältige Möglichkeiten, die Wildnis zu erfahren, von der Kamelsafari über Heli-Camping, Paragliding und Fliegenfischen bis zum Mountain Climbing. Der Aufenthalt auf Group Ranches und Dorfbesuche geben einen guten Einblick in die Tradition und Lebensweise der Bevölkerung.

** LEWA WILDLIFE CONSERVANCY

www.lewa.org

In den 1920er-Jahren erwarb die **Familie Craig** östlich des Laikipia-Distrikts 18 000 ha für ihre **Rinderzucht**. Im Gegensatz zu anderen Ranchern der Zeit tolerierten die Craigs wild lebende Tiere auf ihrem Grund. **Nashörner** waren in Kenia seinerzeit weit verbreitet. Verheerende Wilderei durch die Nachfrage nach dem begehrten Horn dezimierte ihre Zahl jedoch in wenigen Jahren dramatisch. Gab es in den 1970er-Jahren noch ca. 20 000 Nashörner, waren es 10 Jahre später gerade noch einige Hundert und es war nicht klar, ob auch nur ein Breitmaulnashorn in Kenia überleben würde.

Ngare Sergoi Rhino Sanctuary

Gemeinsam mit der Wahlschweizerin **Anna Merz** als Finanzier entschloss sich die Craig-Familie 1983 einen Teil ihres Besitzes für das **Ngare-Sergoi-Nashorn-Schutzgebiet** abzutrennen. Einige letzte verbliebene Breitmaulnashörner wurden gefangen und hinter den mit Solarenergie betriebenen, schützenden Elektrozaun im Westen von Lewa gebracht. Unter 24-stündiger Bewachung lebten sich die Tiere ein und vermehrten sich. Spitzmaulnashörner kamen hinzu und das Gelände wurde allmählich für sie zu klein. Daraufhin dehnten die Craigs das Nashornschutzgebiet auf die gesamte Ranch aus und übergaben im Jahr 1993 schließlich die Verwaltung ihrer Ranch der **Lewa Wildlife Conservancy** (LWC), einer gemeinnützigen **Tier-**

schutzorganisation. Im Juni 2013 wurden Lewa und der Ngare Ndare Forest, der Korridor, der Lewa und Laikipia mit dem ▶Mount Kenya verbindet, aufgrund seiner Schönheit, seines Ökosystems und seiner Biodiversität in das **UNESCO-Weltnaturerbe** Mount Kenya integriert. Besucher können in den Lewa Downs auch die seltenen Grevy-Zebras, Netzgiraffen, Große Kudus, Gazellen, Geparden, Dikdiks, Büffel und Elefanten beobachten. Wer in Lewa nächtigen will, hat die Wahl zwischen luxuriösen Tented Camps, traumhaft gelegenen Lodges, dem eleganten Privathaus der Craigs, reetgedeckten Cottages oder Blockhütten am Lake Rutundu (▶S. 196).

Eine Bootstour auf dem Ewaso-Ng'iro-Fluss führt Sie zu einer Spezies, die Sie sonst in freier Wildbahn nirgendwo in Kenia treffen: Schimpansen. Bei den Tieren handelt es sich um Schimpansen-Waisen, die mit Hilfe des Jane Goodall Institute aus Burundi hierher gerettet wurden.

*Sweetwaters Chimpanzee Sanctuary

❶ Ausflüge in das Sweetwaters Chimpanzee Sanctuary organisieren das ❸**Ol Pejeta Bush Camp** (▶S. 196), das **Ol Pejeta House** (Tel. 020 203 32 44, www.olpejetaconservancy.org) und das **Sweetwaters Serena Camp** mit 30 luxuriösen Zelten an einem Wasserloch (P.O.Box 48690, Nairobi, Tel. 020 284 22 31-6, www.serena.com). Das Ol Pejeta House im Kolonialstil ist eine ehemalige Rinderranch, die auf namhafte Besitzer zurückblicken kann wie Lord Delamere und Adnan Kashoggi. Gegen eine Gebühr kann das Chimpanzee Sanctuary auch ohne Übernachtung vor Ort gebucht werden (www.olpejetaconservancy.org/chimpanzee_sanctuary).

* Lake Baringo

✦ D 5

Region: Rift Valley Lakes
Fläche: 130 km²
Höhe: 972 m ü.d.M.

Kleine Inseln, bewachsene Buchten, Bergketten im Osten und Westen zeichnen das reizvolle Gesamtbild des Baringo-Sees, einem der größeren Süßwasserseen des Rift Valley.

Der normalerweise nur 12 m tiefe See und sein schilfbestandener Ufergürtel sind ein Vogelparadies. Im Dezember 2012 trat er allerdings 4 m über die Ufer und setzte sogar einige Camps unter Wasser. Ornithologen sichteten über 450 verschiedene Arten, darunter Fischadler, Ibisse, Störche, Kronenkraniche und Eisvögel – am größten ist der Vogelreichtum während und nach der Regenzeit. Auch Krokodile und riesige Nilpferdfamilien sind am See beheimatet. **Gibraltar Island** im Lake Baringo beherbergt die größte Kolonie **Goli-**

*Vogelparadies

Lake Baringo erleben

AUSKUNFT, EINTRITT
www.lakebaringo.com
Eintritt zum See:
Ksh 200 pro Person

ANREISE
Von ▶Nairobi aus erreicht man den See mit dem Auto nach etwas mehr als vier Stunden Fahrzeit auf gut ausgebauten, asphaltierten Straßen. Etwa 15 km nördlich der Ortschaft Marigat zweigt von der B 4 die Zufahrtsstraße zum See ab.

FÜR HONIGMÄULER
Auch Bienen mögen die Umgebung des Lake Baringo. Besonders gerne nisten sie in ausgehöhlten Baumstämmen, die von den Einheimischen in die Äste gehängt werden. Die Ernte ist nicht ganz ungefährlich, da die Wildbienen mit Feuer ausgeräuchert werden. Nur ein kleiner Teil bleibt für das Bienenvolk. Den köstlichen **Asilah-Honig** kann man am Straßenrand kaufen.

DORFIDYLLE
Gegen einen kleinen Obolus gewähren die **Il Njemps** Besuchern Einblicke in ihr Leben am Nordostufer des Lake Baringo. Zum Schulunterricht versammeln sich die Kinder des Dorfes unter einem Baum. Im Lehmofen wird Fisch geräuchert. Nehmen Sie doch eine der im Dorf angefertigten Lehmskulpturen zum Andenken mit. Organisiert wird der Ausflug von der Samatian Island Lodge (s. o.).

ÜBERNACHTEN
Island Camp Baringo €€€€
P. O. Box 1141, Nakuru, Tel. 0728 47 86 38 , www.islandcamp.co.ke
Auf der Insel Ol Kokwe kann man in 23 Luxuszelten des Island Camp übernachten, sensationell ist die Honeymoon Suite. Fast alle Zelte, die auf Hügeln oder unter Bäumen aufgestellt sind, bieten einen Ausblick auf den See. Aktivurlauber haben die Wahl zwischen Wasserski, Surfen und einer Walking-Tour mit Champagner-Frühstück im Busch.

Samatian Island Lodge €€€
Tel. 0727 23 24 45
www.samatianislandlodge.com
Fünf edle Cottages für bis zu 12 Personen, gelegen auf einer Insel mitten im See. Unzählige Vögel, Krokodile, Echsen und Nilpferde sind am und im Lake Baringo zu Hause. Bootsfahrten und Ausflüge zu den Stämmen der Njemps und Pokot (s. links). Kein Bootsausflug endet ohne einen Sundowner am Ufer der Nachbarinsel.

Roberts Camp €
Tel. 0717 17 66 56
www.robertscamp.com
Sehr beliebt: Campen, Bandas oder Cottages mit Selbstverpflegung. Charmant: Restaurant und Bar The Thirsty Goat. Schön sind auch die zweistündigen Wanderungen zur Vogelbeobachtung für 1 – 4 Personen, Ksh 200 pro Person. Nachts kommen Nilpferde zum Grasen.

---

athreiher in Ostafrika. Am Ufer gibt es Grants-Gazellen, Dikdiks, Wasserböcke und Mungos. Die größte Insel heißt **Ol Kowke** und ist Heimat des luxuriösen **Island Camp Baringo** (s. oben), das zweitälteste Camp Kenias. Das Wasser des Lake Baringo hat eine rötlich-

Am Lake Baringo heimisch: Kronenkraniche mit Federkranz

braune Färbung durch die Schlammmassen der Flüsse, die den See speisen. Da dem abflusslosen See zu Bewässerungszwecken zudem erhebliche Wassermengen entnommen werden, befürchten Umweltschützer, dass das stehende Gewässer allmählich verschlammt.

UMGEBUNG DES LAKE BARINGO

In **Kabarnet**, Heimat von Präsident Moi (▶S. 75), informiert ein Museum an der Hospital Road über die hier lebenden Pokot sowie über Flora, Fauna und fossile Funde.

Kabarnet Museum

🕐 tgl. 9.00 – 18.00 Uhr, Eintritt Erw. Ksh 500, www.museums.or.ke

Nördlich von Kabarnet im Dorf Ossen geht ein Fußweg zu den **Ossen Footprints**, wo auf einem 2 m langen, verwitterten Stein mit etwas Fantasie fossile Fußstapfen zu sehen sind. Weiter Richtung Kabartonjo und kurz nach der Abbiegung Richtung Rondinin, erreicht man das **Kipsaraman Museum** mit fossilen Funden der Gegend. Von der Veranda blickt man auf das Tal, aus dem einige der Funde stammen. Im Jahr 2000 fanden Paläontologen in Rondinin ein 6 Mio. Jahre altes Fossil: Orrorin tugenensis, **»Ursprungsmensch der Tugen Hills«** genannt – das Fossil befindet sich jetzt im ▶Nairobi National Museum. In Richtung Westen – nur mit Allradantrieb möglich – windet sich die C 51 durch eine äußerst reizvolle Landschaft und senkt sich dabei zum **Kerio Valley National Reserve** hinab, das sich am eindrucksvollsten nach den Regenfällen im Juni und Juli zeigt. Die Fahrt dauert gut eine Stunde. An den Steilhängen sieht man die bäuerlichen **Shambas der Kalenjiin** – einige Männer sind berühmte Marathon-Läufer. In den Sümpfen des **Lake Kammarok** im Reservat kann man z. B. Elefanten beobachten.

Tugen Hills

▶**Baedeker Wissen S. 368**

Kipsaraman Museum: tgl. 9.00 – 17.00 Uhr, Eintritt Erw. Ksh 200, Kinder Ksh 100, www.northrifttourism.com

Lake Bogoria National Reserve

D 5

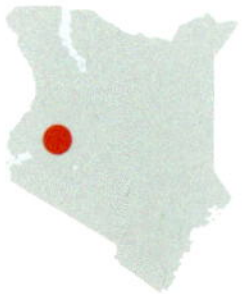

Region: Rift Valley
Fläche: 107 km²
Höhe: 980 m ü.d.M.

Riesige Schwärme rosa Flamingos, gestreifte Große Kudus, blaugrün schimmernde Algen und zischende Geysire sind die Attraktionen des Lake Bogoria, 80 km nördlich von Nakuru.

Sodasee im Rift Valley

Der Lake Bogoria, ehemals Lake Hannington, gehört zur Seenkette des Rift Valley (►Baedeker Wissen S. 216). Wie beim ►Lake Nakuru handelt es sich um einen Sodasee. Der abflusslose Lake hat angesichts der Wasserverdunstung einen extrem hohen Gehalt an Salzen und Mineralien. Sie sind Nährboden für **Blaualgen** und diese wiederum

Lake Bogoria erleben

AUSKUNFT, EINTRITT

Lake Bogoria National Reserve
P. O. Box 64, Marigat, Tel. 0732 37 01 14
www.lakebogoriareserve.com
tgl. 6.00 – 19.00 Uhr
Eintritt Erw. $ 50, Kinder $ 10

VERKEHR

Von der Straße, die Nakuru mit Nyahururu verbindet, zweigt eine Piste zum Emsos Gate am Südufer des Sees ab – nur für Allradfahrer zu empfehlen. Bequemer ist die Anfahrt über Marigat. Von hier führen eine asphaltierte Straße (und etwas weiter südlich eine Piste) zum Loboi Gate, dem Haupteingang am Nordufer. Die Straße bis zu den Geysiren ist gut, die Weiterfahrt bis zu den Campsites geht nur mit Vierradantrieb.

ÜBERNACHTEN

Lake Bogoria Spa Resort €€
Menengai West
P. O. Box 208, Nakuru
Tel. 0710 44 56 27
www.lakebogoria-hotel.com
In der Tat: Das Hotel – 5 Min. vom Eingang zum Naturreservat – hat schon bessere Zeiten gesehen. Dennoch: Nirgendwo sonst in Kenia gibt es einen Thermalpool, der um Relaxen zur Verfügung steht. Zum Essen geht es zur Choma Ranch, die auch Nicht-Hotelgästen offen steht – Tipp: die saftigen Steaks vom Holzkohlengrill.

Campen €
www.lakebogoriareserve.com
Im Park gibt es drei Campsites. Zu empfehlen sind Fig Tree, in der Nähe des Emsos Gate, und Acacia am Südwestufer des Sees. Während auf dem Fig Tree-Gelände ein Süßwasserbach fließt, muss man für Acacia sogar das Wasser mitbringen. Vorsichtig vor den diebischen Pavianen im Fig Tree!

Nahrungsquelle der Flamingos. See und Umland, das aus Gras- und Buschland besteht, wurden 1983 unter Naturschutz gestellt. Eine Garantie dafür, am Lake Bogoria tatsächlich riesige Schwärme von *Zwergflamingos anzutreffen, gibt es nicht, aber die Chance ist groß. Abhängig vom Futterangebot sind die 130 cm großen Wasservögel hier oder am ►Lake Nakuru zu sehen. Das Naturreservat ist auch Heimat der seltenen **Großen Kudus** – am besten kann man die scheuen Antilopen abends sehen.

In unregelmäßigen Abständen speit die Erde bei den **Loburu-Quellen** am Westufer des Sees kochend heiße Fontänen bis zu 5 m hoch in den Himmel – Schilder warnen vor den »sleeping springs«. Die **Geysire** sind beeindruckende Naturgewalten. Doch Vorsicht: Das Wasser kann überall unangemeldet aus dem Boden schießen und erhebliche Verbrühungen verursachen!

*Höllische Hot Springs

Lake Magadi

D 7

Region: Rift Valley
Fläche: 100 km²
Höhe: 600 m ü.d.M.

»Magadi« heißt auf Swahili »Soda«: Die bizarre Landschaft des Salzsees zieht Tausende Flamingos und andere Vogelarten an – die flirrende Hitze hält Touristen allerdings eher ab.

Lake Magadi erleben

VERKEHR
Mit dem Auto fährt man in zwei Stunden auf der guten, wenig befahrenen C 58 durch Akazienwälder und Halbwüste die 110 km bis zum Lake Magadi.

ÜBERNACHTEN
Olorgesailie Bandas/ Campsite ⓔ
www.museums.or.ke
Über die Website des Museums in Nairobi können Übernachtungsmöglichkeiten direkt bei den Ausgrabungsstätten der Olorgesailie Prehistoric Site reserviert werden. Die Bandas kosten Ksh 800 pro Person pro Tag, Camping Ksh 250. Verpflegung und ausreichend Wasser sind mitzubringen! Wer neben dem Besuch der Ausgrabungsstätte noch Lust hat, früh aufzustehen und die Hitze nicht scheut, startet am besten morgens, nicht später als 5.00 Uhr, zur Wanderung auf den Mount Olorgesailie. Der Aufstieg dauert rund drei Stunden, genauso lange dauert es dann auch wieder hinab. Und dann ist es schon richtig heiß.

Karawane am Lake Magadi, dem südlichsten Sodasee des Rift Valley

Unwirtliche Halbwüste
Der südlichste See Kenias im Rift Valley hat eine Wasseroberfläche von über 100 km², ist aber nirgends tiefer als 1 m. Gespeist wird der Lake Magadi aus mehreren **heißen, salzhaltigen Quellen**. Ohne Abfluss und wegen der hohen Verdunstung ist der Salzgehalt des Sees extrem hoch. Weite Teile bestehen lediglich aus einer weißlichen, rosa- oder rotfarbenen Sodaschlammschicht – nach dem Lake Saiton in den USA das **weltweit zweitgrößte Vorkommen von Natriumcarbonat**. Gewöhnlich existiert nur im Süden des Sees eine größere freie Wasserfläche, die Tausenden **Zwergflamingos** und anderen Wasservögeln Lebensraum bietet. Am Ostufer hat die **Magadi Soda Company** ihren Sitz. Bereits seit dem Ersten Weltkrieg werden Salz und Sodaasche abgebaut. Den See umgibt eine halbwüstenartige, trostlos wirkende Landschaft. Das Thermometer klettert hier fast täglich auf annähernd 40 °C.

UMGEBUNG DES LAKE MAGADI

Olorgesailie Prehistoric Site
Eine Besichtigung der Ausgrabungsstätte gut 70 km südwestlich von ▶Nairobi ist nur nach Vereinbarung über **National Museums of Kenya** (▶S. 407) möglich. Erste Ausgrabungen wurden 1919

durch den Geologen J. W. Gregory vorgenommen, in den 1940er-Jahren entdeckten Mary und Louis Leakey massenweise Werkzeuge aus der **Steinzeit**. Vor 400 000 bis 500 000 Jahren müssen in diesem – damals an einem See gelegenen – Gebiet die Vorfahren des Homo sapiens gelebt haben. Unter einer bis zu 30 m dicken Schlickschicht konnten mehrere Lagerstätten festgestellt werden. Vermutlich befand sich hier ein **Ur-See**, an dem Elefanten und Nilpferde gejagt wurden. Ein Holzsteg führt zu den überdachten und umzäunten Grabungsplätzen. Einige der freigelegten Werkzeuge und Knochen wurden am Fundort belassen, andere bewahrt ein angeschlosses **Museum**.

▶Baedeker Wissen S. 368

🕐 tgl. 8.00 – 18.00 Uhr, Eintritt Erw. Ksh 500, Kinder Ksh 250
www.museums.or.ke

* Lake Manyara National Park

✦ C 9

Staat: Tansania
Fläche: 330 km²
Höhe: 960 – 1828 m ü.d.M.

Die Westgrenze des Lake Manyara Nationalparks markiert eine hohe Bruchstufe des Rift Valley, die Ostgrenze bildet der Lake Manyara – für Ernest Hemingway »der schönste See, den ich je in Afrika gesehen habe«.

Vogelkenner oder solche, die es werden wollen, aufgepasst: Der Lake Manyara ist die Einstiegsdroge für alle, die nicht nur Augen für die Big Five haben. Von den rund 1000 in Tansania heimischen Vögeln wurden am Lake Manyara allein 100 an nur einem Tag gesichtet, darunter auch der große Wald-Nashorn-Vogel. Der Nationalpark besitzt einen in Ostafrika selten vorkommenden Grundwasserwald, der in akazienbestandene Grasflächen und offenes Grasland übergeht. Bei hohem Wasserstand kann der Park bis zu zwei Dritteln unter Wasser liegen. Die Ufer des **Sodasees** säumen versumpfte Gebiete. Im Park

❓ BAEDEKERWISSEN

Rettet die Elefanten

Mit nur 23 Jahren erforschte der britische Umweltschützer und Dokumentarfilmer **Dr. Iain Douglas-Hamilton** in den späten 1960er-Jahren im Lake Manyara National Park das Sozialverhalten von Elefanten. Er war der Erste, der herausfand, dass die Elefanten von Tarangire nach Manyara wandern und Elefanten-Bullen alleine unterwegs sind. Für seine Forschung erhielt er den Dr. phil. in Zoologie der Oxford University. 1993 gründete er die Organisation »Save the Elephants« (▶S. 374).

Lake Manyara und Tarangire National Park erleben

AUSKUNFT, EINTRITT

Lake Manyara National Park
Der Eingang zum Park liegt 126 km westlich von Arusha an der Straße nach Karatu, tgl. 6.00 – 18.00 Uhr
Erw. $ 45, Kinder $ 15
www.tanzaniaparks.com

ÜBERNACHTEN

Lake Manyara Tree Lodge €€€€
www.lakemanyara.com
www.andbeyondafrica.com
Die einzige Lodge im Nationalpark liegt am Westufer des Sees. Ihre zehn romantischen Baumhäuser ruhen auf Stelzen unter uralten Mahagonibäumen. Auf den großen Veranden tummeln sich gerne Grüne Meerkatzen. Ein Traum: das Candle-Light-Dinner in der traditionellen Boma oder am festlich beleuchteten Pool. Frühmorgens geht es mit Ranger Malley auf Pirsch. Gefrühstückt wird später am Seeufer in Sichtweite von Giraffen, Büffeln, Nilpferden und Flamingos. Mit Geldern der & Beyond Foundation werden im Nachbardorf Wasserleitungen, eine Krankenstation und zwei Schulen gebaut – begehrter Preis für den besten Schulaufsatz ist ein ganzer Tag mit den Rangern im Nationalpark.

Lake Manyara Wildlife Lodge €€€€
P.O. Box 2633, Arusha
Tel. 0255 27 254 45 95
www.hotelsandlodges-tanzania.com
Zimmer mit Aussicht und die ist unvergesslich, denn die Lodge ist direkt an der Abbruchkante des Rift Valley über dem Manyara-See errichtet. Jedes der 100 Zimmer im zweistöckigen Gebäude hat eine eigene Veranda mit Blick über den zu Zeiten von Flamingos pink gefärbten See. Angeboten werden Game Drives und natürlich Vogelwanderungen.

Kirurumu Manyara Lodge €€€
P. O. Box 2047, Arusha
Tel. 0255 27 250 24 17
www.kirurumu.net
Atemberaubend ist allein schon der Panoramablick vom Gregorian Escarpement am Abbruch des Rift Valley. Das schöne Ökocamp bietet 27 Zelte und zwei Family Cottages, einen Souvenirshop und gute Küche.

Tarangire Safari Lodge €€
P.O. Box 2703, Arusha
Tel. 0255 27 254 47 52
www.tarangiresafarilodge.com
Die erste Lodge, die im Tarangire National Park gebaut wurde, liegt auf einem Steilhang über dem Park. Die großzügige Terrasse bietet einen herrlichen Blick auf den Fluss. Übernachtet wird in komfortablen Zelten oder Bungalows. Praktisch für eine Nacht, weil es nicht so weit vom Eingang entfernt ist.

leben Elefanten, Giraffen, Impalas, Zebras, Gnus, große Herden von Kaffernbüffeln, Flusspferde, Paviane, Leoparden und **»Baumlöwen«** – ihre Besonderheit: Sie ruhen sich gern in den Ästen von Akazien aus. Die Quälgeister von Tsetsefliegen und die Hitze veranlassen die Löwen mühevoll einen Baum zu erklimmen. Oben weht ein leichtes Lüftchen und bringt Kühlung.

Natur pur bieten die Baumhäuser der Lake Manyara Tree Lodge.

UMGEBUNG DES LAKE MANYARA

Tarangire, der sechstgrößte Nationalpark in Tansania, liegt zwischen 900 und 1078 m Höhe. Er ist berühmt wegen seiner zahlreichen Baobab-Bäume und Tausender **Elefanten**. Der 1970 aus ehemaligen Jagdrevieren gegründete, 2850 km² große Park beherbergt während der Trockenzeit von Juni bis November die größte Anzahl wild lebender Tiere außerhalb des Serengeti-Ökosystems. Es wird geschätzt, dass sich bis zu 25 000 Gnus, 30 000 Zebras, 6000 Büffel, 2700 Giraffen, 5500 Elenantilopen sowie 30 000 Impalas und 2000 Warzenschweine am Tarangire-Fluss aufhalten, der einzigen Wasserquelle im Park. Auf einer Pirschfahrt zwischen dem Silale-Sumpf und dem Tarangire ist die Begegnung mit einigen der 6000 Elefanten so gut wie sicher. Während der Regenzeit von Mitte Dezember bis März verlassen die Gnus und Zebras den Park, um in den umliegenden geschützten Gebieten zu verweilen. In der langen Regenzeit im April und Mai ist der Park geschlossen. Dann sind die Straßen unpassierbar. Im Juni, wenn die Ebenen ausgetrocknet sind, kehren die Tiere zurück. Im Nationalpark leben über 500 Vogelarten.

**Tarangire National Park

❶ Die Anreise erfolgt vom Lake Manyara kommend in Richtung Makuyuni, dann rechts auf der A104 abbiegen bis zum Schild Tarangire National Park. Weiter auf einer Schotterpiste bis zum Eingang. Tgl. 6.30 – 18.30 Uhr, Eintritt Erw. $ 45, Kinder $ 15, www.tanzaniaparks.com.

Lake Naivasha

D 6

Region: Rift Valley Lakes
Fläche: 100 – 145 km²
Höhe: 1890 m ü.d.M.

Fruchtbare Böden und angenehmes Klima zogen schon früh weiße Siedler zum Lake Naivasha, dem höchstgelegenen und einem der wenigen Süßwasserseen im Rift Valley.

Schönster See in Kenias Rift Valley

Eine geteerte Straße verbindet ▶Nairobi mit dem 85 km entfernten See. Viele Bewohner der kenianischen Hauptstadt schätzen den Lake Naivasha mit seinen diversen **Wassersportmöglichkeiten** als Wochenendziel. Für Touristen bietet er sich als Tagesausflug an. Viele Farmen befinden sich nach wie vor im Besitz von Weißen. Intensive Bewässerung ermöglicht Obst-, Gemüse- und **Schnittblumenanbau**. Von hier kommen 75 % aller kenianischen Schnittblumenexporte, was seine negativen Auswirkungen auf die Umwelt hat. Aus der Luft betrachtet erschließt sich ein riesiges Meer an Plastiktreibhäusern, das Wasser wird intensiv für die Bewässerung genutzt, die Abwässer wieder in den See geleitet. Auch die rund 20 000 Arbeiter, die für die Blumenindustrie arbeiten, hinterlassen ihre Spuren in dem begrenzten Areal. Bekannt ist der Lake Naivasha für seinen

Lake Naivasha erleben

CHAMPAGNERPARTYS IM HAPPY VALLEY

Eine Bootstour vom Elsamere Conservation Centre (▶S. 215) bietet einen kleinen Einblick in den Luxus, der zur Zeit der skandalumwitterten »Happy Valley«-Gesellschaft in den 1930ern am Lake Naivasha herrschte. Nur vom Boot aus ist das wie eine weiße Festung wirkende Oserian-Haus zwischen Schilf und hohem Papyrus zu erspähen. Sein Erbauer, der für zahllose Affären bekannte Lord Erroll, kam eines Tages auf mysteriöse Weise ums Leben – Szenen des Films »Die letzten Tage in Kenia« mit Greta Scacchi und Charles Dance wurden 1988 in Oserian gedreht.

LELESHWA – WEIN AUS KENIA

Im Norden des Lake Naivasha befindet sich die **Morendat Farm,** die nicht nur Nairobis Norfolk Hotel mit saftigen Steaks von Boran, Schweizer Simmental- und schottischen Angusrindern beliefert. Hier liegt auch Kenias einziges kommerzielles Weinanbaugebiet. Auf der fruchtbaren Ascheerde des ruhenden Longonot-Vulkans wachsen auf 40 ha in 1900 m Höhe die Trauben für Leleshwa-Wein: Cabernet Sauvignon, Shiraz und Rosé. Leleshwa nennen die Masai einen Kampferbusch, aus dessen Blättern sie Öl gewinnen, das sie als Deo benutzen, wenn sie auf die Jagd gehen. Durch seinen Geruch können die Tiere sie nicht wittern.

ÜBERNACHTEN
Chui Lodge & Kiangazi House
Oserian Wildlife Sanctuary
P.O. Box 209, 20117 Naivasha
Tel. 050 202 07 92
www.oserianwildlife.com
Exklusive Lodge westlich des Lake Naivasha. Zur Ausstattung des opulenten Anwesens mit acht Cottages gehört ein offener Kamin, der in der Höhe auch erforderlich ist. Herrlich ist ein Bad im beheizten Pool (▶Baedeker Wissen S. 136). Das Kiangazi, ein altes Kolonialhaus inmitten üppiger Gärten hat sechs exquisite Zimmer, Pool, Tennisplatz, eine wunderschöne Aussicht auf den Lake Naivasha und eine erlesene Küche. Der Sundowner am Lagerfeuer mitten im privaten Oserian-Schutzgebiet ist ein besonderer Genuss, vor allem wenn sich der Strauß »Dirty Harry« blicken lässt und einen Balztanz vor den Flammen aufführt.

Loldia House
Nordwestlich des Sees
an der Moi North Lake Road
Tel. 020 273 40 00
www.governorscamp.com
Sich fühlen wie ehemalige Siedler: Mit dem Ochsenkarren kam die Gründerfamilie der Loldia-Farm um 1900 aus Südafrika. Von der Veranda des gepflegten Anwesens am Seeufer kann man abends grasenden Impalas zusehen, bevor man sich mit internationaler Feinschmeckerküche verwöhnen lässt. Gefrühstückt wird unter einem riesigen, 130 Jahre alten Feigenbaum. Die Aussicht auf den Mount Longonot ist sensationell.

Lake Naivasha Sopa Resort
Tel. 020 375 02 35
www.sopalodges.com
Die Zimmer der Lodge am Südufer des Naivasha-Sees sind geschmackvoll mit Mahagoni-Möbeln im italienischen Stil eingerichtet. Alle Cottages haben zwei Etagen und bieten viel Platz. Um den Pool blühen Frangipani-Bäume, Akazien und Proteas.

Fish Eagle Inn
Tel. 050 203 03 06
www.fisheagleinn.co.ke
Rund 20 km von Naivasha Town entfernt und zentral zu allen umliegenden Sehenswürdigkeiten bietet das Fish Eagle Inn Bandas mit individuellen Duschen, WC und Terrasse und dazu Campingmöglichkeiten. Fitnessraum und Swimmingpool können gegen eine geringe Gebühr genutzt werden, dazu gibt es eine Bar und ein Restaurant mit Satelliten-TV. Vorsicht: Hippos gehen abends gerne zwischen den Zelten spazieren!

Campsites im Hell's Gate National Park
P.O. Box 234, 20117 Naivasha
Tel. 050 504 07, www.kws.go.ke
Über den Kenya Wildlife Service können die Campingplätze Oldubai und Nairburta gebucht werden, Erw. $ 15, Kinder $ 10. Die Special Campsite Endachata kann nur von Gruppen gebucht werden, Erw. $ 30, Kinder $ 15. Auf den Campingplätzen ist nichts vorhanden, Wasser gibt es nur am Eingang zum Park. Deshalb: Behälter mitbringen!

Vogelreichtum. Mehr als 300 Arten wurden beobachtet, darunter Flamingos, Ibisse, Schreiseeadler, Marabus, Pelikane und Kormorane. Hier gibt es die größte Anzahl an **Seeadlern** in Afrika. In regenreichen Jahren ist der See bei einer Wassertiefe von bis zu 15 m etwa 250 km² groß, nach langen Trockenperioden reduziert sich die Wasserfläche auf unter 150 km², er war auch schon nahezu ausgetrocknet und man konnte zu Fuß zur Crescent Halbinsel hinüberspazieren. Der Name des Sees leitet sich von »nai' posha« ab, was in der Sprache der Masai so viel bedeutet wie **»unruhiges Wasser«**.

Geschichte Die Gegend am Lake Naivasha war ursprünglich **Weideland der Masai**. In den Achtzigerjahren des 19. Jh.s kamen die ersten europäischen Forscher hierher, um den kürzesten Weg von der Küste zum ▶Lake Victoria zu erkunden, unter ihnen der Schotte Joseph Thomson und der Deutsche Gustav Fischer. Nachdem im Juni 1900 die **Uganda-Eisenbahn** den Lake Naivasha erreicht hatte und einmal

Lake Naivasha: Die meiste Zeit verbringen Pelikane nicht, wie vielleicht angenommen, mit Fischen, sondern mit Baden und Putzen.

wöchentlich Naivasha und ▶Nairobi bediente, waren die Voraussetzungen für eine intensive landwirtschaftliche Nutzung gegeben. Weiße Farmer ließen sich nieder. Zwischen 1937 und 1950 fungierte der Lake als **Flughafen** von Nairobi. Zeitweilig gab es von Imperial Airways einen Liniendienst mit Wasserflugzeugen von Southampton (Großbritannien) nach Südafrika mit Zwischenstopp in Naivasha.

SEHENSWERTES AM LAKE NAIVASHA

Das Südufer des Lake Naivasha erschließt eine asphaltierte Straße, über die die nachfolgend aufgeführten Besichtigungsstationen zu erreichen sind. Im Norden des Sees erstreckt sich ein Sumpfgebiet, man kommt hier nicht direkt an das Ufer heran.

Uferstraße

Man kann mit dem Boot nach Crescent Island übersetzen, einem privaten **Wildschutzgebiet**. Die Insel ist Überbleibsel eines Vulkankraters, das man bei Spaziergängen erkunden kann. Überall zwitschert und zirpt es, ab und an zeigen sich Gazellen, Impalas, Wasserböcke oder Dikdiks und die im Lake Naivasha lebenden Flusspferde.

*Crescent Island

Knapp 16 km westlich vom Lake Naivasha Country Club thront am Seeufer Elsamere, der einstige Wohnsitz von **Joy und George Adamson** (▶Berühmte Persönlichkeiten). Bekannt wurde die Tierschützerin Joy Adamson durch ihre später verfilmten Bücher über die **Löwin Elsa** – »Born Free« und »Living Free«. Die Adamsons erwarben das Anwesen 1967. Nachdem Joy Adamson 1980 ermordet worden war, entstand daraus eine Forschungsstätte mit Museum. Am Zentrum beginnen zwei kürzere Wanderrundwege, zudem werden Boote vermietet.

*Elsamere Conservation Centre

❶❷❸, Moi South Lake Road, P. O. Box 1497 Naivasha, Tel. 050 202 10 55 www.elsamere.com. Übernachtungsmöglichkeit in verträumten Cottages mit Erinnerungen an Joy Adamson und ihre Löwin Elsa. Für das ausgezeichnete Sonntagmittagsbuffet kommen viele Leute extra aus Nairobi. Guter Ort, um Flusspferde und Colobus-Affen zu beobachten. Museum: tgl. 9.00 – 18.00 Uhr, Eintritt $ 10 inkl. High Tea, sonntags $ 25 inkl. Mittagsbuffet.

Um zum Crater Lake Game Sanctuary zu gelangen, verlässt man bei dem Dorf Kongoni die Seeufer-Südstraße und biegt auf die nach Norden führende Piste ab. Nach etwa 8 km erreicht man die Zufahrt zum privaten **Wildschutzgebiet**, dessen Zentrum ein kleiner **Kratersee** bildet. Man kann es mit einem Allradfahrzeug oder zu Fuß erkunden.

Crater Lake Game Sanctuary

❶ tgl. 7.00 – 18.00 Uhr, Eintritt Erw. Ksh 100, Kinder Ksh 50, Auto Ksh 50, Ein komfortables Camp mit zehn Zelten steht als Übernachtungsmöglichkeit zur Verfügung, www.craterlakecamp.com.

Ostafrikanischer Graben

** *Rift Valley*

Seine Dramatik zeigt der Ostafrikanische Graben besonders im kenianischen Rift Valley zwischen Aberdare Range und Mau Escarpment, wo er mit seiner Kette von Vulkanen wie eine Mondlandschaft wirkt.

❶ Lake Naivasha

Mit 2777 m Höhe reiht sich der Mount Longonot als Dritter in die Vulkankette im fast 500 km langen kenianischen Abschnitt des Ostafrikanischen Grabens, angeführt im Süden vom Shompole über Mount Suswa, gefolgt von Longonot, Menengai und Silali. Zu Füßen des Longonot liegt der Süßwassersee Naivasha. Üppige Vegetation, Tierreichtum in privaten Wildschutzgebieten, die Nationalparks Mount Longonot und Hell's Gate, dazu das breite Wassersportangebot machen See und Berg zu beliebten Ausflugszielen.

❷ Mau Escarpment

Bis zu 3100 m hoch ist der westliche Steilabbruch des Rift Valley. Seine Westflanke dominiert Wald bis hinauf nach Njoro, wo einst der exzentrische Lord Delamere seine Rinder züchtete.

❸ Lake Nakuru

Wie bei allen Sodaseen im Rift Valley ist der Alkaligehalt extrem hoch. Mineralien aus Asche und Lava der Vulkanausbrüche spülte der Regen in die abflusslosen Senken, wo sie sich über Millionen von Jahren anreicherten.

❹ Lake Elementeita

Am kleinsten der Sodaseen brüten die einzigen weißen Pelikane Kenias.

❺ Aberdare Range

Die drittgrößten Berge Kenias sind vulkanischen Ursprungs. Sie begrenzen das Rift Valley über gut 70 km nach Osten hin. Die westliche Abbruchkante der Bergkette rührt von einem Einbruch des Ostafrikanischen Grabens her, der sich vor rund 2 Mio. Jahren aufgrund stetiger tektonischer Aktivitäten ereignete.

UMGEBUNG VOM LAKE NAIVASHA

*Hell's Gate National Park

Vom Südufer des Lake Naivasha zweigt die Zufahrtsstraße zum Haupttor des Hell's Gate National Park ab, dem Elsa Gate. Der Nationalpark ist einer der wenigen in Kenia, der sich auch zu Fuß oder mit dem Mountainbike, das man am Eingang mieten kann, erkunden lässt. Vor gefährlichen Raubtieren muss man sich dabei nicht fürchten, die im Park heimischen Leoparden und Geparden bekommt man kaum zu sehen. Leichter zu entdecken sind Antilopen, Giraffen, Zebras und Affen.

Das Zentrum des 68,5 km² großen Nationalparks bildet die **Njorowa Gorge** oder **Hell's Gate**. Den Eingang zur Schlucht markiert der 25 m hohe Felsen **Fischer's Tower**, benannt nach Gustav Fischer. Der deutsche Forscher kam 1883 im Auftrag der Hamburger Geographischen Gesellschaft in dieses Gebiet. Er wollte einen Weg zum Viktoriasee finden, musste sein Vorhaben jedoch aufgeben, als es zu Auseinandersetzungen mit den hier lebenden Masai kam. Jedes Jahr im Juni organisiert KWS eine Schubkarren-Rallye »To Hell's Gate on a Wheelbarrow«, durch die Gelder gesammelt werden für den Bau eines modernen Ausbildungszentrums für Umweltschutz und für Schulmaterial der Bevölkerung. Der Hauptweg im Park führt durch eine von roten Basaltfelsen gesäumte Schlucht und wendet sich dann in westliche Richtung. Die nunmehr asphaltierte Straße passiert die **Olkaria Geothermal Station**. In dem Kraftwerk wird aus Erdwärme Energie gewonnen. Es deckt 15 % des kenianischen Stromverbrauchs. Anfang 2013 eröffnete hier das Olkaria Spa mit Thermal- und Schlammbädern sowie Sauna. Durch das Olkaria Gate kann man den Nationalpark wieder verlassen.

● tgl. 6.00 – 18.30 Uhr, Eintritt Erw. $ 25, Kinder $15, www.kws.org

> **!**
>
> **BAEDEKER TIPP**
>
> ### Einmal Füttern bitte!
>
> Sie wollten schon immer mal das weiche, pelzige Maul einer Giraffe spüren? Im **Kigio Wildlife Conservancy** nordöstlich des Lake Naivasha können Sie Molly, die Giraffendame, füttern. Vor gut zehn Jahren wurden hier ein Dutzend Rothschild-Giraffen vom ▶Lake Nakuru ausgewildert, ihnen folgten zahme Tiere vom Giraffe Manor in Nairobi (▶S. 342). Vielleicht haben Sie Glück und Molly kommt auch zu Ihnen. Der Besuch der Conservancy ist nur mit Übernachtung möglich: das ❻❻❻ Kigio Wildlife Camp hat 13 Zelte, die ❻❻❻ Malewa Wildlife Lodge bietet 15 Cottages/Suites, Tel. 020 760 60 15, www.kigio.com.

Mount Longonot National Park

Vulkanischen Ursprungs ist der 2777 m hohe **Mount Longonot**, der die Landschaft im Süden des Lake Naivasha beherrscht. Ein 52 km² großes Gebiet um den Gipfel wurde 1983 zum **Nationalpark** erklärt und kann zu Fuß erkundet werden. Ausgangspunkt ist das Dorf Longonot an der alten Straße nach ▶Nairobi. Von dort führt eine 6 km

Die Ausdehnung des Lake Nakuru hän‹
rung ab. Mit den Schwankungen verä‹
Anzahl der Flamingos, für die der See ‹
sein Nahrungsangebot zu gering, weic‹
zum Lake Elementeita aus – in prähist‹
beide Seen ein gemeinsames Gewässe‹

Wasserhyazinthen überwuchern weite Teile des Lake Naivasha.

· Mount Longonot

Hebung

Senkung

t von der Witte-
dert sich auch die
berühmt ist. Wird
en viele Flamingos
rischer Zeit bildeten

Die fruchtbaren Böden der Aberdare Range sind traditionelles Siedlungsgebiet der Kikuyu.

den Dornbuschsavannen
es Rift Valley leben Masai.

lange Piste zum Parkplatz am Fuß des Berges. Für den Aufstieg zum Gipfel braucht man ca. eine Stunde, für die Erkundung des Kraters weitere 2–3 Stunden.

❶ P. O. Box 234, 20117 Naivasha, Tel. 050 504 07, tgl. 6.00 – 18.30 Uhr Eintritt Erw. $ 20, Kinder $ 10, www.kws.org

* Lake Nakuru National Park

✧ C/D 6

Region: Rift Valley
Fläche: 188 km²
Höhe: 1860 m ü.d.M.

In der Sprache der Masai bedeutet Nakuru »Wirbelnder Staub«. Wenn der maximal einen Meter tiefe See in der Trockenzeit einfach verschwindet, macht er seinem Name alle Ehre.

Weltbekannt ist der Lake Nakuru im Rift Valley wegen seiner Zwergflamingos, die sich an dem **brackigen Sodasee** bevorzugt niederlassen. Tausende von Flamingos bevölkern den 62 km² großen Salzsee und bieten hier ein **spektakuläres Vogelschauspiel**. Wenn sich jedoch das Futterangebot durch Wasserstandsschwankungen verändert, suchen sich die Flamingos einen geeigneteren Lebensraum, z. B. am ▶Lake Bogoria oder ▶Lake Magadi – so schwankte der Bestand in den letzten Jahren zwischen rund 1,5 Mio. und 300 000. Schon 1960 wurde die Region erster Vogelschutzpark Afrikas. Ein knapp 190 km² großes Areal rund um den See ist seit 1968 **Nationalpark**. Seit 2011 ist der Lake Nakuru wie der ▶Lake Bogoria und der Lake Elementeita **Weltnaturerbe der UNESCO**. Den schönsten ***Panoramablick** hat man von den **Baboon Cliffs** im Westen, die den Verlauf einer Bruchkante markieren – unbedingt ansteuern!

****Flamingo-Paradies**

Trotz seiner geringen Größe ist die Landschaft des Lake Nakuru National Park **abwechslungsreich**. Während sich im Süden des Sees eine offene Savannenlandschaft erstreckt, säumt das Nordufer ein Akazienwald. Nach Westen hin begrenzen Felshänge den Salzsee. Am Ostufer wächst der größte reine Euphorbien-Wald in Afrika.

Euphorbien-Wald

Es ist ein überwältigendes Erlebnis, Hunderttausende von Flamingos am Lake Nakuru beobachten zu können. Vertreten sind der rosafarbene **Große Flamingo** und der **Zwergflamingo**. Beide Arten brüten nicht am Lake Nakuru. Sie bevorzugen den Lake Natron in Tansania. Ein Aufenthalt im Lake Nakuru National Park lohnt aber auch, wenn

Über 450 Vogelarten

ZIELE • Lake Nakuru National Park

Lake Nakuru erleben

AUSKUNFT
Lake Nakuru National Park
P.O. Box 539, Nakuru
Tel. 0722 41 89 00, www.kws.org
Tgl. 6.00 – 19.00 Uhr
Eintritt Erw. $ 80, Kinder $ 40

ÜBERNACHTEN
❶ *Mbweha Camp* ⓔⓔⓔⓔ
P.O. Box 42475, 00100 Nairobi, Tel. 0786 25 32 22, www.atua-enkop.com
Südlich des Nakuru-Sees bieten die zehn Cottages aus Lavagestein mit Makuti-Dächern eine Mischung aus Glamour und modernem Afrika. Auf der fast 26 000 km² großen Conservancy sind Wanderungen, Mountainbike-Touren und Nachtpirschfahrten möglich.

❷ *Lake Nakuru Lodge* ⓔⓔⓔ
P.O. Box 561, Nakuru, Tel. 051 85 02 28
www.lakenakurulodge.com
Für 176 Gäste stehen Familienzimmer, Cottages und Suiten mit Pool und Seeblick zur Verfügung. Unbedingt beim reichhaltigen Buffet auch die afrikanischen Gerichte probieren – sehr lecker!

❸ *Flamingo Hill Camp* ⓔⓔ
P.O. Box 15117, Nakuru
Tel. 0729 32 94 88
www.flamingohillcamp.com
Junges Camp mit 25 komfortablen Zelten, mit eigener Dusche. Von allen Einnahmen fließt ein Teil an das Nashorn-Projekt. Das Essen ist super. Am besten entspannt man nach einer Pirschfahrt im Whirlpool oder vor dem Kamin mit einem Buch der Bibliothek.

❹ *Maili Saba Camp* ⓔⓔ
Am Rande des Menengai-Kraters 5 km nördlich von Nakuru, Maili Saba Centre, Solai Road, P.O. Box 15018, Nakuru
Tel. 050 508 45, www.mailisabacamp.com
Mit einer Tasse Tee auf der eigenen Veranda vor dem reetgedeckten Cottage den Sonnenaufgang genießen – Natur pur für maximal 20 Gäste. Alle Cottages haben Krater-Blick. Eine tolle Aussicht hat man auch vom erfrischenden Infinity-Pool. Frisch zubereitete Gerichte auch nach Swahili-Art.

❺ *Kembu Campsite and Cottages* ⓔⓔ/ⓔ
P.O. Box 23, Njoro 20107
Tel. 0722 36 11 02, www.kembu.com
Auf der 400 ha großen Farm, 24 km westlich von Nakuru, gibt es Zelte, drei Cottages und ein Baumhaus. Dass Kinder beim Füttern der Pferde, Kälber und Hühner helfen, versteht sich von selbst. Das Essen kommt aus eigenem Anbau. Eines der Cottages gehörte Beryl Markham, der ersten Frau, die den Atlantik allein überflog. Ihr Vater ließ es 1915 für sie bauen. Lesen Sie hier ihren Bestseller »Westwärts mit der Nacht« (▶ S. 90)!

CYCLE WITH THE RHINOS
Eigentlich müsste es nicht »mit«, sondern »für die Nashörner fahren« heißen, denn wenn im Sept. die Teilnehmer aufs Fahrrad steigen, werden die Rhinos mit mindestens $150 gesponsert. Mit dem Geld wird der Schutzzaun im Lake Nakuru-Nationalpark repariert. Dennoch: Während der 35 km langen Tour durch den Park gehören Nashörner zu den interessiertesten Zuschauern. Statt zu Radeln gibt es auch die Möglichkeit, ein Nashorn zu adoptieren für $ 2400 im Jahr (www.cyclewiththerhino.org).

Unter ständiger Beobachtung der Wildhüter und durch einen Elektrozaun geschützt: die seltenen Breitmaulnashörner am Lake Nakuru

die Flamingoschwärme weitergezogen sind. Schließlich bevölkern noch ca. 450 andere Vogelarten das Seegebiet. In den 1960er-Jahren setzte man Buntbarsche (Tilapia) im See aus, um die Mengen an Moskitos zu reduzieren. Sie vermehrten sich so prächtig, dass sie wiederum zahlreiche Wasservögel wie **Rosapelikane** und **Kormorane** anzogen, die diese Fischart als Futter schätzen.

Nirgendwo sonst in Kenia sind die Voraussetzungen so gut wie im Lake Nakuru National Park, Nashörner in freier Wildbahn zu sehen. Ein etwa 80 km langer elektrischer Zaun und regelmäßig patrouillierende Wildhüter sollen dafür sorgen, dass die inzwischen ca. 50 hier lebenden **Spitz- und Breitmaulnashörner** vor Wilderern sicher sind. Prächtig vermehrt haben sich auch die seltenen **Rothschild-Giraffen**, die 1977 aus der Umgebung von Eldoret an den Lake Nakuru umgesiedelt wurden. Relativ häufig sind Büffel, Wasserböcke, Hyänen, Impalas, Zebras und Warzenschweine, die mit hoch aufgerichtetem Schwanz schnell das Weite suchen. Ratsam ist es zudem, die Astgabeln der Bäume sorgsam mit den Augen abzusuchen, die Chance ist besonders am Haupteingang relativ hoch, **Leoparden** zu entdecken. Auch Löwen sind im Nationalpark heimisch. Eine kleine Herde Flusspferde lebt an den Baharina-Quellen nahe dem Nordufer.

**Rhino Sanctuary

Aus Nakuru werden **Abwässer** und Pestizide in hoher Konzentration in den See geleitet. Sie lagern sich am Seeboden ab. Trocknet der See aus, wird der zurückbleibende, verunreinigte Staub auch nach

Zivilisationsdruck nimmt zu

Nakuru geweht – zunehmende Atemwegserkrankungen und Allergien sind die Folge. Nakuru hat begonnen, durch verbesserte Kläranlagen die **Umweltbelastung** zu vermindern. Völlig ungelöst ist das Problem der **wachsenden Bevölkerung**. Im fruchtbaren Nakuru-Becken leben heute etwa 1 Mio. Menschen. Sie benötigen **immer mehr Ackerland**, sodass die bewaldeten Flächen dramatisch abnehmen. Vor allem Maisfelder wurden angelegt, die bewässert werden müssen, wodurch der Grundwasserspiegel ständig weiter sinkt. Zweite wichtige Einkommensquelle ist die Viehzucht, der Boden ist längst überweidet. Die Wissenschaftler schätzen, dass durch **Erosion** jährlich ca. 80 000 t Mutterboden im Nakuru-Becken verloren gehen. Die Erdmassen werden durch Bäche in den See geleitet und lagern sich dort ab. Auch seine Zuflüsse fielen Mitte der 1990er trocken und Trinkwasser wurde für die im Park lebenden Säugetiere knapp.

Mittlerweile versorgen verschiedene Regenauffangbecken und Tränken die Tiere mit dem kostbaren Nass. Ausreichend Futter ist vorhanden, sodass sich die meisten Tierarten äußerst stark vermehrten. Vor allem die Zahl der Huftiere hat dramatisch zugenommen. Der Zaun um den Nationalpark verhindert eine Abwanderung der Tiere. Die natürliche Auslese ist trotz der jüngst im Park ausgesetzten Löwen gering, sodass schon heute der Lebensraum für die vielen Großsäuger zu klein ist. Wie **unberechenbar die Natur** ist, zeigte sich in den Jahren 2011 und 2012. Der Lake Nakuru wurde wiederholt von verheerenden Überschwemmungen heimgesucht. Diese waren so heftig, dass der Westen des Sees unter Wasser steht und es inzwischen oft nicht mehr möglich ist, um ihn herumzufahren.

Lake Nakuru National Park

Übernachten
1. Mbweha Camp
2. Lake Nakuru Lodge
3. Flamingo Hill Camp
4. Maili Saba Camp
5. Kembu Campsite and Cottages

NAKURU

Kenias viertgrößte Stadt ist die Hauptstadt der Provinz Rift Valley. Wie ▶Nairobi verdankt Nakuru seine Existenz dem Bau der Ugandabahn. Angelockt durch das fruchtbare Umland ließen sich **englische Siedler** hier nieder – auch Lord Delamere (▶Berühmte Persönlichkeiten) erwarb 1903 Grundbesitz. Der Ort entwickelte sich zum Zentrum der sogenannten White Highlands und ist bis heute wichtiges Versorgungs- und Handelszentrum für das Umland. Nach den Wahlen 2007 rückte Nakuru ins Zentrum internationaler Berichterstattung durch die heftigen Ausschreitungen und gewalttätigen Zusammenstöße zwischen den verschiedenen Bevölkerungsgruppen.

White Highlands

Sehenswert ist außer dem farbenfrohen Markt am östlichen Ortsrand das **prähistorische Ausgrabungsgelände**. Die Anfahrt von der Straße Nakuru – Nairobi ist beschildert. Benannt ist der vulkanisch entstandene Hügel nach den Klippschliefern, die es hier früher gab. Erste Ausgrabungen nahm in den 1930ern Mary Leakey vor. Bei diesen und späteren Grabungsarbeiten – zuletzt 1987 – wurden Siedlungsreste und Gräber freigelegt, von denen die ältesten auf 1000 – 1500 v. Chr. datiert sind. Seit 1943 ist das Gelände **National Monument**. Das ehemalige Farmhaus ist jetzt Museum.

Hyrax Hill Prehistoric Site and Museum

🕐 tgl. 9:30 – 18.00 Uhr, Eintritt Erw. Ksh 500, Kinder Ksh 250

UMGEBUNG VON NAKURU

Eine 6 km lange Piste führt nach Norden zum Aussichtspunkt am Menengai-Kraterrand in 2272 m Höhe, mit einem **herrlichen Blick** über die 500 m tiefe Caldera, die einen Durchmesser von 12 km hat. Der Name »Menengai« (Leichenplatz) rührt von einem Kampf zweier Masai-Stämme im 19. Jh. her – die Sieger stürzten ihre Gegner vom Kraterrand hinab.

*Menengai Crater

Südöstlich des Lake Nakuru erstreckt sich der 2010 zum Wildschutzgebiet erklärte Lake Elementeita, ebenfalls ein **Sodasee** mit sehr hohem Salzgehalt, der sich auf dem Soysambu Estate der aristokratischen Delamere-Familie befindet. Der See ist die größte Brutstätte afrikanischer **Pelikane**, oft bevölkern riesige **Flamingoschwärme** und Schreiseeadler den 25 km² großen Salzsee – ihre Brutstätte ist allerdings der Lake Natron. Der Sundownerplatz oberhalb der Serena-Anlage bietet eine **fantastische Aussicht** auf den See.

*Lake Elementeita

🛏 Im Soysambu-Schutzgebiet am See wurde 2011 die ●●●● Serena-Luxusanlage mit 25 Zelten, Restaurant, Spa und Pool eröffnet (www.serenahotels.com). Preisgünstige Alternative: die ●● Sleeping Warrior Lodge & Camp mit Superprogramm für Kinder jeden Alters (www.sleepingwarriorkenya.com).

Kariandusi

▶Baedeker
Wissen S. 368

Louis **Leakey** führte 1928 in Kariandusi Grabungen durch. Ebenso wie in Olorgesailie (▶Lake Magadi) stieß er auf mindestens **400 000 Jahre altes Steinwerkzeug**. Wahrscheinlich war Kariandusi nicht dauerhaft besiedelt. Möglicherweise nutzten die Vorfahren des Homo sapiens die Stätte als Schlachtplatz. Neben den beiden einstigen Grabungsplätzen kann man ein kleines **Museum** besichtigen.
Museum: tgl. 9.30 – 18.00 Uhr, Eintritt Erw. Ksh 500, www.museum.or.ke.

*****Rongai**

25 km westlich von Nakuru liegt das hübsche Städtchen Rongai. Während der Kolonialzeit blühte Rongai ab 1926 durch den Anschluss an die **Ugandabahn** auf. Das Gebäude der Rongai **Railway Station** und die originale Signalschaltung sind gut erhalten. Auch funktionieren die Öllampen auf der Plattform noch. Die weißen Siedler wollten ihre Heimat nach Rongai transportieren. Mit der **St. Walston's**, 1960 gebaut, kopierten sie exakt eine frühmittelalterliche Kirche aus Bawburgh bei Norwich in Ostengland. Die bunten Fensterscheiben erzählen von St. Walston († 1016), dem Heiligen der Farmer. Zur Kirche führt eine Allee aus Jakarandabäumen – während der Blüte verwandelt sie den Weg in einen blauen Teppich.

*****Deloraine Estate**

Spätestens beim Anblick der Londoner Teekiste von Fortnum & Mason auf der Veranda, fühlt man sich an den Erbauer des exklusiven Kolonialhauses Lord Francis Scott und die Goldenen Zwanzigerjahre des letzten Jahrhunderts erinnert – der Hausherr ließ sich den Tee damals per Schiff nach Kenia senden. Gemeinsame Mahlzeiten im Familienkreis sind auf der Deloraine Ranch Usus. Die 2000-ha-**Privatfarm** bietet Platz für Kricket wie Tennisspielen und verfügt über einen Poloplatz. Für **Reitsafaris** können 80 Pferde gesattelt werden.
❶ Rongai, Tel. 0704 90 93 55, www.offbeatsafaris.com

* Lake Turkana (Rudolphsee)

C/D 1–3

Region: Rift Valley
Fläche: 6400 km²
Höhe: 427 m ü.d.M.

Ursprüngliches Afrika ist das lohnende Ziel nach der abenteuerlichen Anreise durch flimmernde Hitze und absolute Einsamkeit: Jadegrün schimmert die schier endlose Wasserfläche des Turkanasees – der größte permanente Wüstensee der Erde.

Wiege der Menschheit

Bekannt ist der See für seine stattlichen **Nilkrokodile** und **prähistorischen Hominidenfunde**. Am Westufer, im Omo-Delta an der Grenze zu Äthiopien, und bei Koobi Fora am Ostufer wurde eine

Lake Turkana erleben

ANREISE
Es ist Abenteuer pur, zum Lake Turkana mit dem Auto zu fahren. Vierradantrieb ist selbstverständlich. Von Nairobi aus muss eine Übernachtung eingeplant werden. Die Route ist nicht für Selbstfahrer zu empfehlen, da es wiederholt zu Zwischenfällen gekommen ist. Aus Sicherheitsgründen sollte man von Isiolo im Konvoi zum See fahren. Schneller und sicherer: ein Flug vom Wilson Airport in ▶Nairobi über Nanyuki.

FESTIVAL DER KULTUREN
Drei Tage zur besseren Verständigung, zum Kennenlernen der anderen, ihrer Sitten und Gebräuche, für ein friedliches Zusammenleben. 2008 kam die Idee für das **Lake Turkana Festival** aus der Kommune Loiyangalani. Seither zeigen jedes Jahr im Mai Menschen vom Turkanasee, dass es bei ihnen nicht nur Sicherheits- und Umweltprobleme, Hunger oder rivalisierende ethnische Gruppen gibt. Zehn ethnische Kommunen – El Molo, Rendille, Samburu, Turkana, Dassanach, Gabbra, Borana, Konso, Wata and Burji – stellen sich vor mit Tänzen und Musik, besonderen Speisen, ihrer Tradition, Kultur und ihrem Kunsthandwerk. Organisiert wird das Festival von der Deutschen Botschaft, dem lokalen Festkomitee, dem National Museum von Kenia und Private Safaris Ltd. (www.laketurkanafestival.com).

ÜBERNACHTEN AM UND UM DEN LAKE TURKANA
Desert Rose ●●●●
Nördlich von South Horr
am Südhang des Mount Nyiru
www.desertrosekenya.com

Die Turkana-Frauen rasieren ihren Kopf bis auf einen Streifen Haare in der Mitte.

Fünf Häuser, zwei Cottages, ein Familienhaus mit Panoramablick auf den heiligen Berg. Gemüse und Obst stammen aus dem eigenen Garten, das Essen ist ausgezeichnet. Das Anwesen wird umweltfreundlich mit Solarenergie versorgt. Die Dorfbewohner betreiben eine eigene Holzwerkstatt – ihre ausgefallenen Möbelstücke sind eine wichtige Einnahmequelle. Die Lodge organisiert unvergessliche Fußsafaris!

Kalacha Camp ●●●
Tel. 0722 20 73 00
www.tropicairkenya.com
Abseits der Touristenpfade in der Chalbi-Wüste östlich vom Lake Turkana. Vier Bandas an einer Oase, zu der auch gerne Kamele zum Trinken vorbeischauen. Das Camp ist ein Community Project zur Unterstützung der Gabbra, die in dieser Region leben. Gabbra-Frauen führen ihre traditionellen Tänze auf – ein farbenfrohes Spektakel im ansonsten

kargen Wüstengebiet. Schön sind auch Ausflüge zu den Coreli Springs, wohin die nomadischen Rendille ihre Tiere zum Trinken bringen. Für die Anreise empfiehlt sich der Flug aus Nanyuki.

Oasis Lodge ⓔⓔ
An der Südostseite des Sees
Tel. 0729 95 46 72
www.oasis-lodge.com
Der deutsche Besitzer Wolfgang Deschler hat es bis in die Literatur gebracht, als gleichnamige Figur im verfilmten Bestseller »Der ewige Gärtner«. Die Oasis Lodge hat sich auf Sportfischer spezialisiert, die Nilbarsche, Tigerfische oder Tilapia angeln möchten. Auch Ausflüge zum South Island NP werden organisiert.

Koobi Fora Base Camp ⓔ
www.museums.or.ke
Selbstversorger können direkt bei den Ausgrabungen von Koobi Fora übernachten, entweder im Zelt oder Bandas mieten. Wasser gibt es nicht, also alles mitbringen.

Vielzahl versteinerter Knochen freigelegt, nach deren Entdeckung die Geschichte der Menschheitswerdung neu geschrieben werden musste. Die ersten Weißen, die den grün schimmernden Wüstensee erblickten, waren Mitglieder einer österreichisch-ungarischen Expedition unter Leitung von Graf Samuel Teleki (▶Berühmte Persönlichkeiten). Er benannte den See im März 1888 nach dem habsburgischen Kronprinzen **Rudolph**. Die Umbenennung in Turkanasee – nach dem hier lebenden Volk der **Turkana** – erfolgte erst 1975.

Elfmal größer als der Bodensee

Seit 1997 ist der See **UNESCO-Weltnaturerbe**. Der **größte See Kenias** erstreckt sich im Rift Valley von der Grenze zu Äthiopien über knapp 250 km Länge nach Süden und hat eine Breite von gut 50 km. Damit nimmt er eine Fläche von 6400 km² ein – zum Vergleich: Die Wasserfläche des Bodensees beträgt 572 km². Wie die anderen Seen im Rift Valley ist auch der Lake Turkana abflusslos, gespeist wird er durch den noch in Äthiopien in den See mündenden Fluss **Omo**, der allerdings nur in der Regenzeit Wasser führt. Durch Bewässerungsprojekte in Äthiopien verringert sich die Wasserzufuhr in den letzten Jahren zunehmend, bei gleichbleibend hoher Verdunstungsrate verkleinerte sich die Fläche des bis zu 70 m tiefen Sees stetig, und der Salzgehalt im Wasser stieg stark an. Vor 10 000 Jahren war der See etwa 150 m tiefer und erstreckte sich nach Süden hin bis zum ▶Lake Baringo. Es muss eine Verbindung mit dem Flusssystem des Nils gegeben haben – so erklärt sich das Vorkommen von Nilbarschen und Nilkrokodilen.

Feindliche Halbwüste

Der Turkanasee liegt inmitten einer lebensfeindlich wirkenden Halbwüste. Nach Westen hin begleitet eine um 1500 m hohe Bergkette das Seeufer, das Gebiet östlich des Sees ist weitgehend flach. Die Landschaft wirkt monoton, **schwarz-bräunliche Lavaflächen** bieten dem Auge nur wenig Abwechslung. Infolge der geringen Niederschlagsmengen – nicht mehr als 200 mm pro Jahr – ist die Vegetation spärlich. Nur wenige anspruchslose Gräser und einige Akazien in ausgetrockneten Flussbetten können überleben. Nach ergiebigeren Regenfällen sprießen aus dem ansonsten vegetationslos erscheinenden Boden einjährige Gräser und Kräuter. Inmitten des Sees liegen **drei vulkanisch entstandene Inseln**, zwei davon wurden zu Nationalparks erklärt.

Der Lake Turkana ist ausgesprochen fischreich. Tilapia, Tigerfische und die hier gigantische Größen erreichenden **Nilbarsche** – Riesenexemplare bis zu 100 kg – locken Angler an. Auch die Vogelwelt ist mit mehr als 350 Arten gut vertreten. Ferner ist der Turkanasee Lebensraum für die **größte Population von Nilkrokodilen** in ganz Afrika, ihr Bestand wird auf 10 000 – 20 000 Tiere geschätzt.

<small>Riesenbarsche und Krokodile</small>

Hauptinsel im jadegrün schimmernden größten Wüstensee der Erde ist South Island mit mehr als einem Dutzend erloschener Vulkane.

Krokodile

Geschöpfe der Vorzeit

Krokodile gehören wie Vögel zu den letzten Nachfahren der Archosaurier. Während die Dinosaurier, ihre Verwandten, längst ausgestorben sind, haben Krokodile die am weitesten entwickelten Gehirne und Herzen aller heutigen Echsen. Wenn Zebras und Gnus während der großen Tierwanderung den Mara-Fluss erreichen, zeigen die gefürchteten Reptilien, was für exzellente Jäger sie sind.

Seine Angriffe geschehen ohne Vorwarnung. Fast bewegungslos treibt das Krokodil auf sein Opfer zu, nur der obere Teil seines Kopfes ist, wenn überhaupt, zu sehen. Kurz vor dem Ziel springt es **blitzschnell** aus dem Wasser und schnappt nach der Beute. Mit der Kraft von 1000 kg schlägt das Reptil seine kräftigen Fangzähne in die Beute, um sie im Wasser zu ertränken. Dann rotiert es um die eigene Achse, um mit den kauunfähigen Kiefern Fleischbrocken aus dem Kadaver zu reißen, und schlägt die Beute so lange hin und her, bis sie rachengerecht zerfetzt ist.

Größere Krokodile reißen auch Gazellen, Gnus, Zebras und sogar Büffel, die zum Wasser kommen, um zu trinken. Ist ein Gnu verspeist, braucht das Reptil bis zu sechs Monate nichts mehr zu fressen. Überwiegend ernährt sich das Krokodil allerdings von **Fisch** – besonders Welse liefern 80 % seiner Nahrung. Ein Mensch, der badet, am Ufer fischt oder wäscht, wird oft nur deshalb attackiert, weil die Echse in ihm eine Bedrohung ihres Territoriums sieht.

Verwandte der Vögel

Krokodile können **lange ohne Nahrung** auskommen. Der Rekord soll bei 620 Tagen liegen, die ein gefangenes 4,22 m langes Exemplar Nahrung verweigerte. Doch selbst bei großem Hunger verzichtet ein Nilkrokodil zuweilen auf die leckerste Speise, wenn ein Temperatursturz bevorsteht. Nur bei warmen Wetter kann die Echse dicke Fleischbrocken gut verdauen, also innerhalb von 4 bis 6 Tagen, bei kaltem Wetter liegt das Fleisch im Magen des **Kaltblüters** wie in einer Tiefkühltruhe und sorgt für Verdauungsbeschwerden. Die 200 Mio. Jahre alte Gattung der Nilkrokodile verfügt über noch weitere Besonderheiten: Sie haben die am weitesten entwickelten Gehirne und Herzen (vier Kammern) aller heutigen Reptilien und sind enger mit Vögeln als mit anderen Reptilien verwandt. **Krokodilzähne**, 66 sind es insgesamt, wachsen, wenn erforderlich, bis zu 45 Mal nach. Krokodile können ihre Körpertemperatur nicht von innen regeln. Sie wärmen sich in der Sonne auf und gehen in den Schatten oder ins Wasser, um sich abzukühlen. Wenn es sehr heiß ist, reißen sie das Maul weit auf, um sich durch Austrocknen der Mund-Schleimhäute abzukühlen. Wie Schildkröten hören Krokodile bis kurz vor ihrem Tod nicht auf zu wachsen. Ein **Krokodilmännchen** von 100 Jahren übertrifft alle Jüngeren an Größe und Kraft. Meist führt es einen stattlichen Harem mit bis zu 20 Weibchen, den es nicht nur sexuell befriedigt, sondern auch gegen Rivalen erfolgreich verteidigt.

Gefährdet und gefürchtet

In Afrika leben drei Krokodilarten: das Zwergkrokodil (Osteolaemus tetraspis) in Westafrika, das Panzerkrokodil (Crocodylus cataphractus) in Zentralafrika und das in Afrika weit verbreitete **Nilkrokodil** (Crocodylus niloticus). Größer ist nur noch das bis zu 9 m lange asiatische Leistenkrokodil (Crocodylus porosus). Alligatoren sind ebenfalls eine Krokodilart. Sie gibt es nur in China und den USA.

Die größten Nilkrokodile Ostafrikas leben am **Grumeti**-Fluss in Tansania, die größte Kolonie gibt es am **Lake Turkana** in Kenia. Während der alljährlichen Gnuwanderung ist der **Mara**-Fluss der spektakulärste Platz, um zu beobachten, was für **geschickte und präzise Jäger** sie sind. Das dunkel gefärbte Reptil mit dem charakteristischen Schwanz, der als Ruder und Steuerhilfe dient und 40 % seiner Körpergröße ausmacht, mit den furchterregenden Zähnen, einem Gewicht von bis zu 1000 kg und einer Länge von 5,5 m – in Einzelfällen 6,5 m – zählt zu den aggressivsten Panzerechsen. Krokodile paaren sich ab 12 bis 15 Jahren. Die Paarung findet im Wasser statt. Mit Vorderbeinen und Schnauze gräbt das Weibchen dann nachts ein 40 cm tiefes Loch an einer hohen Uferstelle, in das es zwischen 40 und 80 Eier ablegt. Das Nest verteidigt sie 90 Tage lang gegen Raubtiere aller Art, sogar hungrige Krokodile. Es kann durch Temperaturkontrolle bestimmen, ob es weibliche oder männliche Nachkömmlinge werden. 26 – 30 °C Nest-Temperatur ergeben Weibchen, 31 – 34 °C Männchen. Ein Piepsen, auch aus 20 m Entfernung, alarmiert die Mutter, dass die Kleinen bereit zum Schlüpfen sind. Vorsichtig gräbt sie das Nest auf, sammelt die Kleinen ein und trägt sie in ihrem Riesenrachen zum seichten Wasser. Dort bleiben sie zwei Monate lang und ernähren sich hauptsächlich von Insekten. Immer ist die Mutter in der Nähe. Ist Gefahr im Verzug und die Kleinen piepsen laut, sammelt sie sie in ihrem Maul wieder ein. Trotz allem überlebt gerade mal 1 % des Nachwuchses. Krokodileier und gerade geschlüpfte Junge sind Lieblingsbeute von Mungos, Ottern, Honigdachsen, Pavianen, Warzenschweinen, Hyänen, Marabus, Seeadlern und Nilwaranen.

Erst einmal erwachsen haben Nilkrokodile kaum Feinde, außer dem Menschen, der sie jagt, um Handtaschen und Schuhe aus der weichen Bauchhaut anzufertigen. Viele Jahre standen Krokodile auf der roten Liste der bedrohten Arten. Inzwischen stieg ihre Zahl wieder an. Die Lederindustrie wird nun von Krokodilfarmen beliefert.

ZIELE • Lake Turkana (Rudolphsee)

> **!** **BAEDEKER TIPP**
>
> ### Schwindende Minderheit
>
> Auf kaum einer organisierten Safari fehlt der Abstecher zum 20 km nördlich von Loiyangalani gelegenen Dorf der **El Molo**, der zahlenmäßig kleinsten Volksgruppe des Landes. Sie erwirtschaften ihren Lebensunterhalt durch Jagd, Fischfang und den Tourismus, der ihre Lebensweise stark verändert hat. So verständigen sie sich heute statt in ihrer eigenen Sprache längst in Turkana oder Samburu. Wer privat das Dorf gegen eine Gebühr besuchen möchte, wendet sich zur Vermittlung am besten an die Oasis Lodge (▶S. 226).

Im Bergland westlich und südlich des Sees lebt das **Nomadenvolk** der Turkana. Maßnahmen, die **Turkana** zu einer sesshaften Lebensweise zu bewegen, scheiterten bislang. Bis heute leben die meisten als Hirten und ziehen mit ihren Rinder- und Ziegenherden je nach Futterangebot auf der Suche nach Wasser weiter.

WESTUFER DES LAKE TURKANA

Die Westroute zum Lake Turkana führt über **Lodwar,** den eher trostlosen Hauptort des Distriktes Turkana. Etwa 60 km müssen von dort noch bis **Kalokol** (früher Lokwakangole) am Ferguson's Gulf des Lake Turkana zurückgelegt werden. Der Küstenverlauf des Sees hat sich in den letzten Jahrzehnten erheblich verändert. Weite Teile der Küstenzone sind mittlerweile trockengefallen, sodass man von Kalokol etliche Kilometer in östlicher Richtung gehen muss, bis man ans Wasser gelangt. Einer Quelle verdankt **Eliye Springs**, wenige Kilometer weiter südlich, seinen grünen Palmenhain.

*Central Island National Park — Kenya Wildlife Service bietet von Lodwar eine zuverlässige Bootsüberfahrt zum Nationalpark Central Island an. Aus Sicherheitsgründen wird diese nur bei ruhiger See durchgeführt. Das 5 km² große Central Island ragt 240 m hoch aus dem Lake Turkana empor. Die Insel erhält ihren besonderen Reiz durch die Seen in den Vulkankratern: Crocodile Lake, Flamingo Lake und Tilapia Lake. Bekannt ist sie für ihre reiche Vogelwelt und für die große hier lebende Population von **Nilkrokodilen**. Im April und Mai kann man zusehen, wie Tausende von Krokodiljungen schlüpfen und ihre ersten Lebenstage im Kratersee verbringen (▶Baedeker Wissen S. 228).
🕐 tgl. 6.00 – 19.00 Uhr, Eintritt Erw. $ 20, Kinder $ 10, www.kws.go.ke.

OSTUFER DES LAKE TURKANA

*South Island National Park — Von **Loiyangalani**, dem »Ort der Bäume«, dessen Quelle einigen Palmen und Akazien das Überleben sichert, kann man zur 39 km² großen South Island übersetzen. Die vollkommen mit **Vulkanasche** bedeckte Insel bietet nur wenigen Tieren Lebensraum und ist vor

Lake Turkana (Rudolphsee) • ZIELE

allem das Ziel von **Anglern**, denn hier locken schmackhafte Nilbarsche, Tilapia und Tigersalmler. Viele Krokodile sonnen sich auf den vulkanischen Sandbänken, ▶Abb. S. 227.
❶ tgl. 6.00 – 19.00 Uhr, Eintritt Erw. $ 20, Kinder $ 10, www.kws.org.

Östlich von Loiyangalani erhebt sich der 2285 m hohe Mount Kulal – ein **UNESCO-Biosphärenpark**. Am Fuß des Berges entspringen drei Quellen: eine mit alkalischem Wasser, eine mit warmen und eine mit kaltem Süßwasser. Der Aufstieg lässt sich auch ohne bergsteigerische Erfahrung machen und belohnt mit einer fantastischen Aussicht über den Lake Turkana und nach Osten hinüber zur **Chalbi-Wüste**, die sich nach den seltenen heftigen Regenfällen in einen riesigen See verwandeln kann. *Mount Kulal

Am Nordostufer des Lake Turkana, etwa 30 km vor der äthiopischen Grenze, erstreckt sich der 1570 km² große, nur schwer zugängliche Sibiloi National Park, seit 1997 **UNESCO-Weltnaturerbe**. Von Loiyangalani erreicht man ihn auf einer sehr schlechten Piste nach ca. 120 km über die Ortschaft North Horr. Touristische Infrastruktur besteht nicht, auch gibt es abgesehen von den Zufahrtspisten nach Alia Bay im Süden, nach Koobi Fora und zum Polizeiposten Ileret im Norden kein Wegenetz. Bei Fahrten im Park benötigt man unbedingt einen ortskundigen Führer! Im Nationalpark ist die Vogelwelt mit etwa 350 verschiedenen Arten vertreten. Im flimmernden Sommerlicht erscheint das Wasser grünlich und tatsächlich vermehren sich im See Algenarten, die bis zu 20 000 **Flamingos** anlocken. Am Seeufer lebt eine größere Population von **Nilkrokodilen**. Mit ein wenig Glück wird man sogar Zebras – neben Steppenzebras auch die seltenen **Grevy-Zebras** –, Gazellen, Spießböcke, Löwen, Geparden und Streifenhyänen beobachten können. *Sibiloi National Park
❶ tgl. 6.00 – 19.00 Uhr, Eintritt Erw. $ 20, Kinder $ 10, www.kws.org

Als Wiege der Menschheit gilt die **Ausgrabungsstätte** von Koobi Fora, die Ende der 1960er erstmals ins Blickfeld der Weltöffentlichkeit gelangte, als **Richard Leakey** (▶Berühmte Persönlichkeiten) auf dem Areal von 1800 km² aufsehenerregende Funde von Vorformen des Homo sapiens machte. Zu den interessantesten Entdeckungen gehört der 1972 gefundene Schädel eines etwa 2 Mio. Jahre alten **Homo habilis**, den Richards zweite Frau Meave und der britische Anatom Bernard Wood aus Bruchstücken rekonstruierten. Der Schädel wird im National Museum von ▶Nairobi unter der Katalognummer »1470« geführt. Die Ausgrabungen in Koobi Fora dauern an, eine Besichtigung des **Koobi Fora Museum** ist in der Regel nur nach Voranmeldung in Begleitung eines Archäologen möglich. Südlich von Koobi Fora ist der **Versteinerte Wald** ein weiterer Anziehungspunkt. Vor etwa sieben Millionen Jahren muss *Koobi Fora

▶Baedeker Wissen S. 368

am Lake Turkana ein wesentlich feuchteres Klima geherrscht haben, damals gab es hier größere Waldgebiete.

Koobi Fora Museum: tgl. 9.00 – 18.00 Uhr, Eintritt Erw. Ksh 500, Kinder Ksh 250, www.museums.or.ke

Desert Museum
Auf einem Felsen nördlich der Stadt Loiyangalani zeigt das Wüstenmuseum Fotografien der El Molo, Rendile, Samburu, Gabbra, Watta und Dassanach, die um den See leben.

❶ tgl. 9.00 – 18.00 Uhr, Eintritt Erw. Ksh 500, Kinder Ksh 250
www.museums.or.ke

SÜDLICH DES LAKE TURKANA

South Horr
Eine Oase aus Grün ist das verschlafene Dörfchen South Horr zwischen den erloschenen Vulkanen **Mount Nyiru** und Mount Porale. Für das Volk der Samburu ist der Nyiru – Magen des Elefanten genannt – heilig. Sein Plateau ist beliebter Weidegrund, denn es gibt dort das ganze Jahr über Wasser. Von Tum aus kann man den Mount Nyiru besteigen. Oben angekommen bietet sich ein schöner Blick zum Turkanasee und ins Suguta-Tal. Die Ansammlung von Steinen auf dem Plateau markiert das Grab eines legendären Häuptlings.

*Suguta-Tal
In den Mittagsstunden kann es im Suguta-Tal ganz schön heiß werden. Dann klettert das Thermometer auf **über 60 °C im Schatten** – eine der heißesten Stellen der Erde. Überragt wird die karge Lava-Landschaft, die sich 20 km bis zum **Lake Loigipi** erstreckt, vom Telekei-Vulkan. Auch im Loigipi-See rasten Flamingos. Die beste – und kühlste – Sicht hat man aus dem Flugzeugfenster.

* Lake Victoria

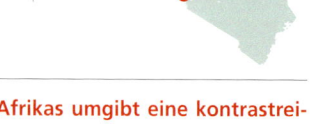

A / B 5 – 8

Region: Lake Victoria
Fläche: ca. 69 000 km²
Höhe: 1134 m ü.d.M.

Den größten Süßwassersee Afrikas umgibt eine kontrastreiche Landschaft: fruchtbares Ackerland und tiefgrüne Teeplantagen, ausgedehnte Sumpfflächen, Schilf und Papyrus, die am Ufer teilweise ein undurchdringliches Dickicht bilden.

Größter See Afrikas
Rund 30 Mio. Menschen leben am **Viktoriasee**, betreiben hier Ackerbau, fangen Nilbarsche und Tilapia. Es ist eines der am dichtesten besiedelten Gebiete des Landes. Mit einer Fläche von knapp

Lake Victoria • ZIELE

69 000 km² ist der Lake Viktoria der größte See Afrikas und nach dem Kaspischen Meer und dem Lake Superior der drittgrößte See der Erde und **zweitgrößter Süßwassersee der Welt**. Kenias Anteil an dem Gewässer beträgt nur 6 %. Die Anliegerstaaten Tansania und Uganda haben 49 % bzw. 45 %. Der Viktoriasee liegt in einem flachen Becken des ostafrikanischen Hochlandes, direkt unterhalb des Äquators. Seine Tiefe beträgt im Durchschnitt 40 m, an einigen Stellen ist er bis zu 85 m tief. Inmitten des Sees liegen zahlreiche kleine Inseln, insgesamt nehmen sie 10 % der Seefläche ein.

Ins Blickfeld der Europäer gelangte der See erstmals Mitte des 19. Jh.s. Auf der Suche nach den Quellen des Nils kam 1858 der Brite **John Hanning Speke** als erster Weißer hierher. Er benannte den riesigen Binnensee – sein alter Name war **Nyanza** – nach **Queen Victoria** und war überzeugt davon, tatsächlich die Quellen des Nils gefunden zu haben. Den Beweis hierfür erbrachte der Amerikaner Stanley jedoch erst 1875. Natürlich war die Gegend rund um den Lake Victoria schon lange vor der »europäischen Entdeckung« besiedelt. Vor rund 500 Jahren ließen sich hier die aus dem Sudan kommenden **Luo** nieder. Sie bilden heute das drittgrößte Volk Kenias.

Quellen des Nils

Der Lake Victoria verfügt mit mehr als 300 verschiedenen Fischarten über eine ungeheure Artenvielfalt. Etwa 20 Arten werden als Speisefische geschätzt. Die Zusammensetzung der Fischbestände hat sich durch menschliche Eingriffe in den letzten Jahrzehnten jedoch stark verändert. Um 1960 setzten britische Biologen **Nilbarsche** (Lates niloticus) im See aus. Als Raubfisch ernährt sich der Nilbarsch, der bis zu 200 kg schwer werden kann, von allen anderen Fischen im See. Zunächst veränderte sich die Fauna im Viktoriasee nicht wesentlich. Doch ab Beginn der 1980er-Jahre zeigten die menschlichen Eingriffe augenfällige Ergebnisse. Der Bestand an Nilbarschen stieg explosionsartig an, löschte viele andere Buntbarscharten aus und liegt heute bei etwa 70 % der gesamten Fangmenge.
Bis vor 20 Jahren fischten ausschließlich **Kleinfischer** zur Selbstversorgung. Was nicht frisch verkauft werden konnte, wurde – meist von den Frauen der Fischer – geräuchert oder getrocknet auf den nahen Märkten angeboten. Für die Völker in diesem Teil Afrikas war der Viktoriasee eine fast unerschöpfliche Nahrungsquelle. Um die steigende Nachfrage nach Nilbarschen, deren Fleisch als sehr schmackhaft gilt, zu befriedigen, begann vor allem Kenia **Fischverarbeitungsbetriebe** zu bauen. Da der Bedarf nach Nilbarsch unverändert groß ist, besteht die Gefahr der Überfischung. Internationale Untersuchungen haben ergeben, dass es rund 200 endemische, d. h. nur im Viktoriasee vorkommende Fischarten gibt und das, obwohl schon einige ausgestorben sind wie der Ngege (Oreochromis esculentes) – einst Hauptnahrungsmittel und Lieblingsfisch der Luo. 100

Fischerei im Wandel

Lake Victoria erleben

ANREISE UND FÄHREN
Kisumu, der Ausgangsort aller Unternehmungen am Lake Victoria kann mit Pkw oder Bus erreicht werden. Verschiedene Busgesellschaften bieten täglich Fernverbindungen zwischen den Großstädten Kenias an. Flugzeuge starten vom Internationalen Flughafen ▶Nairobi zum Viktoriasee. Empfehlenswert ist auch die Kombination einer Safari in der ▶Masai Mara mit einem Ausflug zum Lake Victoria. Der Flug wird von den Lodges in der Masai Mara organisiert. Von Kisumu bestehen Fährverbindungen mit anderen kenianischen Küstenorten wie Kendu Bay, Homa Bay, Asembo Bay und nach Mfangano Island sowie mit Häfen in Uganda oder Tansania.

WARNUNG
Da viele Stellen mit Bilharziose verseucht sind, sollte man im Viktoriasee **auf keinen Fall baden**! Die üppige Ufervegetation ist zudem Brutstätte für Moskitos, die Malaria-Gefahr also hoch (▶S. 412).

ÜBERNACHTEN AUF DEM LAKE VICTORIA
Mfangano Island Camp ❸❸❸❸
Mfangano Island
Tel. 020 273 40 00
www.governorscamp.com
Exklusivität garantiert: Die meisten Gäste reisen mit dem Flugzeug aus der ▶Masai Mara an. Ein Motorboot bringt sie zum Inselparadies. Geschützt unter riesigen Feigenbäumen stehen die sechs Luxus-Cottages, alle mit lokalem Kunsthandwerk dekoriert. Die Hochzeitssuite thront auf einem Felsen mit Blick auf den See. Gespeist wird bei Kerzenlicht direkt am Seeufer.

Im edlen Ethno-Look: Mfangano

Rusinga Island Lodge ❸❸❸❸
Tel. 020 88 20 28
www.rusinga.com
Dauergast ist ein Seeadler, der jedes Jahr im 300 Jahre alten Feigenbaum brütet. Sechs Cottages sowie ein Family Cottage mit Seeblick, jedes individuell gestaltet, gehören zum eleganten Privatresort mit eigener Landepiste. Vom Steg legt das Boot für Wasserski und Angeltouren ab. Ausflüge zur Ausgrabungsstätte des Proconsul Africanus, zum Ruma National Park oder zum kleinen Fischerort in der Nähe. Das ausgezeichnete Essen wird bei Kerzenschein im Hauptgebäude oder am Steg serviert. Der Spa-Bereich bietet entspannende Anwendungen.

ÜBERNACHTEN IN KISUMU
Impala Eco Lodge ❸❸
Kisumu, Tel. 057 253 30 40
www.impalaecolodge.com
2012 eröffnete Lodge am südlichen Stadtrand im Impala Sanctuary. Alle zwölf Wohneinheiten, darunter sechs Suiten und zwei barrierefreie Cottages, sind wunderschön ausgestattet und haben Blick auf den See. Gäste werden per Speedboat vom Flughafen abgeholt. Zur Lounge geht man über eine Hänge-

Lake Victoria • ZIELE

brücke, kurz – wie immer in den Tropen –, aber sehr romantisch inszeniert sich dort am Abend der Sonnenuntergang.

Kiboko Bay Resort ⓖⓖ
P.O. Box 2111, 40100 Kisumu
Tel. 057 202 55 10
www.kibokobay.com
Das Resort liegt am Strand nahe dem Dunga Fishing Village und verfügt über neun Wohnzelte sowie ein Cottage mit Whirlpool. Von der Bar blickt man über den Lake Victoria bis Ndere Island. Empfehlenswert ist der Besuch eines Luo-Dorfes, den das Resort organisiert. Übrigens, der König von Holland hat als Kronprinz schon hier übernachtet.

BONDO SUCHT DEN SUPERSTAR
In die Fernseh-Tops haben es die Akteure in Bondo, 60 km westlich von Kisumu, noch nicht geschafft, aber das muss vielleicht auch nicht sein. Denn viel schöner ist es, live dabei zu sein, wenn beim **Migwena Festival** Ende Dezember die Sänger, Tänzer und Sportcracks aus dem Umland des Viktoriasees in ihrer »Disziplin« gegeneinander antreten.

---

weitere Fischarten stehen auf der roten Liste. Bei den Einheimischen kann der Nilbarsch nicht die beliebten Fischsorten ersetzen, sein Fleisch ist zu ölig, um es salzen und anschließend in der Sonne trocknen zu können. Für die kleinen Fischer wird das Fischen mit Netzen auch durch die Wasserhyazinthen-Plage (s.u.) massiv eingeschränkt.

Katastrophale Auswirkungen haben auch die Brandrodungen rund um den See, mit denen die landwirtschaftlich nutzbaren Flächen vergrößert werden. Die Folge: Nährstoffe werden aus den Böden ausgewaschen und bei stärkeren Regenfällen in den See gespült. **Algen** wachsen explosionsartig. Dem Wasser fehlt Sauerstoff, sodass das Ökosystem umkippt. Großen Schaden – ökologisch wie ökonomisch – fügen die **Wasserhyazinthen** (Eichornia crassipes) südamerikanischen Ursprungs dem Viktoriasee zu. Als Deko-Pflanze bekannt, wurde sie vor rund 100 Jahren in Südafrika ausgesetzt. 1986 wurde sie erstmals im Viktoriasee gefunden, wohin sie wahrscheinlich über den Kagera-Fluss aus Ruanda eingeschleppt worden war. Innerhalb von zwei Jahren bildete sich allein im kenianischen Teil des Sees ein Pflanzenteppich von über 400 000 ha. Denn bereits innerhalb von 15 bis 20 Tagen verdoppelt die Pflanze die Fläche, die sie bedeckt. Boote kommen nicht mehr ins Was-

Das Ökosystem kippt

> **? BAEDEKER WISSEN**
>
> *Nilbarsche ...*
>
> ... sind für die extreme Bilharziose im Viktoriasee verantwortlich. Sie fressen mit Vorliebe die diversen Tilapia-Arten, die wiederum Schnecken fressen, die Wirtstiere für die Bilharziose-Würmer. Durch die starke Vermehrung des Nilbarsches und die damit verbundene drastische Abnahme der Tilapia vermehren sich die Seeschnecken. Bilharziose hat ein nie gekanntes Ausmaß erreicht. Also: keinesfalls im See baden oder schwimmen!

ser und dessen Sauerstoffgehalt wird so reduziert, dass noch mehr Fische sterben. Mit zwei Methoden geht die Regierung gegen die Katastrophe vor: Seit 1999 wird durch maschinelle Vernichtungen versucht, die Plage zu mindern, gleichzeitig werden Neochelina, Rüsselkäfer aus Südamerika, ausgesetzt, die Wasserhyazinthen fressen. Immerhin hat sich die Menge der Pflanze nicht mehr vergrößert, aber der Kampf dauert an.

SEHENSWERTES AM LAKE VICTORIA

Gut eine Stunde braucht man von Kisumu (▶S. 238) am sumpfigen Mündungsgebiet des Nyando River entlang bis Kendu Bay. Die **Fähranlegestelle** liegt 1 km außerhalb des Dörfchens, ein guter Platz, um einen Eindruck vom **Leben am See** zu bekommen: Fischer fahren mit ihren bunten Booten hinaus, Kinder spielen im Wasser, Frauen waschen am Ufer Wäsche oder verarbeiten den angelandeten Fang. Übrigens: Nicht weit von hier wurde Barack Obamas Vater geboren.

Kendu Bay

Weitere 35 km südwestlich sind es bis nach Homa Bay, einem **geschäftigen Städtchen**, von dem aus die in der Umgebung erzeugten landwirtschaftlichen Produkte nach Kisumu transportiert werden.

Homa Bay

Rund 140 km trennen Kisumu von der südwestlich gelegenen **hügeligen Savannenlandschaft** des 120 km² großen Ruma National Park. Er besteht als Wildschutzreservat bereits seit 1966, um eine Herde von **Rothschild-Giraffen** und seltene Antilopenarten wie die Jackson Kuhantilopen und vor allem **Pferdeantilopen** zu schützen, von denen die letzten 30 in Kenia lebenden Tiere hier zu Hause sind. Der Parkeingang ist gut 30 km von Homa Bay entfernt, die Anfahrt ist von der Straße, die Homa Bay mit Mbita verbindet, beschildert. Mitten im Park liegt der Twiga-Picknickplatz – bitte aussteigen!
● tgl. 6.00 – 19.00 Uhr, Eintritt Erw. $ 20, Kinder $ 10, www.kws.org

* Ruma National Park

Rund 60 km trennen die Homa Bay von der **Ausgrabungsstätte** Thimlich Ohinga, seit 2010 **UNESCO-Weltkulturerbe**. Hier sind bis zu 3,5 m hohe Steinwälle erhalten, die ein unbekanntes Volk um 1500 errichtete und die man in ähnlicher Form auch in Simbabwe gefunden hat. Man erreicht Thimlich Ohinga von Homa Bay aus über die nach Rongo führende Straße. Von ihr biegt man nach 15 km bei Rod Kopany in südwestlicher Richtung ab und fährt über Mirogi bis zum Ort Miranga, von dem aus die Ausgrabungsstätte beschildert ist.
● tgl. 8.00 – 18.00 Uhr, Eintritt Erw. Ksh 500, Kinder Ksh 250
www.museums.or.ke

* Thimlich Ohinga

Traditionelles Transportmittel: die Dhau mit einem Großsegel

ZIELE • Lake Victoria

Rusinga Island
Ein Damm verbindet Mbita auf Rusinga Island mit dem Festland. Eine Piste führt rund um die kahle Insel, die gut 40 km nordwestlich von Homa Bay liegt. An der Nordküste Rusingas befindet sich das Grab von **Tom Mboya**, der im Zuge politischer Unruhen 1969 ermordet wurde. Die Kikuyu fürchteten den politisch ambitionierten »Luo« Mboya als möglichen Präsidentschaftskandidaten. Bekannt ist Rusinga Island ferner als prähistorische Ausgrabungsstätte. Mary Leakey entdeckte hier den Schädel des sogenannten Proconsul Africanus, der vor 3 Mio. Jahren lebte.
❶ tgl. 8.00 – 18.00 Uhr, Eintritt Erw. Ksh 500, Kinder Ksh 250
www.museums.or.ke

**Mfangano Island
Von Rusinga und anderen Häfen am kenianischen Ufer kann man per Fähre nach Mfangano Island übersetzen, das als reizvollste der kenianischen Inseln im Lake Victoria gilt und vor allem für Angler ein interessantes Ziel ist. Mfangano ist 65 km² groß. Höchster Punkt ist der Mount Kwitulu. Auto fahren ist auf der Insel nicht erlaubt, man bewegt sich entweder zu Fuß oder mit dem Boot fort (▶S. 234). Malerisch ist es, wenn **Luo- und Suba-Fischer** nachts mit schwimmenden Kerosinlampen die Fische in ihre Netze locken.

Höhlenmalerei
Die **Twa Pigmy**-Jäger aus dem Kongo, die vor 18 000 Jahren auf Mfangano lebten, sollen die Schöpfer der Höhlenmalerei auf der Insel sein. Für die Einheimischen sind sie heilig. Mit Regentänzen bitten die Ältesten die Ahnen um Unterstützung.

Ndere Island National Park
Kisumu oder Kaloka an der Nordküste des Winam Gulf sind Ausgangspunkt für Schifffahrten zum Ndere Island National Park. In der Sprache der Luo heißt Ndere »Treffpunkt«. Laut Legende soll **Kit Mikaye**, die Ur-Mutter der Luo, hier auf ihrer Reise südlich des Nils Halt gemacht haben. Die Insel gefiel ihr so gut, dass sie mit ihrem Volk gleich hier blieb. Nationalparkstatus hat das 4,2 km² große Inselchen seit 1986. **Flusspferde**, Krokodile und **Impalas** kann man hier aus der Nähe beobachten. Am sichersten erreicht man die Insel mit einem KWS-Boot.
❶ tgl. 6.00 – 19.00 Uhr, Eintritt Erw. $ 20, Kinder $ 10, www.kws.org

KISUMU

Zweitwichtigste Stadt am Viktoriasee
Mit rund 395 000 Einwohnern ist Kisumu **drittgrößte Stadt des Landes** und Hauptstadt des gleichnamigen Regierungsbezirks sowie Wirtschaftszentrum im Westen Kenias (▶Hotels S. 234). Die Mehrheit der Einwohner sind Luo, Kenias drittgrößte ethnische Gruppe. Gegründet wurde Kisumu 1901 unter dem Namen Port Florence – nach der Frau des Hauptingenieurs – als vorläufiger Endpunkt der

legendären **Ugandabahn**, die Mombasa mit dem Lake Victoria verband. Der erste Zug rollte 1903 in Port Florence ein. Alle Waren, die weiter nach Westen transportiert werden sollten, wurden vom Zug auf Schiffe umgeladen. In den 1940er-Jahren war Kisumu ein **florierender Handelsplatz**. Auch hier landeten die Flugboote von Imperial Airways auf ihrem Weg nach Kapstadt zwischen. Als der Staatenbund von Kenia, Uganda und Tansania, die East African Community, 1977 auseinanderbrach, war der wirtschaftliche Niedergang nicht aufzuhalten. Erst in den 1990er-Jahren setzte ein zögernder Aufschwung ein, entwickelte sich wieder Handel mit Uganda und Tansania. Überschattet wurde die Region immer wieder von **Aufständen**, so z. B. nach der Ermordung des Luo-Politikers Robert Ouku Anfang der 1990er – Menschen wurden getötet, Häuser zerstört. Vor den Wahlen 1997 kam es im Umland erneut zu Kämpfen zwischen verschiedenen Ethnien, sodass Tausende nach Kisumu und Eldoret flüchteten. 2007 wurden nach den Wahlen bei blutigen Auseinandersetzungen viele Fabriken niedergebrannt.

Zentrum der Hafenstadt

Das Zentrum von Kisumu wirkt für afrikanische Verhältnisse fast großstädtisch, beschränkt sich allerdings im Wesentlichen auf die **Oginga Odinga Road**, die Hauptstraße der Stadt, und wenige Seitengassen. Die Oginga Odinga Road beginnt nahe dem Ufer des Viktoriasees und steigt leicht zum kreuzenden Jomo Kenyatta Highway hin an. Hier und in der Oginga Odinga Road bieten kleine Restaurants schmackhafte indisch-kenianische Gerichte an. Den Mittelpunkt bildet der 1938 fertiggestellte **Clock Tower**, jenseits des Uhrturms befinden sich im oberen Straßenabschnitt die repräsentativsten Bauten. Einige bessere Hotels und Verwaltungsbauten säumen den **Jomo Kenyatta Highway**.

* Kibuye Market

Der Kibuye-Markt gilt als einer der besten im Westen Kenias. Neben einem Riesenangebot von Obst und Gemüse gibt es hier alle möglichen Artikel des täglichen Bedarfs. Auffallend ist die reiche Auswahl an **Tonwaren**. Viele Händler finden in der überdachten Markthalle keinen Platz und weichen auf die angrenzenden Straßen aus.

Jamia Mosque

Folgt man der am Markt vorbeiführenden Otieno Oyoo Street in Richtung See, gelangt man zur Jamia-Moschee. Bereits 1919 wurde mit ihrem Bau begonnen, der Frauentrakt bis 1984 angefügt.

*Kisumu Museum

In dem Museum östlich des Marktes an der Ausfallstraße nach Kericho/Nairobi werden natur- und volkskundliche Exponate gezeigt, darunter in mehreren **Dioramen** ausgestopfte Vögel und Tiere. Blickfang ist ein Löwe, der gerade ein Gnu erlegt. Diverse ethnografische Exponate dokumentieren vor allem die Kultur der Luo. Besonders beachtenswert ist die Sammlung von **Musikinstrumenten**.

Zum Museumsareal gehören ferner ein Aquarium, in dem in relativ kleinen Becken alle im Lake Victoria vorkommenden Fischarten gehalten werden, sowie ein Schlangenhaus und Krokodilpool. Ein komplettes **Luo-Gehöft** wurde auf dem Museumsgrund nachgebaut.
❶ tgl. 8.00 – 18.00 Uhr, Eintritt Erw. Ksh 500, Kinder Ksh 250
www.museums.or.ke

UMGEBUNG VON KISUMU

Impala Sanctuary

Im 1 km² großen Impala-Wildschutzgebiet, das bis an den südlichen Stadtrand grenzt, können die Tiere frei laufen oder sind in geräumigen Gehegen untergebracht. Das Gebiet darf zu Fuß erkundet werden. Neben den mehr als 150 Impalas gibt es hier die seltene, Sumpflandschaften liebende **Sitatunga-Antilope**. Durch ein jährliches Bootsrennen wird Geld für den Erhalt ihres Lebensraumes gesammelt.
❶ tgl. 6.00 – 19.00 Uhr, Eintritt Erw. $ 15, Kinder $ 10, www.kws.org

Der **Hippo Point**, 3 km südlich vom Zentrum, bietet den angeblich besten Blick auf den Lake Victoria. Hippo Point heißt der Landzipfel am See, weil sich hier gern Flusspferde tummeln.

Ein Besuch im 8 km südlich von Kisumu (Anfahrt über die A 1) gelegenen **Bird Sanctuary** lohnt v. a. zwischen April und Juni, wenn hier zahlreiche Störche, Kormorane und Reiher brüten.

> **! BAEDEKER TIPP**
>
> *Yie und Yie nanga*
>
> Sie sind 8 m lang, quietschbunt und meist mit Bildern beliebter Fußballer geschmückt. Die Einheimischen nennen die Kanus mit Segel Yie nanga, ohne Tuch einfach nur Yie. Gebaut werden die traditionellen Fischerboote, mit denen auch Fahrten über den See angeboten werden, in Dunga, 2 km hinter dem Hippo Point. Hier wie am Hippo Point können Sie die Bootsfahrten buchen – Feilschen nicht vergessen!

Kisii Der Ortsname leitet sich vom hier lebenden Volk der Gusii ab. Da Kisii hohe Niederschläge zu verzeichnen hat, kann im Umland intensiv Landwirtschaft betrieben werden. Die erzeugten Produkte werden auf dem **großen Markt** in Kisii verkauft. Eine schöne Aussicht über Kisii und den Viktoriasee gibt es vom Manga-Bergrücken.

Tabaka Von der nach Migori führenden A 1 zweigt eine Piste ab – Beschilderung »Tabaka Mission Hospital« – zum Dörfchen Tabaka. In seiner Nähe wird der lachs- und elfenbeinfarbene Speckstein (**Soapstone**) gebrochen, aus dem man Tierfiguren und Gebrauchsgegenstände fertigt. Fast jede Familie scheint hier von der **Specksteinschnitzerei** zu leben. Nach dem groben Schnitzen werden die Kunstgegenstände geschliffen, gewaschen und je nach Geschmack des Künstlers am

Schluss noch mit Naturwachsen gefärbt. Vor dem UNESCO-Gebäude in Paris steht eine Statue aus Speckstein des kenianischen Künstlers Elkana Ongesa. In der *Kisii Soapstone Carvers-Kooperative kann man täglich 9.00 – 17.00 Uhr zuschauen, wie Speckstein verarbeitet wird.

Über 30 Jahre legte der Teefarmer Tom Grumbley 8 km nordöstlich vom Kericho (Anfahrt über die C 22) ein wunderbares *Arboretum an. Heute steht es unter Obhut der zu Unilever gehörenden Chagaik Tea Factory. Ein idealer Ort für ein Picknick und mit etwas Glück schauen Ihnen schwarz-weiße Colobus-Affen in den Bäumen zu.

Picknick unter Bäumen

❶ tagsüber geöffnet, Eintritt frei

Kericho, 80 km südöstlich von Kisumu, ist über die Grenzen des Landes hinaus bekannt als Zentrum des **größten kenianischen Teeanbaugebiets**. Hier hat auch das Tea Research Institute seinen Sitz. Riesige Plantagen umgeben das Städtchen, die ersten Teepflanzen wurden in den 1920er-Jahren gesetzt. Zum Gedeihen benötigen Teesträucher das ganze Jahr über Sonne und reichlich Niederschlag. Beides ist in Kericho gegeben. Mit nachmittäglichen Regenschauern muss man stets rechnen. Tee wird das ganze Jahr über geerntet, sodass man auf den Feldern rund um Kericho immer Arbeiter sieht, die damit beschäftigt sind, die jungen Triebe der Sträucher zu pflücken. Der Ortskern erstreckt sich unterhalb der Hauptdurchgangsstraße. Mit seinen kleinen Grünzonen wirkt Kericho sehr gepflegt.

*Kericho

Vom kolonialen **Kericho Tea Hotel** am Moi Highway starten Rundgänge durch die Teeplantagen. Das Hotel hat schon bessere Zeiten gesehen, ist aber einen Besuch wert.

Touren durch die Teeplantagen

Kericho Tea Hotel: Touren müssen mindestens einen Tag im Voraus organisiert werden, entweder über das Kericho Tea Hotel per E-Mail info@teahotel.co.ke oder Tel. 0725 52 60 46, fragen Sie nach Winrose. Führungen ca. Ksh 1500 pro Gruppe ab 2 Personen, www.kericho-county.org

** Lamu

H / J 8

Region: Küste
Höhe: Meereshöhe

Esel, Fahrrad und Dhau sind die Verkehrsmittel auf den Koralleninseln Lamus, Traumstrände säumen ihre Küsten. Zwischen verschleierten Frauen und Männern mit herausgeputzten Kofis, den traditionellen Hüten, flanieren Rucksacktouristen und Wall-Street-Banker.

Lamu erleben

AUSKUNFT
Lamu Tourist Office
am Hafen, Tel. 042 463 34 49
www.lamu.org
Neben der Touristeninformation befindet sich die **Lamu Tour Guide Association**, Tel. 0721 94 92 71. Sie organisiert geführte Stadtrundgänge, Angel- und Schnorchelausflüge mit anschließendem Barbecue auf Manda Island. Die **Shela Tour Guides Association** ist unter Tel. 0735 99 99 45 erreichbar.

HART AM WIND
Feiertage sind auf Lamu **Dhau-Rennen**-Zeit und die sollte man nicht verpassen. Neujahr, Ostern, Maulidi, jeweils im dritten Monat nach dem muslimischen Kalender, zum Ende des Ramadan und an den beiden Kulturfesten im Aug. und Nov. veranstaltet das Peponi Hotel (s. rechts) die Regatta, bei der 8 bis 10 Dhau-Kapitäne mit ihren Segelschiffen gegeneinander antreten, ▶Abb. S. 252.

FEST DER KULTUREN
Musik, Tanz, Vorlesungen, Ausstellungen, Eselsrennen, Dhauregatten und Kanufahrten – das **Lamu Kulturfestival** im Nov. ist eine schöne Mischung aus Tradition und Moderne. Drei Tage sind geplant, meist wird es länger. Die Stadt ist voll mit Einheimischen und Besuchern aus aller Welt. Höhepunkt ist das Fest der Swahili-Braut; dann kommen Hunderte Swahili-Frauen abends im Hof des Forts zusammen, um gemeinsam zu feiern, Programm: www.lamu.org.

REISEZEIT
Im Aug. und Sept. kann es sehr windig an der Küste sein. Abkühlung bringt der südliche Monsun Anfang Oktober. Die Durchschnittstemperatur liegt bei 27/28 °C im Schatten. Februar und März sind am heißesten. Ende März beginnt der nördliche Monsun, einige Unterkünfte schließen nach Ostern während des Monsuns.

VERKEHR
Von Mombasa, Nairobi, Malindi oder Ukunda (Diani Beach) fliegen kleine Maschinen den Archipel an. Sie landen auf **Manda Island**, von wo aus man mit der Dhau oder dem Schnellboot nach Lamu übersetzt. Exklusivere Hotels haben eigene Shuttle-Boote. Der Landweg von Mombasa ist derzeit nicht zu empfehlen, da die Straße teilweise weggeschwemmt worden ist und die Unruhen im Tana-Delta-Gebiet noch andauern.

ÜBERNACHTEN AUF LAMU
❶ *Banana House* ❸❸❸
Shela Beach, Tel. 0721 27 55 38
www.bananahouse-lamu.com
Mohamed Ali Mbarak, alias Banana, und seine Frau Monika Fauth verwöhnen Gäste in ihrem geschmackvollen Privathaus. Es gibt drei Penthouse-Wohnungen und fünf Standard-Zimmer. Yoga im Wellness-Center ist sehr zu empfehlen. Ein Genuss ist es auch, mit dem Chef das Abendessen zuzubereiten, z. B. Ginger Crab Lamu Style.

❷ *Kipungani Explorer* ❸❸❸
Kipungani, Lamu, Tel. 020 444 66 51
www.heritage-eastafrica.com
In der Abgeschiedenheit des 12 km langen Strandes der Südwestspitze der Insel, wo die Mangroven des Kipungani Creek auf den Strand treffen, bieten

Mit Meerblick: Das kleine Boutiquehotel Peponi liegt direkt am Strand von Shela.

13 reetgedeckte Cottages den Robinson-Crusoe-Urlaub auf hohem Niveau. Seele baumeln lassen, entspannen oder Wassersport und Ausflüge.

❸ *Kizongo* ❺❺❺
Süden Lamus, Tel. 0733 95 47 70
www.kizongo.com
In den acht Bandas am Südzipfel von Lamu Island wird Entspannung großgeschrieben – die Besitzer werben mit dem Spruch »No news, no shoes«. Aufwachen und die erste Tasse Tee im Bett genießen und dabei den Fischern zusehen, die mit ihren Dhaus Richtung Süden segeln. Zwischen Nov. und April kommen Delfine in diese Region. Es ist ein unvergessliches Erlebnis, mit ihnen zu schwimmen.

❹ *Lamu House* ❺❺❺
Lamu-Stadt, Lamu, Tel. 0708 83 22 33
www.lamuhouse.com
Der Name ist Programm: Die zwei Häuser mit 14 Wohneinheiten sind im typischen Swahili-Stil erbaut, innen warme, erdfarbene Töne, außen weiß mit kunstvollen Holzschnitzereien. Zum Teil sind die Zimmer mit Antiquitäten ausgestattet. Die Lage am Hafen verspricht einen wunderbaren Blick auf Altstadt und Wasser, zwei hauseigene Dhaus stehen für Ausflüge zur Verfügung. Speisen kann man im Moonrise Restaurant und im Beachclub, beide gehören dem gleichen Besitzer.

❺ *Peponi* ❺❺❺
P. O. Box 24, Shela Beach, Lamu
Tel. 0722 20 30 82
www.peponi-lamu.com
29 Zimmer in Cottages mit Veranda und herrlichem Blick über den Meeresarm zwischen Lamu und Manda. Eigener 500 m langer Strand und ein Hochsee-Fischerboot namens »Little Toot«. Probieren Sie im Barbecue-Grill die Riesengarnelen mit Limetten und Chili! Auf der weiten, weißen Hotelterrasse treffen sich Bewohner und Besucher gern zum Sundowner. Empfehlung: der auf Wodka basierende Hauscocktail »Old Pal«.

Touren zum Turtlebeach, wo Sie dem Schlüpfen der Schildkröten zusehen, oder nach Kinyika, wo Sie mit Delfinen schwimmen können.

❻ *Shela House* ❸❸❸
P.O. Box 212, Shela, Lamu
Tel. 020 240 58 08
www.shelahouse.com
Vier noble Privathäuser im Dörfchen Shela: Shela, Beach, Palm und Garden House. Das kleinste, das Garden House, ist für 6 Personen und kostet in der Nebensaison $ 1200 pro Nacht, das Beach House ist für maximal 12 Gäste. Pro Haus kümmern sich mindestens drei Angestellte um das Wohl der Gäste. Auf Wunsch kocht der hauseigene Küchenchef, Selfcatering ist auch möglich.

❼ *Kijani House* ❸❸
P.O. Box 266, Shela, Lamu
Tel. 0725 54 52 64, www.kijani-lamu.com
In einem schönen Garten zwischen Peponi und Shela Beach. 10 Zimmer und 2 kleine Pools. Übernachtung mit Frühstück. Für den Restaurantbesuch in der Altstadt warten Boote direkt am Strand.

❽ *Petley's Inn* ❸❸
Tel. 042 63 31 64, www.sleepout.co.ke
Etwas in die Jahre gekommen, hat das 1946 eröffnete, angeblich älteste Hotel Lamus dennoch viel Charme – und den einzigen Pool der Altstadt. Die VIP-Weinbar auf dem Dach gehört zu den wenigen, die Alkohol ausschenkt, darunter 1000 verschiedene Weine. Das Restaurant serviert köstliche Fischgerichte.

ÜBERNACHTEN AUF MANDA ISLAND UND IN KIWAYU
❾ *Manda Bay* ❸❸❸
Nordspitze von Manda Island
Tel. 020 211 54 53, www.mandabay.com
Für die 16 Cottages, die sich gut für Familien eignen, wird eine Minimumbuchung von drei Nächten erwartet. Das Mittagessen wird auf der »Utamaduni« serviert, einer 60-Fuß-Jacht. Einen romantischen Abend versprechen der Sundowner in den Dünen und das Drei-Gänge-Menu am Strand unter Sternenhimmel oder unter dem mit Laternen geschmücktem Baobab. Angeboten werden Wassersport und Ausflüge zur 20 Min. entfernten Altstadt von Lamu.

❿ *Kiwayu Safari Village* ❸❸❸
Tel. 0708 83 22 33, www.sleepout.co.ke/kiwayu-safari-village
Radar- und Infrarotkameras bewachen die 18 Bandas unweit der somalischen Grenze an einem unbeschreiblich schönen Sandstrand, wo im Sept./Okt. Schildkröten ihre Eier ablegen. Wasserski, Hochseeangeln und Ausflüge in die Mangrovensümpfe.

MEERESFRÜCHTE ...
... werden auf Lamu entweder gegrillt oder auf Swahili-Art zubereitet, z. B. im ❸❸ **Baracuda Restaurant** (Tel. 0721 21 27 86) im Stadtteil Shela. In der ❸❸ **Floating Pontoon Bar & Grill** (Tel. 0727 73 49 45) kann man sie zwischen Manda und Shela auch auf dem Wasser genießen. In einem Innenhof in Lamus Altstadt unweit vom Hafen liegt das ❸❸ **Whispers Restaurant** (Tel. 0722 61 12 82). Neben italienischen Gerichten gibt es eine große Auswahl an Kuchen. Im versteckten Garten des ❸❸ **Bustani Café & Bookshop** (Tel. 0722 85 95 94) wird leckerer Mittagstisch serviert. Neben fangfrischem Fisch bietet das Restaurant im ❸❸ **New Lamu Palace** (Tel. 042 63 31 64) lokale Speisen an.

Lamu • ZIELE

Der Name Lamu beschreibt die Inselgruppe, die Kenias Nordküste, etwa 80 km südlich der Grenze zu Somalia, vorgelagert ist. Hauptinsel ist das 10 km lange und bis zu 7 km breite **Lamu Island** mit dem gleichnamigen Inselhauptort, ferner gehören **Manda** und **Pate Island** sowie einige winzige Inselchen zum Archipel. Durch die abgeschiedene Lage kamen die Inselbewohner erst spät mit technischen Errungenschaften des 20. Jh.s in Berührung, erste Stromleitungen wurden Ende der 1960er-Jahre verlegt. Bis heute gibt es wegen der schmalen Gassen außer einem Auto für offizielle Anlässe, das auch nur an der Strandpromenade auf und abfahren kann, **keine Autos** auf Lamu und den Nachbarinseln, einzig Esel, Fahrräder oder Dhaus, die arabischen Boote mit dem typischen Dreieckssegel, fungieren als Fortbewegungsmittel. Das Leben der Inselbewohner spielt sich fernab jeglicher Hektik ab. Die Zeit scheint stehen geblieben zu sein und man kann an den **Traumstränden** paradiesische Ferientage verbringen. Doch das Idyll hat seine Schattenseiten. Spätestens in Lamu-Stadt wird man mit den Problemen konfrontiert. Müll und Unrat häufen sich in den Gassen und ziehen in der feuchtschwülen Hitze massenhaft Ungeziefer an.

Inselarchipel

> **BAEDEKER WISSEN**
>
> *Meeresschildkröten*
>
> Die Besitzer des Hotels Peponi riefen 1992 das Projekt LamCoT zum Schutz **grüner Schildkröten** ins Leben, nachdem ihre Anzahl alarmierend abgenommen hatte. Tiere, die versehentlich in Fischernetze gegangen sind, werden befreit und mit einer Marke versehen. Um die Schildkröteneier zu schützen, werden die Nester an Shella, Takwa und Manda von einer Strandpatrouille beobachtet und bewacht (www.lamcot.org).

Geplante Großprojekte sollen dem bisher wenig wirtschaftlich entwickelten Lamu neue Perspektiven schaffen. So ist seit den Ölfunden im Südsudan der sogenannte **Lamu-Port-South Sudan–Ethiopian Transport Corridor** (Lapsset) geplant. Dieses 50 Mio.-Euro-Projekt beinhaltet neben einem großen Seehafen in Lamu eine Pipeline und eine moderne Bahnverbindung zu den Inlandsstaaten Südsudan und Äthiopien. In dem Zusammenhang wurde der Manda-Flughafen bereits ausgebaut. Naturschützer sehen in dieser großen Verbindung zwischen dem Osten und dem Westen Kenias eine massive Gefahr besonders für die in dem Gebiet lebenden Grevy-Zebras und Netzgiraffen und die damit auch verbesserten Verkehrswege von Wilderern.

Wie Ausgrabungen auf **Manda Island** belegen, gab es im Norden der Insel bereits im 9. Jh. eine wohlhabende Siedlung. Diese und weitere Ruinenstätten – insgesamt sind es etwa 30 – legen die Vermutung nahe, dass die Lamu-Inseln das Ursprungsgebiet der **Swahilikultur** sind. Die Stadt Lamu entstand vermutlich im 14. Jh. und entwickelte sich bald zu einem bedeutenden Handelszentrum, das jedoch in

Zeitreise

Konkurrenz zu anderen Küstenorten stand. Zu dieser Zeit sollen auch Chinesen vor der Küste angelandet sein. Neueste Funde legen die Vermutung nahe, dass es schon vor Ankunft der europäischen Entdecker Handel zwischen Kenia und **China** gab. 2012 durchgeführte DNA-Untersuchungen eines kenianisch-chinesischen Forschungsteams haben eine 600 Jahre alte chinesische Blutlinie bei der Bevölkerung in Shanga Village nachgewiesen. Auf Manda Island fand ein amerikanisch-chinesisch-kenianisches Forschungsteam eine Münze aus Kupfer und Silber mit einem viereckigen Loch in der Mitte, um sie am Gürtel tragen zu können. Die »Yongle Tongbao«-Münze wurde von Kaiser Yongle (1403 – 1425 n. Ch.) herausgegeben. Der Kaiser schickte Admiral Zheng He mit sieben Schiffen auf Entdeckungsreise. Eines versank vor Pate Island, nach Resten vom Wrack wird derzeit getaucht. Vermutlich haben Überlebende einheimische Frauen geheiratet (▶BaedekerWissen, S. 65).

Seine Blüte erlebte Lamu zwischen 1650 und dem ausgehenden 19. Jahrhundert. Ende des 17. Jahrhunderts waren Lamu und Sansibar die bedeutendsten Zentren der Swahilikultur. Es war ein wichtiger Handelsposten am Indischen Ozean, ein Magnet für arabische Dhaus, die jeden Winter mit dem südlichen Monsun segelten und Datteln, Teppiche und messingverzierte Massivholztruhen brachten. Im März segelten sie mit Kusi, dem nördlichen Monsun, mit Sklaven, Konkubinen, Elfenbein, Nashorn-Hörnern, Myrrhe und Schildplatt zurück. Die Rivalitäten zwischen Lamu und Pate gipfelten im Gefecht von **Shela** im Jahre 1813. Damals konnten sich die Bewohner von Lamu gegen ihre Nachbarn von Pate erfolgreich verteidigen. Da zudem der Fernhandel nun fast ausschließlich über Lamu abgewickelt wurde– der Hafen von Pate versandete zusehends und konnte von größeren Schiffen nicht angelaufen werden –, entwickelte sich **Lamu** zum unumstrittenen Zentrum der Inseln. Der Niedergang setzte Ende des 19. Jh.s ein, als ▶Mombasa und Sansibar die führende Rolle im Handel an der ostafrikanischen Küste übernahmen. Als die Briten 1907 den **Sklavenhandel** verboten, bedeutete dies für die Wirtschaft Lamus, die wesentlich auf dem Handel mit Sklaven basierte, das endgültige Aus.

Erst Hippies, dann Hipp

In den 1960er-Jahren war Lamu ein Aussteiger-Ziel und zog Hippies, Idealisten und Romantiker an. Sie gibt es noch heute dort, aber auch Gutbetuchte – Prinzessin Caroline und Milliardär Richard Branson besitzen hier Eigentum. Hinter der maroden Kulisse enger, mit Eselsdung gepflasterter Gassen, halb verfallener Häuser aus Korallengestein und fernab der Touristenströme lässt es sich der Jet Set gut gehen. Und investiert. Gerade im Stadtteil Shela sind Häuser für teures Geld liebevoll und stilgetreu renoviert worden. Mit dem geplanten Hafen und der Ölpipeline wäre Lamu allerdings nicht mehr ein Paradies am Ende der Welt.

Lamu • ZIELE

Aufgebaut sind die Inseln aus Korallengestein, das ein Sandboden bedeckt. Vielerorts bildete sich eine wunderschöne Dünenlandschaft, der **herrliche Sandstrände** vorgelagert sind. Andere tief eingeschnittene Buchten und Lagunen bestehen aus dichten **Mangrovenwäldern**, die Lebensraum für viele Vogelarten sind.

Auf Korallen gebaut

Etwa 20 000 Menschen leben heute auf den Lamu-Inseln, es sind fast ausschließlich **Swahili**. Sie halten sich streng an die Regeln des Islam. Viele Männer tragen daher das muslimische Käppi und einen »Kanzu«, ein knöchellanges Gewand aus Baumwolle oder Seide. Frauen verhüllen ihren gesamten Körper mit den schwarzen »Buibuis«.

Kanzu und Buibuis

Bis heute ist das Leben der Bewohner des Archipels eng mit Fischfang, Schifffahrt und Seehandel verbunden. Auf Lamu werden seit Jahrhunderten hochseetüchtige **Dhaus** gebaut, traditionelle arabische Boote mit großem Lateinersegel, die die wechselnden Winde optimal ausnützen können. Eingesetzt werden sie mittlerweile jedoch fast nur noch für die küstennahe Schifffahrt. Wichtiges Exportprodukt der Inseln ist **Mangrovenholz**. Das dunkelrote, harte Holz, das im Kunsthandwerk durch den Tourismus eine wahre Renaissance erlebt, gilt als äußerst langlebig. Neben Kokosnüssen sind **Mangos** das bekannteste Agrarerzeugnis der Inseln. Arabische Händler brachten den in Südasien heimischen Mangobaum nach Lamu. Dort kommen heute mehr als zehn Arten vor, es gibt eine spezielle Lamu-Züchtung, die besonders wohlschmeckend ist. Ganz neue Strukturen wird der geplante 18 m Tiefseehafen mit seinen 32 Anlegeplätzen für Seeschiffe bis zu 100 000 BRT mit sich bringen.

Schiffbau, Holz und Mangos

✶✶ LAMU TOWN

Seit 2001 steht die **arabische Altstadt** Lamus auf der UNESCO-Liste des Weltkulturerbes. Erst im Laufe des 19. Jh.s wurde auch die Fläche zwischen Harambee Road, die parallel zur Uferstraße verläuft, und der Küste bebaut. Die meisten Häuser, die heute den Seafront säumen, entstanden erst um 1900, während die Bebauung der Harambee Road und ihrer umliegenden Gassen teilweise noch auf das 18. Jh. zurückgeht. Ihre Häuser haben dicke, oft fensterlose **Mauern aus Korallenstein**, die für angenehme Kühle im Innern sorgen. Aushängeschild eines jeden Hauses war einst die besonders kunstvoll **geschnitzte Eingangstür.** In der Nähe des Hafens kann man noch Handwerkern bei der Fertigung zusehen. Hier werden auch die kunstvoll verzierten Lamu-Truhen und -Betten hergestellt. Sehenswert sind ebenso die Innenhöfe der rechteckigen Häuser. Wohlhabende Familien statteten die Räume mit aufwendigem Stuckdekor aus. Nur schwer sind im Häusergewirr die mehr als 20 **Moscheen**

UNESCO-Welterbe

Lamu Town

Übernachten
1. Banana House
2. Kipungani Explorer
3. Kizongo
4. Lamu House
5. Peponi
6. Shela House
7. Kijani House
8. Petley's Inn
9. Manda Bay
10. Kiwayu Safari Village

auszumachen. Sie haben keine Minarette, und manchmal deuten nur die vielen vor dem Eingang abgestellten Schuhe darauf hin, dass sich hinter der Fassade eine Moschee verbirgt – Frauen ist der Zutritt untersagt; Männer sollten vor dem Betreten um Erlaubnis bitten.

Das einstige Wohnhaus des Gouverneurs an der Seafront, ein typisches Swahili-Haus des 19. Jh.s, ist heute ***Museum**. Man erhält hier einen hervorragenden Einblick in die **Swahili-Kultur**. Fotos und Dokumente informieren über die Geschichte der Inseln und Probleme bei der Stadterhaltung. Neben Holzschnitzereien und Schmuck beeindrucken die liebevoll **rekonstruierten Wohnräume**, das Brautzimmer und der Raum des Bräutigams. Kostbarster Museumsbesitz sind zwei riesige Hörner, die sogenannten Siwa. Von der Veranda hat man einen wunderschönen Blick auf die Uferstraße und das Meer.

❶ tgl. 9.30 – 18.00 Uhr
www.museums.or.ke
Museums-Package: Für das Lamu Museum, Swahili House Museum, das Fort und das German Post Office Museum gibt es zusammen ein Eintrittspaket Erw. Ksh 3000, Kinder Ksh 1500.

Swahili House Museum
Angeschlossen ist das nordwestlich gelegene Swahili-Haus – man erkundige sich im Lamu-Museum, ob es zugänglich ist. Das typische Swahili-Steinhaus aus dem 18. Jh. wurde bis 1987 renoviert.
❶ tgl. 9.30 – 18.00 Uhr, www.museums.or.ke, Eintritt s. Lamu Museum

Donkey Sanctuary
Nur 200 m entfernt an der Küstenstraße verbessert das Donkey Sanctuary das Los der Escl. 1987 wurde es von einer Tierärztin ins Leben gerufen. Mama Mpunda, »Mutter der Esel«, wie sie genannt wird, hat ihr persönliches Vermögen investiert, um den für Lamu so wichtigen Lasttieren zu helfen. In der Klinik werden sie kostenlos behandelt, ihre Lebenserwartung ist seither erfreulich gestiegen.
❶ Mo. - Fr. 9.00 – 13.00 Uhr, Eintritt auf Spenden Basis
www.thedonkeysanctuary.org.uk/view/lamu

Um Lamu gegen Angriffe vom Meer her zu verteidigen, wurde 1809 bis 1821 das Fort errichtet. Ab der Kolonialzeit fungierte der Bau als Gefängnis, 1984 wurde er zum National Monument erklärt, restauriert und als **Museum** eingerichtet. Zu sehen sind naturkundliche Exponate, Aquarien und Modelle von Dhaus und Kanus. Auf dem Dach des Forts hat man einen weiten Blick über das Häusermeer. Auf dem Vorplatz wird täglich **Markt** abgehalten. Per Esel werden dafür Obst, Gemüse und Gewürze herangeschafft. Beim Fest der Kulturen feiern hunderte Swahili-Frauen im November im Innenhof (▶S. 242).

❶ tgl. 9.30 – 18.00 Uhr, www.museums.or.ke, Eintritt s. Lamu Museum

Fort

Die Pwani-Moschee nördlich gegenüber dem Fort ist die älteste der erhaltenen Moscheen von Lamu. Einige Bauteile, so die Gebetsnische, stammen noch aus dem 14. Jahrhundert.

Pwani Mosque

Drei Jahre hielt Deutschland neben Sansibar an der kenianischen Küste eine 40 km² große Kolonie: **Wituland**. Verwaltet wurde sie von der deutschen Witu-Gesellschaft mit Sitz auf Lamu. Dort sollte Kurt Toeppers, Vertreter der Witu-Gesellschaft, als erster vereidigter deutscher Postbeamter für eine zuverlässige Postverbindung nach Deutschland sorgen. Am 31. März 1891 wurde das Post Office für immer geschlossen, nachdem der Sansibar-Helgoland-Vertrag zwischen England und dem Deutschen Kaiserreich in Kraft getreten war.

German Post Office Museum

Lamu – Perle der arabischen Swahili-Städte und UNESCO-Welterbe

Das Gebäude ging in den Besitz der British East India Company über, gehörte dann einer Privatperson und wurde schließlich vom kenianischen Staat erworben. Mit deutscher Unterstützung konnte Ende 1996 das German Post Office Museum eröffnet werden.

 tgl. 9.30 – 18.00 Uhr, www.museums.or.ke, Eintritt s. Lamu Museum

> **BAEDEKER TIPP !**
>
> *Zu Ehren des Propheten*
>
> Zur Erinnerung an den Geburtstag des Propheten Mohammed wird bei der Riyadha-Moschee das **Maulidi-Fest** im dritten Monat nach dem muslimischen Kalender gefeiert. Maulidi ist das arabische Wort für »Geburt«. Für diese Fest-Woche mit Musik, Tanz, Schwertkämpfen und Swahili-Köstlichkeiten reisen Tausende von Pilgern aus ganz Ostafrika an. Ausgesprochen lustig ist das Esel-Rennen! (www.lamu.org/maulid-celebration.html)

Größte und prächtigste der vielen Moscheen von Lamu ist die **Riyadha Mosque** im Stadtteil Mkomani im Südwesten der Stadt. Sie wurde um 1900 errichtet und hat zwei Stockwerke: Das obere war ursprünglich Frauen vorbehalten, die die **Moschee** heute nicht mehr betreten dürfen! Gegründet wurde die Moschee von Habib Swaleh, der auch Afang des 20. Jh.s das Maulidi-Fest ins Leben rief. Hinter der Moschee gelangt man zum Mnara-**Säulengrab**. Das aus dem 14. Jh. stammende, aus Korallenstein errichtete, 3,5 m hohe Grab gilt als Nationaldenkmal.

SHELA

Am Ende nur noch Meer Verlässt man Lamu-Stadt in südlicher Richtung und spaziert etwa 45 Minuten am Strand entlang – das ist nur bei Ebbe möglich –, erreicht man das Dörfchen Shela, in dem noch gut ein Dutzend der alten doppelstöckigen **Korallensteinhäuser** erhalten sind. Entspannende Alternative: Lassen Sie sich mit einer Dhau hierherschippern! Manch wohlhabender Ausländer hat in Shela ein Haus erworben und zu einer komfortablen Villa ausgebaut. Außergewöhnlich ist das sich nach oben hin verjüngende, 18 m hohe Minarett der 1829 erbauten **Friday Moschee** (Miskiti wa Juma) von Shela. Gourmets treffen sich auf der Terrasse des **Peponi-Hotels** (▶S. 243), preiswerte Küche und frische Säfte serviert das Stopover Restaurant direkt am Strand von Shela. Beim Hotel Peponi beginnt der ****Shela Beach,** ein gut 12 km langer wunderschöner Sandstrand. Bald gibt es nichts mehr als Sonne, Sand und Meer. Da kein Riff die Küste schützt, ist häufig mit starker Brandung zu rechnen – der optimale Platz für **Surfer**.

Matondoni **Zentrum des Dhau-Baus** ist das benachbarte Matondoni. Heute verdienen jedoch nur noch wenige Bewohner ihren Lebensunterhalt durch das Herstellen oder Reparieren der traditionellen Segelboote.

MANDA ISLAND

Ein schmaler Meeresarm trennt Lamu von Manda Island, das überwiegend aus Mangrovensümpfen und Sanddünen besteht. Da es hier kein Süßwasser gibt, ist die Insel quasi unbewohnt. Lohnend: ein Halbtagesausflug von Lamu per Dhau zu den Ruinen von Takwa.

Mangroven und Dünen

Dhaufahrt: im Hotel oder am Hafen erfragen, Preis ca. Ksh 3000

Das Segelboot durchquert zunächst den Mkanda Channel zwischen Lamu und Manda Island und gleitet dann in spürbar ruhigere Gewässer, in eine tiefe Bucht, die Manda Island fast in zwei Hälften teilt. Links sieht man die Hütten von Maboko, wo Korallenstein abgebaut wird, ansonsten nichts als dichte Mangrovenwälder. In wenigen Minuten erreicht man von der Anlegestelle die Takwa Ruins. Zwischen dem 15. und dem 17. Jh. bestand hier eine blühende Siedlung, in der zeitweilig 2000 – 3000 Menschen lebten. Erhalten sind heute die Überreste einer Stadtmauer, einer Moschee, die **Ruinen von mehr als 100 Häusern** aus dem 16. / 17. Jh. und ein Pfeilergrab außerhalb der Stadtmauern, das die Jahreszahl 1683 trägt. Zwischen den Mauerresten wachsen riesige Baobab-Bäume. Ein Weg führt von den Ruinen über die Dünen zum langen Sandstrand von **Takwa Beach**, wo die Wellen mit ungehinderter Kraft an den Strand branden.

*Takwa Ruins

❶ tgl. 8.00 – 18.00 Uhr Eintritt Erw. Ksh 500, Kinder Ksh 250
www.museums.or.ke

PATE ISLAND

Zwei bis drei Stunden brauchen die Motorboote von Lamu bis **Mtangawanda** auf Pate Island. Bis Faza dauert es nochmal zwei Stunden. Möglich ist auch ein mehrtägiger Segeltörn. In Faza gibt es einfache Pensionen, andernorts muss man sich eine Privatunterkunft suchen.

Mit dem Motorboot

Bootsfahrten: Tel. 042 463 35 13, Preise vorab im Hotel erfragen
www.lamutrips.com.

Von Mtangawanda aus erreicht man zu Fuß in etwa einer Stunde Pate Town. In der Stadt, die Lamu einst an Bedeutung übertraf, leben heute nur noch einige Hundert Menschen. Früher wurde in der Stadt Seide produziert. Die Architektur ist arabisch und indisch beeinflusst. Man kann die **Nabahani Ruins**, so benannt nach einer arabischen Herrscherfamilie, außerhalb der Stadt besichtigen. Allerdings überwuchert dichtes Grün die Ruinen, und jedes freie Fleckchen wird zum Tabakanbau genutzt.

Pate Town

Angesichts der wenigen halb verfallenen Steinhäuschen ist es kaum noch vorstellbar, dass das auf der östlichen Seite der Insel befindliche

Siyu

Kurs auf Lamu: Bis zu zehn Boote nehmen an der Dhauregatta teil.

Siyu im 18./19. Jh. ein bedeutendes Zentrum der islamischen Lehre war. Zeitweilig sollen hier 30 000 Menschen gelebt haben. Lediglich das um die Mitte des 19. Jh.s errichtete **große Fort** am Ortsrand kündet von besseren Zeiten. Ein einstündiger Fußmarsch in Richtung Süden führt zu den *Shanga Ruins aus dem 13. / 14. Jh., einige hier gefundene Kunstschätze wurden sogar auf das 8. Jh. datiert. Damit sind sie die bis heute **ältesten Siedlungsfunde an der ostafrikanischen Küste**. Die Stadt war von einer palisadenähnlichen Mauer mit fünf Toren umgeben. Außerhalb stieß man auf einen Friedhof mit über 350 Gräbern. Jüngste Ausgrabungen brachten Überreste von fast 200 Häusern, einen Palast und Werkstätten ans Tageslicht.

Faza
Größter Ort der Insel ist Faza an der Nordküste mit knapp 2000 Einwohnern. Es gibt hier einige Läden, ein Postamt und zwei einfache Pensionen. In der Nähe des Hafens befinden sich die Ruinen der **Kunjanja-Moschee**. Heben Sie den Blick: Über dem Eingang befinden sich schöne arabische Inschriften.

* KIWAYU ISLAND

Kiunga National Marine Reserve
Mit **wunderschönen einsamen Sandstränden** kann die im Norden des Archipels gelegene, 9 km lange und nur 1 km breite Insel Kiwayu aufwarten, die für ihre farbenprächtige Unterwasserwelt be-

kannt ist. Gegenüber am Festland liegt das Kiwayu Safari Village mit 18 gemütlichen Cottages (▶S. 244). Unvergessliche Eindrücke warten auf Taucher im Kiunga National Marine Reserve. Seine fantastischen Riffs sind die Heimat von Meeresschildkröten und den seltenen Gabelschwanz-Seekühen, auch Dugongs genannt.

ⓘ tgl. 6.00 – 18.00 Uhr, Eintritt Erw. $ 15, Kinder $ 10
www.kws.org

FESTLAND UM LAMU

Amu Ranch

Durch langjährige Bemühungen und in Zusammenarbeit mit dem Lamu Conservation Trust erhielt der David Sheldrick Wildlife Trust westlich von Lamu die Konzession für die 250 km² große Amu-Ranch, bei der Mitte 2013 mit der Erschließung eines neuen **Wildschutzgebietes** begonnen wurde. Hier leben große Büffelherden, Netzgiraffen, Elefanten, Flusspferde, Löwen und zwei Rudel der vom Aussterben bedrohten Afrikanischen Wildhunde. In den vorangegangenen Jahren hatten unkontrolliertes Weiden von Rindern, Brandrodung, das Schlagen von Feuerholz und illegale Jagd dem Tierbestand sehr zu schaffen gemacht.

ⓘ www.lamuconservationtrust.org

*Tana River National Primate Reserve

Das 6 km² große Schutzgebiet des **Tana Delta** entstand 1976, um die Flusslandschaft mit ihren mehr als zehn verschiedenen Mangrovenarten und die roten Colobus- sowie die Mangabey-Affen zu schützen. Der Tana River, **Kenias längster Fluss**, entspringt am ▶Mount Kenya und legt dann eine 600 km lange Strecke zurück, bis er 100 km nördlich von ▶Malindi ins Meer mündet.

ⓘ tgl. 6.00 – 19.00 Uhr, Eintritt Erw. $ 20, Kinder $ 10, www.kws.org

Paradies am Tana-Fluss

An der Formosa-Bucht des 60 700 ha großen Tana-Deltas liegt das ***Delta Dunes Camp**, ein Paradies auf Erden: Sieben luxuriöse Buschzelte mitten in den Dünen bieten das Gefühl, die Wildnis für sich alleine zu haben. Im umliegenden Feuchtgebiet leben Nilpferde, Krokodile und Büffel, die sich am besten vom Boot oder Kanu aus beobachten lasen. Angeboten werden auch Angeln, Wasserski und Surfen. Die Besitzer der Lodge unterstützen die letzten 13 000 der **Orma** und **Pokomo**, die in dieser Gegend zu Hause sind. Das Pokomo-Volk lebt vom Fischfang. Sie bauen Mais und Mangos an. Die Orma sind Hirten. Wer in den Delta Dunes übernachtet, entrichtet eine Conservation Fee, die für medizinische Einrichtungen, Schulen oder Arbeitsstellen der beiden Völker verwendet werden. Sie betreiben auch die preiswerten **Ladie Mulikani Bandas**.

€€€€ **Delta Dunes Camp:** Tel. 0718 18 93 59, www.deltadunes.co.ke
€ **Ladie Mulikani Bandas:** Tel. 0723 39 76 68

* Malindi

H 9

Region: Küste
Einwohner: 68 300
Höhe: Meereshöhe

Malindi ist längst kein Geheimtipp mehr. Nach den Italienern entdeckten Deutsche das Städtchen an der Küste. Sonne, Strand und Meer locken Taucher, Surfer und Strandurlauber gleichermaßen an.

Sonnenanbeter-Tradition

Nach ▶Mombasa ist Malindi das größte **Touristenzentrum** an Kenias Küste, gleichzeitig ist es auch das älteste. Bereits um 1930 kamen die ersten Urlauber. Berühmtester Gast war **Ernest Hemingway**, der hier 1934 seinem ausschweifenden Lebensstil ungehindert nachgehen konnte (▶Berühmte Persönlichkeiten). Heute ist Malindi vor allem bei der italienischen Besucherklientel beliebt – daher wird man meist zunächst einmal auf Italienisch angesprochen –, aber auch deutsche Gäste schätzen die endlos **langen Sandstrände** und das umfassende Sport- und Unterhaltungsangebot in diesem Küstenort. Auch Celebrities haben Malindi für sich entdeckt. Dem berühmt-berüchtigten ehemaligen Formel-1 Manager Flavio Briatorre gehört das luxuriöse Lion in the Sun Retreat an der Marine Park Road, außerdem ist er am Millionaires Club beteiligt, der 2013 eröffnete. Naomi Campbell und Silvio Berlusconi sind gern bei ihm zu Gast. Als schönster Sandstrand gilt südlich des Ortes ***Silversands**. Nicht nur Surfer treffen sich am nördlichen Strandabschnitt, dem kein Riff vorgelagert ist. Darüber hinaus gilt Malindi, wie schon zu Hemingways Zeiten, als idealer Standort für Hochseeangler.

Stadtgeschichte

Erste schriftliche Erwähnung findet Malindi im 13. Jh. bei dem arabischen Geografen **Abu al Fida**. Dann tauchte der Ort in den Berichten chinesischer Seefahrer auf, die 1414 – 1418 hierherkamen. Für Europa entdeckte **Vasco da Gama** die ostafrikanische Küste. Auf der Suche nach dem Seeweg nach Indien ankerte seine Flotte zunächst in der Bucht vor ▶Mombasa, wo man ihn wenig freundlich empfing. Ganz anders die Situation in Malindi. Dort ging Vasco da Gama am 15. April 1498 vor Anker. Der Sultan nahm ihn äußerst wohlwollend auf – vermutlich nach dem Motto: Mombasas Feinde können nur unsere Freunde sein!
Die engen Kontakte mit den **Portugiesen**, die Malindi zum weiteren Ausgangspunkt ihrer Unternehmungen an der ostafrikanischen Küste machten, brachten dem Städtchen im 16. Jh. einen deutlichen Aufschwung. Als sie im Jahre 1589 ihren Stützpunkt nach Mombasa verlegten, begann der Niedergang. Die Wende und der Aufstieg zur

Malindi erleben

AUSKUNFT
Malindi Tourism Office
Tel. 042 206 89
Email: malindi@tourism.go.ke

VERKEHR UND REISEZEIT
Malindi wird von ▶Nairobi, ▶Mombasa und ▶Lamu angeflogen. Der Flughafen befindet sich 5 km südlich der Stadt. Busse verkehren nach ▶Nairobi. Die gut ausgebaute Küstenstraße B 8 führt von ▶Mombasa über Kilifi nach Malindi: Beste **Zeit für Hochseeangler** sind die Monate zwischen Okt. und März; Saison für Tunfisch ist Juni bis Okt., für Schwertfisch und Marlin Nov. bis April. An allen Stränden bei Malindi muss man in der Regenzeit damit rechnen, dass das Meer im Küstenbereich deutlich getrübt ist. Dies liegt daran, dass der nördlich von Malindi ins Meer mündende Sabaki River nach stärkeren Regenfällen erhebliche Schlammmassen mitführt und ins Meer spült. Im Watamu National Park hat man die besten Sichtverhältnisse unter Wasser in den Monaten Jan. bis März und Juni bis Oktober. In der Nebensaison zwischen Ostern und Ende Juni haben einige Hotels geschlossen.

SHOPPING
Die meisten Hotels haben eine gute Auswahl an afrikanischem Kunsthandwerk, Handeln ist hier aber ausgeschlossen. Mehr Spaß macht es deshalb, selber auf den Märkten und in kleinen Geschäften der Stadt zu suchen. Lassen Sie sich mit einem Tuk-Tuk in Malindis Altstadt bringen, wo sie bunte Kikoi-Tücher erwerben können, besonders zu empfehlen ist **Shakirs** (Tel. 0721 20 92 44 www.shakirmalindi.com), die auch Kleider und

Ethno Style aus Kokosnuss und Silber

Hosen aus Kikois anfertigen. Am Silversands-Strand vor Rosadas gibt es afrikanische Pareos und hübsche Strandkleider. Schöne Mitbringsel sind Swahili-Gewürze aus der Altstadt, Schmuck aus dem **Galana Centre** oder mit Perlen geschmückte Leder-Sandalen, die an der Straße gekauft werden. **Wildside Shop** im Galana Centre hat eine große Auswahl an mit Perlen bestickten Gürteln. Im **Adèle Dejak Outlet** des Ocean Beach Resort gibt es hochwertige Trendmode. Vielleicht finden Sie auch etwas im **African Curio Market** an der Seafront Road. Frisches Obst gibt es unter dem großen Baum nahe dem Karen Blixen Café. Malindi hat eine Auswahl an Supermärkten und seit Ende 2012 sogar einen riesigen **Nakumatt** auf der Lamu Road, wo man einfach alles bekommt.

FEIERN UND FISCHEN
Zu Ostern 2010 rief die Malindi Museum Society das erste Mal zum gemeinsamen Kulturfest auf. Inzwischen kommt die ganze Stadt zum **Malindi Cultural Festival** mit traditionellen Tänzen und Musik. Frauen bemalen ihre Haut kunstvoll mit Henna, Männer schnitzen Holzfiguren, dazu gibt es jede Menge Stände mit afrikanischen Speisen (www.malindimusemsociety.org). Dank seiner wahren Fischpracht ist Malindis Küste idealer

Austragungsort für nationale und internationale Angelwettbewerbe. Mitte Okt. kommen Hochseeangler aus aller Welt, um am **International Fishing Festival** teilzunehmen. Der größte jemals im Gewässer vor Malindi gefangene Blaue Marlin wog satte 570 kg!

KITESURFEN

Dank optimaler Winde gilt Kenias Küste als eines der besten Reviere für den Extremsport. Das Zwischending aus Surfen und Paragliding kann in der Kitesurfing-Schule von **Che Shale** (▶S. 257) erlernt werden – der ersten an Kenias Küste und weltbekannt. Ausrüstung wird vor Ort ausgeliehen. Jedes Jahr im Aug. gibt es hier einen internationalen Kitesurf-Wettbewerb, die Masters Competition, ein Fundraising für den Schutz von Schildkröten (www.cheshale.com/Kite-Masters.html).

AUSGEHEN

In den meisten Hotels ist abends Disco, im **Kasino** an der Lamu Road kann man prüfen, ob Fortuna wohlgesonnen ist (www.casinomalindi.com). Schön ist es hier nach dem Abendessen zu sitzen, einen Espresso zu trinken und den (berühmten) Leuten zuzuschauen, die man am Tag sonst nicht zu Gesicht bekommt.

❶ *Karen Blixen Café*
Malindi, Tel. 0717 77 58 88
Innenhof des Galana Centre
Nach einer langen Nacht trifft man sich hinter der lebensgroßen Elefanten-Figur zum Frühstück.

❷ *Tangeri*
Ocean View Road, Malindi
Tel. 042 212 04 14
Tolle Cocktail Bar, sehr zu empfehlen!

❸ *Rosada Beach Club*
Casurina Road, Malindi
Tel. 0700 501813
www.rosadabeach.com
Immer montags Open-Air-Disko und Beach Party am Silversands Strand

❹ *Malindi Sea Fishing Club*
Ocean View Road, Malindi
Tel. 042 303 50
www.malindiseafishingclub.com
Treffpunkt für alle, die gerne über Hochseeangeln reden und dabei ein oder zwei Tusker trinken – Hemingway hätte sich hier bestimmt wohlgefühlt.

ESSEN

❶ *Lorenzo's* €€€€
Mtangani Road, abgehend von Lamu Road, Tel. 042 02 13 17 58
www.mwemberesort.com/restaurant
Feine italienische Küche mit ausgezeichneten Menüs. Das Restaurant liegt im exklusiven Mwembe Resort. Nur abends geöffnet. Mittags speist man am Silversands-Strand im La Rosada.

❷ *The Old Man And The Sea* €€€
Ocean View Road, Malindi
Tel. 042 213 11 06
Der Name erinnert an Hemingway – und ist Programm: Fangfrischer Fisch und Meeresfrüchte vom Grill begründen den Ruhm des Lokals, unbedingt reservieren!

❸ *I Love Pizza* €€€
Vasco da Gama Rd., Tel. 042 212 06 72
Sagenhafte Pizza in allen Variationen, und davor der Seafood-Salat – vorzüglich. Auf der Terrasse mit Meeresbrise lässt es sich aushalten.

❹ *Bay Route* €€€
Casurina Road, Malindi

Tel. 0718 85 09 41
www.bayroute.net
Libanesische Küche. Das Restaurant ist wie ein Zelt gebaut und mit bunten Shisha-Pfeifen und Messinglaternen geschmückt. Die Mezze (arabische Vorspeisen) sind bereits eine Mahlzeit für sich.

ÜBERNACHTEN

❶ *Kilili Baharini Resort* ❺❺❺❺
Casuarina Road, Malindi
Tel. 0770 20 65 00
29 Z. und 6 Suiten
www.kililibaharini.com
Stilvoller Mix aus weißem Dekor und antik anmutenden Kunstwerken afrikanischer Herkunft. Wellness-Spa mit 5 Pools zum Relaxen und das italienisch inspirierte Gourmetrestaurant Gazebo.

❷ *Diamonds Dream of Africa* ❺❺❺
Casurina Road, Malindi
Tel. 042 213 17 28, http://dream ofafrica.diamonds-resort.com
Als Mitglied der Small Luxury Hotels of the World verfügt das im indo-arabischen Stil gebaute Hotel über eine wunderschöne Anlage mit Thalasso Therapy Spa und 35 Suiten. Im Angebot sind auch Surfen und Tauchen.

❸ *Che Shale* ❺❺
Tel. 0722 23 09 31
www.cheshale.com
20 km nördlich von Malindi, mit sieben individuell gestalteten Bandas unter Palmen am 5 km langen Strand, einer Hochburg der Kitesurfer (▶S. 256). Die 2011 gebaute Dhau »Sawa Sawa« kann für Sundownertörns gemietet werden. Das Restaurant serviert köstliche Fischgerichte.

Malindi

Ausgehen
❶ Karen Blixen Café
❷ Tangeri
❸ Rosada Beach Club
❹ Malindi Sea Fishing Club

Übernachten
❶ Kilili Baharini Resort
❷ Diamonds Dream of Africa
❸ Che Sale
❹ Driftwood Beach Club
❺ Scorpio Villas

Essen
❶ Lorenzo's
❷ The Old Man And The Sea
❸ I Love Pizza
❹ Bay Route

❹ *Driftwood Beach Club* ❺❺
Silversands Road, Malindi
Tel. 042 201 55, www.driftwoodclub.com

Zimmer im Cottage, Luxushütte am privaten Swimmingpool oder kleine Villa mit Selbstversorgung, ein exzellenter Service und ein für seine Fischspezialitäten gerühmtes Restaurant sind Ihnen sicher. So. gibt es den bekannten Curry-Lunch. Abends ist die Bar beliebter Treffpunkt für Leute, die ein Ferienhaus an der Küste haben. Im Programm: Tauchen, Segeln und Hochseefischen auf Wahoo, Barracuda and Black Runner.

❺ Scorpio Villas ⓔⓔ
Mnari Road, Malindi, Tel. 042 201 94
www.scorpiovillas.co.ke
Inmitten eines großen tropischen Gartens mit drei Pools nahe der Altstadt – 40 Zimmer in doppelstöckigen Cottages mit traditionellen Möbeln, Buffet mit verschiedenen Themen, mal Fisch, mal einheimisch. Gutes Preisleistungsverhältnis. Musik mit DJ in der Hauptsaison.

HANDGEMACHT
In den Werkstätten der **Wood Carvers Cooperative**, knapp 3 km nördlich des Matatu-Busbahnhofs, hämmern, schnitzen und polieren mehr als 350 Mitarbeiter aus Ebenholz, Teak und Mahagoni Figuren, die ihr Geld wert sind. Von jedem Stück, das hier verkauft wird, erhalten die Schnitzer einen Prozentsatz (tgl. 7.00 – 18.00 Uhr
www.malindihandicrafts.co.ke).

wohlhabenden Küstenstadt setzte 1861 ein, als der Sultan von Sansibar sein Interesse für Malindi entdeckte und Untertanen dort ansiedelte. Sklavenarbeit und **Sklavenhandel** schufen die Voraussetzungen für eine Verbesserung der wirtschaftlichen Situation – bis zu 1000 Sklaven arbeiteten seinerzeit für 50 Araber. Erst 1907 wurde der Sklavenhandel verboten. Elfenbein, Getreide, Tierhäute und, bis die Preise im Ersten Weltkrieg fielen, **Kautschuk** wurden die wichtigsten Exportgüter. Dauerhaften Wohlstand brachte der zu Beginn der 1930er-Jahre einsetzende **Tourismus**. Das erste Hotel in Malindi, das Palm Beach (heute Blue Marlin), wurde 1931 eröffnet, das Lawford's kam 1934 hinzu. Damals kamen vor allem weiße Siedler aus dem Hinterland, die ihre Ferien in Malindi verbrachten.

Malindi erstreckt sich über mehrere Kilometer entlang der Küste. Auf den ersten Blick wird klar, womit

> **? BAEDEKER WISSEN**
>
> *Giraffe auf Seereise*
>
> 1415 schenkte die Stadt Malindi den Chinesen eine Giraffe. Nach sechsmonatiger Seereise traf diese auch in China ein und wurde mit viel Zeremonie dem Kaiser Yongle präsentiert. Die Hofangestellten verbeugten sich vor dem Tier. Denn die Giraffe galt zu jener Zeit im Reich der Mitte als ein mystisches Fabelwesen, das nur auftauchen würde, wenn die Götter dem Kaiser wohlgesonnen waren. Obwohl das Tier gepflegt und angebetet wurde, kam es mit dem Klima nicht zurecht und schließlich musste Admiral Cheng He es 1417 auf seiner nächsten Seereise zurückbringen.

hier Geld verdient wird. Hotels, Bars, Restaurants, ein Kasino, Reiseveranstalter, Autovermietungen und Souvenirshops säumen die Hauptstraße, die **Harambee Road**. Das älteste Viertel liegt etwa auf der Höhe der Jetty, dem Anlegesteg. Zwar erinnert das Gassengewirr an traditionelle Swahili-Städte, doch sind aus vergangenen Jahrhunderten fast keine Bauten erhalten. Verheerende **Feuersbrünste** – zuletzt 1965 – sorgten dafür, dass kaum ein Haus älter als 50 Jahre ist. Als eigentliches Herz der »Altstadt« gilt der belebte **Markt**.

SEHENSWERTES IN MALINDI

Ein Kreuz erinnert an Vasco da Gama.

Die Altstadt beginnt hinter der modernen **Juma Mosque**, der größten der zwölf Moscheen von Malindi, an deren Stelle sich einst der Sultanspalast und der Sklavenmarkt befanden. Die beiden **Säulengräber** aus Korallenstein neben der Moschee sind auf das 14./15. Jh. datiert. Beim kleinen **Uhuru Gardens**, mitten in der Stadt, liegt das District Officers House aus der Kolonialzeit. Es ist etwas heruntergekommen, aber immer noch imposant. Südlich der Jetty wurde 1891 das **House of Columns** von einem indischen Geschäftsmann als Privathaus erbaut, später diente es als Zollhaus. 2004 eröffnete das Gebäude als **Malindi Museum**, inzwischen wurde es u. a. mit Geldern der Deutschen Botschaft restauriert. Keine 500 m südlich erinnert auf einem Landvorsprung das **Vasco da Gama Cross** an den großen Seefahrer. Es ist eines der ältesten europäischen Monumente in Afrika südlich der Sahara. Da Gama ließ das Kreuz im Jahre 1499 neben dem Sultanspalast errichten, als er Malindi bei seiner zweiten Reise ansteuerte. Die Muslime wollten das christliche Symbol jedoch nicht in ihrer unmittelbaren Nachbarschaft haben und versetzten es Mitte des 16. Jh.s an seinen heutigen Standort.

Old Town

Malindi Museum: tgl. 8.00 – 18.00 Uhr, Eintritt Erw. Ksh 500, Kinder Ksh 250, www.museums.or.ke

Ebenfalls eine Hinterlassenschaft der Portugiesen ist die schlichte weiße Kapelle an der Vasco da Gama Road. Sie soll Anfang des 16. Jh.s errichtet worden sein. In den Annalen tauchte die Kapelle

Portuguese Chapel

1542 auf, als der hl. Franz Xaver auf seiner Reise nach Goa in Malindi an Land ging, um hier einen Seemann zu bestatten. Im 18. Jh. verfiel die Kapelle, die Grundmauern überdauerten jedoch die Zeit, nur das Makutidach musste wiederholt erneuert werden.

Falconry Im nördlichen Stadtgebiet ist die **Greifvogelstation** einen Besuch wert. Neben Falken, Habichten, Bussarden und Eulen ist Mzee Kobe, eine 120 Jahre alte Riesenschildkröte, eine weitere Attraktion. Getrennt durch eine Glasscheibe sind auch Schlangen zu bewundern.
❶ tgl. 9.00 – 18.00 Uhr, Eintritt Erw. Ksh 500, Tel. 0722 34 64 91

UMGEBUNG VON MALINDI

*Malindi Marine National Park Eine 6 km² große Meereszone südlich von Malindi, die von der Küste aus rund 1,5 km weit ins Meer hinausreicht, wurde 1968 zum Meeres-Nationalpark erklärt, um das vorgelagerte **Korallenriff** mit seiner einzigartigen Flora und Fauna zu schützen. Zusammen mit dem Watamu Marine National Park ist es das älteste Unterwasserschutzgebiet Afrikas. Der Zugang befindet sich 5 km südlich von Malindi am **Casuarina Point**. Von hier fahren **Glasbodenboote** – der Preis ist Verhandlungssache, liegt aber pro Boot bei mindestens 50 Euro – zum Korallenriff hinaus. Schon beim Blick durch die Scheibe erschließen sich die Schönheiten des Riffs. Noch unmittel-

Abtauchen ins Blaue: Großaugenbarsche vor Watamu

barer erlebt man die Unterwasserwelt mit ihren farbenprächtigen Fischen und unzähligen Steinkorallenarten als Schnorchler. Das Equipment kann meist von den Bootseignern ausgeliehen werden.
❶ tgl. 6.00 – 19.00 Uhr, mit Info-Center, Tel. 042 315 54
Eintritt Erw. $ 15, Kinder $ 10, www.kws.org

Mambrui

Die Anfänge der Swahili-Siedlung, 15 km nördlich von Malindi, reichen bis ins 15. Jh. zurück. Bis heute ist das Fischerdorf vom Islam geprägt. Sehenswert: ein mit Ming-Porzellan dekoriertes Säulengrab.

Hell's Kitchen

Abseits der normalen touristischen Trampelpfade liegt 50 km nördlich von Malindi in der Nähe vom Ort Marafa die »Höllenküche« – ein Mini-Grand-Canyon mit bis zu 30 m hohen, zerklüfteten *Sandsteinklippen, die durch Erosion von Wind und Regen entstanden. Mit ihren leuchtenden Verfärbungen in weiß, gelb und rot ergeben sie wunderschöne Fotomotive.
❶ Für die Wanderung braucht man festes Schuhwerk! Eintritt Erw. Ksh 300

* WATAMU

Dorado für Wassersport

Mit seinen bizarr geformten Koralleninseln und weißen Sandstränden gehört das einstige Fischerdorf zu den **schönsten Küstenabschnitten Kenias**. Privatvillen und Hotels säumen die drei Buchten **Watamu, Blue Lagoon** und die nach Süden hin anschließende **Turtle Bay**. Südwestlich davon trennt eine 3 km lange Halbinsel den von Mangroven umwucherten Mida Creek vom Indischen Ozean. Im Ortskern auf dem Landvorsprung zwischen Watamu Bay und Blue Lagoon gibt es kleine Läden, Souvenirshops, Banken, eine Post und Restaurants. Wassersportler finden in Watamu ein breites Angebot. Gut ausgerüstete, hochseetüchtige Boote bringen während der Fangsaison zwischen August und Ende März täglich frühmorgens die **Hochseefischer** hinaus. Im Watamu National Marine Park darf natürlich nicht gefischt werden, hier finden dafür **Taucher** und Schnorchler farbenprächtige Korallenriffe und die seltenen, bis zu 15 m langen, ganz friedlichen **Walhaie**.

***Watamu National Marine Park**

Eine 10 km² große Meereszone vor Watamu steht seit 1968 unter Naturschutz. Hier gibt es Walhaie, Rochen und drei Arten von Meeresschildkröten. Der 32 km² große **Mida Creek** gehört zum Marine Park und ist eine wichtige Brutstelle für Meeresschildkröten. Über die Rezeptionen der Hotels und über die Parkverwaltung des Meeresnationalparks auf der Spitze der Landzunge, südlich von Watamu, werden Fahrten mit **Glasbodenbooten** in den Meeresnationalpark organisiert. Man kann die fantastische Unterwasserwelt direkt vom Boot aus genießen bzw. schnorchelnd oder tauchend. Hauptattrak-

Watamu erleben

ABENTEUER UNTER WASSER

Unter Tauchern zählt Malindi zweifellos zu den »Musts«. Es gibt einige gute Tauchanbieter mit PADI-Standard. Die meisten von ihnen haben ihre Basis in einem Hotel. Seit Jahren bietet das **Scuba Diving Watamu** unter der Leitung des Deutschen Ehepaars Riedl einen guten Service an (Tel. 042 233 20 99, www.scuba-diving.kenia.com). Im New Ocean Sports Resort hat das **Dive in Kenya** (ehemals Aqua Sports) seine Station (Tel. 042 233 24 20, www.diveinkenya.com). Im **Turtle Bay Beach Club** werden die PADI-Tauchkurse in Deutsch und Englisch abgehalten (Tel. 042 320 03, www.turtlebay.co.ke).

ÜBERNACHTEN

Hemingways Resort ❸❸❸❸
P. O. Box 267
Turtle Bay, Watamu
Tel. 042 233 26 24
www.hemingways-watamu.com
Südlich von Malindi wartet eines der »Small Luxury Hotels of the World«, das privat geführte Hemingways. Allein schon die Lage an einem der Top-Ten-Strände der Welt ist atemberaubend. Service, Ausstattung und Küche lassen keinen Wunsch offen – unvergesslich: ein Segeltörn auf der hauseigenen Dhau. Für Gäste sind Fahrten mit dem Glasbodenboot kostenlos.

Ocean Sports Hotel ❸❸
P. O. Box 208
Turtle Bay, Watamu
Tel. 042 233 22 88
www.oceansports.net
Das beliebte, familiengeführte Haus bietet 29 Zimmer, mehrere Cottages, ein auf Meersfrüchte spezialisiertes Restaurant und alles für den Sporturlauber auf und unter Wasser in der Nähe zum Traumstrand Watamus. Unter Sonnenschirmen wird auf der breiten Holzveranda sonntags das Curry-Buffet serviert – unbedingt vorher reservieren!

Turtle Bay Beach Resort ❸❸
Tel. 042 320 03
www.turtlebay.co.ke
Ein »All-Inclusive«-Hotel mit 300 Betten. Nicht gerade klein, dafür aber ausgesprochen familienfreundlich mit kostenlosem Mini Club für Kinder zwischen 4 und 12 Jahren. Wassersportgerät wie Surfbretter oder Tauchausrüstung sind gratis. Sechs Zimmer sind barrierefrei ausgestattet. Am Spätnachmittag starten Dhaufahrten gegen Aufpreis in den 10 Minuten entfernten Mida Creek. Sundowner in einer und leckere Samosas in der anderen Hand, so lässt es sich wunderbar genießen, wenn die Dhau an den Mangrovenwäldern vorbeigleitet, wo Störche, Reiher und Pelikane zu Hause sind.

Riedl Cottages & Villa ❸
Scuba Diving Watamu
P. O. Box 160, Watamu
Tel. 042 233 20 99
www.scuba-diving-kenia.com
Maja und Lenz Riedl vermieten auch preisgünstige, gepflegte Bungalows für zwei bis sechs Personen und eine frei stehende Villa für Familien oder Gruppen, alles in einer tropischen Gartenanlage, 5 km entfernt von der Tauchstation und 8 Gehminuten vom Strand der Turtle Bay.

Malindi • ZIELE

tion ist das 1–2 km vor der Küste verlaufende **Korallenriff** mit über 140 verschiedenen Korallenarten, darunter filigrane Weichkorallen, flexible Hornkorallen und die besonders artenreichen Steinkorallen. Ein weiterer Anziehungspunkt sind drei **Höhlen** am Eingang zum Mida Creek. Sie liegen einige Meter unter der Wasseroberfläche und bleiben auch bei Ebbe wasserbedeckt. Taucher, die sich in die Höhlen hineinwagen, sehen mit etwas Glück mächtige **Zackenbarsche**, die eine Länge von bis zu 2 m erreichen.
❶ tgl. 6.00 – 19.00 Uhr, Eintritt Erw. $ 15, Kinder $ 10, www.kws.org
Fahrten mit Glasbodenbooten veranstaltet die Watamu Association of Boat Operators mit 15 Booten. www.watamu.biz

> **BAEDEKER TIPP !**
>
> *Was schlängelt sich denn da?*
>
> Das britische Ehepaar Ashe gründete in den 1980ern die heutige **Bio-Ken Snake Farm** von Watamu, ein wichtiges Forschungszentrum in Sachen Schlangen. In Kenia gibt es 127 Schlangenarten – 24 von ihnen können für Menschen lebensgefährlich sein. Bio-Ken hat eine Notrufnummer eingerichtet, Tel. 0718 29 03 24, die jederzeit besetzt ist. Ein Ausflug zur Farm ist unbedingt lohnenswert: Bei einer 90-minütigen Führung erfährt man Wissenswertes über das Verhalten von Schlangen (tgl. 9.00 – 12.00, 14.00 – 17.00 Uhr, Eintritt Erw. Ksh 500, Kinder unter 12 Jahren frei, www.bio-ken.com).

»Kostbar« ist die Übersetzung des Namens für die **mittelalterliche Swahili-Siedlung Gedi**, die eindrucksvollste archäologische Ausgrabungsstätte an der kenianischen Küste (▶Abb. S. 66). Die Natur hat ihr Terrain zurückerobert und die prächtige Vegetation rund um die freigelegten Ruinen trägt zum besonderen Reiz des verwunschen wirkenden Ortes bei. Gedi wurde um 1300 erbaut und erlebte Mitte des 15. Jh.s seine Blüte. Möglicherweise gründeten ehemalige Bewohner von Malindi diese neue, 15 km südlich gelegene Stadt. Im 16. Jh. wurde Gedi vorübergehend verlassen, im frühen 17. Jh. ganz aufgegeben. Ursache dafür war das nach Süden vordringende Volk der Galla, aus deren Sprache auch der Name »gede« stammt. Gedi wurde 1948 zum **National Monument** erklärt und bis 1958 von dem Archäologen James Kirkman freigelegt.
Zwei Mauerringe umziehen die Stadt. Die äußere, 2,7 m hohe Stadtmauer mit drei Toren umfasste eine Fläche von 20 ha. Nachdem Gedi im 16. Jh. vorübergehend aufgegeben worden war, bauten die Bewohner nach ihrer Rückkehr eine zweite Mauer, die ein erheblich kleineres Areal umgab. Baumaterial für Stadtmauer und Häuser waren rote Erde und Korallenkalk. Die nicht mehr erhaltenen Hütten der ärmeren Bewohner bestanden aus Lehm und hatten Palmstrohdächer. Erhalten sind Teile von Moscheen und Gräbern, einem Palast und 14 Steinhäusern. Die in einem kleinen Museum ausgestellten Scherben und Gefäße belegen, dass Gedi weitreichende Handelsbeziehungen bis Arabien und China unterhielt.

*Gedi Ruins

Rechts neben dem Eingang liegt das **»Datierte Grab«**. In den schlichten Grabstein ist »A.H. 802« eingraviert – dem Jahr 802 nach der Hedschra entspricht laut unserer Zeitrechnung das Jahr 1399 n. Chr. Das **»Grab der kannelierten Säule«** ist ein für die Swahili typisches Pfeilergrab, ein spezielles afrikanisches Element in der arabischen Küstenkultur. Die nahe **Große Moschee** betritt man über den Hofraum mit Brunnen und Zisterne. Der ursprünglich Mitte des 15. Jh.s über rechtwinkligem Grundriss errichtete Bau wurde im 16. Jh. erneuert. Die Außenmauern und die nach Mekka weisende Gebetsnische (Mihrab) sind gut erhalten. 100 m weiter westlich befindet sich der Palast mit einem schönen Portal. Nördlich davon wurden die Grundmauern von **14 Swahili-Häusern** freigelegt. Benannt sind sie nach dort gefundenen Gegenständen. Diese legen nahe, dass die Bewohner ihre Häuser in großer Hast verlassen mussten.

tgl. 7.00 – 18.00 Uhr, Eintritt Erw. Ksh 500, www.museums.or.ke.

Kipepeo Butterfly Farm

Beim Eingang zu den Ruinen von Gedi befindet sich eine **Schmetterlingsfarm**. Unter dem Namen Kipepeo Project – »Kipepeo« ist das Swahili-Wort für »Schmetterling« – haben sich vor 20 Jahren 150 heimische Familien zusammengeschlossen, um seltene, im nahen Arabuko Sokoke Forest vorkommende Schmetterlingsarten für den Export zu züchten. Besucher können sich auf der Farm die einzelnen Entwicklungsstadien der bunten, leichtflügeligen Tiere anschauen.

tgl. 8.30 – 17.00 Uhr, Eintritt Erw. Ksh 500, www.kipepeo.org

Arabuko Sokoke Forest

Zwischen Kilifi und Malindi erstreckt sich ein 420 km² großer **Überrest des einstigen Küstenwaldes** – 6 km² wurden zum Nationalpark erklärt. Die beschilderte Zufahrt 2 km südlich der Abzweigung nach Watamu führt zum **Visitor Centre**. Dort erhält man Informationen zu Flora und Fauna und kann sich zu botanischen Führungen anmelden. Ein 4 km langer Walking Trail sowie ein mit Allradfahrzeugen befahrbarer Weg erschließen den kleinen Nationalpark. Hier sind 230 Vogelarten und über 250 **Schmetterlingsarten** heimisch.

tgl. 6.00 – 19.00 Uhr, Eintritt Erw. $ 20, Kinder $ 10, www.kws.org

Maralal

D 4

Region: Safarigebiet Nord
Einwohner: 20 000
Höhe: 1985 m ü.d.M.

Vor der Kolonialzeit war Maralal spiritueller Ort der Samburu. Noch heute kommen sie zahlreich hierher und setzen mit ihrer Kleidung farbenprächtige Akzente in der staubigen Stadt.

Maralal • ZIELE

Maralal ist Durchgangsstation zum ▶Lake Turkana und Zentrum des Samburu-Distrikts. An der Hauptstraße stehen Holz- und Wellblechhütten, es gibt eine Post sowie einige Geschäfte, Banken, Bars und einfache Guesthouses. Hinter Maralal beginnt eine andere Welt, die ungezähmte Halbwüste, die sich bis zur äthiopischen Grenze hinzieht. Der sogenannte Northern Frontier District ist die Heimat der Nomadenvölker wie Samburu, Turkana und Rendille, die mit ihren Kamelen und Rindern immer auf der Suche nach Wasser sind. Einzige »Sehenswürdigkeit« ist hier das zum National Monument erklärte **Jomo Kenyatta House** am westlichen Ortsrand. Der spätere kenianische Präsident wurde hier 1961 vor seiner endgültigen Freilassung noch kurze Zeit festgehalten.

Tor zum Northern Frontier District

ⓘ tgl. 9.00 – 17.00 Uhr, Eintritt Erw. Ksh 500, Kinder Ksh 250
www.museums.or.ke

Samburu schmücken ihre Haare.

Das Gebiet rund um Maralal wurde **unter Naturschutz** gestellt, ist nicht eingezäunt und kann kostenfrei besucht werden. Bevölkert wird das 250 km² große Areal von Zebras, Impalas, Elenantilopen, Warzenschweinen, Büffeln, Hyänen und Löwen, die sich an einer einzigen Wasserstelle versammeln, die man von der Terrasse der Maralal Safari Lodge aus sehen kann (▶S. 266).

Maralal Game Sanctuary

Namunyak heißt so viel wie »Ort des Friedens« und steht unter der Schirmherrschaft des Northern Rangelands Trust. Das 394 000 ha große Gelände umfasst dichte Gebirgswälder mit seltenen Pflanzenarten, in denen neben Waldelefanten, Löwen, Büffeln, Kudus, Wildhunden und Grevy-Zebras auch noch der **schwarze Panther** (melanistic leopard) und die seltenen Brazzameerkatzen zu finden sind. 1995 gegründet spielt Namunyak eine wichtige Rolle für die Elefanten, die hier ungehindert ihren alten Wanderrouten zwischen ▶Mount Kenya und dem Mathews-Gebirge folgen können. Aus dem Gebiet stammende Ranger sorgen dafür, dass es keine Wilderei gibt.

*Namunyak Wildlife Conservancy

ⓘ Kein Eintritt, von den Lodges/Camps wird aber eine Conservation Fee erhoben von $ 100 pro Pers./Nacht, www.net-kenya.org/namunyak.
Wandertouren in und um die Mathews Range kann man über das Kitich Camp (▶S. 267) und Karisia Safaris buchen, www.karisia.com.

Maralal und Mathews Range erleben

ANREISE
Maralal liegt 330 km nördlich von ▶Nairobi, die Anfahrt dauert gut acht Stunden. Mit dem Vierrad-Geländewagen erfolgt die Anreise über Isiolo oder den ▶Lake Baringo. Bequemer ist es mit dem Flugzeug vom Wilson Airport in Nairobi, allerdings gibt es keine planmäßigen Verbindungen.

IN DIE SÄTTEL – FERTIG, LOS!
Seit 1990 findet Mitte August das alljährliche **International Camel Derby** statt (▶Baedeker Wissen, S. 106). Zeitgleich wird die **Elite Cycle Races** veranstaltet, eine Fahrradmeisterschaft für Amateure und Profis über Marathon-Distanz. Ausgangspunkt des Derbys ist der Yare Camel Club and Camp. Ein weiterer Wettbewerb ist der **Tricamalon**, Laufen, Radfahren und Kamelreiten über 10 km – wirklich lustig! Für Kinder gibt es auch Lauf- und Radrennen, für Menschen mit Handicap sogar einen 5-km-Marathon zu absolvieren.

ÜBERNACHTEN IN MARALAL
Maralal Safari Lodge €€
P. O. Box 2475, Maralal
Tel. 065 622 20
E-Mail: maralalodge@yahoo.com
Die 2,5 km nördlich von Maralal gelegene Lodge befindet sich innerhalb des Maralal Game Sanctuary und bietet Blick

Kitich Camp – die Samburu nennen Kitich »Ort des Glücks«, weil ihnen das weite Tal in den Mathews Mountains immer genügend Wasser und Weidegrund bot.

auf die einzige Wasserstelle in der Umgebung. Die Lodge verfügt über 20 komfortable Zimmer mit Kamin, der auch nötig ist, da es nachts recht frisch wird. Das Restaurant serviert internationale Gerichte und auch die Weinkarte kann sich sehen lassen. Wilfried Thesiger meinte, dass hier die leckerste Suppe in ganz Afrika serviert würde. Die Cocktail-Terrasse ist ein guter Platz, um das Kommen und Gehen an der nachts beleuchteten Wasserstelle zu beobachten.

Yare Camel Club and Camp ❸
P. O. Box 281, Maralal
Tel. 0722 33 36 74
www.yarecamelcamp.co.ke
Der Club 2 km südlich der Stadt verfügt über einen großen Campingplatz sowie 15 Bandas. Er ist beliebte Station auf Überlandbus-Touren und Ausgangspunkt für siebentägige Kamel-Safaris zum ▶Lake Turkana. Das Restaurant bietet einfache Speisen wie Hühnchen mit Reis an.

UNTERKÜNFTE IN DER MATHEWS RANGE
Kitich Camp ❸❸❸❸
Rund 130 km östlich von Maralal
Tel. 020 600 30 90
www.kitichcamp.com
Seit 2013 betreuen Karl und Sally das preisgekrönte Cheli & Peacock Ecocamp mit sechs Luxuszelten unter schattigen Feigenbäumen am Flussufer. Hier gibt es ausschließlich Walking Safaris, die von Samburu-Kriegern wie Lebite geführt werden, der aus dem Mathews Forest stammt. Schwimmen Sie unterwegs in glasklaren Felsenpools und besuchen Sie das Dorf der gastfreundlichen Samburu.

Sarara Camp ❸❸❸❸
Tel. 0722 80 58 93
www.sararacamp.com
Ian Craig aus Lewa (▶S. 196) hat dieses Camp mit sechs Luxuszelten am Sarara-Fluss auf der Ostseite der Mathews Mountains mitaufgebaut. Heute leiten Piers und Hilary Bastard, Kenianer in dritter Generation, das Camp. Ein Besuch bei den Samburu und den Singing Wells ist ein besonderes Erlebnis. Morgens kommen die Samburu-Hirten mit ihren Rindern in das trockene Flussbett, wo sie nach Wasser graben. Sie singen, während sie einander die vollen Wassereimer weiterreichen. Fotografieren ist nicht erlaubt!

WAHLHEIMAT
Wilfried Thesiger (1910 – 2003) reiste in die entlegensten Winkel des afrikanischen Kontinents, die zuvor noch kein Weißer betreten hatte. Nach seinen abenteuerlichen Expeditionen, die der Sohn eines englischen Diplomaten in seiner Autobiografie »Mein Leben in Afrika und Arabien« (Piper, 2005) beschrieb, verbrachte er seinen Lebensabend in Maralal.

DREHORT MARALAL
Im Jahr 2004 wurde der Film »**Die weiße Masai**« im Norden Kenias gedreht. Zehn Tage lang fanden die Dreharbeiten in Maralal und weitere fünf Wochen in einem Ort namens Ngelai statt, wo in dieser Zeit eine »Stadt« aus rund 70 Zelten wuchs. Während des Drehs entstand im Team die Idee, einigen Kindern dort langfristig eine Ausbildung zu ermöglichen. So wurde **Samburu Kids** ins Leben gerufen. Das Projekt, das mit einem Kindergarten und zwölf Kindern aus Wamba startete, wird in Maralal und ▶Meru heute sehr geschätzt (www.samburukids.org).

Marsabit National Park

E/F 3

Region: Safarigebiet Nord
Höhe: 1000 – 1707 m ü.d.M.
Fläche: 1555 km²

Der »Ort der Kälte« – Mount Marsabit – bietet außergewöhnliche Landschaften und einen einzigartigen Tierbestand. Aufgrund der nicht ungefährlichen Anfahrt schlagen nur wenige Touristen den Weg hierher ein.

Unter dem Vulkan
: Der Ort Marsabit, was in der Amharic-Sprache so viel heißt wie Marsas Zuhause, wird überragt vom vulkanisch entstandenen, 1707 m hohen **Karatin** oder **Mount Marsabit**, dessen höhere Lagen mit einer Fläche von 360 km² bereits 1967 zum Nationalpark erklärt wurden. Ein westlich anschließendes Areal von 1300 km² wurde als National Reserve ebenfalls unter Schutz gestellt, darf aber von den hier lebenden Nomadenvölkern als Weideland genutzt werden.

Mount Marsabit
: Der Mount Marsabit sorgt inmitten einer halbwüstenartigen Landschaft für eine **grüne Oase**. In den Abend- und Nachtstunden steigen die über der Ebene lagernden heißen Luftmassen auf, kühlen dabei ab und bilden rund um den Berg eine Wolken- und Nebelschicht, die sich an seinen Hängen abregnet und meist erst am späten Vormittag wieder auflöst. Je nach Höhenlage beträgt die jährliche durchschnittliche Regenmenge zwischen 300 und 1000 mm. Genug, um in höheren Lagen einen dichten Bergwald wachsen zu lassen. Die dichte Vegetation erfordert Geduld bei der Tierbeobachtung. Auf den steilen, bis zu 215 m hohen Klippen gibt es 52 Raubvogelarten.
Die tiefer gelegenen Zonen – weite Teile des Nationalreservats liegen durchschnittlich in 400 m Höhe – erhalten dagegen nur sporadische, spärliche Niederschläge und sind dementsprechend nur gering bewachsen.

Gofs
: Von der einstigen vulkanischen Tätigkeit zeugen Vulkankrater, die »Gofs« – einige werden in der Regenzeit zu Seen. Sie sind wichtige Wasserreserven für die Tiere. Besonders schön ist die Szenerie am **Gof Sokorte Guda** bzw. **Lake Paradise**, dessen Ufer mit Gras bewachsen ist, an das sich ein dichter Waldgürtel anschließt. Anfang der 1920er-Jahre verbrachte das legendäre amerikanische Filmpaar **Osa und Martin Johnson** vier Jahre in Marsabit. Durch ihre Bücher, Artikel und Filme weckten sie Interesse an Kenia. Fotosafaris wurden durch sie populär. Größter Krater ist der **Gof Bongole** im Süden des Parks, man kann ihn auf einer Piste umrunden. An dem größten der Kraterseen nisten Lämmergeier.

Marsabit National Park erleben

AUSKUNFT, EINTRITT
Marsabit National Park
P.O. Box 42, Marsabit
Tel. 0721 94 35 17
tgl. 6.30 – 18.00 Uhr
Eintritt Erw. $ 20, Kinder $ 10
www.kws.org

ANREISE
Von ▶Nairobi geht es 560 km nach Norden zum Ort Marsabit, von Isiolo sind es 263 km. Die Straße ist inzwischen geteert, sodass sich die Fahrtzeit erheblich verkürzt. Dennoch: Da es keine täglichen Polizeikonvois mehr gibt, wird von der Fahrt mit dem Auto abgeraten. Der Charterflug vom Wilson Airport in Nairobi dauert zweieinhalb Stunden.

SINGENDE BRUNNEN
In der Umgebung von Marsabit gibt es einige »Singing Wells«. Am einfachsten ist der Ulanula Brunnen, 5 km südlich der Stadt, zu erreichen. Nomaden haben bis zum Grundwasserspiegel, z. T. bis zu 12 m tief, hinabgegraben, um an das wertvolle Wasser zu gelangen. An jedem Morgen wird ein Trog aus dem schnell trocknenden Schlamm gefertigt und mit Wasser gefüllt. Oft sind die Lederbeutel, die dafür genutzt werden, aus Giraffenhaut. Bis zu sechs Menschen bilden eine Kette zum Grund des Brunnens, von dem aus sie das Wasser in gefüllten Lederbeuteln oder Kalebassen weiterreichen. Während der mühsamen Arbeit singen sie – daher der Name.

ÜBERNACHTEN
Marsabit Lodge ⓔ
Tel. 069 24 11
E-Mail: info@marsabitlodge.com
Knapp 3 km vom Haupttor des Nationalparks entfernt. Von der Terrasse aus hat man einen schönen Blick auf den sumpfigen Gof Sokorte Dika, an dem sich häufig Elefanten, Büffel und Zebras einfinden. 24 bereits betagte Zimmer, Pool, Game Drives sowie Walking Safaris.

Marsabit Campsites ⓔ
Tel. 0721 94 35 17, www.kws.org
Zwei öffentliche Campingplätze bei den zwei Toren Ahmed und Abdul. Ein Special Campsite für Gruppen befindet sich am Lake Paradise.

Elefanten

Bekannt ist der Marsabit National Park für seine Elefanten – die hier lebenden Bullen sollen **außergewöhnlich große Stoßzähne** haben. Die vielleicht längsten überhaupt hatte der Elefantenbulle **»Ahmed«**, der unter persönlichem Schutz von Präsident Jomo Kenyatta stand und rund um die Uhr vor Wilderern beschützt wurde. Der Bulle starb 1974 im Alter von 55 Jahren. Ein Fiberglas-Modell von Ahmed steht in Nairobis National Museum (▶S. 350). Jeder seiner Stoßzähe soll 67 kg gewogen und fast bis zum Boden gereicht haben.

Relativ gut sind die Chancen, die graubraunen **Großen Kudus** zu beobachten, die nur selten in Ostafrika vorkommen. Auch zeigen sich Büffel, Giraffen, Zebras, Gazellen, Paviane und mit Glück auch gelegentlich Leoparden.

ZIELE • **Masai Mara**

Marsabit
Im einzigen »städtischen« Zentrum im Nordosten des Landes leben rund 20 000 Menschen, gibt es Läden, Banken, ein Postamt, Bars, Tankstellen und einfache Unterkunfte. Während der nicht seltenen Dürren gibt es kein Leitungswasser in der Stadt. Den Mittelpunkt bildet der **Markt**, der wegen seines bunten Völkergemischs fasziniert. Den größten Bevölkerungsanteil in diesem Gebiet stellen die eng mit den Samburu verwandten **Rendille**. Sie sind Nomaden und halten sich ebenso wie die Gabra und Borana in der Stadt meist nur zum Handeln und Tauschen auf. Die Nomaden halten an den alten Traditionen fest, tragen aufwendigen Schmuck und kunstvolle Frisuren.

✱✱ Masai Mara

B / C 7

Region: Safarigebiet Süd
Fläche des Masai Mara National Reserve: 1510 km²
Höhe: 1500 – 1800 m ü.d.M.

Mehr als zwei Millionen Gnus und Zebras wandern jedes Jahr auf der Suche nach Wasser und Weideplätzen aus Tansanias ▶Serengeti in die Masai Mara. Auch das übrige Jahr hat man hier die besten Chancen, die »Big Five« – Löwe, Leopard, Elefant, Nashorn und Büffel – vor die Linse zu bekommen.

In der Masai Mara stehen die Chancen gut, Elefanten zu sehen.

Masai Mara erleben

AUSKUNFT, EINTRITT
Masai Mara National Reserve
www.maasaimara.com
Masai Mara östlich vom Mara-Fluss:
www.narokcountycouncil.org
Masai Mara westlich vom Mara-Fluss:
www.maratriangle.org
Erwerb von Park-Tickets:
www.kapstickets.com/onlinebooking
tgl. 6.00 – 19.00 Uhr
Eintritt Erw. $ 80, Kinder $ 45
Private Naturschutzgebiete erheben eine Gebühr von mindestens $ 80 pro Person. Für des Masai Mara National Reserve ist ein zusätzliches Ticket erforderlich.

REISEZEIT
Weltweit einmalig ist die **Große Tierwanderung** in die Masai Mara im Aug. / Sept. (▶Baedeker Wissen, S. 380). Doch auch wenn die Herden die Masai Mara wieder in Richtung Serengeti verlassen haben – spätestens im Nov. –, ist der Tierreichtum fantastisch. Die meisten Niederschläge fallen zwischen März und Mai. Eine zweite Regenzeit ist von Ende Okt. bis Mitte Dezember.

VERKEHR
Am schnellsten gelangt man mit kleineren Charterflugzeugen in die Masai Mara, **fast alle Camps haben Landepisten**. Die Anreise mit dem Fahrzeug – Allradantrieb empfiehlt sich zu jeder Jahreszeit – ist über das 160 km westlich von ▶Nairobi gelegene **Narok** – letzte Möglichkeit zum Tanken und Auffrischen der Vorräte – am unkompliziertesten. Von Narok geht es noch 15 km auf geteerter Straße, dann links ab auf eine Schotterpiste, die bei Regen teilweise zur Schlammpiste werden kann, bis zum

Sekanani oder Talek Gate. Es gibt auch die Möglichkeit, von Narok weiter auf der B3 zu fahren und dann Richtung Lemek abzubiegen. Bei starken Regenfällen ist dies die besser befahrbare Piste. Vom ▶Lake Victoria fährt man über Kisii, Kilgoris und Lolgorien zum Oloolo Gate, oder über Kericho, Bomet, Ngorengore und Lemek zum Musiara Gate. Der Westteil der Mara ist nach Regenfällen unbefahrbar, also vor Fahrtantritt unbedingt den Zustand erfragen! Abseits der Hauptpiste gibt es fast keine Beschilderung. Wer selbst fährt, sollte einen ortskundigen Führer mitnehmen.
Über **Isebania**, westlich der Masai Mara, kommt man über die Grenze **nach Tansania** oder von dort nach Kenia. Die Straße von der Masai Mara über Migori ist in sehr schlechtem Zustand, sodass die Fahrt sieben Stunden dauert. An der Grenzstation ist dann Umsteigen angesagt. Es dürfen keine Safariautos mit kenianischem Kennzeichen in Tansania fahren und umgekehrt auch nicht. Der Grenzübergang wird damit zu einer teuren Angelegenheit.

ÜBERNACHTEN
❶ *Bateleur Camp* ⓔⓔⓔⓔ *und Kichwa Tembo Tented Camp* ⓔⓔⓔ
www.kichwatembo.com
www.andbeyondafrica.com
In den klassisch-eleganten Safari-Zelten von &beyond fühlt man sich in die 1920er-Jahre zurückversetzt. Das mit Antiquitäten eingerichtete Hauptzelt des Bateleur Camp gewährt einen Blick auf

die wildreiche Ebene – hier wurde das Finale von »Jenseits von Afrika« gedreht. Das fantastische Essen wird unter freiem Himmel beim knisternden Lagerfeuer serviert. Während der Filmaufnahmen übernachteten die Hauptdarsteller Meryl Streep und Rober Redford im Kichwa Tembo, zu Deutsch »Der Kopf des Elefanten«. Unter schattigen Feigen- und Ebenholzbäumen reihen sich hier am Ufer des Sabaringo-Flusses 12 edle Luxuszelte aneinander, die 2014 neu errichtet wurden – ein Traum.

❷ *Cottar's 1920s Camp* ❻❻❻❻
Tel. 0733 77 33 77
www.cottars.com , ▶S. 136
Auch Brad Pitt und Angelina Jolie lieben Calvin Cottars preisgekröntes Camp. Zehn wunderschöne Canvaszelte und ein Honeymoon-Zelt garantieren Safari Feeling wie zu Zeiten von Calvins Urgroßvater. Beim Buschfrühstück blickt man über die endlose Ebene hinüber zur Serengeti, die nur eine Meile entfernt ist. Getafelt wird am Pool oder im nostalgischen Hauptzelt mit Antiquitäten und Bibliothek. Alte Familienfotos erzählen von abenteuerlichen Safaris mit Hemingway und dem Ehepaar Johnson. Und vom ersten Ford Modell T. Als der Wagen bei der Ankunft im Hafen von Mombasa sank, tauchte Mike Cottar selbst, um ihn zu bergen. Mike flog auch als erster Passagier mit Beryl Markham, ▶S. 90.

❸ *Elephant Pepper* ❻❻❻❻
Tel. 020 600 30 90, ▶Abb. S. 132
www.elephantpeppercamp.com
Das 2013 von Ecotourism Kenya mit Gold ausgezeichnete Cheli & Peacock Camp in der Mara North Conservancy verdankt seinen Namen den umliegenden Warburgia-Ugandense-Bäumen, Elephant Pepper genannt. Ihre Blätter verleihen Gerichten ein scharfe Note und sind bei Elefanten heiß begehrt. In den neun luxuriösen Canvaszelten kann man außerhalb der Regenzeit eine besondere

Wie zu Zeiten von Karen Blixen: Cottar's 1920s Camp verspricht wahre Gastfreundschaft, sensationelle Safaris und köstliche Mahlzeiten.

Atmosphäre erleben. Abends sitzt man mit Patrick und Sophie am Lagerfeuer unterm Sternenzelt, bevor an der geschmackvoll gedeckten Tafel herrlich gespeist wird. Das Rezept für das Osso Bucco stammt übrigens von Stefano Chelis Mutter, der frische Biosalat kommt aus dem eigenen Garten.

❹ Governors' Camp ❻❻❻, Little Governors' Camp ❻❻❻❻ und Il Moran ❻❻❻❻

P. O. Box 48217, Nairobi, Tel. 020 273 40 00, www.governorscamp.com Abendliche Elefanten- und Nilpferdbesuche am mächtigen Mara-Strom, der vom exklusiven Governors' Camp – 38 Zelte und eine Suite mit edlen Antiquitäten – bestens erforscht werden kann. Mit dem Boot setzt man zum kleinen Bruder »Little Governors' Camp« auf die andere Flussseite über. Seine 17 geräumigen Zelte – alle mit eigener Terrasse – stehen im Halbkreis um ein Sumpfgebiet, das viele Tiere anlockt. Das ausgezeichnete Essen wird mitten im Busch (▶Abb. S. 126), im Restaurantzelt oder unterm Sternenhimmel am offenen Feuer serviert. Buchen Sie unbedingt eine Heißluftballonfahrt vom Little Governors'. Sturmlampen sorgen dafür, dass es abends im Il Moran richtig romantisch wird. Manager Patrick Reynolds erzählt beim exquisiten Dinner spannende Geschichten von Walking Safaris.

❺ Mahali Mzuri ❻❻❻❻

Tel. 0044 208 600 04 30 www.mahalimzuri.virgin.com »Schöner Ort« ist die Swahili-Übersetzung für den Namen der Luxusoase, die nur Sir Richard Branson erfinden konnte. Das 2013 eröffnete Camp liegt auf einem Hügel im 13 500 ha großen privaten Wildschutzgebiet Motorogi nördlich des Masai Mara N. R. – 12 futuristische Wohnzelte mit eigener großer Terasse sowie Infinity Pool am Hauptgebäude.

❻ Mara Explorer ❻❻❻❻ und Mara Intrepids ❻❻❻

Tel. 020 210 34 54 www.heritage-eastafrica.com Wer da wohl die größeren Augen macht, wenn beim Bad in der frei stehenden viktorianischen Wanne im Mara Explorer von der gegenüberliegenden Flussseite Elefanten und Giraffen zusehen? Die zehn geräumigen Zelte liegen versteckt in einem Waldstück am Ufer des Talek River. Für Kinder gibt es das »Young Explorers Programme«. Weit ist der Blick von der Aussichtsplattform des Mara Intrepids über die Ol-Kiombo-Ebene. Die 30 neu renovierten Zelte am Talek-Fluss verfügen alle über eine eigene Veranda. Allabendlich finden sich die kulleraugigen Buschbabys beim offenen Speisesaal ein und beobachten die Gäste.

❼ Naboisho Camp ❻❻❻❻

Tel. 20 232 4904, www.asiliaafrica.com Ron Beatons (▶Rekero Camp) Schwester Dudu leitet seit 2011 das Camp Naboisho – zu Deutsch harmonisch. Acht Luxuszelte direkt an einem Wasserloch. Durch seine Lage im privaten Schutzgebiet können Nachtpirschfahrten unternommen werden. Am Tage gibt es Wanderungen mit Masai-Guides. Durch die wenigen Autos kommt hier das richtige Jenseits-von-Afrika-Gefühl auf.

❽ Olonana ❻❻❻❻

Tel. 020 695 00 02 www.sanctuaryretreats.com Preisgekröntes Ökocamp am Ufer des Mara River, ▶Baedeker Wissen, S. 134

❾ Rekero Camp ●●●● und Nomadic Encounters Mobile Safari Camp ●●●●
Tel. 020 232 49 04, www.rekero.com
www.nomadicencounters.com
Freunde sind die Familie Beaton und der Masai Jackson ole Looseyia seit Jahren. Zusammen haben sie das Camp mit neun Zelten an einer Flussbiegung des Talek aufgebaut, kurz vor dem Zusammenfluss mit dem Mara. Manager sind inzwischen Clea Earnshaw und Conway Sassoon. Rekero-Guides wurden mehrfach mit dem Best Guiding Team in Africa Award ausgezeichnet – auch die Disney-Film-Crews für »African Cats« haben sich auf sie verlassen. Jackson wurde durch die BBC- Tierfilme »Big Cat Diary« bekannt (▶Baedeker Tipp S. 282). Seit 2012 bietet Jackson auch ein mobiles Camp für 4 – 10 Gäste an, das den wandernden Tierherden folgt.

❿ Saruni Camp ●●●●
Tel. 0710 84 20 00
www.sarunicamp.com
Das Öko-Camp in einer Hügellandschaft in der North Mara Conservancy ist ein wunderbarer Ort, um mit der ganzen Familie auf Pirschfahrten fernab der Touristenpfade mehr über die Kultur der Masai zu erfahren. Während der »Warrior Week« lernt man wie die Masai eine Suppe aus Akazienrinde zu kochen, die gut für die Verdauung ist, oder einen Leoparden aufzuspüren.

⓫ Mara Bush Camp ●●● und Little Mara Bush Camp ●●●
Tel. 020 276 74 44
www.marabushcamp.com
www.littlemarabushcamp.com
An einem Flussarm des Talek wird nur für die Zeit der großen Gnuwanderung (Juli bis Nov. und auch von Weihnachten bis März) dieses Camp aufgeschlagen – in der Mara einer der besten Standorte für Fotografen. Im Camp gibt es eine extra Lounge für Foto-Workshops und ein kleines Geschäft. Alle 12 Zelte haben Himmelbetten. Gegenüber auf der anderen Seite des Olare-Oruk-Flusses stehen auf einer Stelzenplattform die acht Zelte des Little Mara Bush Camp für das exklusive Naturerlebnis.

⓬ Mara Serena Safari Lodge ●●●
Tel. 020 284 20 00
www.serenahotels.com
74 Zimmer reihen sich hüttenartig aneinander und gewähren wie der Swimming Pool eine spektakuläre Aussicht über das wogende Grasmeer des Mara Triangle zum Mara-Fluss. Während der Migration kann man vom Fenster aus die riesigen Herden am Fluss wandern sehen. Im Programm: Pirschfahrten, Masai-Tänze und Heißluftballon-Safaris.

⓭ The Nest ●●●
Tel. 020 266 33 97, www.serian.net
Once in a lifetime … eine Nacht im Baumhaus in der Mara North Conservancy für Honeymooner oder die Familie. Alex Walker hat es mit einem Nachtsichtgerät für eine optimale Tierbeobachtung ausgestattet. Es wird über eine Hängebrücke erreicht und liegt nicht weit vom Hauptquartier Ngare Serian.

⓮ Basecamp Explorer ●● und Eagle View Naibosho ●●
Tel. 0733 33 39 09
www.basecampkenya.com
Grasende Antilopen, Zebras und Gnus am Ufer des Talek River – 2006 kam Barack Obama zur Safari ins Basecamp. Sie können im gleichen Zelt schlafen. Für

Reichtum wird bei den Masai noch heute an der Zahl der Rinder gemessen.

seine ökologische Ausrichtung und enge Kooperation mit den örtlichen Masai wurde das Camp mit 12 Zelten auch 2013 wieder mit dem Responsible Tourism Award ausgezeichnet. Zum Basecamp gehören zudem Children's Club und das Eagle View Naibosha auf einem Hügel in der Naibosho Conservancy – neun Zelte mit Dusche unter freiem Himmel. Ursprüngliche Natur mit Buschfrühstück und Sundowner in der Savanne.

⑮ *Mara Sarova Tented Camp* ⓔⓔ
Tel. 020 276 74 44
www.sarovahotels.com
Nur 3 km hinter dem Selekani Gate mit 20 Club-, 50 Standard- sowie zwei Familienzelten, alle mit Holzboden. Spezielle Aktivitäten für Kinder von Pfeil- und Bogenbasteln bis zu Minigolf. Wer Lust auf Angeln hat, kann sich die Ausrüstung leihen und sein Glück im großen Fischteich versuchen.

Campingplätze ⓔ
www.maratriangle.org/visit/
conservation-fees/camping

Drei öffentliche Campsites **Oloololo** (30 Personen), **Iseiya** (10 Personen) sowie **Eluai** (20 Personen) können vor Ort gebucht werden. Die fünf privaten im Mara Triangle müssen online im Voraus gebucht werden. Im Ostteil des Masai Mara N. R. gibt es keine öffentlichen Campingplätze. Außerhalb am Talek und Sekenani Gate können Campingplätze bei den Masai gebucht werden, die hier oft auch Wasser und Feuerholz verkaufen und gegen Bezahlung als Begleiter und Wächter zur Verfügung stehen.

MASAI MANYATTAS
Viele Lodges und Camps bieten Ausflüge in Masaidörfer an. Das Rekero Camp z. B. stellt sicher, dass die Eintrittsgelder eines Manyatta-Besuchs für die Grundschule verwendet werden. Üblicherweise erlauben Masai nicht, dass man sie ungefragt fotografiert. Im gebührenpflichtigen Masaidorf am Oloolaimnutiek Gate kann man ungezwungen fotografieren. Noch ein Tipp: Stecken Sie zu Hause Kugelschreiber und Bleistifte ein – alle Kinder freuen sich darüber.

UP UP AND AWAY …

Frühmorgens werden bei den Camps Fig Tree, Little Governors', Mara Sarova, beim Mara Safari Club und der Mara Serena Lodge die Gasbrenner angefeuert. Denn pünktlich zum Sonnenaufgang sollen sich die Heißluftballone in der Luft befinden. Eine **Ballonfahrt** über die endlose Weite der Savanne ist zwar kein preisgünstiges, aber ein unvergessliches Erlebnis. Traditionell folgt der etwa einstündigen Fahrt ein ausgiebiges Champagner-Frühstück. Buchungen über www.governorscamp.com www.maraballooning.com und www.transworldsafaris.com.

FILM AB!

Wussten Sie, dass das Begräbnis von Denys Finch Hatton im Kultstreifen »Jenseits von Afrika« am Oloololo Escarpment gedreht wurde? Oder dass Robert Redford Meryl Streep die Haare im Zeltcamp am Mara-Fluss wusch? Wer selbst einen kleinen Film drehen möchte, hat dazu mit dem BBC-Kameramann Warren Samuels Gelegenheit. Noch im Busch werden die Szenen der gemeinsamen Pirschfahrt zusammengeschnitten, sodass jeder seinen **eigenen Film** mit nach Hause nehmen kann (Tel. 0722 81 00 56, www.wildvision adventures.com).

Einzigartiges Naturschauspiel Im großen **Mara-Serengeti-Ökosystem** zwischen dem Rift Valley und dem ▶Lake Victoria bildet die Masai Mara (auch Maasai Mara) zwar nur ein kleines Areal. Als Weidegrund für **Millionen von Weißbartgnus, Zebras und Antilopen** hat es jedoch die größte Ansammlung grasender Säugetiere auf der Welt. Mit der ▶Serengeti und weiteren Naturschutzgebieten umfasst das gesamte Ökosystem eine Größe von 25 000 km² Fläche. Zunehmende Gefahr droht den Wildbeständen durch das extreme Wetter. Nach Jahren der Dürre kommt es vermehrt zu Überschwemmungen.

Bunt gesprenkelt Der sogenannte **Mara Triangle** zwischen dem Mara River und dem Oloololo Escarpment erhielt 1948 seinen Status als **nationales Tierreservat**. 13 Jahre später wurde das Gebiet um Land östlich des Mara River erweitert, 1984 schließlich erlangte es seine heutige Größe. Benannt ist das Nationalreservat nach den **Masai**, einem halbnomadischen Hirtenvolk, das in diese Region vor etwa 200 Jahren einwanderte. »**Mara**« bedeutet in der Sprache der Masai »bunt gesprenkelt« und bezieht sich auf die abwechslungsreiche Landschaft: riesige Savannen-Ebenen aus rotem Hafergras mit vereinzelten Akazien, Galeriewälder mit Feigen- und Leberwurstbäumen an den Flussläufen und quarzhaltige Felsen. Über allem schwebt ein Himmel, der nirgendwo auf der Welt größer erscheint.

Neue Verwaltung trägt Früchte Das östliche Mara National Reserve-Gebiet verwaltet der **Narok Country Council**, den Westteil, den Mara Triangle, seit 2001 die **Mara Conservancy** im Auftrag des Transmara Country Councils. In den wenigen Jahren zeigt das Konzept Erfolg. Bereits während der

Masai Mara • ZIELE

Masai Mara

Übernachten
1. Bateleur Camp und Kichwa Tembo Tented Camp
2. Cottar's 1920s Camp
3. Elephant Pepper
4. Governors' Camp, Little Governors' Camp und Il Moran
5. Mahali Mzuri
6. Mara Explorer und Mara Intrepids
7. Naboisho Camp
8. Olonana
9. Rekero Camp und Nomadic Encounters Mobile Safari Camp
10. Saruni Camp
11. Mara Bush Camp und Little Mara Bush Camp
12. Mara Serena Safari Lodge
13. The Nest
14. Basecamp Explorer und Eagle View Naibosho
15. Mara Sarova Tented Camp

Masai

Zwischen Tradition und Moderne

Die Masai (Massai, Maasai oder Maassai) gelten als Inbegriff für stolze afrikanische Krieger. Auch die heutige Generation fühlt sich den alten Bräuchen verpflichtet, doch ihr Alltag besteht ebenso aus Jeans, Handy und Jobsuche.

▶ **Masailand**
Die Masai leben in den offenen Dornbuschsavannen in und um das Rift Valley. Alle sprechen Maa, die meisten auch Swahili.

▶ **Lebensweise**
Früher gefürchtete Krieger, die mit ihren Herden auf der Suche nach Wasser und Weiden durch Ostafrika zogen, sind viele Masai inzwischen sesshaft geworden.

▶ **Rinder**
Als Gott Enkai Himmel und Erde teilte, schenkte er den Masai die Rinder, an deren Zahl noch heute Reichtum gemessen wird. »Saroi«, zwei Tage in einer Kalebasse fermentiertes Rinderblut mit Milch, wird zu besonderen Anlässen getrunken.

▶ **Kleidung**
Shukas, bunte Baumwolltücher in Rot- und Blautönen, werden lose um den Körper gebunden. Männer haben einen Stock (Runga) oder ein kleines Schwert (Seme). Sandalen (Akalas) werden aus LKW-Reifen hergestellt.

Altersstufen
Die Jüngsten hüten die Herden. Junge Krieger bewachen das Dorf, erhalten die Wasserquellen und schützen in Dürrezeiten das Vieh. Am Ende der Kriegerzeit dürfen sie heiraten. Die Ältesten beraten und haben das letzte Wort.

Rituale
Zwischen 15 und 25 Jahren wird ein Junge durch Initiation zum Mann. Mit der Beschneidung (Emuratta) wird er im Kreis der Krieger aufgenommen und zieht in eine »Manyatta«. Die jungen Krieger (Il Moran) flechten ihre Haare zu Zöpfen, die sie mit rotem Ocker und Perlen schmücken. Offiziell längst verboten ist ihre Mutprobe, einen Löwen mit dem Speer zu erlegen.

Patriarchat
Wen und wann ein Mädchen heiratet, bestimmt allein ihr Vater. Der Brautpreis wird in Rindern gezahlt. Nicht selten haben die Männer fünf Ehefrauen. Jede bewohnt mit ihren Kindern ein eigenes Haus.

▶ Enkang oder Manyatta?
Ein Kral besteht aus 5 bis 50 Hütten. Im »Enkang« wohnen die verheirateten Männer mit ihren Familien, in den Hütten einer »Manyatta« leben nur junge Krieger. In der Mitte übernachtet das Vieh. Ein dichter Dornenwall schützt den Kral vor Raubtieren.

▶ Perlenschmuck
Bevor die Europäer Perlen mitbrachten, schmückten sich die Masai mit Muscheln und Samenkörnern. Grün steht für Leben und Regenzeit, Gold für Grundwasser, Tiefblau für Gott Enkai und Rot für Krieger, Blut und Mut. Bei Festen bemalen sich die Masai mit einer Paste aus roter Erde, Wasser und Tierfett.

©BAEDEKER

Enkaji (Boma)
Frauen bauen die Hütten aus Ästen, Lehm und getrocknetem Kuhdung. Ein kleines Feuer, das zum Kochen dient, hält auch die Moskitos fern und spendet Wärme. Tageslicht fällt nur durch ein kleines Loch. Geschlafen wird auf Rinderfellen.

BAEDEKER WISSEN

❓ Sausage Tree

Wussten Sie, dass sich die Blüten des **Leberwurstbaumes** nachts öffnen? Der Nektar der lilagelben bis dunkelroten Blüten zieht Fledermäuse magisch an. Die wie Leberwürste aussehenden Früchte werden gern von Nilpferden, Elefanten und Pavianen verspeist. Sie können bis zu 6 kg schwer werden – also Vorsicht unterm Baum!

---

ersten sechs Monate wurden 26 Wilderer gefasst und 300 Drahtschlingen sichergestellt. Die Korruption hält sich in Grenzen, Straßen werden regelmäßig repariert und sind gut befahrbar, wobei das vom Narok County Council verwaltete Gebiet immer noch die schlechteren Straßen hat. Seit Dezember 2012 werden die Eintrittsgebühren über das **Online-Buchungs-**System des Unternehmens KAPS abgewickelt, wodurch weniger Geld entwendet wird und für eine gerechtere Verteilung an die dort lebenden Masai zumindest die Grundlage geschaffen ist. Leider gibt es noch Wilderei und korrupte Beamte, aber die Lage hat sich deutlich verbessert.

Private Conservancies
Darüber hinaus spielen die neuen **privaten Naturschutzgebiete**, die sogenannten Conservancies am Rande des Masai Mara National Reserve, eine wichtige Rolle. Die dort lebenden Masai profitieren von den erhobenen Naturschutzabgaben durch medizinische Einrichtungen, Schulen und Arbeitsplätze. Touristen haben den Vorteil, dass in diesen Gebieten weniger Autos unterwegs sind und sich die Anzahl der Tiere dort in den letzten Jahren erhöht hat. Zum Problem wird es allerdings bereits, dass Masai ihre Viehherden vermehrt im National Reserve weiden lassen.

Flüsse, Hügel, Grassavanne
Die weite, nur flach gewellte Savannenlandschaft der Masai Mara wird im Westen vom **Soit Oloololo Escarpment** begrenzt, das sich bis 300 m über die Ebene erhebt. Im Osten bestimmen Hügel und bis zu 2100 m hohe Inselberge das Landschaftsbild. In Nord-Süd-Richtung durchfließt der das ganze Jahr über Wasser führende **Mara River** das Gebiet. In ihn mündet von Nordosten her der ebenfalls ständig Wasser führende **Talek River** ein.

**Tierparadies
Die Masai Mara ist Kenias beliebtester und berühmtester Park. Aus gutem Grund: In ihr leben fast alle in Ost-Afrika vorkommenden Tierarten. Bei der alljährlichen **Großen Tierwanderung** (▶Baedeker Wissen, S. 380) kommen Millionen von **Weißbartgnus** und **Zebras** aus der ▶Serengeti hierher. Auf sie warten schon ganze Löwenrudel, Leoparden, Tüpfel-Hyänen und Schakale. Von den 16 Antilopenarten sind die **Topis** am auffälligsten. Ihr Bestand wird auf etwa 30 000 geschätzt. Ebenfalls häufig anzutreffen sind Büffel, Wasserböcke und Giraffen. Dazu kommen über 100 000 Gazellen, 55 000 Impalas und 6000 Elenantilopen. Seit die Wilderei unter Kontrolle ist, steigt auch

die Zahl der **Elefanten** wieder und die Chancen sind gut, Baby-Tembos zu sehen. Nirgendwo sonst in Kenia ist die Dichte an **Löwen** größer als in der Masai Mara. Durch Wilderei wurden die **Nashörner** ausgerottet, inzwischen sind aber durch Privatinitiative aus Südafrika importierte Tiere in besonderen Schutzgebieten zu sehen. Breitmaulnashörner gibt es in der Mara North Conservancy nahe Ngerende. Im Mara National Reserve sind noch ein paar Spitzmaulnashörner unterwegs. Den Mara und Talek River bevölkern Krokodile und **Flusspferde**; sie halten sich meist in den »Hippopools« der Flüsse auf. Riesige **Nilkrokodile** sind z. B. am Paradise Crossing, einem bei Gnus beliebten Flussübergang am Mara, zu sehen. Auf Ornithologen warten rund **450 Vogelarten**, am Musiara-Sumpf kann man u. a. Sattelstörche, Ibisse und Nilgänse beobachten.

Die **hohen Besucherzahlen** und die Beschädigungen der Grasnarbe durch die vielen Fahrzeuge fordern ihren Tribut. Hunderte von Jeeps kurvten an manchen Tagen auf der Suche nach fotogenen Tiermotiven kreuz und quer durch das Grasland. Dass das **bei Landschaft und Tierwelt Schäden** hervorruft, ist selbstverständlich, und inzwi- Der Tourismus und seine Folgen

Während der größten Wildtierwanderung der Erde ziehen jedes Jahr riesige Herden von Gnus aus der Serengeti in die Masai Mara.

BAEDEKER TIPP !

Big Cat Diary

Seit 1996 filmt der britische Fernsehender BBC in der Masai Mara das **»Tagebuch der Raubkatzen«**. Die Erfolgsserie dokumentiert das Leben, die Jagd und den Alltag dreier Raubkatzenfamilien in freier Wildbahn. Bei uns kann man gelegentlich auf 3SAT (oder auf DVD) die spannenden Abenteuer von Leopardenweibchen Bella, Gepardin Honey und der Löwin Tamu mit ihrem Nachwuchs sehen. Bei Disneynature wird die Geschichte über das Löwenbaby Mara, die Gepardin Sita und ihre fünf Kleinen sowie Fang, das Löwenmännchen, erzählt (www.nature.disney.com/african-cats).

schen verboten. Auf keinen Fall sollte man den Fahrer drängen, zu nah an jagende Leoparden, Geparde oder Löwen heranzufahren. Der Anblick von zig Fahrzeugen, die sich um ein Löwenrudel gruppieren, ist leider nicht selten. Besonders die tagsüber jagenden Geparden sind von den vielen Pirschfahrten der Besucher in ihrem Fortbestand gefährdet. Ein weiterer kritischer Faktor sind die zahlreichen Übernachtungsmöglichkeiten in der Masai Mara. Nicht immer wird der Abfall richtig beseitigt, nicht selten fließt Abwasser ungereinigt in den Mara-Fluss. Durch die häufige Wasserentnahme für den Weizenanbau außerhalb des Parks sinkt darüber hinaus der Wasserspiegel des Flusses bedenklich ab. Ein Übriges besorgt die **Überweidung** des Gebietes durch die Viehherden der inzwischen sesshaften Masai. Durch Brände wird vielerorts versucht, den Graswuchs zu fördern. Zwar erhöht sich damit tatsächlich das Futterangebot für Vieh, Gnus und Zebras, andererseits greifen die Brände aber auch häufig auf Buschland über, junge Baumtriebe werden abgebrannt und die Masai Mara wird mehr und mehr zur reinen Grassavanne.
Die **Ecotourism Society of Kenya** (ESOK) versucht die Lage in den Griff zu bekommen. Denn ohne ausreichend Wasser vom Mara River und ohne Baustopp für neue Lodges und Beschränkungen für die Masai ist das Überleben der Masai Mara in Frage gestellt.

Schools out »Schools out« hieß es 2005 für die erste Klasse von 15 Männern und drei Frauen der **Koiyaki Guiding School** (www.koiyaki.com). Inzwischen werden 24 Studenten im Jahr ausgebildet. Gründer der Schule sind Ron Beaton vom Rekero Camp (▶S. 273) und Jackson ole Looseyia, der als erster Masai Guide in der Mara war. Unterstützt wird die Schule vom Tusk Trust kenianischer Safari-Firmen, deren Schirmherr Prinz William ist, sowie der EU. Die Schule ist inzwischen wichtige Einrichtung für die Masai – sie können nun auch ihren Lebensunterhalt mit Tourismus bestreiten.

✱✱ Meru National Park

✦ E 5/6

Region: Safarigebiet Nord
Fläche: 870 km²
Höhe: 400 – 500 m ü.d.M.

Nach langen Jahren der Unsicherheit gehört der Meru National Park heute zu den schönsten Zielen einer Kenia-Reise. In der ehemaligen Heimat von Löwin Elsa leben wieder Breitmaulnashörner.

Der Meru National Park gilt als eines der **landschaftlich schönsten Tierschutzgebiete** des Landes. Als Wildschutzgebiet existiert der Park seit 1959, den Nationalparkstatus erhielt er 1966. Zusammen mit den angrenzenden National Reserves Bisanadi, Mwingi, Rahole und dem Kora National Park bildet der Park ein fast 5000 km² großes Tierschutzgebiet. Seit einiger Zeit verbindet die Adamson Bridge über den Tana River, ein von der Weltbank finanziertes 138 m langes Bauwerk, Meru und Kora National Park. (Natur-highlight)

Der Nationalpark ist eng mit den Namen von **Joy und George Adamson** (▶Berühmte Persönlichkeiten) verbunden. Joy Adamson entließ hier einige von Menschen aufgezogene Tiere in die Wildnis, darunter die durch den Film »Born free« weltberühmte **Löwin Elsa**. Zurzeit ist im Gespräch, am letzten Rastplatz von George Adamson ein Camp für Walking Safaris einzurichten. George Adamson und zwei seiner Assistenten wurden 1989 im Kora-Nationalpark von Wilderern erschossen. Der Kenya Wildlife Service und George Adamson Wildlife Preservation Trust haben das Kampi ya Simba in **Kora**, den letzten Wohnort von George Adamson, wieder aufgebaut, um dort Löwen, die in Gefangenschaft leben, wie seinerzeit auszuwildern. Adamsons guter Freund Tony Fitzjohn – er leitet heute den Nationalpark Mkomazi in Tansania – brachte als erstes das Löwenjunge Mugi nach Kora. Mugi war auf der Ol Jogi Ranch in ▶Laikipia gefunden worden und blieb dort, bis er ein Jahr alt war. Der junge Löwe lebte sich gut in Kora ein und es gab Pläne, noch fünf weibliche Löwenwaisen aus dem Animal Orphanage in ▶Nairobi hierher zu bringen, um ein Rudel zu gründen. Doch im April 2013 wurde Mugi von acht

Hyänen getötet. Normalerweise sind Hyänen nicht in dieser Gegend. Ein Elefantenkadaver, von Wilderern zurückgelassen, hatte sie angelockt. Jetzt ist das Projekt ins Stocken geraten.

Der Löwe Christian Er fuhr gerne Auto, sah zu Hause fern und aß in den angesagtesten Restaurants des Swinging London. Begonnen hatte alles Weihnachten 1969, als sich die beiden Australier **John Rendall** – heute Kurator des George Adamson Wildlife Trust – und **Ace Bourke** in der britischen Hauptstadt **bei Harrods ein Löwenbaby kauften**. Doch nach einem Jahr war aus dem niedlichen Kätzchen ein ausgewachsener Löwe geworden. So entschlossen sich die beiden, das zu groß geratene Haustier **bei George Adamson im Kora National Park auszuwildern**. Mit Erfolg. Ein Jahr später besuchten John und Ace ihren Christian in seiner neuen Heimat. Würde er die Freunde wiedererkennen? Der spannende Moment der »Umarmung« beim Wiedersehen wurde gefilmt – und der Video-Clip auf YouTube 60 Millionen Mal angeschaut! 1973 suchte sich der »fröhliche, freche und mutige Löwe« aus London, wie George Adamson ihn beschrieb, ein neues Revier – er wurde fünf Jahre alt. Die Geschichte dieser außergewöhnlichen Freundschaft ist 2010 im Limes Verlag erschienen.

Grasland und Galeriewälder Die unterschiedlichen Niederschlagsmengen bewirken, dass das von Sümpfen durchsetzte Grasland im Nordwesten des Nationalparks nach Südosten immer mehr in **trockenes Buschland** übergeht. 13 Flüsse durchziehen das Gelände. Sie entspringen in den westlich des Parks aufragenden Nyambeni Hills, wo es deutlich mehr regnet. Die nordöstliche Parkgrenze bilden die Flüsse Murera und Rojewero, im Südosten folgt die Grenze auf einem kurzen Stück dem Ufer des Tana, Kenias längstem Fluss, der noch im Parkgebiet die 15 m hohen Adamson's Falls bildet. In diesem Gebiet hat die Erosion **grandiose Felsformationen** geschaffen. Die Flussläufe säumen artenreiche Galeriewälder. Neben verschiedenen Palmenarten findet man vor allem entlang dem Rojewero River mächtige wilde Feigen- und Anabäume.

Nashörner Bis 1988 lebten im Park **Breitmaulnashörner**. Als Fossilienfunde belegten, dass hier schon in prähistorischer Zeit Nashörner heimisch waren, waren 1966 einige Breitmaulnashörner aus Südafrika hierher umgesiedelt worden. In den 1980ern und 1990ern wurden durch **Wilderei** viele Elefanten, alle Nashörner und nicht zuletzt auch Menschen wie George Adamson (1989) getötet, der Status als Nationalpark war schon in Gefahr. Erst mit dem Bau von Elsa's Kopje 1999 und dem verstärkten Engagement des KWS, die Tiere konsequenter zu schützen und neu anzusiedeln – 2001 brachte man 56 **Elefanten** von ▶Laikipia hierher – erholten sich Wildbestand und Tourismus. In einem eingezäunten, 84 km² großen **Rhino Sanctuary** leben heute wieder 22 Spitz- und 48 Breitmaulnashörner (▶Abb. S. 125).

Meru National Park erleben

AUSKUNFT
Meru National Park
Tel. 0733 66 24 39
Tgl. 6.00 – 19.00 Uhr
Eintritt Erw. $ 65, Kinder $ 30
www.kws.org,

REISEZEIT
Wegen der Nähe zum Äquator und der geringen Höhe herrschen in diesem Gebiet das ganze Jahr über hohe Temperaturen. Die Niederschlagsmengen sind im Westen des Nationalparks mit bis zu 760 mm jährlich etwa doppelt so hoch wie im Osten. Die ergiebigsten Regenfälle werden zwischen Oktober und Dezember bzw. im März/April verzeichnet – der Besuch des Nationalparks ist jedoch das ganze Jahr über zu empfehlen.

VERKEHR
Die Anfahrt zum 370 km nordöstlich von ▸Nairobi gelegenen Nationalpark erfolgt über Meru. Nordöstlich in Maua kann man noch einmal Auftanken und die Vorräte auffrischen. Die Straße von Maua bis New Murera Gate ist nun auch fertig. Mit dem Flugzeug geht es vom Wilson Airport, ▸Nairobi, nach Meru. Es gibt die Landepiste Mughwango bei Elsa's Kopje. Die Straßen im Nationalpark sind ausgezeichnet.

ÜBERNACHTEN
Elsa's Kopje ☺☺☺☺
Tel. 020 600 30 90, s. auch Abb. auf U2
www.elsaskopje.com
www.chelipeacock.com
Hier am Mughwango-Berg mit weitem Blick über die Savanne hatte George Adamson sein erstes Camp aufgeschlagen, wurde die Löwin Elsa wieder in die Freiheit entlassen. Stefano Cheli entwarf selbst das zum »Best Safari Property in Africa« gewählte Ökocamp mit einem Privathaus und neun reetgedeckten Luxus-Cottages aus Naturstein, die in den

Toplodge in Traumlage: Elsa's Kopje mit endlosem Blick über die weite Ebene

Ihren Flüssigkeitsbedarf decken Gerenuks allein durch die Nahrung.

Granitfels gebaut sind – am schönsten die Nr. 2 mit endlosem Blick von der Veranda. Und die Honeymoon Suite? Ein Traum! Auch vom Infinity-Pool schweift der Blick über die weite Ebene. Nach spannenden Pirschfahrten ins Nashornschutzgebiet (▶Abb. S. 125) oder Bush Walks mit Frühstück am Tana River kann man sich bei einer Massage entspannen. Abends wird im romantischen Garten bei Kerzenlicht beste italienische Küche genossen.

Leopard Rock Lodge ⓔⓔⓔ
P. O. Box 34464, Nairobi
Tel. 020 60 00 31
www.leopardmico.com
Die Lodge liegt auf einer Anhöhe beim Murera-Fluss. Vom Restaurant reicht der Blick bis zum Bisandani-Reservat. Zwei Badezimmer gehören zu jeder der 15 Luxus-Bandas, dazu kostbare Antiquitäten und Perserteppiche. Ein kleines Museum informiert über die Boran-Kultur. Das Essen ist ausgezeichnet, ebenso die Weinkarte. Den Pool trennt eine Glasscheibe vom Fluss – hier können Sie Krokodilen direkt in die Augen sehen.

Meru Offbeat Camp ⓔⓔⓔ
Tel. 0704 90 93 55
www.offbeatsafaris.com
Das Luxus-Camp im Bisandani Reservat hat sechs stilvoll eingerichtete Zelte. Solarenergie sorgt dafür, dass Kameras und Laptops aufgeladen werden können. Die Guides sind alle Masai, einige von ihnen haben die Koiyaki Guiding School in der ▶Masai Mara besucht, die von Offbeat Safaris finanziell unterstützt wird.

Rhino River Camp ⓔⓔⓔ
Tel. 0732 30 92 87
www.rhinorivercamp.com
Die sechs Cottages der Ökolodge am Kindani River sind auf Stelzenplattformen gebaut. Das private Wildschutzgebiet am Rande des Meru National Park umfasst 32 ha. Der Swimming Pool eröffnet den Blick in das Nashorn-Schutzgebiet im Park. Mountainbiking, Wanderungen oder Besuche in Meru-Dörfern außerhalb des Parks werden zu den Pirschfahrten im Nationalpark angeboten.

Bwatherongi Bandas ⓔ
Tel. 0753 58 61 95
www.kws.org
Ein schattiges Plätzchen mit Zelten und 4 Bandas. Abends besuchen Elefanten gerne das Gelände am Bwatherongi-Fluss. Fließend kaltes Wasser, ansonsten muss Verpflegung mitgebracht werden.

Meru National Park • ZIELE

Die unterschiedlichen Landschaftsformationen bedingen eine **artenreiche Tierwelt** mit Elefanten, Löwen, Geparden, Servalen und Leoparden. Netzgiraffen und Grevyzebras, Oryx- und Kuhantilopen, Kudus sowie **Gerenuks** fühlen sich vor allem in den trockeneren Gebieten im Osten und Süden des Nationalparks wohl. In den vielen Flüssen leben Flusspferde und Krokodile. Die Vogelwelt zählt über 400 Arten, darunter die blauhälsigen Somali-Strauße.

Dank einer relativ guten Beschilderung fällt die Orientierung leicht. Wer nur einen Tag für den Nationalpark Zeit hat, beschränkt sich am besten auf die nordwestliche Parkregion, vor allem in Trockenzeiten konzentriert sich hier das Wild. Ansonsten sollte man der Piste am Ufer des Tana River entlang bis zu den **Adamson's Falls** folgen. Dort, wo der Rojewero in den Tana mündet, fallen die Wassermassen in mehreren Kaskaden in die Tiefe. Anglern bieten diese Gewässer lohnende Fischgründe – am besten beißen Barben und Welse. Wunschgemäß wurde die Asche von Joy Adamson, die im Shaba National Park getötet wurde, in die Gräber ihrer Lieblingstiere, der Löwin Elsa und der Gepardin Pippa, gelegt. Das **Grab von Elsa**, die an einer Zeckeninfektion starb, befindet sich an der südlichen Grenze des Parks am Ufer des Ura River. Pippas Grab ist dort, wo sich Joys ehemaliges Camp in Meru befand, in der Savanne südöstlich der Leopard Rock Lodge. George Adamson und sein Bruder Terence sind bei Kampi ya Simba im Kora National Park beigesetzt.

Fahrten im Nationalpark

Benannt ist der Ort nach dem hier lebenden Bantuvolk der Meru, die wohl im 14. Jh. in das Gebiet nordöstlich des ▶Mount Kenya vordrangen. Sie bauen in der Umgebung Kaffee, Tee, Tabak und – das in Kenia legale – Miraa (▶S. 22) an. Meru ist ein wichtiges Handelszentrum, Post, Banken, Supermarkt und weitere Läden sind vorhanden. Das **Meru National Museum** im ältesten Gebäude der Stadt von 1916 beschäftigt sich mit Kunst und Kultur der Meru. Ein traditionelles Meru-Gehöft gibt einen guten Einblick in die Lebensweise dieses Volkes. Im kleinen Kräuter- und Medizingarten wächst auch ein Miraa-Strauch.

Meru

Meru National Museum: 9.30 – 18.00 Uhr, Eintritt Erw. Ksh 500, Kinder 250, www.museums.or.ke.

Entlang der östlichen Ausläufer des ▶Mount Kenya führt eine Straße 150 km südlich nach Embu, wie Meru nach dem hier siedelnden Volk benannt. Die Hauptstraße der mehr als 30 000 Einwohner zählenden Ortschaft säumen Jakaranda-Bäume. Embu ist Hauptstadt des Embu Countys. Das **Izaak Walton Inn** auf der Kenyatta Road in Embu lohnt einen Zwischenstopp, um im tropischen Garten der ehemaligen Fishing Lodge eine Kleinigkeit zu sich zu nehmen.

Embu

Izaak Walton Inn: Tel. 0724 77 50 27, www.izaakwaltoninn.co.ke

✱ Mombasa

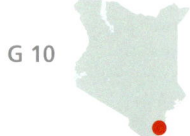

✈ G 10

Region: Küste
Einwohner: 1,1 Mio.
Höhe: Meereshöhe

Eine Insel am Indischen Ozean – eine schönere Lage für die zweitgrößte Stadt Kenias ist wohl kaum vorstellbar. Der bedeutendste Hafen Ostafrikas fasziniert durch sein lebendiges, buntes Vielvölkergemisch aus Afrikanern, Arabern, Indern, Chinesen und Europäern. Ob man durch die orientalisch anmutenden, engen Gassen der Altstadt flaniert oder sich bei einer Bootsfahrt etwas über die alten Handelsrouten erzählen lässt – diese Stadt atmet Geschichte.

Pulsierende Küstenmetropole

Zwei Meeresarme umschließen Mombasas Stadtkern, der auf einer knapp **15 km² großen Insel** liegt, die durch **zwei Brücken** nach Norden und Osten mit dem Festland verbunden ist. Für die meisten ist Mombasa im **schwül-heißen Klima** nur das Tor zu den Traumstränden der Nord- und Südküste. Doch man sollte Mombasa zumindest im Rahmen eines Tagesausflugs besuchen. Die moderne Downtown mit bislang noch wenig Hochhäusern konzentriert sich um die geschäftige **Moi Avenue**, Nyerere Avenue und Digo Road. Das Herz Mombasas aber schlägt in seiner **Old Town**, einem Labyrinth verwinkelter Gassen um den alten Dhau-Hafen, über dem noch immer das mächtige portugiesische **Fort Jesus** wacht. Kenias zweitgrößte Stadt hat über 1 Mio. Einwohner. Afrikaner, Araber, Inder und wenige Europäer geben der Stadt einen **kosmopolitischen Charme**. Ohne Probleme existieren hier alle Weltreligionen nebeneinander – die Mehrheit sind Muslime.

Wichtigster Hafen Ostafrikas

Die Lage Mombasas gewährte ideale Bedingungen für den Ausbau eines Hafens. Jahrhundertelang legten die aus Indien, Persien und Arabien kommenden Dhaus im **Alten Hafen** nordöstlich der Stadt an. Die modernen Containerschiffe steuern heute den **Kilindini Harbour** im Westen der Stadt an. 1869 wurde der Suezkanal eröffnet und bereits 1870 liefen die ersten Dampfschiffe Mombasa wegen dessen Tiefseehafen an.

Dieser Tiefseehafen ist der wichtigste und größte Hafen und Güterumschlagplatz an der ostafrikanischen Küste. Über ihn wird ein Großteil des kenianischen Außenhandels abgewickelt. Erdölraffinerien, eine Zementfabrik, Betriebe für Kfz-Montage, Lebensmittelverarbeitung, Tabak- und Papierherstellung, Metall- und chemische Industrie machen Mombasa zur **zweitwichtigsten Industriestadt Kenias**. Seit den 1970er-Jahren legen auch Kreuzfahrtschiffe an. Auf-

Mombasa • ZIELE

grund des Risikos von Piraterie waren in den letzten Jahren weniger Schiffe an der ostafrikanischen Küste unterwegs, aber seit Ende 2012 ist es ruhiger geworden, steht Mombasa wieder vermehrt im Programm. Sogar das Traumschiff MS Deutschland lief am Neujahrstag 2013 in Mombasa ein.

12. Jh.	Erste urkundliche Erwähnung
1589 – 1729	Herrschaft der Portugiesen
Mitte 18. Jh.	Mazrui-Dynastie aus Oman
1895 – 1906	Hauptstadt des British East Africa Protectorate
20. / 21. Jh.	Wichtigster Güterumschlagplatz Ostafrikas

Ausgrabungsfunde vor der Küste Mombasas belegen, dass bereits **vor 2000 Jahren** zwischen Ägypten, Indien und der ostafrikanischen Küste Handelsbeziehungen bestanden. Der Grieche Diogenes verfasste vor gut 2000 Jahren über den Indischen Ozean eine Art Reiseführer für Schiffskapitäne und erwähnte darin auch Mombasa. 100 Jahre später beschrieb es Ptolemy als einen wohlhabenden Ort, wo viel Handel getrieben wurde. Ab dem 6. Jh. n. Chr. begannen die **Araber**, Handelsposten entlang der ostafrikanischen Küste anzulegen, urkundliche Erwähnung als Stadt findet Mombasa erstmals im **12. Jahrhundert**. Als **Vasco da Gama** am 7. April 1498 auf dem Weg nach Indien hier ankerte, war Mombasa eine wohlhabende Stadt. Man schätzt die damalige Bevölkerungszahl auf etwa 10 000 – so viele Menschen lebten zum gleichen Zeitpunkt auch in London. Den **Portugiesen** bereitete man jedoch einen wenig freundlichen Empfang, sodass Vasco da Gama nach ▶Malindi weitersegelte.

In den folgenden Jahrzehnten versuchten die Portugiesen mehrmals, sich der Stadt zu bemächtigen. Erst 1589 hatten sie Erfolg und verlegten ihr Hauptquartier nach Mombasa. Zur Festigung ihrer Machtposition errichteten sie 1593 – 1596 **Fort Jesus**. Das 17. Jh. kennzeichnen immer wieder ausbrechende Kämpfe zwischen der portugiesischen Besatzungsmacht und den überwiegend arabischen Bewohnern, wobei Fort Jesus mehrmals den Besitzer wechselte. Von den **schiitischen Omani**, die sich seit 1652 an der ostafrikanischen Küste festgesetzt hatten, wurde das Fort 1698 besetzt. Für 30 Jahre blieb es in ihrem Besitz. Zwar gelang den Portugiesen 1728 noch einmal die Rückeroberung, doch verloren sie es schon ein Jahr später erneut an die Truppen Omans, woraufhin sie sich endgültig aus Ostafrika zurückzogen. Der Stellvertreter des Herrschers von Oman in Ostafrika, der »Liwali«, nahm 1744 einen Dynastiewechsel in Oman zum Anlass, sich zum unabhängigen **Sultan von Mombasa** auszurufen. Dem nun in der Stadt regierenden **Mazrui-Clan** gelang es innerhalb kürzester Zeit, fast alle ostafrikanischen Küstenstädte unter seine Gewalt zu bringen.

Stadtgeschichte

ZIELE • Mombasa

Mombasa Island

Ausgehen
1. Florida Casino and Nightclub
2. Toyz
3. Golden Key Casino

Übernachten
1. Tamarind Village
2. Hotel Sapphire
3. Sentrim Castle Royal
4. Lotus Hotel
5. Royal Court Hotel

Essen
1. Tamarind
2. Shehnai
3. Le Bistro
4. Pistacchio
5. Jahazi Coffee House
6. Recoda
7. The Blue Room and Cybercafé

Mombasa erleben

AUSKUNFT
Mombasa and Coast Tourist Association
Moi Avenue, Mombasa
Tel. 041 222 54 28, Mo. – Fr. 9.00 – 12.00, 14.00 – 16.30, Sa. 9.00 – 12.00 Uhr, www.kenyacoast.net
Aktuelle Infos zu Events findet man auch in der Tageszeitung »The Nation«.

ANREISE UND VERKEHR
Die meisten Kenia-Urlauber reisen über den 10 km westlich gelegenen **Moi International Airport** ins Land ein (www.kaa.go.ke/airports). Von dort gibt es hoteleigene Shuttlebusse zu den Strandhotels – vorher buchen, in Pauschalreisen meist inklusive. Für Kenya Airways pendelt mehrmals täglich ein Shuttlebus. Eine Taxifahrt in die City kostet etwa Ksh 1000, nach Diani Beach Ksh 3000. Auch Sammeltaxis (Matatus) fahren zur Stadtmitte, sind aber nicht zu empfehlen. Vom **Ukunda-Flughafen** südlich der Stadt gibt es Inlandsflüge, z. B. nach ▶Amboseli oder in die ▶Masai Mara. Die Überlandbusse fahren je nach Ziel an verschiedenen Stationen ab – Auskunft erteilt die Touristeninformation. Etwa 15 Minuten dauert die Überfahrt mit der **Likoni Ferry** zur Südküste. Vom Hafen gibt es auch einen Fährdienst nach Sansibar.

SHOPPING
Hochwertiger Masai-Schmuck, Holz- und Seifensteinarbeiten werden in den großen Souvenirläden und Curio Shops an der **Moi und Nyerere Avenue** angeboten. Orientalische Basaratmosphäre vermitteln die Altstadtgassen, die **Biashara Street** ist der beste Ort, um einen bunt bedruckten Kanga, die meist gestreiften Baumwoll-Kikois und aus Sisal geflochtenen Körbe zu erstehen. Frisches Obst und wohlduftende Gewürze türmen sich auf den Ständen des **Municipal Market** in der Abdel Nasser Road. Das **Akamba Handicraft Centre** (▶S. 128, 301) westlich der Innenstadt hat die schönsten Holzschnitzereien.

VOLLDAMPF VORAUS!
Nach ▶Nairobi reist man am stilvollsten mit der Eisenbahn. Der Nachtzug fährt Di., Do. und Sa. um 19.00 Uhr in Mombasa ab und braucht gut 14 Std. für die Strecke – auf keinen Fall darf man das Dinner im Speisewagen mit Silberbesteck und Kellnern in weißer Livree verpassen. Nur die 1. und 2. Klasse sind zu empfehlen (Reservierung: Tel. 020 204 44 76, www.riftvalleyrailways.com).

AUSGEHEN
Die angesagten Tanztempel liegen an ▶ Mombasas North und South Coast. Viele Hotels auf Mombasa Island haben eine eigene Disco.

❶ *Florida Casino and Nightclub*
Mama Ngina Drive, Tel. 041 231 31 27
www.floridaclubskenya.com
Um Mitternacht immer Cabaret-Show. An der Crazy Blue Bar kann man neben einem Drink auch die leckeren Chicken-Wings bestellen. Geschlossen wird morgens um 4.00 Uhr.

❷ *Toyz*
Baluchi Street, Tel. 041 31 39 31
Immer gut besucht. Das bunt gemischte Publikum tanzt zu afrikanischer und internationaler Musik 19.00 – 24.00 Uhr

❸ Golden Key Casino
Silos Road, Nyali Complex
Tel. 041 47 46 00
www.tamarind.co.ke/golden-key-casino
Elegantes Casino auf dem Dach des Tamarind Restaurants mit Sportsbar. Kostenloser Transfer zu den meisten Hotels; 17.00 – 4.00 Uhr.

ESSEN
❶ *Tamarind* €€€€
Silos Road, Nyali, Tel. 041 47 46 00
www.tamarind.co.ke
Im maurischen Gourmettempel speist man mittags und abends Mombasas beste Meeresfrüchte mit Panoramablick auf den alten Hafen. Probieren Sie geräucherten Sailfish, überbackene Kilifi-Austern oder Hummerschwänze mit Champagner-Vinaigrette auf Ananas-Carpaccio. Auch die hausgemachten Sorbets sind ein Traum – unbedingt reservieren! Nebenan kann man im Tamarind Village stilvoll logieren (▶S. 293).

❷ *Shehnai* €€€
Fatemi House, Maungano Road
Tel. 041 222 48 01
www.restaurantshehnai.com
Seit 20 Jahren die beste Adresse für nordindische Küche – probieren Sie das würzige Mughal-Lamm-Curry. Für Vegetarier ist Palak Panner, Hüttenkäse mit Spinat, ein Genuss.

❸ *Le Bistro* €€
Moi Avenue, Tel 041 22 94 70
tgl. 9.00 – 24.00 Uhr
Das Café-Restaurant bei den großen Stoßzähnen serviert leckeres Frühstück und abends gute Cocktails. Die Speisekarte ist international, täglich wechselnde Specials werden auf der Tafel draußen angeschrieben.

❹ *Pistacchio* €€
Meru Road, Tel. 041 222 19 89
Tgl. 9.00 – 22.00 Uhr
Das deutsch-schweizer Ehepaar serviert Kaffee und Kuchen vom Feinsten. Neben Frühstück gibt es tagsüber warme Gerichte wie Pizza, Pasta und Salate.

❺ *Jahazi Coffee House* €
Ndia Kuu Road
tgl. 8.00 – 19.00 Uhr
Tel. 0720 77 73 13
www.jahazicoffeehouse.com
Traditionelles Swahili-Kaffeehaus mit Wechselausstellungen einheimischer Künstler sowie Bibliothek. Fünf Gehminuten von Fort Jesus.

Erfrischender Genuss: Tropische Cocktails schmecken auch alkoholfrei.

Mombasa · ZIELE

❻ *Recoda*
Moi Avenue, Tel. 041 222 36 29
Irio-Eintopf, Kokosgarnelen oder würzige Samosa-Teigtaschen – nicht nur Einheimische schätzen die große Auswahl zu kleinen Preisen. Alkohol gibt es nicht, dafür frische Säfte. Immer gut besucht und die Gäste sitzen bis spätabends an Tischen an der Straße.

❼ *The Blue Room and Cybercafé*
Haile Selassie Road, Tel. 041 222 30 29
tgl. 9.00 – 21.00 Uhr
www.theblueroomonline.com
Preiswertes Essen mit Tradition seit 1952. Internet und Wi-Fi Hotspot.

Candle-Light-Dinner
Tamarind Dhow, Tel. 041 447 17 47
www.tamarind.co.ke/tamarind-dhow
Romantik pur verspricht ein Abendessen auf einem der zwei **Dhaus** »Nawalilkher« und »Babulkher«. Nach dem obligatorischen Dawa-Sundowner – Wodka, Limone und Honig auf Eis – wird um 18.30 Uhr vom Bootssteg hinaus Richtung Fort Jesus und danach zu einer Bucht des Tudor Creek gesegelt. Hier werden auf einem Holzkohlegrill fangfrische Hummer und Steaks für das köstliche Vier-Gänge-Menü bereitet. Auf dem oberen Deck wird nach dem Essen getanzt.

ÜBERNACHTEN
❶ *Tamarind Village*
Silo Road, Nyali, Tel. 041 447 46 00
www.tamarind.co.ke/tamarind-village
Luxusappartements im typischen Swahilistil mit Full-Service und wunderschönem Blick auf Old Town Mombasa. Zwei Pools, Fitnesscenter, Therapieraum und Squashcourt neben dem Tamarind Restaurant (►S. 292).

❷ *Hotel Sapphire*
Mwembe Tayari Road, Mombasa
Tel. 041 248 48 41
www.hotelsapphireltd.com
Manche der 112 Zimmer haben einen schönen Blick über die Stadt. Das Liwaza Restaurant hat vor allem italienische Gerichte und Weine, abends wird in der Bar Klavier gespielt.

❸ *Sentrim Castle Royal*
Moi Avenue, Mombasa
Tel. 041 222 87 80
www.sentrimhotels.net
Das gepflegte Castle Royal ist eines der ältesten Hotels in Mombasa, das Straßencafé an der Moi Avenue ein beliebter Treffpunkt. Es gibt 68 Zimmer über vier Etagen verteilt.

❹ *Lotus Hotel*
Cathedral Lane, Mombasa
Tel. 041 231 32 07
www.lotushotelkenya.com
Früher machten in dem ruhig gelegenen, orientalisch anmutenden Hotel weiße Farmerfamilien aus dem Hochland gerne Urlaub. Die Küche ist kenianisch-indisch. Die Kaka-Bar mit Air-Conditioning und die große Karibu-Bar im Innenhof sind populäre Treffpunkte der Stadt.

❺ *Royal Court Hotel*
Haile Selassie Road, Mombasa
Tel. 041 222 33 79
www.royalcourtmombasa.co.ke
Das beliebte Hotel ist im Swahilistil mit viel Holz und Terrakotta eingerichtet. Schöner Blick von der Dachterrasse, auf der sich auch das indische Tawa Terrace Restaurant und ein Fitness-Studio mit Pool befinden. Für Romantiker gibt es zwei Suiten mit Himmelbetten.

ZIELE • Mombasa

Bis ins 19. Jh. war die Herrschaft der Mazrui unangefochten. Dann wurde der **Sultan von Oman** ein zunehmend ernsterer Gegner. Der Herrscher von Mombasa wandte sich 1824 Hilfe suchend an den Kommandanten eines vor der Stadt ankernden britischen Schiffes und bat diesen um Protektorat, das gern gewährt wurde. Bis 1826 stand Mombasa offiziell **unter britischem Schutz**, dann entschieden sich die Briten – um einen offenen Konflikt mit dem Sultan von Oman zu vermeiden –, ihre Fahne am Fort Jesus wieder einzuholen. 1837 gelang es dem Sultan von Oman, auch Mombasa einzunehmen, drei Jahre später wurde der Herrschaftssitz nach Sansibar verlegt. Politisch hatte Mombasa damit zwar an Bedeutung verloren, konnte sich jedoch durch **Sklaven- und Elfenbeinhandel** wirtschaftlich behaupten. Einige Expeditionen, darunter die von Joseph Thompson und Graf Teleki ins Landesinnere, starteten in Mombasa. Sie folgten der Sklavenroute durch Tsavo ins Hochland. Von 10 000 Einwohnern im Jahr 1850 erhöhte sich die Bevölkerungszahl bis 1897 auf 25 000. Die britische Regierung proklamierte 1895 in Mombasa das **Protektorat Ostafrika** und verwaltete von hier aus bis 1906 ihr »Schutzgebiet«. Für einen enormen **wirtschaftlichen Aufschwung** sorgte Anfang des 20 Jh.s der Bau der **Ugandabahn** zum ▶Lake Victoria. Mittlerweile ist das Schienennetz, das ursprünglich von Mombasa bis nach Ugandas Hauptstadt Kampala reichte, stark heruntergekommen. Der Gütertransport hat sich auf die Straße verlagert und die Personenzüge nach ▶Nairobi fahren nur noch dreimal die Woche. Mombasa ist der wichtigste Tiefseehafen Ostafrikas – Waren für Kenia, Tansania und Uganda kommen über den Containerhafen.

Wahrzeichen Mombasas: die Elefantenstoßzähne an der Moi Avenue

SEHENSWERTES IM STADTZENTRUM

Die Innenstadt von Mombasa kann man bequem in einen halben Tag erkunden. Angesichts des schwül-heißen Klimas sollte man allerdings die Mittagsstunden meiden, zudem sind die Gassen dann nahezu ausgestorben. Guter Ausgangspunkt sind die **vier riesigen Elefantenstoßzähne**, die die Moi Avenue auf Höhe des Uhuru Garden überspannen. **Mombasas Wahrzeichen**, Canvas über Holz gespannt und anschließend mit Aluminium umwickelt, wurde 1956 eigens zum Besuch der britischen Prinzessin Margaret errichtet. Nur wenige Schritte entfernt befindet sich am Rande des **Uhuru Garden** die **Touristeninformation**. Der »Freiheitspark« – »uhuru« bedeutet »Freiheit« – wurde anlässlich der Feierlichkeiten zu Kenias Unabhängigkeit eingeweiht. Die Grünzone wirkt heute verwahrlost; der Brunnen in ihrem Zentrum hat die Form Afrikas.

*Tusks

Souvenirläden, Curio Shops, Cafés, Reisebüros, Banken und Hotels – die Moi Avenue ist die **»Touristenmeile«** Mombasas und jeden November außerdem Schauplatz des **Mombasa Carnival** mit farbenfrohen Umzügen und jeder Menge Musik. Pausentipp: Auf der schattigen Terrasse des **Sentrim Castle Royal Hotel** (▶S. 293) kann man sich mit kühlem Maracujasaft und kleinen Snacks stärken. Keine 500 m weiter östlich ragt die gewaltige **Holy Ghost Cathedral** in den Himmel. Das römisch-katholische Gotteshaus wurde 1918 im neogotischen Stil errichtet. Seine Decke ist der Londoner Westminster Abbey nachempfunden.

Moi Avenue

Treasury Square 1898 erwarb die Kirche das Grundstück an der **Nkrumah Road**, wo heute noch neben der **Mombasa Memorial Cathedral** ein riesiger Baobab-Baum steht. Die Kathedrale erinnert mit ihren weißen Wänden, Bogen und Kuppel eher an eine Moschee als an ein europäisches Gotteshaus. Die Nkrumah Road, wo in den ehemaligen Law Courts eine **Galerie** lokale Künstler ausstellt, führt weiter zum Treasury Square, der den Government Square um 1900 als Verwaltungszentrum ablöste. Neben dem 1905 im britischen Kolonialstil errichteten **Treasury Building** mit der Distriktverwaltung erhebt sich die beigefarbene **Town Hall**, das Rathaus. Eine Bronzestatue auf dem Platz erinnert an den philanthropen Kaufmann **Allidina Visram** (1851 bis 1916). Visram kam als Zwölfjähriger nach Kenia. Bereits als junger Mann machte er durch Bankgeschäfte und Handel ein Vermögen. Seine Statue wurde 1937 errichtet.

** **FORT JESUS**

❶ Tgl. 8.00 – 18.00 Uhr, Eintritt Erw. Ksh 1200, Kinder Ksh 600
Mehrmals pro Woche werden Ton- und- Licht-Shows angeboten, Do. und Fr. auch in deutscher Sprache. Buchung über Jahazi Marine, Tel. 041 548 50 01 oder die Mombasa and Coast Tourist Association (▶S. 291) sowie alle größeren Hotels, www.museums.or.ke.

Portugiesisches Bollwerk: Seit dem Ende des 16. Jahrhunderts sicherte Fort Jesus die Einfahrt in den Alten Hafen Mombasas.

Mombasa • ZIELE

Hafenfestung

Zum Schutz ihrer Handelsniederlassung ließen die **Portugiesen** 1593 – 1596 an der Einfahrt zum Hafen von dem Italiener Joao Batista Cairati ein Fort errichten. Cairatis Bauwerke finden sich in allen portugiesischen Kolonien von Goa bis Afrika. Im Geist der mittelalterlichen Kreuzzüge wurde es »Jesus von Mombasa« geweiht. Selbst in Belagerungsfällen konnten von See her noch Vorräte in das Bollwerk transportiert werden, das im Laufe seiner Geschichte neunmal den Besitzer wechselte. Allein 1696 – 1698 wurde es 33 Monate belagert, bevor die portugiesischen Verteidiger aufgeben mussten und Mombasa an die Omani fiel. Erst mit dem Aufkommen größerer Kriegsschiffe verlor das Fort seine strategische Bedeutung. Mitte des 19. Jh.s waren hier Soldaten des Sultans von Oman einquartiert, später nutzten die Briten den Bau als Gefängnis. Auch Sklaven wurden hier eingepfercht. Ab 1958 wurde es von der portugiesischen Calouste-Gulbenkian-Stiftung restauriert. Seit 2011 ist das Fort **Weltkulturerbe der UNESCO**.

Bastionen

Tiefe Gräben und eine bis zu 16 m hohe Mauer umschließen die abends stimmungsvoll angestrahlte Festung, die durch **vier Bastionen** gesichert wurde. Die **Kanonen am Haupttor** gehörten zu zwei im Ersten Weltkrieg versenkten Kriegsschiffen, der britischen »Pegasus« und der deutschen »Königsberg«. In der San-Felipe-Bastion sollte man sich das um 1800 erbaute **Omani-Haus** ansehen, das sehr geschmackvoll im Swahili-Stil eingerichtet ist. Vom Dach erfasst der Blick die gesamte Altstadt. Neben dem Museum sieht man rechter Hand die **Portuguese Wall Paintings**, Zeichnungen von europäischen Vier-Mast-Fregatten und arabischen Dhaus vom Anfang des 17. Jh.s, mit denen sich vermutlich wachhabende Soldaten ihren Dienst verkürzten. Die einstige Kommandantenresidenz an der Seeseite fungierte unter dem Mazrui-Clan als **Audienzhalle** – eine Inschrift an der Wand bezieht sich auf die Pilgerfahrt des Mazrui-Statthalters Ahmed bin Muhammad nach Mekka und seine Rückkehr 1793. Vom Wehrgang der **Umfassungsmauern** hat man eine **fantastische Aussicht** aufs Meer und die Altstadt.

Museum

In den ehemaligen Soldatenunterkünften erzählt heute ein Museum über die Swahili-Küstenstädte. Von ihren weitreichenden Handelsbeziehungen zeugen persische Keramik und chinesisches Porzellan. Originell: ein Stuhl ganz aus Walknochen. Aus der 1697 von den Omani versenkten portugiesischen **Fregatte »Santo Antonio de Tanna«**, die den Belagerten in der Festung zu Hilfe kommen wollte, konnten 1977 – 1980 über 7000 teilweise erstaunlich gut erhaltene Gegenstände geborgen werden, darunter Navigationsgeräte, Elfenbeinschnitzereien und Töpferwaren aus China und Siam. Das Schiffswrack ruht indes noch immer in etwa 17 m Tiefe im Alten Hafen. Unterstützt durch Experten aus China, Thailand und den USA will das Museum dieses und ein weiteres Wrack vor Nyali 2014 zu einem Unterwassermuseum umbauen. Bis heute wurden 35 Wracks, Schiffe aus Portugal, Deutschland, England und China vor der kenianischen Küste gefunden. Beachtung verdienen auch das **Modell der Ruinenstadt Gedi** (▶S. 263) und die Ausstellungen über Vasco da Gama und die neun **Mijikenda-Kulturen** der Küste.

Im **Swahili Cultural Centre** an der Rückseite von Fort Jesus lernen junge Leute Swahili-Handwerk wie das Restaurieren von Gebäuden. Schön ist es, ihnen zuschauen, die Holzarbeiten kann man ersteigern.

❶ Mo. – Fr. 8.00 – 16.00 Uhr, Eintritt frei
www.museums.or.ke

> **BAEDEKER TIPP**
>
> ### Sonntags am Leuchtturm
>
> Mit Kind und Kegel geht es sonntags nach dem Gottesdienst zum Leuchtturm südlich vom Statehouse. Freunde und Bekannte treffen und die leckeren Köstlichkeiten genießen, die an kleinen Ständen angeboten werden: frische Cassava-Chips mit Chili-Mango-Sauce, dazu frisches madafu (Kokosnusswasser). Der Blick über den Hafen ist wunderschön und eine leichte Brise weht immer.

OLD TOWN

Mbarak Hinawy Road

Am Eingang zum Fort Jesus wird eine Broschüre verkauft mit der ausgezeichneten Beschreibung eines Rundgangs durch die Altstadt von einem sehenswerten Haus zum nächsten. Der baufällige, längst geschlossene **Ali's Curio Market** war 1898 das Gebäude der ersten Polizeistation. Wenige Schritte weiter rechts beginnt die Mbarak Hinawy Road, die nach einem 1931 – 1959 amtierenden Abgesandten des Sultans von Sansibar benannt wurde. Hier sind mehrere **Häuser aus der Kolonialzeit** mit kunstvoll gedrechselten Balkonen und mächtigen Holztüren erhalten. Älteste Moschee Mombasas ist die 1570 gegründete **Mandhry Mosque** mit einem auffallenden konischen Minarett und drei wunderschön geschnitzten Holztüren. In einer Stadt mit fast 70 % muslimischer Bevölkerung verwundern die mehr als 20 Moscheen in der Altstadt nicht. Der Zutritt ist allerdings für Nicht-Muslime meistens verboten. Der **Government Square** am Ende der Straße war bis 1910 das Verwaltungs- und Handelszentrum der Stadt – danach entstanden neue Behördenbauten rund um den Treasury Square. Das alte Postgebäude an der Ostecke des Platzes wurde 1899 errichtet. Hier war auch eine Endstation der Trolleybahn, die damals Personen und Waren quer über Mombasa Island transportierte.

Old Port

Neben dem ehemaligen Zollgebäude führt ein Tor zum **Alten Hafen**, in dem einst Hunderte von **Dhaus** vor Anker lagen, noch 1940 liefen 200 Dhaus im Hafen ein. Heute spielen die traditionellen Segelschiffe für den Handel keine große Rolle mehr. Die wenigen, inzwischen meist dieselbetriebenen Holzschiffe, die hier noch ihre Ladung löschen, transportieren vor allem gepökelten Fisch und Baumaterial nach Sansibar, Somalia oder Saudi-Arabien.

Dawoodi Bohra Mosque

Der Grundstein zur Dawoodi-Bohra-Moschee wurde 1901 gelegt. 1982 wurde das Gebäude zum dritten Mal neu aufgebaut, diesmal im fatimidischen Stil der berühmten Al-Azhar-Moschee in Ägypten, um den Ursprung der **Bohra-Religion** widerzuspiegeln.

Leven House

Unweit nördlich entstand 1906 im Auftrag einer deutschen Handelsfirma das Leven-Haus, dessen Vorgängerbau 1844 Domizil des Missionars Johann Ludwig Krapf (▶Berühmte Persönlichkeiten) war. Von den **Leven Steps** hat man einen herrlichen Blick über die Bucht. Leutnant James Emery benannte die Steinstufen nach dem Schiff »Leven« von Captain Owen, den der Mazrui-Clan im 19. Jh. um britisches Protektorat für Mombasa ersucht hatte. 1824 wurden sie von befreiten Sklaven gebaut, die dadurch ein Einkommen hatten.

Ndia Kuu

Zurück zur Ndia Kuu, was übersetzt »**Hauptstraße**« heißt. Als solche fungierte sie seit portugiesischer Zeit. Damals hieß sie allerdings »La Rapozeira« (Fuchsloch). In der zweiten Hälfte des 19. Jhs ließen sich hier wohlhabende **indische Geschäftsleute** nieder. In ihrem Auftrag entstanden Gebäude in kunstvoller Swahili-Architektur.

Old Kilindini Road

Bis Ende des 19. Jh.s war die westlich abzweigende Old Kilindini Road nur ein schmaler Fußpfad, der die Altstadt mit den neuen Anlagen am Kilindini Harbour verband. Der Weg führte damals durch dicht bewachsenes Gelände, in dem noch wilde Tiere lebten – der letzte Löwe wurde auf Mombasa Island in den 1950er-Jahren gesichtet. Heute haben sich in der Old Kilindini Road viele **Schmuckhändler** niedergelassen. Nahe der Kreuzung mit der Samburu Road ragt das weiß-grüne Minarett der **Badhala-Moschee** auf.

*Jain Temple

An der Ecke der viel befahrenen **Digo Road** und Langoni Road zieht der strahlend weiße Jain Temple die Blicke auf sich. Zwei Elefanten bewachen den Eingang zum 1963 errichteten **märchenhaften Marmortempel**. Der Jainismus ist eine eigenständige **indische Religion** mit heute weltweit über 5 Mio. Gläubigen. Für die Jainas existiert kein Gott, wohl aber eine »Weltseele« mit kosmischen und sittlichen Gesetzen. Auch Tiere und Pflanzen gelten als beseelte Wesen. Insofern ist Ahimsa, die Nichtverletzung von Lebewesen, ein zentrales Element der Lehre. Jainistische Mönche verbinden sich Nase und Mund, um nicht versehentlich ein Insekt einzuatmen.

❶ Männer dürfen das Innere des Tempels tgl. 10.00 – 12.30 Uhr besichtigen, vorher müssen die Schuhe und alles andere aus Leder abgelegt werden.

Municipal Market

Lebhaftes Treiben und **typisch afrikanisches Flair** herrscht an der Abdel Nasser Road. Ursprünglich hieß der Zentralmarkt aus viktorianischer Zeit **Mackinnon Market**, nach dem schottischen Gründer der Imperial British East Africa Company, Sir William Mackinnon. Auf dem **»marketi«**, wie ihn die Einheimischen schlicht nennen, bekommt man fast alles, was das Herz begehrt: frisches Obst und Gemüse, duftende Gewürze, Sisalkörbe und Souvenirs. Bunte Kangas, Kikois und andere Gewänder kauft man aber besser unweit nordwestlich an der **Biashara Street** – »biashara« heißt »handeln«, und genau das wird hier auch erwartet.

tgl. 6.00 – 17.00 Uhr

AUSSERHALB DES STADTZENTRUMS

Mama Ngina Drive

Der Mombasa Island im Süden umziehende Mama Ngina Drive – benannt nach Jomo Kenyattas Frau – verspricht fantastische Aussichten aufs Meer und lädt zum Flanieren ein. Das **State House** im Südosten ist Residenz des kenianischen Präsidenten – Fotografierverbot! Auf dem Gelände des **Mombasa Golf Club** sind Überreste des 1826 errichteten Fort St. Joseph erhalten. Kurz vor der Anlegestelle der Likoni-Fähre stehen uralte **Baobab-Bäume** – einige der Baumriesen sollen mehrere Tausend Jahre alt sein.

Mbaraki Pillar

Fast 16 m hoch ist die konische **Korallensteinsäule** neben einer kleinen Moschee im Industrieviertel Mombasas, unweit nördlich der Likoni Ferry. Es handelt sich vermutlich um das **Grabmal eines Scheichs** aus dem 17. Jahrhundert.

Freretown

Die **New Nyali Bridge** verbindet Mombasa Island mit ▶Mombasas North Coast. Gleich hinter der Brücke beginnt der Stadtteil Freretown, der seinen Namen Sir Bartle Frere verdankt, der ihn 1870 als Viertel für freigelassene Sklaven gründete. Heute leben in dem nicht sonderlich attraktiven Stadtviertel viele Angestellte der Touristenhotels. Die Glocke im **Belltower** rechts der Mombasa-Malindi-Road warnte seinerzeit die Sklaven vor herannahenden Sklavenhändlern. Im riesigen **Kongowea Market** gibt es täglich zwischen 7.00 und 18.00 Uhr eine gute Auswahl an »Mitumba«, d. h. Altkleider und billige Markenwaren aus dem Westen.

***Nyali**

Im benachbarten **Nobelvorort** Nyali verstecken sich hinter hohen Palmen erlesene Luxusvillen inmitten prächtiger Parkanlagen. Köstliche Meerestiere werden im Edelrestaurant **Tamarind** serviert mit Panoramablick auf den Dhau-Hafen (▶S. 292). Mit dem **Nyali Beach** beginnt ▶Mombasas North Coast, die für ihre traumhaften Sandstrände berühmt ist.

Krapf Memorial

Keine 500 m vom Tamarind entfernt erinnert das Krapf Memorial an den schwäbischen Missionar **Johann Ludwig Krapf** (▶Berühmte Persönlichkeiten). Ganz in der Nähe liegen auch die Gräber seiner Frau und seiner Tochter, die bald nach ihrer Ankunft 1844 in Mombasa an Malaria starben. Ein Stück weiter nördlich befindet sich das **Rabai Museum**, das mit Unterstützung der Deutschen Botschaft 1998 eröffnet wurde. Es umfasst die St. Pauls Church, die erste Kirche in Kenia, die Krapf und Rebmann 1846 erbauen ließen, sowie Rebmanns Cottage und Krapfs Haus. Gezeigt wird christliche Geschichte, die Geschichte des Sklavenhandels sowie Kulturelles über das Volk der Mijikenda, die Krapf damals willkommen hießen.

Rabai Museum: Mazeras-/Kaloleni Road, tgl. 8.30 – 18.00 Uhr, Eintritt Erw. Ksh 500, Kinder Ksh 250, www.museums.or.ke

*Akamba Handicraft Centre

Die schönste Auswahl an **Holzschnitzereien** findet man westlich von Mombasa Island auf dem Festland in der Port Reitz Road, 2 km vom Flughafen – auch viele organisierte Bustouren machen hier Halt. Beim Rundgang durch das **Kunsthandwerkerdorf** erfährt man viel über die Lebens- und Arbeitsbedingungen der Einheimischen. Im Geschäft am Eingang des Akamba Handicraft Centre werden die Holzschnitzereien der rund 10 000 Mitglieder verkauft, die alle am Gewinn beteiligt sind. In den Werkstätten kann man zuschauen, wie Tiere, Masken, Gefäße und andere Gebrauchsgegenstände entstehen.

❶ tgl. 9.00 – 18.00 Uhr, www.akambahandicraftcoop.com, ▶Abb. S. 128

** Mombasa North Coast

✧ G 9 / 10

Provinz: Coast

Von Kokospalmen gesäumte Sandstrände, türkisblaues Wasser und ganzjährig warmes Wetter – Mombasas Nordküste ist ein Urlaubsparadies. Wer nicht nur am Strand faulenzen will, kann am Korallenriff tauchen, uralte Swahili-Stätten aufsuchen oder im Bamburi-Biotop Giraffen und Hippos bestaunen.

**Traumstrände

Fünf-Sterne-Luxus oder einfache Strandhütten unter Palmen – fast alle Unterkünfte an Mombasas Küste fügen sich harmonisch in die Landschaft ein. Häufig dienen die luftigen Makutidächer der afrikanischen Rundhütten als Vorbild. Die **meisten Hotels liegen am Strand**, umrahmt von tropischen Gärten mit großzügigen Poolanlagen. Ungetrübte Badefreuden ermöglicht die zwischen Strand und Korallenriff gelegene Lagune – vor allem bei Flut. Die Strände zwischen **Bamburi** und dem **Mtwapa Creek** gelten als die schönsten der Nordküste. Hier reihen sich attraktive Hotelanlagen aneinander.

ZIELE • **Mombasa North Coast**

Mombasas Nordküste erleben

AUSKUNFT
Mombasa and Coast Tourist Association
▶Mombasa, S. 291
www.mombasanorthcoast.com
www.kenyacoast.net

ABENTEUER UNTER WASSER
Buccaneer Diving ist das einzige PADI-5-Sterne-Tauchzentrum in Kenia mit vier Tauchbasen an der Nordküste unter der Leitung von Bruce Philips (Tel. 0733 63 03 69, www.buccaneerdiving.com). Gute Tauchzentren haben auch das **Sarova Whitesands Beach Resort** (Tel. 020 203 94 64) und **Sun and Sands Hotel** (Tel. 0728 99 92 26) am Bamburi Beach sowie das **Voyager Beach Resort** am Nyali Beach (Tel. 0728 99 92 25) und der **Mnarani Club** in Kilifi (Tel. 0716 43 07 25, ▶S. 309). Das ebenfalls sehr empfehlenswerte **Baracuda Diving Team** (Tel 0733 56 30 85, www.divingbaracuda.com) in der Severin Sea Lodge am Bamburi Beach hat Deutsch sprechende Angestellte (▶S. 304). Wer die Unterwasserwelt trockenen Fußes erkunden will, hat dazu auf Glasbodenbooten Gelegenheit – Touren im Hotel erfragen.

AUSGEHEN UND SHOPPEN
Die meisten Hotels haben ihre eigne Disco, es lohnt sich aber auch, in den umliegenden Straßen nach kleinen Kneipen und Discos zu sehen. Am besten im Hotel nachfragen, was zurzeit »in« ist. Sieben Etagen mit Geschäften und Cafés gibt es in der **City Mall** in Nyali. Direkt gegenüber befindet sich das Einkaufszentrum **Nakumatt Complex**. Auf der **Malindi Road**, der Hauptstraße von Mombasa nach Kilifi, gibt es viele kleine Shopping Center, z.B. gegenüber des Haller Parks und in der Nähe vom Sarova Whitesands Beach Resort. Schöne Souvenirs kann man in den **Bombolulu Workshop** hinter der Nyali Bridge erstehen (▶ S. 305).

Mamba Disco
Gegenüber vom Nyali Golf Club
Tel. 0721 75 22 22, tgl. 21.00 – 4.00 Uhr
Fr. und Sa. bebt die Tanzfläche: um die 3000 Gäste genießen die Musik mit Lasershow. Kostenloser Shuttle zum Hotel.

Il Covo
Bamburi, www.ilcovo.net/lounge.html
Ab 23.00 Uhr ist in der Bar Party angesagt. Als Tresen fungiert ein 20 m langer Dhaubalken. Die Musik ist international. Das Restaurant serviert italienische und japanische Küche.

Clublambada
Mtwapa Creek, Tel. 0722 72 66 30
Tgl. 21.00 – 3.00 Uhr
Beliebter Wochenend-Treffpunkt mit Splash-Disco im Swimming Pool und sehr großer Tanzfläche

ESSEN & ÜBERNACHTEN
Voyager Beach Resort ●●●●
Tel. 020 444 66 51
www.heritage-eastafrica.com
Die gepflegte Anlage 10 km nördlich von Mombasa am weißen Strand des Nyali Beach ist wie ein Schiff gebaut. Es bietet 236 »Kabinen«, darunter drei Luxussuiten, drei Pools, Massagesalon, Tauchschule, Golf, Tennis, Tanzshows, Kinderprogramm und Souvenirladen. Buchen Sie eine Dolphin Safari oder Dhaufahrt.

Mombasa North Coast • ZIELE

Serena Beach Hotel & Spa ◉◉◉◉
P. O. Box 90352, Mombasa
Tel. 041 548 57 21
www.serenahotels.com/serenabeachhotel
Das Mitglied der »Leading Hotels of the World« liegt in einem tropischen Garten am feinsandigen Shanzu Beach. Die wie ein Swahilidorf im orientalischen Lamu-Stil gehaltene Nobelherberge besticht durch kunstvolle Holzschnitzereien, verträumte Innenhöfe, tolle Poolanlagen, ein marokkanisches »Maisha Spa« im Stil eines Sultanspalastes, Gourmetküche, Tennis und Wassersportzentrum.

Vipingo Ridge ◉◉◉
Tel. 0732 00 95 99
www.vipingoridge.com
2014 fertiggestellt bietet der Country Club wunderschöne Villen mit bis zu vier Schlafzimmern am Baobab-Golfplatz der Weltklasse. Von der Dachterrasse am Clubhaus reicht der Blick über die Grünanlage bis zum Meer. Tennisplätze, Fitness Studio, Pool und eine Beach Bar am Kuruwitu-Strand (▶S. 309).

Bamburi Beach Hotel ◉◉
P. O. Box 83966, Mombasa
Tel. 041 548 56 11
www.bamburibeachkenya.com
Von Familien bevorzugtes, ungezwungenes Hotel mit guten Restaurants, schönem Pool und Kinderplanschbecken am Bamburi Beach. Tauchgänge, Surfen, Hochseeangeln und Besichtigungstouren mit Glasbodenbooten.

Genießen Sie endlose Sonnentage an den Traumstränden des Indischen Ozeans!

Mnarani Resort ⓖⓔ
Tel. 0727 28 81 66, www.mnarani.co.za
Von hier aus sieht man bis zum Mtwapa Creek und Indischen Ozean. Zimmer mit Garten oder Meerblick. All-inclusive-Resort mit guter Küche, Infinity Pool und eigener Strandbucht. Kinder erst ab 16 Jahren. Tauchstation unter der Leitung von Buccaneer (▶S. 302). 3° South bietet Segeln und Surfen an. Beschließen Sie den Abend bei einer Sundowner-Dhaufahrt im ruhigen Mtwapa Creek.

Pa Pweza Adamsville Beach Suites ⓖⓔ
P.O. Box 34269, Mombasa
Tel. 020 268 39 44
www.papwezasuites.com
Etwas für die ganze Familie: 25 Suiten mit Blick aufs Meer beim Bamburi Beach. Hübscher Garten und ein Restaurant mit afrikanischen und westlichen Spezialitäten – unbedingt das Pweza-Gericht mit Tintenfisch probieren. Im Uzima Wellness Centre gibt es einen Pool, Fitnessraum mit Personal Trainer sowie aryurvedische Massagen.

Sarova Whitesands Beach Resort & Spa ⓖⓔ
P.O. Box 90173, Mombasa
Tel. 041 212 80 00
www.sarovahotels.com/whitesands
Riesige, helle 338-Zimmer-Hotelanlage am Bamburi Beach mit weitläufigem Park, fünf Pools, Disco und Kinderbetreuung. Speisen Sie im Lido Seafood Grill köstliche Meeresfrüchte aus dem Indischen Ozean und lassen Sie sich im Tulia Spa mit Massagen verwöhnen. PADI-Tauchstation (▶S. 302), viele Wassersportarten. Zumba tanzen oder Tennis spielen. An der Cocos Beach Bar ist zwischen 18.00 und 19.00 Uhr Happy Hour.

Severin Sea Lodge ⓖⓔ
Bamburi Beach, Tel. 041 211 18 00
www.severinsealodge.com, 188 Z.
Eco-Warriors Award 2013! Alle Zimmer sind im arabischen Stil dekoriert – am schönsten die Kitani- und Royal-Suiten. Lassen sie sich im Spa verwöhnen. Viele Wassersportaktivitäten, Baracuda leitet die PADI-Tauchbasis (▶S. 302). Kostenloses WLAN. Oder surfen Sie im Bushdrum Internetcafé bei einem Eiskaffee. Tolles Buffet im Kisima Restaurant.

Bamburi Beach Resort ⓔ
Tel. 0721 77 79 69
www.sleepout.co.ke
Klein und fein: 24 Zimmer im Hotel, einige barrierefrei, oder Appartements. Das Restaurant serviert vegetarische Gerichte. Es gibt eine Bar – am schönsten sitzt man auf dem »Dhau-Deck«.

SEHENSWERTES AN MOMBASAS NORDKÜSTE

*Mamba Village Die Region erschließt die von ▶Mombasa bis ▶Malindi geteerte B 8, auch Malindi Road genannt. Erste Touristenattraktionen an Kenias Nordküste ist die **Krokodilfarm** an der Links Road gegenüber vom Golfplatz in ▶Mombasas Nobelvorort **Nyali**. Hier kann man sich von gerade geschlüpften Krokodiljungen bis zu riesigen ausgewachsenen Tieren alle Entwicklungsstadien der Echsen ansehen. Fast 10 000 Tiere leben auf dem Gelände, das mit Holzbrücken, Wasserfällen und

Mombasa North Coast • ZIELE

Bächen angelegt und in einen botanischen Garten mit Orchideen integriert ist – täglich um 17.00 Uhr ist Fütterung! Probieren Sie die gegrillten Krokodilsteaks im Restaurant. Abends dreht die Mamba Disco auf (▶S. 302). Von 8.00 bis 18.00 Uhr können hier auch Ausritte am Strand, Kameltouren und Bootsausflüge gebucht werden.
tgl. 9.00 – 18.30 Uhr, Eintritt Erw. Ksh 800, Kinder Ksh 500
Tel. 041 47 20 07, www.mombasa-island.com

Links der B 8 erreicht man 4 km nördlich der Nyali Bridge die Bombolulu-**Werkstätten**. Durch ein 1969 von Kenias Behindertengesellschaft APDK ins Leben gerufenes Projekt sollten **Körperbehinderte** eine handwerkliche Ausbildung erhalten, die ihnen ein Auskommen sichert. Die Hilfe zur Selbsthilfe war so erfolgreich, dass sich die Werkstätten seit Jahren selbst tragen. Es werden vor allem **Schmuck**, Taschen und Körbe aus Sisal, Kleidung und Souvenirs in hoher Qualität und zum Teil ausgefallenem Design gefertigt. Im **Kulturzentrum** sind Dörfer unterschiedlicher kenianischer Bevölkerungsgruppen nachgebaut. Dort werden deren Kultur und Alltag vorgeführt. Im kleinen Ziga Restaurant gibt es Swahili- und afrikanische Gerichte. Bombolulu bietet auch einen kostenlosen Abholservice. *Bombolulu Workshops
Tel. 041 47 35 71, Werkstätten: 9.00 – 12.00, 14.30 – 17.00 Uhr, Shop, Museum und Restaurant: 9.00 – 17.00 Uhr, www.apdkbombolulu.org

Jahrelang diente die 80 m lange **»MV Dania«** als Frachtschiff entlang der afrikanischen Küste. Zuletzt transportierte es Rinder zwischen Mosambik, Südafrika und Mauritius. Als der Rinderhandel nicht mehr lohnte, sollte es 2001 seine letzte Fahrt nach Indien antreten, um dort verschrottet zu werden. Buccaneer Diving hatte eine bessere Idee und schlug den Grund des Indischen Ozeans als letzte Ruhestätte vor. Mit Genehmigung der Regierung und nach diversen Umbauten durfte das Schiff 2002 außerhalb des Riffs 1,5 km vom Bamburi Beach in 30 m Tiefe versenkt werden. Die Meeresbewohner haben es dankend angenommen. Inzwischen tummeln sich im künstlichen Riff Meeresschildkröten – ein beliebtes **Tauchziel unter Profis**. Schiffe versenken

Keine 5 km weiter nördlich sind an der B 8 die Eingänge zu den *** Bamburi Nature Trails (Haller Park)** ausgeschildert. Dort, wo sich heute eine grüne Wildnis mit zahlreichen Tiergehegen erstreckt, wurde bis 1971 Korallenkalk abgebaut, den die **Bamburi Cement Factory** verarbeitete. Unübersehbar, dass die Ze-

> **BAEDEKER TIPP**
>
> ! *Waldidylle*
>
> Die **Bamburi Forest Trails** eignen sich hervorragend für Familien und Aktive. In dem weitläufigen Waldgebiet kann man Räder mieten, joggen und einen Hindernis-Parcours absolvieren. Neben einem großen Spielplatz mitten im Wald liegt an einem idyllischen See die Sunset Terrace Bar, die bis 2014 renoviert worden ist.

Mombasas vorgelagerte Korallenriffe sind ein Taucherparadies.

mentfabrik nach wie vor existiert und durch den **Abbau von Korallenstein** weitere Narben in die Landschaft geschnitten werden. Ein Teil der Steinbrüche wurde jedoch renaturiert und dies in so hervorragender Weise, dass die **Wiederaufforstung** mit zahlreichen Umweltschutzpreisen ausgezeichnet worden ist. Zu danken ist dies dem Schweizer Agrarexperten **René Haller**, dem zu Ehren ein Teil der Anlage 1999 in Haller Park umgetauft wurde. Haller fand einen Weg, um an Ort und Stelle auf natürliche Art Humus zu erzeugen. Zunächst ließ er die genügsamen, an der Küste vorkommenden **Kasuarina**-Bäume (Keulenbäume) anpflanzen. Sie sind gut an trockene Lebensräume angepasst und vertragen auch stark salzhaltiges Grundwasser. Ihre abfallenden »Nadeln« sind bevorzugte Nahrung von bis zu 25 cm langen Tausendfüßlern. Haller ließ diese Tierchen in großer Zahl auf dem Areal aussetzen. Ihre Ausscheidungen wiederum wurden von Bakterien und Würmern in humusreiche Erde verwandelt, auf der bodennahe Pflanzen gedeihen konnten. Diese lockten Insekten und Kleintiere an und allmählich entstand so ein weitgehend **intaktes Ökosystem**.

Um das Projekt touristisch zu vermarkten, wurden **Tiergehege** eingerichtet. Heute sind hier Flusspferde, Giraffen, Antilopen, Büffel und Zebras heimisch. Die auf dem Gelände herumspazierenden **Riesenschildkröten** kann man sogar anfassen. Sie stammen vom Aldabra-Atoll im Indischen Ozean. Krokodile werden für Fleisch und Leder gezüchtet, ihre Eier gehen auch an andere Krokodilfarmen. Das 2009 renovierte Reptilienhaus hat mehr als 35 Schlangen, Was-

serschildkröten und Echsen. Auf den geführten Touren geht es auch zum Schmetterlingspavillon. Bis 2006 waren **Owen und Mzee** ein berühmtes, wenn auch ungleiches Paar: Der Tsunami von 2004 hatte das Nilpferd Owen zum Waisenkind gemacht. Im Hallerpark fand es Nestwärme ausgerechnet bei der 130 Jahre alten Riesenschildkröte Mzee. Heute lebt es friedlich mit der Nilpferddame Cleopatra zusammen in einem großen Gehege gegenüber den Eulen.
❶ tgl. 7.00 – 18.00 Uhr, Eintritt Erw. Ksh 1000, Kinder Ksh 500
Tel. 041 548 59 01, www.lafarge.co.ke/wps/portal/ke/4_A_3-Haller_Park.

Das 10 km² große **Meeresschutzgebiet** wurde 1986 eingerichtet, um das vorgelagerte **Korallenriff** mit seiner farbenprächtigen Unterwasserwelt vor menschlichen Eingriffen zu bewahren – was allerdings nur teilweise gelang. An den Meeresnationalpark schließt sich ein 200 km² großes als Nationalreservat ebenfalls unter Naturschutz gestelltes Areal an. Fischen ist in diesem Gebiet allerdings erlaubt.
❶ tgl. 6.00 – 19.00 Uhr, Eintritt Erw. $ 15, Kinder $ 10,
Tel. 041 231 27 44, www.kws.org

Mombasa Marine National Park

In einem alten Steinbruch zwischen Shanzu Beach und Mtwapa Creek lädt ein preisgekröntes Community-Projekt dazu ein, Kenia näher kennenzulernen. In **neun nachgebauten Dörfern** verschiedener kenianischer Völker kann man unter fachkundiger Anleitung einen halben Tag lang selbst Hirse stampfen, Feuer machen oder Bogenschießen. Auch ein Ganztages-Ausflug ist möglich, mit Besuch in einem »echten« Dorf an der Küste und anschließenden Vorführungen in den Ngomongo Villages. Zum Mittagessen gibt es im angeschlossenen Restaurant landestypische Gerichte.
❶ tgl. 8.00 – 17.30 Uhr, Eintritt Ksh 800, Tel. 041 548 53 46

*Ngomongo Villages

Wohlhabende Kenianer und Europäer haben sich am Mtwapa Creek, knapp 20 km nördlich von ▶Mombasa, von gepflegten Gärten umgebene Villen errichtet. Ihre luxuriösen Hochseejachten sind im Mtwapa Creek vertäut. Einen unvergesslichen Sonnenuntergang können Sie in der Bucht im **The Moorings** erleben. Das schwimmende Restaurant unter deutscher Leitung offeriert ausgezeichnete Fischgerichte zu fairen Preisen. Von der Terrasse blickt man auf vorbeigleitende Einbäume einheimischer Fischer und das geschäftige Treiben der Big Game Fisher, die ihren Hai oder Marlin auswiegen.
🍴The Moorings: Tel. 0722 84 33 43, Di. – So. 10.00 – 24.00 Uhr
E-Mail: info@themoorings.co.ke. **Hochseeangeln** kann man mit Howard Lawrence-Brown auf seinem Boot »Kipapa« vom Mtwapa Creek aus (Tel. 0722 82 09 82, www.kenyadeepseafishing.net).

*Mtwapa Creek

Zum Kenya Marineland gehört ein großes **Meerwasseraquarium**. Außerdem gibt es inmitten der tropischen Parkanlage Krokodiltei-

*Kenya Marineland

che, auch der obligatorische Schlangenpark und eine **Masai Manyatta** fehlen nicht. Auf der Terrasse des ❂❂**La Marina** werden ausgezeichnete Fischgerichte serviert, Panoramablick inklusive. Besondere Attraktion sind ganztägige **Dhau-Fahrten**, die vom Marineland aus den mangrovengesäumten Mtwapa Creek erkunden. Alternativen sind morgens um 10.00 Uhr die Champagnerfahrt mit frischen Austern und abends in der lauen Luft die Sundowner Cruise.

❶ Eintritt Erw. 500 Ksh, Kinder Ksh 200, Tel. 0722 41 05 72
www.aquamarinerestaurant.com, Dhaufahrten ab Ksh 2200

Jumba la Mtwana

In einem schattigen Wald 4 km hinter der Mtwapa Creek Bridge liegt Jumba la Mtwana, das ebenso wie die bei ▶Malindi gelegene Rui-nenstätte Gedi (▶S. 263) einst eine blühende **Swahili-Siedlung** war. Wahrscheinlich wurde sie um das Jahr **1350 gegründet**, aber bereits ein Jahrhundert später wieder aufgegeben. Warum, ist nicht bekannt, in schriftlichen Quellen wird die Siedlung nicht erwähnt. Unklar ist auch, ob die Bezeichnung »Haus des Sklaven« der ursprüngliche Name ist. Bei Ausgrabungen legte James Kirkman 1972 die Reste von acht Häusern, drei Moscheen und ein Grab mit arabischer Inschrift frei. Die Besichtigung lohnt aber nicht nur wegen der Mauerreste. Die dazwischen wachsenden uralten Baobab-Bäume und die **herrliche Lage** direkt am Meer tragen zum besonderen Reiz bei. Am besten erhalten ist die **Moschee an der See** mit einem kunstvoll verzierten Torbogen neben der Gebetsnische (Mihrab). Man nimmt an, dass ein abgetrennter Raum Frauen als Gebetsstätte diente. Das **Grab am Meer** ziert auf der Seeseite eine dem Koran entnommene Inschrift: »Jede Seele wird den Tod kosten ...«. Das mit eleganten Spitzbögen geschmückte **»Haus der vielen Türen«** war vermutlich Herberge für Seefahrer und Händler – Indiz hierfür sind die einzelnen Zimmer mit eigener Waschgelegenheit.

❶ tgl. 8.30 – 18.00 Uhr, Eintritt Erw. 500 Ksh, Kinder Ksh 250
www.museums.or.ke

VON KIKAMBALA BIS KILIFI

Kikambala Beach

Auch am 10 km langen **schönen Strand** von Kikambala reihen sich mehrere große Hotelanlagen und kleine Cottages aneinander. Zudem gibt es hier einen Campingplatz. Weiter nordwärts ist die Küste vom Tourismus noch weitgehend unberührt.

Am besten gemeinsam

2003 hatten alle genug – das Meer war leer gefischt, am Strand ein Haufen Müll. Das musste anders werden. So taten sich Fischer und Hausbesitzer zusammen und gründeten die **Kuruwitu Conservation & Welfare Association** (www.kuruwitu.org) und erklärten 30 ha zum Schutzgebiet. Müll wurde säckeweise vom Strand geschafft. Aus angeschwemmtem Plastik und Gummi wurden mit Hilfe des Recycling-Unternehmens **Ocean Sole** und deren Flip-Flop-Projekt Taschen, Figuren und Spielzeug gefertigt und verkauft (www.oceansole.com). Der WWF unterstützte den Kauf eines Motorboots, mit dem die Fischer auf der anderen Seite des Riffs fischen, aber auch **Wal- und Delfin-Touren** für Touristen anbieten können. Inzwischen gibt es zudem ein Glasbodenboot und eine Beach Bar des Vipingo Ridge (▶S. 303). Demnächst wird eine Öko-Lodge dazukommen.

Um Vipingo erstrecken sich ausgedehnte **Sisalplantagen**, vereinzelt setzen alte Baobab-Bäume Akzente im Landschaftsbild. Die Plantagen gehören größtenteils zu den **Vipingo Sisal Estates**, in deren firmeneigenen Betrieben der Sisal gleich weiterverarbeitet wird. Nach einer Wachstumszeit von fünf bis sechs Jahren werden die Blätter der Sisalagaven geschnitten, ihre hochwertigen, weißen Fasern finden in Teppichböden und Industrie Verwendung. Die Plantage kann allerdigs nicht besichtigt werden.

Vipingo

❶ www.reavipingo.com/estates.htm.

Gut 10 km vor Kilifi zweigt eine Piste zur Fischersiedlung Takaungu ab. Mit seinen **weiß getünchten Häuschen** und Moscheen vermittelt es einen schönen Eindruck davon, wie es wohl an Kenias Küste ausgesehen hat, bevor der Tourismus in den 1970er-Jahren Einzug hielt. Ausführlich beschreibt Tania Blixen in ihrem Buch »Jenseits von Afrika«, wie sie im Haus von Denis Finch Hatton am Taukungu Creek Urlaub machte. In der Nähe sind einige Ruinen aus der Zeit um 1600 erhalten.

Takaungu

In der Bucht von **Kilifi** ankern Jachten aus aller Welt, an den bewaldeten Hängen stehen einige luxuriöse Villen. Abseits der Touristenpfade versteckt sich im Kilifi Creek ein herrlich gelegenes kleines *****Strandcafé**, das zum **Kilifi Boatyard** gehört. Hier strecken viele Bootsbesitzer die Füße in den Sand, gehen schnorcheln oder essen mit Blick auf die Bucht zu Mittag hervorragende Fischgerichte wie Prawns Piri-Piri oder leckere Samosas. Auf Frühaufsteher wartet ein Full English Breakfast, serviert vor 11.00 Uhr. Am Südufer des Kilifi Creek führen 104 Stufen hinauf zu den Überresten der mittelalterlichen **Swahili-Siedlung Mnarani**. Von der Felsklippe reicht der Blick weit über die Bucht. Wahrscheinlich im 13. Jh. gegründet, erlebte die Siedlung im 15./16. Jh. ihre Blüte. Mnaranis **Moschee** besitzt die meisten und schönsten Inschriften der Region. Hier steht auch der wohl größte Baobab-Baum an der Küste. Noch heute hinterlegen Einheimische hier Totenopfer für ihre Ahnen.

Kilifi Creek

Kilifi Boatyard: tgl. 7.30 – 18.30, Tel. 020 350 95 05, www.kilifiboats.com
Mnarani Ruins: tgl. 8.30 – 18.00 Uhr, Eintritt Erw. Ksh 500, Kinder Ksh 250
www.museums.or.ke

** Mombasa South Coast

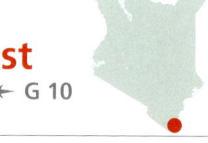

———————— ✧ G 10

Region: Küste

Türkisblaues Meer und kilometerlange weiße Sandstrände im Schatten wogender Palmenhaine – die Südküste steht für die Erfüllung aller Urlaubsträume. Am vorgelagerten Korallenriff brechen sich die Wellen des Indischen Ozeans, gibt es eine faszinierende Unterwasserwelt zu entdecken. Im Hinterland warten ein Elefanten-Korridor und der heilige Wald der Digo.

Traumstrände Im Gegensatz zu vielen Küsten Europas wurden architektonische Bausünden an Kenias Traumstränden vermieden. **Geschmackvolle Ferienanlagen und Villen fügen sich gut in die Landschaft ein. Das vorgelagerte Saumriff schützt vor der starken Brandung und hält Haie fern. Die **weiten feinsandigen Strände** im Süden sind breiter als im Norden und nicht durch längere Felsabschnitte unterbrochen.

SEHENSWERTES AN MOMBASAS SÜDKÜSTE

*Tiwi Beach Den Anfang der Sandstrände macht der schmale Shelly Beach. Getrübt werden die Badefreuden hier manchmal durch angespülten Tang. Etwa 30 km südlich von ▶Mombasa ist an der A 14 der Tiwi Beach ausgeschildert. An dem schönen, noch weitgehend **unberührten Strand** wird allerdings auch häufig Seetang angespült. Am Tiwi Beach logieren vor allem Individualurlauber in Selbstversorger-Cottages. Aus dem Rahmen fällt die neue große Hotelanlage Amani Tiwi Beach Resort.

Diani Beach Jenseits des Mwachema River beginnt das Tropenparadies Diani Beach. Den 12 km langen, schneeweißen Sandstrand – für viele **der schönste Strand Kenias – säumen große Hotelkomplexe in exotischen Parkanlagen, dazwischen liegen gepflegte Ferienhäuser und Cottages – in der Hochsaison kann es hier allerdings voll werden. Minimarket, Boutiquen, Restaurants und Reiseveranstalter findet man in mehreren **Shopping Centres**. Einen Besuch lohnt im Diani Beach Shopping Centre die **Diani Beach Art Gallery**. Hier gibt es Kunst aus Metall, Holz oder Bronze sowie Bilder kenianischer Maler, die sich positiv von dem Angebot am Strand oder in den Hotels abheben. Für Touristen spielt sich das Leben jedoch vorwiegend in den Hotelanlagen ab, die nicht nur **alle Wassersportarten** anbieten, sondern mit ihren Discos, Shows und Events auch für abendliche Unterhaltung sorgen. Golfer treffen sich auf dem **18-Loch-Golfplatz** der Leisure Lodge. Für heftige Kritik von Umweltschützern wie Born

Mombasas South Coast erleben

AUSKUNFT
Mombasa South Coast Information
▶Mombasa, S. 291, Tel. 0733 66 33 66
www.kenyacoast.net
www.dianibeach.com

LIKONI FERRY
Zu Stoßzeiten muss man mit längeren Wartezeiten vor der Likoni-Fähre rechnen, die von ▶Mombasa Island in knapp 15 Min. über die Kilindini Bay zur Südküste fährt. Nicht selten sind auch die Fähren kaputt und so manch einer verpasst seinen Flug nach Hause, da die Fähre die einzige Verbindung nach Mombasa ist. Immer wieder wird diskutiert, einen Tunnel oder sogar eine Brücke zu bauen. Tagsüber legen die Fährschiffe alle 15 Min. ab, nachts jede Stunde. Hat man das Menschengewimmel und die bunten Marktstände an der Anlegestelle hinter sich gelassen, so kommt man auf der gut ausgebauten A 14 zügig vorwärts bis hinunter zur tansanischen Grenze. Personen zahlen (noch) nichts, PKW ab Ksh 90,
www.kenyaferry.co.ke.

AUSGEHEN
Shakatak Disco
Ukunda, Diani Beach, tgl. 21.00 – 4.00
www.shakatak-kenya.com
Club, Biergarten und Restaurant unter deutscher Leitung. Seit Jahren beliebt und am Wochenende immer voll.

Fullmoon
Diani Beach, Tel. 0726 94 70 23
Fr. und Sa. 16.00 – 6.00 Uhr, www.villasdiani.com/full-moon-disco-club
Hier zieht man sich etwas schicker an. Club, Bar und Restaurant

Forty Thieves
▶Baedeker Tipp S. 314

ESSEN UND ÜBERNACHTEN
Alfajiri Villas ●●●●
Diani Beach, Tel. 020 260 84 58
www.alfajirivillas.com
Des preisgekrönte Anwesen besteht aus drei Villen mit 2 – 4 Schlafzimmern. Alle Möbel stammen aus der eigenen Werkstatt, die hellen Holzböden sind aus Dänemark. Der Pool bietet einen Panoramablick über den türkisblauen Ozean.

The Funzi Keys ●●●●
Funzi Island, Tel. 0733 90 04 46
www.thefunzikeys.com
Exklusives Insel-Resort mit 17 strohgedeckten Cottages, 45-m-Pool und eigener Landepiste. Erlesenes Mobiliar und Jacuzzi – der Inbegriff von Barefoot Luxury. Lassen Sie sich mit Swahili-Hummer und gegrillten Krabben verwöhnen und buchen Sie einen Segeltörn zum Funzi Creek.

The Sands at Nomad ●●●●
Diani Beach, Tel. 040 330 02 69
www.thesandsatnomad.com, ▶S. 315
Allein schon architektonisch ein Juwel ist das elegante Boutiquehotel mit 18 Zimmern im Haupthaus und sieben reetgedeckten Cottages. Butler-Service und Gourmetküche. Diving the Crab mit PADI- und SSI-Tauchbasis, Wind- und Kitesurfing. Blickfang ist ein 6 m tiefer Pool in der Mitte der Anlage, der sich auch ideal für Tauchkurse eignet.

Tijara Beach ●●●●
Tel. 0722 701 70, www.tijarabeach.com
Die vier Luxus-Cottages für je zwei Pers.

Sprechende Tücher: Fliegende Händler verkaufen am Strand farbenfrohe Kangas.

thronen auf ihrem eigenen Klippenvorsprung am tropischen Garten mit Privatstrand. Das Honeymoon-Cottage hat eine King-Size-Badewanne. Das Essen ist vom Feinsten. Die Gastgeber Ian und Larissa organisieren gerne Ausflüge.

Afrochic ✺✺✺
Ukundu, Tel. 0733 64 55 64
www.ele wanacollection.com/afrochic-diani-beach
Das Boutiquehotel mit zehn Zimmern ist eine gelungene Mischung aus Romantik, afrikanischem Stil und ostafrikanischer Gastfreundschaft. Nur 12 Minuten zum Ukunda-Flughafen. Freies WLAN und exquisite Küche mit erlesenen Weinen.

Diani Reef Beach Resort & Spa ✺✺✺
Tel. 040 320 27 23, www.dianireef.com
Eindrucksvoll ist schon das Foyer: Man betritt das Hotel am Diani Beach über ein riesiges Aquarium. 144 großzügige Zimmer mit Internet, zwei Pools, fantasievolle Küche und das wahrscheinlich beste Wellness-Angebot der Küste – von Ayurveda bis Aromatherapie –, dazu ein breites Wassersportangebot.

Indian Ocean Beach Resort ✺✺✺
Diani Beach, Tel. 020 802 29 44
www.jacarandahotels.com
Palmengedeckte Rundhäuser und 20-m-Pool zwischen mächtigen Baobab-Bäumen und Kokospalmen. Den Kronleuchter in der Rezeption schenkten einst britische Seeleute dem Sultan, nachdem er ihnen Landurlaub gewährt hatte. Das Jungle-Village-Restaurant serviert afrikanische Spezialitäten, fangfrischen Fisch speist man im Bahari Cove am Strand. Kids Clubs, Katamaran segeln, Wasserski und Surfen.

Kinondo Kwetu ✺✺✺
Diani Beach, Tel. 0710 89 80 30
www.kinondo-kwetu.com
Kinondo Kwetu gehört einem schwedischen Ehepaar, das 2007 nach Kenia kam und ein Paradies für bis zu 30 Gäste kreierte. Drei Pferde, ein Tennisplatz und eine eigene Dhau gehören zur Ausstattung. Der Pool hat die Form eines

Kleeblatts, dazu gibt es Spa und Sauna. Das Dreigänge-Menü wird nach Wunsch am Strand, Pool oder auf der eigenen Terrasse serviert.

Leopard Beach Resort ❸❸❸
Diani Beach, Tel. 020 204 92 70
www.leopardbeachresort.com
Nach Renovierung 2012 wiedereröffnet. 158 Zimmer, darunter 10 Cottages, 7 Suiten und 3 Villen. 2014 kommt noch ein Villen-Komplex dazu. Entspannen Sie im Uzuri Spa und Fitness Forest. Die Wines and Whisky-Bar verfügt über eine stattliche Auswahl edler Tropfen der südlichen Hemisphäre.

Swahili House ❸❸❸
Tiwi Beach, Tel. 0725 74 93 63
www.swahilihouse.com
Einladende Cottages im Swahilistil auf einem Felsen am Strand. Nicht nur ein Tipp für Honeymooner: Buchen Sie das wunderschöne Penthouse »Naked Africa«! Wer will, kocht selbst. Oder Sie lassen sich vom hauseigenen Koch köstliche Fischgerichte servieren.

Forest Dream Resort ❸❸
Tel. 040 330 02 20
www.forestdream.com
Das erste Hotel, das 2012 an der Südküste mit dem Eco Warrior Award ausgezeichnet wurde. Das Resort mit Cottages, zwei Villen und einem Hotel für 55 Gäste liegt in einem Wald 10 Gehminuten vom Strand. Besitzer ist der Gründer des Colobus Conservation Trust (▶S. 314). Tauchen, Surfen, Segeln und Mountain-Bike-Verleih. Abends kommen Buschbabys auf die Terrasse.

Pinewood Beach Resort & Spa ❸❸
40 km südlich von Mombasa
am Galu Beach, Tel. 040 330 00 45
www.pinewood-beach.com
38 geschmackvolle Zimmer und 20 Suiten mit Bad und Balkon. Probieren Sie im Bahari Restaurant die Ingwer-Krabben und den Swahili-Fisch in Kokosnusssauce. PADI-Tauchbasis, Spa und Wassersportzentrum.

Mbuyu Beach Bungalows ❸
45 km südlich von Mombasa
Tel. 0707 00 08 23
www.mbuyubeach.com
Fünf Bungalows mit Strohdach, Duschbad und Terrasse am Meer, unter deutsch-schweizer Leitung. Die Küche serviert leckere Speisen mit reichlich Obst und Gemüse aus der Umgebung und fangfrischen Fisch.

WASSERSPORT

Die Südküste ist Kenias Hotspot für Hochseeangeln, Tauchen, Schnorcheln, Kiteboarding, Segeln, Windsurfen und Parasailing. Die meisten Strandhotels am Tiwi und Diani Beach haben Surfschulen und Tauchbasen und organisieren Angeltouren, Ausflüge im Glasbodenboot oder Dhau-Törns mit opulentem Fischmenü. **Diani Marine Diving** (Tel. 020 265 04 26 www.dianimarine.de) und **Dive the Crab** (Tel. 0712 38 76 17, www.divingthecrab.com) am Diani Beach bieten alle PADI-Kurse und fantastische Tauchgänge: Begegnen Sie Mantas und Walhaien, erleben Sie springende Delfine und tauchen Sie zusammen mit Meeresschildkröten. **Pilli Pipa Diving** (Tel. 040 320 35 59, www.pillipipa.com) führen auch Nachttauchgänge durch. Hochseeangeln hat der **Pemba Channel Fishing Club** (Tel. 0722 20 50 20, www.pembachannel.com) im Programm.

> **BAEDEKER TIPP**
>
> ### Vierzig Räuber & frische Fische
>
> Das **Forty Thieves** am Diani Beach ist zweifellos die angesagteste Strandbar der gesamten Südküste, Mo., Mi. und Fr. spielen dort Livebands (Tel. 040 320 20 33, 9.00 – 24.00 Uhr, www.beachbar.co). Wer übernachten möchte, kann sich nebenan im schicken Boutiquehotel ❊❊**Flamboyant** einmieten. Das Nichtraucher-Hotel hat zehn Zimmer, darunter zwei Honeymoon-Suiten, Pool und einen kleinen Strandpavillon (Tel. 0733 41 11 10, www.flamboyant.co). Spezialitäten im ❊❊❊**Ali Barbour's Cave Restaurant** sind Kilifi-Austern und die Barbour Prawns, die inmitten der Höhle unter freiem Himmel am Tisch mit Pernod flambiert werden (Tel. 0714 45 61 31 31, 19.00 bis 24.00 Uhr, www.alibarbours.co). Würzige Eintöpfe mit Fleisch, Gemüse und fangfrischem Fisch serviert das preiswerte ❊**African Pot** (Tel. 0722 34 61 55, www.dianibeach.com/restaurants/african-pot.htm).

Free sorgt derzeit ein bereits von der Regierung genehmigtes Meeresaquarium für Walhaie, das 2014 am Diani Beach gebaut werden soll. Mit 2 km Länge und fast 600 m Breite wäre es das größte der Welt. Frei lebende Walhaie sollen dafür gefangen werden. Südlich der Mündung des Mwachema River steht die im 16. Jh. errichtete **Kongo Mosque**. Das schlichte Gebäude ist eine der wenigen Moscheen aus Korallenstein. Früher muss sich an dieser Stelle eine Stadt des Shirazi-Volkes befunden haben. Nur die Moschee ist noch übrig geblieben und hätte fast der Erweiterung des Leisure-Lodge-Golfplatzes weichen müssen. Proteste haben dies verhindert und nach einigen Renovierungsarbeiten wird es heute wieder als Gebetshaus benutzt. Der **Jadini Forest** ist ein Rest des Dschungels, der einst das gesamte Küstenhinterland bedeckte. Seltene Vögel und Schmetterlinge, Buschböcke, Wildkatzen und weißbärtige Colobus-Affen tummeln sich im grünen Dickicht.

Diani Beach Art Gallery: Mo. – Sa. 9.00 bis 18.00 Uhr, www.dianibeach.com
Leisure Lodge: Tel. 041 20 11 13 19
www.leisurelodgeresort.com

Colobus Conservancy
Knapp 7 km von Ukunda Junction weiter auf der Diani Road liegt das private Colobus-Schutzgebiet, das Ende 2012 zum Schutz der bedrohten Stummelaffen ins Leben gerufen wurde. Auf einer einstündigen geführten Wanderung durch das Gebiet kann man neben **Colobus-Affen** auch Grüne Meerkatzen, Sykesaffen und Paviane beobachten.
❶ Mo. – Sa. 8.00 – 17.00 Uhr, Eintritt Erw. Ksh 700, Kinder Ksh 250
www.colobusconservation.org

*Chale Island
Nicht nur für Honeymooner ein Traum ist die idyllische Insel südlich von Diani Beach. Auf Taucher warten Walhaie und Riesenrochen. Das ❊❊❊**The Sands at Chale Island** bietet elegante Wohnzelte und Apartments an einer weißen Sandbucht; im Restaurant sind auch

Tagesbesucher willkommen. Im Februar und März kommen riesige Seeschildkröten hierher, um ihre Eier in den weichen Sand zu legen.
ⓘ Tel. 040 330 02 69, www.thesandsatchaleisland.com

»Kaya« nennen die Küstenvölker ihre **heiligen Wälder** mit Resten befestigter Dörfer, die vom 16. Jh. bis in die 1940er-Jahre bewohnt waren. Seit 2008 stehen elf Kayas vom Stamm der **Mijikenda** auf der UNESCO-Welterbeliste. Die Kayas werden heute als Wohnsitz der Ahnen geehrt. Der Kaya Kinondo ist der einzige, der für Touristen freigegeben wurde. Führer der **Digo** erklären die jahrhundertealte Bedeutung der Kaya für das kultische Leben der Küstenbewohner.
ⓘ Tel. 0722 44 69 16, www.kaya-kinondo-kenya.com

*Kaya Kinondo

Nach gut 50 km Fahrt auf der A 14 erreicht man Msambweni. Im »Ort der Rappenantilope« werden einige stilvolle Ferienhäuser vermietet. Der kleine **Sandstrand** ist wunderschön und kaum besucht.
€€€€ Msambweni Beach House: 12 Gäste können am schneeweißen Sandstrand besten Service und französisch inspirierte Feinschmeckerküche genießen, Tel. 020 357 70 93, www.msambweni-beach-house.com.

Msambweni

Bei der Ortschaft Ramisi zweigt eine Piste Richtung Küste ab. Von hier gelangt man im Boot oder bei Ebbe sogar zu Fuß auf das von Mangroven umgebene Funzi Island. Hier versteckt sich mit ***Funzi Keys** (▶S. 311) eines der exklusivsten Resorts an Kenias Küste.

Funzi Island

Erfüllt Urlaubsträume: The Sands ad Nomad am Diani Beach

ZIELE • Mombasa South Coast

Ramisi Delta

Besonders lohnend ist eine Bootstour in das 36 km² große Delta des Ramisi, in dem neun Mangroven-Arten zu finden sind. Kenias Antwort auf die Everglades! Hier leben viele Krebsarten, etwas tiefer im Delta sonnen sich Krokodile auf Sandbänken. Im **Vogelparadies** gibt es Fischadler und ganze Kolonien der Graufischer-Eisvögel.

Shimoni

Knapp 70 km südlich von ▶Mombasa ist Shimoni ausgeschildert, das man am Ende der gleichnamigen Halbinsel erreicht. Angenehme Unterkünfte in der Hochburg von Sportfischern und Tauchern sind die familiäre **Shimoni Reef Lodge** mit reetgedeckten Bungalows und populärem Open-Air-Restaurant direkt am Wasser und der **Pemba Channel Fishing Club** mit einfachen Cottages in einem tropischen Garten. Auf dem 40 Fuß langen Clubboot »White Otter« wurden bereits mehr Marline gefangen als auf jedem anderen Boot in Ostafrika: 1405 insgesamt. Allein der Skipper fing 116 in einer Saison, markierte sie und ließ sie wieder frei. Um dem Überfischen Einhalt zu gebieten, werden die Fische, nachdem sie gewogen und markiert sind und das obligatorische Foto gemacht ist, wieder freigelassen – der Fischbestand wird von Wissenschaftlern regelmäßig kontrolliert.

Shimoni Reef Lodge: Tel. 041 47 17 71, www.shimonireeflodge.com
Pemba Ch. Fishing Club: Tel. 0722 20 50 20, www.pembachannel.com

Tropfsteinhöhle

Seinen Namen »Ort der Höhle« verdankt Shimoni einer großen Tropfsteinhöhle, die eine Zwischenstation im ostafrikanischen Sklavenhandel war, wie gefundene Metallfesseln belegen. Zudem ist die **Shimoni Cave** ein heiliger Ort, an dem bis heute Rosenwasser als Opfergabe dargebracht wird. Der in Kenia geborene Sänger Roger Whittaker hat ein Lied über die Afrikaner geschrieben, die in der Höhle festgehalten und als Sklaven verkauft wurden. In den Höhlen leben sechs verschiedene Fledermaus-Arten.

Shimoni Cave: tgl. 8.30–18.00 Uhr. Eintritt Erw. Ksh 500, Kinder Ksh 250
www.museums.or.ke

Shimoni Slavery Museum

Durch Spenden der US-Botschaft sowie Gelder der National Museums of Kenya konnte das ehemalige Haus eines Kolonialbeamten renoviert und bis 2013 als Sklaven-Museum eingerichtet werden.

❶ tgl. 8.30–18.00 Uhr. Eintritt Erw. Ksh 500 Ksh, Kinder Ksh 250
www.shimonimuseum.org/colonialdchouse.html

Wasini Island

Viele Bootsausflüge zum Kisite-Mpunguti-Nationalpark enden auf dem vorgelagerten Inselchen Wasini mit einem Krabben-Essen bei **Charlie Claw's**. Beim **Nyulli Reef** im Osten von Wasini können Taucher mit etwas Glück riesigen Zackenbarschen oder manchmal sogar einem Hai begegnen.

Charlie Claw's Restaurant: Tel. 0722 205 15, www.wasini.com

Mombasa South Coast • ZIELE

**Kisite Mpunguti Marine National Park

Für Taucher ist die fantastische Unterwasserwelt des Kisite Mpunguti Marine National Park ein absolutes Muss. In den Flachwasserriffen und farbenprächtigen Korallengärten tummeln sich Schwärme von exotischen Rifffischen und Muränen. **Delfine** und **Meeresschildkröten** zeigen wenig Scheu. Um die einzigartige Wunderwelt zu erhalten, hat man inzwischen um die wichtigsten Riffe Bojen gesetzt. Der Nationalpark umfasst 39 km² und liegt 8 m vor der Küste. Sein **Korallengarten** ist der beste an der ostafrikanischen Küste. Im Oktober sieht man mit etwas Glück sogar Buckelwale. Die eindrucksvollsten ****Tauchreviere** besitzt **Kisite Island**, ein von Korallen umgebener Felsen. Die meisten Hotels in Diani Beach und Shimoni (▶S. 311) organisieren Dhaufahrten zu den Riffen mit Schnorchelstopp.

❶ tgl. 6.00 – 18.00 Uhr, Eintritt Erw. $ 20, Kinder $ 10
nur mit Tour Operator zugänglich, Tel. 040 520 27, www.kws.org

*Shimba Hills National Reserve

Obwohl es dicht an der Südküste liegt, hält sich der Besucherandrang in dem 1968 ausgewiesenen Naturschutzgebiet in Grenzen. Dabei sind die Shimba Hills mit ihrer hügeligen Landschaft, in der sich Küstenwald, Busch und weite Grassavanne abwechseln, ein lohnendes Ausflugsziel. In seinem Buch »Die grünen Hügel Afrikas« verewigte Ernest Hemingway die Gegend. Auf den in Ostafrika einzigartigen Regenwaldbäumen wachsen **Orchideen**, zwölf verschiedene Arten kommen in den Shimba Hills vor. In dem 320 km² großen Reservat sind **viele Wildtiere** heimisch, darunter die seltenen **Rappenantilopen**, Elefanten, Büffel, Zebras, Warzenschweine, Giraffen, Leoparden, Paviane und die schwarz-weißen Colobus-Affen. Für Fahrten in die Shimba Hills wird in der Trockenzeit kein Allradantrieb benötigt. Angesichts der guten Beschilderung fällt die Orientierung leicht, sodass man das Gebiet gut auf eigene Faust mit dem Mietwagen oder Taxi erkunden kann. Der Haupteingang befindet sich nahe dem Ort **Kwale**. Besonders schöne Panoramablicke hat man vom Giriama Point und vom **Elephant Lookout**, von dem es nur wenige Meter zum 20 m hohen Wasserfall der Sheldrick's Falls sind. Ein Ranger vom Rangerposten am Elephant Lookout begleitet die **geführten Waldtouren**. Nahe dem Haupttor steht in traumhafter Lage die aus heimischen Holzarten erbaute **Shimba Hills Lodge**. Die Wasserstelle der luxuriösen Lodge wird nachts angestrahlt.

Shimba Hills National Park: Tel. 0704 46 78 55, tgl. 6.00 – 19.00 Uhr, Eintritt Erw. $ 20, Kinder $ 10, Touren zu den Sheldrick's Falls müssen gebucht werden, Buchung am Eingang, Ksh 1500, www.kws.org.
❻❻ Shimba Hills Lodge: Tel. 0722 20 09 52, www.aberdaresafarihotels.co.ke/shimba

Mwalunganje Elephant Sanctuary

Im Korridor zwischen den Shimba Hills und dem Mwalunganje Forest Reserve verlaufen **Wanderwege der Elefanten**. 180 Familien der Duruma haben das 36 km² große Areal als Schutzgebiet freigegeben. Nach Westen hin schützt ein 26 km langer Zaun die Dörfer vor Zerstörungen durch die Dickhäuter. Das Projekt hat sich ausgezahlt. Inzwischen leben die Menschen von Eintritts- und Übernachtungsgeldern sowie dem Verkauf von Elefantenpapier besser, als früher vom Ackerbau. Und die Elefanten haben sich so stark vermehrt, dass 2006 sogar 228 Riesen in den ▶Tsavo East National Park umgesiedelt werden mussten. Luftzählungen ergaben 2012, dass im Großraum Shimba Hills/Mwalunganje 300 Elefanten leben – für das Areal eine zu hohe Dichte. Wieder ist im Gespräch, Tiere nach Tsavo zu bringen, es wird aber auch die Möglichkeit diskutiert, durch ein Verhütungsprogramm, das bereits in Südafrika praktiziert wird, die Population in den Griff zu bekommen. Die Luftzählungen zeigten auch, dass drei Dutzend der seltenen Rappenantilopen hier zu Hause sind. **Daraja la Mungu**, »Brücke Gottes«, heißt ein Felsbecken mit natürlicher Steinfurt am Manolo-Fluss, wo man Elefantenherden beim Trinken beobachten kann – ein Erlebnis!

🕐 tgl. 6.00 – 18.00 Uhr, Eintritt Erw. $ 20, Kinder $ 10, Tel. 0722 99 58 37 www.elephantmwaluganje.com. 🛏 **Mwalunganje Travellers Elephant Camp:** Tel. 020 809 18 55, www.travellersbeach.com. 20 Zelte, die Abende am Lagerfeuer bei einem kühlen Tusker-Bier sind wie geschaffen zum Geschichten erzählen. Infos zum Freiwilligenprogramm in Mwalunganje: www.campsinternational.com/gap-year-africa/index.html

Mount Elgon National Park

✈ B 4

Region: Lake Victoria
Fläche: 169 km²
Höhe: 2336 – 4310 m ü.d.M.

Überzeugte Naturfreaks und ausdauernde Wanderer treffen sich an Kenias zweithöchstem Berg, dem Mount Elgon – einem bislang noch wenig besuchten, aber hervorragenden Ziel für Trekkingtouren.

Ein Berg – zwei Länder

Das Bergmassiv vom Mount Elgon teilen sich Kenia und Uganda. Es handelt sich um einen **erloschenen Vulkan**, der vor mehr als 12 Mio. Jahren entstanden ist. Seine Caldera misst 8 km im Durchmesser. Höchster Gipfel ist auf ugandischem Staatsgebiet der Wagagai mit 4321 m, auf kenianischer Seite der **Sudek Peak** mit 4310 m. Die höheren Lagen am Osthang des Mount Elgon wurden zum **Nationalpark** erklärt, rechts und links des 169 km² großen Areals sind Forest Reserves. Am Mt. Elgon entspringen die drei Flüsse Suam, Turkwell

Mount Elgon National Park erleben

AUSKUNFT, EINTRITT
Mount Elgon National Park
P. O. Box 753, Kitale, Tel. 020 353 99 03
Tgl. 6.00 – 19.00 Uhr, www.kws.org
Eintritt Erw. $ 25, Kinder $ 15

REISEZEIT
Niederschlagsarme Monate sind Dez. bis März – Hagel und starke Regenfälle sind aber nie auszuschließen! Sonst regnet es durchschnittlich 11 – 18 Tage im Monat, die meisten Niederschläge haben Mai und August. Nachts wird es mit Werten unter dem Gefrierpunkt das ganze Jahr über empfindlich kalt. Mitunter liegt im Gipfelbereich für kurze Zeit Schnee. Fast täglich hüllen Wolken den Bergriesen ein, die dann nachmittags Regen bringen.

IM PARK UNTERWEGS
Anfahrt von ▶Nairobi über Nakuru, Eldoret, Kitale und Endebess. Von dort führt eine 10 km lange Piste zum Chorlim Gate, dem Haupteingang des Nationalparks. Selbst mit obligatorischem Allradantrieb ist hier das Vorwärtskommen mühsam und nach Regen fast aussichtslos. Touren sollten nur in Begleitung eines bewaffneten Rangers unternommen werden!

ÜBERNACHTEN UM KITALE
Lokitela Farm ◉◉
P. O. Box 122, Kitale
Tel. 0733 61 81 83
www.kenyaonetours.com
(Camps & Lodges, Western Kenia)
Maisanbau und Milchkühe prägen die 365 ha große Farm. 10 % des Gebiets werden als Schutzgebiet für Vögel und Wildtiere unterhalten. Besitzerehepaar Mills bietet Touren zum Saiwa Swamp National Park und zum Mount Elgon an.

Sirikwa Safaris/Barnley's House ◉◉
P. O. Box 332, Kitale
Tel. 0737 133 17
www.sirikwasafaris.com
Auf dem Gelände der Barnley-Familie befinden sich Senken, in denen das Volk der Sirikwa vor über 200 Jahren Kühe und Ziegen hielt. Übernachtet wird im Kolonialgebäude oder im Zelt. Auf dem Programm stehen Trekking in den Cherangani Hills und auf dem Mount Elgon sowie Forellenangeln am Maren River.

Muremba Retreat ◉
www.kenya-kitale-accomodation-muremba.com/samina/
Das Muremba Retreat verwaltet auch das Chorlim Wildlife Sanctuary, das ehemalige Delta Crescent Wildlife Sanctuary. Angeboten werden Tagestouren. Die Cottages sind einfach.

Bandas und Camping ◉
Tel. 054 304 56, www.kws.org
Nur für Selbstversorger
Koitoboss Guest House $ 180, max. sechs Personen, Kapkuro Bandas $ 40, max. drei Personen, Campingplätze Nyati, Chorlim und Rongai.

und Kerio, die in den ▶Lake Turkana münden. Der Nzoia-Fluss fließt in den ▶Lake Victoria. Der Name Elgon stammt von den Masai. »Ol doinyo ilgoon« nennen sie den Berg, der wie eine Brust aussieht. Wenn die Wolken aufreißen, sind die beiden Gipfel deutlich zu sehen.

ZIELE • Mount Elgon National Park

1883 erstmals erforscht

Als erster Europäer erklomm 1890 Frederik Jackson den Mount Elgon, sieben Jahre zuvor hatte der britische Forscher Joseph Thomson einige Höhlen am Berg besucht. Er war überzeugt, dass diese von Menschen künstlich angelegt worden waren.

*Regenwald, Bambus und Lobelien

Am Mount Elgon fallen jährlich mehr als 1200 mm Niederschlag. Die **üppige Vegetation** in tieferen Lagen verleiht dem Bergland einen besonderen Reiz. Zwischen 2000 und 3000 m Höhe dominieren Zedern und Steineiben. In höheren Lagen tritt an die Stelle des Bergregenwalds eine Bambus- und Heidezone mit ausgedehnten Mooren. Vielerorts wachsen riesige Lobelien. Im Nationalpark leben gut 100 **Elefanten** – in den 1980er-Jahren waren sie durch Wilderer fast ausgerottet –, ferner **Büffel**, Leoparden, Riesenwildschweine, verschiedene Antilopen- und Affenarten. Recht häufig sieht man trotz des dichten Laubes **Colobus-Affen**, die sich elegant von Baum zu Baum schwingen. Im Gebiet sind 240 Vögel zu Hause, darunter Kronenadler, Kongopapageien sowie Ross Turakos. Mit viel Glück schweben die vom Aussterben bedrohten Lämmergeier in der dünnen Bergluft.

Vom **Chorlim Gate** in 2336 m Höhe steigt die Fahrspur weiter an, nach etwa 20 km endet sie beim **Koroborte** auf 3580 m Höhe. Von hier kommt man nur noch zu Fuß weiter. Rund drei Stunden dauert der Fußmarsch bis zum **Kraterrand** in 4025 m Höhe. Von dort kann man in zwei Stunden zum **Koitoboss** auf 4187 m aufsteigen oder aber in 2–3 Stunden zum tiefsten Punkt der Caldera hinabsteigen. Der Suam River durchbricht hier in 3550 m Höhe die Caldera und bildet die **Suam Gorge**, eine sehr eindrucksvolle Schlucht, die das Parkgelände im Nordwesten begrenzt. Bergsteiger schätzen die warmen Quellen am Grunde der Schlucht, in denen man auch baden kann.

Kaffernbüffel: Mutter & Sohn

Höhlen

Im Bereich des Mount Elgon gibt es mehrere **Lava-Schlothöhlen**, deren Entstehung nicht vollkommen geklärt ist. Starke Regenfälle legen Salze und Mineralien frei. Nachts kommen **Elefanten** in die Höhlen, um ihren Mineralienbedarf zu decken. Mit ihren Stoßzäh-

Mount Elgon National Park • ZIELE

nen hauen sie Stücke aus der Höhlenwand und schlecken dann Salz von den Wänden. Größte und eindrucksvollste dieser Höhlen ist die **Kitum Cave** nahe des Chorlim Gate. Mit einem Geländewagen kommt man nah an die Höhle heran – nehmen Sie eine Taschenlampe mit! Das Betreten der Höhlen ist nur mit einem bewaffneten Ranger erlaubt. Um der extremen Wilderei Einhalt zu gebieten, gründete die Born Free Foundation (www.bornfree.org.uk) das Mount Elgon Elephant Monitoring Team (MEEM Team), eine Elefanten-Schutztruppe, die sie nach wie vor finanziert. Das Team hat festgestellt, dass immer die gleichen gut 100 Elefanten die Höhlen aufsuchen. Für David Attenbouroughs TV-Serie »The Life of Mammals« (2002) wurden die Elefanten der Kitum Cave gefilmt.

Ganz in der Nähe vor dem Eingang der Makingeny-Höhle rauscht ein kleiner Wasserfall hinab. Früher lebten die **El Gonyi** aus dem Volk der Masai mit ihrem Vieh in den Makingeny-Höhlen und auch die Teso- und Saboat-Völker haben hier ihre Tiere und Vorräte untergebracht. Die Saboat verwendeten bereits Salz, um Lebensmittel zu pökeln. Noch heute werden die Höhlen für Zeremonien genutzt. — Makingeny Cave

Kitale ist eine hübsche Kleinstadt mit 77 500 Einwohnern inmitten einer landwirtschaftlich intensiv genutzten Region zwischen Mount Elgon und den Cherangani Hills. Das Gebiet war ursprünglich Weideland der Masai, die ersten weißen Siedler ließen sich hier in den 1920ern nieder. Neben Gemüse und tropischen Früchten werden Äpfel angepflanzt, was in Kenia selten ist. Zum **Museum of Western Kenya** gehören Hütten verschiedener kenianischer Völker sowie Schildkröten- und Krokodilbecken. Hinter dem Museum beginnt ein Naturlehrpfad, der am Fluss entlang durch tropischen Regenwald führt. Das Museum wurde 1926 vom britischen Oberst Colonel Stonehaus als das erste Museum im Hochland von Kenia gegründet. 1974 wurde es hierher umgesiedelt. Besonders interessant ist Stonehaus' gut erhaltene Schmetterling- und Insektensammlung. Seit 1983 gibt es neben dem Museum das **Olaf Palme Memorial Agroforestry Centre**, wo sich Bauern beraten lassen können, wie sie mit Aufforstung auch in trockenen Gegenden die eigene Ernährung langfristig sichern. Angeschlossen sind ein Arboretum mit heimischen Bäumen, eine Modellfarm und ein Informationszentrum. — Kitale

Museum of Western Kenya: tgl. 8.00 – 18.00, So. 9.00 – 18.00 Uhr
Eintritt Erw. Ksh 500, Kinder Ksh 250, Tel. 054 309 96, www.museums.or.ke
Olaf Palme Memorial Agroforestry Centre: tgl. 8.00 – 17.00 Uhr,
Eintritt frei, www.museums.or.ke

Der mit nur 3 km² kleinste Nationalpark Afrikas wurde 1972 eingerichtet, um die seltenen **Sitatunga-Antilopen** zu schützen. Rund 70 von insgesamt 270 der scheuen Sitatungas in Kenia leben in dem von — *Saiwa Swamp National Park

Regenwald gesäumten Sumpfgebiet, das man nur zu Fuß erkunden kann. Von den markierten Pfaden und Beobachtungsständen hat man gute Chancen, die scheuen Tiere zu Gesicht zu bekommen – bei Gefahr fliehen sie ins Wasser und tauchen unter, bis nur noch die Nasenspitze zu sehen ist. Im Park gibt es auch Brazza-Affen, Honigdachse, Zibetkatzen, Otter und riesige Waldeichhörnchen.

❶ tgl. 6.30 – 18.00 Uhr, Eintritt Erw $ 20, Kinder $ 10. Platz für Zwei gibt es im **Tree Top Hut** ❷, das für $ 50 pro Nacht gemietet werden kann. Nur für Selbstversorger. Buchbar über Tel. 020 60 08 00, www.kws.org

Kapenguria

In Kenia ist Kapenguria als der Ort bekannt, an dem 1953 die Gerichtsverhandlung gegen **Jomo Kenyatta** (▶Berühmte Persönlichkeiten) stattfand, in der er als angeblicher Mau-Mau-Führer verurteilt wurde. Die Gefängniszelle, in der Kenyatta während des Prozesses inhaftiert war, und die von fünf anderen späteren Politikern, wurden zum **National Monument** erklärt und sind heute Museum. Ausgestellt sind Fotos und Dokumente zum Mau-Mau-Aufstand und zur kenianischen Geschichte seit der Unabhängigkeit.

Museum: tgl. 8.00 – 18.00 Uhr, Eintritt Erw. Ksh 500, Kinder Ksh 250
Tel. 0722 56 23 95, www.museums.or.ke

Cherangani Hills

Nordöstlich von Kitale erstreckt sich über fast 60 km die **längste Bergkette Kenias** mit Höhen bis 3600 m. Vor über 1000 Jahren wanderte das Volk der Marakwet in dieses Gebiet ein. Die Terrassenfelder in 2200 m Höhe sind Hirse- und Hülsenfrüchtefelder der **Pokot**. Bis heute ist der Gebirgszug wenig erschlossen, die Pisten sind äußerst schlecht und nach Regenfällen kaum passierbar. Für Abenteuerlustige sind Wanderungen in dem landschaftlich reizvollen Gebiet ein lohnendes Unterfangen. Das Gebiet ist eines der fünf wichtigsten Wassereinzugsgebiete Kenias. Auch hier leben noch die seltenen Brazza-Affen. Kundige **Führer** vermitteln das Marich Pass Field Studies Centre (www.gg.rhul.ac.uk/MarichPass) in Kapenguria oder Sirikwa Safaris (▶S. 319).

✱✱ Mount Kenya National Park

✧ E 6

Region: Safarigebiet Nord
Fläche: 715 km²
Höhe: 3200 – 5199 m ü.d.M.

Nur an einem einzigen Ort der Welt ist am Äquator Schnee zu sehen: am Mount Kenya. 1997 erklärte die UNESCO den fantastischen Bergriesen, der dem Land seinen Namen gab, zum Weltnaturerbe.

Mount Kenya National Park • ZIELE

Der Mount Kenya ist nicht nur der höchste Berg Kenias, sondern nach dem ▶Kilimanjaro auch der zweithöchste in ganz Afrika. 150 km Luftlinie nördlich von ▶Nairobi und nur wenige Kilometer südlich des Äquators erhebt er sich über das zentrale Hochland. An klaren Tagen kann man ihn von der Hauptstadt aus sehen. Die Lagen oberhalb von 3200 m wurden 1949 zum Nationalpark erklärt, als »Forest Reserve« steht ein 2800 km² großes Gebiet unter Naturschutz, das bis etwa 2000 m im Süden und 3000 m im Norden herabreicht. Höchster Gipfel des Bergmassivs ist der **Batian** mit 5199 m, gefolgt vom Nelion mit 5188 m und Lenana mit 4985 m – alle drei Berge sind nach Masai-Häuptlingen benannt. Das Wasser des Berges versorgt gut 2 Mio. Menschen, drei Flüsse seiner Ostflanke fließen in den Tana River, der schließlich in den Indischen Ozean mündet.
Ludwig Krapfs (▶Berühmte Persönlichkeiten) Schilderungen von Schnee und Eis am Äquator riefen in Europa selbst bei anerkannten Forschern Unglauben hervor. 1883 bestätigte der schottische Entdecker **Joseph Thomson**, dass es Schnee am Äquator gibt. Der höchste Gipfel des Mount Kenya, der Batian, wurde 1899 von dem Briten **Sir Halford Mackinder** und seinen Begleitern Cesar Ollier und Joseph Brocherel erklommen. 1943 flohen drei italienische Gefangene aus dem Nanyuki-Kriegsgefangenenlager, hinterließen aber einen Brief, in dem sie mitteilten, dass sie nach einer Woche zurückkehren würden. Und so war es. In der Zwischenzeit hatten sie den Mount Kenya bestiegen und die italienische Flagge auf dem Lenana Peak gehisst. Die erste bekannte Bergbesteigung durch einen Kenianer erfolgte 1959. Um nach der Unabhängigkeit die kenianische Flagge zu hissen, machte sich **Kisoi Munyao** erneut auf den Weg.

Ihrer Religion zufolge stieg der erste Masai den Berg mit seinen Kühen hinab. Den hier seit Jahrhunderten siedelnden **Kikuyu** ist der Berg heilig. Sie glauben, dass ihr Gott **Enkai** (auch Ngai, Engai, Mweai) oben auf dem Berg wohnt. Ihre Hütten bauten die Kikuyu stets so, dass der Eingang zum Berg zeigt. Der **Name Mount Kenya** rührt von einem Missverständnis her. Er leitet sich von »Kinyaa« ab, wie die Kamba den Berggiganten nannten. Durch einen Hörfehler des deutschen Missionars Ludwig Krapf, der als erster Europäer 1849 den schneebedeckten Gipfel sichtete, wurde daraus »Kenia«.

Höchster Berg und Namensgeber Kenias

▶Abb. S. 402

Heiliger Berg

> **BAEDEKER TIPP**
>
> ### Biken für den guten Zweck
>
> Zwei Tage dauert das spannende Downhill-Rennen im Februar am Mount Kenya von 10 000 runter auf 4000 Fuß – daher der Name »10 to 4«. Inmitten von Giraffen, Elefanten und Zebras fahren die Mountainbiker in vier Kategorien von extrem bis super easy für den Erhalt der Natur rund um den Mount Kenya. Die Einnahmen gehen direkt in den Mount Kenya Trust (www.10to4.org).

Mount Kenya erleben

AUSKUNFT
Mountain Club of Kenya
P. O. Box 45741, Nairobi
Tel. 020 50 17 47, www.mck.or.ke

Mount Kenya Trust
Tel. 0722 43 66 41
www.mountkenyatrust.org

REISEZEIT UND VERKEHR
Beste Reisezeit sind Dez. – März und Juli – Sept., wenngleich immer mit Regen zu rechnen ist. An den Nordhängen sind die Jahresniederschläge mit 1000 mm deutlich niedriger als an den Südlagen mit bis zu 3500 mm jährlich. Man fährt knapp 200 km von ▶Nairobi bis zum Nationalpark nordöstlich. Haupteingänge sind Naro Moru und Sirimon Gates von der A2 nach Isiolo und Chogoria Gate von der B6 nach ▶Meru.

HEIRATSANTRAG
Ganz einfach ist es nicht zu den **Rutundu Log Cabins** zu kommen, denn die letzten 15 Minuten geht es durch die Kizita Schlucht. Das ist ganz schön anstrengend, aber immerhin kommt das Personal dorthin und hilft beim Gepäcktragen. Kleiner Tipp: Bequemer geht's mit einem Sportflugzeug oder Hubschrauber. Dort oben sind Sie ganz für sich, genau richtig für einen Heiratsantrag an die Liebste. Genau so hat es Prinz William gemacht. Bei Champagner vor dem Kamin (€€€€, Tel. 0727 23 24 45, www.rutundu.com).

HOCH HINAUS
Pitchen und Putten
Auf Ihrer To-do-Liste fehlt noch der höchste Golfplatz Kenias? Beim **Mount Kenya Safari Club** haben Sie ihn gefunden. Auch Nicht-Hotelgäste können beim 9-Loch-Golfplatz die Schläger schwingen – gegen eine Tagesmitgliedschaft (▶S. 325).

Rundflüge
Tel. 0722 20 73 00
www.tropicairkenya.com
Buchen Sie am Nanyuki Airfield am frühen Morgen einen **Hubschrauberrundflug** in die fantastische Bergwelt des Mount Kenya – krönender Abschluss ist ein Champagner-Frühstück.

ESSEN
Trout Tree €€
13 km vor Nanyuki
Tel. 0726 28 17 04
Tgl. 11.00 – 16.00 Uhr
www.trout-tree.com
Urig: Das Restaurant ist in einen Feigenbaum integriert. Mit eigener Forellenzucht und Übernachtungsmöglichkeit für sechs Personen im gemütlichen Creaky Cottage.

Barney's Bar and Restaurant €€
Tel. 0723 31 00 64, Nanyuki
Tgl. 7.30 – 18.00 Uhr
www.barneysnanyuki.com
Alles kommt aus der eigenen Bäckerei. Picknick-Körbe für die Safari können bestellt werden. Am Nanyuki Airfield gibt es den ganzen Tag Frühstück. Mittags werden hausgemachte Suppen, Kuchen und Sandwiches serviert.

Mount Kenya National Park • ZIELE

Cape Chestnut, Laikipia Sip & Dine ☕☕
Nanyuki, Tel. 0705 25 06 50
Sa. – Mo. 8.30 – 18.00, Fr. 8.30 – 23.30 Uhr, www.capechestnut.com
Jeden zweiten So. gibt es Curry Lunch, Fr. ist Tapas-Nacht und immer gibt es den besten Kaffee in ganz Nanyuki.

ÜBERNACHTEN

Mount Kenya Safari Club ☕☕☕☕
10 km südöstlich von Nanyuki
Tel. 020 226 55 55, www.fairmont.com
Schauspieler William Holden gründete das noble, weitläufige 120-Zimmer-Anwesen mit dem höchsten Golfplatz Kenias und Traumblick zum Mount Kenya 1958 als Privatclub – auch Bing Crosby und Winston Churchill waren hier zu Gast. Im kleinen Tierwaisenhaus finden u. a. Bongos eine neues Zuhause.

Serena Mountain Lodge ☕☕☕
Tel. 020 284 20 00
www.serenahotels.com
Mitten im Wald an den Ausläufern des Mount Kenya in 2194 m Höhe wurde das Hotel mit 41 Kaminzimmern auf Pfählen errichtet. Von den Aussichtsterrassen kann man bequem Büffel, Elefanten und Antilopen am Wasserloch beobachten. Im Rooftop-Restaurant sitzt man in den Baumkronen. Bergtouren und Massagen im Health Spa.

Naro Moru River Lodge ☕☕
P. O. Box 18, Naro Moru
Tel. 0737 10 29 55
www.naromoruriverlodge.com
Lodge und Self-Catering-Cottages sowie ein Campingplatz in einem tropischen Garten mit beheiztem Pool. Forellenangeln, Reiten, Tennis, Golf und natürlich Bergsteigen mit guten Führern.

Mountain Rock Lodge ☕☕
Tel. 0754 51 17 52
www.mountainrockkenya.com
Hotel, Self-Catering-Cottages mit Kamin und Zeltplätze, 8 km außerhalb von Naro Moru. Organisierte Reitausflüge, Fischen, ornithologische Touren und geführtes Trekking – eine der besten Adressen für Bergtouren in Kenia!

Castle Forest Lodge ☕
Knapp 10 km von Kimunye
Tel. 0721 42 29 08
www.castleforestlodge.com
In der Waldlodge nächtigte bereits Präsident Jomo Kenyatta. Das Haupthaus von 1910 bietet drei Doppelzimmer mit Blick auf eine Wasserstelle. Manchmal trinken die Elefanten aber auch aus dem Swimming Pool. Weitere Zimmer, alle mit Kamin, gibt es im Bungalow und in acht Cottages im schönen Garten. Moderate Preise für ausgezeichnete Bergtouren.

Sportsman's Arms ☕
P. O. Box 3, Nanyuki
Tel. 062 323 47
www.sportsmansarmshotels.com
Am Wochenende können Bergsteiger im Buccaneer Dance Club das Tanzbein schwingen. 2004 wurde der Bau aus den 1930er-Jahren erweitert. Neben 60 Zimmern gibt es Cottages mit Selbstversorgung, einen großen Garten, Fitnesscenter und gutes Essen.

Übernachten im Mount Kenia NP ☕
Es gibt zwei Unterkünfte im Park, die über www.kws.org zu buchen sind: Batian Guest House für $ 180, max. acht Personen, nahe Naro Moru Gate und das Sirimon Cottage, $ 80 für zwei Personen, nahe Sirimon Gate.

ZIELE • Mount Kenya National Park

Erloschener Vulkan

Mit seiner schneebedeckten Kuppe bietet der vor rund 3 Mio. Jahren erloschene Vulkan schon von Ferne ein **grandioses Bild**. Seine zerklüfteten Gipfel sind das Ergebnis von Erosion. Während weicheres Gestein rund um die Gipfel abgetragen wurde, blieben die harten Vulkanschlote bestehen. Man nimmt an, dass der Mount Kenya zur Zeit seiner Entstehung 1000 – 1500 m höher war als heute. Ebenso wie beim ▶Kilimanjaro **schmelzen die Gletscher** am Mount Kenya durch die globale Erwärmung und geringere Niederschläge. Der Schotte John Gregory erkundete 1893 die Berglandschaft und zählte dabei 18 Gletscher – heute gibt es nur noch acht. Im März 2012 verbrannten Tausende Hektar Wald am Mt. Kenya. Ursache war vermutlich eine illegale Abholzungsaktion. Der Brand wütete zwei Wochen. Auch die britische Armee, die in Nanyuki ein Trainingslager unterhält, unterstützte mit einem Hubschrauber die Bekämpfung des Feuers. Ganze Hänge und viele Tiere fielen den Flammen zum Opfer.

**Einzigartige Pflanzenwelt

Beim Aufstieg zum Mount Kenya passiert man **fünf Vegetationszonen**, die je nach Hanglage in unterschiedlicher Höhe beginnen. Die Höhenzone zwischen 2000 und 2400 m ü. d. M. bedeckt ein Waldgürtel mit Zedern, Steineiben und Kampferbäumen als dominierende Baumarten. Daran schließt die Bambuszone an, die bis auf 2800 m Höhe hinaufreicht. Diese geht in den Montanwald über – bis 3300 m –, einen dichten Regenwald mit Hagenia-Bäumen, Orchideen, hohen Farnen und Moosen. Es folgt die Baumheide- und Moorlandzone. Eine Lobelienart – eine der **13 endemischen Pflanzen**, die nur am Mount Kenya vorkommen – wird bis zu 7 m hoch. Manche Exemplare sind über 200 Jahre alt. Eine beeindruckende Größe von 4 m erreicht auch das Riesenkreuzkraut. Ab 4500 m Höhe beginnt die Fels- und Gletscherzone, in der nur Moose und Flechten überleben können.

Der Regenwald beheimatet Elefanten, Büffel, Spitzmaulnashörner, **Leoparden** – hier gibt es auch schwarze Panther –, Wildschweine, Buschböcke, Zebras, Paviane, Guerezas, Colobus-Affen und Diademmeerkatzen. Auch die seltenen **Bongoantilopen** leben hier. Bei Wan-

> **? BAEDEKER WISSEN**
>
> *Schliefer*
>
> Kaum zu glauben, aber die geselligen Vierbeiner sind mit Elefanten und Seekühen verwandt. Äußerlich ähneln die pelzigen Felsbewohner eher Kaninchen, ihre ständig nachwachsenden Zähne im Oberkiefer allerdings verraten ihre Verwandtschaft zu den Dickhäutern. Wie Elefanten haben Schliefer vier Fußnägel an den Vorder- und drei an den Hinterfüßen. Man unterscheidet in **Klipp-, Busch- und Baumschliefer**. Auf dem Mount Kenya leben v. a. Baumschliefer. Klipp- und Buschschliefer bevorzugen trockene Regionen. Hauptnahrung sind Gräser, Früchte, junge Triebe und Flechten, aus denen sie genügend Wasser beziehen, um nicht trinken zu müssen – die perfekte Anpassung an aride Gebiete.

derungen wird man in dem dichten Wald allerdings kaum Tiere zu sehen bekommen. Hervorragende Bedingungen zur Tierbeobachtung bietet dagegen die **Serena Mountain Lodge** (▶S. 325). Oberhalb der Baumgrenze kommen noch Leoparden und Hyänen vor, mit Sicherheit sieht man selbst über 4000 m noch Klippschliefer.

Wieder und wieder wanderten die Elefanten auf ihrer alten Route zwischen dem Mount Kenya National Reserve und dem Ngare Ndere Forest Reserve, bis eine Straße gebaut wurde. Viele neue Siedlungen entstanden und mit ihnen Konflikte zwischen Mensch und Tier. Ein Elefantenkorridor schafft inzwischen Abhilfe. Ein Tunnel unter dem Highway sowie ein 110 km langer Zaun auf der westlichen Seite des Reserve schufen für die Elefanten einen sicheren Weg. Möglich wurde der Korridor durch eine Kooperation zwischen dem Mount Kenya Trust, ▶Laikipia und einer Spende von Sir Richard Branson. Seit 2013 ist diese Region Teil des UNESCO-Weltnaturerbes Mount Kenya.

Elefantentunnel

✱✱ TREKKINGTOUREN AUF DEN MOUNT KENYA

🕐 Tgl. 6.00 – 19.00 Uhr, Eintritt Erw. $ 55, Kinder $ 25
4-Tages-Pauschale (nur durch Naro Moru oder Sirimon Gate) Erw. $ 220, Kinder $ 120, 5-Tages-Pauschale (Chogoria, Burguret oder Kamweti Gate) Erw. $ 270, Kinder $ 145, Tel. 020 356 87 63, www.kws.org
Bergtouren kann man individuell planen – man muss aber mindestens zu zweit sein – oder organisiert mit Ausrüstung, Führer und Trägern buchen. Der **Mountain Club of Kenya** (▶S. 324) weist ausdrücklich darauf hin, dass die Bergführer eine offizielle KWS-Karte bei sich führen, und empfiehlt folgende Unternehmen: Naro Moru River Lodge (▶S. 325), Mountain Rock Lodge (▶S. 325), Mount Kenya Tranverses (Chogoria, Tel. 064 207 81), Mount Kenya Guides & Porters Naro Moru (Tel. 062 620 15) sowie Mount Kenya Guides & Porters Safari Club (www.mtkenyaguides.com).

Den Aufstieg zum Batian oder Nelion sollten nur erfahrene Bergsteiger antreten, durchschnittlich Trainierte haben gute Chancen, bis zum dritthöchsten Gipfel, dem Lenana Point, vorzudringen. In jedem Fall sollte man die Gefahr der **Höhenkrankheit** nicht unterschätzen (▶S. 415) und sich für Auf- und Abstieg sechs oder sieben Tage Zeit nehmen. Plötzlich auftretende Wetterveränderungen können zum ernsthaften Problem werden. Beim Aufstieg übernachtet man im Zelt oder in spartanisch ausgestatteten Hütten, die im Voraus gebucht werden müssen – z. B. über die Naro Moru River Lodge oder das Mountain Rock Hotel, die auch **Ausrüstung** verleihen. Mitzubringen sind Lebensmittel und (warme!) Schlafsäcke, für einige Touren auch ein Zelt.

Aufstieg

Die beschriebenen Routen sind nach dem jeweiligen Ausgangsort benannt, von dem aus man mit einem Fahrzeug bis zur **Grenze des Nationalparks** gelangt. Beim Passieren des Parktores ist die Eintrittsgebühr zu entrichten, zudem müssen aus Sicherheitsgründen die voraussichtliche Route und die Anzahl der Übernachtungen angegeben werden. Alle Routen führen zum **Summit Circuit Path**, einem Pfad, der in 4300 bis 4800 m Höhe den Gipfelbereich umläuft. So ist es möglich, die verschiedenen Routen miteinander zu kombinieren oder den gesamten Rundweg um den Gipfel zu absolvieren – dafür benötigt man zusätzlich zwei Tage, möglich ist dies nur bei guten Witterungsbedingungen. Laut Mountain Club of Kenya sind

Überwältigend: Wanderungen am Mount Kenya, dem heiligen Berg der Kikuyu, der dem ostafrikanischen Land seinen Namen gab.

derzeit drei Routen möglich: Naro Moru, Sirimon und Chogoria. Andere Routen sind nur mit Sondergenehmigung erlaubt, diese werden allerdings selten erteilt.

Die **beliebteste und kürzeste**, teilweise aber sehr steile Bergtour in die Hochlagen des Mount Kenya beginnt in Naro Moru am westlichen Berghang. Von hier führt eine Piste 17 km bergauf zum Parktor. Auf einer äußerst miserablen Fahrspur sind dann die nächsten 9 km bis zu einer **Meteorologischen Station in 3000 m** Höhe zu bewältigen. In einfachen Hütten verbringt man hier zur Akklimatisation die erste Nacht. Ein vier- bis fünfstündiger Aufstieg bringt die Wanderer am nächsten Morgen zum **Mackinder's Camp in 4300 m** Höhe. Auf diesem Streckenabschnitt ist es häufig extrem feucht. Auf ihrem Weg liegt das »vertikale Moor«, das besonders bei Regen anspruchsvoll ist. Sofern es Kondition und Witterung erlauben, kann man am folgenden Tag direkt zum **Point Lenana (4985 m)** über dem Lewis-Gletscher aufsteigen. Hat man dies vor, so ist die Nacht kurz. Bereits um 3.00 oder 4.00 Uhr morgens geht's los. Besser ist es jedoch, noch eine Übernachtung in der **Austrian Hut auf 4790 m** einzulegen. Die restlichen 200 Höhenmeter zum Point Lenana können bei Schneefall oder Schlechtwetter für Ungeübte zum Problem werden. Abstieg und Rückfahrt nach Naro Moru erfolgen noch am selben Tag – oder man macht nochmal Rast im Mackinder's Camp.

Naro-Moru-Route

Die **zweitpopulärste Route**, die den Berg von Norden her erschließt, ist weniger anstrengend als die anderen Routen, dafür aber die längste. Regenfälle sind hier deutlich geringer als im Süden und der Untergrund daher weniger schlüpfrig. Von Sirimon folgt man einer Fahrspur 10 km bis zum Parktor. Von dort sind noch einmal 9 km mit dem Geländewagen zurückzulegen, dann endet die Piste in **3150 m Höhe. Zelt** und einfache Unterkunft sind hier vorhanden oder man geht weiter zum **Old Moses Camp auf 3300 m**. Am zweiten Tag ist die **Liki North Hut in 3993 m** Höhe das Ziel. Über einen Grat geht es am nächsten Morgen in das Mackinder Valley, am Talende bietet das **Shipton's Camp auf 4240 m** eine Übernachtungsmöglichkeit. Es ist am vierten Tag Ausgangspunkt für den Aufstieg zum **Point Lenana (4985 m)**. Der Abstieg erfolgt noch am selben Tag, eventuell mit Zwischenübernachtung in der Liki North Hut.

Sirimon-Route

Die Chogoria-Route beginnt dagegen im Osten des Mount Kenya. Sie gilt als **landschaftlich reizvollste** der drei genannten Touren. Sie ist eine reine Camping-Route ohne Übernachtungsmöglichkeiten in Hütten auf dem Berg. Die Ranger am Eingang prüfen, ob man Zelte dabei hat. Zunächst legt man im Auto von **Chogoria** etwa 23 km durch dichten Bergregenwald zurück, bis man das Tor des Nationalparks erreicht. Nach weiteren 5 km endet die Straße in 3200 m Höhe,

Chogoria-Route

hier besteht die Möglichkeit zum Zelten. Am zweiten Tag folgt man dem Grat über dem 400 m tiefer liegenden spektakulren Gorges Valley und erreicht nach etwa fünf Stunden den **Minto-Campingplatz** auf knapp **4300 m**. Zur besseren Akklimatisation sollte man hier nicht nur für eine, sondern für zwei Nächte sein Zelt aufschlagen. Dann erfolgt am nächsten Tag der drei- bis vierstündige Fußmarsch bis zum **Point Lenana (4985 m)**. Auch bei dieser Route lässt sich der Abstieg an einem einzigen Tag bewältigen – oder man übernachtet nochmal im Minto-Lager.

RUND UM DEN MOUNT KENYA

Naro Moru

Eine gut ausgebaute, asphaltierte **Ringstraße** umzieht das gewaltige Massiv des Mount Kenya. Von ihr ergeben sich immer wieder **grandiose Ausblicke** auf den höchsten Berg des Landes, sofern dieser nicht – was häufig der Fall ist – von Wolken eingehüllt wird. In **Naro Moru**, rund 30 km nördlich von Nyeri, starten die meisten Trekkingtouren, hier können noch einmal Lebensmittel eingekauft werden. Die einzige Sehenswürdigkeit hier ist die St.-Philip-Kirche, in der 1952 Prinzessin Elizabeth an einem Gottesdienst teilgenommen hat.

Nanyuki

Von Süden kommend, weist am Ortseingang von Nanyuki ein Schild darauf hin, dass man nun den **Äquator** überquert. Da an diesem Punkt natürlich viele Touristen einen Zwischenstopp einlegen, hat sich hier ein Straßenmarkt mit dem üblichen Souvenirangebot etabliert. Das Zentrum von Nanyuki ist noch etwa 1 km entfernt. Es besteht aus einer breiten, von Bäumen gesäumten Hauptstraße. Da die Kleinstadt in 2000 m Höhe liegt, ist das Klima angenehm. Sehenswert ist der nostalgische **Settler's Store**, der seit den 1930er-Jahren an der Hauptstraße alles verkauft, was des Farmers Herz begehrt – vom Hammer bis zu Lebensmitteln. Einen Besuch wert ist auch der **Nanyuki Spinners and Weavers Workshop** 1 km außerhalb der Stadt in Richtung ▶Laikipia, wert. Dort verkaufen Frauen selbst hergestellte Teppiche, Schals und Pullover.

> **BAEDEKER WISSEN**
>
> ### ? *Rechts herum – links herum*
>
> In Nanyuki wird gerne gezeigt, dass das Drehverhalten eines Wasserstrudels auf der nördlichen und südlichen Erdhalbkugel durch die **Corioliskraft** unterschiedlich ist. Aufgrund der Erdrotation lenkt diese zwar Meeresströmungen und große Luftmassen auf der nördlichen Halbkugel gegen, auf der südlichen mit dem Uhrzeigersinn ab, wie z. B. Tiefdruckgebiete der Atmosphäre. Wasserwirbel in einem Handbecken sind jedoch viel zu klein, um von der Erdrotation beeinflusst zu werden.

❶ www.nanyuki.com, Hotels und Restaurant ▶S. 325
Nanyuki Spinners and Weavers Workshop: Laikipia Road
Tel. 062 320 62, tgl. 8.00 – 17.00 Uhr

Nairobi

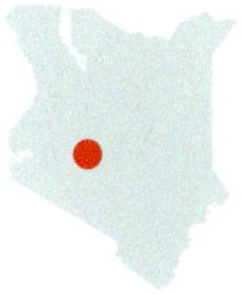

D 7

Region: Nairobi
Höhe: 1670 m ü.d.M.
Einwohnerzahl: rd. 3,4 Mio.

Kenias Hauptstadt boomt und ist eine Stadt der Gegensätze: schicke Restaurants, neue Hotels und Einkaufszentren, noble Autos und gut gekleidete Leute. Dicht daneben sind Slums, Armut und Hoffnungslosigkeit. In kaum mehr als hundert Jahren entwickelte sich die Siedlung, in der einst die Masai ihre Tiere tränkten, zur wichtigsten Wirtschaftsmetropole Ostafrikas. Für Touristen ist die Hauptstadt ein Muss. In Nairobi beginnen die meisten und schönsten Safaris sowohl Kenias als auch ganz Ostafrikas.

Nairobi ist eine **junge Stadt**. Die Sehenswürdigkeiten der kenianischen Hauptstadt sind schnell erkundet, dennoch sollte man Nairobi auf einer Kenia-Reise nicht auslassen. Die Widersprüche, mit denen

Hauptstadt Kenias

Lichter der Großstadt: Nairobi ist eine schnell wachsende Metropole.

das ostafrikanische Land zu kämpfen hat, werden nirgendwo so augenfällig wie hier. Beinahe europäisch wirkt das relativ **überschaubare Zentrum** mit seinen glitzernden Hochhausfassaden, hinter denen sich noble Hotels, Banken, Botschaften und Versicherungsgesellschaften verbergen. Manchmal trennen nur wenige Hundert Meter die moderne City von den Slums, in denen Hunderttausende unter ärmlichsten Bedingungen leben.

Hohe Kriminalität

Die **krassen Gegensätze** zwischen Armut und Wohlstand verursachen erwartungsgemäß erhebliche soziale Probleme. Die Kriminalitätsrate im Schmelztiegel Nairobi ist hoch. So ist es auch tagsüber nicht ungefährlich, die Stadt auf eigene Faust zu erkunden. Wertgegenstände wie Schmuck, Kameras, Uhren und große Taschen bleiben am besten im Hotel – erkundigen Sie sich zuerst an der Hotelrezeption, wo es sicher ist. Nachts ist die City ausgestorben, auch kürzere Wegstrecken sollte man nur im Taxi zurücklegen.

Drehscheibe Ostafrikas

Nairobi liegt 120 km südlich des Äquators auf einer Hochebene östlich des Ostafrikanischen Grabens, im Grenzbereich zwischen trockener Savanne im Süden und niederschlagsreicherem fruchtbarem Hochland im Norden. Als **größte und bedeutendste Stadt Ostafrikas** ist Nairobi Sitz mehrerer internationaler Organisationen und Schaltzentrale, von der aus internationale Medien über Ereignisse auf dem afrikanischen Kontinent berichten. Vor allem aber ist die **»Stadt des kühlen Wassers«** (»enkare nyrobi«), wie die Masai den Platz des heutigen Nairobi nannten, das unumstrittene politische, wirtschaftliche und Finanzzentrum des Landes. Die meisten großen Firmen haben ihre Hauptniederlassung in Nairobi und die kenianische Industrie konzentriert sich vorwiegend auf die Hauptstadt. Zahlreiche Betriebe der Lebensmittel-, Metall- und Holzverarbeitung sowie der chemischen Industrie haben sich im Süden und Nordosten von Nairobi angesiedelt. Auch die wichtigsten Verwaltungs- und Bildungseinrichtungen, darunter zwei Universitäten, haben in Nairobi ihren Sitz. Zum Aufstieg Nairobis hat wesentlich die zentrale Lage beigetragen. Hier kreuzen sich der Trans African Highway, der die Ostmit der Westküste verbindet, und die Nord-Süd-Route von Kairo nach Kapstadt.

Der **Jomo Kenyatta International Airport** wird von den meisten großen Airlines bedient, weitgehend dem Inlandsflugverkehr ist der **Wilson Airport** vorbehalten. Den zentralen Verkehrsknotenpunkt Ostafrikas soll eine Umgehungsstraße entlasten. Der Abschnitt von Thika nach Nairobi ist fertiggestellt. Vieles musste für den Bau weichen, auch der, erst vor wenigen Jahren neu gestaltete Eingang zum Nationalmuseum. In Planung ist eine Hochstraße zwischen Westlands und dem Nyayo Stadion an der Mombasa Road. Wenn alles fertig ist, müssen die Lastwagen von der Küste mit Ziel Uganda und

▶Lake Victoria nicht mehr durch die Stadtmitte fahren. Auch das neue Commuter Rail-System soll das Straßennetz entlasten (▶S. 337).

Die Einwohnerzahl des **Schmelztiegels** Nairobi hat die Dreimillionenmarke längst überschritten. Inoffiziell leben hier sicher fast eine Million mehr Menschen. Über 90 % der Bewohner sind Afrikaner, von denen die **Kikuyu**, gefolgt von den **Luo**, **Luhya** und **Kamba**, den größten Bevölkerungsanteil stellen. Der Anteil der Asiaten und Europäer an der Bevölkerung hat in den letzten Jahrzehnten drastisch abgenommen. Man schätzt, dass 60 % der Einwohner auf 20 % der Stadtfläche leben. Der Zuzug kann kaum kontrolliert werden. Aus allen Regionen Kenias kommen Menschen hierher, auf der Suche nach Arbeitsmöglichkeiten und verbesserten Lebensbedingungen – eine meist trügerische Hoffnung. Wenn die Situation auch besser ist als auf dem Land, sind solide Erwerbsmöglichkeiten in Nairobi rar.

Rasantes Wachstum

1899	Ugandabahn erreicht das Eisenbahncamp am Nairobi River.
1906	Nairobi löst Mombasa als Hauptstadt ab.
1946	Eröffnung des Nairobi-Nationalparks als erstem Nationalpark des Landes
1973	Einweihung des Kenyatta Conference Center
1989	Ex-Präsident Moi lässt 12 t Elfenbein als Zeichen gegen Wilderei verbrennen.
2007/2008	Blutige Unruhen nach den Präsidentschaftswahlen Mwai Kibaki wird neuer Präsident.
2010	Das Nationalmuseum feiert sein 100-jähriges Bestehen. In einem Referendum stimmt Kenias Bevölkerung für eine neue Verfassung.
2013	Friedliche Wahlen – Uhuru Kenyatta wird neuer Präsident.

Nairobi verdankt seine Existenz der Eisenbahn. Mit dem Bau der **Uganda Railway**, die den Indischen Ozean mit dem Viktoriasee verbinden sollte, war 1896 in ▶Mombasa begonnen worden. Etwa auf halber Strecke zwischen der Küstenmetropole und dem Zielort Kisumu am ▶Lake Victoria legte man ein Versorgungscamp an, um von hier aus die komplizierte Trassenlegung am Steilabfall des Rift Valley bewerkstelligen zu können. Kilometer für Kilometer fraß sich die Schmalspurbahn von Mombasa ins Land vor und erreichte 1899 das **Eisenbahnercamp** am Nairobi River.

Stadtgeschichte

Aus dem Zeltlager entwickelte sich rasch eine kleine Stadt, die jedoch zunächst nur aus einer Ansammlung von Schuppen und Bretterbuden bestand. Befestigte Wege gab es nicht, und nach Regenfällen war ein Vorwärtskommen im Pferdewagen nahezu unmöglich. Als 1901 und 1904 die Pest ausbrach, war man versucht, die Siedlung in dem sumpfigen, moskitoverseuchten Gebiet wieder aufzugeben. Stattdessen wurden die Bretterbuden niedergebrannt und neu aufgebaut.

ZIELE • Nairobi

Highlights Nairobi

▶ **Nairobi National Park**
Einziger Nationalpark vor der Skyline einer Großstadt
Seite 353

▶ **Karen Blixen Museum**
Ein Muss für Romantiker und Cineasten
Seite 357

▶ **Utamaduni Crafts Centre**
Ketten, Körbe, Kalebassen und mehr
Seite 339

▶ **Nairobi National Museum**
Spektakuläre Ausgrabungsfunde der Leakey-Familie
Seite 349

▶ **Daphne Sheldricks Waisenhaus**
Denn nur glückliche Elefantenkinder können überleben ...
Seite 355

1906 wurde Nairobi anstelle von Mombasa zur **Hauptstadt** des damaligen Britisch-Ostafrika-Protektorats erklärt. Bereits 1907 lebten hier rund 10 000 Menschen. Die Diskussionen um eine Verlegung der jungen Hauptstadt rissen nicht ab, noch während des Ersten Weltkriegs war dies im Gespräch. Dann wurden allerdings zahlreiche weitere Steinbauten errichtet und entlang der Straße, die den Bahnhof mit dem Norfolk Hotel verbindet – damals Government Road, heute Moi Avenue – entwickelte sich das städtische Zentrum. Die Glanzzeit begann in den 1920er-Jahren, als reiche weiße Siedler, Großwildjäger und Glücksritter hier ihrem ausschweifenden Lebensstil nachgingen. Im Zweiten Weltkrieg hatte Nairobi Bedeutung als Militärbasis. Der weitere Aufschwung war nun nicht mehr aufzuhalten. Mitte der 1950er wurden etliche Repräsentationsgebäude errichtet wie das Parlamentsgebäude und das Nationaltheater.
Als Kenia 1963 seine **Unabhängigkeit** erlangte, zählte Nairobi 350 000 Einwohner. Die einstige Europäermetropole wurde zunehmend zur bedeutenden **afrikanischen Großstadt**. Seit Anfang 2000 wird gebaut ohne Rücksicht auf die Umwelt, eine ausreichende Wasserversorgung oder verfügbare Kläranlagensysteme. Wasserknappheit ist an der Tagesordnung sogar in den Westlands und im entfernteren Karen. Brunnenbohrungen auf privaten Grundstücken sind keine Seltenheit. Der Strom fällt oft aus und wer kann, schafft sich einen Generator an. Mieten und Grundstückspreise in Nairobi steigen stetig an. Laut **Vision 2030** sollen sechs Satelliten-Städte um Nairobi entstehen, um die Stadt zu entlasten. Bleibt zu hoffen, dass auch die Bahnanbindungen Schritt halten, ansonsten ist der Verkehrskollaps vorprogrammiert. Schätzungen zufolge werden bis 2030 rund 15 Mio. Menschen im Großraum Nairobi sesshaft sein.

Nairobi • ZIELE

Nairobi • Großraum

Ausgehen
1. Casablanca
2. Simba Saloon
3. Dolce
4. Que Pasa Bar & Bistro
5. Black Diamond

Essen
1. Alan Bobbe's Bistro
2. Carnivore
3. Lord Erroll
4. Haandi
5. Mediterraneo
6. Seven Seafood and Grill
7. Tamambo Karen Blixen Coffee Garden
8. The Talisman
9. Dormans
10. Le Palanka
11. Sierra Café & Lounge
12. Thorn Tree Café
13. Java House

Übernachten
1. Giraffe Manor
2. Hogmead Hotel
3. Ngong House
4. House of Waine
5. Palacina
6. Serena Hotel
7. The Boma
8. The Norfolk Hotel
9. Windsor Golf and Country Club
10. Fairview
11. It's Showtime
12. Macushla House
13. Hibiscus Guest House

Nairobi erleben

AUSKUNFT
Kenya Tourist Board
Head Office Kenya Re-Towers
Ragati Road
P. O. BOX 30630, Nairobi
Tel. 020 274 90 00, 020 2711 262
www.ktb.go.ke
www.magical-kenya.de (in Deutschland)

What's on in Kenya
www.travel.kenya.co.ke/events
Ein Touristenbüro gibt es nicht. Veranstaltungshinweise findet man in den Tageszeitungen »Daily Nation« und »The Standard« sowie im wöchentlich erscheinenden »Kenya Buzz« (www.KenyaBuzz.com). Oft informieren Infotafeln in Einkaufszentren über bevorstehende Events. Es lohnt auch immer, Mitarbeiter der Hotelrezeption zu fragen.

REISEZEIT
Nairobi hat, obwohl es sich nur 150 km südlich des Äquators befindet, aufgrund seiner Höhenlage in 1670 m ein für Europäer ausgesprochen angenehmes Klima. Die täglichen Durchschnittstemperaturen liegen zwischen 15 und 27 °C. Die Sonne zeigt sich bis auf die Monate Juni bis August durchgängig, dann kann es abends sehr kühl werden und tagsüber sind es meist nur 15 °C. Bei Limuru in der Nähe von Nairobi liegt die Temperatur dann nachts oft bei 5°C. Eine Jacke oder einen Schal sollte man immer zur Hand haben. Von April bis Mai und Nov./Dez. fallen die meisten Niederschläge.

VERKEHR
Der **Jomo Kenyatta International Airport**, 15 km südöstlich des Stadtzentrums, wird von Kenya Airways, British Airways, KLM und Swiss sowie einigen nationalen Fluggesellschaften angeflogen (www.kaa.go.ke/airports). Der Großbrand im Aug. 2013 legte den Flughafen für zwei Tage lahm. Ein neuer Terminal ist im Bau. Über die Mombasa Road führt der Weg zur Innenstadt. Die meisten Hotels haben **Shuttleservice** – vorher buchen! Öffentliche Busse pendeln ebenfalls in die Stadtmitte. Der grüne Citi-Hoppa Nr. 34 fährt 6.00 bis 21.00 Uhr (Ksh 70), mit größerem Gepäck ist er nicht praktisch. Ein **Taxi** in die City kostet etwa Ksh 2200. Das staatliche Taxi-Unternehmen Kenatco hat einen Schalter in der Ankunftshalle. Innerkenianische Linien-, Charter- und Safariflüge gehen meist über den **Wilson Airport**, 8 km südlich des Zentrums an der Langata Road. Taxis in die City kosten etwa Ksh 1200, Stadtbusse nur KSH 60, sind aber mit Gepäck ein Problem, da man oft umsteigen muss. Am besten im Hotel nachfragen.
Züge aus ▶Mombasa treffen am **Hauptbahnhof** in der Moi Avenue ein. Nach Mombasa fährt der Zug Mo., Mi. und Freitag. **Private Busgesellschaften** halten zum Teil bei größeren Hotels in der Stadt und holen dort auch ab – bei Buchung erfragen. Sie verbinden Nairobi mit den anderen Städten oder über den Grenzübergang Namanga mit Tansania. Alle haben einen festen Fahrplan, Sitzplätze sind vorab zu reservieren. Easy Coach (Tel. 020 55 67 73, www.easycoach.co.ke) fährt zum Lake Victoria und nach Uganda. Impala Shuttle (Tel. 0722 50 60 61, www.impalashuttle.com) nach Uganda und Tansania. Riverside Shuttle (Tel. 020 22 96 18, www.riverside-shuttle.com) nach Tansania.

Der Coastbus (Tel. 020 24 51 90, www.coastbus.com) nach Mombasa und Malindi hat nur zwei Haltestellen in Nairobi South C und River Road.
Die Regierung unter Kibaki führte strengere Auflagen für die lokalen Minibusse, **Matatus**, ein. Alle Sitzplätze sind mit Gurt ausgestattet und eingebaute Geschwindigkeitsregler sind Pflicht. Innerhalb von Nairobi gibt es saubere **Stadtbusse** wie Citi hoppa und CBS mit festgelegten Preisen, diese am besten im Hotel erfragen. Es gibt zudem neue Busbahnhöfe. Seit Ende 2012 verkehrt eine Art S-Bahn, **Commuter Rail Service**, von der Syokimau Station an der Mombasa Road östlich von Nairobi zum Hauptbahnhof. Weitere 28 Stationen sind geplant, darunter auch eine am Internationalen Flughafen.

»VERY BRITISH« ...
... geht es auf der Pferderennbahn an der Ngong Road zu. Pferderennen sind in Kenia sowohl ein sportliches als auch ein gesellschaftliches Ereignis. Noch immer treffen sich am Sonntagnachmittag die »Old boys«, die alten weißen Kenianer, stilvoll auf dem **Ngong Racecourse**, um den berühmten Züchtungen und ihren hervorragenden afrikanischen Jockeys zuzusehen. Der Jockey Club of Kenya (Tel. 0722 41 45 98, www.jockeyclubofkenya.com) veranstaltet alle zwei Wochen Pferderennen, die meisten zwischen Oktober und Februar. Das erste Rennen findet um 13.30 Uhr statt. Im April veranstaltet er das populäre Salama Fikira Kenya Derby.
Polo ist in Kenia sehr beliebt. Der Nairobi Polo Club (www.polokenya.com) wurde 1907 gegründet und ist bis heute angesagter Treff der High Society. Auch Nichtspieler können Mitglied werden.

Neben Polo brachten die weißen Kolonialisten **Golf** mit nach Kenia (www.golf-kenya.com). Die Stadt verfügt über wunderschöne Weltklasse-Golfplätze. Die beliebtesten Clubs sind der Karen Golf and Country Club (Tel. 020 88 28 02, www.karencountryclub.com), The Windsor Golf and Country Club (Tel. 020 226 55 55, www.windsorgolfresort.com) und der Muthaiga Golf Club (Tel. 020 236 84 40, www.muthaigagolfclub.com), der bereits in den frühen 1920er-Jahren entstand. Muthaiga und Karen waren Austragungsorte der Kenya Open Golf Championship, die dem European PGA (www.de.europeantour.com) angeschlossen ist.

SHOPPING
Malls und Märkte
Auch in Nairobi gehören **Einkaufszentren** zum Stadtbild. Zu den wichtigsten zählen das Sarit Centre in den Westlands, das Yaya Centre an der Argwings Kodhek Road, der Village Market in der Limuru Road, The Junction an der Ngong Road und die neue Galleria Mall in Langata.
Dennoch sind **traditionelle Märkte** in der Millionenstadt aus dem täglichen Geschehen nicht wegzudenken. Ketten, Körbe, Kalebassen und mehr findet man Fr. auf dem Masai-Markt im Village-Market-Einkaufszentrum. Auch im Yaya Centre gibt es einen Masai-Markt. Do. treten Masai-Tänzer auf dem Markt im The Junction auf. Und überall, wo am Straßenrand Platz ist, wie an der Ngong oder Limuru Road, stehen bemalte Töpfe, Flecht- und Holzwaren. Dort ist Handeln angesagt. Tischler, Sisalweber, Sattler und Friseure haben ihre Stände auf dem Kariokor Market zwischen Racecourse Road und Ring Road.

ZIELE • **Nairobi**

Auf die Finger geschaut
Zuschauen ist bei **Kitengela Glass** unbedingt erwünscht. Nach alter Glasbläser-Tradition werden in den Werkstätten von Kitengela (www.kitengela-glass.com) aus Altglas Vasen, Gläser und Tierskulpturen hergestellt. Man kann der Gründerin und Künstlerin Nani Croze selbst in ihrer Werkstatt in Kitengela zusehen. Dort arbeitet auch ihr Sohn Anselm Croze. Seine Glasarbeiten werden in den Geschäften von Anselm Glass vertrieben. Geschäfte von Kitengela Glass gibt es in den Einkaufszentren Adam's Arcade, Village Market und The Junction. Überwiegend alleinerziehende Mütter fertigen bei **Kazuri Beads** (www.kazuri.com) Keramikschmuck. Grundlage der Perlen ist Lehm vom ▶Mount Kenya. Perlenschmuck von Kazuri Beads werden in Geschäften in Karen sowie den Zentren The Junction und Village Market angeboten. Die Fabrik von Kazuri Beads an der Mbagathi Road, abgehend von der Karen Road, hat Montag bis Samstag geöffnet.

African Lily
ABC Place, Waiyaki Way
Tel. 0725 10 65 42, www.african-lily.com
Handtaschen, Portemonnaies und Gürtel aus wunderschönem Leder. Auch die Fabrik in der Ngong Road kann besucht werden. Die Perlendekoration auf der Ware fertigen Frauen in Kibera.

Banana Box
Sarit Centre und The Junction
www.bananaboxcrafts.com
Alle Produkte sind aus Natur-Materialien wie Speckstein, Bananenblättern, Kuhhorn oder Baumwolle. Die Ware wird den Künstlern abgekauft und sofort bezahlt.

Banana Hill Art Gallery
Banana Raini Road, 7 Minuten mit dem Auto vom bekannten Village Market in Gigiri, Tel. 0711 75 69 11
http://bananahillartgallery.com
Mehr als 70 zeitgenössische Maler und Bildhauer sind hier vertreten. Biografien der Künstler auf der Website.

Adèle Dejak
Village Market, Gate 5, Limuru Raod
Tel. 020 712 17 98, www.adeledejak.com
Stylisch: schicke Schuhe, Gürtel, Schmuck und Taschen der angesagten Designerin aus Nairobi, die inzwischen auch in Berlin und London gefragt ist.

Kenya Kanga
Langata Link, Langata Road
Tel. 0724 53 93 42
www.kenyakangacollection.com
Kangastoffe in vielen Farben bedruckt, alles aus Baumwolle, Röcke, Taschen und Tischdecken

Marula Studios
Marula Lane, Karen, Tel. 0726 24 87 74
www.marulastudios.com
Keramik, Schmuck und Kunst aus recycelten Flip-Flops, die in der angeschlossen Werkstatt von Ocean Sole (www.theffrc.com) hergestellt werden.

Matbronze
2 Kifaru Lane, abgehend von der Langata South Road, Spinner's Web und The Junction, Tel. 0733 96 91 65
www.matbronze.com
Vom kleinen Briefbeschwerer bis zum meterlangen Krokodil – alles aus Bronze

Noorjehan Collections
Urafiki Lane / Muthaiga Road
Tel. 020 374 97 26

Lässig und farbenfroh: junge Mode in der Hauptstadt

Moderne, aufwendige Schmuckarbeiten aus Silber, Glas und Edelsteinen; kleines Schmuckmuseum

One Way
www.one-way.cc, Geschäfte in allen großen Einkaufszentren
T-Shirts, Safari-Outfit und Tücher aus Bio-Baumwolle in sehr guter Qualität

Penny Winter
Ngong House, ▶Baedeker Tipp S. 360
Tel. 020 89 18 56, www.pennywinter.com
Penny Winter kreiert wunderschöne Kleider und Schmuck. Prinzessin Caroline gehört ebenso zu ihren Kundinnen wie Rachel Weisz, für die sie die Kleider im Film »Der ewige Gärtner« entwarf.

Spinner's Web
Getathuru Gardens, Peponi Road
Spring Valley
Tel. 020 207 26 29
www.thespinnerswebkenya.com
Die Auswahl ist groß – mehr als 120 Künstler beliefern das Geschäft – und die Preise sind angemessen. Körbe, Teppiche, Schmuck und Holzartikel sowie Café im Innenhof.

Utamaduni Crafts Centre
Bogoni Road East, Karen
Tel. 020 89 04 64, ▶Abb. S. 131
www.utamadunicrafts.com
15 Geschäfte mit afrikanischer Handarbeit von Masken, Specksteinfiguren, Sandalen und Schmuck bis zu Körben, Holzspielzeug, Batik und Safari-Outfit. Auch Arbeiten von Selbsthilfegruppen und Streetkids. Das Restaurant Veranda ist bekannt für seine Sansibar-Fischsuppe und den köstlichen Käsekuchen.

ZIELE • Nairobi

AUSGEHEN, ▶KARTE S. 335, 345
Nairobis Nächte sind lang – Bars, Discos und Clubs warten auf Nachtschwärmer. Bevor es auf die hippe Tanzfläche geht, lohnen die Kinos in den Einkaufszentren. Gezeigt werden die neusten Filme auf Englisch, in der Mama Ngina Street gibt es ein IMAX-Theatre (Tel. 0737 55 87 85). Das angesagte Florida 2000 auf der Moi Ave hat bis 6.00 Uhr morgens geöffnet (Tel. 020 222 90 36, www.floridaclubs-kenya.com).

❶ *Casablanca*
Lenana Road, Hurlingham, Tel. 020 272 31 73, www.osteriadelchianti.com
Arabisches Ambiente mit Wasserpfeifen und Riesenkissen im Beduinenzelt. Leckere Cocktails und dezente Musik.

❷ *Simba Saloon*
Langata Road, Carnivore Restaurant
Tel. 020 600 27 64, www.tamarind.co.ke/simba-saloon/nightclub
16.00 – 24.00 Uhr und länger
Hier gehen Einheimische und Touristen hin. Mi. – So. Livemusik, auch internationale Bands und Disco.

❸ *Dolce*
Koinange Street, Tel. 020 21 82 98
www.dolcetheclub.com
Gehobenes Publikum, Themenabende mit Soul und karibischen Klängen

❹ *Que Pasa Bar & Bistro*
Karen Dukas, Tel. 0713 32 86 88
www.quepasa.co.ke, Bar bis 24.00 Uhr
Das In-Lokal in Karen in einem alten Duka (Geschäft) mit witzigem Dekor.
Fr. Themenabend und Happy Hour.

❺ *Black Diamond*
Mpaka Road, Westlands
Tel. 0728 29 35 71
Sa. und So. 14.00 – 24.00 Uhr
Nette Cocktail Bar, Do. Live Band

ESSEN, ▶KARTE S. 335, 345
❶ *Alan Bobbe's Bistro* €€€€
Rhapta Road, Westlands
Tel. 020 45 52 20 00
www.alanbobbesbistro.kbo.co.ke
Das legendäre kleine Restaurant serviert exquisite französische Küche und edle Weine; Picknick-Körbe n. Vorbestellung.

❷ *Carnivore* €€€€
Langata Road, hinter dem Wilson Airport, Tel. 020 60 00 59 33
www.tamarind.co.ke/carnivore
Bekannt und beliebt ist das »Fleischfresser« für sein leckeres All-you-can-eat-Angebot, von 10 Köchen über einem riesigen Holzkohlengrill gegart. Wie wär's mit Kamel, Krokodil oder Strauß auf großen Spießen? Abends angesagter Treff für ein bunt gemischtes Publikum. Sa. Liveband, Mi. Disco im Simba Saloon. Alles in allem sehr touristisch und mit Platz für 350 Leute.

❸ *Lord Erroll* €€€€
Ruaka Road, Runda, Tel. 020 712 24 33 - 302, www.lord-erroll.com
Eine der besten Gourmetadressen. Probieren Sie Naivasha-Spargel, Riesengarnelen mit Kokosnuss-Marsala-Soße und die Mousse au Chocolat mit Rum. Entspannen Sie sich im Salon vor dem prasselnden Kaminfeuer – 2005 Drehort für »Der Ewige Gärtner« mit Ralph Fiennes.

❹ *Haandi* €€€
Westlands Mall, Mezzanine
Floor, Westlands, Tel. 020 444 82 94-5
www.haandi-restaurants.com
Mit Kreuzkümmel, Koriander, Ingwer

und Nelken sind die leckeren nordindischen Lammcurrys und Tandoori-Hähnchen gewürzt – mittags großes Buffet.

❺ *Mediterraneo* ❸❸❸
The Junction Einkaufszentrum
Tel. 020 387 86 08
UN Avenue, Gigiri, Tel. 0705 26 98 41
9 West, Westlands, Tel 020 444 74 94
www.mediterraneorestaurant.co.ke
Knusprige Pizza und ausgezeichnete Antipasti. Ein Hochgenuss: Filet vom Rind in dünne Scheiben geschnitten an Ruccola und frischem Parmesan! In The Junction und in Gigiri kann man auch draußen speisen.

❻ *Seven Seafood and Grill* ❸❸❸
ABC Place, Waiyaki Way
Tel. 0737 77 66 77
www.experienceseven.com
Fisch- und Fleischgerichte auf Afro-Mittelmeer-Art präsentiert. Kieran, der Koch, kann köstliche Soßen zaubern. Erlesene Weinkarte

❼ *Tamambo Karen Blixen Coffee Garden* ❸❸❸
336 Karen Road, Karen
Tel. 0719 34 63 49, www.tamarind.co.ke
Im originalen Farmhaus der ehemaligen Swedo African Coffee Company, auf deren Land auch Karen Blixens Bogani House stand, gibt es einen vorzüglichen Lunch. Oder genießen Sie im Garten unterm Sonnenschirm ein kühles Bier. Wer will, kann auch in einem der 17 bezaubenden Zimmer der Cottages auf dem Anwesen übernachten. Weitere vom Tamarind geführte Restaurants sind die Tamambo Tapas Bar ❸❸ im Village-Market-Einkaufszentrum, das Tamarind Restaurant ❸❸❸ auf der Haile Selassie Road sowie das Carnivore (s. links).

❽ *The Talisman* ❸❸❸
Karen, Tel. 0705 99 99 97
www.thetalismanrestaurant.com
Gelungene Fusion Cuisine aus europäischer, thailändischer und afrikanischer Küche. Auch die Einrichtung ist aus aller Welt. Wechselnde Kunstausstellungen und freies Wi-Fi.

❾ *Dormans* ❸❸
In allen großen Einkaufszentren und am Wilson Airport, www.dorman.co.ke
Kenianische Version von Starbucks mit dem besten Kaffee der Stadt. Bistroähnliches Speiseangebot.

❿ *Le Palanka* ❸❸
909 James Gichuru Road, Lavington
Tel 0737 44 44 40
www.lepalanka-nairobi.com
Afrikanische Nouvelle Cuisine von Christian Abégan mit sehr gutem Ruf. Sonntags von 12.30 bis 16.30 Uhr Brunch.

⓫ *Sierra Cafe & Lounge* ❸❸
2nd Floor, Yaya Shopping Centre
Tel 0733 50 51 52 oder 020 55 69 60
www.sierrapremium.com
Afrikanisch-europäische Fusion Cuisine und fünf gute Biersorten aus der hauseigenen Brauerei. Sehr stilvoll eingerichtet.

⓬ *Thorn Tree Café* ❸❸
▶Baedeker Tipp, S. 348

⓭ *Java House* ❸
15 Mal in Nairobi
ABC Place/The Junction/Gigiri etc
Tel. 020 350 44 68
www.nairobijavahouse.com
Sehr guter Kaffee und Masala-Tee mit Milch und Kardamom gewürzt, frische Salate, Wraps und Tortillas. Fastfood auf kenianisch, sehr große Portionen.

Tierisch gut: Frühstück im Giraffe Manor

ÜBERNACHTEN, ▶KARTE S. 335, 345

❶ *Giraffe Manor* €€€€
P. O. Box 15004, Gogo Falls Road
Langata, Nairobi, Tel. 020 89 10 78
www.giraffemanor.com
Zum eleganten Herrenhaus von 1932 gehört ein 50 ha großer Garten mit Rothschild-Giraffen, die den Gästen beim Frühstück gern mal über die Schulter schauen. Eines der 5 schicken Doppelzimmer ist mit Möbeln von Karen Blixen eingerichtet.

❷ *Hogmead Hotel* €€€€
Kikenni Lane, Langata
Tel. 071 257 99 99, www.hogmead.com
Boutiquehotel mit sechs Zimmern im alten Gutshaus und sechs Gartenzimmern. Rundherum eine 4,6 ha große Parkanlage mit herrlichem Blick auf die Ngong Hills. Alles erlesen und fein.

❸ *Ngong House* €€€€
▶Baedeker Tipp, S. 360

❹ *House of Waine* €€€
Hardy, Karen
Tel. 020 260 14 55
www.houseofwaine.com
Fünf Geschwister – fünf Buchstaben: Waine, jeder der fünf Besitzer gab den Anfangsbuchstaben seines Namens dazu und kreiert war der Hotelname. Elf Zimmer, darunter eine Suite und alle im eigenen Einrichtungsstil. Swimming Pool.

❺ *Palacina* €€€
Kitale Lane, Kilimani
Tel. 0733 77 71 72
www.palacina.com
Sie möchten etwas länger bleiben? Die 1 – 3-Zimmer-Appartements können langfristig gemietet werden, für alle, die wieder nach Hause müssen, gibt es 14 Suiten inklusive zwei Penthäusern. Das stilvolle Hotel liegt in einer ruhigen Gegend nahe dem State House. Der Frühstücksraum ist nur für Gäste, Moonflower Restaurant und Bar sind für alle geöffnet. 24 Stunden Business Centre.

❻ *Serena Hotel* €€€
Nyerere Road
Tel. 020 282 20 00
www.serenahotels.com
Maisha Health Club & Spa und Swimmingpool – hier lässt man es sich gutge-

Nairobi • ZIELE

hen. Das Hauptrestaurant hat Themenbuffets, das Mandhari Restaurant im ersten Stock bietet exquisite Gerichte. Zentrale Lage. 183 Zimmer, auch Suiten.

❼ The Boma ❻❻❻
Red Cross Road, Bellevue
Mombasa Road, Tel. 020 390 40 00
www.theboma.co.ke
Erst 2012 eröffnete das Luxushotel mit 141 Zimmern und sieben Suiten, Spa und Swimming Pool. Eigentümer ist das kenianische Rote Kreuz. Die durch den Hotelbetrieb erzielten Gewinne fließen in eigene humanitäre Projekte.

❽ The Norfolk Hotel ❻❻❻
Harry Thuku Road
P. O. Box 58581, Nairobi
Tel. 020 226 55 55, www.fairmont.com
Als das Hotel Weihnachten 1904 eröffnete, bot seine Veranda noch den Blick über die weite Ebene – heute liegt das Norfolk in der City. Anfang des 20. Jh.s traf sich hier die weiße Siedlerelite. Selbst gekrönte Häupter wie Königin Elisabeth II. logierten im typisch englischen Fachwerkbau mit 165 Zimmern. Auch heute ist die Delamere-Veranda mit Restaurant und Bar ein beliebter Treffpunkt. Das Hotel ist Mitglied der »Leading Hotels of the World«, 2011 wurde es renoviert.

❾ Windsor Golf and Country Club ❻❻❻
Ridgeways Road
P. O. Box 45587, Nairobi
Tel. 020 856 25 00
www.windsorgolfresort.com
Viktorianische Traumadresse für Golfer, 15 km außerhalb, mit eigenem 18-Loch-Platz. 130 edel eingerichtete Zimmer, drei Restaurants, Swimmingpool, Tennis- und Squashplätze.

Das noble Norfolk Hotel feiert 2014 seinen 100. Geburtstag.

⑩ *Fairview* ⓔⓔ
Bishops Road, P. O. Box 40842, Nairobi
Tel. 0 20 271 13 21
www.fairviewkenya.com, 100 Z.
Gepflegtes Haus in einem tropischen Garten, 2 km westlich vom Zentrum. Nehmen Sie den Tee im Mukutan-Gartencafé und dinieren Sie unter Palmen am Pool oder in der Pango Gourmetbrasserie.

⑪ *It's Showtime!* ⓔⓔ
Safari Park Hotel, Thika Road
Tel. 020 363 30 00
www.safaripark-hotel.com
Im Gartentheater des Safari Park Hotel treten abends ab 21.00 Uhr die schon fast legendären »Safari Cats & Acrobats« auf. Die afrikanische Show dauert 45 Minuten. Dazu gibt es Barbecue und jede Menge Spaß. Wer sein Glück noch versuchen will, geht danach ins **Casino**.

⑫ *Macushla House* ⓔⓔ
Nguruwe Road, Langata, Nairobi
Tel. 020 89 19 87, www.macushla.biz
Sechs liebevoll eingerichtete Zimmer mit Himmelbetten gehören zu dem charmanten Hotel beim Giraffenzentrum. Entspannen Sie am Pool und genießen Sie das gute Essen.

⑬ *Hibiscus Guest House* ⓔ
Kilimani, Tel. 0728 88 68 54
www.hibiscuskenya.com
Übernachtung und Frühstück, 8 Zimmer, und nur fünf Minuten vom Yaya-Einkaufszentrum sowie vielen Restaurants entfernt Spa (www.tayiana.com, Tel. 0714 54 77 20) des **Garden Estate Ridgeway** kann man sich den ganzen Tag verwöhnen lassen. Nach dem Banyan-Tree-Spa-Konzept wird im Angsana Spa des **Sankara Hotel** in Westlands behandelt (www.sankara.com, Tel. 020 420 80 00). Golden Bliss, Coffee Delight oder Angsana Brilliance, danach fühlt man sich wie ein Hollywood-Star. Im Kaya Spa des **Tribe Hotel** neben dem Village-Market-Einkaufszentrum gibt es sogar einen Behandlungsraum für Paare. Hot-Stone-Therapie sowie Thai-Massage gehören zum Wellness-Programm (www.tribe-hotel.com, Tel. 020 720 00 00).

WELLNESS
Im **Serena Hotel** (▶S. 342) gibt es den Maisha Health Club & Spa mit Produkten von Elemis – wunderbar: Exotic Lime and Ginger Salt Glow. Im Tayiana Gar-

LOKALE SAFARI-VERANSTALTER

Cheli & Peacock Safaris
www.chelipeacock.com
▶Reiseveranstalter, S. 127
Die schönsten Lodges in Kenia bucht man hier. Alle Guides sind bei der Kenya Professional Safari Guides Association (KPSGA) akkreditiert.

Origins
Landmark Plaza
Tel. 020 20 42 695-97
www.originsafaris.info
Familie Turner bietet Wildlife-, Fotoreisen und Touren zur Wiege der Menschheit am Lake Turkana. Sehr gute Guides besonders für Ornithologen.

Sunworld Safaris
Riverside Lane, Tel. 020 444 56 69
www.sunworld-safari.com
Deutschsprachige Ansprechpartner, maßgeschneiderte Safaris, Incentive und Self-Drive-Optionen. Die beste Adresse für Fotografen – alle Guides sind von der Kenya Professional Safari Guides Association geprüft.

Nairobi • ZIELE   345

Nairobi • City Centre

Übernachten
- ❻ Serena Hotel
- ❽ The Norfolk Hotel

Essen
- ⓬ Thorn Tree Café

Ausgehen
- ❸ Dolce

ZIELE • Nairobi

Modernes Stadtbild

Das eigentliche, **schachbrettartig angelegte Stadtzentrum** erstreckt sich auf einem Gebiet von nur 4 km². Es dominieren moderne Bauten, Hochhäuser aus Glas und Stahl, nur wenige Gebäude erinnern noch an die koloniale Vergangenheit. In den letzten Jahren hat sich Nairobi gewaltig gewandelt. In vielen Stadtteilen gibt es riesige Einkaufszentren, mit einem Angebot, das es genauso in Europa geben könnte. Die Restaurants von Nairobi stehen anderen Großstädten in nichts nach. Moderne Kinos zeigen die neusten Filme. Smartphones und iPads besitzen längst nicht mehr nur Yuppies. Und zwischen allem herrscht bittere Armut. Hoffnungsträger ist die allmählich **heranwachsende Mittelschicht**, die dem Land Stabilität gibt und zu der viele gehören möchten. Die vornehmen Stadtteile sind **Muthaiga**, mit seinen Botschaften, Karen und **Langata** im Südwesten mit wunderschönen Villen. Aber auch **Westlands, Hurlingham** und **Gigiri** sind wohlhabende Gegenden. Viele Firmen haben die City verlassen und sind mit ihren Büros an die Mombasa Road, den Waiyaki Way und die Ngong Road gezogen. Dort ist die Parkplatzsituation wesentlich entspannter. In **Kilimani** und **Lavington** sind ebenfalls neue Wohn- und Bürohochhäuser entstanden. Auch Hotels sind nicht mehr nur in der Innenstadt zu finden. Die armen Wohngebiete wie Eastleigh liegen im Südosten.

Sport kennt keine Grenzen: fußballbegeisterte Kinder in Nairobis Slumviertel Mathare Valley

Fast 60 % der Einwohner Nairobis leben in den rund **100 Slums**. Egal, ob Mathare, Kibera, Soweto oder Korogocho, die Slums sind Städte für sich mit eigenen, mafiaähnlichen Strukturen. Sie sind ein Meer aus Bretterbuden und Wellblechhütten ohne Infrastruktur oder sanitäre Anlagen. Nur 20 % der Slumbewohner verfügen über Strom oder frisches Wasser. Die »besten« Behausungen sind aus Lehm, andere aus Holz zusammengestückelt, die ärmsten der Armen leben in Hütten aus Pappe mit Dächern aus Plastiktüten und Wellblechstücken. Alles ist eng gedrängt. Die letzte Volkszählung von 2009 ergab eine Einwohnerzahl von 3000

Menschen pro ha (zum Vergleich: 2010 waren es in Berlin 37). Doch die Angaben differieren erheblich. In den Slums herrschen mächtige **Mafia-Gangs**. Bauplätze werden vermietet und zugewiesen, selbst für die Benutzung der wenigen vorhandenen Toiletten wird kassiert. Das billige, illegal gebraute **Changaa** mit 50 % Alkohol senkt die Hemmschwelle und ist häufig Ursache für Gewalt.

Hilfsorganisationen wie die Bill & Melinda Gates Foundation oder die deutsche Gesellschaft für Internationale Zusamenarbeit (GIZ) sind in den Slums tätig. UN HABITAT baute im Rahmen des Kenya Slum Upgrading Programme (KENSUP) feste Behausungen mit Strom, Wasser und Toiletten zur Vermietung. Doch haben Projekte dieser Art auch ihre Kehrseite: Sind die Lebensbedingungen verbessert, verlangen die Mafia-Banden mehr »Miete«. Initiativen kommen auch aus den eigenen Reihen. 2004 gründete einer der ehemaligen Bewohner von **Mathare**, der Künstler Jacob Ezigbo, **Watoto wa Kwetu**, was »Kinder aus der Nachbarschaft« auf Swahili bedeutet. Das Projekt bietet Slumkindern Kreativkurse wie Malen, Fotografieren, Musizieren oder Dichten (www.slumkinderkunst.at). Im **Slum Sanaa Arts Centre** in **Huruma** arbeiten seit 2009 Künstler, die selbst im Slum aufgewachsen sind, und leisten mit Musik, Schauspiel, Tanz und Kunstworkshops wertvolle Kinder- und Jugendarbeit (www.musicforlife.eu). Einen Blick auf den **Kibera**-Slum hat man vom nördlich angrenzenden Royal Nairobi Golf Club. Durch Kibera – auf Swahili »Urwald« – verläuft auch die Bahnlinie. Hier wurden Teile des Films »Der Ewige Gärtner« gedreht.

Kibera Tours: Führungen durch den größten Slum Ostafrikas können über www.kiberatours.com, Tel. 072 366 92 18 oder 0721 39 16 30 gebucht werden, ein holländisch-afrikanisches Unternehmen.

SEHENSWERTES IM STADTZENTRUM

Beste Aussichten auf Nairobis Häusermeer bietet das 1973 eingeweihte Konferenzzentrum am Südrand der City. Besucher dürfen gegen Gebühr in Begleitung eines Wachmanns tgl. von 8.00 bis 18.30 Uhr mit dem Lift zur Aussichtsterrasse im 28. Stock hinauffahren – bei klarem Wetter reicht der Blick bis zum ▶Kilimanjaro und ▶Mount Kenya. Der 105 m hohe **Kanu Tower** ist das höchste Gebäude der Hauptstadt. Das rotierende Restaurant im Turm soll demnächst wieder eröffnet werden.

*Kenyatta Conference Centre

Jenseits des viel befahrenen City Hall Way stehen das 1934 im neoklassizistischen Stil erbaute Rathaus, die **City Hall**, die 2004 durch einen Brand stark beschädigt wurde, und die **Holy Family Cathedral**, die 1960 einen Vorgängerbau ersetzte.

❶ tgl. 8.00 –18.00, Sa./So. bis 17.00 Uhr, Eintritt Erw. Ksh 500, Kinder Ksh 250, Tel. 020 32 61 00, www.kicc.co.ke

City Square Auf dem fahnengeschmückten City Square erinnert ein Bronzedenkmal an den Staatsgründer Jomo Kenyatta (▶Berühmte Persönlichkeiten, ▶Abb. S. 72), dessen Gebeine im **Jomo Kenyatta's Mausoleum** ruhen. »Für eine gerechte Gesellschaft und die gerechte Regierung der Menschheit« ist über dem Haupteingang des **Parliament Building** zu lesen.
Parliament Building: Besichtigung n. Voranm. je nach Sitzungsplan, meistens Mi. und Do. um 14.30 Uhr, Tel. 020 326 13 04, www.parliament.go.ke

City Market Über den Uhuru Highway und die von Palmen gesäumte **Prachtstraße Kenyatta Avenue** geht es erst links in die Koinange Street, dann bei der Market Street rechts zum betriebsamen City Market – der Haupteingang liegt an der **Muindi Mbingu Street**. In der Halle, die im Zweiten Weltkrieg als Flugzeug-Hangar erbaut wurde, wartet tgl. zwischen 8.00 und 16.00 Uhr ein riesiges Angebot an Gemüse, Obst und Fisch auf Kundschaft. An einigen Ständen werden auch kunsthandwerkliche Arbeiten verkauft. Feilschen wird erwartet. Vorsicht vor Taschendieben!

Biashara Street Bunte Stoffe und Textilien aller Art findet man jedoch besser eine Straße weiter, in der Biashara Street. **Indische Händler** eröffneten hier bald nach der Stadtgründung ihre Läden, bis heute sind die meisten Geschäfte in indischer Hand.

> **BAEDEKER TIPP**
>
> ### Email statt Tree Mail
>
> Herrlich ist es, im stadtbekannten **Thorn Tree Café** des Stanley Hotel im Garten zu sitzen, in aller Ruhe einen kühlen Drink zu genießen und den Passanten beim Flanieren zuzusehen. Früher hinterließen Farmer und Großwildjäger am Schwarzen Brett am Stamm der Akazie Nachrichten. Mittlerweile wurde bereits die dritte Akazie gepflanzt und auch an ihrem Stamm findet sich ein buntes Sammelsurium von Mitteilungen. Für eine schnelle Nachricht nach Hause bietet das New Stanley Hotel ein Internetcafé (Thorn Tree Café, Sarova Stanley, Kenyatta Avenue/ Kimanthi Street, Tel. 020 275 70 00, www.sarovahotels.com).

In Richtung Moi Avenue erhebt sich seit 1925 die prächtige grün-weiße **Jamia Mosque**. Ungläubigen ist der Zutritt zu dem von zwei Minaretten überragten Gebetshaus untersagt.

Nebenan in der Banda Street zeugt die **McMillans Library**, Nairobis größte Bibliothek, von der Kolonialzeit. Sie ist eine Stiftung der Witwe McMillans, der wegen seiner Leistungen im Ersten Weltkrieg für die britische Kolonialmacht zum Ritter geschlagen wurde. Den Eingang des 1928 errichteten Baus flankieren zwei gewaltige Löwenskulpturen. Im Obergeschoss sind auch einige Möbel, die einst Karen Blixen gehörten. Leider ist die Bibliothek sehr heruntergekommen.
❶ Mo. – Fr. 8.00 – 18.00 Uhr
Tel. 020 721 26 51

Beliebte Grünzone im Central Business District der Hauptstadt ist nordöstlich der **Jevanjee Garden**. Im Zentrum des Parks steht eine Statue der britischen **Königin Viktoria**. Gönnen Sie sich eine Pause 600 m nordwestlich im **Norfolk Hotel** an der Harry Thuku Road, der legendären Hotelinstanz aus Kolonialtagen, in der sich bis heute Touristen und Geschäftsleute zum Sundowner treffen (▶S. 343).

Zwischen Serena Hotel und Uhuru Avenue steht im Central Park das 1988 errichtete **Nyayo Monument**. Das Denkmal ist den zehn Jahren Moi-Regierung sowie 25 Jahren Unabhängigkeit gewidmet.

Central Park

Jenseits der belebten Moi Avenue an der Ecke zur Luthuli Avenue steht das **Nationalarchiv,** das alte Waffen, Musikinstrumente und Volkskunst ausstellt. Sehenswert ist die **Fotodokumentation über den Unabhängigkeitskampf** und Kenias Präsidenten bis zum amtierenden Uhuru Muigai Kenyatta.
ⓘ Mo. – Fr. 8.00 – 16.30, Sa. 8.30 – 13.00 Uhr, Eintritt Ksh 200
Tel. 020 222 89 59, www.archives.go.ke

Kenya National Archives

★★ NAIROBI NATIONAL MUSEUM

ⓘ tgl. 8.30 – 18.00 Uhr, Eintritt Erw. Ksh 1200, Kinder Ksh 600, Eintrittspauschale mit Snake Park: Erw. Ksh 1500, Kinder Ksh 1000, Tel. 020 374 21 31
www.museums.or.ke

Unbedingt einplanen sollte man einen Besuch des 2008 renovierten Nationalmuseums am Nordrand der City, das 2010 sein hundertjähriges Bestehen feierte. Der Hauptbau auf dem Museumshügel wurde 1930 eröffnet, aber bereits in den 1950er-Jahren waren die Sammlungen so stark angewachsen, dass Anbauten erforderlich wurden. Das Nationalmuseum zeigt Exponate zur Naturkunde, Geschichte, Volkskunde und Kunst Ostafrikas.

Nationalmuseum

Einen besonderen Ruf genießt die prähistorische Abteilung**,** in der auch die **Ausgrabungsfunde der Leakey-Familie** aus der Olduvai-Schlucht in Tansania und von Koobi Fora am ▶Lake Turkana zu bestaunen sind, nach denen die Geschichte der Menschwerdung neu geschrieben werden musste (▶ Baedeker Wissen S. 368). Eine Sensation stellen die **Fußabdrücke vom Laetoli-Plateau** in Nordtansania dar. Sie belegen, dass bereits vor rund 3,75 Mio. Jahren menschliche Vorfahren aufrecht gingen, eine Eigenschaft, die man früher immer erst mit der Menschwerdung in Zusammenhang gebracht hatte. Eine Schädelsammlung verdeutlicht die Entwicklungsschritte bis hin zum Homo sapiens. Zu den beeindruckendsten Ausstellungsstücken gehört ferner das **Skelett eines Homo erectus**, der vermutlich im Al-

★★ Prehistory Gallery

ter von zwölf Jahren starb und vor etwa 1,6 Mio. Jahren lebte. Ein Diorama zeigt anschaulich die unterschiedlichen Lebensformen von drei verschiedenen Hominidenarten, die vor über 1,5 Mio. Jahren zur selben Zeit in Ostafrika lebten. Bei allen Exponaten von Hominidenfossilien handelt es sich um Nachbildungen aus Fiberglas, die Originalfossilien sind nur Forschern zugänglich. Originalgetreue Kopien sind auch die **Felsmalereien aus dem Rift Valley** – die ältesten entstanden vor mehr als 30 000 Jahren.

Natur und Völker Kenias In anderen Abteilungen des Museums bekommt man anhand ausgestopfter Tiere und vieler Dioramen einen Überblick über die kenianische Tier- und Pflanzenwelt. Im Hof zwischen Hauptgebäude und Anbau steht eine lebensgroße Nachbildung des **Elefantenbullen Ahmed**, der im ▶Marsabit National Park lebte und unter dem besonderen Schutz von Präsident Jomo Kenyatta stand (▶S. 269).

Das Obergeschoss beherbergt die ethnografische Abteilung. Die Ausstellungsstücke befassen sich mit dem täglichen Leben, mit Religion, Landwirtschaft und Heilkunde. In den letzten Jahrzehnten wurden die kulturellen Eigenheiten der verschiedenen kenianischen Völker stark zurückgedrängt. So sind die insgesamt 600 Porträts, die **Joy Adamson** von Angehörigen verschiedener Ethnien 1949 – 1955 anfertigte, ein besonders wichtiges Zeitdokument. Die im selben Geschoss untergebrachte **Gallery of Contemporary East African Art** will das Schaffen junger ostafrikanischer Künstler fördern, die hier ihre Arbeiten nicht nur ausstellen, sondern auch verkaufen können.

Snake Park Zum Nationalmuseum gehört der **Schlangenpark**. 1961 zur Schlangenerforschung gegründet, wurde der Park im Botanischen Garten inzwischen zu einem beliebten Ausflugsziel – und 2009 renoviert. Tafeln informieren über die Tiere in den Terrarien: giftige und ungiftige Schlangen, Spinnen, Tausendfüßer, Schildkröten und Krokodile. Bei der Fütterung nachmittags kann zugesehen werden. Auch Vögel und Fische werden gezeigt. Für Besucher gibt es ein Restaurant.

tgl. 9.30 – 18.00 Uhr, Eintritt Erw. Ksh 1 200, Kinder Ksh 600 oder Kombiticket mit ▶National Museum, www.museums.or.ke

*Arboretum Die ersten Bäume im Arboretum wurden bereits 1907 gepflanzt. Inzwischen ist daraus ein Dschungel mit mehr als 350 endemischen und exotischen Pflanzen geworden. Auf 30 ha leben hier über 100 verschiedene Vogelarten, Meerkatzen und Schmetterlinge. Nicht zuletzt durch die Nähe zum State House, dem Sitz des Präsidenten, ist das Areal ein ausgesprochen sicherer Aufenthaltsort. Es gibt zwei **Naturlehrpfade**, auf denen die meisten Pflanzen mit ihrem Namen ausgeschildert sind.

tgl. 6.00 – 18.00 Uhr, Eintritt frei, Mittwochmorgen werden geführte Vogelbeobachtungswanderungen angeboten, www.naturekenya.org

Kenias Wildtiere werden im Nairobi National Museum vorgestellt.

Nördlich des Nationalmuseums wurde 2011 der Karura Forest als **Naturschutzgebiet** ausgewiesen, mit Picknickplätzen und Lehrpfaden durch das üppige Grün zu Wasserfällen und Bambuswäldern. Der Erhalt des 1000 ha großen Waldstücks ist auch Verdienst der Umweltschützerin Wangari Maathai (▶Berühmte Persönlichkeiten).

Karura Forest

❶ Mo. – Sa. 8.00 – 17.00, So. 9.00 – 13.00 Uhr, Eintritt Erw. Ksh 600, Kinder Ksh 300, Tel. 020 202 02 85, www.kenyaforestservice.org

AM SÜDWESTLICHEN STADTRAND

Neben dem Bahnhof weckt das **Eisenbahnmuseum** in der Station Road nostalgische Gefühle. Das Sammelsurium zeugt von der gigantischen Leistung des Baus der **Ugandabahn**. Zwischen Wagenhebern, blank geputzten Armaturen, Zug- und Schiffsmodellen befindet sich auch ein Modell des in Papenburg gebauten Kolonialdampfers »Graf Goetzen«, der heute als MV Liemba immer noch auf dem Tanganjika-See im Einsatz ist. Das Museum hat auch ein Schienenfahrrad in der Sammlung. Faszinierend sind die Fotos aus den Anfangstagen der Eisenbahn.

Railway Museum

Zur Geschichte des Eisenbahnbaus gehören viele schaurige Begebenheiten. Über Jahre hinweg setzten die **»Menschenfresser von Tsavo«** den Bautrupps zu: Vom berühmten »Kima-Killer« sind fünf Krallen ausgestellt. Dieser Löwe tötete am 6. Juni 1904 Charles Hen-

ry Ryall – der Eisenbahninspektor hatte sich mit schussbereitem Gewehr in einem Eisenbahnwaggon verschanzt und wartete auf den Löwen, dem zuvor bereits etliche Menschen zum Opfer gefallen waren. Leider nickte er für einige Minuten ein … Im Freien sind ein Dutzend Eisenbahnveteranen dem Zerfall preisgegeben wie die 252 t schwere »Mount Gelai«, die 1955 –1981 in Betrieb war. Die 1923 gebaute **Uganda Railway 301** kam im Kultfilm »Jenseits von Afrika« nochmals zu Ehren.
❶ tgl. 8.00 – 17.00 Uhr, Eintritt Erw. Ksh 400, Kinder Ksh 200
Tel. 020 221 52 11, www.krc.co.ke

Südwestlich von Nairobi liegen mehrere Ausflugsziele, die man als Rundfahrt problemlos an einem Tag erkunden kann. Wer nicht an einer organisierten Tour teilnimmt, mietet sich am besten einen **Wagen mit Chauffeur**. Das ist nur unwesentlich teurer als ein Mietwagen, aber erheblich stressfreier.

Rundfahrt

Knapp 6 km hinter dem Wilson Airport erstrecken sich die Uhuru Gardens. Die »**Freiheitsgärten**« wurden auf dem Gelände angelegt, auf dem am 12. Dezember 1963 die Feierlichkeiten zu Kenias Unabhängigkeit stattfanden. Das 24 m hohe **Uhuru Memorial** wurde 1983 zum 20. Jahrestag der Unabhängigkeit enthüllt. Es zeigt gefaltete Hände und eine Friedenstaube.
❶ www.museums.or.ke

Uhuru Gardens

Nach weiteren 2 km auf der **Langata Road** erreicht man den Haupteingang des Nairobi-Nationalparks. Gleich beim Parktor befindet sich die Hauptverwaltung aller kenianischen Nationalparks. Einen organisierten Parktrip kann man über die Rezeption jedes größeren Hotels buchen. Da den Nationalpark jedoch ein gutes Pistennetz durchzieht, lässt sich das in 1500 bis knapp 1800 m Höhe gelegene Parkgelände bei trockenen Witterungsverhältnissen auch mit einem Privatfahrzeug erkunden. Ein Geländewagen ist nicht erforderlich.
Der **erste Nationalpark** des Landes wurde 1946 eröffnet. Obgleich das Gelände mit 117 km² nicht allzu groß ist, bekommt man hier bereits einen Eindruck von der faszinierenden Vielfalt der ostafrikanischen Tierwelt. Mehr als 100 Säugetierarten leben im Park, darunter Zebras, Giraffen, Warzenschweine, Impalas, Riedböcke, Gazellen und Gnus. Dazu kommen 50 Spitzmaul- und 11 vom ▶Lake Nakuru stammende Breitmaulnashörner. Elefanten wird man allerdings vergeblich suchen. In den Flüssen leben Flusspferde und Krokodile. Löwen, Leoparden, Geparde und Schakale warten auf Beute. Lediglich während der Regenzeit – von März bis Mai und November / Dezember – ist die Tierkonzentration relativ gering, dann wandern ganze

*Nairobi National Park

Erinnert an Kenias Unabhängigkeitskampf: das Uhuru Memorial

Tierherden südwärts auf der Suche nach besserem Nahrungsangebot. Ein Zaun behindert sie dabei nicht, denn nur zur Stadt hin ist der Nationalpark eingezäunt. Man kann im Nationalpark leicht einen ganzen Tag verbringen, es reichen jedoch auch drei bis vier Stunden, um einen Eindruck von Tierwelt und Landschaft zu bekommen. Bewaldete Hügel nehmen den Westen des Nationalparks ein, im Norden und Osten herrschen Grassavannen vor, einige Flussläufe im Süden werden von Galeriewäldern gesäumt, im Südosten gibt es größere Bestände von Fieberakazien. Wo sich gerade die meisten Tiere aufhalten, lässt sich nie vorhersagen. Man sollte die Salzlecken und künstlich angelegten Wasserstellen ansteuern. Gute Chancen hat man, von den **Hippo Pools** aus Flusspferde zu sehen. Nahe dem Hauptparktor erinnert an einem Aussichtspunkt ein Denkmal an die Verbrennung von 12 t Elfenbein, die der damalige Präsident Moi im Juli 1989 angeordnet hatte, um ein nachdrückliches Zeichen gegen die Wilderei zu setzen. Zum Glück für den Park und seine Tiere wurde im Frühjahr 2013 die Planung gestoppt, einen Teil der neuen Umgehungsstraße Southern By-Pass durch den Park zu führen.

⊙ tgl. 6.00 – 19.00 Uhr, Eintritt Erw. $ 40, Kinder $ 20, Tel. 020 242 34 23, www.kws.org. Im ❸❸❸**Nairobi Tented Camp** kann man inzwischen auch im Park übernachten. Acht Zelte sowie ein Verpflegungszelt mit Bibliothek, schönem Blick auf den Wald und ins Tal. Sehr umweltbewusste Anlage mit Solarenergie. Vom Camp aus können kurze geführte Wanderungen entlang des Kisembe-Tals unternommen werden (Tel. 0774 13 65 23, www.nairobitentedcamp.com).

* **Animal Orphanage**

Im **Tier-Waisenhaus** am Parkeingang finden nicht nur verlassene Jungtiere Aufnahme, auch kranke und verletzte Tiere werden hier behandelt. Direkt daneben zeigt der **Safari Walk**, Kenias Eco-System en miniature. Vom Holzsteg aus kann man die Tiere in fast natürlicher Umgebung beobachten.

⊙ tgl. 8.00–17.30 Uhr, Eintritt Erw. $ 20, Kinder $ 10, Animal Orphanage: Tel. 020 258 74 35, Safari Walk: Tel. 020 258 74 37, www.kws.org

** **Giraffe Center**

Wer mit Kindern unterwegs ist, muss unbedingt einen Abstecher in das Giraffenzentrum in Karen einplanen – Anfahrt über die von der Langata Road abzweigende Langata South Road. In einem 38 ha großen eingezäunten Areal neben dem Giraffe Manor (▶S. 342) werden ein Dutzend der seltenen **Rothschild-Giraffen** gehalten. Man kommt ganz nahe an die Tiere heran, ist in einem Holzbau auf Kopfhöhe mit ihnen und darf die Langbeiner sogar füttern und streicheln. Unterhalten wird das Giraffenzentrum vom AFEW (African Fund for Endangered Wildlife). Eine Ausstellung informiert über die Organisation, die 1978 v. a. zum Schutz der vom Aussterben bedrohten Rothschild-Giraffen gegründet wurde. Gegenüber dem Parkplatz beginnt ein 1,5 km langer **Forest Trail**. Der schmale Pfad führt durch

Im Giraffenzentrum sind Füttern und Streicheln erlaubt.

ein recht ursprüngliches Waldgebiet, Erläuterungen zu Pflanzen- und Tierwelt gibt eine Broschüre, die man im Giraffe Centre erhält. Im Tea House gibt es Erfrischungen.

❶ tgl. 9.00 – 17.00 Uhr, Eintritt Erw. Ksh 1000, Kinder Ksh 500
Tel. 0723 78 61 65, www.giraffecenter.org

**Sheldrick's Orphanage

Sie heißen Ajabu, Makena oder Zurura, sind einige Tage oder mehrere Monate alt und sie sind kleine Elefantenwaisen, die durch Wilderei oder aus anderen Gründen keine Mütter mehr haben. Auf sich allein gestellt wären die kleinen Dickhäuter verloren. In Daphne Sheldricks Waisenhaus werden sie zärtlich aufgenommen, bis sie alt genug sind, für sich selbst zu sorgen. Nach dem Tod ihres Mannes David gründete **Daphne Sheldrick** 1977 den David Sheldrick Wildlife Trust, der sich um verwaiste Dickhäuterbabys kümmert. **David Sheldrick** war der erste Wildhüter des östlichen Teils, als der ▶Tsavo-Nationalpark 1948 eröffnete. Er zählt zu den berühmtesten und erfahrensten Wildhütern Afrikas.

Bereits während der gemeinsamen Jahre im Nationalpark zog Daphne Sheldrick verwaiste Zebras, Breitmaulnashörner, Büffel, Elenantilopen, Kudus und viele andere Tiere auf und es gelang ihr, sie auszuwildern. Elefantenbabys konnte sie nur ab einem Alter von zwei Jahren retten, bis sie durch Ausprobieren die richtige Rezeptur für Milch fand, die alles enthält, was die Kleinen brauchen. In den ersten zwei Lebensjahren ernähren sich Elefanten ausschließlich von Milch, erst danach nehmen sie zusätzlich Pflanzen zu sich. Doch richtige Ernährung reicht nicht, um die Kälber vor dem Tod zu bewahren. Durch den Verlust ihrer Mutter oder ihrer ganzen Familie sind die Kleinen meist schwer traumatisiert. Sie brauchen Zuneigung und eine Familie, zu der sie gehören. Fürsorglich kümmern sich deshalb die Tierpfleger in **Daphne Sheldrick's Orphanage** um die kleinen Elefanten, wenn nötig 24 Stunden lang. Denn nur glückliche Elefanten überleben, weiß Daphne Sheldrick aus langjähriger Erfahrung. Im Alter von mindestens drei Jahren gehen die kleinen Elefanten zusammen mit ihren Pflegern nach Voi oder Ithumba in den ▶**Tsavo National Park**. Bei Tagesausflügen lernen sie die älteren Waisen kennen, die ebenfalls noch versorgt werden müssen. Bald haben sie den ersten Kontakt zu wilden Elefantenherden. Zum Schutz vor Raubtieren schlafen die Tiere noch in einer gemeinsamen Unterkunft. Nach und nach entwickeln sie ihre wilden Instinkte, bis sie so weit sind, die schützende Herde zu verlassen. Dann schließen sie sich den Elefanten im Tsavo National Park an. Bis 2013 konnten über 90 von Hand aufgezogene Elefantenwaisen ausgewildert werden. Ältere Waisen wurden direkt in wilde Herden integriert. Der IMAX Film »**Born to be Wild**« zeigt wie Orang-Utans und Elefanten wie die bei Sheldrick's

Liebevoll aufgepäppelt: Im Waisenhaus von Daphne Sheldrick finden Elefantenbabys, die ihre Mütter verloren haben, ein neues Zuhause.

wieder in die Wildnis entlassen werden können. Viele der Tiere haben inzwischen eigene Nachkommen. Wie bei den Elefantenwaisen verbuchte Daphne Sheldrick mit ihrem Wildlife Trust auch bei der Pflege und Auswilderung von Nashornkindern große Erfolge.

Dr. Dame Daphne Sheldrick wurde 1934 in Kenia geboren. Ihre Schulzeit schloss sie 1950 als achtbeste Schülerin Kenias ab. Dennoch entschied sie sich gegen das Studium, um ihren Mann bei seiner Arbeit im Nationalpark zu unterstützen. Ihr Einsatz für den Naturschutz brachte Daphne Sheldrick zahlreiche Auszeichnungen ein, darunter den Ehrendoktortitel der Universität Glasgow. An Neujahr 2006 ernannte Queen Elizabeth II. sie zur Dame des Britischen Empires. Es war das erste Mal seit der Unabhängigkeit 1963, dass eine gebürtige Kenianerin den Ritterschlag erhielt. Daphne Sheldricks Autobiografie »Eine afrikanische Liebesgeschichte: Mein Leben unter Elefanten« (Goldmann 2012) erzählt berührend von Freundschaften zwischen Menschen und Tieren – und ist eine großartige Liebeserklärung an den schwarzen Kontinent.

Die intensive Betreuung der kleinen Dickhäuter erfordert viel Personal und Geld. Spenden sind deshalb herzlich willkommen. Über den Verein »Rettet die Elefanten Afrikas« kann man ab 25 Euro im Jahr einen Elefanten- oder Nashornwaisen adoptieren (www.reaev.de). Der Verein »Elefantenfreunde« organisiert Reisen in das Selbstversorger-Camp Ithumba. Die Paten können dort am Schlammbad und an der Fütterung ihrer Schützlinge teilnehmen (www.elefantenfreunde.org). Auch von der Red Elefant Safari Lodge beim Eingangstor von ▶Tsavo Ost kann man die Tiere häufig sehen. Die Lodge gehört dem Deutschen Detlef Felix, der ein großer Fan der kleinen Dickhäuter ist (❷ mit Vollpension, www.red-elephant-lodge.com).

❶ Magadi Road, die westlich entlang des Nairobi National Park führt. Tel. 020 230 13 96, tgl. 11.00 – 12.00 Uhr, Eintritt Ksh 500, Mindestbetrag für Adoption ist $ 50 pro Jahr, www.sheldrickwildlifetrust.org

Jeder, der Karen Blixens Roman »Afrika – dunkel lockende Welt« gelesen oder die Verfilmung »**Jenseits von Afrika**« mit Meryl Streep und Robert Redford gesehen hat, weiß, wo die dänische Autorin lebte. Das Anwesen liegt an der Karen Road, etwa 4 km westlich des Giraffenzentrums im eleganten, nach der Schriftstellerin benannten **Vorort Karen**. 14 Jahre wohnte sie in dem Farmhaus mit schönem Park, das sie Mbogani nannte, »Das Haus im Wald«. Als ihr langjähriger Geliebter Denys Finch Hatton 1931 starb und ihre Kaffeeplantage kurz vor dem Bankrott stand, verkaufte Karen Blixen ihr Haus und kehrte nach Dänemark zurück. 1964 erwarb die dänische Regierung das Haus als Unabhängigkeitsgeschenk für die neue Regierung. Es wurde als Schulbüro benutzt. Teilweise ist das Haus mit Originalmöbeln ausgestattet, teilweise mit Einrichtungsgegenständen aus dem oscarprämierten Kultfilm »Out of Africa«.

*Karen Blixen Museum

▶Baedeker Wissen S. 358

Karen Blixen

»Ich hatte eine Farm in Afrika ...

... am Fuße der Ngongberge« – unvergessene Worte der dänischen Schriftstellerin Karen Blixen. Als sie ihre Erinnerungen an Kenia niederschrieb, lebte sie schon seit Jahren nicht mehr dort, wo sie ihr wahres Leben gefunden hatte.

»Im Hochland erwacht man in der Frühe und weiß, hier bin ich, wo ich sein sollte«, ist in ihrem 1937 erschienenen, autobiografischen Roman **»Afrika, dunkel lockende Welt«** zu lesen. Karen Blixen liebte **Kenia**: seine Natur, seine Bewohner und die Ngongberge, an deren Fuß sie 14 Jahre lang eine Farm bewohnt hatte.

Bürgerliche Enge

Karen Dinesen, wie ihr Mädchenname lautete, kam 1914 in den Teil von Britisch-Ostafrika, der später zur Kronkolonie Kenia werden sollte. Dänemark hatte sie nur zu gern den Rücken gekehrt. Zwar konnte ihr die Familie auf dem Landsitz **Rungstedlund** vor den Toren Kopenhagens materielle Geborgenheit bieten, doch führten Mutter, Großmutter und Tante ein strenges Regiment, das Karen und ihren vier Geschwistern die sinnlichen Seiten des Lebens untersagte. Verstanden fühlte sich das temperamentvolle Mädchen nur von seinem Vater, **Wilhelm Dinesen**. Auf langen Spaziergängen entkamen beide zumindest zeitweise dem häuslich-bürgerlichen Regiment. Für die zehnjährige Karen war es daher ein schwerer Schlag, als sich ihr Vater 1895 das Leben nahm.

Neuanfang in Afrika

Erst mit 28 Jahren gelang es der jungen Frau, der Enge des elterlichen Hauses zu entfliehen. Sie heiratete ihren adligen Halbvetter, den Großwildjäger **Baron Bror Blixen-Finecke**, und kaufte mit ihm eine Kaffeeplantage in Ostafrika. Auch wenn es nur eine Zweckehe war, fühlte sich Karen Blixen in Afrika von Anfang an sehr wohl. Der neue Kontinent bedeutete Freiheit, ihre Farm war der Ort ihrer Bestimmung, und die Schwarzen, für deren Werte und Würde sie einen ausgeprägten Blick hatte, wurden zu Verbündeten. »Auf der Farm entwickelte sich meine Bekanntschaft mit den Schwarzen zu einer festen persönlichen Beziehung und wir wurden gute Freunde. Ich fand mich damit ab, dass ich sie zwar nie ganz kennen und verstehen würde, dass sie mich aber durch und durch kannten und die Entscheidungen, die ich treffen würde, bereits wussten, ehe ich es selbst wusste.« Eine besondere Beziehung hatte sie zu ihrem Koch **Kamante**, einem früheren Hirtenjungen. Kamante lernte schnell die Zubereitung der köstlichsten europäischen Gerichte – er selbst aß sie jedoch nie.

Die große Liebe

Nach der Scheidung von ihrem Mann Bror, der sie unentwegt betrog und sie bereits im ersten Ehejahr mit Syphilis angesteckt hatte, begann Karen Blixen ein leidenschaftliches Verhältnis mit ihrer wahren Liebe, dem adligen Großwildjäger und begeisterten Flieger **Denys Finch Hatton**. Er philosophierte mit ihr über Kunst und Musik, nahm sie mit zur Löwenjagd und in die Lüfte über die unendlichen Landstriche Kenias. Finch Hatton war es auch, der Karen ermutigte, sich Geschichten auszudenken – Geschichten, die sie einst weltberühmt machen sollten. Doch das Glück währte nicht lange. Karens Kaffeefarm warf zu wenig Erträge ab. Durch eine Umstellung auf Viehzucht wäre die Farm gerettet worden, aber dafür hätte sie 3000 Pächtern das Weideland wegnehmen müssen. Das wollte sie nicht. »Ich konnte nicht vergessen, dass vor Kurzem die Eingeborenen des Landes ihren Grund und Boden unbestritten besaßen und noch nichts von den Weißen und ihren Gesetzen gehört hatten.« Unter den Siedlern machte sie sich mit dieser Haltung wenig Freunde. Im Dezember 1930 war es dann so weit: Schweren Herzens musste sie die Farm verkaufen. Vier Monate später kam Denys Finch Hatton bei einem Flugzeugabsturz über Voi bei Tsavo ums Leben. Sein Tod traf sie wie ein Donnerschlag. In den Ngongbergen, wo die Liebenden einmal begraben werden wollten, wurde er beigesetzt – heute erinnert dort ein Obelisk an ihn.

Obwohl Karen Blixen nun alles verloren hatte, ließ sie sich vor ihrer Abreise auf zähe Verhandlungen ein, um für ihre schwarzafrikanischen Pächter anderes Land zu finden. »Es ist mehr als nur der Boden, was den Menschen genommen wird, denen man die heimatliche Erde nimmt. Es ist ihre Ver-

»Ich hatte nur den einen Ehrgeiz: Geschichten zu erfinden, sehr schöne Geschichten.«

gangenheit, ihr Wurzelgrund, ihr Eigensein.« Im Juli 1931 kehrte Karen Blixen nach Dänemark auf das elterliche Anwesen Rungstedlund zurück, wo erneut die Fesseln eines bürgerlichen Daseins drohten. »Doch ich versprach dem Teufel meine Seele und als Gegenleistung versprach er mir, dass alles, was ich erlebte, in Geschichten verwandelt würde.« Ihre unter Pseudonymen wie **Tania** Blixen, Isaac Dinesen und Pierre Andrézel verfassten **Erzählungen**, die nicht nur in Afrika, sondern auch im Norden Europas spielen, verhalfen ihr binnen kurzer Zeit zu Weltruhm. »Es ist ein großes Glück, die Dinge, die einem geschehen, in Geschichten verwandeln zu können, das ist vielleicht das einzig vollkommene Glück.« Sie starb am 1. September 1962, ohne Afrika je wieder gesehen zu haben.

Mit Originalmöbeln eingerichtet: das Farmhaus von Karen Blixen

Nach dem großen Erfolg des Films und dem zunehmenden Interesse an Karens Leben wurde ihr Wohnhaus 1986 zum Museum. Ihre Gemälde im Haus sind ausnahmslos Kopien, die Originale bewahrt das Blixen-Museum in dänischen Rungstedlund.
● tgl. 9.30 – 18.00 Uhr, Eintritt Erw. Ksh 1200, Kinder Ksh 600
Tel. 020 800 21 39, www.museums.or.ke

Ngong Hills Die Ngong Road führt als C 60 hinauf in die Ngongberge, die südwestlich von Nairobi bis auf 2460 m ansteigen. Von Spaziergängen sollte man unbedingt absehen, da es hier in den letzten Jahren wiederholt zu Überfällen kam. Den besten und sichersten Blick auf die markante fünfhügelige Bergkette der Ngong Hills hat man zudem vom granitenen Gartentisch am Karen Blixen Museum. Dort hat sie selbst oft gesessen.

Biegt man bei der Ortschaft Ngong in südlicher Richtung auf die E 418 ab, so gelangt man zum **Denys Finch Hatton Memorial**. Ohne kundigen Führer dürfte es jedoch schwierig werden, den Gedenkstein tatsächlich zu finden. Da es wiederholt zu Überfällen kam, begleiten derzeit bewaffnete **Sicherheitsbeamte** jedes Fahrzeug. Die Mühen der Anfahrt lohnen sich eigentlich nicht. Ein schlichter Obelisk bezeichnet das Grab von Denys Finch Hatton (1887 bis 1931), der bei einem Flugzeugunfall ums Leben kam. Er galt als einer der fähigsten Großwildjäger seiner Zeit, wurde aber vor allem be-

> **BAEDEKER TIPP !**
>
> ### Ngong House
>
> Auch wer nicht in einem der fünf Baumhäuser des Ngong House logieren möchte, findet hier ein herrliches Plätzchen, um Großstadt- und Safari-Staub hinter sich zu lassen. Es befindet sich auf der Kaffeeplantage, die einst Karen Blixen gehörte. Im wunderschönen, ruhigen Garten werden erstklassige Brunches und Mittagessen serviert, das Dinner genießt man bei Kerzenschein im reetgedeckten Speisesaal mit offenem Kamin (P. O. Box 24963, 00502 Nairobi, Karen, Tel. 020 89 18 56, www.ngonghouse.com).

kant als **Geliebter von Karen Blixen**, die ihm ein literarisches Denkmal setzte (▶Baedeker Wissen S. 358). Der Obelisk ist ziemlich heruntergekommen und der Blick von oben ist nicht mehr wie damals. Die Gegend ist zugebaut, immer mehr Plastik-Gewächshäuser verunstalten die Landschaft. Inzwischen sind auch die Pläne genehmigt, Windräder an der Südseite des Berges aufzustellen. Die Szene von der Beerdigung in den Ngong Hills in »Jenseits von Afrika« wurde in der ▶Masai Mara gedreht.

Henry Wanyoike war gerade einmal 20 Jahre alt, als das Unfassbare geschah. Ein Schlaganfall ließ ihn über Nacht erblinden. So gerne war er schon seit seiner Jugend gelaufen und nun sollte damit auf einmal Schluss sein? Doch es kam anders: 1998 besuchte der zähe Mann aus Kikuju, 20 km nördlich von Nairobi, das Machakos Technical Institute for the Blind und bereits 2002 fing er wieder zu laufen an, mit Erfolg. An der Seite seines Begleit-Läufers Joseph Kibunja, mit dem er über eine Kordel verbunden war, erlief Henry Wanyoike **Gold bei drei Olympiaden**. Seine Geschichte und die von zwei weiteren behinderten Athleten wird eindrucksvoll in dem deutschen Film »Gold – Du kannst mehr als du denkst« beschrieben, der 2013 in die Kinos kam (www.du-bist-gold.de). Motiviert durch seine Erfolge gründete der Kenianer die Henry Wanyoike Foundation, mit dem Ziel, Sportler mit Handicap, aber auch andere benachteiligte Menschen zu unterstützen und ihnen Mut zu machen.

Du kannst mehr als du denkst!

❶ www.henrywanyoikefoundation.org

★★ Ngorongoro Conservation Area

C 8 / 9

Staat: Tansania
Fläche: 8300 km²
Höhe: 1750 – 3648 m ü.d.M.

Auf kleinstem Raum zeigt die ostafrikanische Tier- und Pflanzenwelt im Ngorongoro-Krater alles, was sie zu bieten hat. Das Naturschutzgebiet ist seit 1979 UNESCO-Weltnaturerbe.

Der ★★**Ngorongoro-Krater** in Nordtansania ist mit einer Fläche von rund 250 km² und 22 km Durchmesser eine der größten Calderas der Welt. Er bildet den Mittelpunkt der **Ngorongoro Conservation Area**, zu der weitere Krater und über 3000 m hohe Vulkankegel gehören. Höchste Erhebung ist der **Loolmalash** mit 3648 m. In der Conservation Area liegt auch die wegen ihrer sensationellen Fossili-

Größte Caldera Afrikas

Ngorongoro Conservation Area erleben

AUSKUNFT, EINTRITT
Ngorongoro Conservation Area Authority
P.O. Box 1, Ngorongoro Crater, Arusha
Tel. 0255 27 253 70 06
Krater: tgl. 7.00 – 18.00 Uhr
Eintritt Erw. $ 50, Kinder US $ 10
max. Aufenthalt im Krater 6 Stunden
www.ngorongorocrater.org

REISEZEIT, ANREISE
Beste Reisezeit sind Dez. – Feb. und Juni/Juli. Während der Regenzeit im April/Mai sind viele Wege unpassierbar und die Zufahrt in den Kratergrund wird mitunter gesperrt. Das ganze Jahr über kann es zu schweren Gewittern kommen, in den Morgenstunden tritt häufig Nebel auf. Im Krater-Hochland ist es morgens oft kühl, am Kratergrund dagegen meist schon recht warm, mittags brennt die Sonne gnadenlos auf die nahezu schattenlose Grassteppe. Temperaturen um 35 °C sind die Regel. Vom ▶Kilimanjaro International Airport oder Arusha aus kann man mit Kleinflugzeugen das Kratergebiet erreichen. Oder man fährt in 4 – 5 Std. die 180 km von Arusha über Makuyuni und am ▶Lake Manyara NP vorbei zur Ngorongoro Conservation Area. Die Teerstraße endet kurz nach dem Eingang der NCA.

ÜBERNACHTEN AM KRATERRAND
Ngorongoro Crater Lodge ⊕⊕⊕⊕
www.ngorongorocrater.com
Übernachten im North oder South Camp am Ngorongoro-Krater inklusive VP, Butler, Parkgebühr und Game Drives. Frühmorgens Pirschfahrt in den Krater.
▶Baedeker Wissen, S. 136

Ngorongoro Serena Safari Lodge ⊕⊕⊕
P. O. Box 2551, Arusha, Tel. 0255 27 254 55 55, www.serenahotels.com
Das aufwendige Ambiente aus Vulkangestein und »Höhlenmalereien« bildet den Rahmen für perfekten Service, Mahlzeiten am Kamin, für Erholung nach aktionsreichen Tagestouren in den Krater oder geführten Rundgängen durch die nähere Umgebung. 75 Zimmer mit Blick auf den westlichen Kraterrand.

Ngorongoro Sopa Lodge ⊕⊕⊕
Tel. 0255 27 250 06 30
www.sopalodges.com
Auf dem Ostrand des Kraters bietet die Lodge schönste Ausblicke von den großen Fensterfronten der 92 Zimmer, der Lounge mit offenen Kaminen und vom spektakulär gelegenen Pool. Vogelbeobachtungen in den dichten Wäldern der Umgebung gehören zu den Besonderheiten der bei größeren Gruppen beliebten Lodge ebenso wie der relativ kurze Weg in den Krater über eine Privatroute.

Ngorongoro Farmhouse ⊕⊕
P. O. Box 8276, Arusha
Tel. 0255 27 254 45 56
www. tanganyikawildernesscamps.com
Die 50 Zimmer im Cottagestil 5 km vom Ngorongoro Lolduare Gate sind im Kolonialstil ausgestattet. Von hier aus bietet sich die Besichtigung des Oldeani-Kraters an. Zudem Ausflüge nach Lake Eyasi, an dem die Hadzabe noch als Jäger

und Sammler leben, und ein Besuch der vom Farmhouse unterstützten Schule.

Simba Public Campsite ⓖ
Tel. 0255 27 254 46 25
www.ngorongorocrater.org
Der einzige öffentliche Campingplatz mit Platz für 200 Zelte liegt am südlichen Kraterrand. Die Aussicht ist fantastisch, ansonsten ist er nicht empfehlenswert.

ÜBERNACHTEN BEI KARATU
Gibb's Farm ⓖⓖⓖ
P.O. Box 280, Karatu, Tel. 0255 27 253 43 97, www.gibbsfarm.com
1920 als Kaffeeplantage gegründet, wird auf Gibb's Farm heute Bio-Obst, Gemüse und Kaffee angebaut und für die köstlichen Speisen verwendet. Selbst Salami und Schinken stammen aus der eigenen Räucherei. 20 Bienenstöcke produzieren Honig, sechs Kühe liefern Milch für Käse, Butter, Joghurt und Eiscreme. Neben Massagen, Besichtigungen der Kaffeerösterei und dem Besuch der Tloma-Grundschule, die Gibb's Farm seit Jahren unterstützt, werden Wanderungen mit Vogelbeobachtungen und Einführungen in traditionelle Kräutermedizin angeboten. Wer möchte, kann einen Baum zum Schutz vor Erosion pflanzen oder in der Möbelwerkstatt mithelfen oder einfach nur zum Lunch ($25 pro Person) hereinschauen. Angeboten werden auch Safaris zum Ngorongoro-Krater und ▸Lake Manyara National Park Übernachtungen mit VP rund € 460.

Plantation Lodge ⓖⓖⓖ
P. O. Box 34, Karatu
Tel. 0255 27 253 44 05
www.plantation-lodge.com
Ein guter Ausgangspunkt für Tagestouren in den Krater ist die in den berühmten »Green Hills of Africa« gelegene Lodge unter deutscher Leitung, die mit ihrem Park und seiner üppigen Pflanzen- und Vogelwelt ebenso zur Erholung einlädt wie mit ihrem geschmackvollen Interieur.

Endoro Lodge ⓖⓖ
Tel. 0255 754 377795
www.endorolodge.com
2010 eröffnete nicht weit von Gibb's Farm die Endoro Lodge in einem wunderschönen Garten. Restaurant und Bar sind schlicht und geschmackvoll eingerichtet. Die 29 großzügig gestalteten Cottages verfügen alle über einen offenen Kamin. Von der Lodge starten Wanderungen zu den nahe gelegenen Elefanten-Höhlen, zu Wasserfällen und entlang des Kraterrandes. Wer möchte, kann sich Fahrräder ausleihen. Besuche bei einheimischen Familien und Besichtigung von Kaffee- und Bananen-Plantagen werden organisiert.

Kudu Lodge and Campsite ⓖ
P. O. Box 60, Karatu, Tel: 0255 754 47 47 92, www.kuducamp.com
Platz für 60 Zelte und angenehm sauber. Sowohl Swimming Pool als auch Internet Café und Bar der Kudu Lodge dürfen gegen Gebühr mitbenutzt werden.

FOTOSHOOTING
Ohne Zweifel ist es ein unvergleichliches Erlebnis, den Sonnenaufgang in einer der Lodges am Kraterrand zu beobachten – wenn der Nebel langsam aufsteigt und sich die Kraterszenerie wie hinter einem Vorhang lichtet. Das beste Licht zum Fotografieren im Kratergrund erhalten Sie jedoch, wenn Sie, sobald die Tore geöffnet werden, bereits am Kratereingang sind.

enfunde weltbekannte **Olduvai-Schlucht**. Der Besuch im Wildschutzgebiet lässt sich hervorragend mit einer Safaritour durch die ▶Serengeti und einer Besteigung des ▶Kilimanjaro verbinden.

Masailand Der Ngorongoro-Krater und sein Umland waren ursprünglich **Weidegebiet der Masai**. Ihre Ansprüche machten ihnen um 1900 deutsche Farmer streitig – von 1891 bis 1918 stand das heutige Tansania als **Deutsch-Ostafrika** unter der Verwaltung des deutschen Reiches. Danach wurde es **Großbritannien** unterstellt. Die Briten machten die Kraterlandschaft 1951 als Teil des ▶**Serengeti-Nationalparks** zum Naturschutzgebiet. Doch die Masai forderten ihre alten Weidegründe zurück. Ein 8300 km² großes Gebiet wurde von der Serengeti abgetrennt und 1959 zur **Ngorongoro Conservation Area** erklärt. Sie genießt nicht den gleichen Status wie ein Nationalpark, so dürfen die Masai hier weiterhin leben und ihr Vieh in der Grassavanne weiden – allerdings seit 1975 nicht mehr auf dem Kratergrund, eine Bestimmung, die in extremen Trockenzeiten umgangen wird.

Eigene Welt Die Ngorongoro Conservation Area reicht im Osten bis an den Rand des Rift Valley, nach Westen hin geht sie in die niederschlagsärmeren Steppen der ▶Serengeti über. Einige Berge überragen das sich durchschnittlich in 2500 m Höhe erstreckende **Hochland**. Besonders eindrucksvoll ist die Szenerie am **Ngorongoro-Krater**. Der riesige Kessel der Caldera entstand nach einer gewaltigen Explosion, durch die der Kegel des lange **erloschenen Vulkans** einstürzte. Nur die bis zu 2300 m hohen Kraterwände blieben stehen. Sie überragen den ebenen, mit Gras bewachsenen Kraterboden um 600 – 700 m. Auf dem Kratergrund spenden nur wenige Bäume Schatten. Die steilen Kraterwände sind dagegen mit Büschen und stellenweise auch Bäumen bewachsen. Wasser ist im Ngorongoro-Krater ausreichend vorhanden. Der **Lake Magadi**, dessen Größe im Jahresverlauf stark schwankt, ist zwar ein Sodasee, doch gibt es auch Frischwasserquellen, die Sumpfgebiete und Flussläufe speisen.

> **!** *Morgenstund' hat Gold im Mund*
>
> **BAEDEKER TIPP**
>
> ... auch für die massigen Rhinos im Ngorongoro-Krater. Morgens wandern die Nashörner von ihrer Nachtstation im Lerai Forest zum Magadi-See. In der Regenzeit zeigen sie sich oft in der Umgebung der Ngoitokitok-Quellen und der Sopa-Straße. Also: Frühes Aufstehen lohnt sich!

** Wildreichtum Nirgendwo sonst auf der Welt findet man auf so kleiner Fläche einen solchen **Artenreichtum**. Viele Tiere leben dauerhaft im Kratergebiet. Wasser ist hier das ganze Jahr über verfügbar, auch das Futterangebot ist angesichts häufiger Niederschläge ausreichend. Andere Tierarten wechseln je nach Jahreszeit zwischen Krater und Randgebieten hin und her. Auf rund 25 000 Großtiere wird der Bestand allein im Krater

Der Ngorongoro-Krater mit dem Lake Magadi ist auch Heimat des Marabu – mit 3 m Spannweite einer der größten Störche Afrikas.

geschätzt. Einige Arten können die steilen Kraterwände offensichtlich nicht überwinden. So kommen Giraffen zwar im Hochland rund um den Ngorongoro-Krater vor, nicht aber im Krater selbst. Dies gilt auch für Impalas. Rund 70 – meist alte – **Elefantenbullen** mit beeindruckenden Stoßzähnen sind im Krater ansässig.
Ohne Mühe wird man bei Pirschfahrten durch das Gelände **Zebras, Büffel, Weißbartgnus, Thomson- und Grantgazellen**, Strauße, Goldene Schakale, Tüpfelhyänen, Warzenschweine, **Nilpferde** und sicher **Löwen** entdecken. Mit etwas Glück sieht man auch Geparden, Leoparden und Spitzmaulnashörner. In den 1960er-Jahren lebten hier fast 100 Exemplare dieser vom Aussterben bedrohten Tierart. Obgleich von der tansanischen Regierung Maßnahmen zu ihrem Schutz ergriffen wurden, fielen die meisten Nashörner Wilderern zum Opfer. Heute beläuft sich der Bestand an **Spitzmaulnashörnern** wieder auf gut zwei Dutzend. Dank des Wasserreichtums ist der Kratergrund auch ein **Vogelparadies** – über 400 verschiedene Arten wurden gezählt. Überhaupt keine Scheu zeigen Webervögel und die bussardgroßen **Schwarzmilane**, die picknickenden Besuchern auch einmal das Brot direkt aus der Hand wegschnappen.

NGORONGORO CONSERVATION AREA

** Ngorongoro Crater

Eine Fahrt entlang des von Galeriewäldern gesäumten Munge River verspricht so gut wie immer die besondere Tierbegegnung. Die Baumgabeln sind beliebte Ruhezonen für Leoparden. An den **Hippo Pools** trifft man auf ganze Familien von Flusspferden, vom Ufer des ▶**Lake Magadi** kann man Flamingos, Pelikane und Fischreiher beobachten. Der Lerai Forest ist ein lichter Wald, vorherrschend sind Fieberakazien und wilde Feigenbäume.

Grzimek-Grab

Am Rande des Kraters erinnert nahe der Crater Lodge eine kleine Pyramide an **Bernhard und Michael Grzimek** (▶Baedeker Wissen, S. 382). Der Sohn des berühmten Zoologen starb 1959 während der Dreharbeiten zu »Serengeti darf nicht sterben« bei einem Flugzeugunglück über dem Ngorongoro-Krater. Der in Tansania hoch geschätzte Bernhard Grzimek wurde 1987 in einem feierlichen Begräbnis neben seinem Sohn beigesetzt. Bernhard Grzimek empfand die Natur und den Tierreichtum im Krater als derart einmalig, dass er den Ngorongoro-Krater als ein Weltwunder bezeichnete.

Grzimek-Grab am Kraterrand

Olmoti Crater, Empakaal Crater

Zwar darf man auf der Hochebene rund um den Krater nicht den gleichen Tierreichtum wie im Krater selbst erwarten, doch sind auch Touren zum Olmoti- und zum Empakaal-Krater im Nordosten des Schutzgebiets zu empfehlen. Voraussetzung: ein Fahrzeug mit **Vierradantrieb**. In der Caldera des Empakaal hat sich ein See gebildet.

* OLDUVAI GORGE

Wiege der Menschheit

▶Baedeker Wissen S. 368

Auf der Weiterfahrt zur ▶Serengeti sollte man unbedingt einen Stopp bei der **Olduvai-Schlucht** einplanen. Sie ist nach dem Oldupai-Schilfrohr benannt, aus dem die Masai Seile flechten. Etwa 40 km hinter dem Ngorongoro-Krater zweigt die Piste zur Schlucht ab – rund 100 km² umfasst heute die abgeschirmte archäologische Zone, die nur mit Guides betreten werden darf.

Weltbekannt ist die gut 50 km lange und bis zu 90 m tiefe Schlucht als **Fundstätte von Fossilien**. Insgesamt entdeckte man hier Knochenreste von mehr als 35 **Vorfahren des Homo sapiens** und von

zahlreichen Säugetieren aus verschiedenen Epochen der Erdgeschichte. Bereits 1911 erwachte das Interesse an der Schlucht. Damals fand der Insektenforscher Prof. Kattwinkel zufällig fossile Knochen. Eine erste Expedition deutscher Wissenschaftler folgte 1913.
20 Jahre später nahmen Mary und Louis **Leakey** in der Schlucht Grabungen vor. Sensationelle Funde förderten die Leakeys 1959 zutage, als man auf Schädelteile des **Australopithecus boisei (Zinjanthropus)** stieß, der vor 1,75 Mio. Jahren lebte und wegen seiner überdimensionalen Backenzähne auch »Nussknackermann« genannt wird. Ein Jahr später entdeckte man Schädel und Knochen eines jungen Homo habilis. Ende der 1980er-Jahre legte Donald Johansen das Skelett eines Homo habilis frei. Ebenfalls Aufsehen erregten die **Fußspuren**, auf die Mary Leakey 1978 auf der **Laetoli-Ebene**, 45 km südlich der Schlucht, stieß. Sie sind 3,5 Mio. Jahre alt und belegen, dass bereits die Vorfahren des Homo sapiens aufrecht gingen.

Ein kleines Museum informiert über die spektakulären Ausgrabungen von Mary und Louis Leakey und zeigt eine **Rekonstruktion des Zinjanthropus** (▶Abb. S. 64) sowie Nachbildungen der Fossilienfunde, darunter **Gipsabdrücke der Laetoli-Fußabdrücke**, Spuren dreizehiger Hipparions, der nur 1 m großen Urpferde, sowie Skelette und Schädel prähistorischer Tiere. Bilder veranschaulichen, wie unsere Vorfahren damals in der Schlucht lebten. Von einem Aussichtspunkt beim Museum hat man einen grandiosen Blick in die Schlucht.
❶Tgl. 9.30 – 18.00 Uhr, Eintritt $ 20 für Museum und Gelände
www.ngorongorocrater.org

Museum

Frisch oder fermentiert: Bei festlichen Anlässen wird an der Halsschlagader von Rindern Blut abgezapft und mit Milch vermischt getrunken.

Hominidenfunde im Rift Valley

Wiege der Menschheit

Nach den spektakulären Funden von Richard Leakey in Koobi Fora am Westufer des Lake Turkana musste die Evolutionsgeschichte umgeschrieben werden. Erste Hominidenfossilien wurden bereits vor gut 100 Jahren in der Olduvai-Schlucht in Tansania freigelegt. Hier entdeckten Mary und Louis Leakey 1959 den legendären »Australopithecus boisei«, den »Nussknackermann«. Die Wiege der Menschheit, so zeigen die entdeckten Vorformen des Homo sapiens, steht im Ostafrikanischen Graben.

▶ **Spuren der Menschwerdung**
Fundstellen von Hominidenfossilien im Rift Valley   ©BAEDEKER

Bedeutende Funde im Rift Valley

Knochenreste, Schädel, Zähne und fossile Fußabdrücke früher Hominiden zeugen von der Entwicklung der menschlichen Vorfahren.

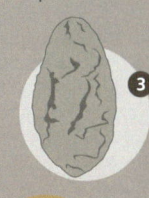

Lake Nakuru
Karianduse
Werkzeuge aus Stein
(0,7 – 1 Mio. Jahre)

Koobi Fora
Homo erectus
Fossilien, Skelett
(1,6 Mio. Jahre)

Tugen Hills
Orrorin tugenensis
Unterschenkelknochen,
Unterkiefer, Zähne
(6 Mio. Jahre)

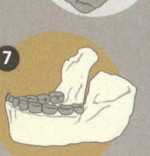

Peninj
Australopithecus boisei
Unterkiefer
(1,1 Mio. Jahre)

Lake Victoria
Proconsul africanus
Schädel
(18 Mio. Jahre)

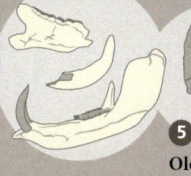

Olorgesailie
Tierknochen und
Werkzeuge
(600 000 – 900 000 Jahre)

Lainyamok
Werkzeuge,
Oberkiefer
Oberschenkelknochen
(360 000 Jahre)

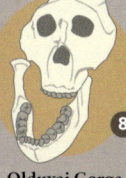

Olduvai Gorge
Australopithecus boisei
(Zinjanthropus)
Schädel
(1,75 Mio. Jahre)

Homo habilis
Schädel
(500 000 bis
975 000 Jahre)

Laetoli
Australopithecus
afarensis
Fußabdrücke
(3,5 Mio. Jahre)

Evolution des Menschen

Vor mehr als sieben Millionen Jahren entwickelten sich die Menschenaffen zu »Hominiden«, von denen es mehrere Arten gab. Nur eine entwickelte sich weiter zum modernen Menschen, dem »Homo sapiens«.

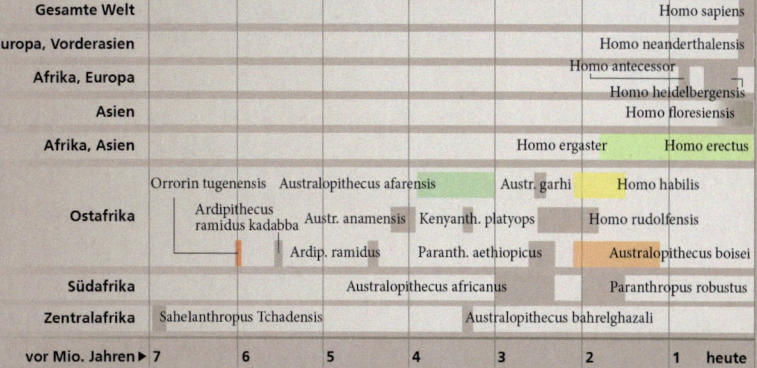

	7	6	5	4	3	2	1	heute
Gesamte Welt								Homo sapiens
Europa, Vorderasien								Homo neanderthalensis
Afrika, Europa							Homo antecessor	Homo heidelbergensis
Asien								Homo floresiensis
Afrika, Asien						Homo ergaster		Homo erectus
Ostafrika	Orrorin tugenensis	Ardipithecus ramidus kadabba	Australopithecus afarensis / Austr. anamensis / Ardip. ramidus		Kenyanth. platyops / Paranth. aethiopicus	Austr. garhi	Homo habilis / Homo rudolfensis	Australopithecus boisei
Südafrika				Australopithecus africanus				Paranthropus robustus
Zentralafrika	Sahelanthropus Tchadensis				Australopithecus bahrelghazali			
vor Mio. Jahren ▶	7	6	5	4	3	2	1	heute

ZIELE • **Samburu & Buffalo Springs National Reserves**

Oldonyo Lengai
Shifting Sands nennt sich eine **Wanderdüne** im Norden des Schutzgebietes, etwa 60 km südwestlich vom Oldonyo Lengai, dem **heiligen Berg der Masai**. Bei einem der Vulkanausbrüche des bis heute aktiven Oldonyo Lengai – die letzte Eruption ereignete sich 1993 – wurde die **Vulkanasche** in südwestlicher Richtung geweht, sodass sich eine halbmondförmige Düne bildete. Durch den ständigen Wind wandert die Düne ca. 17 m pro Jahr.

** Samburu & Buffalo Springs National Reserves

E 5

Region: Safarigebiet Nord
Fläche: 293 km²
Höhe: 850 – 1245 m ü.d.M.

Seit der Flutkatastrophe im März 2010 ist die Brücke über den Ewaso Ngiro River, der die beiden Naturschutzgebiete Samburu und Buffalo Springs verbindet, beschädigt. Eine erneute Flutkatastrophe ein Jahr später zerstörte auch die Fußgängerbrücke, die einzige verbliebene Verbindung. Um von Süden zum Samburu N. R. zu gelangen, geht es nun auch über Archer's Post. Die Flusslandschaft wechselt zwischen offener Gras- und Dornbuschsavanne, unterbrochen von Kopjes, wie die felsigen Hügel mit Panoramablick hier heißen.

Savanne und Galeriewälder am Fluss
Im Norden Kenias bilden Samburu und Buffalo Springs zusammen ein etwa 300 km² großes **Wildschutzgebiet**. Das Zentrum des Samburu National Reserve markiert der 1245 m hohe **Koitogorr**. Lebensader ist der **Ewaso Ngiro River**, dessen Name in der Sprache der hier beheimateten Samburu »Fluss des braunen Wassers« bedeutet. Er entspringt in der Aberdare Range und mündet weit im Osten des Landes in die Lorian Swamps. Den Flusslauf begleiten Galeriewälder, in denen Doumpalmen und Schirmakazien dominieren.

Lebensader Ewaso Ngiro
Gespeist wird der Fluss von Bergen wie dem ▶Mount Kenya. Durch massive Abholzung großer Flächen und damit einhergehender dramatischer Erosion, verwandelt sich der einst gemächlich fließende Ewaso Ngiro bei schweren Regenfällen in einen reißenden Strom. Der kahle, harte Boden kann die Wassermassen nicht stoppen. Zweimal in nur wenigen Jahren verursachten gewaltige Flutkatastrophen enorme Schäden. In Dürreperioden können viele Tiere nur noch überleben, wenn sie auf der Suche nach Wasser nach Osten Richtung Shaba oder nach Süden Richtung ▶Laikipia wandern. Nur Elefanten

Samburu & Buffalo Springs National Reserves • ZIELE

Samburu & Buffalo Springs National Reserves

Übernachten
1. Elephant Watch Camp
2. Sasaab Samburu
3. Elephant Bedroom
4. Saruni Samburu
5. Samburu Intrepids Club
6. Samburu Sopa Lodge

können mit ihren Stoßzähnen im sandigen Flussbett selbst Zugang zum Grundwasser finden. Im Buffalo Springs National Reserve bieten einige Sumpfgebiete in der Trockenzeit immer noch Nahrung. Gerade Büffelherden werden durch sie angelockt.

In den Nationalreservaten Samburu & Buffalo Springs sieht man Tierarten, die besonders an die Trockenheit angepasst sind und daher nicht im niederschlagsreicheren Süden des Landes vorkommen. Dazu gehören Spießböcke (Oryx-Antilopen), die hübschen **Netzgiraffen** mit ihrem rotbraunen Fell und dem weißen Netzmuster, blaubeinige **Somali-Strauße** und die Giraffen-Gazelle, **Gerenuk**, die auf den Hinterbeinen stehend Blätter von den höheren Ästen pflückt. Auch die vom Aussterben bedrohten **Grevy-Zebras** sind im Park vertreten. Im Vergleich zu ihren Verwandten, den Steppenzebras, haben sie schmalere schwarze Streifen, einen weißen, streifenfreien Bauch und größere Ohren. Relativ groß ist der Bestand an **Geparden** und **Leoparden**, die man mit etwas Glück bei der Jagd beobachten

** Fantastische Tierwelt

Samburu & Buffalo Springs National Reserves erleben

AUSKUNFT, EINTRITT
Samburu & Buffalo Springs N. R.
Archer's Post, tgl. 6.00 – 19.00 Uhr
Eintritt Erw. $ 70, Kinder $ 35
Ein Ticket gilt 24 Stunden und
ist auch für das Shaba N. R. gültig.
Tickets über KATO in Nairobi
Tel. 020 271 33 48, www.kato.org
www.samburucouncil.com.

REISEZEIT
Die Nationalreservate können das ganze Jahr über besucht werden. Der wenige Regen fällt März bis Ende Mai und auch im November ist mit Regen zu rechnen. Er behindert dann allenfalls für einige Stunden. Allerdings ist es dann schwer, entlang des Flusses zu fahren. Die Tagestemperaturen liegen mittags meist über 30 °C, nachts wird es aber recht kühl.

ANREISE UND VERKEHR
Man erreicht die beiden 350 km nördlich von ▶Nairobi gelegenen Nationalreservate über die gut ausgebaute A2. Die Straße ist bis Archer's Post asphaltiert. Aus Sicherheitsgründen empfiehlt es sich bei Tageslicht und im Konvoi zu fahren. Flüge gibt es vom Wilson Airport in ▶Nairobi, von Nanyuki zu den Landepisten im Reservat oder per Charter zu den benachbarten privaten Schutzgebieten. Der ausgebaute Flughafen in Isiolo wird von den Fluggesellschaften bis dato noch nicht angeflogen. Ein Allradfahrzeug ist in den Reservaten aufgrund der vielen Sandpisten angeraten.

SAMBURU MANYATTAS
Viele Lodges organisieren den Besuch eines Samburu-Dorfes. Hier kann man eine Menge über die Traditionen, Familienstruktur und Lebensgewohnheiten der Samburu erfahren. Die Einnahmen aus den Führungen kommen lokalen Projekten zugute wie der Schule oder einer Krankenstation. In der Nähe von Archer's Post haben verwitwete und alleinerzie-

Auf Pirsch im Samburu National Reserve – Netzgiraffen haben Vorfahrt!

Samburu & Buffalo Springs National Reserves • ZIELE

hende Samburu-Frauen ein Frauendorf gegründet, das einen Besuch lohnt. Auf dem Areal befindet sich ein Kulturzentrum. Ein Restaurant bietet typische afrikanische Gerichte an und es ist möglich, in einer traditionellen Samburu-Hütte oder auf dem Campingplatz zu übernachten. Samburr heißt der traditionelle Lederbeutel, der auf dem Rücken getragen wird und zum Transportieren von Honig oder Fleisch dient (Eintritt $ 10, Tel. 0721 65 97 17, www.umojawomen.org, Übernachtung auf dem Campingplatz oder in der Samburu-Hütte ab $ 12 pro Person).

ÜBERNACHTEN

❶ *Elephant Watch Camp* €€€€
Tel. 0713 03 78 86
www.elephantwatchsafaris.com
▶Baedeker Wissen S. 136
Preisgekröntes Ökocamp der Elefantenforscher Iain und Oria Douglas-Hamilton

❷ *Sasaab Samburu* €€€€
Tel. 020 502 08 88, www.sasaab.com
Hoch über dem Ewaso-Ngiro-Fluss stehen westlich des Samburu-Reservats auf der privaten Nguluk-Oongiron Group Ranch die neun im marokkanischen Stil eingerichteten Zelte von Sasaab, jedes auf einem Areal von 100 m² mit eigenen Plunge Pool und Duschen unter freiem Himmel. Safaris werden auch auf den fünf hauseigenen Kamelen angeboten.

❸ *Elephant Bedroom* €€€
Tel. 020 445 00 35
www.atua-enkop.com
Die 12 geschmackvollen Zelte stehen auf Stelzen, auf jeder Veranda der eigene Pool – eine willkommene Abkühlung an den oft heißen Tagen. Im großen Hauptzelt sind Restaurant und Bar. Auf den dicken Sofakissen in der Lounge lässt sich der erlebnisreiche Tag entspannt ausklingen. Das Abendessen wird unterm Sternenhimmel serviert.

❹ *Saruni Samburu* €€€
Tel. 020 624 25 25
www.sarunisamburu.com
Auf einer Anhöhe in der Kalama Wildlife Conservancy, 7 km nördl. vom Samburu N.R., thronen sechs Designer-Villen mit atemberaubendem Blick über die Ebene zu mehreren Wasserlöchern. Das private Schutzgebiet umfasst 95 000 ha. Wellness und Pools gehören zum Anwesen. Neben Pirschfahrten werden Wanderungen mit Samburu Guides angeboten. Exquisite Küche und erlesene Weine.

❺ *Samburu Intrepids Club* €€
Tel. 020 210 34 54
www.heritage-eastafrica.com
27 Zelte am Ufer des Uaaso Nyiro: Im Himmelbett oder auf der eigenen Veranda mit Blick auf den Fluss lässt es sich besonders schön von der vergangenen Pirschfahrt oder dem Kamelausritt träumen. Auch Kinder werden nach einem Safaritag mit dem »Adventure Club« glückselig einschlafen.

❻ *Samburu Sopa Lodge* €€
Tel. 020 375 03 25
www.sopalodges.com
Alle 15 reetgedeckten Cottages haben zwei Schlafzimmer und eine eigene Veranda. Unschlagbar ist der Blick vom Pool über ein Wasserloch bis zum Fluss. Das Restaurant serviert internationale und indische Gerichte. Neben Pirschfahrten können auch Samburu-Dörfer besucht werden. Der Pool hat einen Extrabereich für Kinder; Babysitting-Service.

ZIELE • Samburu & Buffalo Springs National Reserves

> **?** **BAEDEKER WISSEN**
>
> *Kleines Volk – große Wirkung*
>
> Sie sind mächtig und groß und müssen, außer dem Menschen, niemanden fürchten. Eigentlich. Dennoch gibt es ein Tier, vor dem sogar 6 t schwere Elefanten Respekt haben: afrikanische Bienen. Das von Dr. Iain Douglas-Hamilton ins Leben gerufene Projekt »Save the Elephants« macht sich dies zunutze. In Zusammenarbeit mit dem Zoologischen Institut der Oxford University entwickelte Dr. Lucy King den sog. **Beehive Fence**, einen Zaun mit Bienenkörben (▶Baedeker Wissen S. 179), den 17 Farmen bei Ngare Mara am Ostrand des Buffalo Springs N. R. nutzen, um Elefanten von ihren Äckern fernzuhalten (www.elephantsandbees.com).

kann. Ab und an zeigen sich auch Löwen, die letzten Nashörner fielen schon vor Jahren Wilderern zum Opfer. Krokodile sonnen sich gern regungslos auf den Sandbänken im Ewaso Ngiro River. Ein Erlebnis ist es, **Elefanten** zuzuschauen, wie sie im Fluss trinken. Vogelfreude können sich an den zahlreichen, in den Morgenstunden lärmenden **Nashornvögeln** erfreuen und an den riesigen Schwärmen von **Geierperlhühnern** – bevorzugte Beute der **Kampfadler**, der größten Adler Afrikas. Die besten Chancen zur **Wildbeobachtung** bieten die Pisten am Ewaso-Ngiro-Ufer, an dem teilweise Schatten spendende Galeriewälder stehen und auch vereinzelt Doumpalmen zu sehen sind, aber auch die Quellen der Buffalo Springs und die Pisten am Flussbett des Isiolo oder des Ngare Mara.

Isiolo Durchgangsstation auf dem Weg in die Nationalreservate ist Isiolo, durch das die von Süden kommende, asphaltierte A 2 führt. Kennzeichnend für die 33 000 Einwohner zählende Ortschaft ist ein buntes Völkergemisch, Samburu, Borana, Turkana, Somalis und Rendille sind hier anzutreffen. Für sie ist Isiolo wichtiges **Markt- und Handelszentrum**. Wer weiter gen Norden reisen will, deckt sich am besten nochmals mit allem Lebensnotwendigen ein. Ex-Präsident Kibaki weihte noch während seiner Amtszeit den **Internationalen Flughafen** in Isiolo ein, doch Flug-Verbindungen dorthin werden bis dato noch nicht angeboten. Der Flughafen ist Teil der Vision 2030, bei der auch eine Straßen- sowie Eisenbahnverbindung zwischen Süd-Sudan, Äthiopien und Lamu geplant ist.

* SHABA NATIONAL RESERVE

Born Free Country Östlich des Samburu National Reserve schließt das 1974 ausgewiesene, bislang wenig besuchte 239 km² große Shaba National Reserve an. Es verdankt seinen Namen dem 1525 m hohen **Mount Shaba**, einem Vulkan, der vor etwa 5000 Jahren erlosch. Besonders spektakulär sind die Abendstunden. In der Dämmerung scheint der Shaba zu glühen. Die Nordgrenze bildet auf 34 km der **Ewaso Ngiro River**,

Shaba National Reserve erleben

AUSKUNFT, EINTRITT
Shaba National Reserve
Tgl. 6.00 – 19.00 Uhr
Eintritt Erw. $ 70, Kinder $ 35
Das 24-Stunden-Ticket gilt auch für das
▶Samburu N. R., Tickets über KATO in
Nairobi, Tel. 020 271 33 48
www.kato.org

ÜBERNACHTEN
Joy's Camp ????
Tel. 020 600 30 90, www.joyscamp.com
www.chelipeacock.com
Den schattigen Platz an einer von Elefanten bevorzugten Wasserstelle entdeckte Joy Adamson. 2006 entwarf Stefano Cheli das nach ihr benannte Camp mit 10 wunderschönen Luxuszelten im Borana-Design – 2013 sowohl von Ecotourism Kenya mit Gold als auch vom International Hotel Awards als Best Sustainable Camp in Afrika ausgezeichnet. Ein kleines Museum erzählt Joys Leben und von der Auswilderung Pennys. Zu sehen sind auch Pflanzenstudien der talentierten Malerin. Karl und Sally sind wunderbare Gastgeber und organisieren spannende Pirschfahrten und Ausflüge zum Magado-Krater in den Nyambani Hills. Ein Erlebnis sind geführte Klettertouren am Ewaso Nyiro – zum Schluss wartet ein köstliches Frühstück am Ufer des Flusses. Anreise mit Privatcharter von Nanyuki zum Chaffa Airstrip in Shaba.

Sarova Shaba Game Lodg*e* ??
Tel. 020 276 74 44
www.sarovahotels.com
Die 94 geschmackvollen Zimmer und 5 Suiten befinden sich in Schindeldach-Häusern direkt am Fluss. Ein großer Pool ist Mittelpunkt der tropischen Parkanlage mit knorrigen alten Bäumen. Wer mag, kann dort sein Champagner-Frühstück einnehmen. Abends nach Pirschfahrt, Walking Safari oder Krokodilfütterung ist der Sundowner an der Shaba-Bar genau das Richtige.

Paradies auf Erden: Joy's Camp zur blauen Stunde

Ein Erlebnis: Klettertouren durch die Felsen am Ufer des Ewaso Ngiro

der hier streckenweise tiefe Schluchten gebildet hat. Ausladende Schirmakazien sind die bevorzugten Plätze von Leoparden. Shaba ist auch Lebensraum für Elefanten und Löwen, Netzgiraffen, Grevy-Zebras, Gerenuks, Dikdiks, Oryx-Antilopen und Somali-Strauße. Nicht weniger als 17 Quellen spenden Wasser und auch in Dürrezeiten sind im Lorian-Sumpf viele Tiere zu sehen, unter ihnen die seltenen Sattelstörche. Im Shaba-Schutzgebiet arbeitete zeitweilig **Joy Adamson**, um ihre Leopardin Penny auszuwildern – Lesetipp: »Die Leopardin Penny. Geschichte einer afrikanischen Großkatze« (Ullstein, 1984). Eine schlichte Tafel in der Nähe von Joy's Camp erinnert an die Tierforscherin, die 1980 in Shaba ermordet wurde (▶Berühmte Persönlichkeiten). Auch der Film »To walk with lions« über das Leben von George Adamson ist in Shaba gedreht worden. Das nachgebaute »Kora Camp« kann besichtigt werden.

** Serengeti National Park

✈ B / C 7 / 8

Staat: Tansania
Fläche: 14 763 km²
Höhe: 920 – 1850 m ü.d.M.

»Endlose Ebene« bedeutet Serengeti in der Sprache der Masai. Die fast baumlose, weite Savannenlandschaft ist in der ganzen Welt bekannt als spektakuläres Tierparadies und für viele das Sinnbild des unberührten Afrika schlechthin.

Weite, fast ebene **Grassavannen**, nur vereinzelt durchsetzt von busch- und baumbestandenen Arealen, beherrschen das Landschaftsbild. Ihnen verdankt die Serengeti auch ihren Masai-Namen »Siringet«, der eine »endlose Ebene« bezeichnet. Akzente setzen Inselberge, **Kopjes** genannte Felsbrocken aus Gneis und Quarzit. Diese harten Urgesteinsmassen lagen ursprünglich unter der Erdoberfläche. Durch Erosion wurden die umgebenden Erdmassen und weicheren Gesteinsschichten abgetragen. Ein besonders bizarres Aussehen erhalten die Kopjes durch schalenartige Absprengungen und tiefe Risse im Gestein, verursacht durch extreme Temperaturunterschiede: Auf die von der Sonne erhitzten Felsmassen fiel kalter Regen. Die Felsinselchen inmitten der endlosen Savannenlandschaft haben eine besondere Flora und Fauna, meist umgeben sie Büsche und Bäume. Im feuchteren Westteil der Serengeti geht die Grassavanne in **Baum- und Buschsavanne** über. Im Norden zwischen Lobo und der Grenze zu Kenia lösen Wald- und Hügellandschaften die Savanne ab. Ausgedehnte Pufferzonen am Rande der Serengeti, Loliondo Controlled Area im Nordosten, Grumeti und Ikorongo im Nordwesten, sollen die Tiere auf ihrer Wanderung und die Menschen voneinander trennen. Während der Regenzeit verwandeln sich hier weite Gebiete in eine Sumpflandschaft.

Weite Ebenen und bizarre Kopjes

Nirgendwo sonst auf der Welt konzentriert sich mehr Großwild in der Serengeti mit rund **3 Mio. Tieren**. Über 2 Mio. Huftiere, vor allem Gnus, Zebras und Gazellen, sammeln sich alljährlich zur »Great Migration« (▶Baedeker Wissen, S. 380). Zu Safaris in der Serengeti gehört die Begegnung mit den »Big Five«. Durch Wilderei ist der Bestand von **Nashörnern** allerdings in erschreckendem Ausmaß dezimiert worden. Mit Hilfe der Zoologischen Gesellschaft Frankfurt, deren langjähriger Präsident Bernhard Grzimek war, konnten Spitzmaulnashörner aus Südafrika in der Serengeti angesiedelt werden. Sie sind Nachkommen von Tieren, die während der furchtbaren Nashornwilderei in den 1960er- und 1970er-Jahren nach Südafrika gerettet wurden, um ihr Aussterben zu verhindern. Aus ihrer Herde

***Tierparadies**

kamen 2010 fünf Nashörner zurück in die Serengeti, aber eines von ihnen fiel wieder Wilderern in die Hände. Mikrochips, mit denen ihr Standort lokalisiert werden kann, soll helfen dies zu verhindern. 2013 wurden weitere 27 Spitzmaulnashörner aus Südafrika in der Serengeti angesiedelt. Mehr als 2000 **Elefanten** ziehen in großen Herden durch die Ebenen. Die meisten **Büffel** gibt es im westlichen Korridor entlang des Grumeti River und im Wald um Seronera. In der Serengeti sieht man erstaunlich große **Löwenrudel**. Gern halten sie sich auf den rundgeschliffenen Kopjes auf, die ihnen einen guten Überblick über das Umland erlauben. Die besten Chancen einen **Leoparden** zu sichten, hat man in den Galeriewäldern entlang der Flussläufe. Leoparden ruhen sich gern auf Astgabeln von Leberwurstbäumen oder Fieberakazien aus, ziehen auch erlegtes Wild hier rauf, um den fetten Fang nicht mit anderen Raubtieren teilen zu müssen – gegen ein Rudel Löwen haben die Einzelgänger keine Chance. In der Savanne grasen Elenantilopen, Topis, Kuhantilopen, Impalas, Grantgazel-

Hunderttausende von Zebras und Gnus sammeln sich jedes Jahr ...

Serengeti National Park • ZIELE

len, Giraffen und Steppenzebras. Thompson-Gazellen und Impala-Kitze sind begehrte Beute von **Geparden**. Im Clan jagen Tüpfelhyänen ihre Beute, die durchaus die Größe eines Gnus erreichen kann. Auch Buschböcke, Schabrackenschakale, Nilkrokodile, Flusspferde, Warzenschweine, Mangusten, Bushbabys und Klippschliefer sind im Schutzgebiet heimisch. Unter den mehr als **500 Vogelarten** sind Riesentrappen, Strauße, Sekretäre, Schopfadler, Turakos, Grauschnäpper, Nilgänse, Fischadler, Frankoline, Kronenkraniche, Kaffernhornraben, Marabus und die putzigen metallisch-blau schimmernden Dreifarben-Glanzstare, Superb Starling genannt.

Der Serengeti National Park, der etwa die Größe Schleswig-Holsteins hat, liegt im Nordwesten Tansanias an der Grenze zu Kenia, wo er seine Fortsetzung im ▶Masai Mara National Reserve findet. Die Serengeti war im 19. Jh. **Weideland der Masai**. Durch die aus Europa eingeschleppte **Rinderpest** wurden ihre Viehherden ab 1880 dras-

Vom Weideland zum UNESCO-Welterbe

... in der endlosen Ebene der Serengeti zur Großen Tierwanderung.

Große Tierwanderung

Zeit zum Aufbruch

»The Great Migration«, die größte Wildtierwanderung der Erde, ist ein Naturwunder: Jahr für Jahr ziehen Millionen von Weißbartgnus, Zebras und Antilopen auf der Suche nach guten Weidegründen von der Serengeti in die ▶Masai Mara und wieder zurück.

Nur wenige Minuten haben die Gnu-Kälbchen Zeit, um auf eigenen Beinen zu stehen, wenn sie in Tansanias **Serengeti** das Licht der Welt erblicken. Dezember bis Juni – abhängig von der Witterung – verbringen die **riesigen Weißbartgnu-Herden** in der vulkanischen, kalziumreichen Kurzgras-Savanne der südöstlichen Serengeti unterhalb des Ngorongoro-Kraters. Während der Regenzeit zwischen Januar und März werden hier in nur drei Wochen rund 90 % ihrer Kälber geboren. In den endlosen Herden hüpfen und springen dann um die 400 000 hellbraune Jungtiere. In nur 45 Minuten können die Kälber rennen und sich den erwachsenen Tieren anschließen. Noch sind sie leichte Beute für Löwen, Wildhunde und Hyänen. Doch die große Zahl, in der sie fast gleichzeitig zur Welt kommen, sichert den Fortbestand.

Gleich nach der Geburt beginnt für Weißbartgnus die lebenslange Wanderung zwischen Serengeti und Masai-Mara. Wenn alles Gras gefressen ist und der Regen nicht mehr fällt, verlassen sie den Südosten der Serengeti, um nach Westen zu ziehen. Bereits vor einer Million Jahren – das zeigten Ausgrabungen in der Olduvai-Schlucht – weidete der **Connochaetes taurinus**, der Vorfahre der heutigen Gnus, in der Serengeti. Allein durch ihre Anpassungsfähigkeit an das Ökosystem können sich Weißbartgnus in ihrer unüberschaubaren Zahl behaupten. Und das, obwohl Gott, einer afrikanischen Legende zufolge, für die Tiere nur übrig gebliebene Ersatzteile verwendete.

Wie zu Urzeiten

Nie war ihre Anzahl so gering wie in den 1950er-Jahren, als Bernhard und Michael Grzimek erstmals die Tiere zählten. Die **Rinderpest**, die um 1900 von Italien über Äthiopien kommend unter den Tierherden der Masai grassierte, hatte auch auf die urtümlichen Gnus übergegriffen. Erst durch die Impfung der Rinder erholte sich auch die Gnu-Population, die damals mit geringer Zahl nur von Ost nach West zog.

Seit den 1960er-Jahren ziehen die großen Herden wieder – wie Jahrtausende zuvor – in die **Masai Mara** nach Norden. Ihnen voran gehen die Zebras, die den oberen Teil der Grashalme bevorzugen. Durch hohes Gras und lichte Akazienwälder führt der Weg entlang des Grumeti-Flusses. Die Tiere ziehen dicht an dicht, begleitet von einem unablässigen Grunzen, das weit über die Ebenen zu hören ist. Bei Vollmond beginnt die Paarungszeit der Gnus. Die sonst scheinbar genügsamen Bullen behaupten ihr Territorium, das im Grunde nur sie selbst sind. In wilder Rage stampfen sie mit den

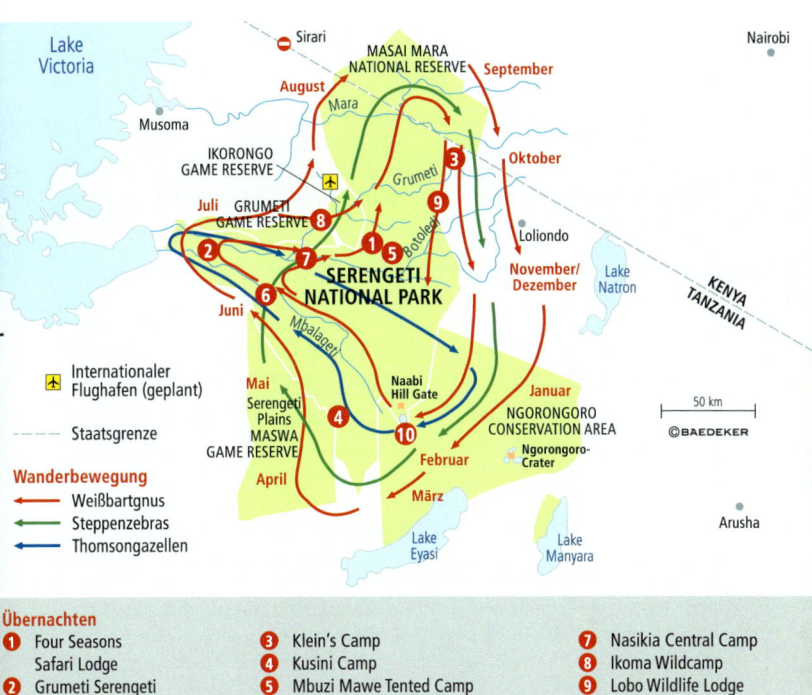

Übernachten
1. Four Seasons Safari Lodge
2. Grumeti Serengeti Tented Camp
3. Klein's Camp
4. Kusini Camp
5. Mbuzi Mawe Tented Camp
6. Mbalageti Serengeti
7. Nasikia Central Camp
8. Ikoma Wildcamp
9. Lobo Wildlife Lodge
10. Ndutu Safari Lodge

Hufen, schmeißen sich die Tiere auf die Knie, ihre Stirn auf den Boden, Horn an Horn mit dem Nebenbuhler. Ende Juni ist der Spuk vorüber. Friedlich ziehen die Tiere nach Kenia.

Wegweiser ist der Instinkt

Einer inneren Landkarte folgend, die sie als Kälber gelernt haben, marschieren die Tiere zum **Mara-Fluss**. Immer wieder sammeln sich Tausende von Zebras und Gnus, um den Fluss zu überwinden. Mehr und mehr Tiere finden sich ein, aber keines möchte das erste bei der mitunter tödlichen Flussüberquerung sein. Doch irgendwann fasst sich eines ein Herz, dann preschen die ersten, bald die nächsten Tiere vor. Mit Anlauf stürzen sie sich in den Mara, wobei die Zebras meist die Anführer sind. In ihrer Hast kommen nicht alle mit dem Leben davon. Knochenbrüche und Ertrinken sind häufig und hungrige Krokodile warten schon. Die große Wanderung ist ein ewiger Kreislauf des Lebens, der nirgendwo endet, nirgendwo beginnt. Wenn der Regen wieder einsetzt, ziehen die Tiere in die Serengeti zurück – kilometerlange Kolonnen mit trächtigen Weibchen, inzwischen einjährigen Kälbern und Bullen.

tisch dezimiert. Die Folge waren Hungersnöte; viele Masai starben oder verließen das Gebiet. Da die Rinderseuche auf die Weißbartgnus übergriff, verringerte sich auch der Wildbestand erheblich. Ein Übriges besorgten die **Großwildjäger**, die hier um 1900 ein ideales Revier vorfanden. Bald erkannte man, dass die Tierbestände ohne Schutzmaßnahmen ernsthaft gefährdet seien. 1929 wurde ein Teil des heutigen Nationalparks zum Wildreservat erklärt, das gesamte Areal steht seit 1940 unter Naturschutz. Den **Nationalparkstatus** erhielt die Serengeti 1951, damals gehörte allerdings die heutige ▶Ngorongoro Conservation Area mit dazu. Um den Ansprüchen der hier lebenden Masai Rechnung zu tragen, wurde 1959 die Ngorongoro Conservation Area aus dem Nationalpark ausgegliedert. Die Serengeti erhielt damit ihre bis heute bestehenden Grenzen. Seit 1981 steht sie als **Weltnaturerbe** unter dem Schutz der UNESCO.

Bernhard und Michael Grzimek

»Wenn ein Löwe im rötlichen Morgenlicht aus dem Gebüsch tritt und dröhnend brüllt, dann wird auch Menschen in 50 Jahren das Herz noch weit werden« meinte Bernhard Grzimek, als er sich Ende der 1950er für die Rettung der Serengeti einsetzte. Er hatte Recht. Drei Jahrzehnte brachte der Tierarzt und Zoologe Bernhard Grzimek wilde Tiere in Nahaufnahme in deutsche Wohnzimmer und sensibilisierte die Fernsehzuschauer für die bedrohte Tierwelt Afrikas. Stets brachte der Direktor des Frankfurter Zoos einen tierischen Studiogast wie die Gepardin Cheetah oder die Gorilla-Dame Betsy mit zu seiner Lifesendung **»Ein Platz für Tiere«**. Grzimek sammelte Millionen für den Naturschutz und die Erhaltung der Serengeti. Seine Popularität nutzte er auch geschickt für Kampagnen gegen das Robbenschlachten, die Jagd auf Pelztiere oder die Käfighaltung von Hühnern. 19 Jahre nach dem Tod seines Sohnes Michael heiratete der inzwischen geschiedene Grzimek Michaels Witwe Erika. Bei einem Zirkusbesuch starb Grzimek in Frankfurt 1987 im Alter von 77 Jahren. Seinem Wunsch gemäß wurde die Urne mit seiner Asche im Grab seines Sohnes am ▶Ngorongoro-Krater beigesetzt.

BAEDEKER WISSEN ?

Serengeti darf nicht sterben

Bernhard Grzimek und sein Sohn Michael waren 1957 die Ersten, die den Versuch unternahmen, die in der Serengeti lebenden Großtiere zahlenmäßig zu erfassen und Aufschlüsse über die gigantischen Tierwanderungen zu erlangen. Dazu flogen die beiden mit einer umgerüsteten Dornier Do 27, dem »fliegenden Zebra«, über das riesige Areal. In seinem Bestseller »Serengeti darf nicht sterben« erzählt Grzimek über die Dreharbeiten zum 1959 oscarprämierten Film. Emmy-Preisträger **Hugo van Lawick** dreht seit mehr als 30 Jahren unvergessliche Tierdokus über die »endlose Ebene«. 2011 kam bildgewaltig **Reinhard Radkes** 3D-Serengeti-Film in die Kinos. Allen gemeinsam ist ein Aufruf an die Menschheit, diese einmalige Wunderwelt der Tiere zu erhalten.

Serengeti National Park • ZIELE

Seit den 1960er-Jahren wurden immer wieder Befürchtungen laut, dass die Serengeti zunehmend verödet, zur Wüste wird und die artenreiche Tierwelt ausstirbt. Tatsächlich war festzustellen, dass die bewaldeten Gebiete immer mehr abnahmen und die Großtierarten im Rückgang begriffen waren. Seit der Jahrtausendwende **scheint sich das Ökosystem der Serengeti zu erholen.** Die Rinderpest, die Ende des 19. Jh.s gewütet hatte, dezimierte nicht nur Vieh und Wild, sondern entvölkerte auch nahezu den ganzen Landstrich. Die Vegetation blieb sich selbst überlassen. Akaziensämlinge, denen sonst durch Abgrasen und Brandrodungen kein langes Leben beschert war, konnten sich ungehindert entwickeln. Der Baumbestand nahm zu. Mit steigendem Bevölkerungswachstum kam es ab Mitte des 20. Jh.s zwecks Gewinnung von Ackerland und Grasflächen wieder verstärkt zu **Brandrodungen**. Zwangsläufig verbrannten dabei auch junge Akaziensämlinge. Ältere Bäume starben ab – Akazien haben nur eine Lebensdauer von 60 bis 70 Jahren –, der Baumbestand verringerte sich drastisch. Seit den 1970er-Jahren werden weniger Grasflächen abgefackelt. Stattdessen halten die riesigen Gnuherden das Gras kurz – viele Grasarten benötigen eine intensive Abweidung. Seitdem sind in nahezu baumlosen Gegenden wieder kleine Waldareale entstanden. Die Umweltstiftung WWF beteiligt sich seit einigen Jahren an Projekten in der Quellregion im Mau-Regenwald, um die Austrocknung des **Mara**, der mit **Grumeti** und **Seronera** River die Tiere mit Wasser versorgt, zu verhindern. Abholzungen im Quellgebiet, der enorme Anstieg des Wasserverbrauchs auch durch Großfarmer für ihre Weizenfelder und verheerende Dürren bewirken besorgniserregend niedrige Pegelstände.

Umweltprobleme

Am 23. Juni 2011 gab der tansanische Umweltminister Ezekiel Maige in einem Schreiben an die UNESCO bekannt, dass sein Land **keine Transitstraße** durch die Serengeti bauen werde. Die Pisten dort dürfen damit weiterhin nur für Touristen und administrative Zwecke sowie für Überlandbusse zwischen Arusha und dem ▶Lake Victoria genutzt werden, keinesfalls aber für den Fernverkehr. Der »Serengeti Highway« sollte gebaut werden, um Arusha mit dem Lake Victoria zu verbinden. Internationale Proteste liefen dagegen Sturm. Es wäre das Ende der Migration gewesen. Die Idee einer Schnellstraße ist über 20 Jahre alt. Auch die alternative Südumgehung ist vom Tisch. Stattdessen hat die Regierung nun den Bau eines neben dem Kilimanjaro Airport weiteren internationalen **Flughafens in Mugumu**, 40 km nordwestlich der Serengeti, freigegeben. Finanzier des mehr als 250 Mio Euro teuren Projekts soll der amerikanische Wall Street-Tycoon Paul Tudor Jones sein. Ihm gehören eine 5-Sterne Lodge bei Saskwa Hill und drei Jagdgebiete im Westen der Serengeti, in Grumeti, Ikorongo und Ikoma. Naturschützer sehen in dem Vorhaben eine große Gefahr für den Wildbestand und die Migration. Startende

Straßen und Flughafen

Serengeti National Park erleben

AUSKUNFT
Tanzania National Parks
P. O. Box 3134, Arusha, Tansania
Tel. 0255 27 250 34 71
Tgl. 6.00 – 19.00 Uhr
Eitritt Erw. $ 60, Kinder $ 20
www.serengeti.org
www.tansaniaparks.com

REISEZEIT
Die Serengeti hat zu allen Jahreszeiten ihren Reiz. Die Tierkonzentration hängt vom Einsetzen der Regenzeit und den Niederschlagsmengen ab. Beides variiert jedoch von Jahr zu Jahr. Die meisten der durchschnittlich 700 bis 1100 mm pro Jahr fallen zwischen Nov. und Mai, wobei die Niederschlagsmenge im Westen deutlich höher ist als im Osten. Zwischen Dez. und April sollte man eher ein Quartier im Süden der Serengeti wählen, im Mai und Juni dürften sich die riesigen Tierherden im Western Corridor aufhalten, im Juli / Aug. im Norden des Nationalparks.

VERKEHR
Sofern sie nicht mit Kleinflugzeugen direkt zur jeweiligen Lodge anreisen, fahren die meisten über Arusha und durch die Ngorongoro Conservation Area zum Naabi Hill Gate des Nationalparks und weiter nach Seronera im Zentrum der Serengeti – von Arusha 335 km. Auch Musoma am Lake Victoria ist ein möglicher Ausgangspunkt für Safaris in die Serengeti. Insgesamt erschließen sechs Zufahrtspisten das Gebiet. Nach dem Willen der tansanischen Regierung soll bis 2015 in Mugumu, 40 km nordwestl. der Serengeti, ein weiterer internationaler Flughafen entstehen.

Die mobilen Zelte von Serengeti Under Canvas folgen der Migration.

SO EIN MIST!
Wussten Sie, dass es in der Serengeti 100 verschiedene **Mistkäfer**-Arten gibt? Die kleinen Käfer erfüllen eine wichtige Funktion bei der Beseitigung der immensen Mengen Tierdung. Darüber hinaus haben die Pillendreher sich zu einem Exportschlager entwickelt. Mistkäfer aus Afrika kommen auch in Australien zum Einsatz, wo sie sich den Hinterlassenschaften der Rinderherden widmen.

SO NAH WIE MÖGLICH
www.andbeyondafrica.com
Die beiden mobilen ●●●● **Serengeti Under Canvas Camps** von & beyond folgen der Migration durch die Weiten der Serengeti. Alle vier bis 12 Wochen ändern die Wandercamps mit je acht stilvollen Zelten ihren Standort, um den großen Herden immer ganz nah zu sein. Nach dem Game Drive wartet eine warme Open-Air-Dusche, bevor am Lagerfeuer beim Sundowner die Erlebnisse ausgetauscht werden. Die Camp Guides wie Salomon wissen nicht nur alles über die Wildnis, sondern erklären auch gerne die Sternbilder am Nachthimmel wie das Kreuz des Südens. Gespeist wird unter freiem Himmel oder im eleganten Dinner-Zelt.

ÜBERNACHTEN, ▶KARTE S. 381

❶ *Four Seasons Safari Lodge* ●●●●
P. O. Box 14321, Arusha
Tel. 0255 784 53 36 86
www.fourseasons.com/serengeti
Erst im Dezember 2012 eröffnete die Safari Lodge nördlich von Seronera mit 77 Zimmern, davon 12 Suiten und fünf Villen. Im Spa können die Eindrücke vom aufregenden Game Drive noch einmal Revue passieren. Für Kids gibt es alternativ zur Pirsch von 10.00 bis 18.00 Uhr den Kijana Klub. Mehr über Afrikas Kultur und Geschichte erfahren Gäste im »Discovery Center«, einem Museum bei der Lodge, sowie beim Besuch lokaler Schul- oder Naturschutzprojekte.

❷ *Grumeti Serengeti Tented Camp* ●●●●
www.grumeti.com
In den 10 exklusiven Canvaszelten von & beyond ist man hautnah bei den Herden, die während der Großen Wanderung todesmutig den Grumeti River queren. Direkt vor der Lodge nehmen Flusspferde unter schattigen Akazien ihr Bad – während der Trockenzeit tummeln sich bis zu 200 Hippos im Pool. Im familiär geführten Camp mit Butlerservice sind auch die panafrikanische Küche und die Pirschfahrten sensationell.

❸ *Klein's Camp* ●●●●
www.kleinscamp.com
Am Rande der Serengeti bei den Kuka Hills erhielt das & beyond Camp von den Masai die Konzession für ein 10 000 ha großes Gebiet. Auf diesem exklusiv genutzten Areal können Fußsafaris und Nachtausfahrten, die im Nationalpark nicht erlaubt sind, durchgeführt werden. Der romantische Candle-Light-Dinnertisch unter freiem Himmel (▶Abb. S. 92) oder im Hauptzelt ist stilvoll mit Kristallgläsern und Silberbesteck gedeckt. Für die Übernachtung gibt es zehn wunderschöne strohbedeckte Cottages im Safaristil aus Naturstein.

❹ *Kusini Camp* ●●●●
Tel. 0255 27 250 98 16
www.sanctuaryretreats.com
Auf einer Anhöhe mitten im Südwesten der Serengeti verstecken sich 12 exklusi-

ve Zelte zwischen mächtigen Granitblöcken. Den Sundowner nimmt man oben auf dem Kopjehügel mit Panoramablick, zum exquisiten Candle-Light-Dinner treffen sich alle Gäste in der nostalgisch-eleganten Lounge. Das sehr persönlich geführte Camp mit eigener Landepiste liegt ganz in der Nähe der Migrationspfade. Buchen Sie auch eine Pirschfahrt zu den Moru Kopjes mit Busch-Picknick. Wer mag, kann beim »Serengeti Cheetah Project« mitwirken und viel über Geparde lernen. Die beiden Wasserstellen locken besonders Elefanten an.

❺ *Mbuzi Mawe Tented Camp* ❻❻❻❻
Tel. 0255 27 254 55 55
www.serenahotels.com
Einer der besten Plätze, um die jährliche Migration der Tiere zu beobachten. 16 Zelte in einer gelungenen Mischung aus klassischer Safariunterkunft und Serena-Standard. Alle Zelte mit Veranda für den Blick in die endlose Weite der Serengeti.

❻ *Mbalageti Serengeti* ❻❻❻
P. O. Box 775, Mwanza
Tel: 0255 28 262 23 87
www.mbalageti.com
Herrlich gelegen, mit Blick über die weite Ebene. 26 Zimmer von einfach bis zum Luxus-Chalet. Es gibt Swimmingpool und Internet, deren Benutzung man von April bis Juli, wenn die Gnuherden vorbeiziehen, mit Sicherheit vergisst.

❼ *Nasikia Central Camp* ❻❻❻
P. O. Box 14035, Arusha
Tel. 0255 714 64 39 34
www.nasikiatanzania.com
Ein Camp für jede Jahreszeit: Das Eco-Camp westlich von Seronera besteht aus zwölf Zelten. Zwei mobile Camps befinden sich nah an der Migration, das eine wird von Dezember bis März am kleinen Sumpf aufgeschlagen, das andere im Norden in der Nähe des Mara-Flusses von Juli bis Oktober.

❽ *Ikoma Wildcamp* ❻❻
Tel. 0255 27 275 02 33
www.wildcamps.com
Sieben Bomas und zehn Zelte zwischen zwei Kopjes mit wunderbarem Blick auf die wildreichen Ebenen. Besonderheit des Wildcamps etwas außerhalb der Serengeti im Ikoma-Schutzgebiet sind nächtliche Game Drives und geführte Safariwanderungen – beides ist im Serengeti-Nationalpark nicht erlaubt. Zwischen Aug. und Okt. können Sie vom Zelt aus die Wanderung der Gnus und Zebras beobachten.

❾ *Lobo Wildlife Lodge* ❻❻
Tel. 0255 27 254 45 95
www.hotelsandlodges-tanzania.com
Etwas abseits in den Lobo Hills bietet die Lodge einen herrlichen Blick über die weite Savanne, besonders während der großen Tierwanderung ist sie mit ihrem Pool Tribünenplatz. Das Gebäude ist beeindruckend um einen Kopje errichtet. Service und Verpflegung sind angemessen.

❿ *Ndutu Safari Lodge* ❻❻
P. O. Box 6048, Arusha
Tel. 0255 27 250 28 29
www.ndutu.com
Besser als jedes Kino ist es, wenn Tausende von Gnus und Zebras auf ihrem Weg zum Ndutu-Sodasee ganz nah an der Lodge vorüberziehen.
▶Baedeker Wissen S. 137

Im besten Mannesalter: Die stattlichen Big Boys mit dunkler Mähne bilden oft Koalitionen mit anderen Löwen, um ein Rudel zu erobern.

und landende Maschinen, dazu die für einen Flughafen notwendige Infrastruktur, Ausrüstung und Treibstoffversorgung würden die Serengeti weit über heutiges Vorstellungsvermögen hinaus verändern.

Ein erhebliches Problem ist das **rasante Bevölkerungswachstum** vor allem nahe dem Viktoriasee. In den letzten 50 Jahren erhöhte sich die Bevölkerungszahl hier von 1,5 auf 6 Millionen. Von den Einnahmen aus dem Tourismus profitierten die Einheimischen bislang kaum, andererseits reicht das Land nicht mehr aus, um genug Nahrungsmittel anzubauen oder große Viehherden zu halten. Um den Fleischbedarf der Bevölkerung zu decken, werden schon heute, so schätzt man, jedes Jahr etwa 200 000 Wildtiere getötet.

Bevölkerungsdruck

FAHRTEN IM NATIONALPARK

Für alle Strecken, außer in der Trockenzeit und der Hauptstraße zwischen Naabi Hill und Seronera, wird ein **Fahrzeug mit Allradantrieb** benötigt. Im Western Corridor bekommt man während der Regenzeit dagegen selbst mit einem Geländewagen Schwierigkeiten. Bei Einfahrt in den Nationalpark sollte man sich nach dem Zustand der Pisten erkundigen und auch erfragen, wo sich die großen Wanderherden gerade aufhalten.

Game Drive

Seronera Seronera gilt als Herz der Serengeti und ist geeigneter Ausgangspunkt für Pirschfahrten in alle Teile des Nationalparks. Hier befindet sich das **Serengeti Wildlife Research Institute**, das seit 1962 die Arbeit von Bernhard Grzimek fortführt. Kürzere Pirschfahrten führen von Seronera durch das gleichnamige Tal sowie in Richtung Süden zum Lake Magadi und zu den noch weiter südlich gelegenen **Moru Kopjes**. Die hier in einer Höhle entdeckten Felsmalereien dürfen nur mit Ranger besichtigt werden. Löwen-Begegnungen sind bei den Simba Kopjes so gut wie garantiert. Im **Visitor's Centre** von Seronera gibt es neben einem kleinen Museum einen Coffeeshop, Picknickplatz und Open-Air-Ausstellungsrundgang.
 ❶ tgl. 8.00 – 16.30 Uhr, Eintritt frei, eine Spende wird erwartet.

Western Corridor Selbst während der Trockenzeit, wenn das Gras in weiten Teilen der Serengeti schon völlig vertrocknet ist, präsentiert sich der fast an den Viktoriasee heranreichende Western Corridor noch recht grün. Er folgt dem Lauf des ständig Wasser führenden **Grumeti River**. Die hier lebenden Nilkrokodile erreichen erstaunliche Größen. Abgesehen von den häufig in der Savanne vorkommenden Tierarten wird man mit etwas Glück im Western Corridor auch die seltenen **Rappenantilopen** beobachten können, die mit 270 kg Gewicht und bis zu 1,40 m Schulterhöhe zweitgrößte Antilope Afrikas.

Lobo Die **Lobo Wildlife Lodge** 75 km nördlich von Seronera ist Ausgangspunkt für die Erkundung der bei Elefanten beliebten Lobo Hills. Man kann von hier noch weiter nördlich zum von Galeriewald gesäumten **Mara River** fahren, der nach Regenfällen zum reißenden Strom wird. Dramatische Szenen spielen sich hier Jahr für Jahr bei der großen Tierwanderung ab, wenn Hunderttausende von Gnus und Zebras den Fluss überqueren, um in die nördlich anschließende ▶Masai Mara zu gelangen (▶Baedeker Wissen S. 380).

Thika

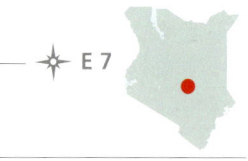

✣ E 7

Region: Safarigebiet Nord
Einwohner: 190 000
Höhe: 1631 m ü.d.M.

Dank gemäßigtem Klima und fruchtbarer Böden liegen rund um Thika große Sisal-, Ananas- und Kaffeeplantagen. Entlang des neuen Thika Highway zum 42 km entfernten ▶Nairobi sind neue Wohnsiedlungen, Fabriken und Bürogebäude entstanden. Auch eine S-Bahn ist geplant, die Thika mit dem Central Business District in Nairobi verbinden soll.

Thika erleben

ÜBERNACHTEN

Blue Post Hotel ⊜
Muranga Road, Thika
Tel. 067 210 86
www.sleepout.co.ke
1908 gebaut, war es in der Anfangszeit das »In«-Lokal. Das Hotel ist zwar in die Jahre gekommen, aber die Lage beeindruckt nach wie vor. Wegen seines Buffets ist es am Wochenende beliebtes Ausflugsziel für Familien. Die Ausstattung ist im rustikalen Safaristil, alle 32 Zimmer haben Balkon und Blick auf die Chania- und Thika-Wasserfälle.

NERVEN AUS STAHL

Für den richtigen Adrenalin-Kick kann gesorgt werden, beim **River-Rafting** oder **Bungee Jumping**. Nordwestlich von Thika befindet sich das Camp von Savage Wilderness Safaris, das Nervenkitzel beim Sprung vom 60-m-Turm über den **Tana River** garantiert oder beim White-Water-Rafting aller Schwierigkeitsgrade. Beim River Floating man derweil in aller Ruhe Landschaft und Vogelwelt bewundern. Highlight im wahrsten Sinne des Wortes ist das Mondschein-Rafting bei Vollmond einmal im Monat. Im Programm sind nun auch Mountainbiking und Wanderungen zum Kiambocho Hill in der Nähe vom Sagana Camp. Unterkunft in Cottages, Zelten oder in einem großen Haus mit Etagen-Betten für Gruppen. Man kann sich auch direkt vom Hotel in Nairobi abholen lassen (Tel. 020 712 15 90, www.savagewilderness.org).

Bekannt wurde der Ort in den 1920er-Jahren durch **Elspeth Huxleys** später verfilmten Roman »The Flame Trees of Thika« (Die Grashütte) – von den viel gepriesenen Flammenbäumen ist allerdings keiner erhalten. Mungo heißen die nach einem riesigen alten Feigenbaum benannten Gärten in Thika Stadt. Laut Aussage des Hellsehers Mugo wa Kbiro würden die Briten nicht mehr in Kenia regieren, fiele der Feigenbaum um. Die Briten versuchten dies in den 1950er-Jahren zu verhindern und brachten Stützen an dem alten Baum an. Dennoch: 1963 zerbrach er in zwei Teile, im Mai fiel der erste Teil um, der zweite folgte im November – Kenia wurde kurz danach unabhängig.

UMGEBUNG VON THIKA

Von Thika sind es 27 km zum Haupteingang des 20,7 km² großen Nationalparks rund um den **Ol Doinyo Sabuk** – der Masai-Name des Berges bedeutet »Schlafender Büffel«. Das Gebiet war früher Teil der riesigen Juja-Farm des amerikanischen Ehepaares McMillan. Sir William Northrup McMillan und seine Frau Lucy erwarben sie vor dem Ersten Weltkrieg vor allem als Jagdrevier – 1911 kam sogar Prä-

*Ol Doinyo Sabuk National Park

BAEDEKER WISSEN

? Roger Whittaker

1936 in Nairobi geboren, wuchs Roger Whittaker auf einer Farm bei Thika auf. Seine erste Gitarre schenkte ihm ein italienischer Kriegsgefangener. Nach der Schule absolvierte er zwei Jahre lang den Wehrdienst im »Kenya Regiment«. Seinen ersten Auftritt hatte er in der Equator-Bar in Nairobi während des Studiums. Seine kenianischen Wurzeln hat er nie vergessen. So gehen die Erlöse seines Liedes »Rescue the Rhinos« an einen Nashorn-Schutzfond. Eine Liedsammlung nennt sich »In Kenya: A Musical Safari«, ein Song »My Land is Kenya«, ein anderer »Shimoni« – er erzählt über die dortigen Sklavenhöhlen.

---

sident Roosevelt zur Großwildjagd hierher. Das philantropische Ehepaar, das unweit des Gipfels seine letzte Ruhe fand, stiftete die nach ihm benannte Bibliothek in ▶Nairobi. Seit 1967 steht das Gebiet unter Naturschutz. Eine 9 km lange Piste führt durch dichten Wald auf den 2146 m hohen, erloschenen Vulkan – er ist nur mit Allradantrieb befahrbar. Hinaufwandern darf man wegen der vielen Büffel nur mit bewaffnetem Guide. An den bewaldeten Hängen sind zudem Antilopen, Buschböcke, Affen und Leoparden zu Hause, auch die Vogelwelt ist artenreich vertreten. Der Gipfel bietet an klaren Tagen eine **sensationelle Sicht**, nach Süden bis zum ▶Kilimanjaro, im Norden bis zum ▶Mount Kenya. Im Park befinden sich die **Fourteen Falls**: Die Wasserfälle des Athi River fallen bis 30 m hinab und bilden besonders zur Regenzeit ein eindrucksvolles Naturspektakel.

❶ tgl. 6.30 – 19.00 Uhr, Eintritt Erw. $ 20, Kinder $ 10, Tel. 020 206 25 03 www.kws.org. Der Kenya Wildlife Service bietet die Möglichkeit, im Park zu wohnen. Das Sabuk Guest House kostet $ 300 für zehn Leute pro Nacht. Zelten kann man auf dem Turacco Public Campsite, ebenfalls über den Kenya Wildlife Service buchbar (▶S. 407).

✶ Tsavo National Park

✦ E – G 8 / 9

Region: Safarigebiet Süd
Fläche: Tsavo East 13 747 km²
Tsavo West 7065 km²
Höhe: 230 – 2174 m ü.d.M.

Zusammen ergeben sie den größten Nationalpark Kenias: Tsavo East und Tsavo West. Mit dem Chyulu Hills National Park, Mkomazi National Park in Tansania sowie den privaten Schutzgebieten, Dörfern und Ackerland umfasst das Tsavo-Ökosystem fast 40 000 km². Weite Savanne und bewaldete Vulkankegel, rote Lateriterde und grüne Akazienwälder – und am Horizont der schneebedeckte Gipfel des ▶Kilimanjaro.

Tsavo National Park • ZIELE

Tsavo National Park

Übernachten
1. Galdessa Camp
2. Satao Camp
3. Kulalu Camp
4. Patterson's Safari Camp
5. Voi Wildlife Lodge
6. Finch Hattons
7. Kipalo Camp
8. Kilaguni Serena Safari Lodge
9. Severin Safari Camp
10. Rhino Valley Lodge
11. Old Donyo Wuas Lodge
12. Sarova Salt Lick Lodge
13. Lions Bluff Lodge

ZIELE • Tsavo National Park

Größter Nationalpark Kenias

Das 1948 zu einem der ersten Nationalparks des Landes ausgewiesene Tsavo-Gebiet an der Grenze zu Tansania wird in einem östlichen und einem westlichen Teil verwaltet. Die Grenze bildet die Hauptstraße bzw. Eisenbahnlinie zwischen ▶Mombasa und ▶Nairobi. Charakteristisch ist das intensive Rot seines eisenoxydhaltigen **Lateritbodens**. Die höchste Erhebung liegt in der **Chyulu Range**, im westlichen Teil des Tsavo-West-Nationalparks. Die Hügelkette steigt bis auf 2174 m an. Einzig ständig Wasser führender Fluss ist der **Tsavo River**, der sich mit dem Athi-Fluss zum **Galana River** vereint. Am häufigsten sieht man Schirmakazien, auffallender ist jedoch der **Baobab** (Affenbrotbaum) – viele Baumriesen sind vermutlich 1000 und mehr Jahre alt. Nicht minder eindrucksvoll sind alte Exemplare von Euphorbien mit ihren ebenfalls ausladenden Kronen.

**Großwild

Bekannt war Tsavo früher für seine **»roten« Elefanten** – die Tiere wälzen sich gerne im roten Lateritstaub, um sich vor der brennenden Sonne und lästigem Ungeziefer zu schützen. Ende der 1960er-Jahre bevölkerten Tsavo noch 35 000 Elefanten. In den 1970ern starben allein 6000 aufgrund der Dürre. Durch Wilderei kamen noch we-

Wahrzeichen von Tsavo: mit rotem Lateritstaub gepuderte Elefanten

sentlich mehr ums Leben, sodass es Ende der 1980er nur noch 6200 Elefanten gab. Heute wandern durch das Tsavo-Ökosystem 13 000 Tiere, ein Drittel des Elefantenbestands in Kenia. Auch die hier lebenden **Spitzmaulnashörner** sind bevorzugtes Jagdobjekt der Wilderer. Seit Beginn der 1990er-Jahre führt die kenianische Regierung regelrecht Krieg gegen die Wildererbanden. Für die vom Aussterben bedrohten Nashörner wurde mit dem Ngulia Rhino Sanctuary (▶S. 399) ein spezielles Schutzgebiet eingezäunt. Zu den Parkbewohnern gehören Giraffen, Zebras, **Leoparden**, mehrere Antilopenarten, Büffel, Affen, am Galana-Fluss gibt es **Kleinkudus**.

> **? BAEDEKER WISSEN**
>
> *Junge Wilde*
>
> Wenn Daphne Sheldricks Elefantenwaisen (▶S. 355) in den Auswilderungsstationen in den Ithumba-Bergen nördlich des Galana River in Tsavo East oder in Voi eintreffen, sind sie schon keine Babys mehr. Für das Leben allein in der Wildnis sind die mindestens drei Jahre alten Waisen allerdings noch zu klein. Aus Nairobi kommend, werden die Kleinen deshalb erst mit älteren Elefantenwaisen zusammengebracht, die ihnen die Eingewöhnung in der Fremde erleichtern sollen.

Löwen sehen in Tsavo fast kahl aus im Vergleich zu ihren Artgenossen in der Masai Mara. Wissenschaftler rätseln bis heute warum. Häufig sind auch **Gerenuks** zu sehen, die sich auf ihre Hinterbeine stellen, um an höhere Äste und Blätter zu gelangen. In Trockenzeiten konzentriert sich das Wild an den Flussläufen des Galana und Tsavo bzw. an den Wasserstellen bei den Lodges. Durch die große Dürre 2009 kamen zahlreiche Elefanten und Nilpferde ums Leben. Aber der Bestand hat sich erfreulicherweise erholt. Zu den mehr als 600 Vogelarten gehören Somali-Strauße, Sekretäre, Riesentrappen, Marabus und Büffelwebervögel, die ihre hängenden Nester bevorzugt in die Schirmakazien bauen.

* TSAVO EAST NATIONAL PARK

Mit einer Fläche von 13 747 km² ist Tsavo East deutlich größer als Tsavo West, wird aber weniger besucht. Das gesamte Gebiet nördlich des Galana River darf allerdings nur mit einer speziellen Genehmigung besucht werden. Hier ist noch wildes Afrika: kilometerlange Ebenen mit Dornengestrüpp und ab und zu ein Baobab. Das Yatta-Plateau entlang der westlichen Grenze erstreckt sich über den Park hinaus in nordwestliche Richtung. Es handelt sich hierbei um den längsten fossilen Lavastrom der Welt. Gut erschlossen ist der Südteil von Tsavo East, in dem sich auch Individualreisende ohne große Mühe zurechtfinden. In Tsavo East sind die Niederschlagsmengen geringer, sodass das Buschland lichter wird und stellenweise in halbwüstenartige Grassavannen übergeht.

Safaritouren

Tsavo National Park erleben

AUSKUNFT, EINTRITT TSAVO EAST UND WEST
Tgl. 6.00 – 19.00 Uhr
Eintritt Erw. $ 65, Kinder $ 30
Tel. 020 238 44 17
www.kws.org.

REISEZEIT UND VERKEHR
Saison ist in Tsavo das ganze Jahr über. Selbst während der großen Regenzeit zwischen März und Mai sind die Pisten – alle in gutem Zustand – allenfalls kurzfristig unpassierbar. Die Flutkatastrophe von 2010 richtete große Schäden in Tsavo West an. Das Finch Hattons war sechs Monate lang so gut wie abgeschnitten. Es zeigte sich, dass auch in Tsavo das Wetter unberechenbar sein kann und Allradantrieb die sichere Variante ist. Die Zufahrt zu den Parktoren ist von der Nairobi-Mombasa-Road A 109 beschildert. Haupteingang von Tsavo West ist das **Mtito Andei Gate** mit der Hauptverwaltung. Haupteingang zum Tsavo East ist das **Voi Gate** nur wenige Kilometer von der Hauptverwaltung entfernt. Ein kurzer Naturlehrpfad stimmt auf Vegetation und Tierwelt in Tsavo East ein. **Neun Flugplätze** ermöglichen die Anreise mit Privatcharter. Air Kenya und Safarilink bieten Linienflüge vom Wilson Airport in ▶Nairobi an.

ÜBERNACHTEN IN TSAVO EAST
❶ *Galdessa Camp* ❻❻❻❻
P. O. Box 454, Ukunda
Tel. 040 320 22 17, www.galdessa.com
Am Ufer des Galana River stehen elf Luxus-Bandas, das Gourmet-Dinner wird im Schatten von Doumpalmen serviert. Nicht weit vom Hauptcamp entfernt gibt es auch das Private Galdessa mit drei Luxus-Bandas sowie eigenem Personal, Speiseraum und Lounge für das ungestörte Erlebnis im eigenen Familien- oder Freundeskreis. Lassen Sie sich einen Sundowner auf den großen Felsen unweit des Camps servieren. Während Sie auf den bequemen Kissen mit kühlem Cocktail in der Hand den Abend genießen, versinkt hinter dem Kilimanjaro die Sonne. Geführte Wanderungen, nächtliche Pirschfahrten und Touren in das nahe Schutzgebiet für Spitzmaulnashörner. Kleinflugzeuge können auf der 15 Minuten entfernten Bahn landen.

❷ *Satao Camp* ❻❻❻
Tel. 020 24 36 00
www.sataocamp.com
20 palmfasergedeckte Zelte, jedes mit Bad, sind im Halbkreis um die Wasserstelle gruppiert, sodass sich Nilpferde, Elefanten, Zebras und Löwen von der eigenen Veranda aus beobachten lassen. Abendliche Pirschfahrt inklusive Sundowner am Lagerfeuer. Gäste mit Rollstuhl sind willkommen. Zu erreichen über Voi Gate, Bukuma Gate und per Kleinflugzeug.

❸ *Kulalu Camp* ❻❻
Tel. 0723 04 86 78, www.kulalu.co.ke
Das Camp mit fünf Zelten liegt in der 26 ha großen Galana Conservancy am Rande von Tsavo East. Seit 10 Jahren gehört es Mark und Tina Allen, die auch die Kulalu Ranch betreiben. Die Zelte sind stilvoll eingerichtet. Küchenchef Justus zaubert leckere Gerichte in seinem Safari-Ofen – eine Metallkiste im Boden, die mit heißen Kohlen bedeckt wird. Hier im Osten des Parks sind nur wenige Touristen. In zwei

Stunden Autofahrt von Malindi oder per Charterflug zu erreichen.

❹ Patterson's Safari Camp €€
Tsavo Ost, Tel. 020 202 16 74
www.pattersonssafaricamp.com
Vor mehr als 100 Jahren erschoss John Henry Patterson an dieser Stelle die Menschen fressenden Löwen von Tsavo, die beim Eisenbahnbau für Schrecken gesorgt hatten (▶Baedeker Wissen S. 397). Die 20 Zelte stehen am Flussufer unter Bäumen in einem Gebiet, das für seinen Tierreichtum berühmt ist.

❺ Voi Wildlife Lodge €€
Tel. 0722 20 12 40
www.voiwildlifelodge.com
Die Lodge an der Grenze zum Tsavo East mit Blick auf Kasigau, Sagalla und die Mwakingali-Berge wurde vor einem natürlichen Wasserloch gebaut. So kommen Elefanten, Löwen, Geparde und viele andere Tiere ganz nah. Die 178 Zimmer große Lodge wurde harmonisch in die Landschaft integriert. Alle Zimmer sind geschmackvoll in afrikanischem Dekor eingerichtet. Für die Großen gibt es ein Spa, für Kinder Volleyball- und Badminton-Plätze.

ÜBERNACHTEN IN TSAVO WEST
❻ Finch Hattons Camp €€€€
Tel. 020 357 75 00
www.finchhattons.com
Exquisite Ausstattung, feinste Küche und exzellenter Service: Karen Blixens große Liebe, Denys Finch Hatton, hätte Stil und Ambiente des 2013 renovierten Camps mit seinen 36 Zelten, Pool und Gourmetrestaurant als angemessen empfunden – vom Dresscode, Bleikristall und Mozartmusik bis zu den nahen Flusspferden und dem Panorama mit Kilimanjaro. Nahe dem Chyulu Gate, mit privatem Flugzeug oder Auto zu erreichen.

Finch Hatton bewunderte die Kultur der Masai.

❼ Kipalo Camp €€€
Tel. 0718 13 93 59
www.africanterritories.co.ke
Eines der neusten Safaricamps in Kenia. Es liegt in der 50 km² großen, kommunal verwalteten Mbulia Conservancy am Rande von Tsavo West. Acht Luxuszelte und ein in den Felsen gehauener Pool an den Hängen der Mbulia Hills, von denen aus die weite Ebene von Tsavo zu bewundern ist. Exquisite Speisen und eine bemerkenswerte Weinkarte. Ein Teil der Gewinne geht an die Masai vor Ort.

❽ Kilaguni Serena Safari Lodge €€
Tel. 020 284 20 00, ▶Abb. S. 400
www.serenahotels.com/serenakilaguni
1962 vom Duke of Gloucester als erste Lodge im Park eröffnet mit 53 Zimmern und fünf Suiten – eine davon gehört den Aga Khans. Sensationelle Lage an einer großen Wasserstelle, zu der Büffel, Zebras und Impalas kommen. Sehr zu empfehlen sind die Sundowner-Safaris und Bush Walks mit erfahrenen Guides.

❾ Severin Safari Camp €€
Tel. 020 268 42 47
www.severinsafaricamp.com
Knapp 50 km vom Mtito Andei Gate bereichert der Kembali Spa die 27 Luxuszelte und acht Bandas um fernöstliche Wellness. Unterm kühlenden Makutidach speist man im »Out Of Africa« Restaurant. Ein Muss: zum Sundowner auf den Poacher's Lookout.

❿ Rhino Valley Lodge €
Tel. 0721 32 85 67
www.sleepout.co.ke/Rhino-Valley-Lodge
Sechs Bandas für Selbstversorger sowie Luxury Rock Room für zehn Gäste und ein Pool. Sehr schöne Lage. Einfache, aber gute Küche. Wundervoll ist der Ausblick bei einem Frühstück auf dem Lion Rock. Vom Camp am Nordhang der Ngulia-Berge kann man eine Wasserstelle beobachten, Pirschfahrten und Klettertouren unternehmen. Bettwäsche, Lebensmittel und Kerosin für die Sturmlampe sind mitzubringen.

ÜBERNACHTEN IN DEN TAITA UND CHYULU HILLS
⓫ Ol Donyo Wuas Lodge €€€€
Tel. 020 600 04 57
www.bonhamsafaris.com
Zu der von Richard Bonham gegründeten Lodge auf der Mbirikani Group Ranch der Masai gehören neun luxuriöse Cottages mit »Starbeds«, Pool und Blick auf die Chyulu Hills und den ▶Kilimanjaro. Der Service lässt keine Wünsche offen. Fantastische Pirschfahrten und Reitsafaris. Besuchen Sie auch das benachbarte Masaidorf.

⓬ Sarova Salt Lick Lodge €€
Tel. 020 276 74 44
www.sarovahotels.com
Wie Vogelhäuschen balancieren die 96 Zimmer der Lodge an den Ausläufern der Taita-Berge auf Stelzen über einer Wasserstelle, die dank Flutlicht auch nachts und aus einer unterirdischen Kammer aus nächster Nähe zu beobachten ist. Den besten Ausblick auf die Wasserstelle gibt es von der Vura Bar and Lounge.

⓭ Lions Bluff Lodge €€
www.lionsblufflodge.com
Die 12 Cottages mit Panoramablick liegen hoch auf dem Berg im Lumo Community Wildlife Sanctuary am Rand von Tsavo West. Zur Wasserstelle kommen Elefanten und Löwen. Auch Nachtpirschfahrten sowie Ausflüge zum Lake Jipe.

Tsavo National Park • ZIELE

Eine beliebte Rundfahrtstrecke führt vom **Voi Gate** in nordöstlicher Richtung zum **Aruba Dam**, der den nur periodisch fließenden Voi River aufstaut. Sofern das Staubecken nicht ausgetrocknet ist, sammeln sich hier immer viele Tiere. Durch eine sehr einsame, karge Landschaft führt die Piste hinauf zum stets Wasser führenden **Galana River**, dem man in westlicher Richtung folgt. Von verschiedenen Aussichtspunkten am Fluss kann man Nilpferde und Krokodile beobachten. Weiter flussaufwärts haben die nach einem britischen Gouverneur benannten **Lugard's Falls** bizarre Formen in das Gestein gewaschen – nach Regenfällen kann der Galana River zu einem tosenden Fluss anschwellen. Man darf das Fahrzeug verlassen und in der Felsschlucht bei den Wasserfällen herumklettern. Direkt unterhalb von Lugard's Falls liegt **Crocodile Point**, wo sich große Krokodile auf den Sandufern sonnen. Nächster Halt in südwestlicher Richtung ist der 460 m hohe **Observation Hill**, der einen schönen Rundblick verspricht. Markant erhebt sich aus der Ebene nördlich der Voi Safari Lodge ein 20 m hoher Inselberg: der **Mudanda Rock**. An der Ostseite des Granitfelsens bildet sich nach Regenfällen eine Wasserstelle, die dann viel Wild anzieht.

Rundfahrt

> **BAEDEKER WISSEN**
>
> *Die Menschenfresser von Tsavo*
>
> »Der Geist und die Dunkelheit« (»The Ghost and the Darkness«), 1996 in Kenia gedreht, basiert auf der wahren Geschichte der menschenfressenden Löwen von Tsavo. Drei Wochen lang kam die Arbeit an der Eisenbahnlinie nach Uganda zum Erliegen, zu groß war die Angst der Arbeiter vor den Löwen (▶Nairobi, Railway Museum S. 351). Schließlich gelang es Colonel Patterson, die Tiere zu erlegen. Für ihre ziemlich zerfledderten Felle bekam er 1924 die damals horrende Summe von US $ 5000. Noch heute werden sie im Field Museum in Chicago gezeigt.

** TSAVO WEST NATIONAL PARK

Die Landschaft in Tsavo West ist abwechslungsreicher als im Osten und daher attraktiver für den Tourismus, der sich hier auf den Nordwesten südlich der Piste C 103 konzentriert. Das Gebiet südlich des Tsavo River wird nur selten besucht. In Tsavo West dominiert offenes Buschland, durchsetzt von bewaldeten Bergen, Galeriewäldern am Ufer der wenigen Flüsse und schwarzen Lavaströmen, die von jungem Vulkanismus zeugen.

Galeriewälder, Savanne und Vulkankegel

Gut ausgebaute Wanderwege mit vielen Infotafeln führen zu den Mzima-Quellen. Fast unwirklich erscheint die **grüne Oase** mit ihren zwei kristallklaren **Quellteichen** inmitten der staubtrockenen Landschaft. Gespeist werden die von üppiger Vegetation umgebenen Quellen durch unterirdische Flüsse, die Wasser aus der Chyulu

**Mzima Springs

Familientreffen an den Quellteichen der Mzima Springs

Range und Schmelzwasser vom ▶Kilimanjaro heranführen. Bis zu 290 000 l sprudeln pro Minute aus den Mzima Springs, ein Großteil davon versorgt ▶Mombasa per Pipeline mit Trinkwasser. Vom Weg um die üppig bewachsenen Quellteiche kann man im kühlen Wasser **Flusspferde und Krokodile** beobachten, in den Bäumen tummeln sich Grüne Meerkatzen, manchmal kommen auch Elefanten, Zebras und Antilopen zur Tränke. Frech sind die Paviane. Sie haben keine Scheu mehr und klauen gerne. Auf keinen Fall füttern! Besondere Einblicke eröffnet eine **Unterwasserkammer**, von der aus man durch dicke Glasfenster sieht, was sich unter Wasser abspielt.

Poacher's Lookout Westlich der Mzima Springs sollte man auf den Hügel Poacher's Lookout steigen: Nach Norden reicht der **Panoramablick** bis zu den grünen Chyulu-Bergen, im Süden bis zum ▶Kilimanjaro.

Chaimu Crater Auch östlich der Mzima-Quellen kann man am Chaimu Crater das Fahrzeug verlassen und über das schwarze **Lavagestein** kraxeln. Der Aufstieg zum Kraterrand ist allerdings mühsam und unliebsame Tierbegegnungen sind nicht auszuschließen.

Tsavo National Park • ZIELE

Der hier fast immer pfeifende Wind gab den »Singenden Felsen« wenige Kilometer weiter östlich ihren Namen. Vom Parkplatz führen in den Fels geschlagene Stufen aufwärts. Die Mühe lohnt: Von oben hat man eine *fantastische Sicht. — **Roaring Rocks**

Nahe der Ngulia Safari Lodge soll ein 74 km² großes eingezäuntes Gebiet das Überleben der 40 **Spitzmaulnashörner** in Tsavo sichern. Manche der Tiere stammen von der Solio Ranch (▶S. 173). Zwischen 16.00 und 18.00 Uhr darf man durch das Sanctuary fahren. Der Eintritt ist frei. Die Chancen, hier auch tatsächlich ein Nashorn zu sehen, sind relativ groß. — ***Ngulia Rhino Sanctuary**

»Shetani« heißt in Swahili **»Teufel«**, denn aufgrund seltsamer Geräusche glaubte man, dass es auf dem Shetani spukt. Der kleine erloschene Vulkan erhebt sich 15 km nordwestlich der Kilaguni Lodge fast 130 m über sein Umland. Tatsächlich ist aber der Wind, der durch hohle Lavagänge bläst, für die merkwürdigen Laute verantwortlich. Das **Lavafeld**, das hier die Piste C 103 durchschneidet, ist das Ergebnis eines letzten Vulkanausbruchs vor rund 200 Jahren. — **Shetani**

Das bislang wenig besuchte, unwegsame Terrain der bis zu 2100 m hohen Chyulu Range im Nordwesten sollte man nur mit einem Allradfahrzeug erkunden. Erst 1983 wurde die üppig bewaldete Bergkette **vulkanischen Ursprungs** zum 741 km² großen Nationalpark erklärt. Die wildreiche Gegend ist Heimat von Antilopen, Elefanten, Büffeln, Löwen, Giraffen, Leoparden und Riesenwildschweinen. An der Westseite des Parks befindet sich die **West Chyulu Game Conservation Area**. Zusammen mit dem Masailand Preservation Trust holte Richard Bonham, Besitzer von Ol Donyo Wuas (▶S. 396), **Spitzmaulnashörner** in die Chyulu Hills. Diese Aktion soll helfen, die letzten frei lebenden Exemplare in Kenia zu schützen. — ***Chyulu Hills National Park**

❶ tgl. 6.00 – 19.00 Uhr, Eintritt Erw. $ 20, Kinder $ 10
Tel. 020 215 34 33, www.kws.org.

Die neuen **privaten Schutzgebiete** am Rande von Tsavo spielen eine immer größere Rolle für den Erhalt des Tierbestands in den Parks. Durch kommunale Projekte mit den Masai oder anderen Ethnien sowie durch den Kauf von Land wird zusätzliches Areal für die Wildtiere geschaffen. An der Südost-Grenze von Tsavo West beim Kasigau Corridor erwarb die durch die UN initiierte Organisation **Wildlife Works** (www.wildlifeworks.com/redd/) die Rechte über 30 350 ha Waldfläche, bei der durch Brandrodung viel zerstört worden

Dekoratives Design: Kalebasse mit Muscheln und eingeritztem Motiv

war. Statt Ackerbau erlernen die Dorfbewohner heute Fertigkeiten, um ihren Lebensunterhalt in der Touristik, durch Imkerei oder Seifenherstellung sicherstellen zu können. Der Korridor wurde im Jahre 2009 auf 202 342 ha erweitert. Er ist eine wichtige Wanderroute für Elefanten zwischen Tsavo West und Ost. An der Westseite zwischen den Parks liegt das 6475 ha große **Kibwezi Forest / Umani Springs**-Schutzgebiet, eine Kooperation zwischen dem David Sheldrick Wildlife Trust und dem Kenya Forest Service. Es stellt eine wichtige Pufferzone zwischen den Dörfern, dem Ackerland und den Parks dar und ist ebenfalls eine hochfrequentierte Wanderroute für Elefanten.

❶ **Umani Springs** bietet in einem Haus Übernachtungsmöglichkeiten für zehn Gäste als Selbstversorger, mit Swimming Pool, ❸❸, Tel. 0723 91 40 94 www.thesafaricoltd.com.

Von der Kilaguni Serena Lodge hat man einen fantastischen Blick auf die stets gut besuchte Wasserstelle in Tsavo West.

Lake Jipe

Durch den Lake Jipe, einen 40 km² großen, vom ▶Kilimanjaro gespeisten, leicht salzhaltigen See im Südwesten des Nationalparks, verläuft die Grenze zwischen Kenia und Tansania. Die schilfbewachsenen Uferzonen sind idealer Lebensraum für eine Vielzahl von **Wasservögeln**. Der Kenya Wildlife Service bietet auf dem See Bootsfahrten an.

Bootstouren: Tel. 045 62 24 83, ca. Ksh 1500 pro Person, www.kws.org

Grogan's Castle

Draufgänger **Ewart Grogan** wollte 1898 dem Vater seiner zukünftigen Frau zeigen, wie stark die Liebe zu seiner Tochter war. Als Beweis marschierte der 22-Jährige die ganze Strecke von Kapstadt bis Kairo – zu Fuß. So mutig wie geschickt verband Grogan die zweieinhalbjährige Reise mit einer Erkundungsmission für Cecil Rhodes, der eine Eisenbahnlinie vom Kap bis Kairo plante. Zurück in Kenia, bekam Grogan seine Gertrude und wurde später zu einem der reichsten Männer der Kolonie, der ganze Viertel in Mombasa und Nairobi besaß. Auf einem Berg bei Grigan nördlich des Lake Jipe steht Grogan's Castle, das er 1930 auf seiner Sisalplantage errichten ließ. Basil Criticos und seine Frau erwarben das mediterrane Schlösschen und machten daraus ein ❸❸❸ **Boutiquehotel**. Fünf stilvolle Zimmer sowie ein Cottage im Garten erinnern an alte Zeiten. Der schwere Esszimmertisch stammt noch von Grogan. Vom Plunge Pool aus hat man einen wunderbaren Blick auf den "Kilimanjaro.

❶ Tel. 0737 06 64 44, www.africanspicesafaris.com

*Taita Hills Game Sanctuary

Das **private Tierreservat** am Fuße der Taita Hills gehört der **Sarova**-Hotelkette, die hier zwei Lodges mit eigener Landebahn betreibt. Auf dem Landweg erreicht man das Gebiet auf dem Transafrican Highway, der ▶Mombasa mit ▶Nairobi verbindet. Bei Voi zweigt die A 23 ab, von der 15 km westlich von Mwatate eine Piste zum 112 km² großen Wildschutzgebiet führt. Flora und Fauna unterscheiden sich kaum vom Tsavo West National Park. Dank mehrerer Wasserstellen und Salzlecken hat man bei Pirschfahrten **gute Chancen zur Tierbeobachtung**. Eine geteerte Straße windet sich von Voi in die grünen Hochlagen nach **Wundanyi**, dessen Umland die Taita intensiv bewirtschaften. Viele Wanderwege führen in das Taita-Gebirge mit seinen 48 Hügeln. Im Vergleich zur Ebene ist es hier angenehm kühl.

❶ tgl. 6.00 – 19.00 Uhr, Eintritt Erw. $ 30, Kinder $ 15

PRAKTISCHE INFORMATIONEN

Wann ist die beste Jahreszeit für eine Reise nach Kenia? Was sind die schönsten Kenia-Filme und die spannendsten Urlaubsschmöker? Welche Impfung ist notwendig und was hilft wirklich gegen Mücken – lesen Sie es nach, am besten schon vor der Reise!

Anreise · Reiseplanung

Mit dem Flugzeug — Fast alle Kenia-Besucher reisen über einen der beiden internationalen Flughäfen von Nairobi und Mombasa ein. Nairobis **Jomo Kenyatta International Airport** wird im Linienflugverkehr von vielen internationalen Fluggesellschaften angeflogen. Nonstop-Verbindungen bestehen derzeit mit der Swiss von Zürich, SN Brussels Airlines von Brüssel, British Airways von London und KLM von Amsterdam, dorthin und nach London fliegt auch Kenya Airways. Der **Moi International Airport** von Mombasa wird vor allem von den Charterfluggesellschaften Air Berlin/LTU ab Düsseldorf und München sowie Condor ab Frankfurt a. M. angeflogen. Condor fliegt auch nach Nairobi. Die Flugzeit von Deutschland nach Nairobi beträgt etwa 8 Stunden. Die meisten Flüge starten frühmorgens in Deutschland, die Rückflüge erfolgen dann abends. Die Preise schwanken je nach Saison und Anbieter von 600 in der Nebensaison bis zu 1500 Euro in der Hauptsaison in der Economyklasse.

> **Hinweis**
> Gebührenpflichtige Servicenummern sind mit einem Stern gekennzeichnet: *0180 ...

Mit dem Schiff — Einige **Kreuzfahrtschiffe** im Indischen Ozean laufen auch den Hafen von Mombasa an. Informationen unter www.kreuzfahrten.de.

Weiterreise nach Tansania — Eine Keniareise kann gut mit einem Aufenthalt in Tansania kombiniert werden. Die Anreise von Kenia aus erfolgt meist **per Flugzeug** von Nairobi zum internationalen Flughafen Kilimanjaro in Nordtansania oder per Bus/Auto von Nairobi: Über **Isebania**, westlich der Masai Mara, geht es über die Grenze nach Tansania. Die Straße von der Masai Mara über Migori ist in sehr schlechtem Zustand, sodass die Fahrt sieben Stunden dauert. An der Grenzstation muss das Fahrzeug gewechselt werden, wodurch es teuer wird. Es dürfen keine Safariautos mit kenianischem Kennzeichen in Tansania fahren und umgekehrt auch nicht. Verschiedene in Nairobi ansässige Reiseveranstalter organisieren Trips nach Tansania.

Organisierte Reisen — Angesichts der Sicherheitslage, schlechter Straßen und vielerorts fehlender Beschilderung sollten selbst passionierte Individualreisende erwägen, ob sie ihre Kenia- und Tansaniareise nicht besser vorab über einen **Reiseveranstalter** (▶S. 127) buchen. Einige deutsche Reiseveranstalter arbeiten direkt mit Veranstaltern vor Ort zusammen wie Karawane Reisen (www.karawane.de), Bush Legends (www.bushlegends.com) oder Safari Aktuell Touristik (www.safari.de). In Österreich bietet u.a. Lets Go Africa (www.lets-go-africa.com) gute organisierte Reisen an.

Anreise · Reiseplanung • PRAKTISCHE INFOS

FLUGHÄFEN
www.kaa.go.ke/airports
Infos zu allen kenianischen Flughäfen

Jomo Kenyatta
International Airport
15 km südöstlich von Nairobi
Tel. 020 82 21 11
Anschluss mit Bus und Taxi, ▶S. 336

Wilson Airport
Langata Road, 8 km südlich von Nairobi
Tel. 020 60 32 60
Anschluss mit Bus und Taxi, ▶S. 336

Moi International Airport
10 km westlich von Mombasa
Tel. 020 357 70 58
Anschluss mit Bus und Taxi, ▶S. 291

FLUGGESELLSCHAFTEN
British Airways
www.britishairways.com
Tel. in Nairobi:
020 32 77 400

Kenya Airways
www.kenya-airways.com
Tel. in Nairobi:
020 712 10 72

KLM
www.klm.de
Tel. in Nairobi: 020 20 327 47 77

SN Brussels Airlines
www.brusselsairlines.com
Tel. in Nairobi: 0775 41 00 01

Condor
www.condor.de
Tel. *01803 40 02 90

Swiss
www.swiss.com
Tel. in Nairobi: 020 374 40 45

EIN- UND AUSREISEBESTIMMUNGEN

Deutsche, österreichische und Schweizer Staatsbürger benötigen für die Einreise einen über das Reiserücktrittsdatum hinaus noch mindestens sechs Monate gültigen **Reisepass**. Im Pass muss es darüber hinaus noch zwei freie Seiten geben. Kinder müssen einen Kinderreisepass mit Foto haben. Es empfiehlt sich, alle Reisedokumente zu fotokopieren und die Kopien getrennt aufzubewahren.

Reisedokumente

Es besteht **Visumpflicht**. Dies ist drei Monate gültig. Aus Gründen der Zeitersparnis sollte man das Visum bereits vor Reiseantritt bei der **kenianischen und tansanischen Botschaft** in Berlin beantragen (▶S. 407) oder über **Visumexpress.de.** Die Visagebühren betragen 40 Euro pro Person. Visa können auch bei Einreise, z. B. an den Flughäfen Nairobi und Mombasa, erteilt werden für $ 50 in bar. Die Wiedereinreise von Tansania, Uganda, Ruanda oder Burundi nach Kenia ist kostenlos. Ein **Transitvisum** wird nötig für den, der nach Kenia fliegt und am gleichen Tag nach Tansania weiterreist und dann von dort z. B. nach Europa zurückfliegt.

| Impfungen | ▶S. 411 |

Einreise nach Kenia
Sollten Sie planen, selbst in Kenia Auto zu fahren, müssen sie über einen **Internationalen Führerschein**, verfügen, den Sie sich am besten vor der Reise im Heimatland ausstellen lassen. Nach Kenia dürfen zollfrei eingeführt werden: 1 l Spirituosen, 200 Zigaretten oder 225 g Tabak sowie bis 500 ml Parfüm. Verboten ist die Einfuhr von Waffen, Munition, Früchten, Pflanzen, Samen, Elfenbeinschmuck sowie Fell- und Lederprodukten.

Ausfuhrverbot
Gemäß dem **Washingtoner Artenschutzabkommen** besteht ein Ausfuhrverbot aus Kenia für bedrohte Tierarten, lebend, präpariert oder als Produkt. So dürfen Elfenbein, Gegenstände aus Schildpatt, Raubtierfelle, Taschen, Gürtel o. Ä. aus Krokodil- und Schlangenleder, aber auch Steinkorallen nicht ausgeführt werden.

Ausflug nach Tansania
Wer eine Keniareise mit einer Safari in Tansania kombinieren möchte, benötigt für die Einreise nach Tansania ein **Visum** – und eine **Gelbfieberimpfung**! Man erhält das Visum für 50 Euro bei der Botschaft von Tansania (▶S. 408) oder gegen Gebühr von $ 50, zahlbar in Dollar, bei der Einreise nach Tansania. Der Reisepass muss noch mindestens sechs Monate über das Ausreisedatum hinaus gültig sein.

Wiedereinreise nach Europa
Bei der Wiedereinreise in die **EU-Länder** wie Deutschland und Österreich gilt für Personen über 15 Jahren bei Flug- und Seereisen Zollfreiheit für Mitbringsel bis 430 Euro, unter 15 Jahren bis 175 Euro. Personen über 17 Jahre dürfen 1 l Spirituosen über 22 Vol.-% Alkoholgehalt oder 2 l Spirituosen unter 22 Vol. % Alkoholgehalt oder 2 l Schaumwein und 2 l Wein, außerdem 200 Zigaretten oder 100 Zigarillos oder 50 Zigarren oder 250 g Tabak einführen.
Bei der Wiedereinreise in die **Schweiz** sind abgabenfrei für Personen ab 17 Jahren 200 Zigaretten oder 50 Zigarren oder 250 g Rauchtabak, an alkoholischen Getränken 2 l mit bis zu 15 Vol.-% Alkoholgehalt und 1 l mit mehr als 15 Vol.-% Alkoholgehalt; ferner Geschenke im Wert bis 300 CHF (www.ezv.admin.ch).

Ausgehen

Das **Nachtleben** konzentriert sich in Mombasa und den Touristenzentren an der Küste meist auf die Bars und Diskotheken der **großen Hotels**. Nairobi hat ein abwechslungsreiches Nachtleben mit Bars, Diskotheken und Clubs sowie einigen Kinos. Angesagt ist zurzeit das Que Pasa Bar & Bistro im Stadtteil Karen. In den Lodges der Nationalparks kann von Nachtleben keine Rede sein, schließlich steht hier die Wildbeobachtung im Vordergrund, und die beginnt frühmorgens! Allenfalls wird abends eine Vorführung traditioneller afrikanischer Tänze geboten. **Spielkasinos** gibt es in Mombasa im Golden Key und Tamarind, im Nyali Beach Hotel, auf Mombasa Island im Royal Court Hotel, im Malindi Casino und in Nairobis Safari Park Hotel. Gespielt werden u. a. Roulette und Black Jack, die Atmosphäre ist ungezwungen. Auch an Spielautomaten kann man sein Glück versuchen. In **Mombasa** organisieren das Restaurant Tamarind und Jahazi Marine **Sundowner-Segeltörns** auf einer Dhau mit edlem Fischmenü und Tanz unterm Sternenhimmel.

Auskunft

www.magical-kenya.de

AUSKUNFT IN DEUTSCHLAND
Kenia Tourist Board
c/o Travel Marketing Romberg
Schwarzbachstraße 32
D-40822 Mettman
Tel. 02104 83 29 19

AUSKUNFT IN KENIA
Kenya Tourist Board
Kenya-Re Towers, Ragati Road
P.O. Box 30630, KE-00100 Nairobi
Tel. 020 271 12 62
www.magicalkenya.com

Ministry of Tourism
Utalii House, P. O. Box 30027
KE-00100 Nairobi
Tel. 020 31 30 10
www.tourism.go.ke

Kenya Wildlife Service
Hauptquartier am Eingang zum Nairobi
National Park, Langata Road
P. O. Box 40241, KE-00100 Nairobi
Tel. 020 600 08 00, www.kws.org

*Kenya Association of
Tour Operators (KATO)*
Kato Place, Upper Hill
P.O. Box 48461, KE-00100 Nairobi
Tel. 020 271 92 26, www.katokenya.org
Der Interessenverband arbeitet mit dem Tourismusministerium zusammen. Er prüft seine mehr als 200 Mitglieder auf Seriosität und Qualität.

National Museums of Kenya
Museum Hill
P. O. Box 40658, KE-00100 Nairobi
Tel. 020 816 41 34
www.museums.or.ke

BOTSCHAFTEN VON KENIA UND TANSANIA
Botschaft der Republik Kenia
Markgrafenstraße 63, D-10969 Berlin
Tel. 030 25 92 66-11
www.kenyaembassyberlin.de

PRAKTISCHE INFOS • Auskunft

Botschaft der Republik Kenia
Neulinggasse 29/8, A-1030 Wien
Tel. 01 712 39 19
www.kenyaembassyvienna.at

*Permanenter Sitz Kenias
bei den Vereinten Nationen*
1 – 3 Avenue de la Paix
CH-1202 Genève, Tel. 022 906 40 50
www.kenyamission-un.ch

*Botschaft der Vereinigten
Republik Tansania*
Eschenallee 11, D-14050 Berlin
Tel. 030 30 30 80-0
www.tanzania-gov.de

BOTSCHAFTEN IN NAIROBI
Deutsche Botschaft
Ludwig Krapf House, Riverside Drive 113
P.O. Box 30180, KE-00100 Nairobi
Tel. 020 426 21 00
Notfall-Tel. 0721 32 24 43
www.nairobi.diplo.de

Österreichische Botschaft
2nd floor, City House
Ecke Wabera und Standard Street
KE-00100 Nairobi
Tel. 020 31 90 76, www.bmeia.gv.at

Schweizer Botschaft
General Mathenge Drive 89
Spring Valley, Westlands
P.O. Box 2600, KE-00621 Nairobi
Tel. 020 267 32 82
www.eda.admin.ch/nairobi

KONSULATE IN MOMBASA
Deutsches Honorarkonsulat
Ivory House, Dedan Kimathi Avenue
P.O. Box 86779, KE-80100 Mombasa
Tel. 041 222 87 81
E-Mail: mombasa@hk-diplo.de

Österreichisches Konsulat
Ralli House, Nyerere Avenue
P.O. Box 84045, KE-80100 Mombasa
Tel. 041 31 33 86
E-Mail: tibor@tgaalarchitects.co.ke

Schweizer Konsulat
c/o Orion Hotels Ltd., P.O. Box 10283,
Bamburi, KE-80101 Mombasa
Tel. 0727 69 54 52
E-Mail Mombasa@honrep.ch

WEITERE INTERNETADRESSEN
www.kenyalogy.com
Auf über 100 Seiten Wissenswertes
rund um Kenia

www.traveldiscoverkenya.com
Reiseinfos zu Kenia

www.kenya.mydestinationinfo.com
Zeitschrift über Kenia online

www.standardmedia.co.ke
Die Tageszeitung Standard online mit
Infos zu Wirtschaft, Politik und Events

www.nationmedia.com/dailynation
Website der Tageszeitung Daily Nation

www.kenyabuzz.com
Wochenmagazin mit aktuellen Events

www.theeastafrican.co.ke
Wochenzeitung East African mit guten
Tipps zu Kenia und Tansania

www.travelnewskenya.travel
Monatliches Reisemagazin, nur online
Registrierung erforderlich

www.coastweek.com
Wöchentliche Website mit den neuesten
Events an Kenias Küste

Barrierefrei unterwegs

Viele Hotels und Lodges haben sich auf Menschen mit Behinderung eingestellt. Für abenteuersuchende Reisende mit Handicap haben **Go Africa Safaris**, die mit den Flying Doctors kooperieren, Touren durch Ostafrika zusammengestellt (www.go-africa-safaris.com). Weitere Anbieter findet man unter www.accessibletourism.org, www.safariguideafrica.com und www.able-travel.com.

Elektrizität

Das Stromnetz in Kenia ist für 220/240 Volt Wechselstrom ausgelegt. Die Stecker sind dreipolig, entsprechende **Adapter** erhält man im Fachhandel. **Stromausfälle** sind vor allem in abgelegeneren Gebieten an der Tagesordnung. Größere Hotels und Lodges besitzen meist Notstromaggregate, dennoch kann es auch hier zu kurzen Stromausfällen kommen. Eine Taschenlampe im Gepäck ist immer sinnvoll! Kerzen und Streichhölzer sind oft vorhanden.

Etikette

Das erste Wort, das man wohl hören wird, wenn man in Kenia ankommt, ist ein freundliches **»Jambo«**. Es heißt so viel wie »Guten Tag« oder »Herzlich Willkommen«. Ein paar Brocken Swahili zu beherrschen bzw. sich daran zu versuchen, erfreut Kenianer sehr.

Begrüßung

»Strategische Objekte« wie Flughäfen, Häfen, Gefängnisse und Polizeistationen, Soldaten und Kenias Präsident sowie seine Residenzen dürfen nicht abgelichtet werden. **Einheimische** sollte man um Erlaubnis fragen, bevor man sie fotografiert. Masai, Samburu und Turkana erwarten grundsätzlich eine **Bezahlung für ein Foto**. Problematisch ist es, Muslime zu fotografieren. Nach islamischen Glaubensgrundsätzen dürfen sich Frauen nicht ablichten lassen.

Verhalten beim Fotografieren

In Geschäften ist es nicht üblich, den Preis verhandeln zu wollen, an Straßenständen und auf Märkten wird es jedoch fast erwartet. Kenianer handeln gerne und gut und bleiben **stets höflich**. Zum Kaufen ist auch nach einer langen Verhandlung niemand verpflichtet!

Shoppen und Handeln

Auf gute britische Art sucht man sich nicht selbst einen Platz, sondern **wartet am Eingang**, bis ein Platz zugewiesen wird. In keniani-

Restaurants

sche Restaurants geht man nicht nur um zu essen, sondern kann sich dort auch gerne länger aufhalten und in Ruhe unterhalten.

Trinkgeld Obwohl oft auf Rechnungen bereits im Preis eingeschlossen, ist ein Trinkgeld von 5 bis 10 % üblich. Trinkgelder sind in Afrika ein wichtiger Beitrag zum Lebensunterhalt. Gepäckträger erhalten $ 1, Zimmermädchen bekommen etwa $ 5 pro Person und Aufenthaltswoche. Selbstverständlich sollte man auch dem Guide bei einer Safari ein Trinkgeld geben – $ 5 – 10 pro Person und Tag.

Rauchen In allen öffentlichen Gebäuden – also auch am Flughafen – und einigen Restaurants ist das Rauchen verboten.

FKK Nacktbaden ist in Kenia grundsätzlich **verboten und strafbar**!

Kleidung Kenianer kleiden sich sehr **gepflegt**, auch wenn es ihr Geldbeutel kaum erlaubt. Ausflüge in die Städte oder ins Landesinnere sollte man nicht in Strandkleidung vornehmen. Auch Shorts, kurze Röcke und stark ausgeschnittene Kleidung sind nicht angebracht. Je nach Hotelkategorie wird abends gepflegte Kleidung erwartet. Nicht nur für den Strand, auch für die meisten Lodges gehört **Badezeug** ins Gepäck, da viele einen Pool haben. Das feuchtheiße Klima an der Küste lässt sich am besten in **leichter Kleidung** aus Baumwolle oder Seide ertragen. Selbst abends wird es kaum kühler, frischt der Wind doch einmal auf, reicht ein leichter Pulli. Weite Regionen Kenias liegen 1000 m und mehr über dem Meeresspiegel. Die Temperaturunterschiede zwischen Tag und Nacht sind hier beträchtlich – also Fleecepullover oder **Jacke** einpacken! In besseren Hotels und Restaurants von Nairobi wird auf elegante Kleidung Wert gelegt. Während der Regenzeit sollte man an **Regenschutz** denken. **Strapazierfähig, bequem und naturfarben** sollte die Kleidung für Safaris sein.

Geld

Währung Währungseinheit ist der **Kenya Shilling (KES, Ksh)**. Banknoten gibt es zu 50, 100, 200, 500 und 1000 Ksh.

Kreditkarten, und Geldautomaten Von den meisten Hotels, Geschäften, Restaurants und Mietwagenfirmen werden internationale **Kreditkarten** wie Eurocard/Mastercard, Visa oder American Express akzeptiert. In Einkaufszentren kann man an **Geldautomaten** von Barclays Bank, Standard Chartered Bank oder Equity Bank per EC-Karte Landeswährung abheben. Mit Kreditkarte ist dies auch möglich, aber erheblich teurer. Travellerschecks werden kaum noch akzeptiert.

WECHSELKURSE

100 Ksh = 0,83 €
1 € = 120,70 Ksh
100 Ksh = 1,14 $
1 $ = 87,70 Ksh

KARTE VERLOREN?

Einheitliche Notfall-Nummer für sämtliche sperrbaren Medien wie Bank- und Kreditkarten, aber auch für Handys ist die **+ 49 11 61 16**.

Wie generell in Ländern mit schwächerer Währung ist es auch in Kenia vorteilhafter, den Geldwechsel **erst im Lande** vorzunehmen! Geldwechsel ist nur bei lizenzierten Wechselstellen erlaubt, also bei **Forex Büros** oder **Wechselschaltern in Hotels**, ihr Wechselkurs ist aber eher schlechter. Günstig ist es, Geld gleich in der Ankunftshalle des Flughafens zu wechseln oder in Nairobi beim ABC Forex Bureau, Westlands. Das Fort Jesus Forex Bureau in Mombasa befindet sich in der Ndia Kau Road. Schwarztausch lohnt sich nicht. Ein **Rücktausch** von nicht verbrauchten Kenya Shilling ist am Flughafen möglich.

Geldwechsel

Es ist grundsätzlich ratsam, eine kleinere Menge an Bargeld dabeizuhaben. In den Camps muss teilweise **in bar** gezahlt werden. Als nützlich erweisen sich kleinere Dollarnoten, auch als **Trinkgeld** und bei Zahlungen in Hotels und Souvenirshops. Achtung: Ausschließlich **US-$-Noten** von 2002 oder jünger mitnehmen. Scheine von vor 2002 werden nicht akzeptiert!

Dollar für Trinkgeld, Hotels und Souvenirs

Gesundheit

Die Strandhotels an der Küste haben oft Ärzte engagiert, die regelmäßig Sprechstunden abhalten. In Notfällen wendet man sich am besten zunächst an die Hotelrezeption. Jede Arztrechnung ist vor Ort zu bezahlen – die Krankenkasse erstattet später meist einen Teil bei Vorlage der Rechnung. Sicherheitshalber sollte jedoch eine private **Auslandskrankenversicherung** abgeschlossen werden, die alle Kosten übernimmt. In Kenia empfiehlt es sich, eine zusätzliche Notfallversicherung eigenständig oder über den Safariveranstalter abzuschließen. **Africa Air Rescue** (AAR) und die **Flying Doctors** können im Notfall mit Kleinflugzeugen Kranke aus entlegenen Teilen des Landes nach Nairobi bringen, ▶ Notdienste, S. 420.

Ärztliche Hilfe

Bei der Einreise aus Europa nach Kenia sind Impfungen nicht vorgeschrieben. Bei der Einreise aus Tansania benötigt man eine Gelbfieberimpfung, ein gültiger Impfausweis ist mitzuführen. Je nach Rei-

Impfvorschriften

PRAKTISCHE INFOS • Gesundheit

seziel und -art sind bestimmte Impfungen und **Vorsorgemaßnahmen** jedoch sinnvoll, über die man sich mindestens vier bis sechs Wochen vor Reiseantritt informieren sollte.

Malaria Jährlich erkranken Hunderte Touristen an Malaria. Die fieberhafte Infektionskrankheit mit Fieber, Schüttelfrost und Durchfall, die durch die **Anopheles-Stechmücke** übertragen wird, kann tödlich sein. Die Inkubationszeit kann von fünf Tagen bis zu mehreren Jahren betragen. In Ostafrika ist das Risiko gerade an der Küste oder an Seen sowie Flüssen und während der Regenzeit, an Malaria zu erkranken, hoch. Deshalb empfehlen Tropenmediziner **auch bei einem kurzen Aufenthalt eine Prophylaxe**, die bereits vor der Abreise beginnt und nach Rückkehr unbedingt fortgesetzt werden muss – detaillierte Informationen erteilt der behandelnde Arzt. Zu empfehlen ist Malarone, von dem täglich beginnend einen Tag vor der Abreise bis sieben Tage nach Rückkehr eine Tablette eingenommen wird. Einen hundertprozentigen Schutz gibt es allerdings nicht und nur ein Stich genügt. Deshalb sollte man unbedingt **Stichen vorbeugen**. Von der Dämmerung bis zum Morgengrauen sollten **moskitoabweisende Mittel** (▶S. 415) benutzt und langärmelige Hemden und lange Hosen getragen werden. Schlafen Sie unter Moskitonetz – die meisten Malariainfektionen werden zwischen 17.00 und 3.00 Uhr nachts übertragen. Helle Kleidung zieht Moskitos weniger an als dunkle.

Bei Verdacht auf eine **Malaria-Erkrankung** sollte man sofort einen Arzt aufsuchen. Je früher mit einer Notfallmedikamentation begonnen wird, desto besser. Ärzte in Kenia erkennen Malaria schneller als Ärzte in Europa. Es gibt auch Schnelltest-Kits für Malaria, die in einem Duka la Dawa, der Apotheke vor Ort, gekauft werden können.

Bilharziose Bilharziose oder **Schistosomiasis** ist die zweithäufigste Tropenkrankheit. Bilharziosegefahr besteht in Binnengewässern wie dem Lake Victoria, schnell fließendes Wasser ist dagegen in der Regel unbedenklich. Am gefährlichsten sind seichte bewachsene Uferzonen. Denn auf den Wasserpflanzen lebt eine Schneckenart, die der Bilharziose-Erreger als Zwischenwirt benötigt. Einen Impfschutz gegen diese **Wurmerkrankung** gibt es nicht. Daher sollte man grundsätzlich nicht in stehenden Gewässern baden. Schon ein Fußbad kann zur Infektion führen. Die Parasiten gelangen über die Haut in die Blutbahn, nach mehreren Wochen setzen sie sich in inneren Organen fest und können diese schwer schädigen. Wird Bilharziose rechtzeitig erkannt, bestehen gute Heilungschancen. Erste Krankheitsanzeichen sind Fieber, Schüttelfrost, Gliederschmerzen und Durchfall, die nach ein bis zwei Wochen wieder abklingen. Sie werden vielfach mit Grippesymptomen verwechselt. Bei einer Blutuntersuchung kann eindeutig geklärt werden, ob man an Bilharziose erkrankt ist.

Hilfe aus der Luft: die fliegenden Ärzte Ostafrikas

Auch Gelbfieber wird durch Stechmücken übertragen. Die Krankheit ist heute selten, kann aber, wenn sie auftritt, schnell zur Epidemie werden. 2010 wurden 260 Fälle am Lake Victoria in Uganda gemeldet. Deshalb verlangen einige Länder, darunter auch **Tansania**, einen Impfnachweis. Die Impfung darf nur bei Gesundheitsämtern oder Tropeninstituten vorgenommen werden. Die Impfung sollte mindestens zwei Wochen vor Abreise erfolgen. Da es sich um einen lebenden Impfstoff handelt, kann die Impfung bei kleinen Kindern, älteren oder gebrechlichen Personen problematisch sein.

Gelbfieber

2013 wurde erstmals seit 1982 wieder der Ausbruch von Dengue-Fieber aus der Region Mombasa gemeldet. Die Erkrankung ist durch Fieber, Hautausschlag sowie schwere Gelenk- und Knochenschmerzen (»break bone fever«) gekennzeichnet, in schweren Fällen auch durch innere Blutungen. Überträger ist die tagaktive **Aedes-Mücke**. Gegen die Dengueviren gibt es weder Medikamente noch eine Impfung. Mückenschutz ist daher auch am Tage dringend angeraten.

Dengue-Fieber

Die unbehandelt immer tödlich verlaufende Schlafkrankheit wird durch den schmerzhaften Stich der **Tsetse-Fliege** übertragen. 2012

Schlafkrankheit

wurde nach 11 Jahren erstmals wieder eine **ostafrikanische Trypanosomiasis** bei Kenia-Touristen diagnostiziert, die sich in der Masai Mara infiziert hatten. Symptome sind Fieber, Kopf- und Gliederschmerzen, dann Schlafstörungen, Wesensänderungen und Apathie. Beste Vorbeugung ist ein guter Mückenschutz in allen Nationalparks.

Polio, Tetanus, Diphterie

Impfungen gegen **Wundstarrkrampf** (Tetanus), **Kinderlähmung** (Polio) und **Diphterie** sind nicht nur bei Reisen in die Tropen sinnvoll. Diese Krankheiten können auch hierzulande vorkommen. Im Sommer 2013 traten mehrere Fälle von Kinderlähmung im Nordosten Kenias auf. Eine Impfpflicht bei Einreise besteht jedoch nicht.

Hepatitis

Fast alle Ärzte empfehlen einen Impfschutz gegen **Hepatitis A**. **Gelbsucht** ist eine schwere, allerdings nur selten lebensbedrohlich verlaufende Erkrankung. Durch unhygienische Lebensmittel oder Wasser kann man sich anstecken. Es gibt eine Kombi-Impfung mit der relativ teuren Impfung gegen **Hepatitis B**. Diese Variante der Gelbsucht ist gefährlicher als Hepatitis A, sie führt häufig zu chronischen Leberschäden, Leberzirrhose und -krebs. Allerdings wird sie nur durch Blut und Sperma übertragen, wobei der Hepatitis-B-Virus hundertmal ansteckender ist als der HIV-Virus. Selbst in einem getrockneten Blutstropfen bleibt er noch bis zu einer Woche aktiv.

Aids

Nach jüngsten Schätzungen sind fast 7 % der kenianischen Bevölkerung mit Aids infiziert, 2015 wird mit 1,8 Mio. Menschen gerechnet, die an Aids erkrankt sind. Das **HIV-Virus**, das die Immunschwäche hervorruft, wird durch Blut oder andere Körperflüssigkeiten übertragen. Besondere Vorsichtsmaßnahmen sind also bei Blutentnahme, Injektionen (ggf. Einwegspritzen mitnehmen!) und natürlich auch bei Geschlechtsverkehr angebracht. Kondome vermindern das Ansteckungsrisiko.

Durchfallerkrankungen

Weit verbreitet sind Durchfallerkrankungen, gegen die man sich in vielen Fällen bereits mit einfachen Mitteln schützen kann. Man sollte grundsätzlich **nie Leitungswasser trinken** – auch nicht zum Zähneputzen und keinesfalls Getränke mit Eiswürfeln kühlen. Streichen Sie Speiseeis und Salate. Essen Sie nur geschältes Obst und üben Sie Zurückhaltung bei kalten Buffets. Fleisch und Fisch sollten durchgebraten sein. Am besten hält man sich an die Globetrotter-Regel **»Boil it, cook it, peel it or forget it«**. Auf Speisen, die an Ständen am Straßenrand verkauft werden, sollte man besser ganz verzichten.
Wenn man diese Vorsichtsmaßnahmen beachtet, wird man nicht nur das Risiko für Durchfallerkrankungen vermindern, sondern auch kaum **Typhus** bekommen. Für Touristen, die in engen Kontakt mit Einheimischen kommen, ist ein Impfschutz gegen Typhus sinnvoll. Umstritten ist die Impfung gegen **Cholera**, da sie keinen sicheren

Schutz gegen eine Erkrankung bietet. Andererseits tritt Cholera meist nur unter extrem schlechten hygienischen Bedingungen auf, mit denen Urlauber normalerweise nicht konfrontiert sind. Bei leichten Durchfällen ohne Fieber ersetzt man die verlorene Flüssigkeit am besten durch Fruchtsäfte, Bouillon und Tee und nimmt zusätzlich ein geeignetes **Zucker-Salz-Gemisch** zu sich, das man in Apotheken erhält – oder selbst herstellt: ein Teelöffel Kochsalz, zehn Teelöffel Zucker in einem Liter abgekochtem Wasser auflösen. Bei schweren Durchfallerkrankungen muss man häufig auf Medikamente zurückgreifen. Kommt zur Durchfallerkrankung Fieber hinzu, sollte man unbedingt einen Arzt aufsuchen.

Auch gut trainierte Personen können in **Höhenlagen über 2500 m** Probleme mit der Höhenkrankheit bekommen. Der geringe Sauerstoffgehalt in der Luft kann einen Sauerstoffmangel im Blut auslösen. Erste Symptome sind Kopfschmerzen, Schwindel, Schwäche, Übelkeit, Schlafstörungen und Beschleunigung des Herzschlags. Bei allen Symptomen, die nicht bei einer Ruhephase verschwinden, ist der zügige Abstieg auf Höhen unter 2500 m unumgänglich. Die Höhenkrankheit kann in extremen Fällen durch Wassereinlagerungen in Lunge und Gehirn einen tödlichen Verlauf nehmen! Man vermeidet sie durch einem **langsamen Aufstieg** (d. h. nur wenige Höhenmeter pro Tag) und / oder durch eine Eingewöhnungsphase auf 3000 m Höhe – prophylaktische Medikamente sind umstritten. *Höhenkrankheit*

Die Mitnahme einer kleinen Reiseapotheke ist sinnvoll, da man **außerhalb der größeren Städte fast nirgendwo Medikamente** erhält. Zur Grundausstattung gehören Pflaster, Verbandsmittel, Schere, Wund-Desinfektionsmittel, Fieberthermometer, Pinzette sowie die regelmäßig eingenommenen Medikamente und Mittel zur Malariaprophylaxe. Ferner sollte man Medikamente gegen Durchfallerkrankungen, Erbrechen und Fieber, Augentropfen gegen Bindehautentzündung sowie Schmerzmittel dabeihaben. In abgelegenen Gebieten mit schlechter medizinischer Versorgung gehören auch Antibiotika, Medikamente gegen Wurmbefall und akute Malariaanfälle sowie Einwegspritzen ins Reisegepäck. Unter **www.tropeninstitut.de** gibt es umfangreiche Tipps zur Grundausstattung der Reiseapotheke, die Sie am besten (ohne Flüssigkeiten!) im Handgepäck verstauen. *Reiseapotheke*

Dämmerung ist die beliebte Tageszeit für Mücken, dann kommen **Insektenabwehrsprays** zum Einsatz. Regelmäßig aufgetragen, können die Repellents die Übertragungswahrscheinlichkeit um bis zu 90 % reduzieren. Ein Merkblatt mit den bewährtesten Mitteln wie Anti Brumm, Autan, Care Plus, Jungle Formula oder Nobite findet man unter www.auswaertiges-amt.de und http://tropeninstitut.de. Bis zu vier Wochen hält die **Imprägnierung von Kleidung und** *Mückenschutz*

Moskitonetz mit Nobite – gut die Hälfte der Mückenstiche erfolgt durch die Kleidung! Nobite hat aber den Nachteil, Kunststoffe anzugreifen. Permanent imprägnierte Textilien sind bei Outdoor-Ausrüstern erhältlich. Auf Parfum sollte am besten ganz verzichtet werden.

Hallo Sonne! Die Sonne am Äquator ist sehr intensiv und nicht zu unterschätzen! Also unbedingt **Sonnencreme mit hohem Schutzfaktor, Sonnenbrille** und einen **Hut mit breiter Krempe** einpacken. Nacken eincremen nicht vergessen und immer **viel Wasser trinken** – am besten Zimmertemperatur.

Literatur & Film

Sachbücher und Bildbände **Jonathan Kingdon**: The Kingdon Pocket Guide to African Mammals. Princeton University Press 2005. Hervorragender Begleiter auf Safari.

Evert Kornmayer: »Klassische und moderne Rezepte aus Kenia«. Kornmayer 2009. Mehr als 220 leichte Alltags-, Barbecue- und Festgerichte – darunter auch Zitate und Rezepte von Karen Blixen.

Richard Leakey: Die ersten Spuren. Über den Ursprung des Menschen. Goldmann 2000. Der international als Kapazität geltende Paläoanthropologe Richard Leakey (▶Berühmte Persönlichkeiten) erhellt spannend das Dunkel menschlicher Frühgeschichte.

Cynthia Moss und Martyn Colbeck: Das Jahr der Elefanten – Tagebuch einer afrikanischen Elefantenfamilie. Frederking & Thale 2002. 18 Monate aus dem Leben einer Dickhäuterfamilie im Amboseli National Park mit dem Blick der bekannten Elefantenforscher.

Jonathan Scott: Safari Guide to East African Birds und Safari Guide to East African Animals. Beide Fountain Press 1998. Traumhafte Aufnahmen und die wichtigsten Fakten über die Vögel und Tiere Ostafrikas. Autor ist der bekannte britische Zoologe, Fotograf und Moderator der BBC-Serie »Big Cat Diary« Jonathan Scott, der den Großteil seines Lebens in der Masai Mara und der Serengeti zugebracht und bei den Masai gelebt hat. Zusammen mit seiner Frau Angela hat er mehrere preisgekrönte Bildbände über das Tierparadies veröffentlicht.

Romane und Erzählungen **Joy Adamson:** Frei geboren. Heyne 2002. Joy Adamson (▶Berühmte Persönlichkeiten) erzählt spannend und einfühlsam von ihrer Löwin Elsa – erfolgreich gleichnamig von der BBC verfilmt.

Tania Blixen: Jenseits von Afrika. Manesse 2012. »Hier bin ich, wo ich sein sollte.« In ihrem 1938 erschienenen Roman über das afrikanische Hochland erzählt die Dänin von einer in ihrer Fremdartigkeit faszinierenden Welt – ein ebenso spannendes wie geistreiches Abenteuerbuch einer mutigen Frau (▶Baedeker Wissen S. 358).

John le Carre: Der Ewige Gärtner. List Tb. 2011. Intelligenter Krimi um politische und wirtschaftliche Intrigen in Nairobi – 2005 mit Ralph Fiennes und Rachel Weisz verfilmt.

Kuki Gallmann: Ich träumte von Afrika. Knaur TB 2008. Die bewegende Lebensgeschichte der Italienerin Kuki Gallmann, die in Kenia auf tragische Weise Mann und Sohn verlor. Ihre Farm in Laikipia engagiert sich heute für den Umweltschutz (▶Baedeker Tipp S. 199).

Barbara und Stephanie Keating: Land ihrer Sehnsucht – Ein Afrika-Roman. Droemer/Knaur 2009. Seit ihren Kindertagen auf einer Farm in Kenia sind Sarah, Camilla und Hannah unzertrennliche Freundinnen. Auch als Erwachsene zieht es sie immer wieder zurück in das Land ihrer Sehnsucht …

Julie Peters: Am Fuß des träumenden Berges. Wunderlich 2013. Ein packender Urlaubsschmöker um eine junge Engländerin in Kenia, der zu Beginn des 20. Jh.s im britischen Protektorat Ostafrika spielt.

Daphne Sheldrick: Eine Afrikanische Liebesgeschichte. Goldmann 2012. Nachdem eine ihrer Elefantenwaisen sie angegriffen hat, beschließt Sheldrick ihr Leben mit ihrem Mann David und die gemeinsame Arbeit für den Schutz der Dickhäuter zu Papier zu bringen. Anrührend und aufschlussreich.

Ngugi wa Thiong'o: Träume in Zeiten des Krieges. A1 Verlagsges. 2010. Mit poetischer Kraft schildert Ngugi wa Thiong'o die koloniale Wirklichkeit seiner Kindheit in Zentralkenia um 1930 bis 1950.

Barbara Wood: Rote Sonne, Schwarzes Land. Fischer Tb. 2011. Die spannende Geschichte einer weißen kenianischen Siedlerfamilie und eines afrikanischen Clans über mehrere Generationen hinweg gibt ein eindrückliches Bild von Kenia im 20. Jahrhundert.

Michela Wrong: Jetzt sind wir dran: Korruption in Kenia. Bittermann 2010. Sehr hintergründig und erhellend beschreibt Michela Wrong die langlebigen Verbindungen von Staatsmacht und Wirtschaftskriminalität. Sie erzählt von ihrem Freund John Githongo, der von Kibaki zum »Anti-Korruptions-Zar« ernannt wird, um die Missstände im Land aufzudecken (▶S. 76).

Sieben Oscars erhielt das romantische Liebesepos »Jenseits von Afrika« mit Meryl Streep und Robert Redford in den Hauptrollen.

KENIA IM FILM

Jenseits von Afrika (**Out of Africa**, 1986): großes Gefühlskino vor der majestätischen Kulisse Kenias nach den Erinnerungen der dänischen Baronin Karen Blixen (▶Baedeker Wissen S. 358).

Nirgendwo in Afrika: Caroline Links packende Verfilmung von Stefanie Zweigs gleichnamigem autobiografischen Roman über die jüdische Familie Redlich, die 1938 aus Deutschland flieht und versucht, sich in Kenia eine neue Existenz aufzubauen – 2003 in Hollywood mit einem Oscar ausgezeichnet.

Serengeti darf nicht sterben: ▶Baedeker Wissen S. 382

Die weiße Massai: 2005 an Originalschauplätzen verfilmte Adaption von Corinne Hofmanns gleichnamiger Autobiografie über ihre

Liebe zu dem Masaikrieger Lketinga und ihr abenteuerliches Leben im kenianischen Hochland.

To Walk with Lions – Jagd in Afrika: 1999 verfilmtes Leben von Tony Fitzjohn und George Adamson (▶Berühmte Persönlichkeiten) mit Richard Harris in der Hauptrolle.

Kenia im TV: Die BBC informiert unter **www.bbcgermany.de**, wann und auf welchem Sender in Deutschland ihre weltberühmten Produktionen ausgestrahlt werden: das Tagebuch der Elefanten-Serie über **Sheldricks Elefanten** und das **Tagebuch der Raubkatzen**, in der Masai Mara gedreht, mit beeindruckenden Nachtaufnahmen.

Medien

Älteste Tageszeitung Kenias ist der 1906 gegründete konservative »East African Standard«, der sich heute »**The Standard**« nennt (www.standardmedia.co.ke). In englischer Sprache erscheint als auflagenstärkstes Blatt täglich »**The Daily Nation**«, gute Reisetipps bieten **Destination Magazine** und **Travel News** online. Deutsche Printmedien sind in Mombasa (seltener in Nairobi) meist zwei Tage nach Erscheinen erhältlich. — Zeitungen

Die staatliche **Kenya Broadcasting Corporation** (KBC) strahlt landesweit swahili- und englischsprachige Rundfunk- und Fernsehprogramme aus. Einige Hotels sind mit Satellitenschüsseln ausgestattet, über die man auch deutschsprachige Sender empfangen kann. Das Programm der **Deutschen Welle** (www.deutschewelle.de) ist über Kurzwelle zu empfangen. Alle anderen Sender sind in privater Hand: **Kenya Television News** (KTN), K24, Nation TV (NTV), Citizen TV und die beiden christlichen Sender Family TV und Sayare TV. In den Touristenhochburgen gibt es auch europäisches Satellitenfernsehen, vor allem Sport wird eingeschaltet – die Kenianer sind absolut fußballverrückt! — Rundfunk und Fernsehen

Notdienste

NOTRUF IN KENIA	
Polizei und Ambulanz	Tel. 999
	Alle Notsituationen

PRAKTISCHE INFOS • **Notdienste**

Touristen-Polizei
Tel. 026 047 67
(24 Stunden)

ÄRZTLICHE HILFE
Dr. Andreas Meyerhold
Sarit Centre, Nairobi
Tel. 020 374 57 19, 0724 29 86 54

Dr. Okanga
Aga Khan Doctors Plaza
Nyerere Avenue, Mombasa
Tel. 041 231 29 54

RETTUNGSDIENSTE IN KENIA
Africa Air Rescue (AAR)
Williamson House
4th Ngong Avenue, Nairobi
P. O. Box 41766
www.aarhealth.com
Notdienst rund um die Uhr:
Tel. 020 289 50 00

*The Flying Doctors
of East Africa (AMREF)*
Wilson Airport Nairobi
P.O. Box 18617, 00500 Nairobi
www.flydoc.org
Notdienst rund um die Uhr:
24 Stunden-Tel. 020 699 22 99
Mobil: 0733 63 90 88
Radio HF: 9116kHzLSB/5796kHzLSB
Call sign: Foundation Control
E-Mail: emergency@flydoc.org
Seit über 50 Jahren leisten die »Fliegenden Ärzte« in Kenia und Tansania schnelle Hilfe bei Autounfällen, unliebsamen Zusammenstößen mit wilden Tieren und ernsthaften Erkrankungen. Dem gut ausgebildeten Ambulanzteam stehen 14 Flugzeuge für den Krankentransport zur Verfügung. Über die AMREF-Website oder den Reiseveranstalter kann man eine zeitlich begrenzte Mitgliedschaft bei den Flying Doctors bereits in Deutschland erwerben. Die Monatsmitgliedschaft »**Maisha**« für Touristen kostet 15 Euro pro Person (www.amrefgermany.de). Im Notfall ist die Hilfe der Flying Doctors dann kostenlos. Dadurch ist man nicht nur abgesichert, sondern trägt gleichzeitig zum Erhalt dieser sinnvollen, ohne Profit arbeitenden Einrichtung bei.

KRANKENHÄUSER
IN KENIA
Nairobi Hospital
Argwings Kodhek Road, Nairobi
Tel. 020 28 45 00
www.nairobihospital.org

Aga Khan Hospital
3rd Parklands Avenue
Parklands, Nairobi
Tel. 020 366 20 20-22
www.agakhanhospitals.org/nairobi

Aga Khan Hospital
Vanga Road, Kizingo, Mombasa
Tel. 041 222 77 10
www.agakhanhospitals.org/mombasa

NOTDIENSTE
IN DEUTSCHLAND
ADAC-Notrufzentrale
Medizinische Beratung
und Rückholdienst
Tel. 0049 89 76 76 76
Beratung bei Unfällen, Dokumentenverlust etc.
Tel. 0049 89 22 22 22

AvD-Notruf
Tel. 0049 69 660 66 00

ACE-Notruf
Tel. 0049 711 530 34 35 36

Post · Telekommunikation

Postämter gibt es in allen größeren Ortschaften, insbesondere in den Shoppingcentern. Sie sind Mo. – Fr. 8.00 – 18.00 und Sa. 9.00 bis 12.00 Uhr geöffnet. In kleineren Orten schließen sie manchmal über Mittag. **Briefmarken** erhält man auf Postämtern, an der Hotelrezeption oder in Souvenirshops. Wichtig ist der Zusatz **»Air Mail«** – per Luftpost verschickte Karten und Briefe kommen meist bereits nach einer Woche an. Air-Mail-Aufkleber gibt es auf den Postämtern. Postkarten kosten 80 Ksh, Briefe 110 Ksh.

Post

Telefongespräche ins In- und Ausland können vom Hotel aus oder im Postamt vermittelt werden. In Kenia benutzt jedoch fast jeder ein **Mobiltelefon** – vom Zimmermädchen bis zum Masai im Busch. In ein freigeschaltetes Handy aus Europa kann eine SIM-Karte eingesetzt werden. Die Karte kostet Ksh 100 und ist erhältlich bei Safaricom, Orange oder in Airtel-Geschäften. Nehmen Sie einen Pass mit, damit Sie sich registrieren lassen können. Mit **Prepaid**-Gutschriften, die in Höhe von Ksh 50 bis 1000 in Supermärkten und an Kiosken verkauft werden, kann man preiswert SMS verschicken. Auch das Telefonieren nach Europa bleibt damit erschwinglich. In Städten, entlang der Hauptstraßen und auch in Nationalparks ist das Netz hervorragend. Lediglich im Norden von Kenia wie am Lake Turkana ist es noch nicht weit ausgebaut.

Telefon

In den **Internet-Cafés** der Touristikzentren, Hotels und sogar in kleineren Orten kann man gegen Gebühr im Internet surfen. In einigen Hotels und Cafés gibt es kostenloses Wi-Fi. Wenn man sich länger in Kenia aufhält, lohnt ein UMTS/USB-Stick, die Registrierung erfolgt wie beim Handy. Die Geschwindigkeit der Verbindung hat zwar keinen europäischen Standard, ist aber schon erheblich schneller geworden.

Internet

VORWAHLEN

*Von Deutschland,
von Österreich
und der Schweiz*
nach Kenia Tel. 00254
Die Null der nachfolgenden
Ortsvorwahl entfällt.

Von Kenia
nach Deutschland Tel. 0049
nach Österreich Tel. 0043
in die Schweiz Tel. 0041

Auskunft
National: Tel. 991 oder 992
Vermittlung Inland: Tel. 900

*Vermittlung ins Ausland
und Internationale Auskunft*
Tel. 0195 oder 0196

Preise und Vergünstigungen

Kein Billigreiseland Die Preise für Unterkunft, Essen und Transport entsprechen in etwa europäischem Niveau, wobei das Reisebudget natürlich stark von den geplanten Aktivitäten und dem gewünschten Luxus abhängt. Ein gutes Drei-Gänge-Menü erhält man schon ab 1700 Ksh, Luxusrestaurants in Nairobi oder Mombasa sind hingegen sehr kostspielig. Vergessen Sie bei der Reisekalkulation auch nicht die Eintrittsgelder für die Nationalparks und Safaris, die nun auch beide der Umsatzsteuerpflicht unterliegen, sowie Trinkgelder. Durch sie können sich die Kosten leicht verdoppeln. Reisen in der Hauptsaison (Juli – Okt. und Dez. – Feb.) sind erwartungsgemäß teurer als in der Nebensaison. An Weihnachten und Silvester muss man mit einen Aufpreis von etwa 30 % rechnen. Geld sparen lässt sich durch Frühbucher-Rabatte, Last-Minute-Tarife, All-inclusive-Angebote und online. Prüfen Sie bei der Buchung von Safaris in Kenia, ob die Veranstalter Mitglieder von KATO (▶S. 407) und die Eintrittsgelder für die Parks im Preis enthalten sind. Für Parkbesuche mit dem eigenen Auto fallen zusätzliche Eintrittsgelder an. Wie hoch diese sind, kann man der Website www.kws.go.ke entnehmen.

> **? BAEDEKER WISSEN**
>
> *Was kostet wie viel?*
>
> Einfache Mahlzeit ab 450 Ksh
> 3-Gänge-Menü ab 1700 Ksh
> 1 Tasse Kaffee 200 Ksh
> 1 Bier 180 Ksh
> 1 Glas Wein 400 Ksh
> Einfaches DZ ab 3500 Ksh
> Benzin 1 l Super ab 110 Ksh
> 1 l Diesel ab 98 Ksh

Prostitution

In den 1980er-Jahren war Kenia eine Hochburg der Prostitution. Selbst heute noch besuchen Touristen die einschlägigen Clubs und Bars an der Küste und in Nairobi auf der Suche nach einem schnellen Sexabenteuer. Angesichts der extrem hohen Aids-Infizierungsrate – von den Prostituierten sind nach Schätzungen neun von zehn Frauen infiziert – ist dies ein **unkalkulierbares Risiko**.

Reisezeit

Wetter Jahreszeiten im mitteleuropäischen Sinne gibt es am Äquator nicht. Den Jahresverlauf in Ostafrika gliedern die Regenzeiten. Die **große Regenzeit** dauert von März bis Juni – April und Mai sind die regenreichsten Monate –, die sogenannte **kleine Regenzeit** von Ende Oktober bis Mitte Dezember. Regenfälle können in der kleinen Regenzeit auch ganz ausbleiben (▶Baedeker Wissen S. 17). Viele Hotels schließen nach Ostern und öffnen erst wieder Ende Juni. Auch im regenstärksten Monat November haben viele Unterkünfte geschlossen. Lokale und nationale Wettervorhersagen bietet das Kenya Meteorological Office unter **www.meteo.go.ke**.

Kenias Küsten sind ein **Ganzjahresreiseziel**. Auch in den Regenzeiten gibt es meist nur kurze heftige Schauer. Dennoch gewähren viele Reiseveranstalter für die Hauptregenzeit von April bis Juni erhebliche Preisnachlässe. Die **Temperaturen** liegen von Mai bis Oktober durchschnittlich bei 25 bis 28 °C. Wärmer ist es zwischen November und April mit durchschnittlichen Temperaturen zwischen 28 und 33 °C. Auch abends kühlt es dann kaum ab. Angesichts der **hohen Luftfeuchtigkeit** empfinden manche Menschen diese Temperaturen als unangenehm heiß, kurz vor Einsetzen der Regenzeiten ist es drückend schwül. Regnet es dann, fallen bei jedem Schauer die Temperaturen merklich ab, sodass bei uns wärmende 26 °C fast kühl wirken können.

Küste

Ein leichter, fast ständig wehender **Seewind** sorgt am Meer jedoch für Abkühlung. Das Klima an der Küste wird von **Monsun-Winden** bestimmt: Der nordöstliche **Kaskasi** sorgt von Dezember bis Anfang März für trockenes, warmes Wetter, von Juli bis September weht der **Kusi** aus Südosten und bringt der Küste kühleres Klima. Während der windigen Monate erwarten Wassersportler beim Kiten oder Surfen im Tagesverlauf zunehmende Winde von bis zu 20 Knoten.

In Kenias Hochland herrscht ein für Mitteleuropäer sehr **angenehmes Klima**. Die durchschnittlichen Tagestemperaturen pendeln von September bis April um 25 °C. Zwischen Mai und August ist es einige Grad kälter, vor allem aber ist der Himmel an etlichen Tagen wolkenverhangen. Die **Regenzeiten** können Safaris im Landesinneren deutlich behindern, manche Nationalparks werden dann unpassierbar. So gelten die wärmeren, niederschlagsarmen Monate **ab Anfang Juli bis März, ausgenommen November,** als beste Reisezeiten. Naturliebhaber schätzen indes gerade die Regenperioden als Reisezeit, weil sich dann die Vegetation in ihrer ganzen Schönheit zeigt. Die Wildbeobachtung ist während der Regenmonate eine andere, aber nicht weniger schön als in der Trockenzeit. Die Tiere halten sich dann nicht nur an den Flussufern auf, denn es gibt auch anderswo ausreichend Wasser für sie.

Hochland

In den Gebirgslagen ist das ganze Jahr mit Regen zu rechnen. Für Trekkingtouren am Kilimanjaro, Mount Kenya oder Mount Elgon empfehlen sich besonders die wärmeren, niederschlagsärmeren Monate **Dezember bis Februar**.

Hochgebirgstouren

Sicherheit

Sicherheitsrisiko — Fast jeder Besucher ist zunächst erstaunt über die herzliche Aufnahme und Freundlichkeit, die Ausländern von fast allen Kenianern entgegengebracht werden. Doch man darf nicht vergessen, dass bedingt durch hohe Gewaltkriminalität ein deutliches Sicherheitsrisiko in Kenia besteht. Das Auswärtige Amt empfiehlt die Beachtung allgemeiner Vorsichtsmaßnahmen und das strikte Befolgen der **Verhaltensempfehlungen der Reiseveranstalter**. Die Verhältnisse in Kenia können sich schnell ändern, daher ist es ratsam, sich vor Reiseantritt beim **Auswärtigen Amt** in Berlin über die aktuelle Sicherheitslage zu informieren (www.auswaertiges-amt.de).

Verhalten — In Nairobi ist **Taschendiebstahl** an der Tagesordnung. Mit entsprechenden Vorsichtsmaßnahmen kann man das Risiko stark vermindern – möglichst nur Kleingeld dabeihaben, **alle Wertsachen im Hotelsafe** deponieren, Geld direkt am Körper tragen und Wertsachen nie sichtbar im Auto lassen. Mit weitem Abstand, aber ebenfalls noch hoher Kriminalitätsrate folgt Mombasa. Nachts sollte man die Innenstädte von Nairobi und Mombasa möglichst meiden, auf jeden Fall keine Spaziergänge bei Dunkelheit, z. T. auch am Tag, unternehmen. Will man sein Fahrzeug nicht aufgebrochen wiederfinden, parkt man am besten auf dem bewachten Hotelparkplatz.

Bedingt durch die Kriege in Somalia (1991–1994, 2012) kamen Hunderttausende von mittellosen Flüchtlingen ins Land. Vor allem **im Norden Kenias** gibt es seitdem erhebliche Sicherheitsprobleme. Dies gilt insbesondere für die Strecke zwischen Malindi und Lamu sowie auf den Straßen nördlich des Samburu National Reserve bzw. nördlich von Kitale und zum Lake Turkana. Veranstalter, die Reisen in diese Regionen anbieten, haben zuvor geprüft, ob sie sicher sind.

Drogen — Der Besitz von Drogen wird in Kenia hart bestraft.

Homosexualität — Gleichgeschlechtliche Liebe ist in Kenia nicht erlaubt und steht unter Strafe. Dennoch gibt es sie auch hier, aber undercover.

Sprache

Swahili — **Landessprache ist Swahili** bzw. »Kiswahili«, übersetzt »die Swahili-Sprache«. Fast überall kann man sich jedoch in der **Geschäftssprache Englisch** gut verständigen. In den Hotels entlang der Küste wird auch vereinzelt Deutsch, Französisch oder Italienisch gesprochen. In abgelegenen Gebieten werden eher Stammessprachen wie Maa (Ma-

Swahili-Englisch-Deutsch

Wichtige Wendungen

Jambo	Hello	Hallo, Guten Tag
Habari?	How are you?	Wie geht's?
Jambo sana	I'm fine, thanks	Gut, danke
Karibu	Welcome	Willkommen
Kwa heri!	Good Bye!	Auf Wiedersehen!
Asante sana	Thank you	(Vielen) Dank
Hakuna matata	No problem	Kein Problem
Samahani	Excuse me	Entschuldigung, Verzeihung
Duka la Dawa	Chemist	Apotheke
Hatari	Danger	Gefahr
Pole pole	Slow	langsam
Simama hapa	Stop here	Hier anhalten
Si kitu	It's ok	Das macht nichts
Jina lako gani?	What's your Name?	Wie heißt Du?
Nina itwa …	My name is …	Ich heiße …
Ndio	Yes	Ja
Hapana	No	Nein
Tafadhali	Please	Bitte
Nzuri	Good	Gut
Kiasi gani?	How much?	Wie viel?
Wapi?	Where?	Wo?
Nataka …	I'd like …	Ich möchte …
Bwana	Sir, Mister	Herr
Bibi	Lady, Mistress	Frau
Kushoto	Left	Links
Kulia	Right	Rechts
Moja kwa moja	Straight on	Geradeaus
Sasa	Now	Jetzt
Jana	Yesterday	Gestern
Leo	Today	Heute
Kesho	Tomorrow	Morgen
Choo	Toilets	Toiletten
Baridi	Cold	Kalt
Moto	Warm	Warm

Tierbezeichnungen

Simba	Lion	Löwe
Ndovu, Tembo	Elephant	Elefant

Kifaru	Rhino	Nashorn
Kiboko	Hippo	Nilpferd
Nyati	Buffalo	Büffel
Mbuni	Ostrich	Strauß
Twiga	Giraffe	Giraffe
Punda milia	Zebra	Zebra
Tumbili	Monkey	Affe

Speisekarte ▶ S. 102

Zahlen

Eins	One	Moja
Zwei	Two	Mbili
Drei	Three	Tatu
Vier	Four	Nne
Fünf	Five	Tano
Sechs	Six	Sita
Sieben	Seven	Saba
Acht	Eight	Nane
Neun	Nine	Tisa
Zehn	Ten	Kumi
Elf	Eleven	Kumi na Moja
Zwölf	Twelve	Kumi na Mbili
Zwanzig	Twenty	Ishirini
Hundert	One hundred	Mia

Elefanten heißen auf Swahili »Ndovu« oder »Tembo«.

sai), Luo oder Rendille gesprochen. Höchst erfreut reagieren viele Kenianer, wenn man ihren Gruß in Swahili beantwortet bzw. einige Brocken ihrer Sprache spricht. Die Aussprache ähnelt dem Deutschen, wobei folgende Ausnahmen zu beachten sind: »ch« wird wie »tsch« gesprochen, »dh« wie das englische »th«, »gh« wie »ch«, »j« wie »dsch«, »sh« wie »sch«, »v« wie »w«, »z« wie ein weiches »s«. Bei zwei aufeinanderfolgenden Vokalen wird jeder einzeln ausgesprochen. Die Betonung liegt fast immer auf der vorletzten Silbe.

Toiletten

Die sanitäre Situation, vor allem in den ländlichen Regionen Kenias, ist prekär, die wenigen öffentlichen Toiletten in desolatem Zustand. In Nairobi stehen seit 2010 an zentralen Plätzen David Kurias **Ikotoilets**, monumentale öffentliche Toiletten für Frauen und Männer mit Dusche und einer Behindertentoilette. Fünf Shilling sind im Preis, den viele Kenianer gerne für diese sauberen und sicheren Toiletten ausgeben. Sie integrieren gleichzeitig Schuhputzservice, Getränke und »Airtime« für Mobiltelefone in der zugehörigen »Toilet Mall«. Auf Rundfahrten halten Reiseveranstalter meist an Curio Shops, wo nach dem Besuch der Toilette noch eingekauft werden kann. Auf Pirschfahrten im Busch heißt es »mark your territory«, wenn eine Pinkelpause ansteht.

Verkehr

Kenia hat drei internationale **Flughäfen** (▶S. 405): den **Jomo Kenyatta International Airport** in Nairobi, den **Moi International Airport** von Mombasa und den **Eldoret International Airport**. Letzterer wird allerdings nicht aus Europa angeflogen. Ab 2015 soll der neue Passagierterminal des **Isiolo Airport** fertig sein und für internationale Flüge bereitstehen. Wer von Kenia nach Tansania per Flugzeug weiterreist, landet meist auf dem **Kilimanjaro Airport** zwischen Arusha und Moshi. Demnächst soll der Serengeti International Airport gebaut werden. Viele innerkenianische Flüge starten vom **Nairobi Wilson Airport**, 5 km südlich der City. Fast jede Ortschaft hat einen Regionalflughafen, größere Lodges in den Nationalparks verfügen über eigene Start- bzw. Landepisten.

Mit dem Flugzeug

Kenya Airways (▶S. 405) unterhält zwischen Mombasa, Nairobi, Kisumu, Lamu und Malindi zumindest einmal täglich Linienflüge. Weitere Orte wie Nanyuki oder Garissa werden mehrmals pro Woche angeflogen. Daneben bieten verschiedene **private Fluggesell-**

INLANDSFLÜGE

Mombasa Air Safari
www.mombasaairsafari.com
Tel. 0734 40 04 00

Safarilink
www.flysafarilink.com
Tel. 020 600 07 77

Airkenya
www.airkenya.com
Tel. 020 391 60 00

Fly 540
www.fly540.com
Tel. 0722 54 05 40

Boskovic Air
www.boskovicaircharters.com
Tel. 020 600 64 64

Tropic Air
www.tropicairkenya.com
Tel. 020 203 30 32

schaften wie Mombasa Air Safari, Safarilink und Airkenya ihre Dienste auf Linienverbindungen an. Charterflüge führen Boskovic Air und Tropic Air durch. Auf Inlandsflügen dürfen nur 15 kg, manchmal nur 10 kg **Gepäck** mitgenommen werden – Übergepäck wird gegen Preisaufschlag befördert.

Mit dem Bus
Der öffentliche Verkehr in Kenia wird großenteils über Busse abgewickelt. Alle Busgesellschaften sind in Privatbesitz, die Busse unterscheiden sich im Hinblick auf Verkehrssicherheit und Komfort erheblich. In den größeren Städten gibt es **zentrale Busbahnhöfe**, in Nairobi und Mombasa fahren die Busse in die verschiedenen Landesteile jedoch von unterschiedlichen Busstationen ab. **Überlandbusse** halten zum Teil auch an großen Hotels und holen dort auch ab – bei der Buchung erfragen. Die Anzahl der Fahrgäste ist auf die Sitzplätze begrenzt, eine Reservierung ist auf längeren Strecken empfehlenswert – Buchung am jeweiligen Busbahnhof. Die Fahrpreise sind niedrig. Ein regelmäßiger Busverkehr besteht auch zwischen Nairobi und Arusha, Moshi und Dar-es-Salaam (Tansania).

Matatus sind Minibusse oder Sammeltaxis, die sowohl im Innenstadtverkehr als auch für Überlandfahrten eingesetzt werden. Sie verkehren nicht nach Fahrplan: Los geht's, wenn der Minibus voll ist. Auf vielen Strecken sind sie für Einheimische das einzige öffentliche Verkehrsmittel. Die Fahrt kostet abhängig von der Strecke mindestens 30 Ksh. Weihnachten und Ostern betragen die Preise oft das Vierfache. Bezahlt wird im Bus. Unterwegs halten die Matatus häufig, um Passagiere abzusetzen oder mitzunehmen – die Fahrzeit verlängert sich beträchtlich. Völlig überfüllt und oft in miserablem technischem Zustand, ist die **hohe Unfallquote** der Matatus nicht verwunderlich. Inzwischen muss jeder Fahrgast einen Sicherheitsgurt haben, die Anzahl wurde auf maximal 15 Passagiere begrenzt und die Höchstgeschwindigkeit auf 80 km / h – so die Theorie. Da dies aber

»nur« Vorschriften sind, werden sie auch gebrochen, gibt es immer noch viele Unfälle. Dank bargeldloser Zahlung führen die Menschen nicht mehr so viel Bargeld mit sich. Sicher mit ein Grund, warum die Überfälle zurückgegangen sind.

Züge gelten im Gegensatz zu Bussen als sicheres – und relativ pünktliches – Verkehrsmittel in Kenia. Von den 2070 km Bahnlinie funktioniert nur die Strecke Nairobi – Mombasa. Mit Hilfe von Spendengeldern sollen stillgelegte Strecken wieder aktiviert und neue Abschnitte gebaut werden. Eine Zugverbindung nach Tansania gibt es nicht. Die Strecke **von Nairobi nach Mombasa** führt durch den Tsavo-Nationalpark. Der Zug fährt Montag, Mittwoch und Freitag um 19.00 Uhr in Nairobi in Richtung Mombasa ab und kommt am nächsten Morgen nach ca. 14 Stunden an. Von Mombasa aus startet der Zug immer am Dienstag, Donnerstag und Samstag, ebenfalls um 19.00 Uhr. **Koloniales Ambiente** und ein Stück romantisches Abenteuer sind bei den Bahnfahrten garantiert. Die dritte Klasse ist meist völlig überfüllt und schmutzig. In der zweiten Klasse teilen sich bis zu vier Personen ein Abteil. In den Abteilen der ersten Klasse werden die Sitze nachts zu Betten umfunktioniert. Der Preis dafür entspricht in etwa einem günstigen Flug. Er schließt Abendessen und Frühstück mit ein. Für Fahrten in der ersten und zweiten Klasse ist eine **Reservierung** einige Tage vor Abfahrt erforderlich, über Reisebüros oder **Rift Valley Railways** (▶S. 432).

Mit der Bahn

Von Nairobis Wilson Airport fliegt Safarilink täglich zu verschiedenen Landepisten in den Nationalparks und privaten Schutzgebieten.

Mit dem Schiff Auf dem **Lake Victoria** verkehren regelmäßig Fähren: von Kisumu nach Kendu Bay, Homa Bay und Asembo Bay sowie von Homa Bay nach Mfangano und Rusinga Island. Ausflugsfahrten mit einer **Dhau**, dem traditionellen arabischen Segelboot, werden vielerorts an der **kenianischen Küste** und vor allem auf Lamu angeboten. Hier sind sie noch ein regelrechtes Verkehrsmittel, nicht nur Ausflugsboot.

MIT DEM AUTO

Straßenzustand Die Hauptverbindungsstraße von Nairobi in die Masai Mara ist bis kurz hinter Narok asphaltiert, die Straßen nördlich von Nairobi sind bis Archer's Post geteert. Die Hauptstraßen zwischen Nairobi und Namanga (Grenze zu Tansania) sind fertig. Dennoch: Von den rund 160 900 km Straße sind bislang nicht einmal 7 % asphaltiert. Durch das Straßenbauprogramm sind allerdings viele der geteerten Strecken in gutem Zustand. Im dünn besiedelten Norden Kenias gibt es fast nur Schotter- und Sandpisten oder einfache Feldwege. Auch die Wege in den Nationalparks sind nicht asphaltiert. Sie können nur mit einem Allradfahrzeug befahren werden. Während einige Pisten ausgefahrene Längsrillen haben, stellen andernorts »Wellblechpisten« Fahrer und Beifahrer auf harte Bewährungsproben. Selbst nach leichteren Regenfällen verwandeln sich die Pisten in Rutschbahnen. Die Beschilderung abseits der Hauptstraßen ist selten ausreichend.

Als Selbstfahrer muss man stets mit Unvorhergesehenem rechnen. Wer nicht wirklich über ein gut ausgestattetes Fahrzeug verfügt und kleinere Reparaturen selbst erledigen kann, sollte besser einen **Mietwagen mit Fahrer** buchen. Nachts sollte man aufgrund des Wildwechsels auf keinen Fall mit dem Auto fahren. Viele Pkw und Lkw sind auch ohne Licht unterwegs! Selbst in Nairobi ist es nachts durch mangelnde Beleuchtung auf vielen Straßen stockdunkel.

Linksverkehr! In Kenia herrscht Linksverkehr! Doch hat auch hier grundsätzlich das von rechts kommende Fahrzeug Vorfahrt. Im Kreisverkehr haben die bereits im »roundabout« befindlichen Fahrzeuge Vorfahrt. Es gelten die internationalen Verkehrszeichen. Die **Geschwindigkeitsbegrenzung** in Ortschaften beträgt 30 km/h, außerhalb der Ortschaften 100 km/h. Auf einigen Strecken, beispielsweise zwischen Mai Mahiu und Narok oder Mai Mahiu und Lake Naivasha gibt es mobile Radarfallen. Die Strafen sind drakonisch und müssen sofort gezahlt werden, sonst droht Gefängnisaufenthalt! In den Nationalparks darf man nie schneller als 40 km/h fahren. Oft unvermittelt auftauchende »speed bumbs« (Straßenschwellen) sollen Autofahrer zum Langsamfahren veranlassen. Es besteht **Anschnallpflicht** – auf den Rücksitzen nur, sofern Gurte vorhanden sind.

Parken

In den Einkaufszentren sind Autos oft besser aufgehoben als auf der Straße, wo die Parkmöglichkeiten begrenzt sind. Eine Gebühr wird meist erst ab der zweiten Parkstunde erhoben. Parker auf der Straße entrichten für jede Minute eine hohe Gebühr an das City Council. In Nairobi sind es 140 Ksh und in Malindi 50 Ksh.

Benzin

In Zentralkenia ist die Versorgung mit Benzin unproblematisch. In allen größeren Orten gibt es **Tankstellen**, in Nairobi, Mombasa und den Touristenzentren an der Küste haben einige rund um die Uhr geöffnet. In dünner besiedelten Regionen kann es jedoch sein, dass man Hunderte von Kilometern zurücklegen muss, bevor man tanken kann. Auch bei Fahrten durch die Nationalparks empfiehlt es sich, einen größeren **Reservekanister** mitzuführen. Man kann sich nicht darauf verlassen, dass man an jeder Lodge Kraftstoff erhält. Die Treibstoffpreise liegen erheblich unter den in Mitteleuropa üblichen. In Nairobi und Mombasa werden **Kreditkarten** auf Tankstellen zum Teil akzeptiert, woanders nicht!

Pannenhilfe

Bei kleineren Pannen abseits der Hauptverkehrsstraßen ist man erst einmal **auf sich selbst angewiesen** und sollte entsprechendes Werkzeug dabeihaben. Kann man den Schaden nicht beheben, so benachrichtigt man den **Autovermieter**. Vor Fahrtantritt sollte geprüft werden, ob eine gelbe Sicherheitsweste, Feuerlöscher sowie Warndreieck vorhanden sind.

Unfall, was tun?

Die Unfallquote und die Zahl der Verkehrstoten sind in Kenia extrem hoch! Der schlechte Zustand der meisten Fahrzeuge, überhöhte Geschwindigkeit oder fehlende Beleuchtung, schlechte Straßen, Übermüdung und Drogen- oder Alkoholmissbrauch bleiben nicht folgenlos. Mit Wildwechsel ist auch außerhalb der Nationalparks zu rechnen. Wird man trotz aller Vorsicht in einen Unfall mit Personenschaden verwickelt, sollte man neben der Polizei **auch die jeweilige Botschaft benachrichtigen**.

Polizeikontrollen

Straßensperren und -kontrollen (**Police Check**) sind in Kenia an der Tagesordnung. Auch wenn man sich offensichtlich keines Vergehens schuldig gemacht hat, kann man angehalten und zumindest in längere Auseinandersetzungen verwickelt werden. Erste Regel ist: dabei **immer freundlich bleiben**.

Mietwagen

Wer in Kenia ein Auto mieten möchte, muss mindestens 23 Jahre und darf nicht älter als 70 Jahre sein. Manche Leihwagenfirmen vermieten nur an Personen, die den Führerschein mindestens zwei Jahre besitzen. Die meisten Autovermieter untersagen es, mit einem Pkw in die Nationalparks zu fahren, hat man dies vor, so muss man ein Allradfahrzeug leihen. Bei Übernahme des Mietwagens sind

MIT DER BAHN

Rift Valley Railways
Moi Avenue
P. O. Box 62502
Nairobi 00200
Tel. 020 204 44 76
www.riftvalleyrail.com

MIETWAGEN

www.billiger-mietwagen.de/Kenia
www.safari-portal.de/CarRentall
www.4wdkenya.com
www.budgetcarhirekenya.com

TAXIS

Kenatco Taxis
in Mombasa Tel. 041 22 75 03
in Nairobi Tel. 020 82 72 83

Jimcab
Nairobi
Tel. 020 712 12 05
www.jimcab.co.ke

Jatco Cabs
Nairobi
Tel. 020 444 60 96

internationaler **Führerschein**, Kreditkarte und Reisepass vorzulegen. Niederlassungen internationaler Autoverleihfirmen gibt es in Nairobi, Mombasa und Malindi. Bei nationalen Anbietern sollte man sich vor Fahrtantritt sehr gründlich vom Zustand des Wagens überzeugen. Schließen Sie eine **Vollkasko**-Versicherung ab! Die Mehrkosten für einen **Wagen mit Fahrer** hingegen sind im Vergleich zu Europa niedrig und durchaus empfehlenswert.

Taxis   In Nairobi, Mombasa und den größeren Städten sowie in den Touristenzentren der Küste stehen in ausreichender Zahl Taxis zur Verfügung. Fast vor jedem Hotel warten Fahrer von **Kenatco, Jatco Cabs** und **Jimcab** auf Kundschaft, ebenso am Flughafen, Bahnhof und an den Busbahnhöfen. Taxifahrten sind relativ günstig, man sollte sich aber unbedingt **vor Fahrtantritt über den Preis verständigen**. In Nairobi kann man gut die nummerierten Taxis mit gelbem Streifen nutzen. Sie sind registriert und werden streng kontrolliert. Vor allem an den Flughäfen bieten **Privattaxis** ihre Chauffeurdienste an. Auch hier gilt: unbedingt zuerst den Preis aushandeln!

Tuk-tuk   Besonders an der Küste wie in Malindi oder bei Mombasa kann man kurze Strecken gut mit den Tuk-tuk zurücklegen. Dabei handelt es sich um eine dreirädrige **Rikscha**. Auch hier gilt: Den Preis immer vorher aushandeln.

Zeit

Der Unterschied zur Mitteleuropäischen Zeit (MEZ) beträgt **plus zwei Stunden**. Während der mitteleuropäischen Sommerzeit zwischen April und Oktober muss man seine Uhr bei der Einreise nach Kenia nur um eine Stunde vorstellen. — Zeitverschiebung

Die Swahili-Zeit richtet sich **nach dem Sonnenstand**. Der Tag beginnt um 7.00 Uhr (MEZ), das entspricht 1.00 Uhr Swahili Zeit, und endet um 18.00 Uhr (MEZ), was 12.00 Uhr Swahili-Zeit ist. Für die Abfahrtszeiten gerade von lokalen Bussen ist es wichtig zu prüfen, ob es sich um MEZ oder um Swahili-Zeit handelt. — Swahili-Zeit

Am Äquator sind die Tage das ganze Jahr über gleich lang. Hell ist es zwischen 6.30 und 18.30 Uhr. Die Dämmerung währt nur kurz. Je weiter vom Äquator entfernt, desto mehr verändert sich die Tages- und Nachtlänge. Im Norden Kenias beträgt der Unterschied zwischen dem kürzesten und längsten Tag etwa eine Stunde. — Tageslicht

Register

A

Aberdare Country Club **162, 171**
Aberdare National Park **118, 162, 168**
Aberdares **146, 165, 168, 216**
Abu al Fida **254**
ACE-Notruf **420**
ADAC-Notruf **420**
Adamson, George **83, 215, 283**
Adamson, Joy **83, 164, 215, 283, 287, 350, 375, 376, 416**
Adamson's Falls **287**
Affen **30**
Affenbrotbaum **23, 392**
Afrikanische Union **53, 54**
Ahmed, Elefant **269**
Aids **414, 422**
Airkenya **428**
Akalas **130, 278**
Akazien **22**
Alfajiri Villas **311**
Ali Barbour's Cave Restaurant **314**
Alkohol **101**
Alltagsbegegnungen **48**
Al Nabhany, Khamis Bin Nassor **79**
Al-Shabaab-Miliz **47**
Amboseli Elephant Research Project **177**
Amboseli National Park **118, 158, 175**
Amboseli Serena Safari Lodge **176**
Amboseli Sopa Lodge **159, 176**
Ameisenlöwen **29**
AMREF **420**

Analphabeten **42, 54**
andbeyond **92, 139, 271, 385**
Angeln **141, 231, 233, 307, 313**
Animal Orphanage **113**
Anophelesmücke **23, 37, 412**
Anreise **404**
Antilopen **280, 380**
Äquator **330, 433**
Araber **64**
Arabuko Sokoke Forest **118, 264**
Architektur **81**
Ark Lodge **162, 170**
Aruba Dam **397**
Arusha **157**
Arusha National Park **118**
Ärztliche Hilfe **411**
Asiaten **51**
Athi River **390**
Attenbourough, David **321**
Ausgehen **406**
Auskunft **407**
Australopithecus boisei **367, 369**
Austrian Hut **329**
Autovermietung **431**
AvD-Notruf **420**

B

Baboon Cliffs **219**
Backpacker Hostels **138, 139**
Baden **141, 142, 234, 301, 310**
Baden-Powell, Lord **173**
Bahn **291**
Ballonfahren **126, 142, 282**

Bamburi **302**
Bamburi Beach **301**
Bamburi Beach Hotel **303**
Bamburi Beach Resort **304**
Bamburi Nature Trails **113, 305**
Banana House **242**
Bantu **40, 64**
Baobab **23, 392**
Baracuda Diving **302**
Baringo-See **203**
Barney's Bar **324**
Barnley's House **319**
Basecamp Explorer **112, 274**
Bata Safari Boots **130**
Bateleur Camp **271**
Batian **323**
Baumlöwen **210**
Baumschliefer **326**
BBC **282**
Beach Boys **131**
Beaton, Ron **60**
Beehive Fence **179, 374**
Behindertenhilfe **409**
Benga **80**
Benzin **431**
Bergbau **57**
Berühmte Persönlichkeiten **83**
Beschäftigung **59**
Beschneidung **40, 279**
Bevölkerung **20, 38, 39, 42**
Bezirke **53**
Bienen **179, 374**
Bier **101**
Big Cat Diary **282**
Big Five **26, 270, 377**
Big Game Fishing **141**
Big Migration **377, 380**

Register ANHANG

Bildnachweis 450
Bildung **54**
Bilharziose **235, 412**
Bio-Ken Snake Farm **263**
Bisanadi National Reserve **283**
Bitings **98**
Bizarre Bazaar **108**
Black Rhinoceros **29**
Bleek, Wilhelm **64**
Blixen-Finecke, Baron Bror **26, 358**
Blixen, Karen **79, 97, 357, 358, 418**
Blixen, Tanja **359, 417**
Blue Lagoon **261**
Blue Posts Hotel **389**
Blumen **56, 212**
Bogoria-See **206**
Boma **279**
Bombolulu Workshops **305**
Bondo **235**
Bongoantilopen **172, 326**
Borana Lodge **196**
Born Free **83, 374**
Botschaften **407, 408**
Bougainvillea **21**
Bourke, Ace **284**
Boy-Scouts **173**
Breitmaulnashörner **29, 200, 284**
Briefmarken **421**
Britisch-Ostafrika **68**
British Airways **405**
British East Africa Company **68**
Brocherel, Joseph **323**
Brown's Cheese **49**
Buccaneer Diving **302, 305**
Buffalo Springs National Reserve **122, 370**
Büffel **27, 28, 210, 280, 365**

Buibui **247**
Bungee Jumping **142, 389**
Buschfrühstück **97, 126**
Buschmänner **63**
Bush and Beyond **139**
Bushbabys **31**
Bush Legends **127**
Bush Walks **143**
Busse **428**
Butterfly Farm **264**
Buyangu Hill **183**
Bwana Simba **83**
Bwatherongi Bandas **286**

C

Camel Derby **266**
Camping **127, 138, 275**
Castle Forest Lodge **325**
Casuarina Point **260**
Central Island National Park **118, 230**
Central Organization of Trade Union **53**
Chai **95**
Chai Masala **101**
Chaimu Crater **398**
Chalbi Desert **22, 231**
Chale Island **314**
Champagner-Frühstück **97, 142**
Changaa **101, 347**
Chania Falls **173**
Chapati **95**
Charlie Claw's Restaurant **316**
Cheli & Peacock Safaris **160, 163, 127, 344**
Cherangani Hills **322**
Che Shale **256, 257**
Chinesen **65, 246, 258**
Chogoria **329**
Cholera **415**
Cholmondeley, Hugh **84**
Chorlim Gate **320**

Chui Lodge **136, 213**
Chyulu Hills National Park **118, 399**
Chyulu Range **392**
Coca-Cola-Route **192**
Colobus-Affen **30, 314, 320**
Commonwealth **53, 54, 73**
Concours d'Elegance **109**
Condor **405**
Connochaetes taurinus **380**
Conservancy Areas **60, 280**
Corioliskraft **330**
Cottar, Calvin **60, 26**
Cottar's 1920s Camp **60, 136, 156, 165, 272**
Counties **53**
Craig **202**
Crater Lake Game Sanctuary **215**
Creative Art Centre **81**
Crescent Island **215**
Curio Shops **130**
Cycle with the Rhinos **220**

D

Daily Nation **336**
Daraja la Mungu **318**
Davies, Sal **80**
Dawa-Cocktail **101**
Dejak, Adèle **338**
Delamere, Lord **84, 223**
Delfine **244, 309, 317**
Deloraine Estate **224**
Delta Crescent Camp **319**
Delta Dunes Camp **253**
Desert Museum **232**
Desert Rose **225**
Destination Magazine **408**

Deutsche Welle **419**
Deutsch-Ostafrika **186, 364**
Deutsch-Ostafrikanische Gesellschaft **67**
Dhau **108, 144, 237, 242, 247, 250, 293, 298, 308, 313, 430**
Diadem-Meerkatzen **31**
Diani Beach **310**
Diani Marine Diving **313**
Diani Reef Beach Resort **312**
Digo **315**
Dikdiks **33, 379**
Dinesen, Karen **358**
Diphterie **414**
Dive the Crab **313**
Diwali **109**
Dominion **73**
Donkey Sanctuary **248**
Douglas-Hamilton, Dr. Iain **136, 209, 374**
Douglas Nicol, Mary **87**
Doumpalmen **23**
Dreifarben-Glanzstar **36**
Driftwood Beach Club **257**
Dukas **51, 129**
Durchfallerkrankungen **414**

E

Eagle View Naibosho **274**
East African Association **69**
East African Safari Classic Rally **107**
Eco Resorts **139**
Ecotourism Kenya **60, 133, 139, 282**
Eco-Warriors Awards **19**
Einkaufen **129**
Einreise **406**
Eintritt **115**
Einwohner **17, 38**
Eisenbahn **291, 429**
Elbon Nugget **184**
Eldoret **184**
Elefanten **27, 175, 177, 178, 199, 209, 211, 269, 281, 284, 317, 320, 327, 350, 365, 371, 378, 392, 393**
Elefantenspitzmäuse **29**
Elefantenwaisen **355**
Elektrizität **409**
Elenantilopen **32, 280**
Elephant Bedroom **373**
Elephant Pepper **156, 165, 272**
Elephant Watch Camp **136, 373**
El Gonyi **321**
Eliye Springs **230**
El Karama Ranch **196**
Elmenteita-See **216, 217, 223**
El Molo **50, 230**
Elsa, Löwin **83, 164, 215, 283, 287**
Elsamere Conservation Centre **215**
Elsa's Kopje **99, 164, 285**
Embu **287**
Emergency Rescue Safari Versicherung **411**
Empakaal Crater **366**
Emuratta **279**
Endoro Lodge **363**
Energie **57**
Engai **323**
Engilakinoto **80**
Enkai **45, 278, 323**
Enkaji **278**
Enkang **279**
Erdöl **58**
Erroll, Lord **212**
Erster Weltkrieg **68**
Escarpments **15**
Essen **95**
Ethnische Gruppen **40, 42**
Euphorbien **219, 392**
Europäer **51**
Events **105**
Ewaso Narok **174, 199**
Ewaso Ngiro River **18, 164, 199, 370, 374**

F

Fähren **430**
Fallschirmspringen **143**
Familiensafaris **113**
Farmers' and Planters' Association **84**
Fauna **25**
Faza **251, 252**
Feiertage **105**
Ferguson's Gulf **230**
Fernsehen **419**
Feste **105**
Fieberakazien **23**
Finch Hatton, Denys **26, 97, 276, 359, 360**
Finch Hattons Camp **395, 396**
Fischerei **56, 233**
Fischer, Gustav **67, 214, 218**
Fischer's Tower **218**
Fish Eagle Inn **213**
FKK **141, 410**
Fläche Kenias **16**
Flagge Kenias **16**
Flamboyant **314**
Flamingo Hill Camp **220**
Flamingos **36, 206, 219, 223**
Fliegende Händler **59, 129, 131**
Flora **21**
Flüchtlingslager **50**
Fluggesellschaften **404, 427**
Flughäfen **404, 427**
Flugsafaris **126, 154, 163**

Flüsse **18**
Flusspferde **31**, **354**, **366**, **397**, **398**
Flying Doctors, The **420**
Forest Dream Resort **313**
Forstwirtschaft **56**
Forty Thieves **314**
Fossey, Dian **171**, **172**
Fotografieren **118**, **143**, **409**
Fourteen Falls **390**
Frauen **39**
Freiwilligendienst **48**
Führerschein **406**
Funzi Island **315**
Funzi Keys **311**
Fußball **143**
Fußsafaris **143**

G

Galana River **392**, **393**, **397**
Galdessa Camp **394**
Gallmann, Kuki **199**, **417**
Gama, Vasco da **65**, **254**, **259**, **289**, **298**
Game Drives **125**
Gazellen **365**
Gedi Ruins **66**, **263**, **298**
Geier **36**
Gelbfieber **413**
Gelbsucht **414**
Geld **410**
George Adamson Wildlife Trust **284**
Geothermische Kraftwerke **57**
Gepäck **428**
Geparde **24**, **25**, **371**
Gerenuks **33**, **393**
Geschäfte **129**
Geschichte **63**
Gesundheit **411**
Gesundheitswesen **53**
Getränke **101**, **103**
Gewerkschaften **53**

Geysire **206**, **207**
Gezeiten **142**
Gibb's Farm **363**
Gibraltar Island **203**
Giraffen **31**
Giraffengazellen **33**
Githeri **98**
Githongo, John **76**, **417**
Gleichberechtigung **39**
Gnus **33**, **380**
Gof Bongole **268**
Gof Sokorte Guda **268**
Golf **143**, **149**, **303**, **310**, **324**, **337**, **343**
Golf Hotel, Kakamega **182**, **188**
Goliathreiher **203**, **204**
Goodall, Jane **88**
Gorillas im Nebel **171**, **172**
Governors' Camp **139**, **162**, **165**, **273**
GPS-Apps **147**
Grant's Gazellen **33**
Great Migration **377**, **380**
Great Rift Valley **15**, **216**, **368**
Greenbelt Movement **21**, **89**
Gregory, John **15**, **326**
Grevy-Zebras **33**, **199**, **371**
Grieves-Cook, Jake **60**
Grogan, Ewart **401**
Grogans Castle **401**
Große Kudus **206**
Großen Fünf, Die **26**
Große Tierwanderung **271**, **280**, **380**
Großwildjagd **143**
Grumeti **229**, **383**, **388**
Grumeti River Camp **385**
Grüne Meerkatzen **30**
Grüngürtel-Bewegung **21**, **89**

Grzimek, Bernhard und Michael **157**, **366**, **379**, **382**
Guesthouses **138**
Guesti **138**
Gura Falls **172**, **173**, **174**

H

Halbwüste **22**, **208**, **226**
Haller Park **305**
Haller, René **306**
Handy **59**, **421**
Happy Valley **69**, **168**, **212**
Harambee **74**
Harambee Stars **148**
Hatari **194**
Hatari Lodge **188**
Hauptstadt **331**
Heilige Wälder **51**, **315**
Heirat **53**
Heißluftballonfahrt **126**, **142**, **273**, **276**, **282**
Helgoland-Sansibar-Abkommen **68**
Hell's Gate National Park **119**, **213**, **218**
Hell's Kitchen **261**
Hemingway, Ernest **84**, **165**, **209**, **254**
Hemingways Resort **262**
Hepatitis **414**
Heritage Hotels **139**
High Court of Kenya **53**
Hochland **18**, **55**, **84**
Hochschulen **54**
Hochseefischen **141**
Hofmann, Corinne **417**, **418**
Höhenkrankheit **415**
Homa Bay **162**, **237**
Home from Home **139**
Home Guards **71**
Homestay **139**
Hominidenfunde **63**, **368**

Homo erectus **63, 368**
Homo habilis **63, 88, 231, 368**
Homo sapiens **369**
Hoteli **96, 138**
Hotels **133**
Huxley, Elspeth **79, 389**
Hyänen **30**
Hyrax Hill Prehistoric Site and Museum **223**

I

Idd-ul-Fitr **105**
Ikoma Wildcamp **386**
Il Moran **279**
Il Moran Camp **273**
Il'Ngwesi Lodge **196**
Il Njemps **204**
Impalas **32**
Impala Eco Lodge **161, 234**
Impala Sanctuary, Kisumu **119, 240**
Impfvorschriften **411**
Impressum **452**
Inder **51**
Indian Ocean Beach Resort **312**
Indischer Ozean **65, 141**
Industrie **57**
Infrastruktur **54**
Initiationsriten **41**
Insekten **37**
Inselberge **377**
Intergovernmental Authority on Development **53**
Internet **421**
Internetadressen **407**
Irio **95**
Isecheno Bandas **182**
Isiolo **374**
Isiuku Falls **183**
Islam **40, 51, 64**
Island Camp **204**
Iten **160**

Ithumba **393**
IT-Technologie **59**

J

Jackson, Frederik **320**
Jadini Forest **314**
Jagen **143**
Jainismus **299**
Jambo **409**
Jamhuri Day **108**
Jenseits von Afrika **80, 276, 353, 357, 418**
Jipe-See **401**
Johnson, Osa und Martin **268**
Jomo Kenyatta International Airport **336, 405**
Joy's Camp **97, 164, 375**
Jubaland **50**
Jugendherbergen **138**
Jumba la Mtwana **308**
Justiz **53**

K

Kabarnet **160, 205**
Kachumbari **96**
Kaffee **173, 287, 388**
Kaffernbüffel **27**
Kaiser-Wilhelm-Spitze **187**
Kakamega Forest **119, 161, 181, 183**
Kalacha Camp Oasis **225**
Kalenjiin **40, 47, 75, 205**
Kamba **64, 323, 333**
Kamele **47, 106**
Kamelsafaris **113, 126, 195**
Kangas **130, 338**
KANU **52, 73, 75, 76, 86**
Kanzu **247**
Kapenguria **322**
Karakal **25**
Karatin **268**
Karatu **363**

Karawane Reisen **127, 154, 191**
Karen Blixen Museum **357**
Kariandusi **160, 224**
Karibuni Eco Cottages **162**
Kariuki, Josiah Mwangi **74**
Karura Falls **173**
Kaskasi **423**
Kasuarina **306**
Kattwinkel **367**
Kautschuk **258**
Kaya Kinondo **315**
Kayas **51**
Kazuri Beads **338**
KCB Safari Rally **109**
Keating, Barbara **417**
Keino, Hezekiah Kipchoge **184**
Kembu Campsite **112, 220**
Kendu Bay **237**
Kentrout **324**
Kenya African Democratic Union **73**
Kenya African National Union **70, 73, 86**
Kenya Air Force **75**
Kenya Airways **405**
Kenya Art Society **81**
Kenya Association of Tour Operators **125**
Kenya Breweries **101**
Kenya Cane **101**
Kenya Court of Appeal **53**
Kenya Gold **101**
Kenya Golf Union **143**
Kenyalogy **408**
Kenya Marineland **307**
Kenya Museum Society **81**
Kenya National Art Foundation **81**

Register ANHANG

Kenya Open Golf **108**
Kenya People's Union **74**
Kenya Professional Safari Guides Association **125**
Kenya Safari Rally **109**
Kenya Tourist Board **336, 407**
Kenyatta, Jomo **44, 70, 72, 73, 85, 265, 269, 322, 348**
Kenyatta, Uhuru **45, 52, 77**
Kenya Wildlife Service **19, 61, 88, 115, 407**
Kericho **162, 241**
Kericho Tea Hotel **241**
Kerio Valley National Reserve **205**
Khoikhoi **63**
Kiambethu **48**
Kiandongoro Fishing Lodge **171**
Kiangazi House **213**
Kibaki, Mwai **52, 76**
Kibo **186, 187, 193**
Kiboko Bay Resort **235**
Kibwezi Forest **400**
Kichwa Tembo Tented Camp **156, 162, 271**
Kigio Wildlife Conservancy **218**
Kigongoni Lodge **189**
Kiisi **162**
Kijani Festival **108**
Kijani House **244**
Kikambala Beach **308**
Kikois **130**
Kikuyu **40, 44, 64, 69, 71, 74, 98, 168, 323, 333**
Kikuyu Central Association **70, 72**
Kilaguni Serena Safari Lodge **396**
Kilemakyaro Mountain Lodge **189**

Kilifi **309**
Kilifi Creek **309**
Kilili Baharini Resort **257**
Kilimanjaro **119, 146, 175, 177, 185, 186, 187, 192**
Kilimanjaro International Airport **188, 362**
Kilimanjaro Porters Assistance Project **191**
Kimana Community Wildlife Sanctuary **159**
Kimathi, Dedan **71**
Kinangop **168**
Kinyika **244**
Kinder **111**
Kingdon, Jonathan **416**
Kingwal Swamp **161**
Kinondo Kwetu **312**
Kipalo Camp **396**
Kipepeo Butterfly Farm **264**
Kipepeo Project **264**
Kipsaraman Museum **205**
Kipsigis **47**
Kipungani Explorer **242**
Kirkman, James **263**
Kirurumu Lodge **210**
Kirurumu Manyara Lodge **210**
Kisii **240**
Kisite Island **317**
Kisite Mpunguti Marine National Park **148, 316, 317**
Kisonko Clan **181**
Kisula Caves **143**
Kisumu **161, 238**
Kiswahili **51, 424**
Kitale **319, 321**
Kitengela Glass **338**
Kitesurfen **113, 145, 256, 305, 313**
Kitich Camp **112, 265, 267**

Kit Mikaye **238**
Kitum Cave **320, 321**
Kiunga National Marine Reserve **252**
Kiwayu Island **252**
Kiwayu Safari Village **244**
Kizongo **243**
Kleidung **130, 410**
Klein's Camp **92, 385**
Klicklaut-Sprache **63**
Klippschliefer **326, 328**
Klima **17, 422**
KLM **405**
Koitoboss Peak **320**
Koitogorr **370**
Koiyaki Guiding School **282**
Kolonialstil **81**
Kongo Mosque **314**
Kontinentalverschiebung **15**
Koobi Fora **224, 231, 369**
Kopjes **99, 164, 285, 370, 377, 388**
Korallenkalk **305**
Korallenriffe **260, 307**
Kora National Park **83, 119, 283, 284**
Koroborte **320**
Korruption **75, 76, 86**
Kosobaum **22**
Krankenhäuser **420**
Krapf, Johann Ludwig **67, 86, 301, 323**
Kreditkarten **410**
Kriminalität **424**
Krokodile **228, 398**
Kronenkranich **36, 205**
Kronkolonie Kenia **69**
Krüger, Hardy **189**
Küche, kenianische **95**
Kudu Lodge **363**
Kudus **33, 269**
Kuhantilopen **287**

ANHANG · Register

Kuki Gallmanns Memorial Foundation **199**
Kuku Na Nazi **98**
Kuku Paka **98**
Kulalu **99**
Kulalu Camp **394**
Kunde **96**
Kunsthandwerk **129**, **130**
Kunst, zeitgenössische **81**
Kuruwitu Conservation & Welfare Association **308**
Kuschitische Völker **64**
Kusi **423**
Kusini Camp **385**, **386**
Kwale **317**
KWS **19**, **61**, **88**, **115**, **407**

L

Laetoli **349**, **367**, **369**
Lage Kenias **16**
Laibon **45**, **46**
Laikipia **119**, **194**, **199**
Laikipia Wildlife Forum **195**, **199**
Lainyamok **369**
Lake Amboseli **177**
Lake Bogoria National Reserve **119**, **160**, **206**
Lake Bogoria Spa Resort **206**
Lake Elementeita **165**, **216**
Lake Hannington **206**
Lake Jipe **401**
Lake Kammarok **205**
Lake Loigipi **232**
Lake Magadi **207**
Lake Magadi, Ngorongoro Crater **364**
Lake Manyara Natioal Park **119**
Lake Manyara Tree Lodge **210**
Lake Manyara Wildlife Lodge **210**
Lake Naivasha **109**, **155**, **160**, **165**, **209**, **212**, **216**
Lake Naivasha Sopa Resort **213**
Lake Nakuru Lodge **220**
Lake Nakuru National Park **119**, **155**, **160**, **165**, **216**, **219**, **369**
Lake Paradise **268**
Lake Turkana **50**, **91**, **224**
Lake Turkana Festival **105**, **108**, **225**
Lake Victoria **232**, **369**
Lamu **54**, **108**, **241**
Lamu House **243**
Lamu Kulturfestival **242**
Lamu Town **247**
Ländervorwahlen **421**
Landwirtschaft **38**, **55**
Lapsset **245**
Lawick, Hugo von **382**
Leakey-Clan **63**, **87**, **209**, **231**, **349**, **367**, **368**
Leakey, Louis **87**, **224**, **368**
Leakey, Louise **89**
Leakey, Mary **87**, **368**
Leakey, Meave **88**, **89**
Leakey, Richard **19**, **63**, **76**, **88**, **89**, **368**, **416**
Leberwurstbaum **276**, **280**
Le Carre, John **417**
Leleshwa Wines **101**, **212**, **213**
Lenana **323**, **329**
Leopard Beach Resort **313**
Leoparden **28**, **221**, **320**, **326**, **366**, **371**, **378**, **393**
Leopardenschildkröten **29**
Leopard Rock Lodge **286**
Let's Go Africa **127**
Let's Go Travel **139**
Lettow-Vorbeck, Paul von **68**
Lewa **194**, **196**
Lewa Furniture **195**
Lewa Marathon **198**
Lewa Safari Camp **112**, **134**, **135**, **155**, **165**, **197**
Lewa Wilderness Trails **195**, **196**, **197**
Lewa Wildlife Conservancy **119**, **155**, **165**, **201**, **202**
Liki North Hut **329**
Likoni Ferry **291**, **311**
Limuru **49**
Link, Caroline **418**
Linksverkehr **430**
Lions Bluff Lodge **396**
Lirhanda Hill **183**
Literatur **79**, **416**
Little Governors' Camp **156**, **273**
Lobelien **320**, **326**
Lobo **388**
Lobo Wildlife Lodge **386**, **388**
Loburu-Quellen **207**
Lodges **126**, **133**
Lodwar **230**
Löffelhunde **25**
Loisaba **112**, **95**, **196**, **197**, **204**
Loiyangalani **230**
Lokitela Farm **319**, **324**, **325**, **340**, **342**
Lokwakangole **230**
Loldia House **213**
Loolmalash **361**
Lorian-Sumpf **376**
Löwe Christian **284**
Löwen **26**, **210**, **281**, **351**, **353**, **365**, **378**
Löwin Elsa **83**, **164**, **283**

Register ANHANG

Lugard's Falls **397**
Luhya **80, 182, 184, 333**
Lukenya **143**
Luo **40, 46, 80, 233, 238, 333**

M

Maathai, Wangari **21, 89**
Mackinder's Camp **329**
Mackinder, Sir Halford **323**
Mackinnon, Sir William **68**
Madaraka **108**
Madenhacker **35**
Magadi **207**
Magadi-See **208**
Magadi Soda Company **208**
Mahali Mzuri **273**
Maili Saba Camp **160, 220**
Makingeny Cave **320, 321**
Makonde **130**
Malaria **37, 111, 412**
Malindi **84, 254**
Malindi Cultural Festival **255**
Malindi Marine National Park **260**
Mamba Village **304**
Mambrui **261**
Manda Island **245, 251**
Mandazi **95, 96**
Mangos **247**
Mangroven **24, 247, 251**
Manyatta **45, 279, 372**
Mara **383**
Marabu **36, 365, 393**
Mara Bush Camp **274**
Mara Conservancy **276**
Mara Explorer **273**
Mara Intrepids **273**
Marakwet **322**
Maralal **264**

Maralal Camel Derby **106**
Maralal National Sanctuary **120, 265**
Maralal Safari Lodge **266**
Marangu Hotel **189**
Marangu Village **190**
Mara River **18, 276, 280, 388**
Mara Sarova Tented Camp **275**
Mara Serena Safari Lodge **274**
Mara Triangle **276**
Marigat **160**
Marine National Parks **115, 123**
Markham, Beryl **90**
Marsabit **270**
Marsabit Lodge **269**
Marsabit National Park **120, 268**
Masai **40, 45, 64, 177, 181, 197, 199, 214, 275, 276, 278, 307, 308, 321, 364, 367, 370, 377, 382**
Masai-Giraffen **32, 33**
Masai Mara **126, 156, 165, 270, 380**
Masai Mara Conservancies **121, 276, 280**
Masai Mara National Reserve **120, 162, 270, 271**
Masai-Märkte **129**
Masai-Strauß **35**
Mashujaa Day **108, 109**
Matatus **337, 428**
Matoke **95**
Matondoni **250**
Mau Escarpment **216**
Maulidi al Nabi **108, 250**
Mau-Mau-Aufstand **70, 73, 173, 322**

Mawenzi **186**
Mazrui **66, 289**
Mbita **238**
Mboya, Tom **74, 238**
Mbuyu Beach Bungalows **313**
Mbuzi Mawe Tented Camp **385, 386**
Mbweha Camp **220**
Medien **419**
Medikamente **415**
Mehrwertsteuer **129**
Menengai Crater **160, 223**
Menschenfresser von Tsavo **351, 353, 397**
Meru **287**
Meru National Park **121, 164, 283**
Meru Offbeat Camp **286**
Merz, Anna **202**
Meyer, Dr. Hans **186**
Mfangano Island **157, 234, 238**
Mida Creek **261, 263**
Mietwagen **154, 430, 431**
Migration, Great **380**
Migwena Festival **235**
Mijikenda **51, 297, 315**
Mineralwasser **101**
Minto Camp **330**
Miraa **22, 23, 287**
Missionare **67, 86**
Mit Kindern unterwegs **111**
Mitumba-Märkte **129, 300**
Mnarani **309**
Mnarani Resort **304**
Mnarani Ruins **309**
Mobiltelefon **59, 421**
Moi, Daniel Toroitich arap **73, 75, 205**
Moi International Airport **291, 405**

Mombasa 65, 158, 288
- Akamba Handicraft Centre 301
- Ausgehen 291
- Biashara Street 300
- Dawoodi Bohra Mosque 299
- Dhaufahrten 298
- Fort Jesus 296
- Freretown 300
- Geschichte 289
- Hotels 293
- Jain Temple 299
- Kongowea Market 300
- Krapf Memorial 301
- Leven House 299
- Likoni Ferry 291
- Mama Ngina Drive 300
- Mandhry Mosque 298
- Marine National Park 307
- Mbaraki Pillar 300
- Moi Avenue 295
- Municipal Market 300
- Ndia Kuu 299
- New Nyali Bridge 300
- Nyali 300
- Old Kilindini Road 299
- Old Port 298
- Old Town 298
- Restaurants 292
- Shopping 291
- State House 300
- Swahili Cultural Centre 298
- Tourist Information 291, 311
- Town Hall 296
- Treasury Square 296
- Tusks 295
- Uhuru Garden 295
- Verkehr 291
Mombasa North Coast 301

Mombasa South Coast 158, 159, 310
Momella 189
Momella-Seen 194
Momella Wildlife Lodge 194
Monsun 423
Morani 41
Morendat Farm 212
Moru Kopjes 388
Moshi 188, 190
Moss, Cynthia 177
Mountainbiken 144, 149
Mountain Club of Kenya 324
Mountain Rock 325
Mount Elgon 146
Mount Elgon National Park 121, 318
Mount Kenya 164, 323, 402
Mount Kenya National Park 121, 322
Mount Kenya Safari Club 324, 325
Mount Kenya Trust 324
Mount Kilimanjaro 119, 146, 175, 177, 185, 186, 187, 192
Mount Kulal 231
Mount Longonot National Park 121, 218
Mount Marsabit 268
Mount Meru 146, 194
Mount Meru Game Lodge & Sanctuary 157
Mount Nyiru 232
Mount Shaba 374
M-Pesa 59
Msambweni 315
Mtaa 51
Mtangawanda 251
Mtwapa Creek 301, 307
Mudanda Rock 397
Muge, Alexander 76
Mugumu 383

Mukimo 98
Munyao, Kisoi 323
Museum of Western Kenya 321
Musicforlife 347
Musik 80
Mutubio West Gate 174
MV Dania 305
Mwaluganje Elephant Sanctuary 121, 317
Mwalunganje Travellers Elephant Camp 318
Mwangi, Meja 79
Mweai 323
Mzima Springs 397

N

Nabahani Ruins 251
Naboisho Camp 273
Nachhaltiger Tourismus 60, 133, 134
Nacktbaden 410
Nai 80
Nairobi 68, 108, 109, 155, 160, 162, 163, 331
- Animal Orphanage 354
- Arboretum 350
- Ausgehen 340
- Banana Hill Art Gallery 338
- Biashara Street 348
- Carnivore 340
- Central Park 349
- City Hall 347
- City Market 348
- City Square 348
- Contemporary East African Art, Gallery of 350
- Fairview 344
- Geschichte 333
- Giraffe Center 354
- Giraffe Manor 342
- Golfplätze 337
- Holy Family Cathedral 347

Register ANHANG

- Hotels **342**
- Huruma **347**
- Jamia Mosque **348**
- Jevanjee Garden **349**
- Jomo Kenyatta International Airport **336**
- Jomo Kenyatta's Mausoleum **348**
- Kanu Tower **347**
- Karen Blixen Museum **357**
- Karura Forest **351**
- Kenya National Archives **349**
- Kenyatta Avenue **348**
- Kenyatta Conference Centre **347**
- Kibera **347**
- Marathon **109**
- Marula Studios **338**
- Mathare **347**
- McMillan Library **348**
- Nairobi National Park **121**, **353**
- Nairobi National Museum **49**, **349**
- Ngong House **357**, **360**
- Ngong Racecourse **337**
- Noorjehan Collections **338**
- Norfolk Hotel **343**, **349**
- Nyayo Monument **349**
- Parliament Building **348**
- Railway Museum **351**
- Restaurants **340**
- Sheldrick's Orphanage, Daphne **355**
- Shopping **337**
- Slums **346**
- Slum Sanaa Arts Centre **347**
- Snake Park **350**
- Spinner's Web **339**
- Thorn Tree Café **348**
- Ugandabahn **351**
- Uhuru Gardens **353**
- Uhuru Memorial **353**
- Utamaduni Crafts Centre **339**
- Verkehr **336**
- Wilson Airport **336**, **427**
- Windsor Golf and Country Club **342**, **343**

Naivasha-See **109**, **155**, **160**, **165**, **209**, **212**, **216**
Nakuru **223**
Nakuru-See **119**, **155**, **160**, **165**, **216**, **219**, **369**
Nanyuki **163**, **330**
Narok Country Council **276**
Naro Moru **329**, **330**
Naro Moru River Lodge **325**
Nashörner **29**, **172**, **200**, **202**, **220**, **221**, **223**, **281**, **284**, **355**, **364**, **393**, **399**
Nashornkäfer **29**
Nashornvögel **371**
National Environmental Management Authority **19**
National Museums of Kenya **407**
Nationalparks **115**, **118**
National Rainbow Coalition **52**, **76**
Nationalreservate **115**
National Social Security Fund **53**
Naturschutz **18**, **19**, **60**, **87**, **115**, **134**
Ndereba, Catherine **90**
Ndere Island National Park **121**, **238**
Nduma-Chips **98**
Ndutu Lodge **137**, **386**
Nelion **323**
Netzgiraffen **14**, **32**, **372**
Ngai **323**

Ngare Sergoi Rhino Sanctuary **202**
Ngilu, Charity Kaluki **90**
Ngoma **80**
Ngomongo Villages **307**
Ngong Hills **358**, **360**
Ngorongoro Conservation Area **121**, **361**, **362**
Ngorongoro Crater **157**, **361**, **366**
Ngorongoro Crater Lodge **136**, **158**, **362**
Ngorongoro Farmhouse **362**
Ngorongoro Serena Safari Lodge **362**
Ngorongoro Sopa Lodge **158**, **362**
Ngulia Hills **158**
Ngulia Rhino Sanctuary **399**
Ngulia Safari Camp **396**
Ngurdoto Crater **194**
Nilbarsche **227**, **233**, **235**
Nilkrokodile **227**, **229**, **281**, **388**
Niloten **40**, **64**
Nilwarane **37**
Nirgendwo in Afrika **418**
Njonjo, Charles **75**
Njorowa Gorge **218**
Noble, Dan **184**
Nomaden **45**, **47**, **80**
Nomadic Encounters Mobile Safari Camp **274**
North Kitui National Reserve **283**
Notdienste **420**
Notruf **263**
Nyahururu **174**
Nyama **95**
Nyama Choma **99**
Nyambeni Hills **284**
Nyandarua **168**

Nyanza 233
Nyatiti 80
Nyayo 39
Nyayo National Stadium, Nairobi 143
Nyeri 173
Nyika-Plateau 15
Nyulli Reef 316

O

Oasis Lodge 226
Observation Hill, Amboseli N.P. 181
Ocean Sole 309, 338
Ocean Sports Hotel 262
Odinga, Oginga 74
Odinga, Raila 46, 76
Öffnungszeiten 115, 129
Ogada, Ayub 80
Ogola, Margaret Atieno 79
Ökolodges 60, 133, 134
Ökotourismus 19, 60, 181
Olaf Palme Memorial Agroforestry Centre 321
Ol Ari Nyiro Ranch 199
Old Moses Camp 329
Ol Doinyo Ilgoon 318
Ol Doinyo Lesatima 168, 172
Ol Doinyo Sabuk National Park 121, 389
Oldonyo Lengai 45, 370
Ol Donyo Wuas Lodge 396
Olduvai 63, 349, 368
Olduvai Gorge 157, 366, 368
Ol Karia Geothermal Station 218
Ol Kowke 204
Ollier, Cesar 323
Ol Malo 196
Olmoti Crater 366

Olonana Camp 273, 274
Oloololo Escarpment 280
Olorgesailie Bandas 207
Olorgesailie Prehistoric Site 208, 369
Ol Pejeta 113, 163, 203
Ol Tukai Lodge 176
Omani 66, 289
Omo-Delta 224
One Way 339
Orange Democratic Movement 52
Origins 344
Orma 253
Orrorin tugenensis 205
Oryx-Antilopen 371, 376
Oserian-Haus 212
Oserian Wildlife Sanctuary 213
Ossen Footprints 205
Ostafrikanische Gemeinschaft 53
Ostafrikanischer Graben 15, 84, 155, 160, 168, 171, 186, 203, 206, 209, 212, 216, 223, 350, 368
Oud 80
Ouko, Robert 75
Out of Africa 124, 276
Outspan Hotel 171
Owen, Nilpferd 307

P

PADI-Kurse 148, 313
Palmwein 101
Pannenhilfe 431
Pa Pweza Adamsville 304
Parkwächter 431
Parlament 52
Parteien 52, 76
Party of National Union 52
Pate Island 251
Pate Town 251

Patterson's Safari Camp 394, 395
Paviane 30
Pelikane 36, 221
Pemba Channel Fishing Club 313, 316
Peninj 369
Penny, Leopardin 376
Peponi's, Lamu 243
Peters, Dr. Carl 67
Petley's Inn 244
Pferderennen 148
Pflanzen 21
Pilli Pipa Diving 313
Pinewood Beach Resort and Spa 313
Piri Piri 96
Pirschfahrten 125
Plantation Lodge 363
Poacher's Lookout 398
Point Lenana 329
Pokomo 253
Pokot 322
Police Check 431
Polio 414
Politik 38
Polizei 419, 431
Polo 148
Polygamie 39
Pombe 101
Poole, Joyce 177
Porini Camps 60, 135, 139, 176
Port Florence 238
Portugiesen 65, 254, 289, 297
Post 421
Präsident 52, 75, 300
Preise 96, 133, 422
Primaten 30
Private Conservancies 115, 118, 280
Privatfarmen 60, 133
Privathäuser 138
Proconsul africanus 87
Prostitution 422

Register ANHANG

Protektorat, britisches 67
Provinzen 53
Ptolemäus 65
Puffotter 36
Pulaos 96
Purtscheller, Ludwig 186

R

Radke, Reinhard 382
Rafting 144, 389
Rahole National Reserve 283
Ramisi Delta 316
Rappenantilopen 317, 388
Rebmann, Johannes 67, 186
Redford, Robert 276, 418
Regenwald 21, 181, 320
Regenzeiten 17, 422
Reiseapotheke 415
Reisedokumente 405
Reiseveranstalter 127, 404
Reisezeit 422
Reiten 144, 224
Rekero Camp 156, 274, 283
Religion 40
Rendall, John 284
Rendille 80, 270
Reptilien 37
Republik 52, 74
Research Institute of Swahili Studies of East Africa 49
Resorts 138
Restaurants 96, 409
Rhino Charge 109, 168, 171
Rhino River Camp 286
Rhino Sanctuary, Lake Nakuru 221
Rhino Sanctuary, Meru National Park 284
Rift Valley, Great 15, 84, 155, 160, 168, 171, 186, 203, 206, 209, 212, 216, 223, 350, 368
Rift Valley Festival 109
Rika 80
Rinder 45, 278, 380
Roaring Rocks 399
Roberts Camp 204
Rondo Retreat Centre 161, 182
Rongai 224
Rothschild-Giraffen 32, 219, 221, 237, 354
Rudolphsee 91, 226
Rugby 109, 148
Ruhuruini Gate 173
Ruma National Park 122, 237
Rundfunk 419
Runga 278
Rusinga Island 234, 238
Ruto, William 77
Rutundu Log Cabins 324

S

Saboat 321
Safari Aktuell Touristik 127
Safari Card 115
Safaricom Kenya 59
Safarilink 428
Safaris 18, 112, 124, 130, 344
Safina 89
Saiwa Swamp National Park 122, 160, 321
Salama Fikira Kenya Derby 108
Salim Abdulla Salim 80
Samaki Wa Kukaanga 98
Samatian Island Lodge 204
Samburu 64, 105, 197, 264, 372
Samburu Intrepids Club 373
Samburu Kids 267
Samburu National Reserve 122, 370
Samburu Serena Safari Lodge 373
Samosas 100
San 63
Sanctuary Olonana Camp 134
Sandai Farm 112 , 171
Sands at Nomad, The 311, 315
Sansibar 67, 100
Sarara Camp 267
Sarova Salt Lick Game Lodge 396
Sarova Whitesands Beach Resort 302
Saruni Camp Mara 112
Saruni Samburu 373
Sasaab Samburu 373
Satao Camp 394
Sattelstörche 36, 281
Sausage Tree 280
Savage Wilderness Safaris 389
Savannen 22, 23, 377, 390
Sayyid Said, Sultan von Oman 66
Schakale 25
Schifffahrt 430
Schildkröten 245, 306, 313, 317
Schimpansen 203
Schirmakazien 23, 134
Schistosomiasis 412
Schlangen 36
Schliefer 326
Schmetterlinge 37
Schmuck 130
Schriftsteller 79

ANHANG · Register

Schulen 54
Schwarze Mamba 36
Schwarzer Panther 265
Schwarze Witwe 37
Schwarzmilane 365
Scorpio Villas 258
Scott, Jonathan 416
Seeadler 214
Segeln 144, 149, 313
Sekretäre 35, 393
Selenkay Conservation Area 181
Seme 278
Serena Hotels 139
Serena Mountain Lodge 325
Serengeti National Park 122, 157, 377, 379, 382
Serengeti Under Canvas 157, 385
Serengeti Wildlife Research Institute 388
Seronera 383, 388
Serval 25
Severin Safari Camp 396
Severin Sea Lodge 304
Shaba National Reserve 122, 164, 374
Shaggy Dog Show 109
Shambas 38, 44, 205
Shanga 252
Shanzu Beach 301
Shela 246, 250
Shela Beach 250
Shela House 244
Sheldrick, Daphne 355, 393
Sheldrick, David 355
Sheldrick's Orphanage 113, 355
Shelly Beach 310
Shetani 399
Shifta 47
Shifting Sands 370
Shimba Hills National Reserve 122, 317

Shimoni 316
Shinyalu 182
Shipton's Camp 329
Shira 186
Shopping 129, 301, 305, 310, 409
Shuka 278
Shu'mata Camp 188
Sibiloi National Park 122, 231
Sicherheit 424
Sigana Storytelling Festival 108
Sikutu 80
Silikon-Savanne 59
Singing Wells 269
Sirikwa Farmhouse 160
Sirikwa Safaris 319
Sirimon 329
Sisal 309, 388
Sitatunga-Antilopen 184, 240, 321
Siyu 251
Sklavenhandel 258, 289
Sleeping Warrior Lodge 223
Slumkinderkunst 347
Slums, Nairobi 346
Small Five 29
Smartcard 115
SN Brussels Airlines 405
Soit Oloololo Escarpment 280
Solarenergie 58
Solio Game Ranch 162, 173, 201
Somali 47
Somalia 47
Somali-Strauß 35
Sopa Hotels 139
Southern Game Reserve 177
South Horr 232
South Island National Park 122, 230
Souvenirs 131

Soysambu Estate 223
Speckstein 240
Speikobra 36
Speisekarte 102
Speke, John Hanning 233
Spielkasinos 407
Spinnen 37
Spitzmaulnashörner 29, 200
Sportsman's Arms 325
Sprachen 42, 424
Sprachkurse 49
Squatters 69
Staatspräsident 52
Staatswappen 16
Stadtstaaten 64
Stämme 39, 42, 45
Stand Up Paddle 113, 145
Stanley 233
Stare 36
Stephaniesee 91
Steppenzebras 33
Stierkampf 182
Strände 141, 142
Strauße 35
Streep, Meryl 276, 418
Stromversorgung 58, 409
Suam Gorge 320
Suam River 320
Suba 238
Sudek Peak 318
Suguta 232
Sukuma Wiki 98
Sultan von Oman 294
Sunworld Safaris 344
Supermärkte 129
Surfen 113, 145, 250
Surfschulen 313
Swahili 49, 51, 64, 65, 67, 79, 80, 81, 87, 245, 263, 308, 309, 313, 424
Swahili House 248, 313

Register ANHANG

Sweetwaters Chimpan-
zee Sanctuary 113, 203
Swiss 405

T

Tabaka 162, 240
Taita Hills Game Sanc-
tuary 122, 159, 401
Takaungu 309
Takwa Beach 251
Takwa Ruins 251
Talek River 280
Tamarind 292
Tamarind Village 293
Tana Delta 253
Tana Delta Camp 244
Tana River 15, 18, 142,
253, 284, 389
Tana River Primate
Reserve 123, 253
Tanganjika 68
Tankstellen 431
Tanz 80
Tanzania 116, 185, 188,
209, 364, 384, 388, 404,
406, 413
Tanzania National Parks
188, 384
Tanzania Under Canvas
388
Taraab-Musik 80
Tarabu 80
Tarangire National Park
123, 210
Tassia Lodge 197
Tauchen 148, 261, 262,
302, 305, 313, 314, 317
Taxis 432
Taylor, W. E. 79
Tea Research
Institute 241
Tee 48, 56, 101, 241, 287
Telefon 421
Teleki, Graf Samuel
67, 90, 91, 226
Tented Camps 133

Tergat, Paul Kibii 91
Termiten 37
Tetanus 414
The Moorings 307
The Nest Camp 274
The Sands at Chale
Island 314
The Sands at Nomad
311, 315
Thesiger, Wilfried 267
The Standard 336
Thika 163, 388
Thimlich Ohinga 237
Thiong'o, Ngugi wa 79
Thomsongazelle 32
Thomson, Joseph 67,
174, 214, 320, 323
Thomson's Falls 174
Thuku, Harry 69
Tierwanderung,
große 380
Tijara Beach 311
Tilapia 96, 221, 227
Tiwi Beach 310
To Hell's Gate on a
Wheelbarrow 108
Tokos 36
Topis 33, 280
Tortilis Camp 112, 134,
158, 176, 177
Touren 151
Tourismus 59, 134, 281
Transmara Country
Councils 276
Trappe, Margarete 189
Trappen 36
Treetops Lodge 170
Trekking 116, 146, 191,
192, 318, 327, 328
Tribalismus 39
Tricamalon 106
Trinkgeld 191, 410, 411
Trommeln 80
Tropenmedizin 412
Trout Tree Restaurant
163

Tsavo East National Park
392, 393
Tsavo, Menschenfresser
von 351, 353, 397
Tsavo National Park
123, 356, 390
Tsavo River 392
Tsavo West National Park
392, 397
Tsetse-Fliege 413
Tudor Creek 293
Tugen 47, 75
Tugen Hills 205, 369
Tüpfelhyänen 30, 365
Turkana 47, 64, 225, 230
Turkana, Lake 91, 224
Turtle Bay 261
Tusker 101
Tusker Safari Sevens
Rugby International
109
Twa Pigmy 238
Typhus 414
Typische Gerichte 98

U

Uasin Gishu Plateau 185
Übernachten 133
Ugali 95, 99
Ugandabahn 68, 174,
224, 239, 294, 333, 351
Uhuru 73
Uhuru Peak 186
Uki 101
Umani Springs 400
Umbwe-Route 192
Umweltschutz
18, 19, 20, 133. 383
Unabhängigkeit
Kenias 73, 108, 353
Unabhängigkeitstag 108
UNESCO-Welterbe 51,
185, 203, 226, 231, 237,
247, 297, 322, 327,
361, 382
Unterkünfte 133

ANHANG · Register

Unterwegs in Kenia 154
Urlaub aktiv 141
Urlaub auf dem Bauernhof 112

V
Vasco da Gama 254, 259
Vegetation 21
Veranstaltungen 105
Vereinte Nationen 53
Verfassung 52, 75, 76
Verkehr 154, 291, 427, 430
Verwaltung 53
Vielvölkerstaat 40, 42
Viktoriasee 232, 369
Villa Casablanca 257
Vipingo Ridge 303, 309
Vision 2030 40, 334
Vögel 35
Voi 158
Voi River 397
Voi Safari Lodge 395
Volkskunst 81
Voyager Beach Resort 302

W
Wagagai 318
Währung 410
Wainaina, Eric 80
Wale 309
Walhaie 261, 314
Wandern 116, 143, 172, 192, 265
Wanjoh 168
Wanyoike, Henry 361
Warzenschweine 31
Washingtoner Artenschutzabkommen 20, 406
Wasini Island 316
Wasserböcke 33
Wasserkraft 57
Watamu 261
Watamu National Marine Park 261
Webervögel 35, 393
Wechselkurse 411
Weeping Stone 184
Weihnachtsmärkte 109
Wein 101, 212
Weißbartgnus 33 , 280, 380
Weiße Masai, Die 267
Wellness 344
West Chyulu Game Conservation Area 399
Western Corridor, Serengeti 388
Wetter 17, 422
White Highlands 69, 174, 223
White Hunter 26
White Man's Country 84
White Rhinoceros 29
Whitesands 304
Whittaker, Roger 316, 390
Wiege der Menschheit 63, 87, 231, 366, 368
Wilderei 19, 200, 284, 321
Wildhunde 25, 199
Wildkatzen 25
Wildlife Sanctuarys 115
Wildlife Works 399
Wildtierwanderung 380
Wildwasserfahrten 144
William, Fadhili 80
Wilson Airport, Nairobi 405
Winam Gulf 238
Windpark 57
Windsor Golf & Country Club 342, 343
Windsurfen 145, 313
Wirtschaft 17, 54
Wituland 249
Wood, Barbara 417
Wood Carvers Cooperative 258
Wundanyi 401
Wüsten 22, 231

Y
Yare Camel Club and Camp 267
Yie nanga 240
Yongle Tongbao 246
Youth Hostels 138

Z
Zebras 34 , 280, 380
Zeit 433
Zeitungen 419
Zinjanthropus boisei 63, 87, 367, 368
Zweig, Stefanie 418

atmosfair ANHANG

BAEDEKER WISSEN

nachdenken • klimabewusst reisen

atmosfair

Reisen verbindet Menschen und Kulturen. Doch wer reist, erzeugt auch CO_2. Der Flugverkehr trägt mit bis zu 10% zur globalen Erwärmung bei. Wer das Klima schützen will, sollte sich nach Möglichkeit für die schonendere Reiseform entscheiden (wie z. B. die Bahn). Gibt es keine Alternative zum Fliegen, kann man mit atmosfair klimafördernde Projekte unterstützen.
atmosfair ist eine gemeinnützige Klimaschutzorganisation unter der Schirmherrschaft von Klaus Töpfer. Flugpassagiere spenden einen kilometerabhängigen Betrag und finanzieren damit Projekte in Entwicklungsländern, die den Ausstoß von Klimagasen verringern helfen. Dazu berechnet man mit dem Emissionsrechner auf **www.atmosfair.de** wieviel CO_2 der Flug produziert und was es kostet, eine vergleichbare Menge Klimagase einzusparen (z. B. Berlin – London – Berlin 13 €).
atmosfair garantiert die sorgfältige Verwendung Ihres Beitrags. Alle Informationen dazu auf www.atmosfair.de.
Auch der Karl Baedeker Verlag fliegt mit atmosfair.

Bildnachweis

AKG S. 359
andbeyond S. 7, 92, 211, 384
Margarete Ardell S. 123, 205
Baedeker Archiv S. 48, 88, 211
Bilderberg/Milan Horacek S. 413
Birgit Borowski S. 5 r. oben, 66, 128, 259
Cheli & Peacock U3/2. Bild von oben, U4 oben, S. 2 l. unten, 96/97, 99 unten, 125, 132, 134/135, 140, 150, 176, 197, 201, 266, 272, 285, 375
DuMont Bildarchiv S. 99 oben
Fairmont Hotels & Resorts S. 343
Fotolia/Beboy S. 100 l. unten
Fotolia/ wiw S. 296
Gettyimages/Bloomberg/Kontributor S. 58, 71
Gettyimages/David Cayless S. 107
Gettyimages/T. Cockrem S. 77, 331, 339
Gettyimages/M. Daffey U7, S. 142, 281
Gettyimages/David Else S. 190
Gettyimages/L. Jendrol S. 100 r. oben
Gettyimages/I. Pompe S. 3 unten, 315
Gettyimages/Kim Steele S. 351
Gettyimages/Ariadne van Zandbergen U3 unten, S. 147
Governor's Camp S. 4 l., 126
Huber/ A. Giampiccolo S. 57
Huber/Hans-Peter Huber S. 312
Huber/ Kornblum S. 295
Huber/Ripani Massimo U2, S. 148, 395
Huber/ R. Schmid S. 292
Interfoto-Archiv S. 187, 418
istockphoto U4 unten, S. 378/379
istock/og-vision S. 94
Laif/Emmler S. 228
Laif/Hemispheres S. 342
Laif/Hoa-Qui S. 26 r., 30, 120, 165, 180, 320, 398
Laif/Hughes S. 193 r. Mitte
Laif/Kirchgessner S. 20
Laif/Kuenzig S. 346
Laif/Rapho S. 82
Laif/Reporters S. 193 r. oben und l. unten
Laif/Riehle S. 328
Laif/Torfinn S. 55
Look/Michael Martin S. 12
Look/H. Rüffler S. 5 Mitte l., 149
Mauritius/age S. 28, 114, 243
Mauritius/ R. Dirscherl S. 5 r. unten, 306
Mauritius/F. Gierth S. 400
Mauritius/ib/St. Auth S. 93 l. oben
Mauritius/ib/gourmetvision S. 98
mauritius/ib/GTW S. 367
Mauritius/imagebroker.net S. 34
Mauritius/ Birgit Koch S. 23
Mauritius/Oxford Scientific S. 13, 37, 166, 183, 221, 236
Mauritius/R. Schuster S. 9, 303
Mauritius/J. Warburton-Lee S. 2 r. oben, 3 oben, 8, 10, 29, 46, 49, 50, 78, 104, 111, 172, 193 unten Mitte, 208, 214, 216, 217 r. oben und r. unten, 225, 227, 249, 252, 265, 402
Harald Mielke S. 145, 260
Picture-alliance/dpa-Bildarchiv S. 83, 85
Picture-alliance/ dpa-Fotoreport S. 41
Picture-alliance/H. Lade/Welsh S. 72
Picture-alliance/ Okapia/ Ch.Grzimek S. 275
Dr. Madeleine Reincke U3 oben, S. 1, 2 r. unten, 4 r., 6, 14, 19, 24, 26 l., 27, 32, 33, 38, 44, 61, 62, 64, 108, 113, 130, 131, 137, 139, 170, 188, 194, 195, 217 l. oben, l. unten und r. unten, 255 oben, 218, 234, 270, 271, 282, 286, 324, 334, 352, 355, 356, 360, 362, 365, 366, 372, 376, 387, 392, 426, 429, 399, 432, U8

Titelbild: Leopard/F1online/PBY

Verzeichnis der Karten und Grafiken

Top-Reiseziele **3**
Kenia auf einen Blick **16/17**
Vielvölkerstaat (Infografik) **42/43**
Nationalparks und Reservate **117**
Touren durch Kenia und Nordtansania **153**
Tour 1 **156**
Tour 2 **159**
Tour 3 **161**
Tour 4 **163**
Tour 5 **164**
Aberdare National Park **169**
Amboseli National Park **175**
Graue Giganten (Infografik) **178/179**
Mount Kilimanjaro (3D) **192/193**
Laikipia & Lewa **198**
Rift Valley (3D) **216/217**
Lake Nakuru National Park **222**
Malindi **257**
Masai Mara **277**
Zwischen Tradition und Moderne (Infografik) **278/279**
Mombasa Island **290**
Mombasa Innenstadt **294**
Nairobi Großraum **335**
Nairobi City Centre **345**
Wiege der Menschheit (Infografik) **368/369**
Samburu & Buffalo Springs National Reserves **371**
Serengeti National Park **381**
Tsavo National Park **391**
Kenia, Überblick **U5/U6**

Impressum

Ausstattung:
191 Abbildungen, 30 Karten
und grafische Darstellungen,
eine große Reisekarte
Text:
Dr. Madeleine Reincke,
Marion Frahm und Margarete Ardell,
mit Beiträgen von Birgit Borowski
Überarbeitung:
Margarete Ardell, Marion Frahm und
Dr. Madeleine Reincke
Bearbeitung:
Baedeker Redaktion
(Dr. Madeleine Reincke)
Kartografie:
Christoph Gallus, Hohberg
MAIRDUMONT Ostfildern (Reisekarte)
3D-Illustrationen:
jangled nerves, Stuttgart
Infografiken:
Golden Section Graphics GmbH, Berlin
Gestalterisches Konzept:
independent Medien-Design, München
Chefredaktion:
Rainer Eisenschmid, Baedeker Ostfildern

7. Auflage 2014
Völlig überarbeitet und neu gestaltet

© KARL BAEDEKER GmbH, Ostfildern
für MAIRDUMONT GmbH & Co KG;
Ostfildern
Der Name Baedeker ist als Warenzeichen geschützt. Alle Rechte im In- und Ausland sind vorbehalten. Jegliche – auch auszugsweise – Verwertung, Wiedergabe, Vervielfältigung, Übersetzung, Adaption, Mikroverfilmung, Einspeicherung oder Verarbeitung in EDV-Systemen ausnahmslos aller Teile des Werkes bedarf der ausdrücklichen Genehmigung durch den Verlag.

Anzeigenvermarktung:
MAIRDUMONT MEDIA
Tel. 0049 711 4502 333
Fax 0049 711 4502 1012
media@mairdumont.com
http://media.mairdumont.com

Printed in China

Trotz aller Sorgfalt von Redaktion und Autoren zeigt die Erfahrung, dass Fehler und Änderungen nach Drucklegung nicht ausgeschlossen werden können. Dafür kann der Verlag leider keine Haftung übernehmen.
Kritik, Berichtigungen und Verbesserungsvorschläge sind jederzeit willkommen.
Schreiben Sie uns, mailen Sie oder rufen Sie an:

Verlag Karl Baedeker / Redaktion
Postfach 3162
D-73751 Ostfildern
Tel. 0711 4502-262
info@baedeker.com
www.baedeker.com

Die Erfindung des Reiseführers

Als **Karl Baedeker** (1801 – 1859) am 1. Juli 1827 in Koblenz seine Verlagsbuchhandlung gründete, hatte er sich kaum träumen lassen, dass sein Name und seine roten Bücher einmal weltweit zum Synonym für Reiseführer werden sollten.

Das erste von ihm verlegte Reisebuch, die 1832 erschienene **Rheinreise,** hatte er noch nicht einmal selbst geschrieben. Aber er entwickelte es von Auflage zu Auflage weiter. Mit der Einteilung in die Kapitel »Allgemein Wissenswertes«, »Praktisches« und »Beschreibung der Merk-(Sehens-)würdigkeiten« fand er die klassische Gliederung des modernen Reiseführers, die bis heute ihre Gültigkeit hat. Der Erfolg war überwältigend: Bis zu seinem Tod erreichten die zwölf von ihm verfassten Titel 74 Auflagen! Seine Söhne und Enkel setzten bis zum Zweiten Weltkrieg sein Werk mit insgesamt 70 Titeln in 500 Auflagen fort.

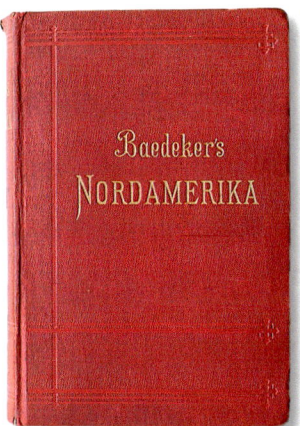

Bis heute versteht der Karl Baedeker Verlag seine große Tradition vor allem als eine Kette von Innovationen: Waren es in der frühen Zeit u. a. die Einführung von Stadtplänen in Lexikonqualität und die Verpflichtung namhafter Wissenschaftler als Autoren, folgte in den 1970ern der erste vierfarbige Reiseführer mit professioneller Extrakarte. Seit 2005 stattet Baedeker seine Bücher mit ausklappbaren 3D-Darstellungen aus. Die neue Generation enthält als erster Reiseführer Infografiken, die (Reise-)Wissen intelligent aufbereiten und Lust auf Entdeckungen machen.

In seiner Zeit, in der es an verlässlichem Wissen für unterwegs fehlte, war Karl Baedeker der Erste, der solche Informationen überhaupt lieferte. In der heutigen Zeit filtern unsere Reiseführer aus dem Überfluss an Informationen heraus, was man für eine Reise wissen muss, auf der man etwas erleben und an die man gerne zurückdenken will. Und damals wie heute gilt für Baedeker: Wissen öffnet Welten.

Baedeker Verlagsprogramm

- Ägypten
- Algarve
- Allgäu
- Amsterdam
- Andalusien
- Argentinien
- Athen
- Australien
- Australien • Osten
- Bali
- Baltikum
- Barcelona
- Bayerischer Wald
- Belgien
- Berlin • Potsdam
- Bodensee
- Brasilien
- Bretagne
- Brüssel
- Budapest
- Bulgarien
- Burgund
- China
- Costa Blanca
- Costa Brava
- Dänemark
- Deutsche Nordseeküste
- Deutschland
- Deutschland • Osten
- Djerba • Südtunesien
- Dominik. Republik
- Dresden
- Dubai • VAE
- Elba
- Elsass • Vogesen
- Finnland
- Florenz
- Florida
- Franken
- Frankfurt am Main
- Frankreich
- Frankreich • Norden
- Fuerteventura
- Gardasee
- Golf von Neapel
- Gomera
- Gran Canaria
- Griechenland
- Griechische Inseln
- Großbritannien
- Hamburg
- Harz
- Hongkong • Macao
- Indien
- Irland
- Island
- Israel
- Istanbul
- Istrien • Kvarner Bucht
- Italien
- Italien • Norden
- Italien • Süden
- Italienische Adria
- Italienische Riviera
- Japan
- Jordanien
- Kalifornien
- Kanada • Osten
- Kanada • Westen
- Kanalinseln
- Kapstadt • Garden Route
- Kenia
- Köln
- Kopenhagen
- Korfu • Ionische Inseln
- Korsika
- Kos
- Kreta
- Kroatische Adriaküste • Dalmatien
- Kuba
- La Palma
- Lanzarote
- Leipzig • Halle
- Lissabon
- Loire
- London
- Madeira
- Madrid
- Malediven
- Mallorca
- Malta • Gozo • Comino
- Marokko

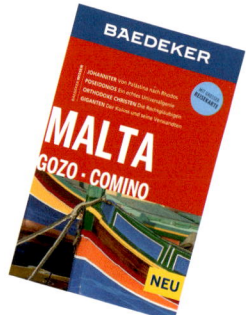

- Mecklenburg-Vorpommern
- Menorca

Verlagsprogramm ANHANG

- Mexiko
- Moskau
- München
- Namibia

- Neuseeland
- New York
- Niederlande
- Norwegen
- Oberbayern
- Oberital. Seen • Lombardei • Mailand
- Österreich
- Paris
- Peking
- Piemont
- Polen
- Polnische Ostseeküste • Danzig • Masuren
- Portugal
- Prag
- Provence • Côte d'Azur
- Rhodos
- Rom
- Rügen • Hiddensee
- Ruhrgebiet
- Rumänien
- Russland (Europäischer Teil)
- Sachsen

- Salzburger Land
- St. Petersburg
- Sardinien
- Schottland
- Schwarzwald
- Schweden
- Schweiz
- Sizilien
- Skandinavien
- Slowenien
- Spanien
- Spanien • Norden • Jakobsweg
- Sri Lanka
- Stuttgart
- Südafrika
- Südengland
- Südschweden • Stockholm
- Südtirol
- Sylt
- Teneriffa
- Tessin
- Thailand
- Thüringen
- Toskana
- Tschechien
- Tunesien
- Türkei
- Türkische Mittelmeerküste
- Umbrien
- USA

- USA • Nordosten
- USA • Nordwesten
- USA • Südwesten
- Usedom
- Venedig
- Vietnam
- Weimar
- Wien
- Zürich
- Zypern

BAEDEKER ENGLISH

- Berlin
- Vienna

Viele Baedeker-Titel sind als E-Book erhältlich: shop.baedeker.com

Kurioses Kenia

Kenia bietet seinen Besuchern nicht nur riesige Herden wandernder Wildtiere, tropische Traumstrände und majestätische Gipfel, sondern auch Erstaunliches und manch seltsame Blüten.

▶ **Der älteste Schüler der Welt**
Als Kenias Regierung 2004 die kostenlose Grundschule einführte, begann der alte Mau-Mau-Veteran Kimani N'gan' ga Maruge mit 84 Jahren an der Grundschule von Eldoret lesen und schreiben zu lernen. Das Guinness-Buch der Rekorde meint dazu: Weltrekord. 2005 trat Kimani vor der UNO-Vollversammlung auf, um für das Recht auf freie Bildung zu werben. Sechs Jahre ging Kimani zur Schule, bevor er starb. 2010 wurde sein Leben unter dem Titel »The First Grader« verfilmt.

▶ **Energy-Drink**
Was Obelix der Zaubertrank, ist den Masai ihr »Saroi«. Frisches Blut, aus der Halsschlagader von lebenden Rindern gezapft, ist traditionelles Getränk der Masai – und scheint ihnen zu schmecken. Mit etwas Milch wird das Blut auch gern zu einem cremigen Cocktail verrührt.

▶ **Spurensuche**
Fast schon ein bisschen makaber: Um in das Innerste Afrikas vorzustoßen, nutzten Entdecker wie Livingston, Burton und Stanley die Routen arabischer Sklavenhändler. Verpflegt und ausgerüstet wurden die europäischen Entdecker wiederum von Indern.

▶ **Eine Schneeballschlacht ...**
... auf kenianischem Boden! Das war die absolute Sensation. Nein, nicht auf dem Kilimanjaro, sondern im Rift Valley beim Dörfchen Busara. Am 3. September 2008 war hier fast ein Quadratkilometer mit Schnee bedeckt. Meteorologen sagten allerdings, es handle sich um Hagel. Nach zwei Stunden war die weiße Pracht wieder vollständig verschwunden.

▶ **Steine statt Gurken**
Während schwangere Frauen in Deutschland gern saure Gurken oder Schokolade essen, haben Schwangere in Kenia oft Heißhunger auf »Odowa«-Steine, die es auf Märkten zu kaufen gibt. Ärzte vermuten bei diesen Frauen einen Kalzium- und Eisenmangel.

▶ **Baobab**
Im Gegensatz zu anderen Bäumen schrumpfen die Affenbrotbäume mit dem Alter. Sie werden selten höher als 25 m, dafür aber unglaublich dick und knorrig. Baobabs sind Meister im Speichern von Wasser – und werden bei Bedarf sogar von Elefanten angezapft. Die Vitamin-C-reichen Früchte können roh verzehrt oder zu einem erfrischenden Saft verarbeitet werden. Das getrocknete Fruchtfleisch kennen und lieben kenianische Kinder als Bonbon.